PAUL RICŒUR
BIBLIOGRAPHY 1935-2000

BIBLIOTHECA EPHEMERIDUM THEOLOGICARUM LOVANIENSIUM

CXLVIII

PAUL RICŒUR

BIBLIOGRAPHIE

PRIMAIRE ET SECONDAIRE

PRIMARY AND SECONDARY

BIBLIOGRAPHY

1935-2000

COMPILED BY

F.D. VANSINA

LEUVEN
UNIVERSITY PRESS

UITGEVERIJ PEETERS
LEUVEN

2000

ISBN 90 5867 027 9 (Leuven University Press)
D/2000/1869/24

ISBN 90-429-0873-4 (Peeters Leuven)

ISBN 2-87723-501-7 (Peeters France)
D/2000/0602/78

Leuven University Press / Presses Universitaires de Louvain
Universitaire Pers Leuven
Blijde-Inkomststraat 5, B-3000 Leuven (Belgium)

PRÉFACE

Au Professeur Paul Ricœur, à Mme Simone Ricœur-Lejas†,
à leurs enfants, petits-enfants et arrière petits-enfants

Cela fait déjà plus que soixante ans que Paul Ricœur enrichit le patrimoine philosophique international d'un nombre étonnant de livres très variés et de réflexions éclairantes sur les problèmes et situations actuels, manifestant ainsi une curiosité universelle. Pour rendre service aux chercheurs, j'ai déjà publié des bibliographies de Ricœur et sur Ricœur. Encouragé par des amis et des collègues, j'ai complété et actualisé cette bibliographie qui se veut aussi complète que possible. Bien sûr, une entreprise d'une telle envergure ne pouvait être réalisée que grâce au concours de nombreuses personnes: personnel de bibliothèques, dactylographes et informaticiens. Je suis heureux de pouvoir exprimer ici ma reconnaissance à toutes ces personnes. Néanmoins, leur nombre considérable m'oblige à n'en citer que quelques unes qui ont particulièrement contribué à l'élaboration de ce projet.

Tout d'abord, je veux exprimer ma gratitude aux collaborateurs d'outremer, aux professeurs Alino Lorenzon (Brésil), Marie-France Begué de Gilotaux et Annibal Fornari (Argentine), Tadao Hisashige et particulièrement Etsuro Makita (Japon), Peter Kemp (Danemark), Marcellino Agís Villaverde (Espagne), Manuel Sumares (Portugal), Daniella Iannotta et Domenico Jervolino (Italie). Il m'est une joie de présenter également mes vifs remerciements à des collègues et amis en France: au professeur Maria da Penha Villela, à Monsieur Olivier Mongin, directeur de la revue *Esprit,* au professeur Jeffrey A. Barash, au professeur Olivier Abel, à Monsieur Bruno Charmet de l'Amitié judéo-chrétienne de France, collecteur infatigable des textes français de Ricœur et d'Emmanuel Levinas, à Madame Catherine Goldenstein-René (Lycée Montaigne) pour son aide irremplaçable en tant qu'archiviste des écrits de et sur Ricœur et, bien entendu, au professeur Paul Ricœur lui-même, pour sa main forte prêtée et son amitié de longue date.

Je dois une reconnaissance toute particulière à Madame Ingrid Lombaerts (Archives-Husserl, Leuven) pour son aide aussi continue que compétente, et à Monsieur Steven Spileers, bibliothécaire à l'Institut de Philosophie (Leuven). Je veux également exprimer ma profonde gratitude à l'ordre et la province flamande des Franciscains-Capucins qui m'ont envoyé, à l'époque où j'étais encore jeune frère, à étudier la philosophie et, tout spécialement, au Frère Dr. Adri Geerts, ministre provincial pour son soutien moral et son amour fraternel.

Enfin, je tiens à remercier le professeur Frans Neirynck d'avoir accepté cette bibliographie dans la collection *Bibliotheca Ephemeridum Theologicarum Lovaniensium*. C'est grâce à son appui que le projet bibliographique, qui s'étend maintenant jusqu'en 2000, a pu se réaliser. Dans le cadre de la collection, le présent volume fait suite à l'ouvrage de A. Thomasset sur *Paul Ricœur*: *Une poétique de la morale* (n° 124, 1996).

Bankstraat 75
B-3000 Leuven

Frans D. VANSINA

Par le même auteur / By the same author:

Paul Ricœur. Bibliographie systématique de ses écrits et des publications consacrées à sa pensée (1935-1984). A Primary and Secondary Systematic Bibliography (1935-1984) (Bibliothèque philosophique de Louvain, 31), Leuven - Louvain-la-Neuve: Peeters - Éditions de l'Institut Supérieur de Philosophie, 1985, XIX-291 p.

«Bibliography of Paul Ricœur: A Primary and Secondary Systematic Bibliography», in L.E. Hahn (ed.), *The Philosophy of Paul Ricœur* (The Library of Living Philosophers, 22), Chicago-La Salle: Open Court, [1995], pp. 605-815.

FOREWORD

Already more than sixty years Paul Ricœur enriches the international philosophical patrimony with an astonishing number of highly technical books and enlightening reflections on actual problems and situations. To serve the community of researchers in philosophy I have already published two systematic bibliographies of (and on) Ricœur in 1985 and 1995. Encouraged by friends and colleagues I present now another bibliography, updated and as exhaustive as possible. It goes without saying that a venture of this kind and scope can only be successfully achieved thanks to the participation of an impressive number of cooperators: informants, personnel of libraries, typists and computer experts. Therefore it is a real pleasure to acknowledge my gratitude to each of all these many persons spread over the world. Their large number, however, forces me to a perilous selection by citing by name only a few who, since a long time or rather recently, kindly offered me their precious help.

First of all, I wish to express my profound gratitude to contributors from abroad, to the professors Alino Lorenzon (Brasil), Marie-France Begué de Gilotaux and Annibal Fornari (Argentina), Tadao Hisahahige and particularly Etsuro Makita (Japan), Peter Kemp (Danmark), Marcellino Agís Villaverde (Spain), Manuel Sumares (Portugal), Daniella Iannotta and Domenico Jervolino (Italy). Next, my sincere thanks are due to eminent colleagues and friends in France: to professor Maria da Penha Villela, to Mr. Olivier Mongin, Director of *Esprit,* to professor Jeffrey A. Barash, to professor Olivier Abel, to Mr. Bruno Charmet of the "Judeo-Christian Friendship" of France, the unremitting collector of French publications of Paul Ricœur and Emmanuel Levinas, to Mrs. Catherine Goldenstein-René (Lycée Montaigne) for her irreplaceable help as archivist of the Ricœur publications and, last but not least, to professor Ricœur himself, for his invaluable assistance and longlife friendship.

I owe special thanks to Mrs. I. Lombaerts (Husserl-Archives, Leuven) for her continuous and competent help and to Mr. Steven Spileers, library staff member at the Institute of Philosophy (Leuven). My sincere thankfulness goes to the Franciscan Capuchin order and the Flemish province which sent me, as a young brother to study philosophy and particularly to Brother Dr. Adri Geerts, my minister provincial for his moral suppport and fraternal love. Finally, I wish to extend my gratitude to professor Frans Neirynck, general editor of the *Bibliotheca Ephemeridum Theologicarum Lovaniensium,* who has kindly accepted to publish the present volume in the series.

TABLE DES MATIÈRES / CONTENTS

PART ONE

BIBLIOGRAPHIE PRIMAIRE
PRIMARY BIBLIOGRAPHY

I. LIVRES / MONOGRAPHS

II. ARTICLES

III. TEXTES MINEURS / MINOR TEXTS

INDEX

BIBLIOGRAPHIE PRIMAIRE
PRIMARY BIBLIOGRAPHY

PART TWO
BIBLIOGRAPHIE SECONDAIRE
SECONDARY BIBLIOGRAPHY

I. LIVRES / MONOGRAPHS

II. DISSERTATIONS DOCTORALES / PH.D. DISSERTATIONS

III. ARTICLES

IV. COMPTES RENDUS / REVIEWS

IV.A. Français / French

IV.B. English / Anglais

IV.C. Allemand / German

IV.D. ESPAGNOL / SPANISH

IV.E. ITALIEN / ITALIAN

V.F. PORTUGAIS / PORTUGUESE

IV.G. NÉERLANDAIS / DUTCH

IV.H. POLONAIS / POLISH

IV.I. Japonais / Japanese

IV.J. Danois / Danish

IV.K. Serbo-croate / Serbo-croatian

IV.P. Suédois / Swedish

IV.U. Bulgare / Bulgarian

IV.X. Hongrois / Hungarian

V. BIBLIOGRAPHIES

INDEX

BIBLIOGRAPHIE SECONDAIRE
SECONDARY BIBLIOGRAPHY

INTRODUCTION

Les rééditions et reproductions ainsi que les extraits des livres et des articles sont signalés sous la mention de leur publication originale.

Les éléments bibliographiques – lieu, éditeur, année de publication – qui ne figurent pas sur la page intérieure de titre du livre sont mis entre crochets. Pour éviter des lacunes et des inexactitudes des références bibliographiques, j'ai vérifié autant que possible les données dans les textes eux-mêmes.

Pour les titres des œuvres et des articles j'ai recouru à des capitales ou des minuscules selon l'emploi dans les sources. Des spécifications ou des notes d'évaluation, jugées utiles, figurent entre crochets.

Les introductions et les intitulés sous lesquels j'ai classé les publications sont rédigés en français et en anglais. Les annotations bibliographiques rattachées à une publication sont en français, sauf pour les textes anglais.

La bibliographie primaire

Les publications sont réparties en trois sections: (I) les *livres* et leurs traductions, (II) les *articles*, (III) les *textes* qu'on peut qualifier de *mineurs,* soit en raison de leur caractère graphique (polycopies), soit en raison de leur contenu (communications plus brèves, prises de position, etc.); dans chacune de ces sections, les publications sont classées d'abord par langue, puis en ordre chronologique. Les langues suivantes sont représentées: français (A), anglais (B), allemand (C), espagnol (D), italien (E), portugais (F), néerlandais (G), polonais (H), japonais (I), danois (J), serbo-croate (K), grec (L), roumain (M), hébreu (N), lithuanien (O), suédois (P), norvégien (Q), tchèque (R), chinois (S), russe (T), bulgare (U), catalan (V), slovaque (W), hongrois (X), galicien (Y), ukrainien (Z), arabe (α) et coréen (ß).

Chaque titre est affecté d'un triple code: d'abord, le nombre en chiffre romain I, II et III, selon qu'il s'agit respectivement d'un livre, d'un texte majeur ou d'un texte mineur; puis une majuscule de A à Z, α et β d'après la langue de l'écrit; et enfin un numéro d'ordre chronologique.

Pour une même langue et une même année, les *articles* sont rangés dans l'ordre suivant: d'abord, les livres de Ricœur et les textes traduits par lui; puis les livres auxquels il a accordé une préface ou une postface;

ensuite les textes publiés dans des recueils; puis les articles parus dans des revues et des journaux classés suivant l'intérêt philosophique ou général des périodiques; enfin les textes multigraphiés ou ronéotypés.

Pour rendre la bibliographie plus profitable, chaque publication porte, au besoin, une référence croisée à ses traductions éventuelles, ou au texte original traduit, par le triple code propre à chaque publication. Pour la même raison y figurent un index des noms et un double index thématique. La liste des noms mentionne co-auteurs, participants à une discussion, traducteurs, introducteurs, éditeurs ainsi que auteurs de postfaces. La première table analytique signale les sujets de tous les écrits sauf des textes anglais, tandis que la deuxième table couvre les thèmes des publications en anglais.

La bibliographie secondaire

Les publications sont réparties en cinq sections: (I) les *livres* consacrés à la philosophie de Ricœur; (II) les *dissertations doctorales* traitant de sa pensée; (III) les *articles* et essais qui étudient ou discutent des aspects de sa philosophie, des textes qui sont amplement nourris par elle ainsi que des études critiques consacrées à des articles de l' auteur; (IV) les *comptes rendus* concernant ses livres; (V) les *bibliographies* de ses écrits et des publications consacrées à sa pensée.

Chaque titre porte un triple code: d'abord un nombre en chiffre romain I, II, III, IV ou V, selon qu'il s'agit respectivement d'un livre, d'une dissertation doctorale, d'un article, d'un compte rendu ou d'une bibliographie; puis une lettre A jusqu'à Z, α et β indiquant la langue, tout comme dans la bibliographie primaire; et troisièmement un numéro d'ordre chronologique.

Enfin, un index des noms et un double index thématique couvrent aussi la bibliographie secondaire. Le premier registre classifie les noms des auteurs qui ont publié, traduit, préfacé ou édité des textes consacrés à la pensée de Ricœur. La première table analytique offre les thèmes de toutes les publications sauf celles en anglais, tandis que la deuxième répertorie les textes anglais. Toutefois, les comptes rendus sont à trouver dans la Table des matières, car ils ne sont pas intégrés dans l'index thématique.

Le bibliographe saurais gré aux lecteurs et lectrices de bien vouloir me signaler des corrections et des renseignements complémentaires.

INTRODUCTION

Reprints and reproductions, as well as excerpts from books and articles, are listed under the original publication.

Bibliographical elements such as place, publisher and year of publication not found on the interior title pages are put into square brackets. In order to avoid the lacunae and the inaccuracies inherent in a mere computer based bibliography I have checked as far as possible all publications.

As for the titles of books and articles I have employed capitals or minuscules according to the use in the sources. Specifications or evaluative remarks on publications are put between straight brackets.

The headings under which I have listed the entries are written in French and in English. The bibliographical annotations of the items are in French except for the English publications.

The Primary Bibliography

The publications are catalogued into three sections: (I) *monographs* (books) and translations, (II) *articles* and (III) *texts* apparently *minor*, because of their graphic setting (mimeographed papers) or because of their content (brief addresses, communiqués, etc.). Inside each section, the items are catalogued first by language and secondly in chronological order. Represented are the following languages: French (A), English (B), German (C), Spanish (D), Italian (E), Portuguese (F), Dutch (G), Polish (H), Japanese (I), Danish (J), Serbo-Croatian (K), Greek (L), Rumanian (M), Hebrew (N), Lithuanian (O), Swedish (P), Norvegian (Q), Czeck (R), Chinese (S), Russian (T), Bulgarian (U), Catalan (V), Slovak (W), Hungarian (X), Galician (Y), Ukrainian (Z), Arabic (α) and Korean (ß).

Each entry bears a threefold code: first the number in Roman figure I, II or III insofar as the item concerns a book, a major text or a minor text; then a capital letter from A through Z, α and β, according to the language used by the publication; and finally a number in Arabic characters according to the chronological order.

In the second section, within the same language and the same year, the *articles* (II) are classified in this way: first, books of Ricœur and texts translated by him; further, books with a preface or an epilogue by him; next, articles from collective works; then, articles published in periodicals and journals arranged according to their philosophical or general interest; and finally, mimeographed texts.

To improve the usefulness of the bibliography, each publication bears, if need be, a cross reference to existing translations or to the original text translated. For the same reason, a name index and a double subject index are offered: the first index lists the names of co-authors, discusssion partners, translators, prefacers, writers of epilogues and editors. The first subject index catalogues the key themes of the publications in any language except English, whereas the second table only covers the English writings.

The Secondary Bibliography

The publications are catalogued into five sections: (I) *monographs* on Ricœur's philosophy; (II) *Ph.D. Dissertations* on his thought; (III) *articles* examining and discussing aspects of his philosophy, contributions or passages in books greatly inspired by his thought, or critical essays on Ricœur's articles; (IV) *reviews* and notices on his books; and (V) primary and secondary *bibliographies*.

Here too, each entry bears a threefold code: a number in a Roman figure I, II, III, IV or V insofar the item concerns a book, a dissertation, an article, a book review or a bibliography: then the letter from A to Z, α and ß indicating the language just as in the primary bibliography; and thirdly a number in an Arabic character designating the chronological order.

Finally, a name and a double subject index are covering the secondary bibliography too. The first index lists the names of authors, co-authors, translators, prefacers and editors. The first subject index registers all non-English entries, whereas the second classifies all English items. Book reviews, however, are found in the Table of Contents.

The compiler would be happy to receive any corrections or complementary informations readers would like to transmit.

CURRICULUM VITAE P. RICŒUR

Youth and Education (1913-1935)

Descending from an old Protestant family from Brittany (Bretagne), Paul Ricœur was born on 27 February, 1913 at Valence, where his father was a professor of English at the lycée. His mother died when he was seven months old, and his father fell at the Battle of the Marne. He and his only sister, Alice, who would die at the age of twenty-three from tuberculosis, were raised at Rennes (Brittany) by their paternal grandparents, and he from 1928 by his aunt Adèle Ricœur.

At the lycée in Rennes, his first philosophy professor was Roland Dalbiez, a neo-Thomist who published works on psychoanalysis. Sixty years later, in 1991, Ricœur evoked the strong impact of Dalbiez upon him: «My master told us: 'Never go around an obstacle; tackle it head on.' This warning was understood as an exhortation – what did I say? as an injunction… to study philosophy.» (*Mon premier maître en philosophie*, 224). So, in 1931, he registered for philosophy at the university at Rennes, where he received his license (1933). After a year of teaching at the lycée in St.-Brieuc, he enrolled at the Sorbonne for the 'agrégation', which he obtained in August 1935. The same year he married Simone Lejas, with whom he had been engaged for four years.

Seven Years in Khaki (1936-1937, 1939-1945)

Being a revolutionary socialist and a pacifistic editorialist, Ricœur decided – not without much reflection – to do his military service (1935-1936), followed by a short teaching stint at Lorient (Brittany), until his mobilization in September 1939. In the meantime, two sons, Jean-Paul and Marc, were born. In 1940, he fought as a lieutenant with his regiment of Bretons «until they were surrounded and forced to surrender» (Reagan, 8). Nearly five years (1940-1945) of hard prison-camp life awaited him in Pomerania (actually Poland).

At one point the prisoners were allowed to choose their own roommates, so Ricœur found himself with intellectuals and two novelists in a single room ('popote'), packed first with twenty-two and then eight persons (Reagan, 8-9; F. Dosse, 72-73). Along with Michel Dufrenne, he studied the complete works of Karl Jaspers, which resulted in one of his first major works: *Karl Jaspers et la philosophie de l'existence* (1947).

For lack of paper, he started a French translation of Husserl's *Ideen I* in minuscule handwriting in the margins of a smuggled German copy. On scraps of paper, he sketched the main elements of his later book *The Voluntary and the Involuntary* (1960). Little by little, a camp university with lectures and exams began operating (Reagan, 10). At last, in May 1945, Ricœur was reunited with his family, when he saw for the first time his daughter Noëlle, already five years old.

Le-Chambon-sur-Lignon, Strasbourg, and the Sorbonne (1945-1965)

On the suggestion of André Philip, a later socialist minister, Ricœur found an excellent place to recuperate with his wife and children: Le-Chambon-sur-Lignon, a resort village near Le Puy. There he lectured on philosophy at the international Protestant Collège Cévenol, and worked at his 'doctorat d'état'. In 1947, a fourth child was born, Olivier. After having published *Gabriel Marcel and Karl Jaspers* (1948), he was appointed a 'maître de conférences' at the University of Strasbourg. In 1950, he was made a 'docteur ès lettres' with the publication of *The Voluntary and the Involuntary* and the French translation of and commentary on Husserl's *Ideen I*, both of which he began during his wartime captivity. In 1953, the Ricoeur's last child, Étienne, was born (Reagan, 20).

In 1956, he moved to the Sorbonne and lectured at the Faculty of Protestant Theology in Paris. In 1960, the second part of his projected trilogy of *The Philosophy of Will* appeared: *Fallible Man* and *The Symbolism of Evil*. Five years later followed his extensive examination of the psychoanalytic interpretation of symbols and myths: *Essay on Freud*.

Nanterre, Louvain, and Chicago (1970-1991)

Repeatedly, Ricœur pleaded for the reform of the French university. In 1965 an opportunity presented itself for putting his proposal to the test. So he left the prestigious Sorbonne for a partially completed new campus at Nanterre, a suburb of Paris nearby 'bidonvilles'. Symbolically, in 1965 *The Conflict of Interpretations* came off the press. Heavy clashes between Maoist and rightist students, prolonged strikes, and incursions from 'bidonvilles' people created a permanent situation of violence and terror. Ricœur himself was battered and put head-first into a garbage can, but he refused to file a complaint with the police (Dosse, 480). To restore order, the police reacted brutally, and, on March 16, Ricœur resigned for health reasons.

He took a three-year leave from Nanterre, during which time he gave a course on *The Semantics of Action* at the University of Louvain; and he held the John Nuveen Chair at the Divinity School in Chicago until 1991. He lectured jointly with Mircea Eliade and André Lacocque, a Belgian born exegete, the result of which was *Thinking Biblically*, published only in 1998. In 1980 he retired from the University of Paris-Nanterre.

Prolific Author and Plain Recognition in France (1983-)

Instead of delivering his long-promised *The Poetics of Will*, he worked at a deeper, underlying problem: how do new meanings and worlds come about in (poetic) language? Following an initial exploration undertaken in *The Living Metaphor* (1975), he came out with his three-volumes of *Time and Narrative* (1983, 1984, 1985). In these volumes, he demonstrated how intrigues in fictional and historical narratives, by deploying time, create new meanings and realities. In 1990, he published *Oneself as Another*, a masterly inquiry into ethics, which was awarded the prize in philosophy from the French Academy. These latest writings led to the full discovery of Ricœur in France, as was made apparent by the flood of interviews he granted to magazines, newspapers, and television (Reagan, 51).

In 1995 *Le Juste* appeared, a collection of articles on law and justice, followed by *What Makes Us Think?* (1998), a animated dialogue with J.-P. Chagneux, an expert in the molecular biology of the brain. Another work is forthcoming in the year 2000: *On History, Memory, and Oblivion.*

For Ricœur, thinking and acting both limit and ground each other: "the word reflects efficaciously and acts thoughtfully" (*History and Truth*, 5).

Cf. C. REAGAN, *Paul Ricœur: His Life and His Work*, 1996, 151 p.
F. DOSSE, *Paul Ricœur. Les sens d'une vie*, 1997, 789 p.

PART ONE

BIBLIOGRAPHIE PRIMAIRE
PRIMARY BIBLIOGRAPHY

I. LIVRES / MONOGRAPHS

I.A. FRANÇAIS / FRENCH

1947

I.A.1. DUFRENNE M. et RICŒUR P., *Karl Jaspers et la philosophie de l'existence* (Esprit). Préface de K. JASPERS. Paris: Seuil, [1947], 22,5 × 14,5, 399 p. [les pages 173-393 constituent la contribution de P. Ricœur].

Extrait (380-389, 393): «Karl Jaspers». *Tableau de la philosophie contemporaine* (Histoire de la philosophie contemporaine). Édité par A. WEBER et D. HUISMAN avec un avant-propos de G. MARCEL. Paris: Fischbacher. [1957], 26 × 16, 375-381.

I.A.2. *Gabriel Marcel et Karl Jaspers. Philosophie du mystère et philosophie du paradoxe* (Artistes et écrivains du temps présent). Paris: Temps Présent, [1947], 18,5 × 12, 455 p.

1950

I.A.3. *Philosophie de la volonté. 1. Le volontaire et l'involontaire* (Philosophie de l'esprit). Paris: Aubier, [1950], 22,5 × 14, 464 p.

Réimpressions en 1963, 1967 et 1988.
Traduit en anglais par I.B.3.
L'introduction et la première partie sont traduites en espagnol par I.D.15.
Traduit en italien par I.E.17.
Traduit en japonais par I.I.13, I.I.14 et I.I.16.
Extrait (8-11): «Motivation, motion et consentement». *Textes choisis des auteurs philosophiques. I. Introduction générale. Psychologie.* Édité par A. CUVILLIER. Paris: A. Colin, 1954, 20 × 13, 283-285.
Extrait (12-14): «Reconquérir le Cogito sur l'attitude naturaliste». *Les grandes étapes de la pensée. Décisions I* (Nouvelle initiation philosophique, 4). Édité par Fl. GABORIAU. [Tournai-Paris]: Casterman, 1964, 22 × 16, 392-394.
Extraits (81, 86, 89-90, 92-93, 99-100, 199-120): «Définition du décider. Le besoin et le désir». *Paul Ricœur ou la liberté selon l'espérance.* Présentation, choix de textes, biographie, bibliographie par M. PHILIBERT (Philosophes de tous les temps). [Paris]: Seghers, [1971], 15 × 12,5, 140-145.

I.A.4. HUSSERL E., *Idées directrices pour une phénoménologie* (Bibliothèque de philosophie). Traduction de *Ideen I* avec introduction et notes de P. RICŒUR. Paris: Gallimard, [1950], 22,5 × 14, XXXIX-567 p.

Réimpression en 1963, 1985 et en 1989 dans la collection «Tel, 94».
L'introduction est traduite en anglais dans I.B.4. L'introduction ainsi que les

notes de P. Ricœur sont traduites en anglais par I.B.25.
L'introduction et les notes sont traduites en chinois par II.S.2.

1955

I.A.5. *Histoire et vérité* (Esprit). Paris: Seuil, [1955] [première édition], 18,5 × 12, 289 p.; [1946] (deuxième édition augmentée de quelques textes), 20,5 × 14, 336 p.; [1967] (troisième édition augmentée de quelques textes), 20,5 × 14, 364 p.; 1978 [réimpression], 22 × 14, 364 p.

La première édition comprend les articles suivants:
«Objectivité et subjectivité en histoire». Reproduction de la seule conférence de II.A.57.
«L'histoire de la philosophie et l'unité du vrai». Reproduction de II.A.64a.
«Note sur l'histoire de la philosophie et la sociologie de la connaissance». Reproduction de II.A.42.
«Le christianisme et le sens de l'histoire». Reproduction de II.A.36.
«Emmanuel Mounier: une philosophie personnaliste». Reproduction de II.A.25.
«Vérité et mensonge». Reproduction de II.A.35.
«Note sur le vœu et la tâche de l'unité». Reproduction partielle de II.A.49.
«Travail et parole». Reproduction de II.A.54.
«Le socius et le prochain». Reproduction de II.A.62.
«L'homme non violent et sa présence à l'histoire». Reproduction de II.A.19.
«Vraie et fausse angoisse». Reproduction de la seule conférence de II.A.51.
Extraits traduits en russe par II.T.1a et II.T.6.
Traduit en bulgare par I.U.1.

La deuxième édition comprend, en outre, les articles suivants:
«Histoire de la philosophie et historicité». Reproduction de II.A.132.
«L'image' de Dieu et l'épopée humaine». Reproduction de II.A.126.
«État et Violence». Reproduction de II.A.84.
«Le paradoxe politique». Reproduction de II.A.90.
«Civilisation universelle et cultures nationales». Reproduction de II.A.138.
«Négativité et affirmation originaire». Reproduction de II.A.76.
Traduit en anglais par I.B.1.
Traduit en portugais par I.F.1.
Traduit partiellement en néerlandais par I.G.1.
Traduit en roumain par I.M.3.

La troisième édition a été publiée aussi dans la collection «Idéa, 33» par les Éditions Cérès à Tunis, 1995, 18 × 10,3, 406 p.
La troisième édition comprend, en outre, les articles suivants:
«Sexualité. La merveille, l'errance, l'énigme». Reproduction du seul article de II.A.124.
«Prévision économique et choix éthique». Reproduction de II.A.186.
Traduit en allemand par I.C.6.
Traduit en italien par I.E.19, à l'exception de 5 articles publiés par I.E.18.
Extraits (253-259): «État et violence», *Cahiers de la Réconciliation* 47 (1980), nº 2, février, 6-11.

Extraits (260-262, 264-265, 268-270): «Le paradoxe politique». *Paul Ricœur ou la liberté selon l'espérance*. Présentation, choix de textes, biographie, bibliographie par M. PHILIBERT. [Paris]: Seghers, [1971], 15 × 12,5, 156-161.

1960

I.A.6. *Philosophie de la volonté. Finitude et Culpabilité. I. L'homme faillible* (Philosophie de l'esprit). Paris: Aubier, [1960], 22,5 × 14, 164 p.

Réimpressions en 1963, 1968 et 1978.
Réédition dans un seul volume avec I.A.7 en 1988 (490 p.).
Traduit en anglais par I.B.2.
Traduit en allemand par I.C.3.
Traduit en espagnol par I.D.1.
Traduit en italien par I.E.2.
Traduit en japonais par I.1.3.
Extrait (153-157): «Affirmation, différence et médiation». *Anthologie des philosophes français contemporains*. Édité par A. CUVILLIER. Paris: P.U.F., 1962, 19,5 × 14,5, 98-102.
Extrait (127-129): «Morale et métaphysique». *Les grandes étapes de la pensée. Décisions II* (Nouvelle initiation philosophique, 5). Édité par Fl. GABORIAU. [Tournai-Paris]: Casterman, 1965, 21,5 × 15, 662-663.
Extraits (127-129, 136-141): «La requête d'estime». *Paul Ricœur ou la liberté selon l'espérance*. Présentation, choix de textes, biographie, bibliographie par M. PHILIBERT. [Paris]: Seghers, [1971], 15 × 12,5, 146-154.

I.A.7. *Philosophie de la volonté. Finitude et Culpabilité. II. La symbolique du mal* (Philosophie de l'esprit). Paris: Aubier, [1960], 22,5 × 14, 335 p.

Réimpression en 1963 et 1968.
Réédition avec I.A.6 dans un seul volume en 1988 (496 p.).
Traduit en anglais par I.B.4.
Traduit en allemand par I.C.4.
Traduit en espagnol par I.D.1.
Traduit en italien par I.E.2.
Traduit en néerlandais par I.G.3.
Traduit en polonais par I.H.2.
Traduit en japonais par I.I.1. et I.I.4.
Les pages 153-165 sont traduites en serbo-croate par II.K.11 et celles de 199-218 par II.K.70.
Traduit en chinois par I.S.3.
Les pages 218-226 sont traduites en hongrois par II.X.1.
Extrait (145-147): «Récapitulation de la symbolique du mal dans le concept de serf-arbitre». *Paul Ricœur ou la liberté selon l'espérance*. Présentation, choix de textes, biographie, bibliographie par M. PHILIBERT. [Paris]: Seghers, [1971], 15 × 12,5, 154-156.

1965

I.A.8. *De l'interprétation. Essai sur Freud* (L'ordre philosophique). Paris: Seuil, [1965], 20,5 × 14, 434 p.

Réedition en poche dans la série «Points-Essais». Paris: Seuil, 1995, 586 p.
Traduit en anglais par I.B.6.
Traduit en allemand par I.C.1.
Traduit en espagnol par I.D.2.
Traduit en italien par I.E.1.
Traduit en portugais par I.F.2.
Les pages 29-63 sont traduites en polonais par II.H.9.
Les pages 29-44 sont traduites en japonais par II.I.3a et le volume entier par I.I.7.
Les pages 13-44 sont traduites en hongrois par I.X.2.

1968

I.A.9. RICŒUR P. et MARCEL G., *Entretiens Paul Ricœur – Gabriel Marcel* (Présence et pensée). Paris: Aubier, [1968], 20 × 13, 131 p.

Réimpression en 1998, Paris: Présence de Gabriel Marcel, 160 p.
Traduit en anglais par I.B.7.
Traduit en allemand par I.C.2.
Traduit en japonais par I.I.3a.
Traduit en tchèque par I.R.2.

1969

I.A.10. *Le conflit des interprétations. Essais d'herméneutique* (L'ordre philosophique). Paris: Seuil, 1969, 21,5 × 14, 506 p.

Comprend les articles suivants déjà publiés:
«Existence et herméneutique». Reprise de II.A.177.
«Structure et herméneutique». Reprise de II.A.153.
«Le problème du double-sens comme problème herméneutique et comme problème sémantique». Reprise de II.A.197.
«La structure, le mot, l'événement». Reprise de II.A.214.
«Le conscient et l'inconsient». Reprise de II.A.191.
«La psychanalyse et le mouvement de la culture contemporaine». Reprise de II.A.176.
«Une interprétation philosophique de Freud». Reprise de II.A.195.
«Technique et non-technique dans l'interprétation». Reprise de II.A.166.
«L'art et la systématique freudienne». Reprise de II.A.224.
«L'acte et le signe selon Jean Nabert». Reprise de II.A.148.
«Heidegger et la question du sujet». Version française peu différente de II.B.26.
«La question du sujet: le défi de la sémiologie». Version française de II.C.8, mais plus élaborée avec l'aide de II.B.25.
«Le 'péché originel': étude de signification». Reprise de II.A.129.
«Herméneutique des symboles et réflexion philosophique (I)». Reprise de la seule communication de II.A.135.
«Herméneutique des symboles et réflexion philosophique (II)». Reprise de la seule communication de II.A.145.

«Démythiser l'accusation». Reprise de II.A.180.
«Interprétation du mythe de la peine». Reprise de II.A.212.
«Préface à Bultmann». Reprise de II.A.231.
«La liberté selon l'espérance». Reprise de II.A.235.
«Culpabilité, éthique et religion». Version française de II.B.32. Reproduit par II.A.257.
«Religion, athéisme, foi». Version française de II.B.31.
«La paternité: du fantasme au symbole». Reprise de II.A.248.

Nouvelle édition en 1993 (500 p.).
Traduit en anglais par I.B.8.
Traduit en allemand par I.C.5 et I.C.7.
Traduit en espagnol par I.D.3, I.D.3a et I.D.4.
Traduit en italien par I.E.5.
Traduit en portugais par I.F.3.
Traduit partiellement en néerlandais par I.G.2 et I.G.4.
Traduit partiellement en polonais par I.H.1.
Traduit partiellement en danois par I.J.1.
Les pages 29-44 sont traduites en serbo-croate par II.K.1.
Traduit en roumain par I.M.4.
Traduit en chinois par I.S.4.
Traduit partiellement en russe par I.T.2.
Les pages 7-34 sont traduites en russe par II.T.5.
Extraits (110-120, 438-440, 453-455): «La conscience comme tâche». «Religion, athéisme, foi». *Paul Ricœur ou la liberté selon l'espérance*. Présentation, choix de textes, biographie, bibliographie par M. PHILIBERT. [Paris]: Seghers, [1971], 15 × 12,5, 161-176.

1975

I.A.11. *La métaphore vive* (L'ordre philosophique). Paris: Seuil, [1975], 20,5 × 14, 414 p.

Les pages 87-100 et le texte entier sont respectivement traduits en anglais par II.B.155 et par I.B.11, mais d'une façon différente.
Traduit en espagnol par I.D.5 et en hispano-américain par I.D.7.
Traduit en italien par I.E.11. La première et la huitième étude – sans les notes – sont aussi traduites en italien, mais différemment par II.E.11 et II.E.12.
Traduit en portugais par I.F.5.
Les pages 356-374 sont traduites en polonais par II.H.5.
Traduit – en abrégé – en japonais par I.I.8.
Traduit en serbo-croate par I.K.1.
Traduit en grec par I.L.1.
Traduit en roumain par I.M.1.
Le texte abrégé de la sixième étude est traduit en russe par II.T.3.
Traduit en bulgare par I.U.2.
Les pages 162-254 sont traduites en hongrois dans I.X.1.

1983

I.A.12. *Temps et récit. Tome 1* (L'ordre philosophique). Paris: Seuil, [1983], 20,5 × 14, 322 p.

Réédition en poche dans la série «Points-Essais, 227», Paris: Seuil, 1991, 404 p.
Traduit en anglais par I.B.17
Traduit en allemand par I.C.9.
Traduit en espagnol par I.D.16.
Traduit en italien par I.E.13.
Traduit en portugais par I.F.11.
Traduit en japonais par I.I.9.
Traduit en serbo-croate par I.K.2.
Les pages 85-129 sont traduites en hongrois par II.X.6. et les pages 85-109 dans I.X.1.
Traduit en coréen par I.ß.1.

1984

I.A.13. *Temps et récit. Tome II. La configuration dans le récit de fiction* (L'ordre philosophique). Paris: Seuil, [1984], 20,5 × 14, 237 p.

Réédition en poche dans la série «Points Essais, 228», Paris: Seuil, 1991, 298 p.
Traduit en anglais par I.B.18.
Traduit en allemand par I.C.10.
Traduit en espagnol par I.D.17.
Traduit en italien par I.E.14.
Traduit en portugais par I.F.12.
Traduit en japonais par I.I.10.

1985

I.A.14. *Temps et récit. Tome III. Le temps raconté* (L'ordre philosophique). Paris: Seuil, [1985], 20,5 × 14, 430 p.

Réédition en poche dans la série «Points Essais, 299», Paris: Seuil, 1991, 535 p.
Traduit en anglais par I.B.20.
Traduit en allemand par I.C.12.
Traduit en espagnol par I.D.22.
Traduit en italien par I.E.15.
Traduit en portugais par I.F.16.
Traduit en japonais par I.I.11.
Les pages 218-263 et 264-275 sont traduites en hongrois dans I.X.1.

1986

I.A.15. *Du texte à l'action. Essais d'herméneutique. II.* (Esprit) avec une préface. Paris: Seuil, [1986], 20,5 × 14, 7-9, 11-412.

Réimprimé en 1998.
Comprend les articles suivants déjà publiés:
«De l'interprétation». Version française plus étendue de II.B.108 et reprise sous le titre «Ce qui me préoccupe depuis trente ans» dans II.A.400a.
«Phénoménologie et herméneutique: en venant de Husserl». Reprise de II.A.305.
«La tâche de l'herméneutique». Reprise de II.A.310.
«La fonction herméneutique de la distanciation». Reprise de II.A.311.
«Herméneutique philosophique et herméneutique biblique». Reprise de II.A.312.
«Qu'est-ce que'un texte? Expliquer et comprendre». Reprise de II.A.256.
«Expliquer et comprendre. Sur quelques connexions remarquables entre la théorie du texte, la théorie de l'action et la théorie de l'histoire». Reprise de II.A.336.
«Le modèle du texte: l'action sensée considérée comme un texte». Texte français de l'article anglais II.B.38.
«L'imagination dans le discours et l'action». Reprise de II.A.322.
«La raison pratique». Reprise de II.A.344a.
«L'initiative». Reprise de II.A.396.
«Hegel et Husserl sur l'intersubjectivité». Reprise de II.A.358a.
«Science et idéologie». Reprise de II.A.303.
«Herméneutique et critique des idéologies». Reprise de II.A.299.
«Idéologie et utopie: deux expressions de l'imaginaire social». Reprise de II.A.370b.
«Éthique et politique». Reprise de II.A.371.

Traduit en anglais par I.B.22.
Traduit en italien par I.E.16.
Traduit en portugais par I.F.10a.
Traduit en roumain par I.M.2.
Extrait (248-251): «Retourner à Kant ou passer par Kant?». *Esprit* (La passion des idées) 1986, n° 8-9, août-septembre, 155-156.
Extrait (181-182): «Expliquer et comprendre». *La philosophie au XXe siècle. Introduction à la pensée contemporaine. Essais et textes* (Philosopher au présent). Edité par J. LACOSTE. [Paris]: Hatier, [1989], 20,5 × 13, 183-184.

I.A.16. *À l'école de la phénoménologie*. (Bibliothèque d'histoire de la philosophie). Paris: Librairie philosophique J. Vrin, 1986, 24 × 15,15, 296 p.

Comprend les articles suivants déjà publiés:
«Husserl (1859-1938)». Reprise du même article dans II.A.61.
«Husserl et le sens de l'histoire». Reprise de II.A.18.
«Méthode et tâche d'une phénoménologie de la volonté». Reprise de II.A.43.
«Analyses et problèmes dans 'Ideen II' de Husserl». Reprise de II.A.29.
«Sur la phénoménologie». Reprise de II.A.56.
«Étude sur les 'Méditations Cartésiennes' de Husserl». Reprise de II.A.64.
«Edmund Husserl – la cinquième Méditation Cartésienne». Texte inédit antérieurement.
«Kant et Husserl». Reprise de II.A.65.
«Le sentiment». Reprise de II.A.110.

«Sympathie et respect. Phénoménologie et éthique de la seconde personne». Reprise de II.A.63.
«L'originaire et la question-en-retour dans la *Krisis* de Husserl». Reprise de II.A.348.

I.A.16a. *Le mal. Un défi à la philosophie et à la théologie* [conférence à la Faculté de théologie de l'Université de Lausanne, 1985]. Avant-propos par P. GISEL. Genève: Labor et Fides, [1986], 21 × 14,5, 5-12, 13-44.

Publié simultanément dans *Bulletin du Centre Protestant d'Est* (Genève), 38 (1986), n° 7, novembre 5-45.
Réproduit dans I.A.20.
Réédité en 1996.

Texte anglais par II.B.125.
Traduit en espagnol dans I.D.19.
Traduit en italien par I.E.22.
Traduit en portugais par I.F.8.
Traduit en néerlandais par I.G.6.
Traduit en hongrois par II.X.10. et dans I.X.1.
Les pages 41-43 sont reproduites sous le titre «Paul Ricœur: Croire en Dieu, malgré...» dans *Le nouvel observateur* (Les grandes questions de la philosophie), hors série, n° 32, 79.

1990

I.A.17. *Soi-même comme un autre* (L'ordre philosophique). Paris: Seuil, [1990] 20,5 × 14, 428 p.

Réédité en 1996 dans la collection «Points, 330».
Traduit en anglais par I.B.23.
Traduit en allemand par I.C.13.
Traduit en espagnol par I.D.23.
Traduit en italien par I.E.21.
Traduit en portugais par I.F.10.
Traduit en japonais par I.I.17.
Les pages 162-198 sont traduites en hongrais dans I.X.1.

I.A.17a. *Liebe und Gerechtigkeit. Amour et justice* [conférence de P. RICŒUR suivie de notes à l'occasion de la remise du Prix Dr. Leopold Lucas, Tübingen 1989]. Texte français avec une traduction allemande parallèle de M. RADEN. Tübingen: J.C.B. Mohr, [1990], 18,5 × 11,5, 6-67, 68-81.

Les pages 64 et 66 du texte français sont reproduites dans *LibreSens.* Bulletin du Centre Protestant d'Études et de Documentation 1991, n° 3, mars, 110-111.
Le texte un peu remanié est traduit en anglais par II.B.150 et par II.B.157.
Traduit en espagnol par I.D.20.

1991

I.A.18. *Lectures 1. Autour du politique* (La couleur des idées). Paris: Seuil, [1991], 20,5 × 14, 412 p.

Comprend les articles suivants déjà parus:

1. Le paradoxe politique

Hannah Arendt

«De la philosophie au politique (1987)». Reprise de II.1.410.
«Pouvoir et violence (1989)». Reprise de II.A.434.
«Préface à *Condition de l'homme moderne* (1983)». Reprise de II.A.367.

Jan Patočka

«Jan Patočka, le philosophe-résistant (1977)». Reprise du II.A.338.
«Préface aux *Essais hérétiques* (1981)». Reprise de II.A.357.
«Jan Patočka et le nihilisme (1990)». Reprise de II.A.457.

Eric Weil

«La 'Philosophie politique' d'Eric Weil (1957)». Reprise de II.A.92.
«De l'Absolu à la Sagesse par l'Action (1984)». Reprise de II.A.374.
«Violence et langage (1967)». Reprise de II.A.215.

Karl Jaspers

«La culpabilité allemande (1989)». Reprise de II.A.21.
«Éclairer l'existence (1986)». Reprise de II.A.405a.

2. Politique, langage et théorie de la justice

«Langage politique et rhétorique (1990)». Reprise de II.A.433.
«Le juste entre le légal et le bon (1991)». Reprise de II.A.478.
«John Rawls: de l'autonome morale à la fiction du contrat social (1990)». Reprise de II.A.453.
«Le cercle de la démonstration (1988)». Reprise de II.A.421.

3. La sagesse pratique

«Éthique et politique (1959)». Reprise de II.A.112.
«Tâches de l'éducateur politique (1965)». Reprise de II.A.182.
«Éthique et morale (1990)». Reprise de II.A.462.
«Postface au *Temps de la responsabilité* (1991)». Reprise de II.A.468a.
«Tolérance, intolérance, intolérable (1988)». Reprise de II.A.426.

4. Circonstances

«Certitudes et incertitudes de la révolution chinoise (1956)». Reprise de II.A.78.
«Note critique sur 'Chine, porte ouverte' (1956)». Reprise de II.A.79.
«Perplexités sur Israël [suivi d'un commentaire de A. NÉHER]». Reprise de II.A.98.
«Faire l'université (1964)». Reprise de II.A.168.
«Réforme et révolution dans l'Université (1968)». Réprise de II.A.238.
«Préface à *Médecins tortionnaires, Médecins résistants* (1980)». Reprise de II.A.430.

Traduit partiellement en portugais par I.F.13.
Traduit partiellement en bulgare par I.U.3.
Traduit en ukranien par I.Z.1.

1992

I.A.19. *Lectures 2. La contrée des philosophes* (La couleur des idées). Paris: Seuil, [1992], 20,5 × 14, 503 p.

Comprend les articles suivants déjà parus:

1. Penseurs de l'existence

Kierkegaard

«Kierkegaard et le mal (1963)». Reprise de II.A.155.
«Philosopher après Kierkegaard (1963)». Reprise de II.A.156.

Entre Gabriel Marcel et Jean Wahl

«Réflexion primaire et réflexion secondaire chez Gabriel Marcel (1984)». Reprise de II.A.375.
«Entre éthique et ontologie: la disponibilité [suivi de deux annexes sur la disponibilité: extraits de *Du refus à l'invocation* et de *Homo viator*]». Reprise de II.A.437.
«Entre Gabriel Marcel et Jean Wahl (1976)». Reprise de II.A.323.

Camus, Sartre, Merleau-Ponty, Hyppolite

«*L'homme révolté* (1952)». Reprise de II.A.47.
«*Le Diable et le Bon Dieu* (1951) (137-148)». Reprise de II.A.34.
«*Humanisme et Terreur* (1948)». Reprise de II.A.12.
«Hommage à Merleau-Ponty (1961)». Reprise de II.A.142.
«Merleau-Ponty: par-delà Husserl et Heidegger (1989)». Reprise de II.A.440.
«Retour à Hegel (Jean Hyppolite) (1955)». Reprise de II.A.70.

La personne

«*L'Essai sur l'expérience de la mort* de P.-L. Landsberg (1951)». Reprise de II.A.33.
«Meurt le personnalisme, revient la personne... (1983)». Reprise de II.A.369.
«Approches de la personne (1990)». Reprise de II.A.456.

Jean Nabert

«Préface à *Élements pour une éthique* (1962)». Reprise de II.A.143.
«*L'Essai sur le mal* [suivi d'une relecture (1992)] (1957)». Reprise de II.A.91 et de II.A.500.
«Préface à *Le Désir de Dieu* (1966)». Reprise de II.A.194.

L'agir humain

«Le *Marx* de Michel Henry (1978)». Reprise de II.A.243.
«Préface à *Heidegger et le problème de l'histoire* (1987)». Version inédite en français de II.B.136a.
«Éthique et philosophie de la biologie chez Hans Jonas (1991)». Reprise de II.A.482.

2. Poétique, sémiotique, rhétorique

Michel Dufrenne

«La notion d'*a priori* selon Michel Dufrenne (1961)». Reprise de II.A.137.
«*Le poétique* (1966)». Reprise de II.A.196.

Claude Lévi-Strauss

«Structure et herméneutique (1963)». Reprise de II.A.153.

A.-J. Greimas

«La grammaire narrative de Greimas (1980)». Reprise de II.A.355.

«Figuration et configuration. A propos du *Maupassant* de A.-J. Greimas (1985)». Reprise de II.A.381.
«Entre herméneutique et sémiotique (1990)». Reprise de II.A.460.

Autour de l'interprétation
«Interprétation (1990)». Reprise de II.A.451.
«Préface à *L'œuvre et l'imaginaire* de Raphaël Célis (1977)». Reprise de II.A.332.
«Une reprise de *La Poétique* d'Aristote (1992)». Reprise de II.A.495.
«Rhétorique, poétique, herméneutique (1986)». Reprise de II.A.397.
Traduit partiellement en portugais par I.F.14.

1994

I.A.20. *Lectures 3. Aux frontières de la philosophie* (La couleur des idées). Paris: Seuil, [1994], 20,5 × 14, 374 p.

Comprend les articles suivants déjà publiés:
«Sur un autoportrait de Rembrandt (1987)». Reprise de II.A.388.

1. Philosophie et non-philosophie
«Une herméneutique philosophique de la religion: Kant (1992)». Reprise de II.A.493.
«Le statut de la *Vorstellung* dans la philosophie hégélienne de la religion (1985)». Reprise de II.A.382.
«La 'figure' dans *L'étoile de la Rédemption* de Franz Rosenzweig (1988)». Reprise de II.A.423.
«Emmanuel Lévinas, penseur du témoignage (1989)». Reprise de II.A.435.
«L'herméneutique du témoignage (1972)». Reprise de II.A.288.
«*Logos, mythos, stauros* (1990)». Reprise de II.A.450.

2. Les sources non-philosophiques de la philosophie
«Philosophie et prophétisme I (1952)». Reprise de II.A.45.
«Philosophie et prophétisme II (1955)». Reprise de II.A.71.
«Sur le tragique (1953)». Reprise de II.A.55.
«Le mal: un défi à la philosophie et à la théologie (1986)». Reprise de II.A.393.
«La condition du philosophe chrétien (1948)». Reprise de II.A.13.
«Un philosophe protestant: Pierre Thévenaz (1956)». Reprise de II.A.75.

3. Essais d'herméneutique biblique
«Phénoménologie de la religion (1993)». Reprise de II.A.494.
«Entre philosophie et théologie I: la *Règle d'Or* en question (1989)». Reprise de II.A.439.
«Entre philosophie et théologie II: Nommer Dieu (1977)». Reprise de II.A.337.
«L'enchevêtrement de la voix et de l'écrit dans le discours biblique (1992)». Reprise de II.A.501.
«*Fides quaerens intellectum*: antécédents bibliques? (1990)». Reprise de II.A.452.
«D'un Testament à l'autre (1991)». Reprise de II.A.472.
Traduit partiellement en portugais par I.F.15.
Traduit partiellement en bulgare par I.U.3.

1995

I.A.21. *La critique et la conviction. Entretien avec François Azouvi et Marc de Launay*. [Paris]: Calmann-Lévy, [1995], 21 × 14, 289 p.
Traduit en anglais par I.B.26.
Traduit en italien par I.E.27.
Traduit en portugais par I.F.19.

I.A.22. *Réflexion faite. Autobiographie intellectuelle* (Philosophie). [Paris]: Editions Esprit, [1995], 21 × 14,5, 117 p.
Comprend deux articles déjà publiés:
«Autobiographie intellectuelle». Texte français de II.B.161.
«De la métaphysique à la morale». Reprise de II.A.517.
Traduit en espagnol par I.D.25.
Traduit en italien par I.E.28.
Traduit en portugais dans I.F.18.

I.A.23. *Le Juste* (Philosophie). [Paris]: Editions Esprit, [1995], 21 × 14,5, 223 p.
Comprend les articles suivants déjà publiés:
«Qui est le sujet du droit?». Texte français de II.E.74.
«Le concept de responsabilité. Essai d'analyse sémantique». Reprise de II.A.558.
«Une théorie purement procédurale de la justice est-elle possible? A propos de *Théorie de la justice* de John Rawls». Reprise de II.A.455.
«Après *Théorie de la justice* de John Rawls». Reprise de II.A.679.
«La pluralité des instances de justice». Texte anglais par II.B.160.
«Jugement esthétique et jugement politique selon Hannah Arendt». Reprise de II.A.557.
«Interprétation et/ou argumentation». Reprise de II.A.600.
«L'acte de juger». Reprise de II.A.503.
«Sanction, réhabilitation, pardon». Reprise de II.A.557
«La conscience [intervention prononcée lors du colloque 'La conscience dans la société contemporaine' organisée par l'ordre des avocats au barreau de Paris, 1994]».
Traduit en espagnol par I.D.23 et I.D.29, en italien par I.E.29 et en portugais par I.F.17.
Traduit en anglais: *The Just*. The University of Chicago Press, 2000, 192 p.

1997

I.A.24. *L'idéologie et l'utopie* (La couleur des idées). Traduction de *Lectures on Ideology and Utopia* par M. Revault d'Allonnes et J. Roman avec introduction par G.H. Taylor et avant-propos à l'édition française par M. Revault d'Allonnes. Paris: Seuil, [1997], 21 × 14, 518 p.
Traduction française de I.B.19.

I.A.25. *Autrement. Lecture d'Autrement qu'être ou au-delà de l'essence d'Emmanuel Levinas* [texte de deux conférences au Collège International de Philosophie, 1997]. [Paris]: PUF, [1997], 39 p.

Traduit en espagnol par I.D.26.
Traduit en portugais par I.F.20.

1998

I.A.26. CHANGEUX J.-P. et RICŒUR P., *Ce qui nous fait penser. La nature et la règle* [dialogues serrés entre un biologiste moléculaire du cerveau et un philosophe sur l'homme connaissant, moral, religieux et esthétique]. [Paris]: Odile Jacob, [1998], 22 × 14,5, 350 p.

Traduit en italien par I.E.30.

I.A.27. LACOCQUE A. et RICŒUR P., *Penser la Bible* (La couleur des idées). Préface par A. LACOCQUE, exégète et P. RICŒUR, philosophe. Le texte d'A. LACOCQUE est traduit de l'anglais par A. PATTE. Paris: Seuil, [1998], 20,5 × 13, 459 p.

Texte anglais par I.B.27.
Comprend les essais suivants:

Genèse 2-3
LACOCQUE A., «Lézardes dans le mur». (19-55)
RICŒUR P., «Penser la Création». (57-102)

Exode 20,13
LACOCQUE A., «Tu ne commettras pas de meurtre». (103-155)
RICŒUR P., «Une obéissance aimante». (157-189)

Ézéchiel 37
LACOCQUE A., «De la mort à la vie». (191-222)
RICŒUR P., «Sentinelle de l'imminence». (223-244)

Psaume 22
LACOCQUE A., «Mon Dieu, mon Dieu, pourquoi n'as-tu abandonné?» (247-278)
RICŒUR P., «La plainte comme prière». (279-304)

Exode 3,14
LACOCQUE A., «La révélation des révélations» (305-336)
RICŒUR P., «De l'interprétation à la traduction» (335-371)

Le cantique des Cantiques
LACOCQUE A., «La Sulamite». (373-410)
RICŒUR P., «La métaphore nuptiale». (411-457)
Les pp. 411-412, 415-416, 419-422, 477-456 sont reprises sous le même titre dans *Esprit* 1998, n° 5, mai, 114-126.

1999

I.A.28. *Paul Ricœur. L'unique et le singulier* (Noms de Dieu, 13). Liège: Alice Éditions, 1999, 82 p.

2000

I.A.29. *Sur l'histoire, la mémoire et l'oubli*. Paris: Seuil, ± 500 p. (à paraître).

I.A.30. *Le Juste. Tome II*. (Philosophie). Paris: Esprit, 2000, 250 p.

I.A.31. *Autour du politique*. Vol. II (La couleur des idées). Paris: Seuil (à paraître).

I.B. ENGLISH / ANGLAIS

1965

I.B.1 *History and Truth* (Northwestern University Studies in Phenomenology and Existential Philosophy). Translation of several articles with an introduction by Ch.A. KELBLEY. Evanston (Illinois): Northwestern University Press, 1965, 24 × 15,5, XXXIV-333 p.

Reprints in 1973, 1977 and 1979.
English translation of I.A.5.
Comprises the following previously published articles:
«Objectivity and Subjectivity in History.» Translation of II.A.57.
«The History of Philosophy and the Unity of Truth.» Translation of II.A.64a.
«Note on the History of Philosophy and the Sociology of Knowledge.» Translation of II.A.42.
«The History of Philosophy and Historicity.» Translation only of the paper of II.A.132.
«Christianity and the Meaning of History.» Translation of II.A.36, different from II.B.1.
«The *Socius* and the Neighbor.» Translation of II.A.62.
«The Image of God and the Epic of Man.» Translation of II.A.126.
«Emmanuel Mounier: A Personalist Philosopher.» Translation of II.A.25.
«Truth and Falsehood.» Translation of II.A.35.
«Note on the Wish and Endeavor for Unity.» Translation of II.A.49.
«Work and the Word.» Translation of II.A.54.
«Non-Violent Man and His Presence to History.» Translation of II.A.19. Another translation by II.B.15.
«State and Violence.» Translation of II.A.84, different from II.B.7.
«The Political Paradox.» Translation of II.A.90.
«Universal Civilization and National Cultures.» Translation of II.A.138.
«True and False Anguish.» Translation of II.A.51.
«Negativity and Primary Affirmation.» Translation of II.A.76.
Excerpt (197-219): «Work and Word.» *Existential Phenomenology and Political Theory: A Reader*. Edited by HWA J. JUNG with a preface by J. WILD. Chicago: Henry Regnery Company, [1972], 20 × 13, 36-64.
Excerpt (247-270): «The Political Paradox.» *Existential Phenomenology and Political Theory: A Reader*. Edited by HWA J. JUNG with a preface by J. WILD. Chicago: Henry Regnery Company, [1972], 20 × 13, 337-367.

I.B.2. *Fallible Man*. Translation of *L'homme faillible* with an introduction by Ch.A. KELBLEY. [Chicago: Henry Regnery], [1965], 21 × 14,5 [bound], 17 × 10,5, XXIX-224 p. [paper, Gateway Editions].

Revised edition in 1986.
English translation of I.A.6.

1966

I.B.3. *Freedom and Nature: The Voluntary and the Involuntary* (Northwestern University Studies in Phenomenology and Existential Philosophy). Translation of *Le volontaire et l'involontaire* with an introduction by E.V. KOHÁK. Evanston (Illinois): Northwestern University Press, 1966, 23,5 × 16,5, XL-498 p. [hardbound and paperback].

Reprints in 1970, 1979 and 1984.
English translation of I.A.3.

1967

I.B.4. *Husserl. An Analysis of His Phenomenology* (Northwestern University Studies in Phenomenology and Existential Philosophy). Translation of several articles with an introduction by E.G. BALLARD and L.E. EMBREE. Evanston (Illinois): Northwestern University Press, 1967, 23,5 × 16,5, XXII-238 p. [hardbound and paperback].

Reprints in 1970, 1979 and 1984.
Comprises the following, mostly already published texts:
«Husserl (1859-1938).» Translation of Ricœur's appendix in II.A.61 on Husserl (183-196).
«An Introduction to Husserl's *Ideas I*.» Translation of Ricœur's introduction to I.A.4.
«Husserl's *Ideas II*: Analyses and Problems.» Translation of II.A.29.
«A Study of Husserl's *Cartesian Meditations, I-IV*.» Translation of II.A.64.
«Husserl's Fifth Cartesian Meditation.» Translation of a previously unpublished text.
«Husserl and the Sense of History.» Translation of II.A.18.
«Kant and Husserl.» Translation of II.A.65.
«Existential Phenomenology.» Translation of II.A.87. Integrally reprinted in I.B.12.
«Methods and Tasks of a Phenomenology of the Will.» Translation of II.A.43.
Excerpt (208-212): «Existential Phenomenology.» *Phenomenology and Existentialism* (Sources in Contemporary Philosophy). Edited by R.C. SOLOMON. [New York-Evanston-San Francisco-London]: [Harper and Row], [1972], 20 × 13,5, 291-296.

I.B.5. *The Symbolism of Evil* (Religious Perspectives, 17). Translation of *La symbolique du mal* by E. BUCHANAN. New York-Evanston-London:

Harper and Row, [1967], 21 × 14,5, XV-357 p. [bound]: Boston: Beacon Press, 1969, 13,5 × 10,5, 362 p. [Beacon Paperbacks, 323].

Reprint of paperback edition in 1970.
English translation of I.A.7.
Excerpt (348-357): «The Symbol Gives Rise to Thought.» *Literature and Religion* (Forum Books). Edited by G.B. GUNN. London: S.C.M. Press, 1971, 21,5 × 14, 211-220.
Excerpt (161-174): «Introduction: The Symbolic Function of Myths.» *Theories of Myths. From Ancient Israel and Greece in Freud, Jung, Campbell and Lévi-Strauss. Vol. 3.* Edited with an introduction by R.A. SEGAL. New York-London: Garland Publishing, Inc., 1996, 23,5 × 15,5, 327-340.

1970

I.B.6. *Freud and Philosophy: An Essay on Interpretation.* Translation of *De l'interprétation. Essai sur Freud* by D. SAVAGE. New Haven – London: Yale University Press, 1970, 24 × 16 [bound], 1977 [paper], X-573 p.

English translation of I.A.8.

1973

I.B.7. RICŒUR P. and MARCEL G., *Tragic Wisdom and Beyond* including *Conversations between Paul Ricœur and Gabriel Marcel* (Northwestern University Studies in Phenomenology and Existential Philosophy). Translation of *Pour une sagesse tragique* by G. MARCEL and of *Entretiens Paul Ricœur – Gabriel Marcel* with a preface and an introduction by P. MCCORMICK and St. JOLIN. Evanston (Illinois): Northwestern University Press, 1973, 23,5 × 15,5, XXXV-256 p.

Includes the English translation of I.A.9.

1974

I.B.8. *The Conflict of Interpretations. Essays in Hermeneutics* (Northwestern University Studies in Phenomenology and Existential Philosophy). Translation of *Le conflit des interprétations. Essais d'herméneutique* by several authors with an introduction by the editor D. IHDE. Evanston (Illinois): Northwestern University Press, 1974, 23,5 × 16, XXV-512 p. [hardbound and paperback].

Reprints in 1979, 1981 and 1984.
Reprint in 1989: London: Athlone, 540 p.
English translation of I.A.10.
Comprises the following, previously published texts:
«Existence and Hermeneutics.» Translation of II.A.177. Reprinted in J. BLEICHER, *Contemporary Hermeneutics. Hermeneutics as Method, Philosophy*

and Critique. London-Boston-Henley: Routledge and Kegan Paul, [1980], 22,5 × 15, 236-256 [cloth and paper]. Partly reprinted in I.B.12.
«Structure and Hermeneutics.» Translation of II.A.153.
«The Problem of Double Meaning as Hermeneutic Problem and as Semantic Problem.» Translation of II.A.197. Another translation by II.B.30.
«Structure. Word, Event.» Translation of II.A.214. Reprint of II.B.28. Partly reprinted in I.B.12.
«Consciousness and the Unconscious.» Translation of II.A.191.
«Psychoanalysis and the Movement of Contemporary Culture.» Translation of II.A.176.
«A philosophical Interpretation of Freud.» Translation of II.A.195. Reprinted in I.B.12.
«Technique and Nontechnique in Interpretation.» Translation of II.A.166.
«Art and Freudian Systematics.» Translation of II.A.224.
«Nabert on Act and Sign.» Translation of II.A.148.
«Heidegger and the Question of the Subject.» Translation of the French version of II.B.26 published under the title «Heidegger et la question du sujet» in I.A.10.
«The Question of the Subject: The Challenge of Semiology.» Translation of the French expanded version of II.C.8. published under the title «La question du sujet: le défi de la sémiologie» in I.A.10.
«'Original Sin': A Study of Meaning.» Translation of II.A.129.
«The Hermeneutics of Symbols and Philosophical Reflection: I.» Translation of II.A.135. Reprint of II.B.13.
«The Hermeneutics of Symbols and Philosophical Reflection: II.» Translation of II.A.145.
«The Demythization of Accusation.» Translation of II.A.180.
«Interpretation of the Myth of Punishment.» Translation of II.A.212.
«Preface to Bultmann.» Translation of II.A.231. Reprinted in I.B.14.
«Freedom in the Light of Hope.» Translation of II.A.235. Reprinted in I.B.14.
«Guilt, Ethics and Religion.» Reprint of II.B.32.
«Religion, Atheism, and Faith.» Translation of the corresponding article in I.A.10. Another English text by II.B.31.
«Fatherhood: From Phantasm to Symbol.» Translation of II.A.248. Another English text by II.B.29.

I.B.9. *Political and Social Essays*. Translation of several essays with a preface by P. RICŒUR and an introduction by the editors D. STEWART and J. BIEN. Athens: Ohio University Press, [1974], 22,5 × 14,5, IX-293 p.

Comprises the following, already published articles:
«Nature and Freedom.» Translation of II.A.144.
«A Critique of B.F. Skinner's *Beyond Freedom and Dignity*.» Reprint of II.B.45.
«What Does Humanism Mean?» Translation of II.A.77.
«Violence and Language.» Translation of II.A.215.
«Ye Are the Salt of the Earth.» Reprint of II.B.10.
«Faith and Culture.» Reprint of II.B.9.

«From Nation to Humanity: Task of Christians.» Translation of II.A.184.
«The Project of a Social Ethic.» Translation of II.A.202.
«Urbanization and Secularization.» Translation of II.A.216.
«Adventures of the State and the Task of Christians.» Translation of II.A.100.
«From Marxism to Contemporary Communism.» Translation of II.A.114.
«Socialism Today.» Translation of II.A.139.
«Ethics and Culture. Habermas and Gadamer in Dialogue.» Reprint of II.B.44.
«The Task of the Political Educator.» Reprint of II.B.43.

1976

I.B.10. *Interpretation Theory: Discourse and the Surplus of Meaning*. Preface by T. KLEIN. Fort Worth (Texas): The Texas Christian University Press, [1976], 22,5 × 15, XII-107 p.

Previously unpublished.
The second essay is reprinted by II.B.73.
Reprint in 1978.
Chapter IV is reprinted under the title «Explanation and Understanding» in *University of Ottawa Quarterly. Revue de l'Université d'Ottawa* 50 [1980], No. 3-4, July and October, 361-373 and in *Contemporary Literary Hermeneutics and Interpretation of Classical Texts*. Edited by St. KRESIC. Ottawa: University of Ottawa Press-Éditions de l'Université d'Ottawa. 1981, 25 × 18, 39-51.
Translated into Portuguese by I.F.6.
Essays 1, 2 and 4 are translated into Dutch by I.G.5.
Translated into Polish by I.H.3.
Translated into Japanese by I.I.13.
Translated into Danish by I.J.3.

1978

I.B.11. *The Rule of Metaphor. Multi-Disciplinary Studies of the Creation of Meaning in Language*. Translation of *La métaphore vive* by R. CZERNY with K. MCLAUGHLIN and J. COSTELLO and introduced by R. CZERNY with an appendix entitled «From existentialism to the philosophy of language». Toronto: University of Toronto Press, 1977; London and Henley: Routledge and Kegan Paul, [1978], 22 × 14, VIII-384 p.

Paperback reprint in 1986.
English translation of I.A.11.
The appendix entitled «From existentialism to the philosophy of language» is a reprint of II.B.39.
A shortened version of Study 1 and of Section 1 in Study 8 are reproduced in II.B.173.

I.B.12. *The Philosophy of Paul Ricœur. An Anthology of His Work* (Beacon Paperback 567-Philosophy). Edited and prefaced by Ch. REAGAN and

D. STEWART. Boston: Beacon Press; Toronto: Fitzhenry and Whiteside Limited, [1978], 20 × 13,5, VI-262 p.

Comprises the following, already published texts:
«The Unity of the Voluntary and the Involuntary as Limiting Idea.» Translation of II.A.28 and reprint of II.B.23.
«The Antinomy of Human Reality and the Problem of Philosophical Anthropology.» Translation of II.A.123 and reprint of II.B.24.
«The Hermeneutics of Symbols and Philosophical Reflection.» Translation of II.A.135 and reprint of II.B.13.
«Philosophy of Will and Action.» Partial reprint of the sole paper of II.B.21.
«Existential Phenomenology.» Translation of II.A.87 and reprint of the homonymous article in I.B.4.
«From Existentialism to the Philosophy of Language.» Reprint of II.B.39.
«Existence and Hermeneutics.» Partial translation of II.A.177 and partial reprint of the homonymous article in I.B.8.
«Structure, Word, Event.» Translation of II.A.214 and partial reprint of II.B.28.
«Creativity in Language: Word, Polysemy, Metaphor.» Reprint of II.B.40.
«Metaphor and the Main Problem of Hermeneutics.» Translation of II.A.289 and reprint of II.B.46.
«Explanation and Understanding: On Some Remarkable Connections among the Theory of Text, Theory of Action and Theory of History.» Translation of II.A.336. Reprinted in I.B.22.
«A Philosophical Interpretation of Freud.» Translation of II.A.195 and reprint of the homonymous article in I.B.8.
«The Question of God in Freud's Psychoanalytic Writings.» Reprint of II.B.69.
«The Critique of Religion.» Translation of II.A.171 and reprint of II.B.47.
«The Language of Faith.» Translation of II.A.172 and reprint of II.B.48.
«Listening to the Parables of Jesus.» Reprint of II.B.53.

1979

I.B.13. *Main Trends in Philosophy* (Main Trends in the Social and Human Sciences, 4). New York-London: Holmes and Meier, [1979], 23 × 15, XVII-469 p.

Reprint of Chapters VII and VIII of II.B.75.
Translated into Japanese by I.I.5 and I.I.6.
Translated into Chinese by I.S.1.

1980

I.B.14. *Essays on Biblical Interpretation.* Edited with an introduction by L.S. MUDGE and a reply by P. RICŒUR. Philadelphia: Fortress Press, [1980], 21,5 × 15, IX-182 p.

Comprises the following texts:
«Reply to Lewis S. Mudge.» Reprint of the third part of II.B.96.
«Preface to Bultmann.» Reprint of the homonymous article in I.B.8.

«Toward a Hermeneutic of the Idea of Revelation.» Reprint of II.B.70.
«The Hermeneutics of Testimony.» Reprint of II.B.93.
«Freedom in the Light of Hope.» Reprint of the homonymous article in I.B.8.

I.B.15. *The Contribution of French Historiography to the Theory of History* (The Zaharoff Lecture for 1978-1979). Oxford: Clarendon Press, [New York: Oxford University Press], 1980, 21,5 × 14, 65 p.

Unpublished in French.

1981

I.B.16. *Hermeneutics and the Human Sciences. Essays on Language, Action and Interpretation.* Edited, translated and introduced by J.B. THOMPSON with a response by P. RICŒUR. Cambridge-London-New York-New Rochelle-Melbourne-Sydney: Cambridge University Press; Paris: Éditions de la Maison des Sciences de l'Homme, [1981], 23 × 15,5, 314 p. [hardback and paperback].

Comprises the following, mostly already published texts:
«The Task of Hermeneutics.» Another translation of II.A.310, different from II.B.41.
«Hermeneutics and the Critique of Ideology.» Translation of II.A.299. Reprinted in *Hermeneutics and Modern Philosophy*. Edited by Br.R. WACHTERHAUSER, New York: State University of New York, [1986], 23,5 × 15,5, 300-339 and in *The Hermeneutic Tradition. From Ast to Ricœur* (Suny Series). Edited by G.L. ORMISTON and A.D. SCHRIFT. [Albany]: State University of New York, [1990], 24 × 16, 298-334. Reprinted in I.B.22.
«Phenomenology and Hermeneutics.» Translation of II.A.305.
«The Hermeneutical Function of Distanciation.» Another translation of II.A.131, different from II.B.42.
«What is a Text? Explanation and Understanding.» Integral translation of II.A.256, different from the partial translation by II.B.36. Reprinted in I.B.21 and I.B.22.
«Metaphor and the central Problem of Hermeneutics.» Translation of II.A.289, different from the translation by II.B.46.
«Appropriation.» Previously unpublished in French. Reprinted in I.B.21. Translated into Polish in I.H.3.
«The Model of the Text: meaningful Action considered as a Text.» Reprint of II.B.38.
«Science and Ideology.» Translation of II.A.303. Reprinted in I.B.22.
«The Question of Proof in Freud's psychoanalytic Writings.» Reprint of II.B.69.
«The narrative Function.» Translation of II.A.345.

1984

I.B.17. *Time and Narrative. Vol. I.* Translation of *Temps et récit I* by K. MCLAUGHLIN and D. PELLAUER. Chicago: The University of Chicago Press, [1984], 23,5 × 15,5, XII-274 p.

English translation of I.A.12.

1985

I.B.18. *Time and Narrative. Vol. II*. Translation of *Temps et récit II* by K. McLaughlin and D. Pellauer. Chicago-London: The University of Chicago Press, [1985], 24 × 16, 208 p.

Translation of I.A.13.
Excerpt (130-152) with belonging notes (144-201) published under the title «Time traversed: Remembrance of Things Past» in I.B.21.

1986

I.B.19. *Lectures on Ideology and Utopia*. Edited and introduced by G.H. Taylor. New York: Columbia University Press, 1986, 23,5 × 16, xxxvi-353 p.

The lectures xiv and xv are reprinted in I.B.21.
French version of Lecture VIII by II.A.480a.
Translated into French by I.A.24.
Translated into Spanish by I.D.21.
Translated into Italian by I.E.23.
Translated into Portuguese by I.F.10b.
Excerpts (124-157) are published by II.B.159.

1988

I.B.20. *Time and Narrative. Vol. III*. Translation of *Temps et récit III* by K. Blamey and D. Pellauer. Chicago-London: The University of Chicago Press, [1988], 24 × 16, 355 p.

Translation of I.A.14.
Excerpt (159-179) with belonging notes (313-320) is published under the title «Between the Text and its Readers» in I.B.21.

1991

I.B.21. *A Ricœur Reader: Reflection and Imagination* (Theory / Culture Series, 2). Collection of several articles edited and introduced by M.J. Valdés. New York-London-Toronto-Sydney-Tokyo-Singapore: Harvester-Wheatsheaf, [1991], 23 × 15, xiv-516 p.

Comprises the following, already published texts:

I. Philosophical Context for a Post-Structuralist Hermeneutics
«What is a Text? Explanation and Understanding.» Reprint of the same article in I.B.16 and I.B.22.
«Word, Polysemy, Metaphor: Creativity in Language.» Reprint of II.B.40.
«The Human Experience of Time and Narrative.» Reprint of II.B.94.
«The Function of Fiction in Shaping Reality.» Reprint of II.B.95.
«Mimesis and Representation.» Reprint of II.B.103.

II. The Dialectic of Engagement
«Habermas.» Reprint of Lecture XIV in I.B.19.
«Geertz.» Reprint of Lecture XV in I.B.19.
«Construing and Constructing: A Review of *The Aims of Interpretation* by E.D. Hirsch, Jr.» Reprint of II.B.74.
«Review of Nelson Goodman's *Ways of Worldmaking*.» Reprint of II.B.99.
«The Conflict of Interpretations: Debate with Hans-Georg Gadamer.» Reprint of II.B.106.
«Northrop Frye's *Anatomy of Criticism*, or the Order of Paradigms.» Reprint of II.B.109.
«Greimas's Narrative Grammar.» Reprint of II.B.142.
«On Narrativity: Debate with A.J. Greimas.» Reprint of II.B.143.

III. Aspects of Post-Structuralist Hermeneutics
«Metaphor and the Main Problem of Hermeneutics.» Reprint of II.B.46.
«Writing as a Problem for Literary Criticism and Philosophical Hermeneutics.» Reprint of II.B.73.
«Narrated Time.» Reprint of II.B.124.
«Time traversed: Remembrance of Things Past.» Reprint of pp. 130-152 and 194-201 from I.B.18.
«Between the Text and its Readers.» Reprint of pp. 159-179 and 313-320 from I.B.20.
«Life: A Story in Search of a Narrator.» Reprint of II.B.129.

IV. The Dialogical Disclosure: Interviews with Paul Ricœur
«Phenomenology and Theory of Literature.» Reprint of II.B.105.
«Poetry and Possibility.» Reprint of II.B.107.
«The Creativity of Language.» Reprint of II.B.116.
«Myth as the Bearer of Possible Worlds.» Reprint of II.B.116.
«World of the Text, World of the Reader.» English translation of II.A.411.

I.B.22. *From Text to Action. Essays in Hermeneutics, II.* Translation of *Du texte à l'action* by K. BLAMEY and J.B. THOMPSON. London: The Athlone Press, [1991], 23 × 15, XVI-346 p.

English translation of I.A.15.
Comprises the following, already published texts:
«On Interpretation.» Reprint of II.B.108.
«Phenomenology and Hermeneutics.» Reprint of II.B.22.
«The Task of Hermeneutics.» Reprint of II.B.41.
«The Hermeneutical Function of Distanciation.» Reprint of II.B.41.
«Philosophical Hermeneutics and Biblical Hermeneutics.» Reprint of II.B.76.
«What is a Text? Explanation and Understanding.» Reprint of II.B.36.
«Explanation and Understanding.» Reprint of the homonymous article in II.B.12.
«Imagination in Discourse and in Action.» English translation of II.A.322.
«Practical Reason.» English translation of II.A.344a.
«Initiative.» English translation of II.A.396.

«Hegel and Husserl on Intersubjectivity.» English translation of the French text in I.A.15; different from II.B.90.
«Science and Ideology.» Reprint of the homonymous article in I.B.16.
«Hermeneutics and the Critique of Ideology.» Reprint of the homonymous article in I.B.16.
«Ideology and Utopia.» English translation of II.A.270b.
«Ethics and Politics.» English translation of II.A.371.

1992

I.B.23. *Oneself as Another*. Translation of *Soi-même comme un autre* by K. BLAMEY. Chicago-London: The University of Chicago Press, [1992], 23,5 × 16, 363 p.

English translation of I.A.17.

1995

I.B.24. *Figuring the Sacred. Religion, Narrative, and Imagination. Paul Ricœur*. Translated by D. PELLAUER, edited and introduced by M.I. WALLACE. Minneapolis: Fortress Press, [1995], 23 × 15, 340 p.

Introduction presenting the Ricœur texts arranged under five Headings. Contains the following articles:

Part One: The study of Religion: Problems and Issues
1. «Philosophy and Religious Language.» Reprint of II.B.54.
2. «Manifestation and Proclamation.» Reprint of II.B.86b.
3. «The 'Sacred' Text and the Community.» Reprint of II.B.91.

Part Two: Philosophy of Religion: Mediation and Conflict
4. «A Philosophical Hermeneutics of Religion: Kant.» English translation of II.A.493.
5. «The 'Figure' in Rosenzweig's *The Star of Redemption*.» English translation of II.A.423.
6. «Emmanuel Levinas: Thinker of Testimony.» English translation of II.A.435.

Part Three: The Bible and Genre: The Polyphony of Biblical Discourses
7. «On the Exegesis of Genesis: 1:1 – 2:4a.» English translation of II.A.269.
8. «The Bible and the Imagination.» Reprint of II.B.101a.
9. «Biblical Time.» English translation of II.A.383.
10. «Interpretive Narrative.» Reprint of II.B.146.

Part Four: Theological Overtures: God, Self, Narrative, and Evil
11. «Hope and the Structure of Philosophical Systems.» Reprint of II.B.34.
12. «Naming God.» Reprint of II.B.92.
13. «Toward a Narrative Theology: Its Necessity, Its Resources, Its Difficulties.» English text of II.G.7.
14. «Evil, a Challenge to Philosophy and Theology.» Reprint of II.B.125.
15. «The Summoned Subject in the School of the Narratives of the Prophetic Vocation.» English translation of II.A.424.

Part Five: Practical Theology: Ethics and Homiletics
16. «The Logic of Jesus, The Logic of God.» Reprint of II.B.97.
17. «Whoever Loses Their Life for My Sake Will Find it [previously unpublished sermon given at the Rockefeller Chapel at the University of Chicago, 1984].»
18. «The Memory of Suffering.» Reprint of II.B.142.
19. «Ethical and Theological Considerations on the Golden Rule.» English translation of II.A.434b.
20. «Pastoral Praxeology, Hermeneutics, and Identity.» English translation of II.A.434c.
21. «Love and Justice.» Reprint of II.B.150.

1996

I.B.25. *A Key to Edmund Husserl's Ideas I* (Marquette Studies in Philosophy, 10). Translation of the introduction and notes to *Idées directrices pour une phénoménologie* by B. HARRIS et J. BOUCHARD SPURLOCK with an introduction by P. VANDEVELDE. [Milwaukee: Marquette University Press, 1996], 25,1 × 14, 176 p.

English translation of the introduction and the notes of I.A.4.

1998

I.B.26. *Critique and Conviction. Conversations with François Azouvi and Marc de Launay*. Translation of *La critique et la conviction* by K. BLAMEY. [Oxford]: Polity Press – Blackwell, [1998], 22,5 × 15, 194 p.

English translation of I.A.21.
Chapter 8 is reprinted in *Philosophy and Social Criticism.* (Festschrift for the Editor. Essays in Honor of D.M. Rasmussen) 24 (1998), N° 2/3, April, 25-39.

I.B.27. LACOCQUE A. and RICŒUR P., *Thinking Biblically. Exegetical and Hermeneutical Studies.* Translated by D. PELLAUER. Chicago-London: The University of Chicago Press, [1998], 23,5 × 16, IX-XIX-441 p.

French text by I.A.27.
Comprises the following essays:

Genesis 2-3
LACOCQUE A., «Cracks in the Wall.» (3-39)
RICŒUR P., «Thinking Creation.» (31-67)

Exodus 20:13
LACOCQUE A., «Thou Shalt Not Kill.» (78-109)
RICŒUR P.: «Thou Shalt Not Kill: A Loving Obedience.» (111-138)

Ezekiel 37:1-14
LACOCQUE A., «From Death to Life.» (141-164)
RICŒUR P., «Sentinel of Imminence.» (165-183)

Psalm 22
LACOCQUE A., «My God, My God, Why Have You Forsaken Me?» (178-209)
RICŒUR P., «Lamentation as Prayer.» (211-232)

The Song of Songs
LACOCQUE A., «The Shulamite.» (235-263)
RICŒUR P., «The Nuptial Metaphor.» (263-303)

Exodus 3:14
LACOCQUE A., «The Revelation of Revelations.» (307-329)
RICŒUR P., »From Interpretation to Translation.» (331-361)

Genesis 44
LACOCQUE A., «An Ancestral Narrative: The Joseph Story.» (365-397)

Zechariah 12:10
LACOCQUE A., «Et aspicient ad me quem confixerunt.» (401-421).
The two last exegetical essays by A. LaCocque are only published in the English book.

I.C. ALLEMAND / GERMAN

1969

I.C.1. *Die Interpretation. Ein Versuch über Freud.* Traduction de *De l'interprétation* par E. MOLDENDAUER. [Frankfurt am Main]: Suhrkamp, [1969], 22,5 × 14, 564 p.

Réimpression en 1974.
Réimpression dans la série «Suhrkamp-Taschenbuch Wissenschaft, 76» 1993, 563 p.
Traduction allemande de I.A.8.
Extraits (33-49, 55-60): «Der Konflikt der Interpretationen». *Hermeneutische Philosophie* (Nymphenburger Texte zur Wissenschaft Modelluniversität, 8). Edité par O. PÖGGELER. München: Nymphenburger Verlagshandlung. [1972], 21 × 13, 252-273.

1970

I.C.2. RICŒUR P. et MARCEL G., *Gespräche.* Traduction de *Entretiens Paul Ricœur – Gabriel Marcel* par A. AHLBRECHT. Frankfurt am Main: Josef Knecht, [1970], 19 × 12, 111 p.

Traduction allemande de I.A.9.

1971

I.C.3. *Die Fehlbarkeit des Menschen. Phänomenologie der Schuld I.* Traduction de *L'homme faillible* par M. OTTO. Freiburg-München: Karl Alber, [1971], 22 × 14,5, 186 p.

Réimpression en 1989.
Traduction allemande de I.A.6.

I.C.4. *Symbolik des Bösen. Phänomenologie der Schuld II.* Traduction de *La symbolique du mal* par M. OTTO. Freiburg-München: Karl Alber, [1971], 22 × 14,5, 407 p.

Traduction allemande de I.A.7.

1973

I.C.5. *Hermeneutik und Strukturalismus. Der Konflikt der Interpretationen I.* Traduction partielle de *Le conflit des interprétations* par J. RÜTSCHE. München: Kösel, [1973], 22 × 13,5, 231 p.

Traduction allemande partielle de I.A.8.
Comprend les articles suivants:
«Existenz und Hermeneutik». Traduction de II.A.177.
«Struktur und Hermeneutik». Traduction de II.A.153. Reproduit partiellement sous le titre «Paul Ricœur. Grenzen der Strukturalismus» dans *Funktion und Struktur. Soziologie von der Geschichte* (Nymphenburger Texte zur Wissenschaft, 20). Édité par W. BÜHL. [München: Nymphenburger Verlag, [1975], 21 × 13, 329-348.
«Das hermeneutische und das semantische Problem des Doppelsinns». Traduction de II.A.197.
«Die Struktur, das Wort und das Ereignis». Traduction de II.A.214, différente de la traduction partielle de II.C.5.
«Heidegger und die Frage nach dem Subjekt». Traduction de la version française de II.B.26, parue sous le titre «Heidegger et la question du sujet» dans I.A.10.
«Die Frage nach dem Subjekt angesichts der Herausforderung der Semiologie». Traduction de la version française plus développée de II.C.8, parue sous le titre «La question du sujet: le défi de la sémiologie» dans I.A.10.
«Vorwort zur französischen Ausgabe von Rudolf Bultmanns *Jesus* 1926) und *Jesus Christus und die Mythologie* (1951)». Traduction de II.A.231, différente de celle-ci de II.C.13.
«Die Freiheit im Licht der Hoffnung». Traduction de II.A.235, différente de celle-ci de II.C.15.

1974

I.C.6. *Geschichte und Wahrheit.* Traduction de *Histoire et vérité* avec une introduction de R. LEICK. München: List, 1974, 20,5 × 13, 375 p.

Traduction allemande de la troisième édition (1967) de I.A.5. avec omission des articles II.A.64a et II.A.124.
Comprend les articles suivants:
«Objektivität und Subjektivität in der Geschichte». Traduction de II.A.57.
«Anmerkung über die Geschichte der Philosophie und die Wissenssoziologie». Traduction de II.A.42.

«Philosophiegeschichte und Geschichtlichkeit». Traduction de II.A.132.
«Das Christentum und der Sinn der Geschichte». Traduction de II.A.36.
«Der Sozius und der Nächste». Traduction de II.A.62.
«Wahrheit und Lüge». Traduction de II.A.35.
«Das Bild Gottes und das Epos des Menschen». Traduction de II.A.126.
«Anmerkung über Wunsch und Aufgabe der Einheit». Traduction partielle de II.A.49.
«Arbeit und Rede». Traduction de II.A.54.
«Der gewaltlose Mensch und seine Gegenwart in der Geschichte». Traduction de II.A.19.
«Staat und Gewalt». Traduction de II.A.84, différente de celle-ci de II.C.2.
«Das politische Paradox». Traduction de II.A.90.
«Weltzivilisation und nationale Kulturen». Traduction de II.A.138.
«Ökonomische Voraussicht und ethische Wahl». Traduction de II.A.186.
«Wahre Angst und falsche Angst». Traduction de II.A.51.
«Negativität und Ur-Bejahung». Traduction de II.A.76.
Extrait (248-250): «Die Macht und die Autonomie des Politischen». *Der Philosoph und die Macht. Eine Anthologie*. Edité par P. KONDYLIS. [Hamburg]: Junius Verlag, [1992], 21 × 13, 207-217.

I.C.7. *Hermeneutik und Psychoanalyse. Der Konflikt der Interpretationen II.* Traduction partielle de *Le conflit des interprétations* par J. RÜTSCHE. München: Kösel, [1974], 22 × 13,5, 360 p.

Traduction allemande partielle de I.A.8.
Comprend les articles suivants:
«Das Bewusste und das Unbewusste». Traduction de II.A.191.
«Die Psychoanalyse und die Kultur der Gegenwart». Traduction de II.A.176.
«Eine philosophische Freud-Interpretation». Traduction de II.A.195.
«Technik und Nicht-Technik in der Interpretation». Traduction de II.A.166.
«Die Kunst und die Freudsche Systematik». Traduction de II.A.224.
«Die 'Erbsünde' – eine Bedeutungsstudie». Traduction de II.A.129.
Reproduit dans *Zum Augustin-Gespräch der Gegenwart II* (Wege der Forschung, 328). Édité par C. ANDRESEN. Darmstadt: Wissenschaftliche Buchgesellschaft, 1981, 20 × 13, 329-351.
«Hermeneutik der Symbole und philosophische Reflexion (I)». Traduction de II.A.135. différente de celle-ci de II.C.6.
«Hermeneutik der Symbole und philosophische Reflexion (II)». Traduction de II.A.145.
«Die Anklage entmythisieren». Traduction de II.A.180.
«Interpretation der Strafmythos». Traduction de II.A.212.
«Schuld, Ethik und Religion». Traduction de l'article correspondant dans I.A.10, différente de celle-ci de II.C.9.
«Religion, Atheismus, Glaube». Traduction de l'article correspondant dans I.A.10.
«Die Vatergestalt – vom Phantasiebild zum Symbol». Traduction de II.A.248. Reproduit par II.C.14.

1986

I.C.8. *Die lebendige Metapher* (Übergänge. Texte und Studien zu Handlung, Sprache und Lebenswelt, 12). À l'exception de la 4e et 5e étude, traduction de *La métaphore vive* par R. ROCHLITZ avec une préface de P. RICŒUR à la traduction allemande. [München]: Wilhelm Fink Verlag, [1986], 21,5 × 14, I-VIII-325 p.

Traduction de I.A.11.

1988

I.C.9. *Zeit und Erzählung. Band I. Zeit und historische Erzählung* (Übergänge. Texte und Studien zu Handlung, Sprache und Lebenswelt, 18/I). Traduction de *Temps et récit I* par R. ROCHLITZ. [München]: Wilhelm Fink Verlag, [1988], 21,5 × 14, 357 p.

Traduction allemande de I.A.12.

1989

I.C.10. *Zeit und Erzählung. Band II.* (Übergänge. Texte und Studien zu Handlung, Sprache und Lebenswelt, 18/II). Traduction de *Temps et récit II* par R. ROCHLITZ. [München]: Wilhelm Fink Verlag, [1989], 21,5 × 14, 282 p.

Traduction allemande de I.A.13.

1990

I.C.11. *Liebe und Gerechtigkeit. Amour et justice* [conférence de P. RICŒUR suivi de notes, à l'occasion de la remise du Prix Dr. Leopold Lucas, Tübingen, 1989]. Texte français avec une traduction allemande parallèle de M. RADEN, Tübingen: J.C.B. Mohr, [1990], 18,5 × 11,5, 6-67, 68-81.

Confer I.A.17a.

1991

I.C.12. *Zeit und Erzählung. III. Die erzählte Zeit* (Übergänge. Texte und Studien zu Handlung, Sprache und Lebenswelt, 18/III). Traduction de *Temps et récit III* par A. KNOP. München: Wilhelm Fink Verlag, 1991, 21,5 × 14, 454 p.

Traduction allemande de I.A.14.

1996

I.C.13. *Das Selbst als ein Anderer* (Übergänge. Texte und Studien zu Handlung, Sprache und Lebenswelt, 26). Traduction de *Soi-même comme un autre* par J. GREISCH en collaboration avec Th. BEDORF et B. SCHAAFF. [München]: Wilhelm Fink Verlag, 1996, 22 × 13,8, 448 p.

Traduction allemande de I.A.17.

1998

I.C.14. *Das Rätsel der Vergangenkeit. Erinnern – Vergessen – Verzeihen* (Essener Kulturwissenschaftliche Vorträge, 2). Traduction de quelques textes par A. BREITLING et H.R. LESAAR avec une préface de B. LIEBSCH. [Göttingen]: Wallstein Verlag, [1998], 21 × 12,5, 156 p.

Comprend les articles suivants:
«Das Rätsel der Vergangenkeit (19-67)». Traduction allemande de II.A.647.
«Die vergangene Zeit lesen: Gedächtnis und Vergessen (69-156)». Traduction allemande d'une conférence à un colloque à Madrid 1996. Pas publié auparavant.

1999

I.C.15. *Erinnerung – Entscheidung – Gerechtigkeit* (Bausteine zur Philosophie. Band 13) [Conférences données au Humboldt-Studienzentrum. Universität Ulm, 1998-1999]. Traduit par P. WELSEN et édité par R. BREUNINGER. Ulm: Humboldt-Studienzentrum, 1999, 55 p.

Comprend les textes suivants:
«Erinnerung und Vergessen» (11-30).
«Gerechtigkeit und Rache» (31-41).
«Der Akt der Entscheidung im medizinischen und juristischen Handeln» (43-54).

I.D. ESPAGNOL / SPANISH

1969

I.D.1. *Finitud y culpabilidad* (Ensayistas de Hoy, 63). Traduction de *Finitude et culpabilité* par C. SÁNCHEZ GIL avec une introduction de J.L.L. ARANGUREN. [Madrid]: Taurus, [1969], 21 × 13,5, 718 p.

Réimpression dans la collection «Ensayistas, 63» en 1982, 505 p.
Traduction espagnole de I.A.6 et I.A.7.

1970

I.D.2. *Freud: Una interpretación de la cultura*. Traduction de *De l'interprétation* avec une note préliminaire par A. SUAREZ. [Mexico (D.F.)-Madrid-Buenos Aires]: Siglo Veintiuno, 1970, 21 × 13,5, XI-483 p.

Réimpression en 1973 et en 1987 (7e édition).
Traduction espagnole de I.A.8.

1975

I.D.3. *Hermenéutica y estructuralismo.* Traduction partielle de *Le conflit des interprétations* par Gr. BARAVALLE et M.T. LA VALLE. [Buenos Aires]: Megápolis (La Aurora), [1975], 19,5 × 13, 174 p.

Traduction espagnole de la premiére partie de I.A.10.
Comprend les articles suivants:
«Existencia y hermenéutica». Traduction de II.A.177.
«Estructura y hermenéutica». Traduction de II.A.153 d'après la version parue dans I.A.10. Cette version diffère de celle-ci parue dans *Esprit* dont II.D.4. offre la traduction.
«El problema del doble sentido. Como problema hermenéutico y como problema semántico». Traduction de II.A.197.
«La estructura, la palabra, el acontecimiento». Traduction de II.A.214.
«El acto y el signo según Jean Nabert». Traduction de II.A.148.
«Heidegger y la cuestión del sujeto». Traduction d'après la version parue dans I.A.10.
«La cuestión del sujeto: el desafío de la semiología». Traduction d'après la version parue dans I.A.10.

I.D.3a. *Hermenéutica y psicoanálisis.* Traduction partielle de *Le conflit des interprétations* par H. CONTERIS. [Buenos Aires]: Megápolis (La Aurora), [1975], 19,5 × 13, 127 p.

Traduction espagnole de la deuxième partie de I.A.10.
Comprend les articles suivants:
«El consciente y el inconsciente». Traduction de II.A.191.
«El psicoanálisis y el movimiento de la cultura contemporanea». Traduction de II.A.176.
«Una interpretación filosófica de Freud». Traduction de II.A.195.
«Técnica y no-técnica en la interpretación». Traduction de II.A.166.
«El arte y la sistemática Freudiana». Traduction de II.A.224.

1976

I.D.4. *Introducción a la simbolica del mal.* Traduction partielle de *Le conflit des interprétations* par M.T. LA VALLE et M. PÉREZ RIVAS. [Buenos Aires]: Megápolis (La Aurora), [1976], 19,5 × 13, 248 p.

Traduction espagnole de la troisième partie de I.A.10.
Contient les articles suivants:
«El 'pecado original': estudio de significación». Traduction de II.A.129.
«Hermenéutica de los símbolos y reflexión filosófica (I)». Traduction de II.A.135, différente de celle-ci de II.D.1.
«Hermenéutica de los símbolos y reflexión filosófica (II)». Traduction de II.A.145.

«Demitologizar la acusasión» Traduction de II.A.180.
«Interpretación del mito de la pena». Traduction de II.A.212.
«Prefacio a Bultmann». Traduction de II.A.231.
«La libertad según la esperanza». Traduction de II.A.235.
«Culpabilidad, Ética y Religión». Traduction de ll.A.257, différente de celle-ci de II.D.9.
«Religión, Ateismo, Fe». Traduction de la version française de II.B.31, parue sous le titre «Religion, athéisme, foi» dans I.A.10.
«La paternidad: del fantasma al símbolo». Traduction de II.A.248.

1977

I.D.5. *La metáfora viva* (Comunicaciones). Traduction de *La métaphore vive* par Gr. BARAVALLE. Buenos Aires: Megápolis (La Aurora), 1977, 469 p.

Traduction hispano-américaine de I.A.11.

1978

I.D.6. *El lenguaje de la fe.* Traduction de plusieurs textes de P. RICŒUR par M. YUTZIS avec une introduction de M. MELANO COUCH. [Buenos Aires]: Megápolis (La Aurora), [1978], 19,5 × 12, 163 p.

Comprend les articles suivants:
«La critica de la religión». Traduction de II.A.171.
«El lenguaje de la fe». Traduction de II.A.172.
«Las ciencias humanas y el condicionamiento de la fe». Traduction de II.A.183.
«Prospectiva del mundo y perspectiva cristiana». Traduction de II.A.174.
«La tarea del educador político». Traduction de II.A.182.
«Bultmann y Ebeling. Desmitologización y reinterpretación. Actualidad mensaje cristiano». Traduction de II.A.217 et du seul exposé de II.A.218.
«Lenguaje y teología de la palabra». Traduction de II.A.237, différente de celle-ci de II.D.18.

1980

I.D.7. *La metáfora viva.* Traduction de *La métaphore vive* par A. NEIRA CALVO. Madrid: Europa (Cristiandad), [1980], 21,5 × 14, 437 p.

Traduction espagnole de I.A.11.

1981

I.D.8. *El discurso de la acción* (Teorema). Traduction de *Le discours de l'action* par P.CALVO. Madrid: Cátedra, [1981], 18 × 11, 154 p.

Deuxième édition en 1988.
Traduction espagnole de II.A.335.

1982

I.D.9. *Corrientes de la investigación en las ciencias sociales. 4. Filosofía.* Traduction de *La philosophie* par M.J. TRIVIÑO. [Madrid-Paris]: Tecnos-UNESCO, [1982], 21,5 × 15, 499 p.

Traduction espagnole de II.A.340.

1983

I.D.10. *Texto, testimonio y narración* (Club de lectores de filosofía y letras, 7). Traduction de quelques textes de P. RICŒUR avec une préface par V. UNDURRAGA. [Santiago de Chile]: Andrés Bello, [1983], 18 × 11,5, 125 p.

Comprend les articles suivants:
«La hermenéutica del testimonio». Traduction de II.A.288.
«La función narrativa y la experiencia humana del tiempo». Traduction de II.A.353.
«Acontecimiento y sentido». Traduction de II.A.279. Reproduction de II.D.25.

1984

I.D.11. *Educación y política. De la Historia Personal a la Comunión de Libertades* (Interacción educativa, 40). Traduction de plusieurs articles de P. RICŒUR par M. DE GILOTAUX et R. FERRARA avec une présentation de M.-Fr. BEGUÉ et un épilogue de A. FORNARI. [Buenos Aires]: Editorial Docencia, [1984], 20 × 14, 119 p.

Comprend les articles suivants:
«Poética y simbólica». Traduction de II.A.363c.
«La vida: un relato en busca de narrador». Traduction d'un texte inédit.
«La historia común de los hombres. La cuestión del sentido de la historia». Traduction de II.A.370a.
«El yo, el tu y la institución. Los fundamentos de la moral: la intención ética». Traduction de II.A.370c.
«La ideología y la utopía. Dos expresiones de lo imaginario social». Traduction de II.A.370b.
«Etica y política». Traduction de II.A.371.

1985

I.D.12. *Hermenéutica y Acción. De la Hermenéutica del Texto a la Hermenéutica de la Acción.* (El Baquiano, 7). Traduction de plusieurs textes de P. RICŒUR par M.M. PRELOOKER, L.J. ADURIZ, A. FORNARI, J.C. GORLIER et M.T. LA VALLE. [Buenos Aires]: Editorial Docencia, [1985], 20 × 14, 222 p.

Deuxième édition revue en 1988.
Comprend les articles suivants:

«Palabra y símbolo». Traduction de II.A.316.
«La metáfora y el problema central de la hermenéutica». Traduction de II.A.289.
«La acción considerada como un texto». Traduction de II.B.39.
«Explicar y comprehender. Texto, acción, historia». Traduction de II.A.336.
«La imaginación en el discurso y en la acción». Traduction de II.A.322.
«La razón práctica». Traduction de II.A.344a.
«El conflicto como signo de contradicción y de unidad». Traduction de II.A.290.
«Ciencia y ideología». Traduction de II.A.303.
«Hermenéutica y crítica de las ideologías». Traduction de III.A.299.

1986

I.D.13. *Ética y cultura* (El baquiano, 10). Traduction de quelques textes de P. RICŒUR par M.M. PRELOOKER avec une présentation de J.C. SCANNONE. [Buenos Aires]: Editorial Docencia, [1986], 20 × 14, 203 p.

Comprend les textes suivants:
«Ética y cultura. Habermas y Gadamer en diálogo». Traduction de II.B.44.
«Fe y cultura». Traduction de II.B.9.
«Civilización universal y culturas nacionales». Traduction de II.A.138.
«De la nación a la humanidad: la tarea de los cristianos». Traduction de II.A.184.
«El cristiano y la civilización occidental». Traduction de II.A.7.
«Per la coexistencia pacífica de las civilizaciones». Traduction de II.A.32.
«La hermenéutica de la secularización. Fe, ideología, utopía». Traduction de II.A.327.
«Urbanización y secularización». Traduction de II.A.216.
«Una crítica de 'mas allá de la libertad y la dignidad' de B.F. Skinner». Traduction de II.B.45.
«Previsión económica y elección ética». Traduction de II.A.186.
«El proyecto de una moral social». Traduction de II.A.202.
«La universidad por hacer». Reprise de II.D.5.
«Reforma y revolución en la universidad». Traduction de II.A.238.
La présentation du livre par J.C. SCANNONE est reproduite sous le titre «Ética y cultura. Recapitulación de trabajos de Paul Ricœur» dans *Stromata* 43 (1987), nº 3-4, juillet-décembre, 179-184.

I.D.14. *Política, sociedad e historicidad.* Traduction de quelques textes de P. RICŒUR par N.A. CORONA, R.M. GARCIA et M.M. PRELOOKER avec une présentation par J. ISAACSON. [Buenos Aires]: Editorial Docencia, [1986], 20 × 14, 214 p.

Comprend les articles suivants:
«Tareas del educador político». Traduction de II.A.182.
«El socius y el prójimo». Traduction de II.A.62.
«El hombre no-violento y su presencia en la historia». Traduction de II.A.49.
«Las aventuras del estado y la tarea de los cristianos». Traduction de II.A.100.

«Del marxismo al comunismo contemporáneo». Traduction de II.A.114.
«El socialismo hoy». Traduction de II.A.139.
«Historicidad e historia de la filosofía». Traduction de II.A.132.
«El cristianismo y el sentido de la historia. Progreso, ambigüedad, esperanza». Traduction de II.A.36.
«Por un cristianismo profético». Traduction de II.A.10.
«Etica y política». Traduction de II.A.112.
«La filosofía política de Eric Weil». Traduction de II.A.92.
«Acontecimiento y sentido». Traduction de II.A.279.
«El filósofo y el político ante la cuestión de la libertad». Traduction de II.A.245.
«La libertad según la esperanza». Traduction de II.A.235, différente de celles-ci de II.D.32 et de II.D.33.

I.D.15. *Lo voluntario y lo involuntario. I. El proyecto y la motivación.* Traduction de l'introduction et de la 1e partie de *Le volontaire et de l'involontaire* par J.C. GORLIER avec une présentation de R.J. WALTON. [Buenos Aires]: Docencia, [1986], 20 × 14,5, 221 p.

Traduction espagnole partielle de I.A.3.

1987

I.D.16. *Tiempo y narración. I. Configuración del tiempo en el relato histórico* (Libros Europa). Traduction de *Temps et récit I* par A. NEIRA. Madrid: Cristiandad, [1987], 21 × 12,5, 372 p.

Réédité par Siglo Veintiuno editores, Madrid, 1995.
Traduction espagnole de I.A.12.

I.D.17. *Tiempo y narración. II. Configuración del tiempo en el relato de ficción.* Traduction de *Temps et récit II* par A. NEIRA. Madrid: Cristiandad, [1987], 21 × 12,5, 373-627 p.

Réédité par Siglo Veintiuno editores, Madrid, 1995.
Traduction espagnole de I.A.13.

1988

I.D.18. *Ideología y utopía.* Traduction de *Lectures on Ideology and Utopia* par A.L. RIXIO. Barcelona: Gedisa, 1989, 352 p.

Deuxième édition en 1994.
Traduction espagnole de I.B.19.

1990

I.D.19. *Fe y filosofía. Problemas del lenguaje religioso* (Colección Mayor). Traduction de plusieurs essais de P. RICŒUR par J.C. GORLIER, R. FERRARA et M.-FR. BEGUÉ avec une étude introductive de N.E. CORONA et un épilogue de P. RICŒUR. [Buenos Aires]: Docencia y Almagesto, 1990, 20 × 14, 229 p.

Comprend les articles suivants:
«La filosofía y la especificidad del lenguaje religioso». Traduction de II.A.317.
«Manifestación y proclamación». Traduction de II.A.302.
«Nombrar a Dios». Traduction de II.A.337.
«La hermenéutica del testimonio». Traduction de II.A.288.
«Hermenéutica de la idea de revelación». Traduction de II.A.333.
«El mal: un desafío a la filosofía y a la teología». Traduction de II.A.16a.
«Epilogo. El caracter hermenéutico comun a la fe biblica y a la filosofía».

1993

I.D.20. *Amor y justicia* (Esprit, 5). Traduction de *Amour et justice* par A.D. MORATALLA. Madrid: Capparrós, 1993, 125 p.

Traduction espagnole de I.A.17a.

1996

I.D.21. *Tiempo y narración. III. El tiempo narrado* (Linguïstica y teoría literaria). Traduction de *Temps de récit III* par A. NEIRA. [Mexico D.F.-Madrid]: Siglo Veintiuno editores, [1996], 21 × 13,5, 629-1074 p.

Traduction espagnole de I.A.14.

I.D.22. *Si mismo como otro*. Traduction de *Soi-même comme un autre* par A. NEIRA. Madrid: Siglo Veintiuno, 1996, XI-415 p.

Traduction espagnole de I.A.17.

1997

I.D.23. *Lo justo*. Traduction de *Le juste*. Barcelona-Buenos Aires-Mexico (DF)-Santiago de Chile: Editorial Juridica de Chile, 1997, 221 p.

Traduction hispano-américaine de I.A.23.

I.D.24. *Horizontes del relato. Lecturas y conversaciones con Paul Ricœur* (Cuadernos Gris, 2. Monográficos). Edité par G. ARANZUEQUE avec une préface de O. MONGIN. [Madrid: Universidad Autónoma de Madrid Ediciones], 1997, 24 × 17, 504 p.

Comprend les textes suivants de P. Ricœur ainsi que des entretiens avec lui.

I. Meditaciones (Textes de Paul Ricœur)
«Sobre un autoretrato de Rembrandt». (23-24) Traduction espagnole de II.A.388.

«Fenomenología y hermenéutica». (25-48) Traduction espagnole de II.A.305.
«Estructura y hermenéutica». (49-74). Traduction espagnole de II.A.159.
«Poder, fragilidad y responsabilidad. [Discours de P. RICŒUR à la remise d'un doctorat honoris causa à l'Université Complutense de Madrid, 1993]». (75-77). Le thème est développé plus tard par II.A.558.
«Retórica, poética y hermenéutica». (79-89) Traduction espagnole de II.A.397.
«Hermenéutica y semiótica». (91-103) Traduction espagnole de II.A.356.

II. Conversaciones
«Ontología dialéctica y narratividad. Paul Ricœur y Gabriel Aranzueque». (423-435)
«Respuentas a algunas preguntas. Paul Ricœur y Lévi-Strauss». (437-455) Traduction espagnole de II.A.157.
«Filosofía y verdad. Michel Foucault, Paul Ricœur et al.». (467-478) Traduction espagnole de II.A.185a.

Epiligo
«Narratividad, fenomenología y hermenéutica». (479-495) Traduction espagnole de II.A.400a.

I.D.25. *Autobiografía intelectual.* Traduction de *Réflexion faite. Autobiographie intellectuelle* par P. WILLSON. Tucumán, Buenos Aires (Rep. Argentina): Ediciones Nueva Visión SAIC, 1997, 123 p.

Traduction de I.A.22.

1998

I.D.26. *De otro modo. Lectura de «De otro modo que ser o más allá de la esencia» de Emmanuel Levinas* (Pensamiento crítico / Pensamiento utópico, 107). Traduction de *Autrement* par A. SUCASAS présentée par M. MACEIRAS FAFIÁN. [Rubí (Barcelona)]: Anthropos Editorial, [1999], 33 p.

Traduction espagnole de I.A.25.

1999

I.D.27. *La lectura del tiempo pasado: memoria y olvído* (Punto Cero, E-2). Traduction de quelques textes de P. Ricœur par G. ARANZUEQUE avec une introduction de A. GABILONDO. [Madrid]: Ediciones de la Universidad Autónoma de Madrid, 1999, 119 p.

Comprend les articles suivants:
«Memoria individual y memoria colectiva. Rememoración y conmemoración» (15-23).
«Imaginación y memoria» (25-30).
«La memoria herida y la historia» (31-52).
«El olvido y el pardón» (53-69).

«La huella del pasado» (71-98).
«Apéndice. Políticas de la memoria. Entrevista con Gabriel Aranzueque» (101-115).

I.D.28. *Paul Ricœur. Historia y narratividad* (Pensamiento contempóraneo, 56). Traduction de quelques articles de P. Ricœur par G. ARANZUEQUE SAHUQUILLO avec une introduction de A. GABILONDO et G. ARANZUEQUE. Barcelona – Buenos Aires – México: Ediciones Paidós, [1991], 230 p.

Comprend les articles suivants:
«Filosofía y lenguaje» (41-57). Traduction de II.A.342.
«¿Qué es un texto?» (59-81). Traduction de II.A.256.
«Para una teoría del discurso narrativo» (83-155). Traduction de II.A.350.
«Relato histórico y relato de ficción» (159-181). Traduction de II.A.351.
«La función narrativa y la experiencia humana del tiempo» (183-214). Traduction de II.A.353, différente de celles de I.D.10 et de II.D.50.
«La identidad narrativa» (215-230). Traduction de II.A.419.

I.D.29. *Lo justo* (Colección Esprit,34). Traduction de *Le juste* par A.D. MORATALLA. [Madrid]: Laparrós Editores, 1999, 208 p.

Traduction de I.A.23.

I.E. ITALIEN / ITALIAN

1967

I.E.1. *Della interpretazione. Saggio su Freud* (La cultura. Biblioteca di filosofia, psicologia e scienze umane, 9). Traduction de *De l'interprétation* par E. RENZI. [Milano]: II Saggiatore, [1967], 21 × 15,5, 599 p.

Réédité en 1979 et en 1991 (Milano: Il Melangolo).
Traduction italienne de I.A.8.
Extraits (463-469, 503-508): «Paul Ricœur. La riflessione ermeneutica. Il problema del soggeto. Archeologia et teleologia». *Fenomenologia*. Édité par G. FORNI. Milano: Marzorati, [1973], 23,5 × 16,5, 267-275.

1970

I.E.2. *Finitudine e colpa* (Collezione di testi et di studi. Filosofia e metodologia). Traduction de *Finitude et culpabilité* par M. GIRARDET avec une introduction de V. MELCHIORRE. Bologna: Il Mulino, 1970, 638 p.

Traduction italienne de I.A.6 et I.A.7.
Extrait (97-103): «Paul Ricœur. La riflessione ermeneutica. Percezione e significato». *Fenomenologia*. Édité par G. FORNI. Milano: Marzorati, [1973], 23,5 × 16,5, 262-266.

Extraits (624-626, 627-628, 630-331): «Ricœur: il ricorso al simbolo nel metodo ermeneutico». *La fenomenologia* (Filosofia, 32). Édité par St. ZECCHI. Torino: Loescher Editore, [1983], 19,5 × 12,5, 346-350.

1972

I.E.3. *L'ermeneutica del sublime. Saggi per una critica dell'illusione* (Filosofia e tempo presente, 1). Traduction de quelques textes par G. SILVESTRI, C. DI BELLA et C. ROMFO avec une introduction par M. CRISTALDI. Messina: A.M. Sortino, [1972], 23 × 16, 204 p.

Comprend les articles suivants:
«Religione. ateismo e fede». Traduction de II.B.31, différente de celle-ci dans I.E.5.
«La demitizzazione dell'accusa». Traduction de II.A.180.
«Libertà e speranza». Traduction de II.A.235, différente de celle dans I.E.5.

1974

I.E.4. *La sfida semiologica* (Filosofia e problemi d'oggi, 38). Introduction et traduction de quelques textes inédits ou déjà publiés par M. CRISTALDI avec une préface de P. RICŒUR. Roma: Armando Armando, 1974, 22 × 19, 359 p.

Comprend les textes suivants:
«Fenomenologia e filosofia analitica».
«Fenomenologia ed ermeneutica».
«Esistenza e significato». Traduction de II.A.177.
«Significato e struttura». Traduction de II.A.153.
«La sfida della semiologia». Traduction partielle de la version française de II.C.8, parue sous le titre «La question du sujet: le défi de la sémiologie» dans I.A.10. La traduction partielle italienne ici diffère de celle dans I.E.5.
«La struttura, la parola, l'evento». Traduction de II.A.214.
«Evento et senso». Traduction partielle de II.A.279.
«Che cos'è un testo?» Traduction partielle de II.A.256.
«Come leggere un testo?»
«Polisemia e metafora».
«La metafora e il problema centrale dell'ermeneutica». Traduction de II.A.289, différente de celle de II.E.12b.
«Incontri. Strutturalismo e filosofia del senso». Traduction de II.A.157.
«Sintassi, semantica e pragmatica». Traduction partielle de II.A.209.
«Linguaggio e inconscio». Traduction partielle de II.A.167.

1977

I.E.5. *Il conflitto delle interpretazioni* (Di fronte e attraverso, 20). Traduction de *Le conflit des interprétations* par R. BALZOROTTI, Fr. BOTTURI et G. COLOMBO avec une introduction de A. RIGOBELLO. Milano: Jaca Book, [1977], 22,5 × 15, 518 p.

Réédité en 1982 et 1995.
Traduction italienne de I.A.10.
Comprend les articles suivants:
«Esistenza ed ermeneutica». Traduction de II.A.177, différente de celle dans I.E.4.
«Struttura ed ermeneutica». Traduction de II.A.153, différente de celle dans I.E.4.
«Il problema del doppio senso come problema ermeneutico e come problema semantico». Traduction de II.A.197.
«La struttura, la parola, l'avvenimento». Traduction de II.A.214, différente de celle dans I.E.4.
«Il conscio e l'inconscio». Traduction de II.A.191.
«La psicoanalisi et il movimento della cultura contemporanea». Traduction de II.A.176.
«Una interpretazione filosofica di Freud». Traduction de II.A.195.
«Tecnica e non-tecnica nell'interpretazione». Traduction de II.A.166.
«L'arte e la sistematica freudiana». Traduction de II.A.224.
«L'atto e il segno secondo Jean Nabert». Traduction de II.A.148.
«Heidegger e la questione del soggetto». Traduction de la version française de II.B.26. parue sous le titre «Heidegger et la question du sujet» dans I.A.10. La traduction italienne intégrale ici diffère de la traduction partielle I.E.9.
«La questione del soggetto: la sfida della semiologia». Traduction de la version française de II.C.8, parue sous le titre «La question du sujet: le défi de la sémiologie» dans I.A.10. La traduction intégrale italienne ici diffère de la traduction italienne partielle dans I.E.4 et I.E.9.
«Il 'peccato originale': studio di significato». Traduction de II.A.129. «Ermeneutica dei simboli e riflessione filosofica (I)». Traduction de II.A.135.
«Ermeneutica dei simboli e riflessione filosofica (II)». Traduction de II.A.145.
«Demitizzare l'accusa». Traduction de II.A.180, différente de celle dans I.E.3.
«Interpretazione del mito della pena». Traduction de II.A.212.
«Prefazione a Bultmann». Traduction de II.A.231.
«La libertà secondo la speranza». Traduction de II.A.235, différente de celle dans I.E.3.
«Colpa, etica e religione». Traduction de II.B.32, différente de celle de II.E.7.
«Religione, ateismo, fede». Traduction de l'article correspondant dans I.A.10, différente de celle dans I.E.3.
«La paternità: dal fantasma al simbolo». Traduction de II.A.257.

Extraits (34-37, 345-347 avec commentaire): *Filosofia: I testi, la storia 3. Le filosofie dell'ottocento e del novecento* par C. CIANCO et d'autres. Torino: Società Editrice Internazionale, 1991, 777-779.

I.E.6. *Ermeneutica filosofica ed ermeneutica biblica* (Studi biblici, 43). Traduction de trois textes par A. SOTTILI avec une introduction de Fr. BOVON. Brescia: Paideia Editrice, 1977, 21 × 14, 97 p.

Comprend la traduction italienne des articles suivants:
«Il compito dell'ermeneutica». Traduction de II.A.310.
«La funzione della distanziazione». Traduction de II.A.311.
«Ermeneutica filosofica ed ermeneutica biblica». Traduction de II.A.312.

1978

I.E.7. *Ermeneutica biblica. Linguaggio e simbolo nelle parabole di Gesù*. Traduction de quelques textes de P. RICŒUR et d'une introduction de L. DORNISCH par A. VALENTINI et G. COLOMBO. [Brescia]: Morcelliana, [1978], 23 × 15, 165 p.

Traduction italienne de II.B.57.

I.E.8. RICŒUR P. et JÜNGEL E., *Dire Dio. Per un'ermeneutica del linguaggio religioso* (Giornale di teologia, 113). Traduction de quelques textes de P. RICŒUR et de E. JÜNGEL par G. GRAMPA et G. MORETO avec une introduction de G. GRAMPA. [Brescia]: Queriniana, [1978], 19 × 12, 160 p.

Comprend les articles suivants:
«Ermeneutica filosofica ed ermeneutica teologica». Traduction de II.C.16.
«Posizione e funzione della metafora nel linguaggio biblico». Traduction de II.C.17.

1979

I.E.9. *Studi di fenomenologia* (Filosofia e tempo presente, 5). Introduction et traduction de quelques articles par C. LIBERTI avec une présentation de M. CRISTALDI et une lettre de P. RICŒUR. Messina: A.M. Sortino, [1979], 23,5 × 14,1, II-409 p.

Comprend les articles suivants:
«Husserl e il senso della storia». Traduction de II.A.18.
«Analisi e problemi nelle *Ideen II* di Husserl». Traduction de II.A.29.
«Sulla fenomenologia». «Fenomenologia e materialismo dialettico». Traduction quasi intégrale de II.A.56.
«Studio sulle meditazioni cartesiane di Husserl». Traduction de II.A.64.
«Kant e Husserl». Traduction de II.A.65.
«Simpatia e rispetto». Traduction de II.A.63.
«Heidegger e l'emergenza del Dasein». Traduction partielle de la version française de II.B.26, parue sous le titre «Heidegger et la question du sujet» dans I.A.10. La traduction partielle ici diffère de la traduction intégrale dans I.E.5.
«La contestazione della psicoanalisi». Traduction partielle de la version française de II.C.8, parue sous le titre «La question du sujet: le défi de la sémiologie» dans I.A.10. La traduction partielle ici diffère de la traduction intégrale dans I.E.5.

1980

I.E.10. *Tradizione o alternativa. Tre saggi su ideologia e utopia* (Le scienze umane. Scienze dei fenomeni umani e dei processi di civilizzazione).

Traduction de trois articles de P. RICŒUR par L. ROVINI, F. COLOMBO et P. VIVALDI avec une introduction de G. GRAMPA. [Brescia]: Morcelliana, [1980], 23 × 15,5, 147 p.

Comprend les articles suivants:
«Ideologia e utopia come immaginazione culturale». Traduction de II.B.61.
«Scienza e ideologia». Traduction de II.A.303.
«Ermeneutica e critica delle ideologie». Traduction de II.A.299.

1981

I.E.11. *La metafora viva. Dalla retorica alla poetica per un linguaggio di rivelazione* (Di fronte e attraverso, 69). Traduction de *La métaphore vive* avec une introduction par G. GRAMPA. [Milano]: Jaca Book, [1981], 23 × 15, XXVI-427 p.

Réédité en 1987.
Traduction italienne de I.A.11.

1986

I.E.12. *La semantica dell'azione. Discorso e azione* (Di fronte e attraverso, 156). Traduction de *Le discours de l'action* avec une introduction par A. PIERETTI. [Milano]: Jaca Book, [1986], 23 × 15, 173 p.

Traduction italienne de II.A.335.

I.E.13. *Tempo e racconto. Volume 1* (Di fronte e attraverso, 165). Traduction de *Temps et récit I* par G. GRAMPA. [Milano]: Jaca Book, [1986], 23 × 15, 340 p.

Réédité en 1994.
Traduction italienne de I.A.12.

1987

I.E.14. *Tempo e racconto. Volume 2. La configurazione nel racconto di finzione* (Di fronte e attraverso, 183). Traduction de *Temps et récit II* par G. GRAMPA. [Milano]: Jaca Book, [1987], 23 × 15, 258 p.

Réédité en 1994.
Traduction italienne de I.A.13.

1988

I.E.15. *Tempo e racconto. Volume 3. Il tempo raccontato* (Di fronte e attraverso, 217). Traduction de *Temps et récit III* par G. GRAMPA. [Milano]: Jaca Book, [1988], 23 × 15, 448 p.

Réédité en 1994.
Traduction italienne de I.A.14.

1989

I.E.16. *Dal testo all'azione. Saggi di ermeneutica* (Di fronte e attraverso, 244). Traduction de *Du texte à l'action.* [Milano]: Jaca Book, [1989], 23 × 15, 394 p.

Réimpression en 1994.
Traduction italienne de I.A.15.

1990

I.E.17. *Filosofia della volontà. I. Il voluntario e l'involuntario.* Traduction de *Le volontaire et l'involontaire* avec une introduction par M. BONATO. Genova: Marietti, 1990, XXXVIII-481 p.

Traduction italienne de I.A.3.

1991

I.E.18. *La questione del potere.* Traduction de quelques articles de *Histoire et vérité* (3e édition) par A. ROSSELLI avec une introduction de R. DE BENEDETTI (Il pensiero della città, 3). [Lungro di Cosenza]: Costantino Marco Editore, [1991], 20,3 × 12, 163 p.

Comprend les articles suivants:
«L'uomo non-violento e la sua presenza nella storia». Traduction de II.A.19.
«Stato e violenza». Traduction de II.A.84.
«Il paradosso politico». Traduction de II.A.90.
«Civiltà universale e culture nazionali». Traduction de II.A.138.
«Previsione economica e scelta etica». Traduction de II.A.186.

I.E.19. *Storia e verità* (L'Ibis, Collana di cultura). Traduction de *Histoire et vérité* (3e edition, 1957) et des introductions à la première et deuxième édition par C. MARCO et A. ROSSELLI avec une nouvelle introduction de P. RICŒUR. [Lungro di Cosenza]: Marco Editore, [1991], 20 × 11,7, XXXVII-330 p.

Comprend les articles suivants:

Prima parte: Verità nella conoscenza della storia
I. Prospettive critiche
«Oggettività e soggettività». Traduction de II.A.57.
«La storia della filosofia e l'unità del vero». Traduction de II.A.64a.
«Storia della filosofia e storicità». Traduction de II.A.132.
II. Prospettive teologiche
«Il cristianismo e il senso della storia». Traduction de II.A.36.

«Il socius e il prossimo». Traduction de II.A.62.
«L'immagine di Dio et l'epopea umana». Traduction de II.A.126.

Seconda parte: Verità nell'azione storica
I. Personalismo
«Emmanuel Mounier: una filosofia personalista». Traduction de II.A.25.
II. Parole e prassi
«Vérità e menzogna». Traduction de II.A.35.
«Nota sul voto e sul compito dell'unità». Traduction de II.A.49.
«Sessualità. La meraviglia, l'erranza, l'enigma». Traduction du seul article de II.A.124.
«Lavoro e parola». Traduction de II.A.54.
Les cinq articles mis sous la rubrique «La question de pouvoir» dans la 3e édition de *Histoire et vérité* sont traduits dans I.E.18.
III. Potenza dell'affirmazione
«Vera e falsa angoscia». Traduction de la seule conférence de II.A.51.
«Negatività e affirmazione originaria». Traduction de II.A.76.

1993

I.E.20. *L'attestazione. Tra fenomenologia e ontologia* (Margini, 2). Traduction de l'article *L'attestation* par M. BONATO. Borderione: Biblioteca dell'Immagine, 1993, 72 p.
Traduction italienne de II.A.470.

I.E.21. *Sé come un altro* (Di fronte e attraverso, 325). Traduction de *Soi-même comme un autre* par D. IANNOTTA. [Milano]: Jaca Book, [1993], 23 × 15, 495 p.
Traduction italienne de I.A.17.
Les pages 12-14 et 41-48 de l'introduction de D. IANNOTTA sont reproduites sans le titre «L'alterità nel cuore della persona» dans *Prospettiva persona* 2 (1993), n° 3, janvier-mars, 27-31.

I.E.22. *Il male. Una sfida alla filosofia e alla teologia* (Il pellicano rosso). Traduction de *Le mal* par I. BERTOLETTI avec une postface de P. DE BENEDETTI. [Brescia]: Morcelliana, [1993], 19 × 12, 56 p.
Traduction italienne de I.A.16a.

1994

I.E.23. *Conferenze su ideologia e utopia*. Traduction de *Lectures on Ideology and Utopia*. Milano: Jaca Book, 1994, 345 p.
Traduction italienne de I.B.19.

I.E.24. *Filosofia e linguaggio* (Saggi, 16). Traduction italienne de plusieurs articles de P. Ricœur par G. LOSITO. Sous la direction et avec une introduction de D. JERVOLINO. [Milano]: Guerini e associati, [1994], 21 × 14,2, LVIII-232 p.

Comprend les articles suivants:
«Filosofia e linguaggio». Traduction de II.A.342.
«Filosofie del linguaggio». Traduction de II.A.265.
«Husserl e Wittgenstein sul linguaggio». Traduction de II.B.22.
«Fenomenologia del volere e approccio mediante il linguaggio ordinario». Traduction partielle de II.A.362b.
«Discorso e communicazione». Traduction de II.A.294.
«Parole e simbolo». Traduction de II.A.316.
«La vita: un racconto in cerca di un narratore». Traduction de II.B.129.
«Mimesis, referenza e refigurazione in *Tempo e racconto*». Traduction de II.A.458.
«Retorica, poetica, ermeneutica». Traduction de II.A.397.
«Elogio della lettura e della scrittura». Traduction de II.A.438.

I.E.25. *Paul Ricœur. Persona, comunità e istituzioni. Dialettica tra giustizia e amore* (La Biblioteca). Textes publiés par A. DANESE avec une préface de P. Ricœur. [San Domenico di Fiesole: Edizioni Cultura della Pace, 1994], 21 × 13, 222 p.

Comprend les textes suivants de P. Ricœur:
«La préface».
«Per un autobiografia intellettuale». Reprise de II.E.25.
«L'identità personale. Il *Self*». Reprise de II.E.70.
«Chi è il soggetto di diritto?». Reprise de II.E.74.
«L'etice ternaria della persona». Reprise de II.E.50.
«Quale nuovo *ethos* per l'Europa?» Reprise de II.E.61.
«La sfide et le speranze del nostro comune futuro». Reprise de II.E.69.
«Una vita per la ricerca». Reprise partielle de l'article II.E.64.
«La persona tra memoria e creatività». Reprise de II.E.16.
«Il *Self* e la comunicazione». Traduction italienne de II.A.403.
«Tra sfida etica e impegno filosofico». Reprise de II.E.65.

1995

I.E.26. *Kierkegaard. La filosofia et l'eccezione.* (Il pellicano rosso). Traduction de deux articles de P. Ricœur par I. BERTOLETTI. [Brescia]: Morcelliana, [1995], 19 × 12, 71 p.

Comprend les articles suivants:
«Kierkegaard e il male». Traduction de II.A.155.
«Filosofare dopo Kierkegaard». Traduction de II.A.156.

1997

I.E.27. *La critica e la convinzione. A colloquio con François Azouvi e Marc de Launay* (Di fronte e attraverso, 437). Traduction de *La critique et la conviction* par D. IANNOTTA. [Milano]: Jaca Book, [1997], 23 × 15, 260 p.

Traduction de I.A.21.

I.E.27a. *La persona* (Il pellicano rosso). Traduction de deux articles de P. RICŒUR avec introduction par P. DE BENEDETTI. [Brescia]: Morcelliana, [1997], 85 p.
Réédité en 1998.

Comprend les articles suivants:
«Muore il personalismo, ritorna la persona» (21-36). Reprise de II.E.67.
«Della persona» (37-71). Traduction italienne de II.A.456.

1998

I.E.28. *Riflessione fatta. Autobiografia intellettuale* (Di fronte e attraverso, 460). Traduction de *Réflexion faite. Autobiographie intellectuelle* par D. IANNOTTA avec une préface d'elle. [Milano]: Jaca Book, [1998], 23 × 15, 131 p.

Traduction italienne de I.A.22.

I.E.29. *Il Giusto*. Traduction de *Le Juste* par D. IANNOTTA avec une préface d'elle. Torino: Società editrice internazionale, [1998], 21,5 × 14,5, VII-XVI-192 p.

Traduction italienne de I.A.23.

1999

I.E.30. *La natura e la regola. Alle radici del pensiero de J.-P. Changeux et P. Ricœur* (Scienza e Idee). Traduction de *La nature et la règle* par M. BASILE. Milano: Raffaello Cortina Editore, 1999, 328 p.

Traduction italienne de I.A.26.

I.F. PORTUGAIS / PORTUGUESE

1968

I.F.1. *História e verdade*. Traduction de *Histoire et vérité* par F.A. RIBEIRO. Rio de Janeiro: Forense, [1968], 21 × 14,5, 341 p.

Traduction portugaise de I.A.5 (2e édition).
Comprend les articles suivants:
«Objetividade e subjetividade em história». Traduction de II.A.57.
«História de filosofia e a unidade do verdadeiro». Traduction de II.A.64a.

«Nota sôbre a historia da filosofia e a sociologia do conhecimento». Traduction de II.A.42.
«História de filosofia e historicidade». Traduction de II.A.132.
«O cristianismo e o sentido da história». Traduction de II.A.36.
«O *socius* e o *proximo*». Traduction de II.A.62.
«A imagem de Deus e a epopéia humana». Traduction de II.A.126.
«Emmanuel Mounier: uma filosofia persanalista». Traduction de II.A.25.
«Verdade e mentira». Traduction de II.A.35.
«Nota sôbre o objetivo e a tarefa da unidade». Traduction partielle de II.A.49.
«Trabalho e palavra». Traduction de II.A.54.
«O homem não-violento e sua presença na história». Traduction de II.A.19.
«Estado e violência». Traduction de II.A.84.
«O paradoxo político». Traduction de II.A.90.
«Civilização universal e culturas nacionais». Traduction de II.A.138.
«Verdadeira e falsa angústia». Traduction de II.A.51, différente de celle-ci de II.F.3.
«Negatividade e affirmação originaria». Traduction de II.A.76.

1977

I.F.2. *Da interpretação: ensaio sobre Freud* (Logoteca). Traduction de *De l'interprétation* par H. JAPIASSU. Rio de Janeiro: Imago, [1977], 21 × 14, 442 p.

Traduction portugaise de I.A.8.

1978

I.F.3. *O conflito das interpretações: ensaios de hermenêutica* (Logoteca). Traduction de *Le conflit des interprétations* par H. JAPIASSU. Rio de Janeiro: Imago, [1978], 21 × 14, 419 p.

Traduction portugaise de I.A.10.
Comprend les articles suivants:
«Existência e hermenêutica». Traduction de II.A.177.
«Estrutura e hermenêutica». Traduction de II.A.153.
«O problema de duplo sentido como problema hermenêutico e como problema semântico». Traduction de II.A.197.
«A estrutura, a palavra, o acontecimento». Traduction de II.A.214.
«O consciente e o inconsciente». Traduction de II.A.191.
«A psicanálise e o movimento da cultura contemporânea». Traduction de II.A.176.
«Uma interpretação filosófica de Freud». Traduction de II.A.195.
«Técnica e não-técnica na interpretação». Traduction de II.A.166.
«A arte e a sistemâtica freudiana». Traduction de II.A.224.
«O ato e o signo segundo Jean Nabert». Traduction de II.A.148.
«Heidegger e a questão do sujeito». Traduction de la version française de II.B.26, parue sous le titre «Heidegger et la question du sujet» dans I.A.10.
«A questão do sujeito: o desafio da semiologia». Traduction de la version française plus développée de II.C.8, parue sous le titre «La question du sujet: le défi de la sémiologie» dans I.A.10.

«O 'peccado original': estudo da significação». Traduction de II.A.129.
«Hermenêutica dos símbolos e reflexão filosófica (I)». Traduction de la seule communication de II.A.135.
«Hermenêutica dos símbolos e reflexão filosófica (II)». Traduction de la seule communication de II.A.145.
«Demitizar a acusação». Traduction de II.A.180.
«Interpretação do mita da pena». Traduction de II.A.212.
«Prefácia a Bultmann». Traduction de II.A.231.
«A liberdade segundo a esperança». Traduction de II.A.235.
«Culpabilidade, ética e religião». Traduction de II.A.257, différente de celle-ci de II.F.6.
«Religião, ateismo, fé». Traduction de la version française de II.B.31, parue sous le titre «Religion, athéisme, foi» dans I.A.10.
«A paternidade: da fantasia ao simbolo» Traduction de II.A.248.

I.F.4. *Interpretação e ideologias.* Traduction de plusieurs textes de P. RICŒUR avec une présentation de H. JAPIASSU. Rio de Janeiro: Francisco Alves, 1978, 21 × 14, 172 p.

Réédition en 1983.
Comprend les articles suivants:
«A tarea da hermenêutica». Traduction de II.A.310.
«A função hermenêutica do distanciamento». Traduction de II.A.311.
«Ciência e ideologia». Traduction de II.A.303, différente de celle-ci de II.F.9.
«Crítica das idealogias». Traduction de II.A.299.
«Sinal de contradição e de unidade?» Traduction de II.A.290.

1983

I.F.5. *A metáfora viva.* Traduction de *La métaphore vive* par J. TORRES COSTA et A. M. MAGALHÃES avec une introduction de M.P. PEREIRA. [Porto]: Rés, [1983], 21 × 14,5, XLV-481 p.

Traduction portugaise de I.A.11.

1987

I.F.6. *Teoria da interpretação. O discurso e o excesso de significação* (Biblioteca de filosofia contemporânea, 2). Traduction de *Interpretation Theory* par A. MORÃO. [Lisboa]: Edições 70, [1987], 21,5 × 13,5, 111 p.

Traduction portugaise de I.B.10.

1988

I.F.7. *O discurso da acção* (Biblioteca de filosofia contemporânea, 8). Traduction de *Le discours de l'action* par A. MORÃO. [Lisboa]: Edições 70, [1988], 21,5 × 13,5, 157 p.

Traduction portugaise de II.A.335.

I.F.8. *O mal: un desafio à filosofia e à teologia.* Traduit par M. da P. EÇA DE ALMEIDA. Campinos: Papirus, 1988, 53 p.

Traduction portugaise de I.A.16a.

1989

I.F.9. *O conflito das interpretações.* Traduction de *Le conflit des interprétations* par M.F. SA CORREIA avec une préface de M. DIAS COSTA. [Porto]: Rés, [1989], 21 × 14,5, VIII-487 p.

Traduction portugaise de I.A.10, différente de I.F.3.
Comprend les articles suivants:
«Existência e hermenêutica». Traduction de II.A.177.
«Estrutura e hermenêutica». Traduction de II.A.153.
«O problema do duplo sentido como problema hermenêutico e como problema semântico». Traduction de II.A.197.
«A estrutura, a palavra, a acontecimento». Traduction de II.A.214.
«O consciente e o inconsciente». Traduction de II.A.191.
«A psicanálise e o movimento da cultura contemporânea». Traduction de II.A.176.
«Uma interpretação». Traduction de II.A.166.
«A arte e sistemática freudiana». Traduction de II.A.224.
«O acto e o signo segundo Jean Nabert». Traduction de II.A.148.
«Heidegger e a questão do sujeito». Traduction de la version française de II.B.26, parue sous le titre «Heidegger et la question du sujet» dans I.A.10.
«A questão do sujeito: a desafio da semiologia». Traduction de la version française plus développée de II.C.8, parue sous le titre «La question du sujet: le défi de la sémiologie» dans I.A.10.
«O 'peccado original': estudio da significação». Traduction de II.A.129.
«Hermenêutica dos símbolos e reflexão filosófica (I)». Traduction de la seule communication de II.A.135.
«Hermenêutica dos símbolos e reflexão filosófica (II)». Traduction de II.A.145.
«Desmitizar a acusação». Traduction de II.A.180.
«Interpretação do mito da pena». Traduction de II.A.212.
«Prefácio a Bultmann». Traduction de II.A.231.
«A liberdade segundo a esperança». Traduction de II.A.235.
«Culpabilidade, ética e religião». Traduction de II.A.257.
«Religião, ateismo, fé». Traduction de la version française de II.B.31, parue sous le titre «Religion, athéisme, foi» dans I.A.10.
«A paternidade: do fantasma ao símbolo». Traduction de II.A.248.

1991

I.F.10. *O si-mesmo como un outro.* Traduction de *Soi-même comme un autre* par L. MOREIRA CESAR. [Campinas, SP: Papirus, 1991], 21 × 14, 432 p.

Traduction portugaise de I.A.17.

I.F.10a. *Do texto à acção. Ensaios de la hermenêutica II* (Diagonal). Traduction *Du texte à l'action* par A. CARTAXO et M.J. SARABANDO. Porto: Rés, 1991, 407 p.

Traduction portugaise de I.A.15.

I.F.10b. *Ideologia e utopia* (Biblioteca de Filosofia contemporânea). Traduction de *Lectures on Ideology and Utopia*. Lisboa: Edições 70, 1991, 525 p.

Traduction portugaise de I.B.19.

1994

I.F.11. *Tempo e narrativita. Tomo I*. Traduction de *Temps et récit. I* par C. MARCONDES CESAR. [Campinas (São Paulo)]: Papirus Editora, [1994], 21 × 14, 327 p.

Traduction portugaise de I.A.12.

1995

I.F.12. *Tempo e narrativita. Tomo II*. Traduction de *Temps et récit. II* par M. APPENZELLER avec une révision technique par M. VILLELA-PETIT. [Campinas (São Paulo)]: Papirus, [1995], 21 × 14, 286 p.

Traduction portugaise de I.A.13.

I.F.13. *Leituras 1. Em torno ao político*. Traduction de *Lectures 1* par M. PERINE. São Paulo: Edições Loyola, [1995], 21 × 14, 190 p.

Traduction partielle portugaise de I.A.18.
Comprend les articles suivants:

1. O Paradoxo político

Hannah Arendt
«Da filosofia ao político (1987)». Traduction portugaise de II.A.410.

Jan Patočka
«Jan Patočka, o filósofo resistente (1977)». Traduction portugaise de II.A.338.
«Jan Patočka e o nilismo (1990)». Traduction portugaise de II.A.457.

Eric Weil
«A 'Filosofia política' de Eric Weil (1957)». Traduction portugaise de II.A.92.
«Violencia e linguagem (1967)». Traduction portugaise de II.A.215.

Karl Jaspers
«A culpabilidade alemã (1949)». Traduction portugaise de II.A.21.
«Iluminar a existência (1986)». Traduction portugaise de II.A.405a.

2. Política, linguagem e teoria da justiça
«O justo entre a legal et o bom (1991)». Traduction portugaise de II.A.478.

«John Rawls: da autonomia moral à ficção do contrato social». Traduction portugaise de II.A.453.
«O círculo da demonstração (1988)». Traduction portugaise de II.A.421.

3. A sabedoria prática

«Tareas do educator político (1965)». Traduction portugaise de II.A.182.
«Ética e moral (1990)». Traduction portugaise de II.A.461.
«Tolerância, intolerância, intolerável (1988)». Traduction portugaise de II.A.426.

1996

I.F.14. *Leituras 2. A região dos filósofos.* Traduction de *Lectures 2* par M. PERINE et N. NYIMI CAMPANARIO. [São Paulo]: Edições Loyola, [1996], 21 × 14, 343 p.

Traduction partielle portugaise de I.A.19.
Comprend les articles suivants:

1. Pensadores de existência

Kierkegaard
«Kierkegaard e o mal (1963)». Traduction de II.A.155.
«Filosofar após Kierkegaard (1963)». Traduction de II.A.156.
Entre Gabriel Marcel e Jean Wahl
«Reflexão primeira e reflexão segunda em Gabriel Marcel (1984)». Traduction de II.A.375.
«O *Tratado de Metafísica* de Jean Wahl (1957)». Traduction de II.A.89.
Camus, Sartre, Merleau-Ponty, Hyppolite
«O *Homem revoltado* (1952)». Traduction de II.A.34.
«O Diabo e o bom Deus (1951)». Traduction de II.A.34.
«Humanismo e terror (1948)». Traduction de II.A.12.
«Homenagem a Merleau-Ponty (1961)». Traduction de II.A.142.
«Merleau-Ponty: Alèm de Husserl e Heidegger (1989)». Traduction de II.A.440.
«Retorno a Hegel (Jean Hyppolite) (1955)». Traduction de II.A.70.
A pessoa
«Ensaio sobre a experiência da morte de P.-L. Landsberg (1951)». Traduction de II.A.33.
«Morre o personalismo, volta a pessoa... (1983)». Traduction de II.A.369.
«Abordagens da pessoa (1990)». Traduction de II.A.456.
Jean Nabert
«O *Ensaio sobre o mal* (1957)». Traduction de II.A.91.
O agir humano
«O *Marx* de Michel Henry (1978)». Traduction de II.A.343.
«Etica e filosofia da biologia em Hans Jonas (1991)». Traduction de II.A.482.

2. Poética, semiótica, retórica

Mikel Dufrenne
«A noção de *a priori* segundo Mikel Dufrenne (1961)». Traduction de II.A.137.

Claude Lévi-Strauss
«Estrutura e hermenêutica (1963)». Traduction de II.A.153.
«A gramática narrativa de Greimas (1980)». Traduction de II.A.355.
«Uma retomada da *Poética* de Aristoteles (1992)». Traduction de II.A.495.

I.F.15. *Leituras 3. Nas fronteiras da filosofia.* Traduction de *Lectures 3* par N. NYIMI CAMPANARIO. [São Paulo]: Edições Loyola, [1996], 21 × 14, 205 p.
Traduction partielle portugaise de I.A.20.
Comprend les articles suivants:
«Sobre um auto-retrato de Rembrandt (1987)». Traduction de II.A.388.

1. Filosofia e não-filosofia
«Uma hermenêutica filosófica da religião: Kant (1992)». Traduction de II.A.493.
«O estatuto da *Vorstellung* na filosofia hegeliana de religião (1985)». Traduction de II.A.382.
«A 'figura' em *L'étoile de la Rédemption* de Franz Rosenzweig (1988)». Traduction de II.A.423.

2. As fontes não-filosóficas da filosofia
«Filosofia e profetismo I (1952)». Traduction de II.A.45.
«Filosofia e profetismo II (1955)». Traduction de II.A.71.
«Sobre o trágico (1953)». Traduction de II.A.55.
«A condição do filósofo cristão (1948)». Traduction de II.A.13.
«Um filósofo protestante: Pierre Thévenaz (1956)». Traduction de II.A.75.

3. Ensaios de hermenêutica bíblica
«Fenomenologia da religião (1993)». Traduction de II.A.494.
«Entra filosofia e teologia I: A *Regra de Ouro* em questão (1989)». Traduction de II.A.439.
«Entre filosofia e teologia II: Nomear Deus» (1977). Traduction de II.A.337.

I.F.16. *Tempo e Narrativita. III.* Traduction de *Temps et récit. III* par R. LEAL FERRETRA revue par M. VILLELA-PETIT. Caminas SP-São Paolo, 1996, 519 p.
Traduction de I.A.14.

1997

I.F.17. *O justo ou a essência da justiça* (Pensamiento i filosofia, 10). Traduction de *Le Juste*. Lisboa: Instituto Piaget-Divisão Editorial, 1997, 199 p.
Traduction portugaise de I.A.23.

I.F.18. *De la metafísica à moral* (Pensamiento e filosofia, 28). Traduit par S. MENEZES et A. MOREIRA TEXEIRA. Lisboa: Instituto Piaget, 1997, 137 p.
Comprend les textes suivants:
«Da metafísica à moral». Traduction portugaise de II.A.517 (7-43).
«Autobiografia intellectual». Traduction de l'article dans I.A.22 (45-136).

I.F.19. *A crítica e a convicção* (Biblioteca de Filosofia contemporânea, 25). Traduction de *La critique et la conviction* par A. HALL. Lisboa: Edições 70, 1997, 256 p.

Traduction portugaise de I.A.21.

1999

I.F.20. *Outramente. Leitura do livro «Autrement qu'être ou au-delà de l'essence» de Emmanuel Levinas* (Ética e Intersubjetividade). Traduction par P. STEFANO PIVATTO. Petrópolis: Editora Vozes, 1999, 55 p.

Traduction portugaise de I.A.25.

I.G. NÉERLANDAIS / DUTCH

1968

I.G.1. *Politiek en geloof. Essays van Paul Ricœur*. Traduction de plusieurs articles choisis et introduits par A. PEPERZAK. Utrecht: Ambo, [Merksem: Westland], [1968], 21,5 × 12, 199 p.

Réédition en 1969.
Traduction néerlandaise et partielle de I.A.5.
Comprend les articles suivants:
«Medemens en naaste». Traduction de II.A.62.
«De paradox van de macht». Traduction de II.A.90.
«Vereisten voor een politieke vorming». Traduction de II.A.182.
«Hoe staat de kristen in de staat?» Traduction de II.A.100.
«Het socialisme in onze tijd». Traduction de II.A.139.
«Ekonomie en ethiek». Traduction de II.A.186, différente de celle de II.G.4.
«Urbanisatie en sekularisatie». Traduction de II.A.216.
«Universele beschaving en nationale kulturen». Traduction de II.A.138.
«Van natie naar mensheid: een taak voor de kristenen». Traduction de II.A.184, différente de la traduction partielle de II.A.99.
«Beeld van God en gang van de mensheid». Traduction de II.A.126.

1970

I.G.2. *Wegen van de filosofie. Structuralisme, psychoanalyse, hermeneutiek. Essays van Paul Ricœur*. Traduction de plusieurs articles par P.F. STROUX et G.C. KWAAD avec une introduction de A. PEPERZAK. Bilthoven: Ambo- boeken, [1970], 20,5 × 12, 269 p.

Traduction néerlandaise et partielle de I.A.10.
Comprend les textes suivants:
«De toekomst van de filosofie en de vraag naar het subject». Traduction de la version française plus élaborée de II.C.8., parue sous le titre «La question du sujet: le défi de la sémiologie» dans I.A.10.

«Hermeneutiek en structuralisme». Traduction de II.A.153.
«Het probleem van de 'dubbele' zin als hermeneutisch en semantisch probleem». Traduction de II.A.197.
«Structuur, woord, gebeurtenis». Traduction de II.A.214.
«Bijdrage van een reflexie over de taal tot de theologie van het woord». Traduction de II.A.237.
«Het bewuste en onbewuste». Traduction de II.A.191.
«De psychoanalyse in de hedendaagse cultuur». Traduction de II.A.176.
«Het vaderschap». Traduction de II.A.248.

I.G.3. *Symbolen van het kwaad. I. De primaire symbolen – smet, zonde, schuldigheid. II. De mythen van het begin en het einde.* Traduction de *La symbolique du mal* par J.A. MEIJERS. Rotterdam: Lemniscaat, [1970], 21,5 × 14, 131 + 162 p.

Traduction néerlandaise de I.A.7.

1971

I.G.4. *Kwaad en bevrijding. Filosofie en theologie van de hoop. Hermeneutische artikelen.* Traduction de plusieurs articles par P. STROUX et H. STROEKEN avec une introduction de A. PEPERZAK. Rotterdam: Lemniscaat, [1971], 21,5 × 14,5, 194 p.

Réédité en 1972.
Traduction néerlandaise et partielle de I.A.10.
Comprend les articles suivants:
«Existentie en hermeneutiek». Traduction de II.A.177.
«Inleiding tot Bultmann». Traduction de II.A.231.
«Interpretatie van symbolen en wijsgerige reflectie I». Traduction de II.A.135.
«De 'erfzonde'». Traduction de II.A.129.
«Interpretatie van symbolen en wijsgerige reflectie II». Traduction de II.A.145.
«Demythisering van de aanklacht». Traduction de II.A.180.
«Interpretatie van de mythe van de straf». Traduction de II.A.212.
«Vrijheid in hoop. Filosofische benadering van het begrip godsdienstvrijheid». Traduction de II.A.235.

1991

I.G.5. *Tekst en betekenis. Opstellen over de interpretatie van literatuur.* Introduction et traduction de plusieurs articles par M. VAN BUUREN. Baarn[-Schoten]: Ambo[-Westland], [1991], 20,5 × 12, 177 p.

Traduction néerlandaise et partielle de I.A.15 et de I.B.10.
Comprend les textes suivants:
«De taak van de hermeneutiek». Traduction de II.A.310.
«De hermeneutische functie van de distantiatie». Traduction de II.A.311.
«Taal als taalgebruik». Traduction néerlandaise du premier essai de I.B.10.

«Spreken en schrijven». Traduction néerlandaise du second essai de I.B.10.
«Wat is een tekst?» Traduction néerlandaise de II.A.256.
«Verklaren en begrijpen». Traduction néerlandaise du quatrième essai de I.B.10.
«Het model van de tekst: zinvol handelen opgevat als een tekst». Traduction néerlandaise du huitième article de I.A.15.

1992

I.G.6. *Het kwaad. Een uitdaging aan de filosofie en aan de theologie* (Agora editie). Traduction de *Le mal* avec introduction, annotations et postface par J. DE VISSCHER [Kampen-Kapellen]: Kok-DNB/Pelckmans, [1992], 20,5 × 12, 112 p.

Traduction néerlandaise de I.A.16a.

1995

I.G.7. *Het probleem van de grondslagen van de moraal* (Agora editie). Introduit et annoté par J. DE VISSCHER, traduit par H. OPDEBEEK avec des essais conclusifs de H. OPDEBEEK et J. VAN GERWEN. Kampen-Kapellen: Kok Agora-Pelckmans, [1995], 20,5 × 12, 125 p.

Traduction néerlandaise de II.A.307.

I.H. POLONAIS / POLISH

1975

I.H.1. *Egzystencja i Hermeneutyka. Rozprawy o Metodzie.* Traduction de plusieurs articles avec une postface par St. CICHOWICZ. Warszawa: Instytut Wydaniczy Pax, 1975, 19,5 × 12,5, 320 p.

Traduction polonaise partielle de I.A.10.
Comprend les articles suivants:
«Symbol daje do myślenia». Traduction de II.A.113. Reproduit dans *Paul Ricœur czyli wolność na miare nadziei* par M. PHILIBERT. Traduction de *Paul Ricœur ou la liberté selon l'espérance* par E. BIENKOWSKA. Warszawa: Pax, 1976, 19 × 12, 147-164.
«Hermeneutyka symboli a refleksja filosoficzna. I». Traduction de II.A.135.
«Hermeneutyka symboli a refleksja filosoficzna. II». Traduction de II.A.145.
«Konflikt hermeneutyk: epistemologia interpretacji». Traduction de II.A.158.
«Struktura a hermeneutyka». Traduction de II.A.153.
«Egzystencja i hermeneutyka». Traduction de II.A.177.
«Śwradomość i nieswiadomosc». Traduction de II.A.191.
«O pewnej filozoficznej interpretacji Freuda». Traduction de II.A.195.

«Wyzwanie semiologisczne: problem podmiotu». Traduction de la version française plus élaborée de II.C.8, parue sous le titre «La question du sujet: le défi de la sémiologie» dans I.A.10. Reproduit dans *Paul Ricœur czyli wolność na miare nadziei*. Op cit., 165-195.
«Struktura, wyraz, zdarzenie». Traduction de II.A.214.
«Zdarzenie i sens w wypowiedzi». Traduction de II.A.273. Reproduit dans *Paul Ricœur czyli wolność na miare nadziei*. Op. cit., 196-208.
«Przyczynek do teologii slowa». Traduction de II.A.237. Reproduit dans *Paul Ricœur czyli wolność na miare nadziei*. Op. cit., 209-227.
«Religia, ateizm, wiara». Traduction de l'article intitulé «Religion, athéisme, foi» dans I.A.10. Reproduit dans *Paul Ricœur czyli wolność na miare nadziei*. Op. cit., 228-255.
La deuxième édition de 1985 comprend, en outre, les articles suivants:
«Struktura a znaczenie w mowie». Traduction de II.A.230.
«Objawianie a powiadamianie». Traduction de II.A.302.

1986

I.H.2. *Symbolika Zła*. Traduction de *La symbolique du mal* par S. CICHOWICZ et M. OCHAB. Warszawa: Instytut Wydawicny Pax, 1986, 19,5 × 12,5, 328 p.

Traduction polonaise de I.A.7.

1989

I.H.3. *Język, tekst, interpretacja. Wybór pism* (Biblioteka myśli współczesnej). Traduction de *Interpretation Theory* et d'autres articles par K. ROSNER et P. GRAFF avec une introduction de K. ROSNER. [Warszawa]: Państwowy Instytut Wydawniczy, 1989, 19,5 × 12, 291 p.

Traduction polonaise de I.B.10.
Comprend, en outre, les articles suivants:
«Zadanie hermeneutyki». Traduction polonaise de II.A.310.
«Hermeneutyczna funkcja dyszancu». Traduction polonaise de II.A.311.
«Metafora i centralny problem hermeneutyki». Traduction polonaise de II.A.289.
«Przyswojenie». Traduction polonaise de l'article «Appropriation» dans I.B.16.

1991

I.H.4. *Podług nadziei. Odczyty, szkice, studia*. Traduction polonaise de plusieurs articles de P. Ricœur par St. CICHOWICZ et d'autres. Warszawa: Instytut Wydawniczy Pax, 1991, 19 × 12, 335 p.

Comprend les articles suivants:
«Dociekanie filozoficzne a zaangaźowanie». Traduction de II.A.229.
«Trwoga rzeczywista i złudna». Traduction de II.A.51.
«Jednośé upragniona, jednośé zadana». Traduction de l'article «Note sur le voeu et la tâche de l'unité» dans I.A.5.
«Prawda i kłamstwo». Traduction de II.A.35.

«Praca i słowo». Traduction de II.A.54.
«*Socjusz* a bliźni». Traduction de II.A.62.
«Państwo i przemoc». Traduction de II.A.84.
«Obraz Boga i epopeja człowieka». Traduction de II.A.126.
«Cywilizacja powszechna a kultury narodowe». Traduction de II.A.138.
«Chrześcijaństwo i sens dzicjów». Traduction de II.A.36.
«Grzech pierworodny – studium znaczenia». Traduction de II.A.129.
«Demityzacja oskarženia». Traduction de II.A.180.
«Interpretacja mitu kary». Traduction de II.A.212.
«Wina w etyce i w religii». Traduction de II.A.257.
«Wolność na miarę nadziei». Traduction de II.A.235.
«Negatywność i pierwotna afirmacja». Traduction de II.A.76.

I.I. Japonais / Japanese

1977

I.I.1. *Aku no Shinborizumu*. Traduction de *La symbolique du mal* (1e partie) par K. Ueshima et Y. Sasaki. Tokyo: Keisei-Sha, 1977, 18,5 × 13, 327 p.

Traduction japonaise de I.A.7.

1978

I.I.2. *Kaishaku no Kakushin* [La rénovation de l'interprétation] (Hakusui-Sosho, 32). Traduction de plusieurs articles par H. Kume, M. Shimizu et T. Hisashigé avec une préface de P. Ricœur. Tokyo: Hakusui-Sha, 1978, 19 × 13, 382 p.

Rééditions en 1979, 1980 et 1985.
Comprend les articles suivants:
«Setsumei to Ryōkai [Expliquer et comprendre].» Traduction de II.A.336.
«Genjutsu niokeru dekigoto to Imi [Evénement et sens dans le discours].» Traduction de II.A.273.
«Tetsugaku to Shūkukyōgengo no Tokushusei [La philosophie et la spécificité du langage religieux].» Traduction de II.A.317.
«In'yu to Kaishakugaku no Chushin mondai [La métaphore et le problème central de l'herméneutique].» Traduction de II.A.289.
«Kotoba to Shōchō [Parole et symbole].» Traduction de II.A.316.
«Kaishakugaku no Kadai [La tâche de l'herméneutique].» Traduction de II.A.310.
«Sokaku no kaishakugakuteki Kinō [La fonction herméneutique de la distanciation].» Traduction de II.A.311.
«Tetsugakuteki Kaishakugaku to seishoteki Kaishakugaku [Herméneutique philosophique et herméneutique biblique].» Traduction de II.A.312.
«Gendai no Hēgeru [Hegel aujourd'hui].» Traduction de II.A.304.
«Kagaku to Ideorogī [Science et idéologie].» Traduction de II.A.303.

«Kaishakuguku to Ideorogī [Herméneutique et critique des idéologies].» Traduction de II.A.299.
«Sezokuka no kaishakugaku [Herméneutique de la sécularization].» Traduction de II.A.327.

I.I.3. *Ningen – Kono ayamachi yasuki mono*. Traduction de *L'homme failible* par T. HISASHIGE. Tokyo: Ibun-sha, [1978], 19,5 × 13,5, 233 p.
Traduction japonaise de I.A.6.

1979

I.I.3a. *Taiwa – Maruseru to Rikūru*. Traduction de *Entretiens Paul Ricœur-Gabriel Marcel* par T. MISHIMA. Kyoto: Kōro-sha, 1979, 21 × 15, 137 p.
Traduction japonaise de I.A.9.

1980

I.I.4. *Aku no Shinwa*. Traduction de *La symbolique du mal* (2e partie) par Y. SASAKI et d'autres. Tokyo: Keisei-Sha, 1980, 18,5 × 13, 358 p.
Traduction japonaise de I.A.7.

1982

I.I.5. *Gendai no Tetsugaku. I*. Traduction de *Main Trends in Philosophy* (1e partie) par K. SAKAMOTO, Y. MURAKAMI, Y. NAKAMURA et K. TSUCHIYA. Tokyo: Iwanami-schoten, 1982, 21 × 15, 369 p.
Traduction japonaise du chapitre VII de II.B.75.

I.I.6. *Gendai no Tetsugaku. II*. Traduction de *Main Trends in Philosophy* (2e partie) par K. AKABE, H. IMAMURA et T. HISASHIGE. Tokyo: Iwanami-schoten, 1982, 21 × 15, 287 p.
Traduction japonaise du chapitre VIII de II.B.75.

I.I.7. *Furoito o yomu. Kaishakugaku ne shiron* [Lire Freud. Essai d'herméneutique]. Traduction de *De l'interprétation* par H. KUME. Tokyo: Shinyo-sha, 1982, 631 p.
Traduction japonaise de I.A.8.

1983

I.I.8. *Ikita In'yu* [La métaphore vive]. Traduction d'un abrégé rédigé par P. RICŒUR lui-même de *La métaphore vive* par H. KUMÉ. Tokyo: Iwanami-schoten, 1983, 19 × 12, 402 p.

Traduction japonaise de I.A.11 abrégé, avec une reproduction presque intégrale de II.I.7.
Nouvelle édition en 1998 (433 p.)

1987

I.I.9. *Jikan to Monogatari. I. Monogatari to Jikansei no Junkan, Rekishi to Monogatari* [Temps et récit. I. Le cercle entre récit et temporalité, histoire et récit]. Traduction de *Temps et récit I* par H. KUME avec une préface de P. RICŒUR à la traduction japonaise. Tokyo: Shin'yō-sha, 1987, 21 × 15, 412 p.
Traduction japonaise de I.A.12.

1988

I.I.10. *Jikan to Monogatari. II. Fikushon-monogatari ni okeru Jikan no Tōgo-keishōka* [Temps et récit. La configuration du temps dans le récit de fiction]. Traduction de *Temps et récit II* par H. KUME. Tokyo: Shin'yō-sha, 1988, 21 × 15, 312 p.
Traduction japonaise de I.A.13.

1990

I.I.11. *Jikan to Monogatari. III. Monogatarareru Jikan* [Temps et récit. Le temps raconté]. Traduction de *Temps et récit III* par H. KUME. Tokyo: Shin'yō-sha, 1990, 21 × 15, 542 p.
Traduction japonaise de I.A.14.

I.I.12. *Kaishaku no Riron* [Theorie de l'interprétation]. Traduction de *Interpretation Theory* par M. MAKIUCHI. Tokyo: Yorudan-sha, [1993], 19,5 × 13,5, 204 p.
Traduction japonaise de I.B.10.

1993

I.I.13. *Ishi-teki-na mono to Hi-ishi-tekī-no mono. Tome I.* Traduction de l'introduction et de la 1e partie de *Le voluntaire et l'involuntaire* par Sh. TAKIURA, M. HAKOISHI et O. TAKEUCHI. Tokyo: Kinokuniya-shoten, 1993, 19,5 × 13,5, 343 p.
Traduction japonaise partielle de I.A.3.

1995

I.I.14. *Ishi-teki-na mono to Hi-ishi-tekī-na mono. Tome II. Kōdōsuru koto.* Traduction de la 2e partie de *Le volontaire et l'involontaire* par Sh. TAKIURA,

F. NAKAMURA et O. TAKEUCHI. Tokyo: Kinokuniya-shoten, 1995, 19,5 × 13,5, 343 p.

Traduction japonaise partielle de I.A.3.

I.I.15. *Seisho-Kaishakugaku* [Herméneutique biblique]. Traduction de plusieurs articles de P. Ricœur par H. KUME. Tokyo: Yorudan-sha, 1995, 19,5 × 13,5, 378 p.

Comprend les articles suivants:
«Kengo ni-tuite-no Hansei no Kotoba no Shingaku eno Kiyo [Contribution d'une reflexion sur le langage à une théologie de la Parole]». Traduction de II.A.237.
«Shūkyō-hihan (La critique de la religion]». Traduction de II.A.171.
«Shinkō no Gengo (Le langage de la foi]». Traduction de II.A.172.
«Iesu no Tatoe ni Kiku [Listening to the Parables of Jesus]». Traduction de II.B.53.
«Shōgen no Kaishakugaku [L'herméneutique du témoignage]». Traduction de II.A.288.
«Keiji no Kannen no Kaishakugaku [L'herméneutique de l'idée de révélation]». Traduction de II.A.333.
«Kami o Nazasu-koto [Nommer Dieu]». Traduction de II.A.337.
«Seisho-Kaishakugaku [Herméneutique biblique]». Traduction de II.B.57.

I.I.16. *Ishi-teki-na mono to Hi-ishi-teki-na mono. Tome III. Doi-suru koto.* Traduction de la 3e partie de *Le volontaire et l'involontaire* par Sh. TAKIURA, F. NAKAMURA et O. TAKEUCHI. Tokyo: Kinokuniya-shoten, 1995, 19,5 × 13,5, 273 p.

Traduction japonaise partielle de I.A.3.

1996

I.I.17. *Tasha no yōna Jiko-jishin* (Uniberushitasu, 530). Traduction de *Soi-même comme un autre* par H. KUME. Tokyo: Hōsei-Daigaku Shuppan-kyoku, 1996, 538 p.

Traduction japonaise de I.A.17.

I.J. DANOIS / DANISH

1970

I.J.1. *Sprogfilosofi* (Stjernebøgernes Kulturbibliotek) [Philosophie du langage]. Traduction de quelques articles par Gr.K. SORENSEN et P. KEMP avec une introduction et des notes de P. KEMP. København: Vinten, [1970], 18,5 × 10,5, 128 p.

Réédité en 1979.
Traduction danoise de trois articles de I.A.10.
«Indledning [Introduction]». (7-24)
«Struktur, ord, begivenhed [La structure, le mot, l'événement]». Traduction de II.A.214.
«Semiologiens urfordring til subjektfilosofien [La question du sujet: le défi de la sémiologie]». Traduction de la version française plus élaborée de II.C.8, parue sous le titre «La question du sujet: le défi de la sémiologie» dans I.A.10.
«Faderfigurens udviklung fra fantasme til symbol [La paternité: du fantasme au symbole]». Traduction de II.A.248.
Les pages 1-21 de l'introduction sont traduites par III.P.2.

1973

I.J.2. *Filosofiens kilder* [Les sources de la philosophie]. Traduction de quelques articles avec une introduction de P. KEMP. København: Vinten, 1973, 18 × 10, 176 p.

Comprend le texte danois des articles suivants:
«Indledning [Introduction]». (7-15)
«Interview ved Jacques Berg [Interview de Ricœur par Jacques Berg]».
«At filosofere efter Kierkegaard [Philosopher après Kierkegaard]». Traduction de II.A.156.
«Psykoanalysen og den moderne kultur sudviklung [La psychanalyse et le mouvement de la culture contemporaine]». Traduction de II.A.176.
«Hvad er en tekst? Forklare og forstå [Qu'est-ce qu'un texte? Expliquer et comprendre]». Traduction de II.A.256.
«Tekstmodellen: Meningsfuld handling betragtet som en tekst [Le modèle du texte: l'action sensée considerée comme un texte]». Traduction de II.B.38.

1979

I.J.3. *Fortolkningsteori* (Stjernebøgernes Kulturbibliotek) [Théorie de l'interprétation]. Traduction de *Interpretation Theory* par H. JUEL avec une introduction de A. GRØN. [København]: Vinten, [1979], 18,5 × 10,5, 7-104, 105-222 p.

Traduction danoise de I.B.10.

I.K. SERBO-CROATE / SERBO-CROATIAN

1981

I.K.1. *Živa metafora* (Biblioteka Teka, 8). Traduction de *La métaphore vive* par N. VAJS avec un épilogue de J. LACROIX. [Zagreb]: [Grafički zavod Hrvatske], [1981], 23,5 × 16,5, 378 p.

Traduction serbo-croate de I.A.11.

1993

I.K.2. *Vreme i prĭca. I.* (Biblioteka Theoria, 24). Traduction de *Temps et récit I* par Sl. MILETIČ et A. MORALIČ. Sremski Karlovči-Novi Sad: Izdavačka Knjižarnica Zorana Stojanoviča, 1993, 22,5 × 14, 296 p.

Traduction serbo-croate de I.A.12.

I.L. GREC / GREEK

1996

I.L.1. *I zontani metafora* (La métaphore vive). Traduction de *La métaphore vive*. Atina: Kritike, 1996.

Traduction grecque de I.A.11.

I.M. ROUMAIN / ROUMANIAN

1984

I.M.1. *Metafora vie.* Traduction de *La métaphore vive* par I. MAVRODIN. Bucureşti: Univers, 1984, 508 p.

Traduction roumaine de I.A.11.

1995

I.M.2. *Escuri de hermenéuticà.* Traduction *Du texte à l'action. Essais d'herméneutique* par V. TONOIU. [Bucarest]: Humanitas, 1995, 303 p.

Traduction roumaine de I.A.15.
Retraduction: *De la text la acţiune. Escuri de hermenéuticà II* (Săgetătorul). Traduction de *Du texte à l'action* avec une postface par I.POP. Cluj: Echinox, 1999, 480 p.

1996

I.M.3. *Istorie şi Adevăr* (Impassiri şi senne). Traduction de *Histoire et vérité* avec une préface par E. NICULESCU. Anastasin: C.E.U. Press, 1996, 403 p.

Traduction roumaine de I.A.5 (2e édition).

1999

I.M.4. *Conflictal interpretărilor. Escuri de hermenéuticà* (Săgetătorul). Traduction de *Le conflit des interprétations* par H. LAZĂR avec une postface. Cluj: Editura Echinox, 1999, 480 p.

Traduction roumaine de I.A.10.

I.P. Suédois / Swedish

1988

I.P.1. *Från text till handling. En antologi om hermeneutik* [Du texte à l'action. Une anthologie sur l'herméneutique] (Moderna franska tänkare). Edité et introduit par P. Kemp et B. Kristensson et traduit par M. Fatton, B. Kristensson et P. Kemp. Stockholm-Lund: Symposion Bokförlag, [1988], 21,5 × 13,5, 244 p.

Réédité en 1989, 1992 et 1993.
Comprend les articles suivants:
«Vad är en text? [Qu'est-ce qu'un texte?]». Traduction de II.A.256.
«Förklara och förstå. Text, handling, historia [Expliquer et comprendre. Texte, action, histoire]». Traduction de II.A.336.
«Hermeneutik och ideologikritik [Herméneutique et critique des idéologies]». Traduction de II.A.299.
«Det praktiska förnuftet [La raison pratique]». Traduction de II.A.344a.
«Den berättaude tiden [Le temps raconté]». Traduction de II.A.376.

I.R. Tchèque / Czeck

1993

I.R.1. *Paul Ricœur. Život, pravda, symbol* [Paul Ricœur. Vie, vérité et symbole]. Traduction de quelques articles de P. Ricœur par M. Rejchrt et J. Sokol. Praha: [Edice Oikúmené], 1993, 20,5 × 13,6, 258 p.

Comprend les articles suivants:
«Pravda a lež». Traduction de II.A.35.
«Dějiny filosofie a jednata pravdy». Traduction de II.A.64.
«Stát a násilí». Traduction de II.A.84.
«Politický paradox». Traduction de II.A.90.
«Obraz Boži a lidská epogej». Traduction de II.A.126.
«Sexualita jako div, bloudeni, záhada». Traduction de II.A.124.
«O významu pojmu prvotni hřich». Traduction de II.A.129.
«Univerzální civilizace a národni kultury». Traduction de II.A.138.
«Symbol a mýtus». Traduction de II.A.159.
«Existence a hermeneutika». Traduction de II.A.177.
«Problem dvojíku smyslu jako problém hermeneutický a jako problém semantický». Traduction de II.A.197.
«Struktura, slovo, událost». Traduction de II.A.214.
«Mýtus trestu a jeho interpretace». Traduction de II.A.212.
«Filosofie a zvláštnost náboženské řeči». Traduction de II.A.317.

1999

I.R.2. *Paul Ricœur – Gabriel Marcel. Rozhovory.* Traduction de *Entretiens P. Ricœur et G. Marcel* par J. BEDNÁŘOVA, P. HOZÁK et M. POUČOVA. Brno: Vetus Via, 1999, 90 p.

Traduction tchèque de I.A.9.

I.S. CHINOIS / CHINESE

1988

I.S.1 *Zhexue Zhuyao Quxiang* (Les principales tendances de la philosophie]. Traduction de *Main Trends in Philosophy* par LI YOU YAN et XU YICHUN. Beijing: Shanguri Yinshuguan, 1988, 746 p.

Traduction chinoise de I.B.13.

1992

I.S.2. «Introduction et notes à E. HUSSERL, *Ideen zu einer reinen Phänomenologie und phänomenologischen Philosophie* [en chinois]». Traduit par YOU-ZHANG LI. Peking: The Commerce Press, 1992, 468-558.

Traduction chinoise de l'introduction et des notes de P. Ricœur de I.A.4.

1993

I.S.3. *E de xiangrheng* (Dangdai sichao zilie cangshu, 36). Traduction de *The Symbolism of Evil* par WEN SHAOJUN. Taibei: Guignan tushu fufin youxian gongsi, 1993.

Traduction chinoise de I.A.7.

1995

I.S.4. *Quanshi de chongtu* (Dongdai sichao xilie conshu, 74). Traduction de *Le conflit des interpretations* par LIN HONGTAO. Taiwan: Laureate Book Co., 1995, 20,8 × 14,7, 563 p.

Traduction chinoise de I.A.10.

I.T. RUSSE / RUSSIAN

1995

I.T.1. *Germenevhka. Etika. Politika. Moskowskic lekcii i interv'iu* [Herméneutique, éthique, politique. Conférences et interventions à l'Academie de

Moscou, 1995]. Édité par Z.Ś. VDOVINA et traduit par O.I. MAČUL'STAIA et d'autres. Moscou: Academiz, AOU-Rami, 1995, 17,5 × 11, 160 p.

Comprend les articles suivants:
«Germenevhka i method social'nyh naut» (3-18).
«Povestvovatel'naia identičnost» (19-37).
«Moral, etika i politika» (38-58).
«Čto menia zanimact poslednic 30 let» (38-91). Reprise de II.T.4.
«Diskussiia Polia Rikëra s rossijskimi issledovdeljami» (92-112).
«Filosofia i problemy demokratii. Beseda s Polem Rikërom» (113-127).
I.Ś. VDODINA. «Issleduia čelovečeskij opyt...» (128-159).

1996

I.T.2. *Germenevhka i psichoanalíz*. Traduction de la 2e partie de *Le conflit des interprétations* par H.C. VDOVINA. Moscou: Iskysstvo. CEU Press, 1996.

Traduction russe partielle de I.A.10.

I.U. BULGARE / BULGARIAN

1993

I.U.1. *Istoriia i istana*. Traduction de *Histoire et vérité* (1955) par Ž. JOVČEV. Sofia: Arges, 1993, 20 × 14, 288 p.

Traduction bulgare de I.A.5.

1994

I.U.2. *La métaphore vive* [en bulgare]. Traduit par I. RAYNOVA. Sofia: 1994, 540 p.

Traduction bulgare de I.A.11.

1997

I.U.3. *Pzotchiti*. Traduction d'extraits de *Lectures I et III*. Sofia: Presses Universitaires de Sofia, 1997.

Traduction bulgare partielle de I.A.18 et I.A.20.

1998

I.U.4. *Paul Ricœur – Sofijski Dialozi* (Dialogues de Sofia) avec une introduction par I. ZNEPOLSKI. Sofia: Dom na nankite za ćoveka u obshestvoto, 1998, 108 p.

Comprend les articles suivants:

1e partie

«Du fini et de l'infini dans l'acte philosophique. Intervention à la clôture du Colloque (La philosophie face aux défis des changements), Sofia, 26 octobre 1997» (29-49).
«De la confiance en philosophie. Table ronde, 26 octobre 1997» (51-25).

2e partie

«Le communisme a corrompu ses idéalistes» (75-84).
«La cure de la mémoire demande du temps» (85-90).
«C'est qui manque à la démocratie aujourd'hui – c'est la passion» (91-98).

Annexe

«La tâche de la philosophie» (101-108).

I.X. Hongrois / Hungarian

1999

I.X.1. *Vágolatott irodalómelméliti tanul mányok.* Traduction de plusieurs textes par É Jeney et d'autres. Budapest: Osiris Kiado, 1999, 427 p.

I.Z. Ukrainien / Ukrainian

1995

I.Z.1. *Lectures 1. Autour de politique* [en ukranien]. Kiev, 1995, 332 p.
Traduction ukranienne de I.A.18.

I.ß. Coréen / Korean

1999

I.ß.1. *Shigan-kwa lyagi 1.* Traduction de *Temps et recit I* par K. Han-shik et Y. Kyŏng-rae [Seoul]: Munhak kwa Jisŏngsa, 1999, 446 p.
Traduction de I.A.12.

II. ARTICLES

II.A. Français / French

1935

II.A.1. «L'appel de l'action. Réflexions d'un étudiant protestant». *Terre nouvelle*. Organe des chrétiens révolutionnaires (Paris) 1935, n° 2, juin, 7-9.

1936

II.A.1a. «Responsabilité de la pensée». *Être* 1 (1936-1937), n° 1, 10 novembre, 4-5.

II.A.2. «Le risque». *Être* 1 (1936-1937), n° 2, 10 décembre, 9-11.

Reproduit par M. Rivain sans l'autorisation de l'auteur dans *Confluences* 1941, n° 1, juillet, 3-11 et, en omettant plusieurs paragraphes, dans *L'unité française* 1941, n° 2, juillet-septembre, 206-208.

1937

II.A.3. «Socialisme et christianisme». *Être* 1 (1936-1937), n° 4, 10 mars, 3-4.

1938

II.A.4. «Nécessité de Karl Marx». *Être* 2 (1937-1938), n° 5, mars, 6-11.

1940

II.A.5. «L'attention. Étude phénoménologique de l'attention et de ses connexions philosophiques». *Bulletin du Cercle philosophique de l'Ouest* 4 (1940), janvier-mars, 1-28 [polycopie].

II.A.5a. «Paroles de prisonniers. IX. Propagande et culture». *L'unité française*. Cahiers d'Études de la Fédération des Cercles Jeune France [de Vichy] 1941, n° 1, avril-juin, 54-59.

1941

II.A.5b. Estrangin L. et Ricœur P., «Paroles de prisonniers. I. La jeunesse et le sens du service social». *L'unité française* 1941, n° 2, juillet-septembre, 162-172.

II.A.5c. «Paroles de Prisonniers. III. Valeurs d'action. Le risque». *L'unité française* 1941, n° 2, juillet-septembre, 206-208.

Reproduction de II.A.2., à l'insu de l'auteur. Ce texte ainsi que ceux-ci de II.A.5a. et II.A.5b. font partie d'un ensemble intitulé «Paroles de Prisonniers». Ils ont été publiés par le commandant Jean Rivain, une fois qu'il était libéré le 12 décembre 1940 du camp des prisonniers de guerre Oflag II.B en Poméranie. Lui, il a 'attribué' ces trois textes à P. Ricœur qui en a appris l'existence par O. Mongin qui, lui, a été informé le 11 juillet 1994 par Monsieur J.-M. Ollé. Sur ce cas P. Ricœur s'est expliqué le 17 octobre 1994 dans une "Note sur certaines 'paroles de prisonniers' à Monsieur M. Rousso, directeur de l'Institut d'Histoire du Temps Présent à Paris».

1946

II.A.6. «Le chrétien et la Civilisation occidentale [conférence donnée à la Postfédération, Melun 1946]». *Christianisme social.* Revue Sociale et Internationale pour un Monde Chrétien 54 (1946), n° 5, octobre-décembre, 423-436.

Traduit en espagnol dans I.D.13.

II.A.7. «Vérité: Jésus et Ponce Pilate». *Le Semeur.* Tribune libre de la Fédération Française des Associations Chrétiennes d'Étudiants (XXVIIIe Congrès national) 44 (1945-1946), n° 4-5, février-mars, 381-394.

1947

II.A.8. «Le mystère mutuel ou le romancier humilié [sur P.A. LESORT, *Les Reins et les Cœurs*]». *Esprit* 15 (1947), n° 132, avril, 691-699.

II.A.9. «La crise de la Démocratie et de la Conscience chrétienne». *Christianisme social* 55 (1947), n° 4, mai, 320-331.

Reproduit dans *Cité nouvelle.* Journal bimensuel 1959, n° 301, 17 septembre, 1,3; n° 302, 1 octobre, 1,2: n° 303, 15 octobre, 1,4; n° 304, 5 novembre, 1,3.

1948

II.A.10. «Pour un christianisme prophétique». *Les chrétiens et la politique* (Dialogues). Paris: Temps Présent, 1948, 18,5 × 12, 79-100.

Traduit en espagnol dans I.D.14.

II.A.11. «Dimensions d'une recherche commune [rapport au Congrès *Esprit*]». *Esprit* 16 (1948), n° 12, décembre, 837-846.

II.A.12. «La pensée engagée (sur M. MERLEAU-PONTY, *Humanisme et terreur*]». *Esprit* 16 (1948), n° 12, décembre, 911-916.

Reproduit dans I.A.19.
Traduit en portugais dans I.F.14.

II.A.13. «La Condition du Philosophe chrétien [sur R. MEHL, *La condition du philosophe chrétien*]». *Christianisme social* 56 (1948), n° 9-10, septembre-octobre, 551-557.

Reproduit dans I.A.20.
Traduit en portugais dans I.F.15.

II.A.14. «Comment respecter l'enfant? [Conférence au Congrès de la Fédération, Glay 1948]». *Foi-Éducation* (Orientation de la Fédération, Glay). Revue trimestrielle de la Fédération protestante des membres de l'Enseignement 18 (1948), n° 5, octobre, 6-11.

II.A.15. «L'expérience psychologique de la liberté [texte imprimé sur le programme du Congrès de Toulouse, 1948]». *Le Semeur* (Liberté. XXXe Congrès national: Toulouse 30 mars-3 avril 1948) 46 (1947-1948), n° 6-7, avril-mai, 444-451.

1949

II.A.16. «Le renouvellement du problème de la philosophie chrétienne par les philosophies de l'existence». *Le problème de la philosophie chrétienne* (Les Problèmes de la Pensée Chrétienne, 4). Paris: Presses Universitaires de France, 1949, 22,5 × 14, 43-67.

Repris dans I.A.16.

II.A.17. «[Possibilités ouvertes à l'évangélisation. Entendre l'évangile]». *Jeunesse de l'église* (L'évangile captif) (Petit Clamart, Seine) [1949], 10e cahier, 69-72.

II.A.18. «Husserl et le sens de l'histoire». *Revue de métaphysique et de morale* 54 (1949), n° 3-4, juillet-octobre, 280-316.

Traduit en anglais dans I.B.4.
Traduit en allemand par II.C.12.
Traduit en italien dans I.E.9.

II.A.19. «L'homme non violent et sa présence à l'histoire». *Esprit* (Révision du pacifisme) 17 (1949), n° 2, février, 224-234.

Reproduit dans I.A.5.
Traduit différemment en anglais par II.B.15 et dans I.B.1.
Traduit en allemand dans I.C.6.
Traduit en italien par II.E.6a. et dans I.E.18.
Traduit en portugais dans I.F.1.

II.A.20. «Le Yogi, le Commissaire, le Prolétaire et le Prophète. À propos de «Humanisme et Terreur» de Maurice Merleau-Ponty». *Christianisme social* 57 (1949), n° 1-2, janvier-février, 41-54.

La dernière partie, à savoir les réflexions critiques sont reproduites dans «Paul Ricœur et la réflexion sur le marxisme» par D. GALLAND. *Itineris. Cahiers socialistes chrétiens* (Itinéraires socialistes chrétiens). [Genève]: Labor et Fides, [1983], 22,5 × 15, 130-136.

II.A.21. «La culpabilité allemande [sur K. JASPERS, *La culpabilité allemande*]». *Christianisme social* 57 (1949, n° 3-4, mars-avril, 150-157.

Repris dans I.A.18.
Traduit en portugais dans I.A.13.

II.A.22. «La Violence dans l'Histoire et la Place de 'l'Autre Force'». *Cité nouvelle* 1949, n° 85, 10 novembre, 1,2.

1950

II.A.23. HUSSERL E., «La crise de l'humanité européenne et la philosophie». Texte établi et présenté par St. STRASSER et traduit par P. RICŒUR. *Revue de métaphysique et de morale* 55 (1950), n° 3, juillet-septembre, 225-258.

Reproduit dans *La crise de l'humanité européenne et la philosophie* (Republications Paulet). Paris: Paulet, 1968, 24 × 15, 225-260.
Autres reproductions: *La crise de l'humanité européenne et la philosophie* (Republications Paulet), traduit par P. RICŒUR avec des introductions de St. STRASSER et G. GRANEL. Paris: La pensée sauvage (L'impensé radical), 1975, XXI-31 p.; *La crise de l'humanité européenne et la philosophie* (La philosophie en poche). Édition bilingue. Traduction de P. RICŒUR, préface de St. STRASSER et en postface un essai de J.-M. GUIRAO. Paris: Aubier, 1977, 17,5 × 11,5, 175 p. Réimpression dans la série «Philosophie de l'esprit» chez le même éditeur en 1987.

II.A.24. HUSSERL E., «La philosophie comme prise de conscience de l'humanité». Texte établi et présenté par W. BIEMEL et traduit par P. RICŒUR. *Deucalion 3. Vérité et liberté* (Être et penser. Cahiers de Philosophie) 1950, n° 30, 109-127.

II.A.25. «Une philosophie personnaliste [sur E. MOUNIER]». *Esprit* (Emmanuel Mounier) 18 (1950), n° 12, décembre, 860-887.

Repris dans I.A.5.
Traduit en anglais dans I.B.1.
Traduit en italien dans I.E.19.
Traduit en portugais dans I.F.1.
Traduit en polonais par II.H.3.

II.A.25a. «Remarques sur l'Évangelisation des intellectuels d'aujourd'hui». *Revue de l'Évangelisation* 5 (1950), n° 24, mars-avril-mai, 42-46.

Reproduit sous le titre «L'évangile et les intellectuels» dans *Le Semeur* (Autorité de l'Écriture) 49 (1950-1951) n° 7-8, mai-juin, 485-490.

II.A.26. «Discerner pour agir [exposé au Congrès de la Fédération, Lyon 1950]». *Le Semeur* (Peut-on s'orienter dans le monde moderne? XXXe Congrès National, Lyon 10-14 avril 1950) 48 (1949-1950), n° 7-8, mai-juin, 431-452.

1951

II.A.27. «Compte rendu de thèse». *Annales de l'Université de Paris* 21 (1951), octobre-décembre, 633-635.

II.A.28. «L'unité du volontaire et de l'involontaire comme idée-limite [présentation des arguments et exposé suivi d'une discussion avec E. BRÉHIER et d'autres]». *Bulletin de la Société française de Philosophie* 45 (1951), n° 1, 1-2 janvier-mars, 3-22,22-29.

Reproduction des arguments dans *Les études philosophiques* 6 (1951), n° 1, janvier-mars, 106-107.
Seuls les arguments et l'exposé sont traduits en anglais par II.B.23, ce qui est reproduit dans I.B.12.

II.A.29. «Analyses et problèmes dans 'Ideen II' de Husserl [1e partie, suite]». *Revue de métaphysique et de morale* 56 (1951), n° 4, octobre-décembre, 357-394; 57 (1952), n° 1, janvier-mars, 1-16.

Repris dans *Phénoménologie. Existence* (Revue de métaphysique et de morale). Paris: A. Colin, 1953, 25 × 16,5, 23-76.
Traduit en anglais dans I:B.4.
Traduit en italien dans I.E.9.

II.A.30. «La pensée grecque. Ernst HOFFMANN, *Plato*. Victor GOLDSCHMIDT, *La religion de Platon* [comptes rendus]». *Revue d'histoire et de philosophie religieuses* 31 (1951), n° 2, 240-244.

II.A.31. RICŒUR P. et DOMENACH J.M., «Masse et personne». *Esprit* 19 (1951), n° 1, janvier, 9-18.

Traduit en anglais par II.B.2.

II.A.32. «Pour une coexistence pacifique des civilisations». *Esprit* (La paix possible) 19 (1951), n° 3, mars, 408-419.

Traduit en espagnol dans I.D.13.

II.A.33. «P.-L. LANDSBERG, *Essai sur l'expérience de la mort* [compte rendu]». *Esprit* (Condition prolétarienne et lutte ouvrière) 19 (1951), n° 8, juillet-août, 263-265.

Reproduit dans I.A.14.
Traduit en espagnol par II.D.53.
Traduit en portugais dans I.F.14.

II.A.34. «Réflexions sur 'Le diable et le Bon Dieu'». *Esprit* 19 (1951), n° 11, novembre, 711-719.

Reproduit dans I.A.19.
Traduit en anglais par II.B.3.
Traduit en portugais dans I.F.14.

II.A.35. «Vérité et mensonge». *Esprit* 19 (1951), n° 12, décembre, 753-778.

Reproduit dans I.A.5.
Traduit en anglais dans I.B.1.
Traduit en allemand dans I.C.6.
Traduit en italien dans I.E.19.
Traduit en portugais dans I.F.1.
Traduit en polonais dans I.H.4.
Traduit en tchèque dans I.R.1.

II.A.36. «Le christianisme et le sens de l'histoire. Progrès, ambiguïté, espérance». *Christianisme social* 59 (1951), n° 4, avril, 261-274.

Reproduit dans I.A.5.
Traduit différemment en anglais par II.B.1 et dans I.B.1.
Traduit en espagnol dans I.D.14.
Traduit en italien dans I.E.19.
Traduit en portugais dans I.F.1.
Traduit en polonais dans I.H.4.

II.A.37. «Tâches pour la paix». *Christianisme social* 59 (1951), n° 5-6, mai-juin, 371-378.

II.A.38. «La question de l''humanisme chrétien' [thèses présentées à l'Assemblée générale du Protestantisme français, 1950]». *Foi et vie* 49 (1951), n° 4, juillet, 323-330.

II.A.40. «Connaissance de l'homme par la littérature du malheur». *Foi-Éducation* (Littérature et monde moderne) 21 (1951), n° 15, mai, 149-156.

II.A.41. «Note sur l'Existentialisme et la Foi chrétienne». *Revue de l'Évangélisation* (Le Christianisme devant les courants de la pensée moderne) 6 (1951), n° 31, mai-juin, 143-152.

1952

II.A.42. «Note sur l'histoire de la philosophie et la sociologie de la connaissance». *L'homme et l'histoire*. Actes du VIe Congrès des Sociétés de Philosophie de langue française, Strasbourg 1952. Paris: Presses Universitaires de France, 1952, 22 × 14,5, 341-346.

Reproduit dans I.A.5.
Traduit en anglais dans I.B.1.

Traduit en allemand dans I.C.6.
Traduit en portugais dans I.F.1.

II.A.43. «Méthodes et tâches d'une phénoménologie de la volonté». *Problèmes actuels de la phénoménologie*. Actes du colloque international de phénoménologie, Bruxelles 1951 (Textes et études philosophiques). Édités par H.L. VAN BREDA. [Paris]: Desclée de Brouwer, [1952], 18,5 × 12, 110-140.

Repris dans I.A.16.
Traduit en anglais dans I.B.4.
Quelques pages sont traduites en italien par II.E.15.
Traduit en japonais par II.I.2a.

II.A.44. «Le temps de Jean-Baptiste et le temps de Galilée [sur MONTUCLARD, *Les événements et la foi*]». *Esprit* 20 (1952), n° 5, mai, 854-871.

II.A.45. «Aux frontières de la philosophie [sur A. NÉHER, *Amos. Contribution à l'étude du prophétisme*; J. ROOS, *Blake, Novalis, Ballanche. Aspects littéraires du mysticisme philosophique au début du romantisme*; P. BURGELIN, *La philosophie de l'existence de Jean-Jacques Rousseau*]». *Esprit* (La gauche américaine) 20 (1952), n° 11, novembre, 760-775.

Reproduit dans I.A.20.
Traduit en portugais dans I.F.15.

II.A.46. «Propositions de compromis pour l'Allemagne [intervention de P. RICŒUR à la Conférence Internationale pour la solution du problème allemand, Berlin 1952]». *Esprit* (Misère de la psychiatrie) 20 (1952), n° 12, décembre, 1005-1011.

II.A.47. «L'Homme révolté de Camus [sur A. CAMUS, *L'homme révolté*]». *Christianisme social* 60 (1952), n° 5-6, mai-juin, 229-239.

Reproduit dans I.A.19.
Traduit en portugais dans I.F.14.

II.A.48. «Pour la solution du Problème allemand. La Conférence de Berlin». *Christianisme social* 60 (1952)-61 (1953), n° 12-1, décembre-janvier, 625-631.

II.A.49. «L'homme de science et l'homme de foi». *Le semeur* (La science et la foi) 51 (1952-1953), n° 1, novembre, 12-22.

Reproduit intégralement dans:
Recherches et débats (Pensée scientifique et foi chrétienne) 2 (1953), n° 4, 77-88.
Science et foi (Le signe). Paris: A. Fayard, 1962, 19,5 × 14,5, 83-95.
Reproduit partiellement sous le titre «Note sur le vœu et la tâche de l'unité» dans I.A.5.

Traduit en anglais dans I.B.1.
Traduit en italien par II.E.4. et dans I.E.19.
Traduit en portugais dans I.F.1.

II.A.50. «Urgence d'une morale [conférence aux «Conférences protestantes» consacrées aux Dix Commandements]». *Foi-Éducation* (La paix: des enfants et des hommes) 22 (1952), n° 20, juillet, 107-114.

1953

II.A.51. «Vraie et fausse angoisse [conférence de P. RICŒUR suivie d'un débat avec É. WEIL et d'autres]». *L'angoisse du temps présent et les devoirs de l'esprit.* Rencontres internationales de Genève 1953. Neuchâtel: La Baconnière, [1953], 19,5 × 15, 33-53, 175-210.

La conférence seule est reproduite dans I.A.5.
La conférence seule est traduite en anglais dans I.B.1, en allemand dans I.C.6, en italien dans I.E.19, en portugais dans I.F.1 et en polonais par II.H.6 et dans I.H.4.
La conférence et le débat sont traduits en portugais par II.F.3.
Extrait (33-38): «Vraie et fausse angoisse». *Ecrits sur l'angoisse* (Ecrits). Textes de OPPENHEIMER, RICŒUR et alii. [Paris]: Seghers, [1963], 16 × 13, 179-184.

II.A.52. RICŒUR P., SCHUMAN R., CALOGERO G. et d'autres «Troisième entretien public [discussion sur la conférence de R. SCHUMAN, «Les causes sociales et politiques de l'angoisse»]». *L'angoisse du temps présent et les devoirs de l'esprit.* Rencontres internationales de Genève 1953. Neuchâtel: La Baconnière, [1953], 247-277, 279-303.

Traduit en portugais par II.F.4.

II.A.53. «Culpabilité tragique et culpabilité biblique». *Revue d'histoire et de philosophie religieuses* 33 (1953), n° 4, 285-307.

II.A.54. «Travail et parole». *Esprit* (Esprit a vingt ans) 21 (1953), n° 1, janvier, 96-117.

Reproduit dans I.A.5.
Traduit en anglais dans I.B.1.
Traduit en allemand dans I.C.6.
Traduit en italien dans I.E.19.
Traduit en portugais dans I.F.1.
Traduit en polonais dans I.H.4.

II.A.55. «Aux frontières de la philosophie (suite). Sur le tragique [sur G. NEBEL, *Weltangst und Götterzorn*; H. GOUHIER, *Le Théâtre et l'existence*; M. SCHELER, *Le phénomène du tragique*; K. JASPERS, *Über das Tragische*]». *Esprit* 21 (1953), n° 3, mars, 449-467.

Reproduit dans I.A.20.
Traduit en portugais dans I.F.15.

II.A.56. «Sur la phénoménologie [sur TRAN-DUC-THAO, *Phénoménologie et matérialisme dialectique*]». *Esprit* 21 (1953), n° 12, décembre, 821-839.

Repris dans I.A.16.
Traduit en anglais par II.B.51.
Traduit quasi intégralement en italien dans I.E.9.

II.A.57. «Objectivité et subjectivité en histoire [rapport de P. RICŒUR aux Journées pédagogiques de coordination entre l'enseignement de la philosophie et celui de l'histoire suivi d'un débat avec L. FEINBERG et d'autres]». *Revue de l'enseignement philosophique.* Bulletin de l'Association des Professeurs de Philosophie de l'Enseignement public 3 (1953), juillet-septembre, 28-40, 41-43.

Seule la conférence est reproduite sous le même titre dans I.A.5 et sous le titre «Subjectivité et Objectivité en Histoire» dans *Les Amis de Sèvres. Bulletin d'information* 6 (1954), juin, 5-21.
Seule la conférence est traduite en anglais dans I.B.1, en allemand dans I.C.6, en italien dans I.E.19 et en portugais dans I.F.1.

II.A.58. «Les Conditions de la coexistence pacifique. Conditions de la paix [rapport de P. RICŒUR au Congrès du Christianisme social suivi d'un débat, Marseille 1953]». *Christianisme social* 61 (1953), n° 6-7, mai-juin, 297-307, 308-313.

II.A.59. «État, Nation, École [étude prononcée au Congrès National de la Fédération Protestante de l'Enseignement, Lille 1952]». *Foi-Éducation* 23 (1953), n° 23, avril, 54-57.

II.A.60. «La crise de la vérité et la pression du mensonge dans la civilisation actuelle». *Vie enseignante.* Pour les instituteurs publics 1953, n° 83, novembre, 11.

1954

II.A.61. *Histoire de la philosophie allemande* (Bibliothèque d'histoire de la philosophie). Troisième édition mise à jour par P. RICŒUR [moyennant une introduction et un appendice consacré à quelques figures contemporaines]. Paris: Vrin, 1954, 19 × 14, 3, 181-258.

Réédition en 1967.
La partie de l'appendice consacrée à E. Husserl est reproduite dans I.A.16 et traduite en anglais dans I.B.4.

II.A.62. «La relation à autrui. Le 'socius' et le prochain». *L'amour du prochain* (Cahiers de la vie spirituelle). Paris: Cerf, 1954, 18 × 12, 293-310.

Reproduit dans I.A.5 et, sous le titre «Sociologie et théologie. Le 'Socius' et le prochain» dans *Christianisme social* 68 (1960), 461-471.
Traduit différemment en anglais par II.B.4 et dans I.B.1.
Traduit en allemand dans I.C.6.
Traduit en espagnol dans I.D.14.
Traduit en italien par II.E.5a et dans I.E.19.
Traduit en portugais dans I.F.1.
Traduit en néerlandais dans I.G.1.
Traduit en polonais dans I.H.4.

II.A.63. «Sympathie et Respect. Phénoménologie et éthique de la seconde personne». *Revue de métaphysique et de morale* 59 (1954), n° 4, octobre-décembre, 380-397.
Repris dans I.A.16.
Traduit en italien dans I.E.9.

II.A.64. «Étude sur les 'Méditations Cartésiennes' de Husserl». *Revue philosophique de Louvain* 52 (1954), février, 75-109.
Repris dans I.A.16.
Traduit en anglais dans I.B.4.
Traduit en italien dans I.E.9.

II.A.64a. «Histoire de la philosophie et l'unité du vrai». *Revue internationale de philosophie* 8 (1954), n° 29, 266-282.
Texte français de l'article premièrement publié en allemand par II.C.1.
Reproduit dans I.A.5.
Traduit en anglais dans I.B.1.
Traduit en italien dans I.E.23.
Traduit en portugais dans I.F.1.
Traduit en tchèque dans I.R.1.

II.A.65. «Kant et Husserl». *Kant-Studien* 46 (1954-1955), n° 1, 44-67.
Reproduit dans I.A.16.
Traduit différemment en anglais par II.B.19 et dans I.B.4.
Traduit en italien dans I.E.9.

II.A.66. «Philosophies de la personne [sur M. CHASTAING, *L'existence d'autrui*]». *Esprit* 22 (1954), n° 2, février, 289-297.

II.A.67. «'Morale sans péché' ou péché sans moralisme? [sur A. HESNARD, *Morale sans péché*]». *Esprit* 22 (1954), n° 8-9, août-septembre, 294-312.
Traduit en anglais par II.B.5.

1955

II.A.68. «La parole est mon royaume». *Esprit* (Réforme de l'enseignement) 23 (1955), n° 2, février, 192-205.

II.A.69. «Sur la phénoménologie II. Le 'problème de l'âme' [sur St. STRASSER, *Le problème de l'âme*]». *Esprit* (Le monde des prisons) 23 (1955), n° 4, avril, 721-726.

Reproduit anonymement sous le titre «Le problème de l'âme, par S. STRASSER» dans *Revue de métaphysique et de morale* 61 (1956), janvier-mars, 87-91.

II.A.70. «Philosophie et Ontologie I. Retour à Hegel [sur J. HYPPOLITE, *Logique et existence. Essai sur la logique de Hegel*]». *Esprit* 23 (1955), n° 8, août, 1378-1391.

Reproduit dans I.A.19.
Traduit en portugais dans I.F.14.

II.A.71. «Aux frontières de la philosophie. II. Philosophie et prophétisme [sur A. NÉHER, *Essence du prophétisme*]». *Esprit* 23 (1955), n° 12, décembre, 1928-1939.

Reproduit dans I.A.20.
Traduit en portugais dans I.F.15.

II.A.72. «Vraie et fausse paix [présenté aux Congrès du Christianisme social en 1955]». *Christianisme social* 63 (1955), n° 9-10, septembre-octobre, 467-479.

Reproduit intégralement par *Vraie et fausse paix* (Questions de notre temps). Paris: Le Cep. 1955, 21 × 13,5, 16 p. et partiellement dans *Cité nouvelle*, 1955, n° 216, 17 novembre, 1,2.

II.A.73. «Vivre 'en' adultes 'comme' des enfants». *Jeunes femmes*. Bulletin des groupes «Jeunes femmes» 4 (1955), juillet-août, 61-71.

1956

II.A.74. GUARDINI R., *La mort de Socrate*. Traduction de *Der Tod des Sokrates* par P. RICŒUR. Paris: Seuil, [1956], 19 × 14, 269 p.

II.A.75. THÉVENAZ P., *L'homme et sa raison. I. Raison et conscience de soi* (Être et penser. Cahiers de philosophie, 46). Préface de P. RICŒUR. Neuchâtel: La Baconnière, 1956, 19 × 14, 9-26.

Sous le titre «Un philosophe protestant: Pierre Thévenaz» la préface est reproduite dans *Esprit* 25 (1957), n° 1, janvier, 40-53 et dans I.A.20.
La préface est traduite en portugais dans I.F.15.

II.A.76. «Négativité et affirmation originaire». *Aspects de la dialectique* (Recherches de philosophie, II). Paris: Desclée de Brouwer, [1956], 21,5 × 14, 101-124.

Reproduit dans I.A.5. (Édition 1964).

Extrait (102-103): «Le corps dans le monde: amorce du dialogue». *Nouvelle initiation philosophique. II. Phénoménologie de l'existence. Gravitations I.* Édité par Fl. GABORIAU. [Tournai-Paris]: Casterman, 1963, 21,5 × 15, 216-217.
Traduit en anglais par I.B.1.
Traduit en italien dans I.E.19.
Traduit en portugais dans I.F.1.
Traduit en polonais dans I.H.4.

II.A.77. «Que signifie 'humanisme'?» *Comprendre.* Revue de la société européenne de culture (L'humanisme d'aujourd'hui) 1956, nº 15, mars, 84-92.

Traduit en anglais dans I.B.9.

II.A.78. «Certitudes et incertitudes d'une révolution». *Esprit* (La Chine, porte ouverte) 24 (1956), nº 1, janvier, 5-28.

Repris dans I.A.18.

II.A.79. «Note critique sur 'Chine ouverte'». *Esprit* 22 (1956), nº 6, juin, 897-910.

Repris dans I.A.18.

II.A.80. «Questions sur la Chine». *Christianisme social* (Planisme et liberté) 64 (1956), nº 5-6, mai-juin, 319-335.

Traduit en italien par II.E.1.

II.A.81. «L'enseignement dans la Chine nouvelle». *Foi-Éducation* 26 (1956), nº 34, janvier-mars, 25-30.

Reproduit sous le titre «Écoles de Chine» dans *Paris-Pékin.* La revue des amitiés franco-chinoises 1956, mars, 11-16.

II.A.82. «Une enquête spirituelle: Quelle est pour vous la résonance actuelle de la révélation du Sinai? [réponse de P. RICŒUR]». *Unir.* Publication mensuelle de la communauté israélite de Strasbourg 2 (1956), nº 8, 15 mars, 1.

1957

II.A.83. SARGI B., *La participation à l'être dans la philosophie de Louis Lavelle* (Bibliothèque des Archives de philosophie. Septième section, Philosophie contemporaine, 1). Préface de P. RICŒUR. Paris: Beauchesne, 1957, 22 × 14,5, 7-9.

II.A.84. *État et violence.* La troisième conférence annuelle du Foyer John Knox, 1957. Genève: Association du Foyer John Knox, 1957, 21 × 14,5, 16 p.

Reproduit dans I.A.5. (Édition 1964).
Reproduit intégralement sous le titre «Le problème de la violence. I. II. Guerre et violence». *Foi-Éducation* 27 (1957), nº 40, nº 41, juillet-septembre, octobre-décembre, 7-14, 5-11.

Reproduit partiellement sous le titre «Les théologiens, la guerre et l'objection de conscience. III. Une analyse éclairante de Paul Ricœur». *La confiance* 3 (1957), n° 4, 8-11. Aussi partiellement reproduit sous le titre «Violence. Anthologie de textes. Ce que nous dit P. RICŒUR». *Le Semeur* (La violence) 60 (1962), n° 2, février-mars, 403-404.
Traduit différemment en anglais par II.B.7 et dans I.B.1.
Traduit différemment en allemand par II.C.2 et dans I.C.6.
Traduit en italien dans I.E.18 et I.E.23.
Traduit en portugais dans I.F.1.
Traduit en polonais dans I.H.4.
Traduit en tchèque dans I.R.1.

II.A.85. «Philosophie et religion chez Karl Jaspers». *Revue d'histoire et de philosophie religieuses* 37 (1957), n° 3, 207-235.
Traduit en anglais dans II.B.8.
Traduit en allemand dans II.C.3.

II.A.86. «Renouveau de l'ontologie». *Encyclopédie française. XIX. Philosophie et religion.* Paris: Larousse, 1957, 31 × 27, 19.16-15 à 19.18-3.

II.A.87. «Phénoménologie existentielle». *Encyclopédie française. XIX. Philosophie et religion.* Paris: Larousse, 1957, 31 × 27, 19.10-18 à 19.10-12.
Contenu semblable dans II.A.140.
Traduit en anglais dans I.B.4 et I.B.12.

II.A.88. «H. HEIMSOETH, *Les six grands thèmes de la métaphysique occidentale* [compte rendu]». *Les études philosophiques* 12 (1957), n° 4, 408-409.

II.A.89. «Le 'Traité de Métaphysique' de Jean Wahl». *Esprit* 25 (1957), n° 3, mars, 529-540.
Repris dans I.A.19.
Traduit en portugais dans I.F.14.

II.A.90. «Le paradoxe politique». *Esprit* (Le temps de la réflexion) 25 (1957), n° 5, mai, 721-745.
Reproduit dans I.A.5. (Édition 1964).
Traduit en anglais dans I.B.1.
Traduit en allemand dans I.C.6.
Traduit en italien dans I.E.18.
Traduit en portugais dans I.F.1.
Traduit en néerlandais dans I.G.1.
Traduit en tchèque dans I.R.1.

II.A.91. «L'Essai sur le Mal' de Jean Nabert». *Esprit* 25 (1957), n° 7-8, juillet-août, 124-135.
Repris avec une relecture (1992) dans I.A.19.
Traduit en portugais dans I.F.14.

II.A.92. «La ‘philosophie politique’ d’Éric Weil». *Esprit* 25 (1957), n° 10, octobre, 412-429.

Repris avec une bibliographie primaire et secondaire de Éric Weil dans *Revue Esprit. Traversées du* XXe *siècle* (Armillaire). Paris: La Découverte, 1988, 22 × 13,5, 108-126, 126-127.
Repris dans I.A.18.
Traduit en espagnol dans I.D.14.
Traduit en portugais dans I.F.13.

II.A.93. «Place de l’œuvre d’art dans notre culture». *Foi-Éducation* 27 (1957), n° 38, janvier-mars, 5-11.

II.A.94. «Réflexions finales sur le congrès [de la Fédération Protestante de l’Enseignement à Bièvres (1956) consacré à «L’art et l’éducation»]». *Foi-Éducation* 27 (1957), n° 38, janvier-mars, 33-34.

II.A.95. «Vous êtes le sel de la terre». *Au service du maître*. Alliance des équipes unionistes 1957, novembre-décembre, 27-35.

Traduit en anglais par II.B.10 et dans I.B.9.

II.A.96. «Recherches d’anthropologie chrétienne sur le terrain philosophique. I. Les Grecs et le péché. II. Le philosophe en face de la confession des péchés [étude présentée à la Pastorale de Bièvres, 1957]». *Supplément à La confiance*. Correspondance fraternelle et privée des pasteurs de France 3 (1957), n° 1-2, 17-32.

II.A.97. *Être, essence et substance chez Platon et Aristote*. Cours professé à l’Université de Strasbourg en 1953-1954 (Les cours de Sorbonne). Paris: Centre de Documentation Universitaire, [1957], 27 × 21,5, 149 p. [multigraphié].

Réédité en 1960.
Réédité en 1982: Paris: Société d’édition d’enseignement supérieur, [1982], 21 × 15,5, 268 p.
Extrait (145-147) (Édition 1957): «Le dessein d’Aristote». *Les grandes étapes de la pensée. Décisions II* (Nouvelle initiation philosophique, 5). Édité par Fl. GABORIAU. [Tournai-Paris]: Casterman, 1965, 22 × 16, 546-548.
Extrait traduit en serbo-croate par II.K.8.

1958

II.A.98. «Perplexités sur Israël [sur l’état d’Israël, le Sionisme et le monde arabe suivi d’un commentaire par A. NÉHER]». *Esprit* (Israël, le Sionisme et l’antisémitisme) 26 (1958), n° 6, juin, 868-876, 876-877.

Repris dans I.A.18.

II.A.99. «L’aventure technique et son horizon interplanétaire». *Christianisme social* 66 (1958), n° 1-2, janvier-février, 20-33.

Traduit en espagnol par II.D.3.
Traduit en néerlandais dans I.G.1.

II.A.100. «Les aventures de l'État et la tâche des chrétiens». *Christianisme social* 66 (1958), n° 6-7, juin-juillet, 452-463.

Traduit en anglais dans I.B.9.
Traduit en espagnol dans I.D.14.
Traduit en néerlandais dans I.G.1.

II.A.101. «Éléments de jugement 'constitutionnel' [sur le référendum décidé par De Gaulle proposant un régime présidentiel]». *Christianisme social* 66 (1958), n° 8-10, août-septembre, 570-575.

II.A.102. «Responsabilité et Culpabilité au plan communautaire». *Le Semeur* 56 (1958), n° 4, juin, 3-6.

II.A.103. «Formes actuelles de préoccupations morales et religieuses de la jeunesse». *L'école des parents.* Organe mensuel de l'École des parents et des éducateurs 1957-1958, n° 8, juin, 1-11.

II.A.104. «L'enseignement protestant en face du catholicisme d'aujourd'hui [Conférence au 2e Camp Latin pour enseignants protestants à Agapé (Alpes Vaudoises), 1957]». *Foi-Éducation* 28 (1958), n° 42, janvier-mars, 7-13.

Traduit en italien par II.E.2.

II.A.105. «Le communisme. Une interview». *Notre chemin.* Journal mensuel inter-régional des églises réformées 48 (1958), n° 9, septembre, 1-2.

Reproduit sous le titre «Une interview de Paul Ricœur». *Cité nouvelle* 1958, n° 284, 4 décembre, 2.

II.A.106. «Le droit de punir». *Cahiers de Villemétrie* (Le droit de punir. Groupe des Juristes) 1958, n° 6, mars-avril, 2-21 [multigraphié].

II.A.107. «Le monde de la science et le monde de la foi [notes rédigées d'après l'exposé de P. Ricœur]». *Cahiers de Villemétrie* (Condition du scientifique chrétien dans le monde moderne) 1958, n° 8, juillet-août, 2-21 [multigraphié].

II.A.108. «Cours de Mr. Ricœur sur le jugement (suite et fin)». *Bulletin du groupe d'études de philosophie* (U.N.E.E./F.G.E.L.) [1958-1959], n° 8, 27-70 [multigraphié].

II.A.109. «La vision morale du monde». *Bulletin de philosophie* (Groupe d'études de philosophie) [1958-1959], n° 10, 1-43 [multigraphié].

II.A.110. «Le sentiment». *Edmund Husserl 1859-1959.* Recueil commémoratif publié à l'occasion du centenaire de la naissance du philosophe (Phaenomenologica, 4). La Haye: M. Nijhoff, 1959, 24,5 × 16, 260-274.

Repris dans I.A.16.

II.A.111. «Le paradoxe de la liberté politique. Commentaire de Paul Ricœur [à la conférence de O. KLINEBERG «Culture, personalité et liberté. Est-ce de chefs ou d'hommes libres que nous avons besoin?»]. *La liberté.* Rapport de la sixième conférence annuelle de l'Institut Canadien des Affaires Publiques (Le Montclair-Ste-Adèle, 1959). Montréal: Institut Canadien des Affaires Publiques, [1959], 21,5 × 15,5, 51-55.

II.A.112. «Éthique et politique [texte de Max WEBER présenté par P. RICŒUR]». *Esprit* 27 (1959), n° 2, février, 225-230.

Repris dans I.A.18.
Traduit en espagnol dans I.D.14.

II.A.113. «'Le symbole donne à penser'». *Esprit* 27 (1959), n° 7-8, juillet-août, 60-76.

Traduit en anglais par II.B.11.
Traduit en polonais dans I.H.1.

II.A.114. «Du marxisme au communisme contemporain [étude donnée au Synode régional 1958 de la région parisienne]». *Christianisme Social* 67 (1959), n° 3-4, mars-avril, 151-159.

Traduit en anglais dans I.B.9.
Traduit en espagnol dans I.D.14.

II.A.115. «Les Formes nouvelles de la Justice sociale. Essai de conclusion [au XXXIIe Congrès National, Niort 1959]». *Christianisme social* 67 (1959), n° 7-9, juillet-septembre, 462-471.

Reproduit partiellement sous le titre «Les Chrétiens et les besoins des hommes». *Cité nouvelle* 1959, n° 299, 30 juillet, 4.

II.A.116. «La crise du socialisme». *Christianisme social* 67 (1959), n° 12, décembre, 695-702.

II.A.117. «L'enseignement des humanités dans le monde moderne [reproduction fragmentaire d'une conférence donnée au congrès de Bièvres, 1958]». *Foi-Éducation* 29 (1959), n° 46, janvier-mars, 23-25.

Reproduit dans *Humanisme contemporain II.* Paris: Les Belles Lettres, 1966, 21,5 × 14, 39-42.

II.A.118. «Le chrétien et l'état [reproduction d'un rapport de P. RICŒUR d'après les notes de Ph. MOREL]». *La confiance* 5 (1959), n° 1, 11-14.

II.A.119. «La place des 'humanités' dans la civilisation industrielle». *Paris-Lettres*. Journal des Étudiants en Lettres 4 (1959), août-octobre, 4.

1960

II.A.120. PEPERZAK A., *Le jeune Hegel et la vision morale du monde*. Préface de P. RICŒUR. La Haye: M. Nijhoff, [1960], 24 × 16, V.

Réédition en 1969.

II.A.121. «L'homme et son mystère». *Le mystère*. Semaine des Intellectuels Catholiques 1959. Paris: Pierre Horay, [1960], 19 × 14, 119-130.

II.A.122. RICŒUR P., SIMONDON G. et d'autres, «Forme, information, potentiels [discussion du rapport de G. SIMONDON]». *Bulletin de la Société française de Philosophie* 54 (1960), n° 4, octobre-décembre, 181-183.

II.A.123. «L'antinomie de la réalité humaine et le problème de l'anthropologie philosophique [conférence donnée à Milan 1960]». *Il Pensiero* 5 (1960), n° 3, septembre-décembre, 283-290.

Traduit en anglais par II.B.24 et reproduit dans I.B.12.

II.A.124. «La sexualité. La merveille, l'errance, l'énigme [suivi de la présentation par P. RICŒUR des réponses aux enquêtes]». *Esprit* (La sexualité) 28 (1960), n° 11, novembre, 1665-1676, 1677-1700, 1711, 1796-1808, 1820-1825, 1839-1847, 1964, 1899-1919, 1930, 1938-1948.

Seul l'article est reproduit dans I.A.5.
Traduit quasi intégralement en anglais par II.B.16.
Seule la traduction de l'exposé est reproduit dans le livre mentionné sous II.B.16.
Traduit en allemand par II.C.5.
Seul l'article est traduit en espagnol par II.D.48.
Traduit en italien dans II.E.5 et seul l'article en italien est reproduit dans I.E.19.
Seul l'article est traduit en portugais par II.F.2.
Seul l'article est traduit en tchèque dans I.R.1.

II.A.125. «Les camps d'internement [réponse de P. RICŒUR à une lettre]». *Christianisme social* 68 (1960), n° 5-6, mai-juin, 423-425.

Repris dans *Cité nouvelle* 1960, n° 317, 19 mai, 4.

II.A.126. «L'image de Dieu et l'épopée humaine». *Christianisme social* 68 (1960), n° 7-9, juillet-septembre, 493-514.

Reproduit dans I.A.5 (Édition 1964).
Traduit différemment en anglais par II.B.12 et dans I.B.1.
Traduit en allemand dans I.C.6.
Traduit en italien dans I.E.19.

Traduit en portugais dans I.F.1.
Traduit en néerlandais dans I.G.1.
Traduit en tchèque dans I.R.1.

II.A.127. «L'insoumission». *Christianisme social* 68 (1960), n° 7-9, juillet-septembre, 584-588.

Reproduit dans *Esprit* 28 (1960), n° 10, octobre, 1600-1604 et dans *Cité nouvelle* 1960, n° 323, 22 septembre 1,4.

II.A.128. «À propos de l'insoumission [réponse de P. RICŒUR à une lettre de Th. Ruyssen]». *Christianisme social* 68 (1960), n° 10-11, octobre-novembre, 729-730.

II.A.129. «Le 'Péché Originel': étude de signification [leçon d'ouverture à la Faculté de Théologie protestante, Paris 1960]». *Église et Théologie.* Bulletin trimestriel de la Faculté de Théologie protestante de Paris 23 (1960), n° 70, décembre, 11-30.

Repris dans I.A.10.
Traduit en anglais dans I.B.8.
Traduit en allemand dans I.C.7.
Traduit en espagnol dans I.D.4.
Traduit en italien dans I.E.5.
Traduit en portugais dans I.F.3.
Traduit en néerlandais dans I.G.4.
Traduit en polonais dans I.H.4.
Traduit en tchèque dans I.R.1.

II.A.130. «Les expériences du mi-temps scolaire: travailler moins pour apprendre plus?». *Réforme.* Hebdomadaire protestant 16 (1960), n° 821, 10 décembre, 4.

II.A.131. «Liberté et destin [conférence prononcée le 10 octobre 1959 à l'église Saint Luc à Montréal]». *Supplément à La vie chrétienne.* Bulletin mensuel protestant (Montréal) 1960, avril, 1-4.

1961

II.A.132. «Histoire de la philosophie et historicité [communication suivie d'un débat avec J. TAUBES et d'autres]». *L'histoire et ses interprétations.* Entretiens autour de Arnold Toynbee sous la direction de Raymond Aron (Congrès et Colloques, III. Centre culturel international de Cerisy-la-Salle, 1958). Paris-La Haye: Mouton, 1961, 24 × 16, 214-227, 227-234.

Seule la communication est reproduite dans I.A.5. (Édition 1964).
Traduit en anglais dans I.B.1.
Traduit en allemand dans I.C.6.

Traduit en espagnol dans I.D.14.
Traduit en italien dans I.E.19.
Traduit en portugais dans I.F.1.
Traduit en polonais par II.H.2.

II.A.133. RICŒUR P., ARON R., KULA M., «Les perspectives d'avenir de la civilisation occidentale. II. L'objectivité historique et les valeurs [discussions de P. RICŒUR et d'autres autour des communications de R. ARON et de M. KULA]». *L'histoire et ses interprétations.* Entretiens autour de Arnold Toynbee (Congrès et Colloques, III). Paris-La Haye: Mouton, 1961, 24 × 16, 170-171, 174-175.

II.A.134. RICŒUR P., PERELMAN Ch. et d'autres, «L'idéal de rationalité et la règle de justice [discussion du rapport de Ch. PERELMAN avec P. RICŒUR et d'autres]». *Bulletin de la Société française de Philosophie* 55 (1961), n° 1, janvier-mars, 25-26.

II.A.134a. «[Lettre de P. RICŒUR lue par J. HERSCH lors de la discussion de sa conférence intitulée: 'Temps tragique et liberté' (28 janvier 1961)]». *Bulletin de la Société française de Philosophie* 55 (1961), n° 3, 135-136.

II.A.135. «Herméneutique des symboles et réflexion philosophique [communication de P. RICŒUR suivie d'un débat avec A. CARACCIOLO et d'autres]». *Archivio di Filosofia* (Il problema della demitizzazione). Atti del Convegno, Roma 1961, 31 (1961), n° 1-2, 51-73, 291-297.

La communication seule est reproduite dans I.A.10.
Traduit en anglais par II.B.13 et dans I.B.8.
Traduit différemment en allemand par II.C.6 et dans I.C.7.
Traduit différemment en espagnol dans I.D.4 et par II.D.1.
Traduit en italien dans I.E.5.
Traduit différemment en portugais dans I.F.3 et I.F.9.
Traduit en néerlandais dans I.G.4.
Traduit en polonais dans I.H.1.
Traduit en hongrois dans I.X.1.

II.A.136. RICŒUR P., BOUILLARD H., LOTZ H., «Discussione seguita alla conferenza di Henri Bouillard [«La position d'une théologie réformée en face de l'interprétation existentiale»]. Discussione seguita alla conferenza di Hans Lotz [«Mythos, Logos, Mysterion»]». *Archivio di Filosofia* (Il problema della demitizzazione). Atti del Convegno, Roma 1961. 31 (1961), n° 1-2, 307-310, 311-318.

II.A.137. «Philosophie, sentiment et poésie. La notion d'a priori selon Mikel Dufrenne [sur M. DUFRENNE, *La notion d'a priori*]». *Esprit* 29 (1961), n° 3, mars, 504-512.

Reproduit dans I.A.19.

Traduit en anglais comme préface au livre II.B.17.
Traduit en portugais dans I.F.14.

II.A.138. «Civilisation universelle et cultures nationales». *Esprit* 29 (1961), nº 10, octobre, 439-453.

Reproduit dans I.A.5. (Édition 1964).
Reproduit quasi identiquement sous le titre «Civilisation universelle mondiale. Cultures nationales [conférence à Rabat 1960]». dans *Confluent*. Revue culturelle et économique de la coopération publique et privée 1961, nº 11, janvier-février, 46-56.
Traduit en anglais dans I.B.1.
Traduit en allemand dans I.C.6.
Traduit en espagnol dans I.D.13.
Traduit en italien dans I.E.18.
Traduit en portugais dans I.F.1.
Traduit en néerlandais dans I.G.1.
Traduit en polonais dans I.H.4.
Traduit en tchèque dans I.R.1.

II.A.139. «Le socialisme aujourd'hui». *Christianisme social* 69 (1961), nº 7-9, 451-460.

Traduit en anglais dans I.B.9.
Traduit en espagnol dans I.D.14.
Traduit en néerlandais dans I.G.1.

II.A.140. «Conclusions du congrès [du Christianisme social à Rocheton 1961 consacré au thème «Engagement chrétien et perspectives socialistes»]». *Christianisme social* 69 (1961), nº 7-9, juillet-septembre, 461-465.

II.A.141. «Que signifie la présence des pauvres parmi nous?». *Foi-Éducation* 31 (1961), nº 54, janvier-mars, 9-19.

II.A.142. «Le philosophe foudroyé [un hommage à M. MERLEAU-PONTY]». *Les Nouvelles Littéraires*. Hebdomadaire 39 (1961), nº 1758, 11 mai, 4.

Reproduit dans *Christianisme social* 69 (1961), nº 5-6, mai-juin, 389-395; sous le titre «Hommage à Merleau-Ponty» dans *Esprit* 29 (1961), nº 6, juin, 1115-1120 et dans I.A.19.
Traduit en portugais dans I.F.14.

1962

II.A.143. NABERT J., *Éléments pour une éthique* (Philosophie de l'esprit). Préface de P. RICŒUR. Paris: Aubier, 1962, 22,5 × 14, 5-16.

Réédité en 1992 chez le même éditeur dans la collection «Bibliothèque philosophique».
Repris dans I.A.19.
Traduit en anglais par II.B.33.

II.A.144. «Nature et liberté [communication au Congrès des Sociétés de Philosophie de langue française consacré au thème «La nature humaine», Montpellier 1961]». *Existence et Nature*. Paris: P.U.F., 1962, 23,5 × 15,5, 125-137.

Traduit en anglais dans I.B.9.

II.A.145. «Herméneutique et réflexion [communication de P. RICŒUR suivie d'un débat avec F. FILIASI CARCANO et d'autres]». *Archivio di Filosofia* (Demitizzazione e immagine). Atti del Colloquio internazionale, Roma 1962. 32 (1962), n° 1-2, 19-34, 35-41.

Seule la communication est reproduite dans I.A.10.
Traduit en anglais dans I.B.8.
Traduit en allemand dans I.C.7.
Traduit en espagnol dans I.D.4.
Traduit en italien dans I.E.5.
Traduit différemment en portugais dans I.F.3 et I.F.9.
Traduit en néerlandais dans I.G.4.
Traduit en polonais dans I.H.1.

II.A.146. RICŒUR P., FESSARD G., BENZ E., PANIKKAR R., MATHIEU V. et d'autres, «Discussione [sur les conférences: G. FESSARD, «Image, symbole et historicité»; E. BENZ, «Teologia dell'icone e dell'iconoclastia»; R. PANIKKAR, «Le fondement du pluralisme herméneutique dans l'Hindouisme»; V. Mathieu, «Mito e concetto»]. *Archivio di Filosofia* (Demitizzazione e immagine). Atti del Colloquio internazionale, Roma 1962. 32 (1962), n° 1-2, 69-79, 204-217, 260-269, 311-314.

II.A.147. CASTELLI E. et RICŒUR P., «Parole di chiusura». *Archivio di Filosofia* (Demitizzazione e immagine). Atti del Colloquio internazionale, Roma 1962. 32 (1962), n° 1-2, 340-342.

II.A.148. «L'acte et le signe selon Jean Nabert». *Les études philosophiques* (Jean Nabert) 17 (1962), n° 3, juillet-septembre, 339-349.

Reproduit dans I.A.10.
Traduit en anglais dans I.B.8.
Traduit en espagnol dans I.D.3.
Traduit en italien dans I.E.5.
Traduit différemment en portugais dans I.F.3 et I.F.9.

II.A.149. «L'Humanité de l'Homme. Contribution de la Philosophie Française contemporaine». *Studium generale* 15 (1962), n° 5, 309-323.

Contenu semblable dans II.A.87.

II.A.150. «Introduction au problème des signes et du langage [cours professé à la Sorbonne en 1962-1963]». *Cahiers de philosophie*. Publiés par le groupe d'étude de philosophie [de la Sorbonne] 1 (1962-1963), n° 8, 1-76 [polycopié].

II.A.150a. «Le problème général de l'herméneutique et l'exemple particulier du temps (Bièvres, 13 juin 1962)» 1962, 13 p. [polycopié].

1963

II.A.151. RIOUX B., *L'être et la vérité chez Heidegger et Saint Thomas d'Aquin*. Préface de P. RICŒUR. Montréal-Paris: Presses de l'Université de Montréal-Presses Universitaires de France, 1963, 22,5 × 14, VII-IX.

II.A.152. RICŒUR P., WEIL E. et d'autres, «Philosophie et réalité [discussion du rapport de E. WEIL avec P. RICŒUR et d'autres]». *Bulletin de la Société française de Philosophie* 57 (1963), n° 4, décembre, 137-139.

II.A.153. «Symbolique et temporalité [communication de P. RICŒUR suivi d'un débat avec R. BOEHM et d'autres]». *Archivio di Filosofia* (Ermeneutica e tradizione). Atti del Colloquio internazionale, Roma 1963. 33 (1963), n° 1-2, 5-31, 32-41.

Repris intégralement dans *Herméneutique et tradition* (Bibliothèque de l'histoire de la philosophie). Actes du colloque international, Rome 1963. Rome-Paris: Instituto di studi filosofici-J. Vrin, 1963, 20,5 × 11,5, 5-31, 32-41.
Seule la communication sous le titre «Structure et herméneutique» est reproduite dans I.A.10, dans *Esprit* («La pensée sauvage» et le structuralisme) 31 (1963), n° 11, novembre, 596-627 et dans I.A.19.
Traduit en anglais dans I.B.8.
Traduit en allemand dans I.C.5.
Traduit différemment en espagnol dans I.D.3, II.D.4. et I.D.24.
Traduit différemment en italien dans I.E.4 et I.E.5.
Traduit différemment en portugais dans I.F.3, dans I.F.9 et dans I.F.14.
Traduit en néerlandais dans I.G.2.
Traduit en polonais dans I.H.1.
Traduit en hongrois dans I.X.1.

II.A.154. RICŒUR P., BOEHM R., GOUHIER H., FESSARD G., MARLÉ R., PANNIKKAR R. et d'autres, «Discussione [sur les conférences: R. BOEHM, «Progrès, arrêt et recul dans l'histoire»; H. GOUHIER, «Tradition et développement à l'époque du modernisme»; G. FESSARD, «Le fondement de l'herméneutique selon la XIIIe règle d'orthodoxie des exercices spirituels d'Ignace de Loyola»; R. MARLÉ, «Le problème de l'herméneutique dans les plus récents courants de la théologie allemande»; R. PANIKKAR, «Sur l'herméneutique de la tradition dans l'hindouisme pour un dialogue avec le Christianisme»]». *Archivio di Filosofia* (Ermeneutica e tradizione). Atti del Colloquio internazionale, Roma 1963. 33 (1963), n° 1-2, 68-74, 100-104, 220-229, 239-244, 365-370.

Repris dans *Herméneutique et tradition* (Bibliothèque d'histoire de la philosophie). Actes du colloque international. Rome 1953. Rome-Paris: Instituto di studi filosofici-J. Vrin, 1963, 20,5 × 14, 68-74, 100-104, 220-229, 239-244, 365-370.

II.A.155. «Kierkegaard et le mal [exposé présenté à Genève 1963]». *Revue de théologie et de philosophie* (Sœren Kierkegaard) 13 (1963), n° 4, 292-302.

Reproduit dans *Les Cahiers de Philosophie* (Kierkegaard) 1959, n° 8-9, automne, 271-283 et dans I.A.19.
Traduit – à peu de chose près – en anglais par II.B.102.
Traduit en italien dans I.E.26.
Traduit en portugais dans I.F.16.
Traduit en japonais dans II.I.8.

II.A.156. «Philosopher après Kierkegaard [exposé donné à Genève 1963]». *Revue de théologie et de philosophie* (Sœren Kierkegaard) 13 (1963), n° 4, 303-316.

Reproduit dans *Les Cahiers de Philosophie* (Kierkegaard) 1959, n° 8-9, automne, 285-300 et dans I.A.19.
Traduit quasi intégralement en anglais par II.B.102.
Traduit en italien dans I.E.26.
Traduit en portugais dans I.F.16.
Traduit en danois dans I.J.2.
Traduit en japonais dans II.I.8.

II.A.157. LÉVI-STRAUSS CL., RICŒUR P. et d'autres, «Réponses à quelques questions [de P. RICŒUR, M. GABORIAU et d'autres par Cl. LÉVI-STRAUSS]». *Esprit* («La pensée sauvage» et le structuralisme) 31 (1963), n° 11, novembre, 628-653.

Traduit en espagnol dans I.D.24.
Traduit en italien dans I.E.14.
Traduit en japonais par II.I.1a.

II.A.158. «Le conflit des herméneutiques: épistémologie des interprétations». *Cahiers internationaux de symbolisme* 1 (1963), n° 1, 152-184.

Traduit en polonais dans I.H.1.

II.A.159. «Le symbole et le mythe». *Le Semeur* (Le sacré) 61 (1963), n° 2, 47-53.

Reproduit dans *Bulletin du Centre Protestant d'Études* 15 (1963), n° 6, octobre, 14-19.
Traduit en tchèque dans I.R.1.

II.A.159a. «L'émission 'Ecoute Israël' célèbre la mémoire de Jean XXIII [hommage de Paul Ricœur]». [*Sens*]. *Bulletin de l'Amitié Judéo-Chrétienne de France* 1963, n° 3, octobre, 5-6.

II.A.160. «Le Congrès de Dijon [du Christianisme social en 1963 consacré au thème «Le Chrétien: un citoyen responsable, où? comment?»]. Les conclusions». *Cité nouvelle* 1963, n° 383, 23 mai, 1.

II.A.161. «'Il y a une autre politique que celle de la bombe' [propos de P. RICŒUR recueillis par J. CARNECKI]». *Cité nouvelle* 1963, n° 394, 5 décembre, 1,4.

II.A.162. «Morale de classe – Morale universelle [communication à la Semaine de la pensée marxiste, Paris 1963]». *Lettre* 1963, n° 59-60, juillet-août, 35-43 [polycopié].

II.A.163. «Le jugement [cours donné à la Sorbonne]». *Cahiers de philosophie*. Publiés par le Groupe d'étude de Philosophie de l'Université de Paris 2 [1963-1964], n° 5, 87 p. [polycopié].

II.A.164. «Dialogue avec M. Ricœur sur la psychanalyse (24.1.64)». *Cahiers de philosophie*. Publiés par le Groupe d'étude de Philosophie (de la Sorbonne] 2 [1963-1964], n° 8, 55-60 [polycopié].

II.A.165. «Entretien avec M. Ricœur [sur le cours magistral et la réforme de l'enseignement philosophique supérieur en France]». *Philo-observateur*. Publié par le Groupe d'étude de Philosophie de l'Université de Paris (1963-1964], n° 4, 27-29 [polycopié].

1964

II.A.166. «Technique et non-technique dans l'interprétation [communication de P. RICŒUR suivi d'un débat avec A. VERGOTE et d'autres]». *Archivio di Filosofia* (Tecnica e casistica). Atti del Colloquio internazionale, Roma 1964. 34 (1964), n° 1-2, 23-37, 39-50.

Seule la communication est reproduite dans I.A.10.
Traduit en anglais dans I.B.8.
Traduit en allemand dans I.C.7.
Traduit en espagnol dans I.D.3a et par II.D.7a.
Traduit en italien dans I.E.5.
Traduit différemment en portugais dans I.F.3 et I.F.9.

II.A.167. RICŒUR P., LACAN J., DE WAELHENS A., MARLÉ R., PANIKKAR R., BRUN J. et d'autres, «Discussione [sur les conférences: J. LACAN, «Du Trieb de Freud et du désir du psychanalyste (Résumé)»;. A. DE WAELHENS, «Notes pour une épistémologie de la santé morale»; R. MARLÉ, «Casuistique et morales modernes de situation»; R. PANIKKAR, «Technique et temps: la technocratie»; J. BRUN, «Pour une herméneutique du concept»]». *Archivio di Filosofia* (Tecnica e casistica). Atti del Colloquio internazionale, Roma 1964. 34 (1964), n° 1-2, 55-60, 87-94, 117-120, 223-229, 311-318.

La discussion autour de l'exposé de J. Lacan avec P. Ricœur est traduite en italien dans I.E.4.

II.A.168. «Faire l'Université». *Esprit* (Faire l'université) 32 (1964), n° 5-6, mai-juin, 1162-1172.

Repris dans I.A.18.
Traduit en espagnol par II.D.5 et dans I.D.13.

II.A.169. «Le symbolisme et l'explication structurale». *Cahiers internationaux du symbolisme* 2 (1964), n° 4, 81-96.

II.A.170. «Conclusions du Congrès [du Christianisme social sur le thème «Le Chrétien: un citoyen responsable. Où? Comment?», Dijon 1963]». *Christianisme social* 72 (1964), n° 3-4, mars-avril, 193-204.

II.A.171. «La critique de la religion [exposé à la Première Rencontre romande d'universitaires protestants en 1963; texte transcrit à partir d'enregistrements et revu par l'auteur]». *Bulletin du Centre Protestant d'Études* (Première Rencontre romande d'universitaires protestants) 16 (1964), n° 4-5, juin, 5-16.

Traduit en anglais par II.B.47, ce qui est reproduit dans I.B.12.
Traduit en espagnol dans I.D.6.
Traduit en japonais dans I.I.15.

II.A.172. «Le langage de la foi [exposé à la Première Rencontre romande d'universitaires protestants en 1963; texte transcrit à partir d'enregistrements et revu par l'auteur]». *Bulletin du Centre Protestant d'Études* (Première Rencontre romande d'universitaires protestants) 16 (1964), n° 4-5, juin, 5-16.

Traduit en anglais par II.B.48, ce qui est reproduit dans I.B.12.
Traduit en espagnol dans I.D.6.
Traduit en japonais dans I.I.15.

II.A.173. «La prospective et le plan dans une perspective chrétienne». *Réforme* 1964, n° 992, 21 mars, 6.

II.A.174. «Prospective du monde et perspective chrétienne [exposé présenté à une journée consacrée à la prospective et à la planification, Orgemont 1964]». *Cahiers de Villemétrie* (Prospective et planification dans la perspective chrétienne) 1964, n° 44, juillet-août, 16-37 [polycopié].

Reproduit intégralement dans *L'église vers l'avenir*. Présenté par G. BESSIÈRE et les Équipes enseignantes. Paris: Cerf, [1969], 19,5 × 12,4, 127-145 et partiellement sous le titre «Perspectives de la prospective» *Cahiers d'Études des Centres Protestants de Rencontres et de Recherches* (I. Documents. Y a-t-il une prospective chrétienne?) [1965], 1-9 [polycopié].
Traduit en espagnol dans I.D.6.

II.A.175. «Explication et commentaire des 'Ideen I' [cours professé à la Sorbonne durant le premier semestre 1963-1964]». *Cahiers de philosophie.* Publiés par le Groupe d'étude de Philosophie [de la Sorbonne] 3 (1964), hors série, 1-143 [polycopié].

1965

II.A.176. «La psychanalyse et le mouvement de la culture contemporaine». *Traité de psychanalyse. 1. Histoire.* Édité par S. NACHT. Paris: Presses Universitaires de France. 1965, 22,5 × 16,5, 79-109.

Reproduit dans I.A.10.
Traduit en anglais dans I.B.8.
Traduit en allemand dans I.C.7.
Traduit en espagnol dans I.D.3a.
Traduit en italien dans I.E.5.
Traduit différemment en portugais dans I.F.3 et dans I.F.9.
Traduit en néerlandais dans I.G.2.
Traduit en danois dans I.J.2.

II.A.177. «Existence et herméneutique [texte revisé d'une conférence devant la Société de philosophie de Montréal, 1964]». *Interpretation der Welt.* Festschrift für Romano Guardini zum achtzigsten Geburtstag. Édité par H. KUHN, H. KAHLEFELD et K. FORSTER. Würzburg: Echter-Verlag, [1965], 24 × 16, 32-51.

Reproduit dans *Dialogue* 4 (1965-1966), n° 1, juin, 1-25 et dans I.A.10.
Traduit en anglais dans I.B.8.
Traduit en allemand dans I.C.5.
Traduit en espagnol dans I.D.3.
Traduit différemment en italien dans I.E.4 et I.E.5.
Traduit en portugais dans I.F.3 et I.F.9.
Traduit en néerlandais dans I.G.4.
Traduit en polonais dans I.H.1.
Traduit en tchèque dans I.R.1.
Traduit en hongrois par II.X.3.

II.A.178. HABACHI R., *Commencements de la créature* (Le poids du jour). Préface de P. RICŒUR et liminaire de D. BARRAT. [Paris]: Centurion, [1965], 19 × 14, 7-12.

II.A.179. GUILEAD R., *Être et liberté. Une étude sur le dernier Heidegger* (Philosophes contemporains. Textes et études, 12). Préface de P. RICŒUR. Louvain-Paris: E. Nauwelaerts-Béatrice Nauwelaerts, 1965, 23,5 × 16,5, 5-8.

Traduit en espagnol par II.D.6.

II.A.180. «Démythiser l'accusation [communication de P. RICŒUR suivi d'un débat avec R. MEHL et d'autres». *Archivio di Filosofia* (Demitizzazione e morale). Atti del Colloquio internazionale. Roma 1965. 35 (1965), n° 1-2, 49-65, 67-75.

Reproduit dans *Démythisation et morale*. Actes du Colloque international, Rome 1965. Paris: Aubier, [1965], 24,5 × 17,5, 49-65, 67-75.
Seule la communication est reproduite dans I.A.10.
Traduit en anglais dans I.B.8.
Traduit en allemand dans I.C.7.
Traduit en espagnol dans I.D.4.
Traduit différemment en italien dans I.E.3 et I.E.5.
Traduit différemment en portugais dans I.F.3 et dans I.F.9.
Traduit en néerlandais dans I.G.4.
Traduit en polonais dans I.H.4.

II.A.181. RICŒUR P., BRUN J., FESSARD G., VERGOTE A., OTT H., MEHL R., MANCINI I. et d'autres. «Discussione [sur les conférences: J. BRUN, «À la recherche du paradis perdu»; G. FESSARD, «Symbole, surnaturel, dialogue»; A. VERGOTE, «La loi morale et le péché originel à la lumière de la psychanalyse»; H. OTT, «Le problème d'une éthique non-casuistique dans la pensée de Dietrich Bonhœffer et Martin Buber»; R. MEHL, «Démythisation du sérieux éthique»; I. MANCINI, «La morale teologica di Barth»]». *Archivio di Filosofia* (Demitizzazione e morale). Atti del Colloquio internazionale, Roma 1965. 35 (1965), n° 1-2, 87-89, 143-154, 205-213, 245-253, 305-310, 389-392.

Reproduit dans *Démythisation et morale* (Philosophie de l'esprit). Actes du colloque international, Rome 1965. [Paris]: Aubier, [1965], 24,5 × 17,5, 87-89, 143-154, 205-213, 245-253, 305-310, 389-392.

II.A.182. «Tâches de l'éducateur politique [conférence à la Semaine latino-américaine, Paris 1964]». *Esprit* (Amérique latine et conscience chrétienne) 33 (1965), n° 7-8, juillet-août, 78-93.

Repris dans I.A.18.
Traduit en anglais par II.B.43, ce qui est reproduit dans I.B.9.
Traduit différemment en espagnol dans I.D.6 et I.D.14.
Traduit en néerlandais dans I.G.1.
Traduit en portugais dans I.F.13.

II.A.183. «Sciences humaines et conditionnements de la foi [conférence à la Semaine des Intellectuels Catholiques, Paris 1965]». *Recherches et Débats* (Dieu aujourd'hui) 14 (1965), n° 52, 136-144.

Traduit en espagnol dans I.D.6.

II.A.184. «De la nation à l'humanité: tâche des chrétiens [exposé au XXXVe Congrès du Christianisme social sur le thème «De la nation à l'humanité: Tâche des chrétiens» 3, Paris 1965]». *Christianisme social* (De la nation à l'humanité: Tâche des chrétiens) 73 (1965), n° 9-12, septembre-décembre, 493-512.

La deuxième partie est reproduite dans *L'église vers l'avenir*. Présenté par G. BESSIÈRE et les Équipes enseignantes. Paris: Cerf, [1969], 19,5 × 12,5, 147-156.
Repris partiellement sous le titre «Le monde et nous. Tâche des chrétiens» dans *Témoignage chrétien* 1965, n° 1112, 12 novembre, 13-14.
Traduit en anglais dans I.B.9.
Traduit en espagnol dans I.D.13.
Traduit partiellement en néerlandais par II.G.3 et intégralement, mais différemment dans I.G.1.

II.A.185. «Bilan et prospective [du XXXVe Congrès du Christianisme social sur le thème «De la nation à l'humanité: tâche des chrétiens», Paris 1965]». *Christianisme social* (De la nation à l'humanité: tâche des chrétiens) 73 (1965), n° 9-12, septembre-décembre, 595-600.

II.A.185a. «*Philosophie et vérité*. Entretien entre Alain Badiou, Michel Foucault, Jean Hyppolite et Paul Ricœur [émission de la Radio-Télévision scolaire le 27 mars 1965]». *Dossiers pédagogiques de la Radio-Télévision scolaire* 1965, 27 mars, 1-11.

Reproduit dans *Cahiers philosophiques* (Le temps des philosophies) 1993, hors série, juin 79-96 et dans *Dits et écrits I. 1954-1969* (Bibliothèque des sciences humaines) de M. FOUCAULT. Sous la direction de D. DEFERT et Fr. EWALD. [Paris]: Gallimard, [1994], 22,5 × 14, 448-464.
Traduit en espagnol dans I.D.24.

II.A.186. «Prospective économique et prospective éthique. (Réflexions sur le rôle nouveau de l'éducateur dans la société qui se fait) [exposé prononcé au Canada, 1965]». *Cité libre* 15 (1965), n° 75, mars, 7-15.

Reproduit sous le titre «Prospective et utopie. Prévision économique et choix éthique». *Esprit* (Prospective et utopie) 34 (1966), n° 2, février, 178-193.
Reproduit sous le titre «Prévision économique et choix éthique» dans I.A.5. (Édition 1967).
Traduit en allemand dans I.C.6.
Traduit en espagnol dans I.D.13.
Traduit partiellement en italien dans I.E.18.
Traduit différemment en néerlandais dans I.G.1 et II.G.4.
Traduit en russe par II.T.1b.

II.A.187. «Un ordre mondial: tâche des chrétiens [résumé d'après l'exposé de P. RICŒUR trouvé dans II.A.184]». *Cité nouvelle* 1965, n° 437, 25 novembre, 3.

II.A.188. «Psychanalyse freudienne et foi chrétienne [exposé d'introduction à une session de psychanalystes, psychologues, pasteurs et théologiens, Orgemont 1964]». *Cahiers d'Orgemont* 1965, n° 65, 2-30 [polycopié].

II.A.189. «La recherche philosophique peut-elle s'achever? [conférence suivie d'un débat au week-end de philosophie, 13-14 février 1965]». *La philosophie: sens et limites* (Cahiers «Paraboles») [1965], 1-13, 14-33 [polycopié].

II.A.190. «Notre responsabilité dans la société moderne [extraits de l'étude du dimanche matin donnée au cours du week-end 27-28 mars 1965]». *Les Cahiers du Centre Protestant de l'Ouest* 1965, n° 4, 13-21 [polycopié].

1966

II.A.191. «Le conscient et l'inconscient». *L'inconscient. VIe Colloque de Bonneval* (Bibliothèque Neuro-Psychiatrique de Langue Française). Édité sous la direction de H. Ey. Paris: Desclée de Brouwer, [1966], 25 × 16, 409-422.

Repris dans I.A.10.
Traduit en anglais dans I.B.8.
Traduit en espagnol dans I.D.3a.
Traduit en italien dans I.E.5.
Traduit différemment en portugais dans I.F.3 et dans I.F.9.
Traduit en néerlandais dans I.G.2.
Traduit en polonais dans I.H.1.

II.A.192. «Présentation de la philosophie française contemporaine». *Bibliographie philosophique. I. Bibliographie d'histoire de la philosophie 1945-1965* (Bibliographie française, 1). [Paris: Association pour la Diffusion de la Pensée Française], [1966], 23,5 × 15,5, 9-17.

II.A.193. «L'université nouvelle». *L'éducation dans un Québec en évolution* (Publication de la Faculté des Sciences de l'Éducation de l'Université Laval). Québec: Les Presses de l'Université Laval, 1966, 25,5 × 18, 231-245.

II.A.194. Nabert J., *Le désir de Dieu* (Philosophie de l'esprit). Préface de P. Ricœur et avertissement de P. Levert. Paris: Aubier, [1966], 22,5 × 14, 7-15.

Réédité en 1996.
Reproduit dans I.A.19.

II.A.195. «Une interprétation philosophique de Freud [présentation des arguments, exposé suivi d'une discussion avec H. Gouhier et d'autres, et réponse de P. Ricœur à la lettre de A. Lévy-Valensi]». *Bulletin de la Société française de Philosophie* 60 (1966), n° 3, juillet-septembre, 73-74, 75-102, 106-107.

Seul l'exposé est reproduit intégralement dans I.A.10 et partiellement dans La *Nef* (La psychanalyse. Philosophie? Thérapeutique? Science?) 24 (1967), n° 31, 117-126.
Traduit en anglais dans I.B.8, ce qui est reproduit dans I.B.12.
Traduit en allemand dans I.C.7.

Traduit en espagnol dans I.D.3a.
Traduit en italien dans I.E.5.
Traduit différemment en portugais dans I.F.3 et dans I.F.9.
Traduit en polonais dans I.H.1.

II.A.196. «'Le poétique' [sur M. DUFRENNE, *Le poétique*]». *Esprit* 34 (1966), n° 1, janvier, 107-116.

Reproduit dans I.A.19.

II.A.197. «Le problème du 'double'-sens comme problème herméneutique et comme problème sémantique». *Cahiers internationaux de symbolisme* 1966, n° 12, 59-71.

Reproduit dans I.A.10.
Traduit différemment en anglais par II.B.30 et dans I.B.8.
Traduit en allemand dans I.C.5.
Traduit en espagnol dans I.D.3.
Traduit en italien dans I.E.5.
Traduit différemment en portugais dans I.F.3 et dans I.F.9.
Traduit en néerlandais dans I.G.2.
Traduit en tchèque dans I.R.1.

II.A.198. «Une lettre de Paul Ricœur [réponse de P. RICŒUR à l'article dénigrant de J.P. VALABREGA «Comment survivre à Freud?»]». *Critique* 22 (1966), n° 225, février, 183-186.

II.A.199. «La Parole, instauratrice de liberté [conférence aux journées universitaires de Mulhouse, 1966]». *Cahiers universitaires catholiques* 1966, n° 10, juillet, 493-507.

Contenu semblable à II.A.220.

II.A.200. RICŒUR P., ZAZZO R., PIAGET J. et d'autres, «Psychologie et philosophie [débat autour du livre de J. PIAGET, *Sagesse et illusion de la philosophie* avec J. PIAGET, P. RICŒUR et d'autres, sous les auspices de la Commission de la Philosophie de l'Union Rationaliste, Paris, 1966]». *Raison présente*, 1966, n° 1, 4e trimestre, 55-59, 63, 68-69, 71-73, 75.

Traduit en espagnol par II.D.10.
Traduit en japonais par II.I.2.

II.A.201. «L'Athéisme de la psychanalyse freudienne». *Concilium* (Problèmes frontières) 2 (1966), n° 16, 59-71.

Traduit en anglais par II.B.18.
Traduit en allemand par II.C.7.
Traduit en espagnol par II.D.2.
Traduit en italien par II.E.6.
Traduit en portugais par II.F.1.
Traduit en néerlandais par II.G.2.

II.A.202. «Le projet d'une morale sociale». *Christianisme social* (Pour une doctrine sociale) 74 (1966), nº 5-8, mai-août, 285-295.

Reproduit sous le titre «Orientations. Le projet d'une morale sociale». *Vivre et croire. Chemins de sérénité* (Diagnose, 3). Édité par A. DUMAS et R. SIMON, [Paris]: Cerf-Desclée, 1974, 21,5 × 13,5, 101-113.
Traduit en anglais dans I.B.9.
Traduit différemment en espagnol dans I.D.13 et par II.D.26.

II.A.203. «La philosophie à l'âge des sciences humaines». *Cahiers de Philosophie* (Anthropologie). 1 (1966), nº 1, janvier, 93-99.

II.A.204. «Les problèmes du langage». *Cahiers de Philosophie* 1 (1966), nº 2-3, février, 27-41.

II.A.205. «Problèmes du langage. Cours de M. RICŒUR (1965-66, Nanterre)». *Cahiers de Philosophie* 1 (1966), nº 4, 65-73.

II.A.206. «Doctrine de l'homme [exposé donné au Centre Protestant de l'Ouest, week-end du 27-28 mars 1965. Texte établi à partir de l'enregistrement au magnétophone]». *Les Cahiers du Centre Protestant de l'Ouest* 1966, nº 5, janvier, 19-30 [ronéotypé].

II.A.207. «L'interprétation non-religieuse du christianisme chez Bonhoeffer [exposé suivi de discussion au Centre Protestant de l'Ouest, week-end 4-5 juin 1966]». *Les Cahiers du Centre Protestant de l'Ouest* 1966, nº 7, novembre, 3-15, 15-20 [ronéotype].

1967

II.A.208. «Langage religieux. Mythe et symbole [communication suivie d'une discussion avec H. CORBIN et d'autres]». *Le langage. II. Langages.* Actes du XIIIe Congrès des Sociétés de Philosophie de langue française, Genève 1966). Neuchâtel: La Baconnière, [1967], 23 × 14, 129-137, 138-145.

II.A.209. RICŒUR P., BENVENISTE É, HYPPOLITE J., ÉLIADE M. et d'autres, «Discussions [sur les exposés: É. BENVENISTE, «La forme et le sens du langage»; J. HYPPOLITE, «Langage et être. Langage et pensée»]. Discussion générale». *Le langage. II. Langages.* Actes du XIIIe Congrès de Philosophie de langue française, Genève 1966). Neuchâtel: La Baconnière, [1967], 23 × 14, 41-47, 56-65, 183-199.

La discussion de l'exposé de É. Benveniste avec Ricœur et d'autres est traduite partiellement en italien dans I.E.4.

II.A.210. STRASSER St. *Phénoménologie et sciences de l'homme. Vers un nouvel esprit scientifique* (Bibliothèque philosophique de Louvain, 21). Traduit de l'allemand par A.L. KELKEL avec une préface de P. RICŒUR. Louvain-Paris: Publications Universitaires de Louvain - Béatrice - Nauwelaerts, 1967, 24 × 16, 7-10.

II.A.211. PAUPERT J.-M., *Taizé et l'église de demain* (Le Signe). Postface de P. RICŒUR. [Paris]: A. Fayard, [1967], 21,5 × 13,5, 247-251.

Le conclusion de la postface est reproduite sous le titre «Taizé et l'église de demain». *Le monde* 69 (1967), nº 6848, 18 janvier, 8.

II.A.212. «Interprétation du mythe de la peine [communication suivie d'un débat avec Cl. BRUAIRE et d'autres]». *Archivio di Filosofia* (Il mito della pena). Atti del Colloquio internazionale, Roma 1967. 37 (1967), nº 2-3, 23-42, 53-42.

Traduit en anglais dans I.B.8.
Traduit en allemand dans I.C.7.
Traduit en espagnol dans I.D.4.
Traduit en italien dans I.E.5.
Traduit différemment en portugais dans I.F.3 et I.F.9.
Traduit en néerlandais dans I.G.4.
Traduit en polonais dans I.H.4.
Traduit en tchèque dans I.R.1.

II.A.213. RICŒUR P., LYONNET St., SCHOLEM G., NÉDONCELLE M., «Discussione [sur les conférences: St. LYONNET, «La problématique du péché originel dans le Nouveau Testament»; G. SCHOLEM, «Quelques remarques sur le mythe de la peine dans le Judaïsme»; M. NÉDONCELLE, «Démythisation et conception eschatologique du mal»]». *Archivio di Filosofia* (Il mito della pena). Atti del Colloquia internazionale, Roma 1967. 37 (1967), nº 2-3, 109-120, 147-164, 213-222.

Repris dans *Le mythe de la peine*. Actes du Colloque international, Rome 1967. [Paris]: Aubier, [1967], 25 × 18, 109-120, 147-164, 213-222.

II.A.214. «La structure, le mot, l'événement». *Esprit* (Structuralisme. Idéologie et méthode) 35 (1967), nº 5, mai, 801-821.

Reproduit dans *Man and World* 1 (1968), nº 1, février, 10-30 et dans I.A.10.
Traduit en anglais par II.B.28, ce qui est reproduit dans I.B.8 et I.B.12.
Traduit différemment et intégralement en allemand dans I.C.5 et partiellement par II.C.8a.
Traduit différemment en espagnol dans I.D.3 et par II.D.7.
Traduit différemment en italien dans I.E.4 et I.E.5.
Traduit différemment en portugais dans I.F.3 et dans I.F.9.
Traduit en néerlandais dans I.G.2.
Traduit en polonais dans I.H.1.
Traduit en japonais par II.I.1b.
Traduit en danois dans I.J.1.
Traduit en tchèque dans I.R.1.

II.A.215. «Violence et langage [communication à la Semaine des Intellectuels Catholiques, Paris 1967]». *Recherches et Débats* (La violence) 16 (1967), n° 59, 86-94.

Reproduit dans I.A.18.
Traduit en anglais dans I.B.9.
Traduit en italien dans I.E.20.
Traduit en portugais dans I.F.13.

II.A.216. «Urbanisation et sécularisation [exposé inspiré par la lecture de H. COX, *The Secular City*]». *Christianisme social* 75 (1967), n° 5-8, 327-341.

Traduit en anglais dans I.B.9.
Traduit en espagnol dans I.D.13.
Traduit en néerlandais dans I.G.1.

II.A.217. «R. Bultmann». *Foi-Éducation* (Foi et langage) 37 (1967), n° 78, janvier-mars, 17-35.

Repris dans *Foi-Éducation* (Foi et langage) 37 (1967), n° 81, octobre-décembre, 17-35.
Traduit en espagnol dans I.D.6.

II.A.218. «Ebeling [exposé suivi de réponses à des questions]». *Foi-Éducation* (Foi et langage) 37 (1967), n° 78, janvier-mars, 36-53, 53-57.

Repris dans *Foi-Éducation* (Foi et langage) 37 (1967), n° 81, octobre-décembre, 36-53, 53-56.
Seul l'exposé est traduit en espagnol dans I.D.6.

II.A.219. CRESPIN R., «En écoutant Paul Ricœur: l'homme à l'âge de la ville [compte rendu de l'exposé de Ricœur sous II.A.216]». *Cité nouvelle* 35 (1967), n° 466, 9 mars, 1, 4-5.

II.A.220. «Autonomie et obéissance [texte parlé d'un exposé donné à Orgemont, 1965]». *Cahiers d'Orgemont* (Autonomie de la personne et obéissance à un autre) 1967, n° 59, janvier-février, 3-22, 23-31 [polycopié].

II.A.221. «Mythe et proclamation chez R. Bultmann [texte établi à partir d'un enregistrement de l'exposé donné au Centre Protestant de l'Ouest, 1966]». *Les Cahiers du Centre Protestant de l'Ouest* 1967, n° 8, juillet, 21-33 [polycopié].

II.A.222. «Démythologisation et herméneutique [texte établi à partir d'enregistrement au magnétophone d'une conférence donnée au Centre Européen Universitaire, Nancy 1967]». Nancy: Centre Européen Universitaire, 1967, 32 p. [polycopié].

1968

II.A.223. «Liberté: responsabilité et décision [communication au XIVe Congrès International de Philosophie, Vienne 1968]». *Actes du XIVe Congrès International de Philosophie* (Vienne 1968). Vienne: Herder, 1968, 24 × 17, 155-165.

Traduit en russe par II.T.1c.

II.A.224. «L'art et la systématique freudienne [communication donnée aux Entretiens sur l'art et la psychanalyse, Cerisy-la-Salle 1962, et suivie d'une discussion avec A. GREEN et d'autres]». *Entretiens sur l'art et la psychanalyse.* (Décades du Centre Culturel International de Cerisy-la-Salle, 6). Sous la direction de A. BERGE, A. CLANCIER, P. RICŒUR et L.-H. RUBINSTEIN. Paris-La Haye: Mouton, [1968], 24 × 16, 24-36, 37-50.

Seule la conférence est reproduite dans I.A.10.
Traduit en anglais dans I.B.8.
Traduit en allemand dans I.C.7.
Traduit en espagnol dans I.D.3a.
Traduit en italien dans I.E.5.
Traduit différemment en portugais dans I.F.3 et I.F.9.

II.A.225. RICŒUR P., ABRAHAM N., ELKIN H., KANTER V.B., GREEN A., RUBINSTEIN L.H., AIGRISSE G., FLOCON A., «Extraits de la discussion [sur les communications: N. ABRAHAM, «Le temps, le rythme et l'inconscient»; H. ELKIN, «Les bases psychiques de la créativité (extraits)»; V.B. KANTER, «La psychanalyse et le compositeur» (Résumé); A. GREEN, «Oreste et Oedipe. Essai sur la structure comparée des mythes tragiques d'Oreste et d'Oedipe et sur la fonction de la tragédie»; L.H. RUBINSTEIN, «Les Oresties dans la littérature avant et après Freud»; G. AIGRISSE, «Hommage à Charles Baudoin. Résumé de l'essai sur Racine»; G. AIGRISSE, «'La Jeune Parque' de Paul Valéry à la lumière de la psychanalyse»; A. FLOCON, «Clio chez le peintre»]». *Entretiens sur l'art et la psychanalyse* (Décades du Centre Culturel International de Cerisy-la-Salle, 6). Sous la direction de A. BERGE et d'autres. Paris-La Haye: Mouton, [1968], 24 × 16, 68-75, 151-155, 170-172, 216-223, 239-241, 244-246, 290-294, 349-356.

II.A.226. «Post-scriptum: une dernière écoute de Freud [exposé terminant le colloque sur l'art et la psychanalyse. Cerisy-la-Salle 1962]». *Entretiens sur l'art et la psychanalyse* (Décades du Centre Culturel International de Cerisy-la-Salle, 6). Sous la direction de A. BERGE et d'autres. Paris-La Haye: Mouton, [1968], 24 × 16, 361-368.

II.A.227. «Aliénation». *Encyclopaedia Universalis. I.* Paris: Encyclopaedia Universalis France, 1968, 30 × 21,5, 660-664.

Réédition en 1970 et en 1994. T.I, 825-829.

II.A.228. «Tâches de la Communauté ecclésiale dans le monde moderne [exposé au Congrès international de Toronto]». *La théologie du renouveau II.* Actes du Congrès international de Toronto. Publié sous la direction de L.K. SHOOK et G.-M. BERTRAND. Montréal: Fides – Paris: Cerf, [1968], 21,5 × 13,5, 49-58.

Traduit en anglais par II.B.27.

II.A.229. «Interrogation philosophique et engagement [conférence donnée au Collège Sophie-Barat, 1965]». *Pourquoi la philosophie?* Édité par G. LEROUX. Montréal: Les Éditions de Sainte-Marie, 1968, 20,5 × 17, 9-21.

Réédition: Montréal: Presses de l'Université de Québec, 1970, 9-21.
Traduit en polonais dans I.H.4.

II.A.230. «Structure et signification dans le langage [conférence prononcée au Collège Sainte-Marie, 1967]». *Pourquoi la philosophie?* Édité par G. LEROUX. Montréal: Les Éditions de Sainte-Marie, 1968, 20,5 × 17, 101-120.

Réédition: Montréal: Presses de l'Université de Québec, 1970, 101-119.
Traduit en polonais dans la deuxième édition de I.H.1.

II.A.231. BULTMANN R., *Jésus. Mythologie et démythologisation.* Préface de P. RICŒUR. Paris: Seuil, [1968], 21,5 × 14, 9-28.

Reproduit dans I.A.10.
Traduit en anglais dans I.B.8, ce qui est reproduit dans I.B.14.
Traduit différemment en allemand respectivement dans I.C.5 (1e traduction) et par II.C.13 (2e traduction).
Traduit en espagnol dans I.D.4.
Traduit en italien dans I.E.5.
Traduit différemment en portugais dans I.F.3 et dans I.F.9.
Traduit en néerlandais dans I.G.4.
Traduit en hongrois par II.X.4.

II.A.232. DRÈZE J. et DEBELLE J., *Conceptions de l'université* (Citoyens). Préface de P. RICŒUR. Paris: Éditions Universitaires, [1968], 21 × 15, 8-22.

Reproduit partiellement sous le titre «Trois ripostes à la crise universitaire» dans *Le monde* 26 (1969), nº 7469, 14 janvier, 9.
Traduit en italien par II.E.6b.

II.A.233. SCHWOEBEL J., *La presse, le pouvoir et l'argent* (L'histoire immédiate). Préface de P. RICŒUR. Paris: Seuil, [1968], 21 × 14, 7-12.

II.A.234. RICŒUR P., ALTHUSSER L. et d'autres, «*Lénine et la philosophie* [discussion du rapport de L. ALTHUSSER avec P. RICŒUR et d'autres]». *Bulletin de la Société française de Philosophie* 62 (1968), nº 4, décembre, 161-168.

II.A.235. «Approche philosophique du concept de liberté religieuse [communication suivie d'un débat avec Cl. BRUAIRE et d'autres]». *Archivio de Filosofia* (L'ermeneutica della libertà religiosa). Atti del colloquio internazionale, Roma 1968. 38 (1968), nº 2-3, 215-234, 235-252.

Repris dans *L'herméneutique de la liberté religieuse*. Actes du colloque international, Rome 1968. Paris: Aubier, [1968], 25 × 18, 215-234, 235-252.
Seule la communication est reproduite sous le titre «La liberté selon l'espérance» dans I.A.10.
Traduit en anglais dans I.B.8, ce qui est reproduit dans I.B.14.
Traduit différemment en allemand dans I.C.5 et par II.C.15.
Traduit différemment en espagnol dans I.D.4 et I.D.14 d'une part, et par II.D.32 et II.D.33 d'autre part.
Traduit différemment en italien dans I.E.3 et dans I.E.5.
Traduit différemment en portugais dans I.F.3 et I.E.9.
Traduit en néerlandais dans I.G.4.
Traduit en polonais dans I.H.4.

II.A.236. RICŒUR P., PATTARO G., VERGOTE A., BRUN J., «Discussione [sur les conférences: G. PATTARO, «Le kérygme et la liberté de l'écoute»; A. VERGOTE, «La liberté religieuse comme pouvoir de symbolisation»; J. BRUN, «Christianisme et consommation»]». *Archivio di Filosofia* (L'ermeneutica della libertà religiosa). Atti del colloquio internazionale, Roma 1968. 38 (1968), nº 2-3, 348-352, 378-379, 476.

Repris dans *L'herméneutique de la liberté religieuse*. Actes du colloque international, Rome 1968. Paris: Aubier, [1968], 25 × 18, 348-352, 378-379, 476.

II.A.237. «Contribution d'une réflexion sur le langage à une théologie de la parole». *Revue de théologie et de philosophie* 18 (1968), nº 5-6, 333-348.

Reproduit dans *Exégèse et herméneutique* (Parole de Dieu). Édité par X. LÉON-DUFOUR. Paris: Seuil, [1971], 21,5 × 14, 301-319.
Traduit en allemand par II.C.12d.
Traduit différemment en espagnol dans I.D.6 et par II.D.18.
Traduit en néerlandais dans I.G.2.
Traduit en polonais dans I.H.1.
Traduit en japonais dans I.I.15.

II.A.237a. «Langage et système. Conférence prononcée au FEC [sur le structuralisme de LÉVI-STRAUSS, avec un résumé et sous-titré par J.-P. CLAISSE]». *Elan* (Strasbourg) 1968, 7-9.

II.A.238. «Rebâtir l'université». *Le monde* 25 (1968), nº 7279, 9-10 juin, 1, 9; nº 7280, 11 juin, 9; nº 7281, 12 juin, 10.

Le texte revu et complété sous le titre «Réforme et révolution dans l'université» est paru dans *Esprit* (Mai 68) 36 (1968), n° 6-7, juin-juillet, 987-1002.
Repris dans I.A.18.
Traduit en espagnol dans I.D.13.
Traduit partiellement en portugais par II.F.5.
Traduit en japonais par II.I.1.

II.A.239. «En travaillant avec Paul Ricœur. La crise des rapports hiérarchiques [compte rendu d'un exposé aux membres du Christianisme social, suivi d'un entretien avec P. RICŒUR]». *Cité nouvelle* 1968, n° 495, 3 octobre, 1, 4, 5.

II.A.240. «L'événement de la parole chez Ebeling». *Cahiers du Centre Protestant de l'Ouest* 1968, n° 9, 23-31 [polycopié].

II.A.241. «Être protestant aujourd'hui [texte d'un exposé donné à des étudiants parisiens, transcrit à partir d'enregistrements]». *Cahiers d'Études du Centre de Recherche et de Rencontres du Nord* (Sens et fonction d'une communauté ecclésiale) 1968, n° 26, avril-juin, 1-14 [polycopié].

II.A.242. «Présence des églises au monde [conférence au Colloque théologique sur le thème «Sens et fonction d'une communauté ecclésiale». Amiens 1967; texte transcrit à partir d'enregistrements et suivi d'un échange de vues]». *Cahiers d'Études du Centre Protestant de Recherche et de Rencontres du Nord* (Sens et fonction d'une communauté ecclésiale) 1968, n° 26, avril-juin, 15-37, 58-75 [polycopié].

II.A.243. «Sens et langage [conférence donnée au Colloque théologique sur le thème «Sens et fonction d'une communauté écclésiale». Amiens 1967; texte transcrit à partir d'enregistrements et suivi d'un échange de vues]». *Cahiers d'Études du Centre Protestant de Recherche et de Rencontres du Nord* (Sens et fonction d'une communauté écclésiale) 1968, n° 26, avril-juin, 38-57, 58-75 [polycopié].

1969

II.A.244. «Philosophie et langage». *Contemporary Philosophy. A Survey.* III. Metaphysics, Phenomenology, Language and Structure. *La philosophie Contemporaine. Chroniques.* III. Métaphysique, Phénoménologie. Langage et Structure. Édité par R. KLIBANSKY. Firenze: La nuova Italia Editrice, 1969, 24,5 × 17, 272-295.

II.A.245. «La philosophie et le politique devant la question de la liberté [conférence suivie d'une discussion avec J. HERSCH et d'autres. Genève 1969]». *La liberté et l'ordre social.* Texte des conférences et des entretiens organisés par les Rencontres internationales de Genève, 1969. Histoire et société d'aujourd'hui. Neuchâtel: La Baconnière, [1969], 21,5 × 15,5, 41-56, 185-205.

Seule la conférence est traduite en espagnol par II.D.8.
Traduit en portugais par II.F.8.

II.A.246. «Croyance». *Encyclopaedia Universalis. V.* Paris: Encyclopaedia Universalis France, [1969], 30 × 21,5, 171-176.

II.A.247. SECRETAN Ph., *Autorité, Pouvoir, Puissance. Principes de philosophie politique* (Dialectica). Préface de P. RICŒUR. [Lausanne]: L'Age d'Homme, [1969], 21 × 13,5, IX-XIV.

II.A.248. «La paternité: du fantasme au symbole [texte d'une conférence]». *Archivio di Filosofia* (L'analisi del linguaggio teologico. Il nome di Dio). Atti del Colloquio internazionale, Roma 1969. 39 (1969), n° 2-3, 221-246.

Repris dans *L'analyse du langage théologique. Le nom de Dieu* (Actes du colloque international, Rome 1969). [Paris]: Aubier, [1969], 25 × 18, 222-246.
Version française de II.B.29.
Reproduit dans I.A.10.
Traduit différemment en anglais dans I.B.8 et par II.B.29.
Traduit en allemand dans I.C.7 et par II.C.14.
Traduit en espagnol dans I.D.4.
Traduit en italien dans I.E.5.
Traduit partiellement en portugais dans I.F.3 et dans I.F.9.
Traduit en néerlandais dans I.G.2.
Traduit en danois dans I.J.1.
Traduit en suédois par II.P.6.

II.A.249. «La paternité: du fantasme au symbole [débat sur la communication de P. RICŒUR avec K. KERÉNYI, etc.]». *Débats sur le langage théologique* (Colloque international, Rome 1969). [Paris]: Aubier, [1969], 25 × 18, 71-88.

II.A.250. RICŒUR P., DE WAELHENS A., VERGOTE A., BOUILLARD H. et d'autres, «Débats [sur les conférences: A. DE WAELHENS, «La paternité et le complexe d'Oedipe en psychanalyse»; A. VERGOTE, «Le nom de Dieu et l'écart de la topographie symbolique»; H. BOUILLARD, «Le nom de Dieu dans le Credo»]». *Débats sur le langage théologique* (Colloque international, Rome 1969). [Paris]: Aubier, [1969], 25 × 18, 89-101, 103-122, 133-151.

II.A.251. «Perspectives de la réforme universitaire». *Réforme* 1969, n° 1249, 22 février, n° 1250, 1 mars, 4.

II.A.252. *Les incidences théologiques des recherches actuelles concernant le langage.* (Paris], Institut d'Études Oecuméniques, [1969], 23,5 × 16, 94 p. [ronéotypé].

Deuxième édition en 1972.
Troisième édition: Paris: Institut Catholique de Paris, 1984, 94 p. [polycopié].
Les pages 31-56 sont traduites en italien par II.E.9.

II.A.253. «'Bultmann: Une Théologie sans Mythologie'. Existentiel-Existential [exposé à un week-end, Villemétrie 1968]». *Cahiers d'Orgemont* (Importance de la théologie de Rudolf Bultmann) 1969, n° 72, mars-avril, 21-37, 38-40 [polycopié].

1970

II.A.254. «L'institution vivante est ce que nous en faisons [entretien avec P. RICŒUR, Nanterre 1969]». *Les professeurs pour quoi?* (L'Histoire immédiate). Édité par M. CHAPAL et M. MANCEAUX. Paris: Seuil, [1970], 20,5 × 14, 127-142.

Reproduit quasi intégralement sous le titre «Les professeurs de droite à gauche. Les libéraux. M. Paul Ricœur» dans *L'Express* 1970, n° 975, 16-22 mars, 132, 137-138, 141, 143-144, 149, 151-152.

II.A.255. «Psychanalyse et culture [exposé suivi d'une discussion]». *Critique sociologique et critique psychanalytique* (Études de sociologie de la littérature). [Bruxelles]: Éditions de l'Institut de Sociologie. Université Libre de Bruxelles, [1970], 24 × 16, 179-185, 185-191.

Traduit en italien par II.E.8a.

II.A.256. «Qu'est-ce qu'un texte? Expliquer et Comprendre». *Hermeneutik und Dialektik. Aufsätze II. Sprache und Logik.* Theorie der Auslegung und Probleme der Einzelwissenschaften. Hans-Georg Gadamer zum 70. Geburtstag. Tübingen: J.C.B. Mohr, 1970, 23 × 15,5, 181-200.

Repris dans I.A.15.
Traduit partiellement en anglais par II.A.36; intégralement mais différemment dans I.B.16.
Traduit en espagnol dans I.D.28.
Traduit partiellement en italien dans I.E.4.
Traduit en néerlandais par I.G.5.
Traduit en danois dans I.J.2.
Traduit en serbo-croate par II.K.2.
Traduit en suédois dans I.P.1.
Traduit en hongrois dans I.X.1.

II.A.257. «Culpabilité, éthique et religion». *Concilium* (Problèmes frontières) 1970, n° 56, 11-23.

Reproduction de l'article homonyme dans I.A.10.
Traduit différemment en allemand par II.C.9 et dans I.C.7.
Traduit différemment en espagnol par II.D.9 et dans I.D.4.
Traduit différemment en italien par II.E.7 et dans I.E.5.
Traduit différemment en portugais par II.F.6, dans I.F.3 et I.F.9.
Traduit en néerlandais par II.G.5.
Traduit en polonais par II.H.1 et II.H.4.

II.A.258. «Vers une éthique de la finitude: quelques remarques [sur l'article «Le ver dans le fruit?» par R. SIMON]». *Christianisme social* (Devenir de la nature – devenir de l'homme...) 78 (1970), n° 7-8, 393-395.

II.A.259. «André Philip [in memoriam]». *Christianisme social* 78 (1970), n° 8-10, 563-566.

II.A.260. «Il faut espérer pour entreprendre [communication au Congrès des «Jeunes Femmes», Orléans 1970]». *Jeunes Femmes* (Une Société pour tous: aujourd'hui, demain, comment? Congrès d'Orléans, mai 1970). Revue de l'Association des groupes Jeunes Femmes et Équipes féminines 1970, n° 119-120, septembre-novembre, 19-26.

II.A.261. RICŒUR P., BLANQUART P., SCHWARTZ B., «Table ronde [sur la société actuelle]». *Jeunes Femmes* (Une Société pour tous: aujourd'hui, demain, comment? Congrès d'Orléans, mai 1970) 1970, n° 119-120, septembre-novembre, 37-47.

II.A.262. «Problèmes actuels de l'interprétation (d'après Paul Ricœur) [exposé à une session de recyclage théologique, Villemétrie 1970; texte établi à partir d'un enregistrement]». *Centre Protestant d'Études et de Documentation* (Dossier «Nouvelles Théologies») 1970, n° 148, mars, 51/163-70/182.

II.A.263. «M. Ricœur: les étudiants ont l'Université qu'ils méritent et l'Université mérite les étudiants qu'elle a [compte rendu d'un entretien]». *Le monde* 27 (1970), n° 7827, 13 mars, 9.

Reproduit partiellement sous le titre «Le doyen Ricœur dénonce la fuite de la majorité silencieuse devant ses responsabilités» dans *La Croix* 90 (1970), n° 26518, 13 mars, 5.

II.A.263a. «Facultés parisiennes: rechute? 1. Nanterre: Paul Ricœur et le piège gauchiste. [Propos recueillis par D. JAMET]». *Le Figaro Littéraire* 1970, n° 1237, 2-8 février, 7-8.

II.A.264. «Rencontre avec le Doyen Paul Ricœur. Universités nouvelles: un périlleux apprentissage. [Propos recueillis par L. NOUVEL]». *Réforme* 1970, n° 1302, 28 février, 16.

1971

II.A.265. «Langage (Philosophie)». *Encyclopaedia Universalis. IX*. Paris: Encyclopaedia Universalis France, [1971], 30,5 × 22, 771-781.

Traduit en italien dans I.E.24.

II.A.266. «Liberté». *Encyclopaedia Universalis. IX*. Paris: Encyclopaedia Universalis France, [1971], 30,5 × 22, 979-985.

Réédité en 1992: T.XIII, 727-735.
Quelques éléments sont traduits en anglais par II.B.54 et en japonais par II.I.5.

II.A.267. «Mythe 3. L'interprétation philosophique». *Encyclopaedia Universalis. XI*. Paris: Encylopaedia Universalis France, [1971], 30 × 21,5, 530-537.

II.A.268. «Du conflit à la convergence des méthodes en exégèse biblique [conférence d'introduction au Congrès de l'Association Catholique Française pour l'Étude de la Bible, Chantilly 1969]». *Exégèse et herméneutique* (Parole de Dieu). Édité par X. LÉON-DUFOUR. Paris: Seuil, [1970], 21,5 × 14, 35-53.

Traduit en allemand par II.C.12a.
Traduit en espagnol par II.D.15.

II.A.269. «Sur l'exégèse de Genèse 1,1-2,4a [conférence au Congrès de l'A.C.F.E.B., suivie d'une table ronde avec F. BUSSINI et d'autres]». *Exégèse et herméneutique* (Parole de Dieu). Édité par X. LÉON-DUFOUR. Paris: Seuil, [1971], 21,5 × 14, 67-84, 85-96.

Traduit en anglais dans I.B.24.
Traduit en allemand par II.C.12b.
Traduit en espagnol par II.D.16.

II.A.270. BARTHES R., RICŒUR P. et d'autres, «Table ronde [autour de la conférence de R. BARTHES et des communications de J. COURTES et L. MARTIN sur l'analyse structurale de textes bibliques]». *Exégèse et herméneutique* (Parole de Dieu). Édité par X. LÉON-DUFOUR. Paris: Seuil, [1971], 21,5 × 14, 239-265.

Traduit en espagnol par II.D.16a.

II.A.271. «Esquisse de conclusion [au congrès de l'A.C.F.E.B. sur «Exégèse et herméneutique»]». *Exégèse et herméneutique* (Parole de Dieu). Édité par X. LÉON-DUFOUR. Paris: Seuil, [1971], 21,5 × 14, 285-295.

Traduit en allemand par II.C.12c.
Traduit en espagnol par II.D.17.
Traduit en polonais par II.H.4.

II.A.272. «Le philosophe». *Bilan de la France 1945-1970* (Colloque de l'Association de la presse étrangère). [Paris]: Plon, [1971], 20 × 13,5, 47-59.

II.A.273. «Événement et sens dans le discours». *Paul Ricœur ou la liberté selon l'espérance* (Philosophes de tous les temps). Présentation, choix de textes, biographie, bibliographie par M. PHILIBERT avec des pages inédites de P. RICŒUR. [Paris]: Seghers, [1971], 16 × 13,5, 177-187.

Repris en tant que faisant partie de II.A.279.
Traduit en polonais dans I.H.1.
Traduit en japonais dans I.I.2.
Traduit en serbo-croate par II.K.9.

II.A.274. «Le conflit: signe de contradiction ou d'unité? [conférence à la 58e Semaine Sociale, Rennes 1971]». *Contribution et conflits: Naissance d'une société* (Semaines sociales de France, Rennes 1971). Lyon: Chronique sociale de France, [1971], 22 × 13,5, 189-204.

Un contenu semblable se retrouve dans II.A.290.

II.A.275. «L'avenir de l'Université [conférence, Montréal 1970]». *L'enseignement supérieur: bilans et prospective* (Conférences Perras sur l'éducation, 1). [Montréal]: Les Presses de l'Université de Montréal, 1971, 19 × 14, 61-78.

II.A.276. *André Philip par lui-même ou les voix de la liberté*. Préface de P. RICŒUR et avant-propos de L. PHILIP. Paris: Aubier, [1971], 20 × 13, 27-34.

II.A.277. REBOUL O., *Kant et le problème du mal*. Préface de P. RICŒUR. Montréal: Les Presses de l'Université de Montréal, 1971, 21,5 × 14, IX-XVI.

II.A.278. RICŒUR P., LOWIT A. et d'autres, «D'où vient l'ambiguïté de la phénoménologie? [discussion du rapport de A. LOWIT]». *Bulletin de la Société française de Philosophie* 65 (1971), nº 2, avril-juin, 55-68.

II.A.279. «Événement et Sens [texte d'une communication]». *Archivio di Filosofia* (Rivelazione e Storia). Atti del Colloquio internazionale, Roma 1971. 41 (1971), nº 2, 15-34.

Repris dans *Révélation et histoire. La théologie de l'histoire* (Actes du colloque internationale, Rome 1971). [Paris], [1971], 25 × 18, 15-34 et dans *Rivelazione e Storia*. Padova: CEDAM, 1971, 25 × 17,5, 15-34.
Texte intégrant II.A.273.
Traduit partiellement en italien dans I.E.4.
Traduit différemment en espagnol par II.D.25 et dans I.D.10, d'une part, et dans I.D.14, l'autre part.

II.A.280. «La foi soupçonnée [communication suivie d'un débat avec R. GARAUDY et É. BORNE]». *Recherches et débats* (Foi et religion).

Semaine des Intellectuels Catholiques 1971. 19 (1971), nº 71, 64-75, 76-89.

II.A.281. «'Timoléon, réflexions sur la tyrannie', d'Amédée Ponceau». *Le monde* 28 (1971), nº 8165, 14 avril, 10.

II.A.282. «Entretien avec Paul Ricœur: 'J'essaye d'être un médiateur'. Propos recueillis par Yves de Gentil-Baichin». *La Croix* 1971, 17 novembre, 2.

II.A.283. *Sémantique de l'action* [Cours professé à Louvain. Chaire Francqui 1970-1971]. [Louvain]: Cercle de Philosophie, [1971], 27 × 21, 1-148, IX-I-IX-14, II-I-54 [polycopié].

Reproduit largement dans II.A.293 et II.A.335.

II.A.284. *Cours sur l'herméneutique* [professé à Louvain 1971-1972], [Louvain]: [Institut Supérieur de Philosophie], [1971-1972], 27 × 21,5, 228 p. [polycopié].

Reproduit sous le titre *Herméneutique*. Louvain-la-Neuve: Service d'impression de cours. Institut Supérieur de Philosophie, s.d., 27 × 21,5, 228 p. [polycopié].
Le chapitre I de la deuxième partie est traduit en anglais par II.B.72.

1972

II.A.285. «Ontologie». *Encyclopaedia Universalis. XII.* Paris: Encyclopaedia Universalis France, [1972], 30 × 21,5, 94-102.

Réédité en 1992: T.XVI, 902-910.

II.A.286. «Signe et sens». *Encyclopaedia Universalis. XII.* Paris: Encyclopaedia Universalis France, [1972], 30 × 21,5, 1011-1015.

Réédité en 1992: T.XX, 1075-1079.

II.A.287. «Remarques sur la communication de Karl Löwith [«Wahrheit und Geschichtlichkeit»]». *Truth and Historicity. Vérité et historicité* (International Institute of Philosophy, Entretiens in Heidelberg, 1969. Institut International de Philosophie. Entretiens de Heidelberg, 1969). The Hague/La Haye: Martinus Nijhoff, 1972, 24 × 16, 22-28.

II.A.288. «L'herméneutique du témoignage [texte d'une communication]». *Archivio di Filosofia* (La Testimonianza). Atti del Colloquio internazionale, Rome 1972. 42 (1972), nº 1-2, 35-61.

Repris dans *Le témoignage* (Actes du Colloque international, Rome 1972). [Paris]: Aubier, [1972], 15 × 18, 35-61 et dans I.A.20.
Traduit en anglais par II.B.93 ce qui est reproduit dans I.B.14.
Traduit en espagnol dans I.D.10 et dans I.D.19.

Traduit en japonais dans I.I.15.
Traduit en hongrois par II.X.5.

II.A.289. «La métaphore et le problème central de l'herméneutique (Résumé et Summary)». *Revue philosophique de Louvain* 70 (1972), février, 93-112, 115.

Traduit différemment en anglais par II.B.46 et dans I.B.16.
Traduit en allemand par II.C.29a.
Traduit en espagnol dans I.D.12.
Traduit en italien dans I.E.4 et par II.E.12b.
Traduit en japonais dans I.I.2.
Traduit en polonais dans I.H.3.

II.A.290. «Le conflit, signe de contradiction et d'unité? [communication à Lyon 1972]». *Chronique sociale de France* (Maîtriser les conflits)» 80 (1972), n° 5-6, novembre-décembre, 77-93.

Contenu semblable à II.A.274.
Traduit différemment en espagnol par II.D.11 et dans I.D.12.
Traduit en portugais dans I.F.4.

II.A.290a. «Pauvreté, condition du chrétien. Entretien avec Paul Ricœur [sur le petit nombre des chrétiens et le sens biblique de l'espérance]». *Aujourd'hui la Bible. Journal de la vie* (Psaume: supplication 1] 1972, n° 94, 18 juin, 26-28.

II.A.291. «Les aspirations de la jeunesse [conférence donnée à Namur, 1971]». *La foi et le temps* 2 (1972), n° 5-6, septembre-octobre, 539-554.

II.A.292. «Foi et philosophie aujourd'hui [exposé suivi de réponses à des questions, lors d'un week-end organisé par le groupe parisien, Versailles 1972]». *Foi-Éducation* (Week-end de Versailles) 42 (1972), n° 100, juillet-septembre, 1-12, 12-13.

II.A.293. *Le discours de l'action* [cours professé à Louvain 1971-1972]. Louvain: Institut Supérieur de Philosophie, [1972], 148 p. + 14 p. [polycopié].

Reproduction partielle de II.A.283.

1973

II.A.294. «Discours et communication [conférence inaugurale au Congrès, Montréal 1971]». *La communication. II.* Actes du XVe Congrès de l'Association des Sociétés de Philosophie de langue française, Montréal 1971. Montréal: Montmorency, 1973, 22,5 × 15,5, 23-48.

Traduit quasi intégralement en allemand par II.C.23.
Traduit en espagnol par II.D.40.
Traduit en italien dans I.E.24.

II.A.295. RICŒUR P., SCHAERER R., DERRIDA J. et d'autres, «Table ronde. Philosophie et communication». *La communication. II.* Actes du XVe Congrès de l'Association des Sociétés de Philosophie de langue française, Montréal 1971. Montréal: Montmorency, 1973, 22,5 × 15,5, 393-431.

Traduit en japonais par II.I.18.

II.A.296. «Volonté». *Encyclopaedia Universalis. XVI.* Paris: Encyclopaedia Universalis France, [1973], 30 × 21,5, 943-948.

Réédité en 1992: T.XXIII, 786-791.
À peu près complètement traduit en anglais par II.B.54 et en japonais par II.I.5.

II.A.297. MADISON G.Br., *La phénoménologie de Merleau-Ponty. Une recherche des limites de la conscience* (Publications de l'Université de Paris – Nanterre). Préface de P. RICŒUR. Paris: Klincksieck, 1973, 24 × 16, 9-14.

Traduit en anglais par II.B.10.

II.A.298. «Le Professeur Herman Leo Van Breda [in memoriam]». *Bulletin de la Société française de Philosophie* 67 (1973), n° 4, octobre-décembre, 182-183.

II.A.299. «Herméneutique et critique des idéologies». *Archivio di Filosofia* (Demitizzazione e ideologia). Atti del Colloquio internazionale, Roma 1973. 43 (1973), n° 2-4, 25-61.

Repris dans *Démythisation et idéologie.* Actes du colloque international, Rome 1973. [Paris]: Aubier, [1973], n° 2-4, 25-61.
Traduit en anglais dans I.B.16.
Traduit en espagnol par II.D.12 et dans I.D.12.
Traduit en italien dans I.E.10.
Traduit en portugais dans I.F.4.
Traduit en japonais dans I.I.2.
Traduit en suédois dans I.P.1.

II.A.299a. «Réponse de M. P. Ricœur à la 'Revue nouvelle' [le 30 novembre 1971, à la question: 'Comment, pour votre part, voyez-vous l'avenir de l'institution ecclésiale et de la vie chrétienne?']». *Pro mundi vita.* Centrum informationis (Pluralisme, polarisation et communication dans l'église) 1973, n° 45, 37.

Publié en anglais par II.B.48a.
Publié en allemand par II.C.13a.
Publié en espagnol par II.D.10a.
Publié en néerlandais par II.G.5a.

1974

II.A.300. «Conclusions [aux exposés]». *Vérité et vérification. Wahrheit und Verifikation.* Actes du quatrième Colloque International de Phénoménologie,

Schwäbisch Hall 1969 (Phaenomenologica, 61). Édité par H.L. VAN BREDA. La Haye: M. Nijhoff, 1974, 24,5 × 16, 190-209.

II.A.301. WATTÉ P., *Structures philosophiques du péché originel. S. Augustin. S. Thomas. Kant* (Recherches et synthèses). Préface de P. RICŒUR. Gembloux: J. Duculot, [1974], 26,5 × 16,5, 5-8.

II.A.302. «Manifestation et Proclamation». *Archivio di Filosofia* (Il Sacro. Studi e ricerche). Atti del Colloquio internazionale, Roma, 1974. 44 (1974), nº 2-3, 57-76.

Repris dans *Le sacré. Études et recherches*. Actes du colloque international, Rome, 1974. [Paris]: Aubier, [1974], 25 × 18, 57-76.
Traduit en anglais par II.B.86b.
Traduit en espagnol par II.D.19.
Traduit en polonais dans la seconde édition de I.H.1.

II.A.303. «Science et idéologie (Résumé et Summary)». *Revue philosophique de Louvain* 72 (1974), mai, 328-355, 355-356.

Traduit quasi intégralement mais différemment en anglais par II.B.52 et II.B.79, et retraduit intégralement en anglais dans I.B.16.
Traduit en allemand par II.C.19.
Traduit différemment en espagnol par II.D.13 et I.D.12.
Traduit en italien dans I.E.10.
Traduit différemment en portugais dans I.F.4 et par II.F.9.
Traduit en japonais dans I.I.2.

II.A.304. «Hegel aujourd'hui [conférence donnée à la Maison de la Culture de Grenoble, suivie d'une brève discussion]». *Études théologiques et philosophiques* 49 (1974), nº 3, 335-354, 355.

Traduit partiellement en espagnol par II.D.14 et intégralement par II.D.24.
Traduit en japonais dans I.I.2.

II.A.305. «Phénoménologie et herméneutique». *Man and World* 7 (1974), nº 3, août, 223-253.

Même texte en polycopie distribué aux «Internationale Phänomenologische Studientage, Berlin 1974» 38 p., publié à Paris: Centre de Recherches Phénoménologiques, 1974, 29,5 × 21, 43 p. et dans I.A.15.
Reproduit avec un résumé allemand dans *Phänomenologie Heute. Grundlagen- und Methodenprobleme* (Phänomenologische Forschungen. Recherches phénoménologiques, 1). Édité par E.W. ORTH. Freiburg-München: Karl Alber, 1975, 20 × 12,5, 31-75, 76-77.
Traduit partiellement en anglais par II.B.55 et intégralement dans I.B.16.
Traduit en néerlandais par II.G.6.
Traduit en espagnol dans I.D.24.
Traduit en japonais par II.I.5a.
Traduit en hongrois par II.X.9.

II.A.305a. «Amédée Ponceau: l'art et l'histoire [sur *Le temps dépassé* d'A. PONCEAU]». *Le monde* 30 (1973), n° 8952, 25 octobre, 24.

II.A.306. «Entre rhétorique et poétique: Aristote». *La métaphore*. [Paris]: Centre de Recherches Phénoménologiques, [1974], 29,5 × 21, 1-65 [polygraphié].

Reproduit comme première étude dans I.A.11.
Traduit différemment en italien dans I.E.11 et par II.E.11.

II.A.307. *Place de la notion de loi en éthique* [exposé suivi d'une discussion]. Louvain: Maison Saint Jean, 1974, 1-18, 1-14 [polycopié].

L'exposé est repris quasi littéralement sous le titre «Le problème du fondement de la morale» dans *Sapienza*. Revista internazionale di Filosofia e di Teologia (Il problema della fondazione della morale) 28 (1975), n° 3, juillet-septembre, 313-337. Texte assez remanié par II.A.370c.
Version anglaise plus élaborée par II.B.83.
Traduit en néerlandais par I.G.7.

1975

II.A.308. LARRE Cl., PANIKKAR R. et d'autres, *Les cultures et le temps*. Études préparées par l'UNESCO (Bibliothèque scientifique. Au carrefour des cultures). Introduction de P. RICŒUR. Paris: Payot – Les presses de l'UNESCO, 1975, 23 × 13,5, 19-41.

Traduit en anglais par II.B.57a.
Traduit en espagnol par II.D.22.
Traduit en portugais par II.F.7.
Traduit en serbo-croate par II.K.4.

II.A.308a. «Éthique et culture [communication à la session plénière II]». *Actes du XVe Congrès mondial de Philosophie. Proceedings of the XVth World Congress of Philosophy* (17-22 septembre 1973, Varna (Bulgarie)). *6. Band. Aspects philosophiques de la psychologie. La morale et la culture. Philosophical Aspects of Psychology. Morality and Culture*. Sofia, 1975, 23 × 16,5, 411-418.

Version française de II.B.44.

II.A.309. «Le 'lieu' de la dialectique». *Dialectics. Dialectiques* (Entretiens de Varna, 1973). Édité par Ch. PERELMAN. La Haye: M. Nijhoff, 1975, 24 × 16, 92-108.

Traduit en anglais par II.A.59.

II.A.310. «La tâche de l'herméneutique». *Exegesis. Problèmes de méthode et exercises de lecture* (Bibliothèque théologique). Travaux publiés sous la direction de Fr. BOVON et Gr. ROUILLER. Neuchâtel-Paris: Delachaux et Niestlé, 1975, 23 × 15,5, 179-200.

Texte français de II.B.41.
Retraduit en anglais dans I.B.16.
Traduit en espagnol par II.D.19.
Traduit en italien dans I.E.6.
Traduit en portugais dans I.F.4.
Traduit en néerlandais dans I.G.5.
Traduit en polonais dans I.H.3.
Traduit en japonais dans I.I.2.

II.A.311. «La fonction herméneutique de la distanciation». *Exegesis. Problèmes de méthode et exercices de lecture* (Bibliothèque théologique). Travaux publiés sous la direction de Fr. BOVON et Gr. ROUILLER. Neuchâtel-Paris: Delachaux et Niestlé, 1975, 23 × 15,5, 201-215.

Texte français de II.B.42.
Reproduit dans I.A.15.
Retraduit en anglais dans I.B.16.
Traduit en espagnol par II.D.20.
Traduit en italien dans I.E.6.
Traduit en portugais dans I.F.4.
Traduit en néerlandais dans I.G.5.
Traduit en polonais dans I.H.3.
Traduit en japonais dans I.I.2.

II.A.312. «Herméneutique philosophique et herméneutique biblique». *Exegesis. Problèmes de méthode et exercices de lecture* (Bibliothèque théologique). Travaux publiés sous la direction de Fr. BOVON et Gr. ROUILLER. Neuchâtel-Paris: Delachaux et Niestlé, 1975, 23 × 15,5, 216-228.

Repris dans I.A.15.
Traduit en anglais par II.B.76.
Traduit en espagnol par II.D.21.
Traduit en italien dans I.E.6.
Traduit en japonais dans I.I.2.

II.A.313. «Puissance de la parole: science et poésie». *La philosophie et les savoirs* (L'univers de la Philosophie, 4). Édité par J.-P. BRODEUR et R. NADEAU. Montréal-Paris-Tournai: Bellarmin-Desclée, 1975, 19 × 11,5, 159-177.

Traduit en anglais par II.B.122.
Traduit en grec par II.L.1.

II.A.314. «Analogie et intersubjectivité chez Husserl d'après les inédits de la période 1905-1920 (Édition Iso Kern, *Husserliana*, tome XIII, Nijhoff, 1973) [suivi d'un résumé néerlandais]». *Enige facetten over opvoeding en onderwijs.* Opstellen aangeboden aan Stephan Strasser ter gelegenheid van zijn 70e verjaardag. Édité par A. MONSHOUWER. Den Bosch: Malmberg, 1975, 23 × 16, 163-170, 171-172.

II.A.315. «Objectivation et Aliénation dans l'expérience historique». *Archivio di Filosofia* (Temporalità e alienazione). Atti del Colloquio internazionale, Roma 1975. 45 (1975), n° 2-3, 27-38.

Repris dans *Temporalité et aliénation.* Actes du colloque international, Rome, 1975. [Paris]: Aubier, [1975], 25 × 18, 27-38.
Traduit en allemand par II.D.20.

II.A.316. «Parole et symbole». *Revue des sciences religieuses* (Le Symbole) 49 (1975), n° 1-2, 142-161.

Repris dans *Le symbole.* Édité par J.E. MENARD. Strasbourg: Faculté de Théologie Catholique, Palais universitaire, 1975, 23,5 × 15,5, 142-161.
Traduit en espagnol dans I.D.12.
Traduit en italien dans I.E.24.
Traduit en japonais dans I.I.2.

II.A.317. «La philosophie et la spécificité du langage religieux». *Revue d'histoire et de philosophie religieuses* (Hommage à Pierre Burgelin) 55 (1975), n° 1, 13-26.

Texte français de II.B.50.
Traduit en espagnol dans I.D.19.
Traduit en japonais dans I.I.2.
Traduit en tchèque dans I.R.1.

II.A.318. «Le Dieu crucifié de Jürgen Moltmann». *Les quatre fleuves.* Cahiers de recherche et de réflexion religieuses (Le Christ, visage de Dieu), 1975, n° 4, Paris: Seuil, 109-114.

Traduit en allemand par II.C.25.
Traduit en italien par II.E.14.

II.A.318a. «Expliquer et comprendre [communication au colloque «L'identité de l'homme dans la nature, la science et la société», Bossey 1975]». *L'identité de l'homme dans la nature, la science et la société* (Rapport d'un colloque). [Céligny (Suisse)]: The Ecumenical Institute Bossey, 1975, 21 × 14,5, 11-23 [ronéotypé].

1976

II.A.319. GADAMER H.-G., *Vérité et méthode. Les grandes lignes d'une herméneutique philosophique* (L'ordre philosophiques). Traduction partielle de *Wahrheit und Methode* faite par E. SACRE et revue par P. RICŒUR. Paris: Seuil, [1976], 20,5 × 14, 350 p.

II.A.320. LACOCQUE A., *Le livre de Daniel* (Commentaire de l'Ancien Testament, XVb.) Préface de P. RICŒUR. Neuchâtel-Paris: Delachaux et Niestlé, 1976, 24 × 17, 5-11.

Traduit en anglais par II.B.89.

II.A.321. «Entretien avec Paul Ricœur». *La philosophie d'aujourd'hui* (Bibliothèque Laffont des grands thèmes, 84). [Paris-Lausanne-Barcelone]: Robert Laffont-Grammont-[Salvat], [1975], 20 × 16, 8-23.

II.A.322. «L'imagination dans le discours et dans l'action». *Savoir, faire, espérer: les limites de la raison I.* Volume publié à l'occasion du cinquantenaire de l'École des Sciences philosophiques et religieuses et en hommage à Mgr Henri Van Camp (Publications des Facultés Universitaires Saint-Louis, 5). Bruxelles: Facultés Universitaires Saint-Louis, 1976, 23 × 15,5, 207-228.

Repris dans I.A.15.
Traduit en anglais par II.B.80. Une traduction différente est publiée dans I.B.22.
Traduit en espagnol dans I.D.12.

II.A.323. «Entre Gabriel Marcel et Jean Wahl [conférence en hommage à Gabriel Marcel et à Jean Wahl, Genève 1975]». *Jean Wahl et Gabriel Marcel* (Bibliothèque des Archives de Philosophie. Nouvelle série, 21). Présenté par J. HERSCH. Paris: Beauchesne, [1976], 21,5 × 13,5, 57-87.

Reproduit dans I.A.19.

II.A.324. «Gabriel Marcel et la phénoménologie [conférence suivie d'une discussion avec G. MARCEL et d'autres]». *Entretiens autour de Gabriel Marcel.* Colloque autour de G. Marcel au Centre Culturel de Cerisy-la-Salle, 1973 (Langages). [Neuchâtel]: La Baconnière, [1976], 21 × 14, 53-74, 75-94.

La conférence sans la discussion est traduite en anglais par II.B.114.

II.A.325. RICŒUR P., MARCEL G., BELAY M., PARAIN-VIAL J., BERNING V., «Discussions [sur les conférences: G. MARCEL, «De la recherche philosophique»; H. GOUHIER, «Théâtre et engagement»; J. CHENU, «Théâtre et métaphysique»; M. BELAY, «Étude sur 'Le Mort de demain'»; R. POIRIER, «Le problème de l'immortalité et la pensée de Gabriel Marcel»; J. PARRAIN-VIAL, «L'être et le temps chez Gabriel Marcel»; V. BERNING, «Données et conditions de l'accueil fait en Allemagne à Gabriel Marcel»; B. SCHWARZ, «Réflexions sur la gratitude et l'admiration»]» et «Débat terminal». *Entretiens autour de Gabriel Marcel.* Colloque autour de G. Marcel au Centre Culturel de Cerisy-la-Salle, 1973 (Langages). [Neuchâtel]: La Baconnière, [1976], 21 × 14, 23-48, 109-110, 125-126, 140-146, 172-182, 202-209, 221-227, 244-245, 253-264.

II.A.326. «Addition à la séance du 24 mai 1975 [lettre de P. RICŒUR à P. KEMP sur «Le langage de l'engagement»]». *Bulletin de la Société française de Philosophie* 70 (1976), n° 2, 77-79.

II.A.327. «L'herméneutique de la sécularisation. Foi, Idéologie, Utopie». *Archivio di Filosofia* (Ermeneutica della secolarizzazione). Atti del Colloquio internazionale, Roma 1976. 46 (1976), nº 2-3, 49-68.

Repris dans *Herméneutique de la sécularisation* (Actes du colloque international, Rome 1969). [Paris]: Aubier, [1976], 25 × 18, 49-68.
Traduit en allemand par II.C.21.
Traduit en espagnol dans I.D.13.
Traduit en japonais dans I.I.2.

II.A.328. «Le 'Royaume' dans les paraboles de Jésus [exposé fait à Saint-Cloud, 1974]». *Études théologiques et religieuses* 51 (1976), nº 1, 15-19.

Traduit en anglais par II.B.104.

II.A.329. «Analyse linguistique. Structuralisme et herméneutique». *Estudios de Lengua y Literatura Francesa.* Oviedo: Universidad de Oviedo, 1976, 27 × 19,5, 61-77 [polycopié].

II.A.330. «Essais. L'histoire de religions de Mircea Eliade. Tant qu'il y aura des dieux...». *Les nouvelles littéraires* 54 (1976), nº 2546, 19 août, 8-9.

Traduit en anglais par II.B.64.

1977

II.A.331. DUNPHY J., *Paul Tillich et le symbole religieux* (Encyclopédie universitaire). Préface de P. RICŒUR. Paris: Jean-Pierre Delarge – Éditions Universitaires, [1977], 23,5 × 16, 11-14.

II.A.332. CÉLIS R., *L'œuvre et l'imaginaire. Les origines du pouvoir-être créateur* (Publications des Facultés universitaires Saint-Louis, 9). Préface de P. RICŒUR. Bruxelles: Facultés universitaires Saint-Louis, 1977, 23 × 15,5, 7-13.

Reproduit dans I.A.19.

II.A.333. «Herméneutique de l'idée de Révélation [conférence donnée dans le cadre d'une session théologique aux Facultés universitaires Saint-Louis à Bruxelles, [1976], suivi d'une discussion avec E. LEVINAS et d'autres]». *La révélation* (Publications des Facultés universitaires Saint-Louis, 7). Bruxelles: Facultés universitaires Saint-Louis, 1977, 23 × 15,5, 15-54, 207-236.

Traduit partiellement en anglais par II.B.67 et intégralement par II.B.70.
Traduit en espagnol dans I.D.19.
Traduit en japonais par II.I.17 et dans I.I.15.

II.A.334. «La structure symbolique de l'action». *Actes de la 14e Conférence internationale de sociologie des religions* (Symbolisme religieux, séculier et classes sociales, Strasbourg, 1977). Lille: Secrétariat C.I.S.R., 1977, 21,5 × 14,5, 29-50.

II.A.335. «Le discours de l'action». *La sémantique de l'action* (Phénoménologie et herméneutique). Recueil préparé sous la direction de D. TIFFENEAU. Paris: Centre National de la Recherche Scientifique, 1977, 24,5 × 16, 1-137.

Contient de larges extraits de II.A.283.
Traduit en espagnol par I.D.8.
Traduit en italien par I.E.12.
Traduit en portugais par I.F.7.

II.A.336. «Expliquer et comprendre. Sur quelques connexions remarquables entre la théorie du texte, la théorie de l'action et la théorie de l'histoire (Résumé. Summary)». *Revue philosophique de Louvain* 75 (1977), n° 1, février, 126-146, 146-147.

Le résumé de cette conférence prononcée à l'occasion de sa promotion comme honoris causa à l'U.C.L. est publié par F. FOLLON dans *Revue théologique de Louvain* 8 (1977), n° 1, 105-109 et est repris dans I.A.15.
Traduit en anglais dans I.B.12 et I.B.22.
Traduit en espagnol dans I.D.12.
Traduit en suédois dans I.P.1.

II.A.336a. «Intervention de P. Ricœur après la Conférence de M. Alan Montefiore: 'La neutralité et le neutre' (23 avril 1977)». *Bulletin de la Société française de Philosophie* 71 (1977), n° 4, 123-124.

II.A.337. «Nommer Dieu». *Études théologiques et religieuses* 52 (1977), n° 4, 489-508.

Reproduit dans *Theolinguistics* (Studiereeks Tijdschrift VUB. Nieuwe serie n° 8). Éditié par J.P. VAN NOPPEN, 1981, 24 × 15, 343-367 et dans I.A.20.
Traduit en anglais par II.B.92.
Traduit en allemand par II.C.26.
Traduit en espagnol dans I.D.29.
Traduit en portugais dans I.F.15.
Traduit en japonais dans I.I.15.

II.A.338. «Jan Patočka, le philosophe-résistant». *Istina* (Hommage à Jan Patočka) 21 (1977), n° 2, avril-juin, 128-131.

Repris dans *Liberté religieuse et défense des droits de l'homme. Vol. II. En Tchécoslovaquie. Hommage à Jan Patočka.* Paris: Centre d'Études Istina, 1977, 24 × 16, 128-131; dans *Mensch, Welt, Verständigung. Perspektiven einer Phänomenologie der Kommunikation* (Phänomenologische Forschungen, 4). Freiburg im Breisgau: Verlag Karl Alber, 1977, 20 × 12,5, 128-131; et dans *Le monde* 34 (1977), 19 mars, n° 9995, 1, 4 et dans I.A.18.
Traduit différemment en anglais par II.B.71 et II.B.112.
Traduit en portugais dans I.F.13.

1978

II.A.339. AGUESSY H., HAMA B. et d'autres, *Le temps et les philosophies* (Bibliothèque scientifique. Au carrefour des cultures). Introduction de P. RICŒUR. Paris: Payot-Presses de l'UNESCO, 1978, 22,5 × 14, 11-29.

Traduit en anglais par II.B.65a.
Traduit en espagnol par II.D.23.

II.A.339a. SOUFFRANT Cl., *Une négritude socialiste. Religion et développement chez J. Roumain, J.-S. Alexis, L. Hughes.* Préface de P. RICŒUR. Paris: L'Harmattan, [1978], 21,5 × 13,5, 5-10.

II.A.340. «La philosophie». *Tendances principales de la recherche dans les sciences sociales et humaines. Deuxième partie. Tome second: Science juridique. Philosophie.* Édité sous la direction de J. HAVET. Paris-La Haye-New York: Mouton-Unesco, 1978, 25 × 16,5.

Édité en anglais par II.B.75.
Traduit en espagnol par I.D.9.
Traduit en japonais par les livres I.I.5 et I.I.6.
Traduit en chinois par I.S.1.

II.A.341. «Mircea Eliade». *Mircea Eliade* (Les Cahiers de l'Herne). Sous la direction de C. TACOU. Paris: [Éditions de l'Herne], [1978], 27 × 21, 276-277.

II.A.341a. «Jan Patočka (1907-1977)». *Encyclopaedia Universalis. Universalia 1978. 6. Vies et portraits.* Paris: Encyclopaedia Universalis France, [1978], 30 × 21,5, 617.

II.A.342. «Philosophie et langage». *Revue philosophique de la France et de l'Étranger* (Le langage et l'homme) 103 (1978), n° 4, octobre-novembre, 449-463.

Traduit en italien dans I.E.24.
Traduit en espagnol dans I.D.28.

II.A.343. «Le 'Marx' de Michel Henry». *Esprit* 2 (1978), n° 10, octobre, 124-139.

Reproduit dans I.A.19.
Traduit en italien par II.E.35.
Traduit en portugais dans I.F.14.

1979

II.A.344. «Conclusion Arezzo à la VIe Conférence internationale de Phénoménologie, [1976]». *The Teleologies in Husserlian Phenomenology. The Irreducible Element in Man. Part III. 'Telos' as the Pivotal Factor of Contextual Phenomenology* (Analecta Husserliana, 9). Édité par A.-T.

TYMIENIECKA. Dordrecht-Boston-London: D. Reidel Publishing Company, [1979], 23 × 16,5, 415-426.

II.A.344a. «'La raison pratique' [conférence suivie d'une discussion à la séance plénière du Colloque international sur «La rationalité aujourd'hui», Ottawa 1977]». *Rationality Today. La rationalité aujourd'hui* (Philosophica, 13). Édité par / Edited by Th.F. GERAETS. Ottawa: Éditions de l'Université d'Ottawa – The University of Ottawa Press, 1979, 23 × 15, 225-241, 241-248.

Repris dans I.A.15.
Traduit en anglais dans I.B.22.
Traduit en espagnol dans I.D.12.
Traduit en danois par II.J.5.
Traduit en suédois dans I.P.1.

II.A.344b. RICŒUR P., HENRY M. et d'autres, «Discussion [sur la conférence: M. HENRY, «La rationalité selon Marx»]». *La rationalité aujourd'hui. Rationality Today* (Philosophica, 13). Édité par / Edited by Th.F. GERAETS. Ottawa: Éditions de L'Université d'Ottawa – The University of Ottawa Press, 1979, 23 × 15, 129-135.

II.A.344c. GRAND'MAISON J. et RICŒUR P., «Un dialogue [entre J. GRAND'MAISON et P. RICŒUR sur les nouvelles orthodoxies et les nouvelles spiritualités devant Radio-France]». *Une foi ensouchée dans ce pays.* [Montréal]: Leméac, [1979], 23 × 15,5, 111-136.

II.A.345. «La fonction narrative». *Études théologiques et religieuses* 54 (1979), n° 2, 209-230.

Texte français plus élaboré de II.B.82.
Retraduit en anglais dans I.B.16.
Traduit en japonais par II.I.12.

II.A.346. «Peter Kemp, *Théorie de l'engagement. Vol. I: Pathétique de l'engagement. Vol. 2: Poétique de l'engagement* (discours prononcé à la présentation d'une thèse doctorale par P. KEMP, Copenhague 1973) [compte rendu]». *Phenomenology Information Bulletin* 3 (1979), octobre, 66-71.

II.A.347. «Psychanalyse et herméneutique». *Nichifutsu Bunka* (La culture nippo-française] 1979, n° 36, février, 21-41.

Texte français de II.I.3.

1980

II.A.348. «L'originaire et la question-en-retour dans le *Krisis* de Husserl». *Textes pour Emmanuel Lévinas* (Surfaces, 2). Édités par Fr. LARUELLE. Paris: Jean-Michel Place, [1980], 22,5 × 14,5, 167-177.

Texte français partiel de II.C.24.
Repris dans I.A.16.

II.A.349. «Note introductive». *Heidegger et la question de Dieu* (Figures). Préparé sous la direction de R. KEARNEY et J.St. O'LEARY. Paris: Bernard Grasset, [1980], 24 × 15,5, 17.

II.A.350. «Pour une théorie du discours narratif». *La narrativité* (Phénoménologie et herméneutique). Recueil préparé sous la direction de D. TIFFENEAU. Paris: Centre National de Recherche Scientifique, 1980, 24,5 × 15,5, 1-68.

Traduit en espagnol dans I.D.22.

II.A.351. «Récit fictif – récit historique». *La narrativité* (Phénoménologie et herméneutique). Recueil préparé sous la direction de D. TIFFENEAU. Paris: Centre National de Recherche Scientifique, 1980, 24,5 × 15,5, 251-271.

Traduit en espagnol dans I.D.28.

II.A.352. «La logique de Jésus. Romains 5». *Études théologiques et religieuses* 55 (1980), nº 3, 420-425.

Traduit en anglais par II.B.97.

II.A.353. «La fonction narrative et l'expérience humaine du temps». *Archivio di Filosofia* (Esistenza, mito, ermeneutica. Scritti per Enrico Castelli, 1) 50 (1980), nº 1, 343-367.

Repris dans *Esistenza, mito, ermeneutica. Vol. I. Demoniaco e problema del male. Tempo e temporalità.* Padova: CEDAM, 1980, 24 × 17, 343-367.
Partiellement traduit en anglais par II.B.98.
Traduit différemment en espagnol dans I.D.10, I.D.28 et par II.D.50.

II.A.354. «Aesthetische Erfahrung und literarische Hermeneutik, par Hans-Robert JAUSS [compte rendu]». *Revue de métaphysique et de morale* 85 (1980), nº 2, 272.

II.A.355. *La grammaire narrative de Greimas* (Documents de recherche du Groupe de Recherche sémio-linguistiques de l'Institut de la langue Française. EHESS-CNRS, 15). [Paris]: Centre National de Recherche Scientifique, 1980, 35 p.

Reproduit dans I.A.19.
Traduit en anglais par II.B.142.
Traduit en portugais dans I.F.14.

II.A.355a. «Pharisiens et Chrétiens [conférence donnée au groupe de l'Amitié Judéo-Chrétienne à Mulhouse]». *Sens.* Juifs et chrétiens dans le monde aujourd'hui (Les pharisiens) 3 (1980), nº 1-2, 3-17.

Repris dans *Élie Wiesel en hommage* (Mélanges). Textes réunis par A. KALFA et M. DE SAINT-CHERON. Paris: Cerf, 1998, 157-176.

II.A.356. «Herméneutique et sémiotique [exposé donné au Centre Montsouris, Paris 1980]». *Bulletin du Centre Protestant d'Études et de Documentation.* (Supplément) 1980, n° 255, novembre, I-XIII.

Traduit en espagnol dans I.D.24.

1981

II.A.357. PATOČKA J., *Essais hérétiques sur la philosophie de l'histoire.* Traduit du tchèque par E. ABRAMS avec une préface de P. RICŒUR et une postface de R. JAKOBSON. Lagrasse: Éditions Verdier, [1981], 22 × 14, 7-15.

Repris dans I.A.18.
Traduit en anglais par II.B.165.
Traduit en allemand par II.C.39.
Traduit en espagnol par II.D.39.

II.A.358. «'Logique herméneutique'?». *Contemporary philosophy. A new survey. Vol. I. Philosophy of language. Philosophical logic. La philosophie contemporaine. Chroniques nouvelles. Tome I. Philosophie du langage. Logique philosophique.* Édité par G. FLØISTAD. The Hague-Boston-London: M. Nijhoff, 1981, 24,5 × 17, 179-223.

Edition de poche en 1986.
Traduit en italien par II.E.27.

II.A.358a. «Hegel et Husserl sur l'intersubjectivité». *Phénoménologies hégélienne et husserlienne. Les classes sociales selon Marx.* Travaux des Sessions d'Études (Centre de recherche et de documentation sur Hegel et Marx). Sous la direction de G. PLANTY-BONJOUR. Paris: Éditions du Centre National de Recherche Scientifique, 1981, 29,5 × 21, 5-17.

Texte français de II.B.90.
Repris dans I.A.15.
Traduit en anglais dans I.B.22.

II.A.359. «L'histoire comme récit et comme pratique. Entretien avec Paul Ricœur [propos recueillis par P. KEMP]». *Esprit* 1981, n° 54, juin, 155-165.

Traduit en anglais par II.B.123.

II.A.360. «Paul Ricœur, philosophe de la métaphore et du récit [une interview par Christian DELACAMPAGNE]». *Le monde dimanche.* Supplément à «*Le monde*». 38 (1981), n° 11200, 1 et 2 février, XV-XVI.

Reproduit sous le titre «Paul Ricœur» dans *Entretiens avec Le monde I. Philosophies.* Introduction de Ch. DELACAMPAGNE. Paris: Éditions La Découverte-Le Monde, [1984], 19 × 11,5, 167-176.

Traduit en allemand par II.C.32.
Traduit en japonais par II.I.12a.

1982

II.A.361. VERNES J.-R., *Critique de la raison aléatoire ou Descartes contre Kant* (Philosophie de l'esprit). Préface de P. RICŒUR. [Paris]: Aubier, [1982], 22 × 13,5, 7-12.

II.A.362. «La question de la preuve dans les écrits psychanalytiques de Freud [conférence au Colloque en mémoire d'Alphonse De Waelhens à Louvain-la-Neuve, 1982]». *Qu'est-ce que l'homme? Philosophie/Psychanalyse.* Hommage à Alphonse De Waelhens (1911-1981) (Publications des Facultés universitaires Saint-Louis, 27). Bruxelles: Facultés universitaires Saint-Louis, 1982, 23 × 15,5, 591-619.

Texte français très sembable à la version anglaise de II.B.69.
Un texte remanié est publié par II.A.401.
Traduit en italien par II.E.42.

II.A.362a. «L'éclipse de l'événement dans l'historiographie française moderne [conférence à la séance plénière du Colloque International sur «La philosophie de l'histoire», Ottawa 1980]». *La philosophie de l'histoire et la pratique historienne d'aujourd'hui. Philosophy of History and Contemporary Historiography* (Philosophica, 23). Édité par / Edited by D. CARR, W. DRAY et d'autres. Ottawa: Éditions de l'université d'Ottawa – The University of Ottawa Press, 1982, 23 × 15, 159-177.

II.A.362b. «Phénoménologie du vouloir et approche par le langage ordinaire [conférence au Congrès «Die Münchener Phänomenologie», avril 1971]». *Pfänder-Studien* (Phænomenologica, 84). Édité par H. SPIEGELBERG et E. AVÉ-LALLEMANT, The Hague-Boston-London: Martinus Nijhoff, 1982, 24,5 × 16,5, 79-96.

Texte publié d'abord en allemand par II.C.18.
Traduit partiellement en italien dans I.E.24.

II.A.362c. «Poétique et symbolique». *Initiation à la pratique de la théologie. Tome I. Introduction.* Publié sous la direction de B. LAURET et Fr. REFOULÉ. Paris: Les Éditions du Cerf, 1982, 21,5 × 13,5, 37-61.

Deuxième édition en 1984.
Traduit en allemand par II.C.30.
Traduit en espagnol par II.D.31 et dans I.D.11.
Traduit en italien par II.E.19.

II.A.362d. «Hommage à Claude Pantillon [message transmis sur cassette pour la soirée commémorative de Claude Pantillon à Genève]». *Hommage à*

Claude Pantillon (1938-1980). Philosophie de l'éducation (Faculté de psychologie et des sciences de l'éducation). [Genève]: Université de Genève, 1982, 20 × 14,5, 7-10.

II.A.363. «Entre temps et récit: concorde/discorde [conférence donnée au Groupe de Recherches sur la philosophie et le langage, Grenoble 1981-1982]». *Recherches sur la philosophie et le langage* (Cahier du groupe de recherches sur la philosophie et le langage de l'Université de Grenoble 2) par M. SCHNEIDER, M. PHILIBERT et d'autres. [Paris: Vrin], 1982, 20,5 × 14,5, 3-14.

Reproduit dans *L'art des confins*. Mélanges à Maurice de Gandillac. Publié sous la direction de A. CAZENAVE et J.F. LYOTARD. [Paris]: PUF, [1985], 23 × 15,5, 253-263.

II.A.364. «Mimesis et représentation». *Actes du XVIIIe Congrès des Sociétés de Philosophie de langue française* (Strasbourg 1980). Strasbourg: Université des Sciences Humaines de Strasbourg, Faculté de Philosophie, [1982], 24 × 17, 51-63 (hors commerce].

Traduit en anglais par II.B.103.

II.A.365. «La Bible et l'imagination». *Revue d'histoire et de philosophie religieuses* (Hommage à Roger Mehl) 62 (1982), n° 4, octobre-décembre, 339-360.

Traduction anglaise par II.B.101a.

II.A.365a. «Imagination et métaphore [communication à la Journée de la Société Française de Psychopathologie de l'Expression, Lille 1981.] [avec Summary]». *Psychologie Médicale* 14 (1982), 1883-1887.

II.A.365b. «D'Alliance en Alliance. Venues du passé, les promesses du futur [propos recueillis par J. SERS-LUMIRE]». *Réforme* (Spécial Avent) 1982, n° 1963, 4 décembre, 12-13.

1983

II.A.366. HISASHIGE T., *Phénoménologie de la conscience de culpabilité. Essai de Pathologie éthique*. Présentation par P. RICŒUR. Tokyo: Les Presses de l'Université Senshu, 1983, 21,5 × 14,5, IX-XI.

Publié en japonais par II.I.16a.

II.A.367. ARENDT H., *Condition de l'homme moderne* (Liberté de l'Esprit). Traduction de *The Human Condition* par G. FRADIER avec une préface de P. RICŒUR. [Paris]: Calmann-Lévy, [1983], 21 × 14, I-XXVIII.

Réédité dans la collection «Agora, 24». Paris: Presses Pocket, 1988, 406 p. Repris dans I.A.18.

II.A.368. «La problématique de la croyance: opinion, assentiment, foi». *On Believing. Epistemological Approaches. De la croyance. Approches épistémologiques.* Edited by / Textes présentés par H. PARRET. Berlin-New York: Walter de Gruyter, 1983, 23 × 15,5, 292-301.

Traduction en japonais par II.I.16.

II.A.369. «Meurt le personnalisme, revient la personne... [exposé présenté au colloque de l'Association des amis d'Emmanuel Mounier, Dourdan 1982]». *Esprit* (Cinquantenaire. Des années 30 aux années 80) 1983, nº 1, janvier, 113-119.

Reproduit dans *Notes et documents Institut International «J. Maritain»* (Torretto di Amona) 1983, nº 2-3, 74-105 et dans I.A.19.
Repris quasi littéralement sous le titre «Mounier philosophe» dans *Le personnalisme d'Emmanuel Mounier hier et demain. Pour un cinquantenaire.* Paris: Seuil, [1985], 20,5 × 14, 219-223.
Traduit en italien par II.E.67 et dans I.E.27a.
Traduit en portugais dans I.F.14.
Traduit en serbo-croate par II.K.6.

II.A.370. «Un philosophe au-dessus de tout soupçon. Un entretien avec Ricœur [propos recueillis par Fr. FERNEY]». *Le nouvel observateur* 1983, 11 au 17 mars, 104-110.

Traduit en tchèque par II.R.6.

II.A.370a. «L'histoire commune des hommes: la question du sens de l'histoire». [exposé au Centre Protestant de l'Ouest, 1983]. *Cahiers du Centre Protestant de l'Ouest* 1983, nº 49-50, décembre, 3-16 [ronéotypé].

Traduit en espagnol dans I.D.11.

II.A.370b. «L'idéologie et l'utopie: deux expressions de l'imaginaire social [exposé au Centre Protestant de l'Ouest, 1983]». *Ibid.*, 17-30 [ronéotypé].

Contenu semblable à II.B.61.
Reproduit dans *Cultures et foi* 1984, Cahier 96, mars-avril, 35-41; dans *Autres Temps.* Les cahiers du christianisme social 1984, nº 2, été, 53-64, et dans I.A.15.
Traduit en espagnol dans I.D.11.

II.A.370c. «Fondements de l'éthique [exposé au Centre Protestant de l'Ouest, 1983]». *Ibid.*, 31-43 [ronéotypé].

Repris dans *Autres temps.* Les cahiers du christianisme social 1984, nº 3, automne, 61-71.
Traduit en espagnol dans I.D.11.

II.A.371. «Éthique et politique [exposé au Centre Protestant de l'Ouest, 1983]». *Ibid.*, 44-58 [ronéotypé].

À part d'une structuration moins poussée le texte est reproduit dans *Esprit* 1985, nº 101, mai, 1-11; dans *Autres Temps*. Les cahiers du christianisme social 1985, nº 5, mai, 58-70 et dans I.A.15.
Extrait (3-4): «L'autre combat». *Penser la ville. Choix de textes philosophiques*. Édité par P. ANSAY et R. SCHOONBRODT. Bruxelles: Archives d'Architecture moderne, 1989, 21 × 15, 224.
Traduit en espagnol dans I.D.11.
Traduit en italien par II.E.23.

1984

II.A.371a. HABACHI R., *Le moment de l'homme. Commencements de la créature. La colonne brisée de Baalbeck* (Connivence). Préface de P. RICŒUR. [Paris]: Desclée de Brouwer, [1984], 11-14.
Traduit en italien par II.E.21.

II.A.371b. DANESE A., *Unità e pluralità. Mounier e il ritorno alla persona*. Préface en français de P. RICŒUR. [Roma]: Città Nuova Editrice, [1984], 21 × 15, 11-15.

II.A.371c. JERVOLINO D., *Il Cogito e l'ermeneutica. La questione del soggetto in Ricœur*. Préface de P. RICŒUR [en français] avec une introduction de Th.F. GERAETS. Napoli: Generoso Procaccini editore, 1984, 24 × 16,6, 7-10.
Deuxième édition revue et corrigée en 1993.
Traduit en anglais par I.B.17.

II.A.372. PORTIER L., *Le pélican. Histoire d'un symbole*. Préface de P. RICŒUR. Paris: Les Éditions du Cerf, 1984, 20 × 12, 9.

II.A.373. ZAC S., *La philosophie religieuse de Hermann Cohen* (Bibliothèque d'histoire de la philosophie). Avant-propos de P. RICŒUR. Paris: J. Vrin, 1984, 24 × 16, 9-10.

II.A.374. «De l'absolu à la sagesse par l'action [conférence de clôture au colloque sur Éric Weil]». *Actualité d'Éric Weil*. Actes du Colloque International, Chantilly, 1982 (Bibliothèque des Archives de Philosophie. Nouvelle série, 43). Édités par le Centre Éric Weil. Paris: Beauchesne, [1984], 21,5 × 13,5, 407-423.
Repris dans I.A.374.

II.A.375. «La pensée de Gabriel Marcel. Réflexion primaire et réflexion seconde chez Gabriel Marcel [conférence suivie d'une discussion avec Fr. JACQUES et d'autres]». *Bulletin de la Société française de Philosophie 78* (1984), nº 2, avril-juin, 33-50, 61-63.

La conférence sans la discussion est reprise dans I.A.19.
Traduit en portugais dans I.F.14.

II.A.376. «Le temps raconté [projet des conclusions au volume à paraître: *Temps et récit III*]». *Revue de métaphysique et de morale* 89 (1984), n° 4, octobre-décembre, 436-452.

Repris avec des notes dans *Revue de l'Université d'Ottawa – University of Ottawa Quarterly* (A la recherche du sens. In Search of Meaning) [Colloque en honneur de P. Ricœur] 55 (1985), n° 4, octobre-décembre, October-December, 271-285.
Traduit en anglais par II.B.124.
Traduit en espagnol par II.D.38.
Traduit en italien par II.E.22.
Traduit en danois par II.J.3.
Traduit en suédois par I.P.1.

II.A.377. RICŒUR P., GREISCH J. et d'autres, «Débat autour du livre de Paul Ricœur 'Temps et récit' [vol. I, Paris, 1983]». *Cahier Recherches-Débats* (Confrontations. Société, culture, foi) 1984, 11-16, 26-30.

1985

II.A.378. PLOURDE S., *Vocabulaire philosophique de Gabriel Marcel* (Recherches. Nouvelle série, 6). En collaboration avec J. PARAIN-VIAL, M. BELAY et R. DAVIGNON avec une préface de P. RICŒUR. Montréal-Paris: Bellarmin-Cerf, [1985], 24 × 16, 23-25.

II.A.379. SAFFARO L., *Théorie de la poursuite*. Traduit de l'italien par G. ZAGARA avec une préface de P. RICŒUR. [Paris]: L'Alphée, [1985], 19 × 11,5, 5-14.

II.A.380. «Avant la loi morale: l'éthique». *Encyclopaedia Universalis. Supplément II. Les enjeux*. Paris: Encyclopaedia Universalis France, [1985], 30 × 21, 42-45.

Réimprimé dans *Encyclopaedia Universalis. Symposium. Les enjeux. I.* 1993, 62-66.

II.A.381. «Figuration et configuration. A propos du Maupassant de A.J. Greimas». *Exigences et perspectives de la sémiotique. Aims and Prospects of Semiotics*. Recueil d'hommages pour Algirdas Julien Greimas. Essays in honor of Algirdas Julien Greimas. II. Les domaines d'application. Domains of Application. Textes présentés par/Edited by H. PARRET et/and H.-G. RUPRECHT. [Amsterdam]: John Benjamins Publishing Company, 1985, 22,5 × 15,5, 801-809.

Reproduit dans I.A.19.

II.A.382. «Le statut de la *Vorstellung* dans la philosophie hégélienne de la religion». *Qu'est-ce que Dieu? Philosophie/ Théologie. Hommage à l'abbé Daniel Coppieters de Gibson (1929-1983)* (Publications des Facultés universitaires Saint-Louis, 33). Bruxelles: Facultés universitaires Saint-Louis, 1985, 23 × 15,5, 185-206.

Repris dans I.A.20.
Texte anglais dans I.B.106a.
Traduit en portugais dans I.F.15.

II.A.383. «Temps biblique». *Archivio di Filosofia* (Ebraismo, Ellenismo, Cristianesimo). Atti del Colloquio internazionale, Roma 1985. 53 (1985), nº 1, 23-35.

Texte anglais publié dans I.B.24.

II.A.384. «Le récit interprétatif. Exégèse et Théologie dans les récits de la Passion (Sommaire. Summary)». *Recherches de science religieuse* (Narrativité et théologie dans les récits de la Passion) 73 (1985), nº 1, janvier-mars, 17-38, 12, 14.

Traduit en anglais par II.B.146.

II.A.385. «Table ronde. Round Table. Temps et récit, volume I [réponse de P. RICŒUR aux exposés de D. CARR, de D. TAYLOR et H. WHITE]». *Revue de l'Université d'Ottawa. University of Ottawa Quarterly* (A la recherche du sens. In Search of Meaning) [Colloquy in honor of P. Ricœur) 55 (1985), nº 4, octobre-décembre, 316-322, 301-311, 311-316, 278-299.

Traduit en anglais par II.B.152.

II.A.386. «Les philosophes de l'éducation. Interview Paul Ricœur [propos recueillis par A. KECHICKIAN]». *Le monde de l'éducation* 1985, nº 118, juillet-août, 16-17.

.A.386a. «Le vrai peut-il être dit pluriel? [sur le thème «Les formes actuelles du vrai» au congrès annuel de l'Institut international de philosophie, Palerme, automne 1985]». *Le monde* 42 (1985), nº 12678, 2 novembre, 11.

I.A.387. «Paul Ricœur, philosophe et parpaillot [dialogue avec A. ABELLARD à l'occasion de colloque 'Protestantisme et liberté', Paris 1985]». *Le matin.* Journal français 1985, nº 2679, 14 octobre, 22-23.

A.387a. «La philosophie perd une voix. Réaction face à la mort de Vladimir Jankélévitch [par des philosophes dont P. RICŒUR]». *Libération* 1985, nº 1259, 8-9 juin, 34.

II.A.388. «Rembrandt ni vu ni connu». *Le nouvel Observateur*. Hebdomadaire (1985), nº 1101, 13-19 décembre, 84.

La version originale et intégrale est publiée sous le titre «Sur un autoportrait de Rembrandt» dans *Gérontologie* 1987, janvier, nº 61, 3-4.
Reproduit dans *Perspektiven der Philosophie* 18 (1992), 135-139 et dans I.A.20.
Traduit en portugais dans I.F.15.

II.A.389. «L'écart [interview de P. Ricœur par F. LENGRONNE à l'occasion tricentenaire de la révocation de l'Édit de Nantes]». *Le Christianisme au XXe Siècle*. Hebdomadaire 1985, nº 37, 4 octobre, 8,15.

1986

II.A.390. ROCHEFORT-TURQUIN A., *Front populaire. «Socialistes parce que chrétiens»*. (Sciences humaines et religions). Préface de P. RICŒUR. Paris: Cerf, 1986, 21,5 × 13,5, I-II.

II.A.391. CATANI M. et VERNEY P., *Se ranger des voitures. Les 'mecs' de Jaricourt et l'auto-école* (Sociologies au quotidien). Préface de P. RICŒUR. Paris: Méridiens Klincksieck, 1986, 21 × 14,5, 7-11.

II.A.392. «Lettre [du 16 août 1979 sur sa participation de 1935-1939 à *Terre Nouvelle*. Organe des chrétiens révolutionnaires]». A. ROCHEFORT-TURQUIN, *Front populaire. «Socialistes parce que chrétiens»* (Sciences humaines et religions). Préface de P. RICŒUR. Paris: Cerf, 1986, 21,5 × 13,5, 90-91.

II.A.393. *Le mal. Un défi à la philosophie et à la théologie* [conférence à la Faculté de théologie de l'Université de Lausanne, 1985]. Avant-propos par P. GISEL. Genève: Labor et Fides, [1986], 21 × 14,5, 5-12, 13-44.

Publié simultanément dans *Bulletin du Centre Protestant d'Est* (Genève), 38 (1986), nº 7, novembre 5-45.
Texte anglais par II.B.126.
Traduit en espagnol dans I.D.19.
Traduit en portugais par I.F.8.
Traduit en néerlandais par I.G.6.
Traduit en hongrois par II.X.10. et dans I.X.1.

II.A.394. «Livre et parole de Dieu dans chacune des religions monothéistes [communications par A. ABÉCASSIS, C. GEFFRÉ et H. BOUBAKEUR avec une intervention de P. RICŒUR]». *Colloque sur le Dieu unique* [à l'occasion de Montpellier Millénaire, 1985]. Paris: Buchet/Chastel, [1986], 20,5 × 14, 64-65.

II.A.395. «Les monothéismes à la recherche d'un nouvel humanisme [contribution de P. RICŒUR suivie d'une discussion avec R. RÉMOND, J. ELLUL et d'autres]». *Colloque sur le Dieu unique* [à l'occasion de Montpellier Millénaire, 1985]. Paris: Buchet/Chastel, [1986], 20,5 × 14, 146-159, 159-167.

II.A.396. «L'initiative». *Labyrinthe: parcours éthiques* (Publications des Facultés universitaires Saint-Louis, 39). Bruxelles: Facultés universitaires Saint-Louis, 1986, 23 × 15,5, 85-102.

Repris dans I.A.15.
Traduit en anglais dans I.B.22.

II.A.397. «Rhétorique-Poétique-Herméneutique [conférence donnée à Bruxelles, 1970]». *De la Métaphysique à la Rhétorique*. Essais à la mémoire de Chaïm Perelman avec un inédit sur la logique rassemblés par M. MEYER. [Bruxelles: Éditions de l'Université de Bruxelles, 1986], 24 × 15,5, 143-155.

Reproduit dans I.A.19.
Traduit en anglais par II.B.139.
Traduit en espagnol dans I.D.24.
Traduit en italien dans I.E.24.

II.A.398. «Contingence et rationalité dans le récit». *Studien zur neueren französischen Phänomenologie. Ricœur, Foucault, Derrida* (Phänomenologische Forschungen. Phenomenological Studies. Recherches Phénoménologiques, 18). Édité par E.W. ORTH. Freiburg-München: Karl Alber, [1986], 20 × 12,5, 11-29.

Reproduit dans *Jeanne Delhomme* (Les Cahiers de «La nuit surveillée»). Textes rassemblés par M. DIXSAUT. Paris: Cerf, 1991, 22,5 × 17,5, 173-184.
Traduit en allemand par II.C.33.

I.A.399. «Les implications de la théorie des actes de langage pour la théorie générale de l'éthique». *Théorie des actes de langage, éthique et droit*. Publié sous la direction de P. AMSELEK avec des propos introductifs par J. BOUVERESSE. Paris: PUF, 1986, 24 × 15,5, 89-105.

Traduit en italien par II.E.57.

I.A.400. «Ipséité. Altérité. Socialité [conférence de P. RICŒUR suivie d'une réponse par M.M. OLIVETTI]». *Archivio di Filosofia* (Intersoggettività, socialità, religione). Atti del Colloquio internazionale, Roma 1986. 54 (1986), nº 1-3, 17-33, 35-40.

A.400a. «Ce qui me préoccupe depuis trente ans». *Esprit* (La passion des idées) 1986, nº 8-9, août-septembre, 227-242.

Repris sous le titre «De l'interprétation» dans I.A.15.
Traduit en allemand par II.C.38.

Traduit en espagnol dans I.D.24.
Traduit en russe par II.T.4 et dans I.T.1.

II.A.401. «La psychanalyse confrontée à l'épistémologie». *Psychiatrie française* (Entre théorie et pratique – Fonctions de la pensée théorique) 1986, n° spécial, mai, 11-23.

Texte remanié de II.A.362.

II.A.402. «Catastrophes naturelles et crime de l'homme. Le scandale du mal [intervention de P. RICŒUR lors d'une table ronde sur «Le scandale du mal» organisée par Les nouveaux cahiers, Paris 1986]». *Les nouveaux cahiers*. Revue de l'Alliance Israélite universelle 1986, n° 85, 6-10.

Repris sous le titre «Le scandale du mal» dans *Esprit* (Paul Ricœur) 1988, n° 7-8, juillet-août, 57-63.
Traduit en espagnol par II.D.49.

II.A.403. «Intersubjectivité, socialité, religion. Entretien avec P. Ricœur [propos recueillis par A. DANESE]». *Notes et documents Institut International «J. Maritain»* (Torrette di Ancona) 1986, n° 14, 75-83.

II.A.404. «Le pari protestant [suivi d'un dialogue avec H. BLOCHER, F. CATHERWOOD et d'autres]». *Bulletin du Centre Protestant d'Études et de Documentation* (1685-1985. Protestantisme et liberté. Rencontre des 12 et 13 Octobre 1985 à Paris [à l'occasion de la révocation de l'édit de Nantes au XVIIe siècle]) 1986, n° 313, juin-juillet, 163-170, 170-177.

Les pages 164-167 et 173-174 sont reproduites dans *Visages* (Protestantisme: facteur de société) (Lyon) 1987, n° 12, février, 5-6, 10 [ronéotypé].

II.A.405. «L'honnête malice de Paul Ricœur [dialogue avec M. CONTAT]». *Le monde* 43 (1986), n° 12761, 7 février, 17.

II.A.405a. «Éclairer l'existence. Sur les chemins de Karl Jaspers et de Jeanne Hersch». *Le monde* 43 (1986), n° 13023, 12 décembre, 20.

Repris dans I.A.18.
Traduit en portugais dans I.F.13.

II.A.405b. «Paul Ricœur dans son temps. [«J'ai toujours aimé transformer un obstacle en appui». Propos recueillis par J.-M. DE MONTREMY]». *La Croix* 106 (1986), n° 31294, 25 janvier, 14.

II.A.406. «Les chemins de l'homme. Entretien avec Paul Ricœur [propos recueillis par F. DE LAGARDE]». *La vie*. Hebdomadaire 1986, n° 2135, 31 juillet- 6 août, 54-57.

Traduit en néerlandais par II.G.8.

.A.407. «'Les vierges folles avaient raison!' Entretien avec Paul RICŒUR [propos recueillis par G. DE MONTMOLLIN]». *La Vie protestante* 49 (1986), nº 44, 5 décembre, 8.

1987

.A.408. «Individu et identité personnelle». *Sur l'individu* (Colloque de Royaumont sur «L'individu», 1985). Paris: Seuil, [1987], 21 × 13,5, 54-72.

Traduit en espagnol par II.D.43.
Traduit en portugais par II.F.10.

.A.409. «Rencontre entre A.J. Greimas et P. Ricœur. Résumé de M. Coquet». *Sémiotique en jeu. A partir et autour de l'œuvre de A.J. Greimas.* Actes de la Décade tenue au Cerisy-la-Salle, 1983 (Actes sémiotiques, 5). Sous la direction de M. ARRIVÉ et J.-C. COQUET avec une préface de E. LANDOWSKI. Paris-Amsterdam-Philadelphia: Hadès-Benjamins, 1987, 21 × 14, 293-297.

.A.410. «De la philosophie au politique [conférence au Goethe Institut, Paris 1986]». *Les Cahiers de Philosophie* (Hannah Arendt Confrontations) 1987, nº 4, 199-203.

Repris dans I.A.18.
Traduit en allemand par II.C.40.
Traduit en portugais dans I.F.13.

.A.411. «Monde de texte, monde du lecteur. Entretien avec Paul Ricœur [propos recueillis par J. ROMAN]». *Préfaces.* Les idées et les sciences dans la bibliographie de la France 1987, nº 1, mars-avril, 98-101.

Traduit en anglais dans I.B.21.

.A.412. «Le philosophe dans la cité. Paul Ricœur, du texte à l'action [propos recueillis par M. CONTAT]». *Le monde*, 44 [1987], nº 13191, 27 juin, 1, 24.

Traduit en italien par II.E.32.
Traduit en suédois par II.P.2.

A.412a. «Descartes à Stockholm en 1987». *Le monde* 44 (1987), nº 13315, 20 novembre, 19.

.A.413. «Paul Ricœur et le politique. Bataille pour le rationel [propos recueillis par O. ABEL et J.-Fr. FOUREL]». *Réforme* 1987, nº 2201, 20 juin, 6-7.

.A.414. «Paul Ricœur, enquête de sens [entretien avec F. LENGRONNE]». *Le Christianisme au XXe siècle* 1987, nº 111, 13 avril, 1,3.

.A.415. «Entre contrainte et attente. L'étrange relation du lecteur au texte [entretien avec F. LENGRONNE]». *Le Christianisme au XXe siècle* 1987, nº 112, 20 avril, 9.

II.A.416. «Interview. Les deux principes de la justice sociale [propos recueillis par O. ABEL et J.Fr. FOUREL]». *Cimade-Information.* Mensuel 1987, n° 1, janvier, 4-6.

1988

II.A.417. *Maurice Merleau-Ponty. Le psychique et le corporel* [Actes du colloque international à l'occasion du 20e anniversaire de la mort de M. Merleau-Ponty, Paris 1981] (Présence et pensée). Publié sous la rédaction de A.-T. TYMIENIECKA avec une introduction de P. RICŒUR. [Paris]: Aubier, 1988, 22 × 13,5, 11-13.

II.A.418. GAUDREAULT A., *Du littéraire au filmique. Système du récit.* Préface de P. RICŒUR. Paris: Méridiens Klincksieck, 1988, 23 × 16, IX-XIII.

II.A.419. «L'identité narrative [conférence prononcée à la Faculté de Théologie de l'Université de Neuchâtel à l'occasion de la remise du titre de Docteur honoris causa, 1986]». *La narration. Quand le récit devient communication* (Lieux théologiques, 12). Sous la direction de P. BÜHLER et J.F. HABERMACHER. [Genève]: Labor et Fides, [1988], 21 × 15, 278-300.

Texte différent de II.A.422.
Traduit en espagnol dans I.D.28.

II.A.420. «La crise: un phénomène spécifiquement moderne? [conférence donnée à l'occasion de la collation d'un doctorat honoris causa en théologie, Neuchatel 1986]». *Revue de théologie et de philosophie* 120 (1988), n° 1, 1-19.

Texte français de II.C.35.

II.A.421. «Le cercle de la démonstration [sur *Théorie de la justice sociale* de J. RAWLS]». *Esprit* (Police!) 1988, n° 2, février, 78-88.

Repris dans *Individu et justice sociale. Autour de John Rawls* (Points. Politique). Préface de F. TERRÉ. [Paris]: Seuil, [1988], 21 × 13,5, 129-144 et dans I.A.18.
Traduit en portugais dans I.F.13.

II.A.422. «L'identité narrative [suivi d'un débat avec J.-M. FERRY, B. VERGELEY, S. MERCIER-JOSSA et D. SALLENAVE]». *Esprit* 1988, n° 7-8, juillet-août, 295-304, 305-314.

Texte différent de II.A.419.
Traduit différemment en anglais par II.B.153 et II.B.154.
Traduit en espagnol par II.D.51.

II.A.423. «La 'figure' dans 'L'étoile de la Rédemption' [conférence inaugurale au Colloque Franz Rosenzweig, Paris 1987, avec une introduction de J.-L. SCHLEGEL]». *Esprit* 1988, n° 12, décembre, 131-132, 133-146.

Repris sous le titre «Lecture de Franz Rosenzweig: la 'Figure'», dans *La pensée de Franz Rosenzweig.* Actes du Colloque parisien organisé à l'occasion du centenaire de la naissance du philosophe (Philosophie d'aujourd'hui). Présentation et tradition par A. MÜNSTER. Paris: PUF, 1994, 21,5 × 13,5, 25-42 et dans I.A.20.
Traduit en anglais dans I.B.24.
Traduit en portugais dans I.F.15.

.A.423a. «J'attends la Renaissance. Entretien avec Paul Ricœur [propos recueillis par J.R. et E.T.]». *A quoi pensent les philosophes?* Edité par J. MESSAGE, J. ROMAN et E. TASSIN. Paris: Autrement, [1988], nº 102, novembre, 175-183.

I.A.424. «Le sujet convoqué. A l'école des récits de vocation prophétique [conférence à l'Institut Catholique de Paris, 1987]». *Revue de l'Institut Catholique de Paris* 1988, nº 28, octobre-décembre, 83-99.
Traduit en anglais dans I.B.24.
Traduit en italien dans II.E.79.

I.A.426. «Tolérance, intolérance, intolérable [conférence de clôture aux Journées d'Études sur l'Édit de 1787, Paris 1987]». *Bulletin de la Société de l'Histoire du Protestantisme Français* (Actes des Journées d'Études sur l'Édit de 1787) 134 [1988], nº 2, avril-juin, 435-450.
Repris dans I.A.18.
Compte rendu de la conférence par FR. MUCKENSTEIN dans *Aujourd'hui Credo* 34 (1987), nº 12, décembre, 21.
Traduit en portugais dans I.F.13.

I.A.427. «Quelle éthique en politique? Intervention de Paul Ricœur [au conférence-débat «Quelle éthique en politique?», Paris 1988]». *Supplément* au *Bulletin du Centre Protestant d'Études et de Documentation* 1988, nº 334, septembre-octobre, III-VI.

I.A.428. «Paul Ricœur. Agir, dit-il [propos recueillis par E. PLOUVIER]». *Politis. Le citoyen.* Hebdomadaire 1988, nº 32, 7-13 octobre, 58-61.

1989

.A.429. HORT B., *Contingence et intériorité. Essai sur la signification théologique de l'œuvre de Pierre Thévenaz* (Lieux théologiques, 14). Préface de P. RICŒUR. [Genève]: Labor et Fides, [1989], 21 × 14, 5-9.

.A.430. *Médecins tortionnaires, médecins résistants.* Les professions de santé face aux violations des droits de l'homme (Commission médicale de la section française d'Amnesty International et Valérie Marange). Préface de P. RICŒUR. Paris: La Découverte, 1989, 22 × 13,5, 5-10.

II.A.431. *Encyclopédie philosophique universelle. I. L'univers philosophique.* Sous la direction de A. JACOB avec une introduction de P. RICŒUR. [Paris]: PUF, [1989], 27 × 18,5, IX-X.

II.A.432. «Narrativité, phénoménologie et herméneutique». *Encyclopédie philosophique universelle. I. L'univers philosophique.* Sous la direction de A. JACOB. [Paris]: PUF, [1989], 27 × 18,5, 63-71.

II.A.433. «Langage politique et rhétorique». *Phénoménologie et politique.* Mélanges offerts à Jacques Taminiaux. [Paris]: Ousia, [1989], 21 × 14,5, 479-495.

II.A.434. «Pouvoir et violence». *Ontologie et politique.* Actes du Colloque Hannah Arendt [sur «Politique et pensée», Paris 1988] (Littérales II). Edité par M. ABENSOUR et d'autres. [Paris: Tierce, 1989], 21 × 13,5, 141-159.

II.A.434a. «Les structures téléologique et déontologique de l'action: Aristote et/ou Kant». *L'interprétation, un défi de l'action pastorale.* Actes du colloque 1987 du Groupe de recherche en études pastorales, Montréal 1989 (Cahiers d'études pastorales, 6. Faculté de théologie, Université de Montréal). Présenté par J.-G. NADEAU. [Québec]: Fides, [1989], 23 × 15, 15-27.

II.A.434b. «Considérations éthiques et théologiques sur la Règle d'or». *Ibid.*, 125-133.

Traduit en anglais dans I.B.24.

II.A.434c. «Praxéologie pastorale, herméneutique et identité [intervention de clôture au colloque sur «L'interprétation, un défi de l'action pastorale, Montréal 1989». *Ibid.*, 265-275.

Traduit en anglais dans I.B.24.

II.A.435. «Emmanuel Levinas, penseur du témoignage». *Répondre d'autrui. Emmanuel Levinas* (Langages) Textes réunis par J.-C. AESCHLIMAN. Neuchâtel: La Baconnière, [1989], 21 × 13,5, 17-40.

II.A.436. «Regards sur l'écriture [intervention à la table ronde sur «La Génèse des écrits», Paris]». *La naissance du texte.* Textes réunis par L. HAY. [Paris]: José Corti, 1989, 21,5 × 13,5, 213-220.

II.A.437. «Entre ontologie et éthique». *Gabriel Marcel* [Colloque sur G. MARCEL, Paris 1988] (Les colloques de la Bibliothèque Nationale). Textes réunis par M. SACQUIN. Paris: Bibliothèque Nationale, 1989.

Traduit en italien par II.E.41.

II.A.438. «Éloge de la lecture et de l'écriture. En hommage aux Professeurs et aux Étudiants de la Faculté Libre de Théologie Protestante de Paris [lors de l'admission de P. Ricœur au doctorat honoris causa]». *Études théologiques et religieuses* 64 (1989), n° 3, 395-405.

Traduit en italien dans I.E.24.

II.A.439. «Entre philosophie et théologie: la Règle d'Or en question [avec English summary] [conférence donnée au colloque international à l'occasion du 450e anniversaire de la Faculté protestante de Strasbourg, 1988]». *Revue d'histoire et de philosophie religieuses* 69 (1989) n° 1, janvier-mars, 3-9, 85.

Version anglaise par II.B.148.

II.A.440. «Par-delà Husserl et Heidegger». *Les Cahiers de Philosophie* (Actualités de Merleau-Ponty) 1989, n° 7, 17-23.

Texte français de II.C.34.

II.A.440a. «L'homme comme sujet de philosophie». *Anzeiger der phil.-histor. Klasse der Österreichischen Akademie der Wissenschaften* 126 (1989), 73-86.

Texte français de II.B.137.
Traduit en tchèque par II.R.8.
Traduit en russe par II.T.1.
Traduit en hongrois par II.X.8.

II.A.440b. RICŒUR P., FURET Fr., et d'autres, «Les mutations de l'historiographie révolutionaire [discussion de l'exposé de Fr. FURET avec P. RICŒUR et d'autres]». *Bulletin de la Société française de Philosophie* 83 (1989), n° 3, 101-102.

II.A.441. «L'éthique et le conflit des devoirs: le tragique de l'action». *Etica e vita quotidiana* (Biblioteca Mulino). Bologna, 1989, 24 juin, 3-29.

Traduit en italien par II.E.48.

II.A.442. «Paul Ricœur: Morale et éthique, la rencontre [recueilli par Gw. JARCZYK]». *La Croix* 109 [1989], n° 32248, 18 mars, 24.

II.A.443. «Un entretien avec Paul Ricœur. «Mon point d'ancrage, la personne qui s'interroge». [Recueilli par Gw. JARCZYK à la parution de *Soi-même comme un autre*]». *La Croix* 109 (1989), n° 32474, 20 décembre, 18.

1990

II.A.444. CHIODI M., *Il cammino della libertà. Fenomenologia, ermeneutica, ontologia della libertà nella ricerca filosofica di Paul Ricœur* (Pubblicazioni del Pontificio Seminario Lombardo in Roma. Ricerche di Scienze Teologiche, 28). Préface en français de P. RICŒUR. [Brescia]: Morcelliana, [1990], 24 × 17, IX-XIX.

II.A.445. EVEN-GRANBOULAN G., *Une femme de pensée. Hannah Arendt.* Préface de P. RICŒUR. Paris: Anthropos, [1990], 21,5 × 14, 1-6.

II.A.446. GRAVOT R., *Conférences* (Imago Mundi). Préface de P. RICŒUR. Brest-Paris: Editions de la Cité, 1990.

II.A.447. KHA SAEN-YANG, *Herméneutique de Ricœur* [en chinois] (La série de science humaine, 6). Préface de P. RICŒUR en français [sur la question si ses analyses du langage ont une portée vraiment universelle]. Taipei (Taiwan), 1990, 21,5 × 13,5, 9-18.

II.A.448. «De la volonté à l'acte. Un entretien de Paul Ricœur avec Carlos Oliveira». *«Temps et récit» de Paul Ricœur en débat* (Procope). Édité avec un avant-propos par CH. BOUCHINDHOMME et R. ROCHLITZ. Paris: Cerf, 1990, 21,5 × 13,5, 17-36.

II.A.449. «Réponses de Paul Ricœur à ses critiques [A. BUBNER, «De la différence entre historiographique et littérature»; CL. BREMOND, «Le rôle, l'intrigue et le récit. (À propos des pages 63 à 71 de *Temps et récit II*)»; J.-P. BOBILLOT, «Le ver(s) dans le fruit trop mûr de la lyrique et du récit. Eléments pour une théorie 'moderne' des genres, encore»; J. LEENHARDT, «Herméneutique, lecture savante et sociologie de la lecture»; J. GRONDIN, «Herméneutique positive de Paul Ricœur: du temps au récit»; R. ROCHLITZ, «Proposition de sens et de tradition: l'innovation sémantique selon Paul Ricœur»; CH. BOUCHINDHOMME, «Limites et présupposés de l'herméneutique de P. Ricœur»]». *«Temps et récit» de Paul Ricœur en débat* (Procope). Édité avec un avant-propos par CH. BOUCHINDHOMME et R. ROCHLITZ. Paris: Cerf, 1990, 21,5 × 13,5, 187-212.

II.A.450. «Logos, Mythos, Stauros [conférence à un colloque autour de St. BRETON]». *Philosopher par passion et par raison: Stanislas Breton.* Textes réunis par L. GIARD. [Grenoble]: Jérôme Millon, 1990, 23 × 14, 125-137.

II.A.451. «Interprétation». *Au jardin des malentendus. Le commerce franco-allemand des idées.* Textes édités par J. LEENHARDT et R. PICHT. [Arles]: Actes Sud, [1990], 24 × 13, 171-175.

Traduit en allemand par II.C.41.

II.A.452. «Fides quaerens intellectum. Antécédents bibliques?». *Archivio di Filosofia* (L'argomento ontologico). Atti del Colloquio internazionale, Roma 1990. 68 (1990), n° 1-3, 19-42.

II.A.453. «John Rawls: de l'autonomie morale à la fiction du contrat social»: *Revue de métaphysique et de morale* (Herméneutique et ontologie du droit) 95 (1990), n° 3, juillet-septembre, 367-384.

II.A.454. «Entretien avec Paul Ricœur. Questions de Jean-Michel Le Lannou [sur: comment la pensée de P. RICŒUR se situe-t-elle dans la tradition française en philosophie?]». *Revue des sciences philosophiques et théologiques* (Y-a-t-il une tradition française en philosophie?) 74 (1990), n° 1, janvier, 87-91.

II.A.455. «À propos de *Théorie de la justice* de John Rawls. Une théorie purement procédurale de la justice est-elle possible?». *Revue internationale des sciences sociales* (Evolutions de la famille) 1990, n° 126, novembre, 609-620.

Traduction anglaise par II.B.149.
Traduction espagnole par II.D.44.

II.A.456. «Approches de la personne». *Esprit* (À quoi sert le Parti socialiste?) 1990, n° 160, mars-avril, 115-130.

Publié simultanément avec des intertitres dans *Approches* (Renaissance de la personne) (Centre Documentation Recherche, Paris) 1990, Cahier n° 64, 4e trimestre, 99-113 [ronéotypé].
Traduit en anglais par II.B.184.
Traduit en italien par I.E.27a.

II.A.457. «Jan Patočka et le nihilisme». *Esprit* 1990, n° 166, novembre, 30-37.

II.A.458. «Mimésis, référence et refiguration dans *Temps et récit*». *Études phénoménologiques* (Paul Ricœur: Temporalité et narrativité) 6 (1990), n° 11, 29-40.

II.A.459. «L'éthique, la morale et la règle [conférence dans le cadre 'Entretiens de Robinson', 1989]». *Autres Temps*. Les cahiers du christianisme social 1990, n° 24, février, hiver, 52-59.

II.A.460. «Entre herméneutique et sémiotique. Hommage à A.J. Greimas». *Nouveaux Actes Sémiotiques* (Paul Ricœur. Entre herméneutique et sémiotique). Edités par l'Université de Limoges, PULIM, 1990, 3-19.

Traduit en italien par II.E.62.

II.A.461. «Éthique et morale [conférence au Colloque organisé par l'Institut Catholique de Paris sur le thème «L'éthique dans le débat public», Paris 1989]». *Revue de l'Institut Catholique de Paris* 1990, n° 34, avril-juin, 131-142.

Reproduit dans *Revista portuguesa de filosofia* (Paul Ricœur) 46 (1990), n° 1, janvier-mars, 5-17.
Traduit en italien par II.E.72.

II.A.462. «Herméneutique. Les finalités de l'exégèse biblique [conférence à la «Pastorale nationale» des pasteurs de France, St-Prix 1990]». *Cahiers de l'A.P.F.* Association des Pasteurs de France 1990, juillet, n° 21, 3-20.

Les pages 3-9 sont reproduits dans A.C.T.U.E.L. Bulletin de l'Association pour les Actualisations de la Bible 1990, n° 22, octobre, 11-16 [ronéotypé]. Une version plus développée est offerte par II.A.516.
Traduit en italien par II.E.60.

II.A.463. «Quelques bribes de l'entretien avec Paul Ricœur [à la pastorale nationale [St Prix 1990) sur les critères de l'herméneutique, la différence entre confession et idéologie et l'honnêtete intellectuelle]». *Cahier de l'Association des Pasteurs de France* 1990, n° 21, juillet, 43-46.

II.A.464. «Nous ne sommes pas responsables de nos contemporains [interview très personnelle et éclairante de P. Ricœur par E. DENIMAL]». *Le Christianisme au XXe siècle* 1990, n° 245, 10 février, 6-8.

II.A.465. «Entretien avec Paul Ricœur. 'La grâce c'est de s'oublier' (G. Bernanos [Précédé d'un présentation intitulée 'Paul Ricœur et l'acheminement vers le Soi']). Recueilli par Ph.M. De Saint-Cheron». *France catholique* (Le temps de la foi) 1990, n° 2257, 18 mai, 4,5-6.

II.A.466. «Est-Ouest: les valeurs de demain. Paul Ricœur: «Le pouvoir de la vérité».» *La Croix* (Numéro spécial sur l'Europe de l'Est) 110 (1990), n° 32558, 6 et 7 mai, 15.

II.A.467. «Paul Ricœur à la croisée des chemins [compte rendu par S. SOLERE d'une causerie de P. RICŒUR au Centre Oecuménique de Villeneuve d'Ascq, 1990] [texte très éclairant sur la relation entre le philosophe et le chrétien en lui]». *Présent.* Journal des Églises Réformées de la Métropole Nord, 1990, avril, 4.

1991

II.A.468. MARCEL G., *Les hommes contre l'humain* (Philosophie européenne). Nouvelle édition sous la direction de J. PARAIN-VIAL. Préface intitulée «D'une lucidité inquiète» de P. RICŒUR. Paris: Éditions Universitaires, 1991, 23,5 × 15,5, 7-11.

II.A.468a. LENOIR Fr., *Le temps de la responsabilité. Entretiens sur l'éthique* [avec plusieurs auteurs]. Postface de P. RICŒUR. [Paris]: Fayard, [1991], 23,5 × 15,5, 247-270.

Repris dans I.A.18.
Traduit en italien par II.E.71.

II.A.469. ROJTMAN B., *Une grave distraction* (Collection Métapora). Préface de P. RICŒUR. Paris: Balland, [1991], 22 × 14, 1-8.

II.A.470. «L'attestation: entre phénoménologie et ontologie». *Paul Ricœur. Les métamorphoses de la raison herméneutique.* Actes du colloque de Cerisy-la-Salle, 1988 (Passages). Sous la direction de J. GREISCH et R. KEARNEY. Paris: Cerf, 1991, 23,5 × 14,5, 381-403.

Traduit en italien par I.E.19.

II.A.471. «Événement et sens». *L'événement en perspective* (Raisons pratiques. Epistémologie, sociologie, théorie sociale, 2). Publié par J.-L. PETIT. [Paris]: Éditions de l'École des Hautes Études en Sciences Sociales, [1991], 22,5 × 15, 41-56.

Repris dans *L'espace et le temps.* Actes du XXIIe Congrès de l'Association des Sociétés de Langue Française, Dijon 1988 (Problèmes et controverses). Paris-Dijon: Vrin-Société Bourguignonne de Philosophie, 1991, 24 × 16, 9-21.
Traduit en italien par II.E.43.

II.A.472. «D'un testament à l'autre: essai d'herméneutique biblique». *La mémoire et le temps.* Mélanges offerts à Pierre Bonnard (Le monde de la Bible, 23). Édité par D. MARGUERAT et J. ZUMSTEIN. [Genève]: Labor et Fides, 1991, 21 × 14,5, 299-309.

Repris dans *Dialogo di Filosofia* (1992), nº 9 et dans *Teologia razionale, filosofia della religione, linguaggio di Dio.* Édité par M. SÁNCHEZ SORONDO. Roma: Herder-Università Lateranense, 1992, 397-409 et dans I.A.20.

II.A.473. «Auto-compréhension et histoire». *Paul Ricœur. Los caminos de la interpretación* (Autores, Textos y Temas. Filosofía, 37). Édité par T. CALVO MARTINEZ et R. AVILA CRESPO. Barcelona: Anthropos, 1991, 20 × 13, 9-25.

Traduit en espagnol dans II.D.45.

II.A.474. «Réponses à M. MACEIRAS, A. PINTOR-RAMOS, T. CALVO, J.M. NAVARRO CORDON, M. BEUCHOT, J.M. RUBIO FERRERES, G. PETITDEMANGE, O. MONGIN et M. PEÑALVER». *Paul Ricœur. Los caminos de la interpretación* (Autores, Textos y Temas. Filosofía, 37). Édité par T. CALVO MARTINEZ et R. AVILA CRESPO. Barcelona: Anthropos, 1991, 20 × 13, 67-69, 107-111, 137-140, 183-187, 213-215, 241-243, 275-276, 303-305 et 359-362.

Traduit en espagnol par II.D.46.

.A.474a. «Éthique et morale: visée téléologique et perspective déontologique [conférence donnée à la Pontificia Università Lateranense, Roma

1990]». *Ragione pratica, libertà, normatività* (Dialogo di filosofia). Roma: Herder-Università Lateranense, 1991.

Traduit en italien par II.E.52.

II.A.475. «Mon premier maître en philosophie [ROLAND DALBIEZ]». *Honneur aux maîtres*. Présenté par M. LÉNA. Paris: Critérion, [1991], 22,5 × 14,5, 221-225.

Réédité en 1993.

II.A.476. «Interventions à la Table Ronde du 30 novembre 1990 [avec participation de J.-M. DOMENACH, J. OFFREDO et d'autres]. La pensée d'Emmanuel Mounier en Europe et en Amérique latine». *Refaire la Renaissance. Hommage à Emmanuel Mounier* [Publié avec le concours de la Municipalité de Châtenay-Malabry à l'occasion du quarantième anniversaire de la mort d'Emmanuel Mounier], 1991, 21 × 14,5, 25-26, 51-56.

II.A.477. «Hommage à André Mallet, interprète de Bultmann». *Un homme en quête de Dieu*. Hommage de l'Université de Bourgogne, Dijon 1991. Edité par M.-F. CONAD, C. PICARD et M. VAUTRIN, 157-166.

II.A.477a. «Justice et marché. Entretien entre Michel Rocard et Paul Ricœur». *Esprit* 1991, n° 168, janvier, 5-22.

II.A.478. «Le juste entre le légal et le bon [texte de l'intervention à la séance inaugurale de l'Institut des hautes études sur la justice, Paris 1991]». *Esprit* 1991, n° 174, septembre, 5-21.

Repris dans I.A.18.
Traduit en portugais dans I.F.13.

II.A.479. «L'identité narrative». *Revue des sciences humaines* (Narrer. L'art et la manière) 95 (1991), n° 221, janvier-mars, 35-47.

Texte différent de II.A.419 et de II.A.422.
Traduit en allemand par II.C.37.

II.A.480. «Un entretien avec Paul Ricœur. *Soi-même comme un autre*. Propos recueillis par Gwendoline Jarczyk». *Rue Descartes*. Collège international de philosophie 1991, n° 1-2, avril, 225-237.

II.A.480a. «Le concept d'idéologie chez Althusser». *M. Périodique* 1991, n° 43, janvier, 15-22.

Texte français de la huitième étude de I.B.19.

II.A.481. «Pour une éthique du compromis. Interview de Paul Ricœur [propos recueillis par J.-M. MULLER et Fr. VAILLANT]». *Alternatives non-violentes*. Revue associée à l'Institut de recherche sur la résolution non-violente des conflits 1991, n° 80, octobre, 2-7.

Repris dans *Vers la vie nouvelle*. Réflexions, actions, formations: chroniques de la vie du mouvement 1992, janvier-février, 9-12.

II.A.482. «La responsabilité et la fragilité de la vie. Éthique et philosophie de la biologie chez Hans Jonas». *Le Messager européen* 1991, nº 5, 203-218.

Reproduit dans I.A.19.
Traduit en portugais dans I.F.14.

II.A.483. «Interview avec Paul Ricœur, le 8 juillet 1991 [propos recueillis sur son projet initial philosophique, la guerre et sa captivité, Nanterre 1969 et ses projets pour l'avenir par Ch. REAGAN]». *Bulletin de la Société Américaine de Philosophie de Langue Française* 3 (1991), nº 3, hiver, 155-172.

Extrait (159-162): O. MONGIN, *Paul Ricœur* (Les contemporains). [Paris]: Seuil, [1994], 80-82.
Traduit en anglais par II.B.172.

II.A.484. «Paul Ricœur. Nous sommes responsables du périssable [interview par J.P. MANIGNE]». *L'actualité religieuse dans le monde* (Les religions sous le feu des médias) 1991, nº 91, juillet-août, 40-45.

II.A.484a. «Entretien avec Paul Ricœur. Le débat éthique aujourd'hui». *LibreSens* (Dossier sur l'éthique en débats). Bulletin du centre Protestant d'Etudes et de Documentation, 1991, nº 3, mars, 102-106.

II.A.485. «Éthique, religion et politique. Une conférence de Paul Ricœur à Brest [compte rendu par A. ROUSSEAU]». *Bulletin diocésain de Quimper* 1991, nº 1, 12 janvier, 17-20.

II.A.486. «Entretien avec Paul Ricœur. Paul Ricœur et l'acheminement vers le soi [conduit par Ph.M. DE SAINT-CHERON avec un avant-propos]». *Bulletin du Centre Protestant d'Etudes* (Genève) 43 (1991), nº 7, novembre, 7-9, 11-27.

II.A.487. DOMENACH J.-M., FRAISSE P. et RICŒUR P., «La mort de Paulette-Elsa Mounier». *Le monde* 48 (1991), nº 14354, 21 mars, 12.

II.A.488. «Droit de cités [à propos de *De la justification* par L. BOLTANSKI et L. THÉVENOT]». *Le monde* 48 (1991), nº 14484, 23 août, 14.

II.A.489. «Un entretien avec Paul Ricœur. 'La Cité est fondamentalement périssable. Sa survie dépend de nous' [propos recueillis par R.-P. DROIT]». *Le monde* 48 (1991), nº 14541, 29 octobre, 2.

II.A.490. «Paul Ricœur. Le vulnérable et le responsable. Le philosophe de l'espace public répond à nos questions [lors de la parution de *Lectures 1.*

Recueilli par M. CRÉPU]». *La Croix*. Quotidien 111 (1991), nº 33049, 17 et 18 novembre, 17.

1992

II.A.491. GIANNINI H., *La 'réflexion' quotidienne. Vers une archéologie de l'expérience* (De la pensée). Traduction de l'espagnol par S. SEBAN et A MADRID-ZON avec une introduction de P. RICŒUR. [Aix-en-Provence]: Alinéa, [1992], 23,7 × 14,5, 7-10.

II.A.492. GUYOT R., *Vie et philosophie de Maurice Pradines*. Présentation par P. RICŒUR. Paris: La Pensée Universelle, 1992, 25,5 × 13,5, 315 p.

II.A.493. «Une herméneutique philosophique de la religion: Kant». *Interpréter. Mélanges offerts à Claude Geffré*. Études réunies par J.-P. JOSSUA et N.J. SÉD. Paris: Cerf, 1992, 21,5 × 13,5, 25-47.

Reproduit dans I.A.20.
Traduit en anglais dans I.B.24.
Traduit en portugais dans I.F.15.

II.A.494. «Expérience et langage dans le discours religieux [conférence à un colloque international à l'Institut Catholique, Paris 1992]». *Phénoménologie et théologie*. Sous la direction de J.-Fr. COURTINE. Paris: Critérion, [1992], 19,5 × 13, 15-39.

Repris dans *Paul Ricœur. L'herméneutique à l'école de la phénoménologie* (Philosophie, 16. Institut Catholique de Paris). Paris: Beauchesne, 1995, 22 × 13, 159-179.
Reproduit sous le titre «Phénoménologie de la religion (1)» dans *Revue de l'Institut Catholique* de Paris (Recherches en Théologie) 1993, nº 45, janvier-mars, 59-75 et dans I.A.20.
Traduit en italien par II.E.84.
Traduit en portugais dans I.F.15.
Traduit en roumain par II.M.1.

II.A.495. «Une reprise de la *Poétique* d'Aristote». *Nos Grecs et leurs modernes. Les stratégies contemporaines d'appropriation de l'Antiquité* (Chemins de pensée). Textes réunis par B. CASSIN. Paris: Seuil, [1992], 21,5 × 14, 303-320.

Reproduit dans I.A.19.
Traduit en portugais dans I.F.14.

II.A.496. «Quel éthos nouveau pour l'Europe?». *Imaginer l'Europe. Le marché intérieur européen, tâche culturelle et économique* (Passages). Sous la direction de P. KOSLOWSKI. Paris: Cerf, 1992, 21 × 14,5, 107-116.

Traduit en anglais par II.B.168.
Traduit en allemand par I.C.45.

Traduit en italien par II.E.61 et dans I.E.25.
Traduit en polonais par II.H.12.

II.A.497. «Unicité et pluralité des principes de justice». *Justice sociale et inégalités*. Sous la direction de J. AFFICHARD et J.-B. de FOUCAULD. [Paris]: Éditions Esprit, [1992], 21 × 14, 177-180.

II.A.498. «Hommage à Jan Patočka». *Profils de Jan Patočka* (Travaux et Recherches, 23). Textes réunis par H. DECLÈVE. Bruxelles: Facultés Universitaires Saint-Louis, 1992, 24,5 × 15, 149-156.

Repris dans *La responsabilité*. Entretiens de l'Institut International de Philosophie, Prague 1990. Prague: Editions de l'Institut de Philosophie de l'Académie Tchéchoslovaque des Sciences, 1992.
Texte tchèque par II.R.3.

II.A.499. «[L'argent]. D'un soupçon à l'autre». *L'Argent. Pour une réhabilitation morale* (Mutations, 132). Dirigé par A. SPIRE. [Paris]: Editions Autrement, [1992], 25 × 17, 56-71.

II.A.500. «Relecture (1992) [par P. RICŒUR de son article de 1957 sur J. NABERT, *Essai sur le mal*]». *Lectures 2. La contrée des philosophes* (La couleur des idées). Paris: Seuil, [1992], 20,5 × 14, 249-252.

II.A.501. «L'enchevêtrement de la voix et de l'écrit dans le discours biblique». *Archivio di Filosofia* (Religione, Parola, Scrittura). Actes du colloque international, Roma 1992. 60 (1992), n° 1-3, 233-247.

Reproduit dans I.A.20.

II.A.502. «Responsabilité et fragilité [conférence inaugurale donnée au Centenaire de l'Association des étudiants protestants de Paris, Paris 1992]». *Autres Temps*. Les cahiers du Christianisme social (Responsabilité et fragilité) 1992, n° 36, décembre, 7-21.

Reproduit sous le titre «Fragilité et responsabilité» [avec Summary] dans *Eros and Eris. Contributions to a Hermeneutic Phenomenology*. Liber amicorum for Adriaan PEPERZAK (Phaenomenologica, 127). Édité par P. VAN TONGEREN, P. SARS et alii. Dordrecht-Boston-London: Kluwer Academic Publishers, [1992], 25,5 × 16,5, 295-304, 295.
Un abrégé est traduit en italien par II.E.63 et en anglais par II.B.166.

II.A.503. «L'acte de juger [intervention prononcée dans le cadre de l'Institut des Hautes Études pour la justice]». *Esprit* 1992, n° 7, septembre, 20-25.

Repris dans I.A.23.

.A.503a. «Heidegger et le problème de l'histoire». *Les temps modernes* 48 (1992), n° 552-553, juillet-août, 79-88.

Texte français légèrement remanié de II.B.136a.
Reproduit dans I.A.19.

II.A.504. «Le retour de l'événement [exposé au Congrès international consacré à «1789 l'Événement», Firenze 1989]». *Mélanges de l'École française de Rome. Italie et Méditerranée* 104 (1992), n° 1, 29-35.

II.A.505. «Philosophie et libération [conférence donnée lors d'un congrès à Naples, 1991]». *Concordia.* Internationale Zeitschrift für Philosophie (Aachen-Paris-La Fraga) 1992, n° 22, 50-56.

Repris dans *Liberação/Liberación* (CEFIL, Campo Grande, Brasil) 3 (1993), 135-141.
Traduit en italien par II.E.59.

II.A.506. «La souffrance n'est pas la douleur [conférence]». *Revue de psychiatrie française* (Le psychiatre devant la souffrance) 23 (1992), n° spécial, mai, 9-18.

Repris dans *Autrement* (Souffrance) 1994, n° 142, février, 58-69.

II.A.507. «Paul Ricœur ou la confrontation des héritages [Entretien réalisé par Ph. COURNARIE, J. GREISCH et G. TABARD]». *France Catholique* 1992, 17 janvier, n° 2338, 14-21.

II.A.508. «Responsable, mais pas coupable [distinguant nettement la culpabilité pénale, la responsabilité civile, la culpabilité morale et religieuse]». *Réforme.* Hebdomadaire protestant d'information générale 1992, n° 2444, 15 février, 1 et 4.

II.A.509. «Paul Ricœur. Identité et fidélité [propos recueillis par J. PORRET à Montréal]». *La Vie Chrétienne.* Journal de l'Église presbytérienne au Canada 41 (1992), septembre, 4-6.

II.A.510. «Entretien avec Paul Ricœur: 'Je veux continuer à vivre jusqu'à l'extrême'. Une rencontre de G. FARCET». *Sens Magazine* (La paix des sexes) 1992, n° 4, janvier, 56-60.

II.A.511. «La grammaire de Ferry [sur *Les Puissances de l'expérience* par J.-M. FERRY]». *Libération* 1992, n° 3361, 12 mars, 26-27.

II.A.512. «La nation n'est pas en danger.... [ni par la construction de la communauté européenne ni par la poussée de l'Allemagne]. Recueilli par P. GOUPIL». *Ouest-France* 1992, 25 août.

1993

II.A.513. CRESPIN R., *Des Protestants engagés. Le Christianisme social 1945-1990* [histoire de ce mouvement dans lequel P. RICŒUR a joué un rôle éminent]. Préface de P. RICŒUR. Paris: Les Bergers et les Mages, [1993], 22 × 14,5, 5-10.

II.A.514. DARRAULT-HARRIS I. et KLEIN J.-P., *Pour une psychiatrie de l'ellipse. Les aventures du sujet en création* (Formes sémiotiques). Préface de J. DUVIGNARD et postface de P. RICŒUR intitulée 'Expliquer, comprendre'. [Paris]: PUF, 1993, 21,5 × 15, 261-268.

II.A.515. HÖFFE O., *Principes du droit* (Passages). Traduit de l'allemand par J.-Chr. MERLE avec une préface de P. RICŒUR. Paris: Cerf, 1993, 23,5 × 14,5, I-VIII.

II.A.516. «Herméneutique. Les finalités de l'exégèse biblique [conférence donnée à la Faculté de théologie protestante, Strasbourg 1988]». *La Bible en philosophie. Approches contemporaines* (Sciences humaines et religions. Nouvelle série). Sous la direction de D. BOURG et A. LION. Paris: Cerf, 1993, 21,5 × 13,5, 27-51.

Une version abrégée et adaptée est offerte par II.A.462.

II.A.517. «De la métaphysique à la morale [réflexion de P. RICŒUR au centenaire de la *Revue de métaphysique et de morale* sur la question si – et en quel sens – le titre de la revue fait encore sens?]». *Revue de métaphysique et de morale* (numéro spécial) 1993, n° 4, 455-477.

Repris dans I.A.22.
Traduit en anglais par II.B.174.
Traduit en portugais par I.F.18.

II.A.518. «Partout où il y a signe.... [contribution à la journée d'hommage dédiée à la mémoire de A.J. GREIMAS]». *Nouveaux Actes Sémiotiques* (Hommages à A.J. Greimas). Édités par l'Université de Limoges, PULIM, 1993, n° 25, 45-48.

II.A.519. «Liberté religieuse et les valeurs de justice et de vérité [conférence donnée au cycle 'Droit, liberté et foi', Paris]». *Droit, liberté et foi.* Actes du cycle de conférences proposé par le cardinal J.M. LUSTIGER avec le concours de l'Ordre des Avocats au Barreau de Paris. [Paris]: Mame-Cujas, [1993], 23,5 × 15,5, 13-19.

II.A.520. «Le 'soi', digne d'estime et de respect». *Le respect. De l'estime à la déférence: une question de limite* (Série Morales, 10). Dirigé par C. AUDARD. [Paris]: Editions Autrement, [1993], 25 × 17, 88-99.

II.A.521. «Remarques d'un philosophe». *Ecrire l'histoire du temps présent. En hommage à François Bédarida.* Actes de la journée d'études de IHTP. Préface de R. FRANK. [Paris]: CNRS Editions, [1993], 25 × 15,5, 35-41.

II.A.522. «Morale, éthique et politique». *Pouvoirs.* Revue française d'études constitutionnelles et politiques (Morale et politique) 1993, n° 65, 5-17.

Traduit en italien par II.E.81.

II.A.523. «Phénoménologie de la religion (1)». *Revue de l'Institut Catholique de Paris* (Recherches en théologie) 1993, nº 45, janvier-mars, 59-75.

Reproduit dans I.A.20.
Texte identique à II.A.494.
Traduit en portugais dans I.F.15.

II.A.524. «Entre conviction et tolérance. Interview de Paul Ricœur [propos recueillis par A. FRAISSE et Y. BRAULT]». *Adire*. Revue de psychologie biodynamique (Le silence entrevu. Psychothérapie et spiritualité) 1993, nº 9, 9-26.

II.A.525. «L'éthique, le politique, l'écologie. Entretien avec Paul Ricœur [propos recueillis par E. et J.-P. DELÉAGE]». *Écologie politique*. Sciences, Culture, Société 1993, nº 7, été, 5-17.

II.A.526. «Philosophie et libération». *Revista Liberação/Liberación* (Centro de Estudos e Pesquisas de Filosofia Latino-Americana, Campo Grande, MS (Brasil)) 3 (1993), 135-141.

II.A.527. «Philosophie et langage [dans «Le temps des philosophes» avec A. BADIOU]. Emissions de philosophie produites par la Radio-Télévision scolaire en 1965-1966». *Cahiers philosophiques* (NDP) 1993, juin, 57-69.

II.A.528. «L'enseignement de la philosophie par la télévision. Conclusion et synthèse par Dina Dreyfus [avec des extraits des émissions de l'année 1965 avec P. RICŒUR et d'autres]». *Cahiers philosophiques* 1993, hors série, juin, 97-107.

II.A.529. «L'exclusion est une violence». *Quart Monde* (Violence de l'exclusion et justice) 1993, nº 147, juin, 14-20.

II.A.530. «Vers une dialectique active entre justice et amour [extraits de la conférence 'Amour et justice', 1990]». *Jésus*. Les Cahiers du Libre Avenir 1993, nº 78, septembre, 27-29.

II.A.531. «Le palimpseste égaré. Entretien avec Paul Ricœur [sur la crise des 'valeurs' dans notre société moderne]». *Passages*. Mensuel 1993, nº 55, mai, 43-44.

II.A.532. «La Bible dit-elle ce que lui fait dire l'Encyclique [*Veritatis Splendor*. Propos recueillis par J.-P. GUETNY]?». *L'actualité religieuse dans le monde* (Le monde en procès. Questions sur une encyclique) 1993, nº 116, 15 novembre, 18-19.

II.A.533. «Paul Ricœur: 'Je suis un guide de lecture' [propos recueillis par B. GRÉVISSE]». *La Libre Belgique. Libre propos*. Journal belge 112 (1993), nº 365, 31 décembre-1 et 2 janvier, 7.

II.A.534. «Le malaise de la démocratie. Trouver d'autres formes de représentation [Recueilli par M. CASTAGNET]». *La Croix.* Quotidien 111 (1993), n° 33450, 14 et 15 mars, 24.

II.A.535. «L'intervention: entre la souffrance des victimes et la violence des secours (1) et (2) [texte d'une communication au Forum sur l'intervention, La Sorbonne 1993]». *Libération* 1993, n° 3910 et n° 3911, 16 et 17 décembre, 8 et 6.

Repris dans *Esprit* (Vices et vertus de l'image) 1994, n° 2, février, 154-159.

II.A.536. «Entretien avec Paul Ricœur [sur la crise de la démocratie élective. Propos introduits et recueillis par MATHIEU]». *L'écho du Picoulet.* Journal du quartier 1993, n° 254, mai-juin-juillet, 12-14.

1994

II.A.538. JACQUES A., *L'interdit ou la torture en procès* (L'histoire à vif). Préface de P. RICŒUR Paris: Cerf, 1994, 21,5 × 13,5, 9-17.

II.A.539. NABERT J., *L'expérience intérieure de la liberté et autres essais de philosophie morale* (Philosophie morale). Préface de P. RICŒUR intitulée 'L'arbre de la philosophie réflexive'. [Paris]: PUF, 1994, 21,7 × 15, V-XXVIII p.

II.A.540. *Réussir la philo au bac* (Guides. Le monde de l'Éducation, M9). Textes de R.-P. DROIT et Fr. PASCAL avec une préface de P. RICŒUR. [Paris]: Le Monde Editions-Marabout, [1994], 18 × 11, 11-14.

II.A.541. *Levinas en contrastes* (Le point philosophique). Édité par M. DUPUIS avec une préface de P. RICŒUR intitulée 'Lire autrement' [introduisant les essais]. [Bruxelles: De Boeck-Wesmael, 1994], 22,5 × 15,5, 5-17.

II.A.542. «Philosophies critiques de l'histoire: Recherche, explication, écriture». *Philosophical Problems Today. Vol. I.* Edited by/Édité par G. FLØISTAD. Dordrecht-Boston-London: Kluwer Academic Publishers, [1994], 24,5 × 16,5, 139-201.

II.A.543. «Un entretien [avec P. RICŒUR. Propos recueillis par J.-Chr. AESCHLIMANN. Une lecture par P. RICŒUR de l'effondrement du système communiste en Europe centrale et de l'Est à l'aide de ses notions philosophiques telles que 'événement', 'politique', 'histoire', 'morale', 'éthique', 'action' ou 'récit']». *Éthique et responsabilité. Paul Ricœur* (Langages). Neuchâtel: La Baconnière, [1994], 21 × 13,5, 11-34.

II.A.544. «L'*unicité* humaine du pronom *je* [échange épistolaire entre E. LEVINAS et P. RICŒUR sur leur différente approche de la 'relation à autrui']».

Éthique et responsabilité. Paul Ricœur (Langages). Neuchâtel: La Baconnière, [1994], 21 × 13,5, 35-37.

II.A.545. «Souffrance oblige [où P. RICŒUR pose le problème de l'intervention]». *Intervenir. Droits de la personne et raisons d'état.* Forum international organisé par l'Académie universelle des cultures sur l'intervention, La Sorbonne 1993. Publié sous la direction de Fr. BARRET-DUCROCQ avec une préface d'É. WIESEL. Paris: Bernard Grasset, [1994], 22,5 ×14, 23-26.

II.A.546. «Présentation [de l'étude des fondements pour une intervention légitime]». *Intervenir. Droits de la personne et raisons d'état.* Forum international organisé par l'Académie universelle des cultures sur l'intervention, La Sorbonne 1993. Publié sous la direction de Fr. BARRET-DUCROCQ avec une préface d'É. WIESEL. Paris: Bernard Grasset, [1994], 22,5 ×14, 85-88.

II.A.547. «La légitimation politique de l'intervention: entre assistance et agression». *Intervenir. Droits de la personne et raisons d'état.* Forum international organisé par l'Académie universelle des cultures sur l'intervention, La Sorbonne 1993. Publié sous la direction de Fr. BARRET-DUCROCQ avec une préface d'É. WIESEL. Paris: Bernard Grasset, [1994], 22,5 ×14, 115-117.

II.A.548. MIQUEL A. et RICŒUR P., «Les justifications morales de l'intervention dans la culture arabe». *Intervenir. Droits de la personne et raisons d'état.* Forum international organisé par l'Académie universelle des cultures sur l'intervention, La Sorbonne 1993. Publié sous la direction de Fr. BARRET-DUCROCQ avec une préface d'É. WIESEL. Paris: Bernard Grasset, [1994], 22,5 × 14, 123-126.

II.A.549. «Synthèse des travaux de tables rondes [sur les trois aspects de l'intervention]». *Intervenir. Droits de la personne et raisons d'état.* Forum international organisé par l'Académie universelle des cultures sur l'intervention, La Sorbonne 1993. Publié sous la direction de Fr. BARRET-DUCROCQ avec une préface d'É. WIESEL. Paris: Bernard Grasset, [1994], 22,5 ×14, 357-359.

II.A.550. «L'herméneutique et la méthode des sciences sociales». *Théorie du droit et science.* Actes d'un séminaire du centre de philosophie du droit, Paris 1991-1992 (Léviathan). Sous la direction de P. AMSELEK. [Paris]: PUF, 1994, 24 × 17,5, 15-25.

II.A.551. «Le bonheur hors lieu [suivi d'un débat avec Fr. VARELA, P. RICŒUR et d'autres]». *Où est le bonheur?* Cinquième Forum Le Monde Le Mans.

Textes réunis et présentés par R.-P. DROIT. [Paris]: Le Monde-Editions, [1994], 22 × 13,5, 327-337, 338-341.

II.A.552. «Le débat du 23 mai 1989 entre A.J. Greimas et P. Ricœur [sur la sémiotique des passions, avec une introduction de A. HÉNAULT et une récapitulation par P.J. LABARRIÈRE]». *Le pouvoir des passions* (Formes sémiotiques) par A. HÉNAULT. Paris: PUF, [1994], 21,4 × 15, 191-194, 195-212, 212-216.

II.A.553. «La cité est fondamentale. Sa survie dépend de nous [propos recueillis par R.-P. DROIT sur la responsabilité du philosophe et de l'intellectuel dans la vie sociale et politique]». *Les grands entretiens du Monde. Tome II: Penser la philosophie, les sciences, les religions.* Préface de Th. FERENCZI. [Paris]: Le Monde Éditions, 1994, 22 × 13,5, 14-22.

II.A.554. «Sanction-Réhabilitation-Pardon». *Justice ou vengeance. L'institution judiciaire face à l'opinion.* Colloque organisé par le journal La Croix-L'Evénement (30 avril 1994). [Paris]: Centurion, [1994], 22 × 15, 93-107.

Reproduit dans I.A.23.

II.A.555. «Moïse et Aaron [sur l'œuvre musicale de SCHOENBERG]. Extrait d'un entretien radiodiffusé 'Le bon plaisir de Paul Ricœur' [émission diffusée par France-Culture le 9 mars 1985]». *Paul Ricœur* (Les contemporains) par O. MONGIN. [Paris]: Seuil, [1994], 20,5 × 13,5, 241-242.

II.A.556. «Théonomie et/ou Autonomie». *Archivio di Filosofia* (Filosofia della rivelazione) 62 (1994), n° 1-3, 19-36.

Repris dans *Filosofia della rivelazione* (Colloquio Castelli. Roma 1994). Padova: CEDAM, 1994, 19-36.

II.A.557. «Jugement esthétique et jugement politique selon Hannah Arendt [contribution au séminaire d'anthropologie juridique, 1993-1994]». *Droit et Cultures.* Revue semestrielle d'anthropologie et d'histoire (L'Harmattan) 1994, n° 28, 79-91.

Repris dans I.A.23.

II.A.558. «Le concept de responsabilité. Essai d'analyse sémantique [intervention prononcée dans le cadre de l'Institut des Hautes Études pour la Justice]». *Esprit* (Les équivoques de la responsabilité) 1994, n° 11, novembre, 28-48.

II.A.559. «Histoire et rhétorique». *Diogène* (La responsabilité sociale de l'historien) 1994, n° 168, octobre-décembre, 9-26.

Traduit en anglais par II.B.164.
Traduit en allemand par II.C.47a.

II.A.560. «Le jugement et la méthode réflexive selon Jules Lagneau (Séance du 17 novembre 1994)». *Bulletin de la Société française de Philosophie* (Commémoration du centenaire de la mort de Jules Lagneau) 88 (1994), n° 4, octobre-décembre, 120-133.

II.A.561. «De l'Esprit [exposé à la fête patronale de l'Université Catholique de Louvain, le 2 février 1994]». *Louvain* 1994, n° 46, 26-29.

Le texte revu par l'auteur et suivi d'un Résumé et Abstract est reproduit dans *Revue philosophique de Louvain* (Foi et philosophie) 92 (1994), n° 2-3, mai-août, 246-253, 253.

II.A.562. «Responsable: devant qui? Paul Ricœur interrogé par Pierre-Olivier Monteil [sur la culpabilité allemande sous l'ancien régime communiste à partir des réflexions de P. RICŒUR sur la culpabilité allemande sous le nazisme]». *Autres Temps* 1994, n° 42,juin, 47-53.

II.A.563. «Textes préparatoires au Congrès latin à Figueira (Portugal) 1994 [le texte de P. RICŒUR porte sur l'identité narrative]». *Foi-Éducation*. Fédération protestante de l'Enseignement 1994, n° 86, avril-juin, 5.

II.A.564. «Justice et amour: l'économie du don [conférence à la Faculté vaudoise, Rome 1993]». *Protestantesimo* 49 (1994), n° 1, 13-24.

Traduit en italien par II.E.78.

II.A.565. «Ricœur, un professeur philosophe [propos assez personnels recueillis par M. MULANDA MUKENA]». *Le Christianisme au XXe siècle* 1994, n° 463, 18-24 septembre, 6-7.

II.A.566. «Entretien. Le mal est un défi pour la philosophie [propos recueillis par Fr. AZOUVI]». *Le Monde* 50 (1994), n° 15355, 10 juin, Le Monde des Livres, V.

II.A.567. «Shoah. Hommage aux 'Justes' [sur le film *Tzedek. The Righteous* de M. HALTER]». *Le Monde* 50 (1994), n° 15510, 8 décembre, 2.

Repris sous le titre «Shoah. Hommage aux 'Justes'» dans *Esprit* (Avec l'Algérie) 1995, n° 1, janvier, 194-196.

II.A.568. «Pouvoir et indépendance [intervention de P. RICŒUR lors d'un colloque à l'occasion du cinquantenaire du journal *Le Monde*]». *Le Monde* 50 (1994), n° 15510, 8 décembre, 14.

IIA.569. «Paul Ricœur. Un autre regard sur ce siècle [propos recueillis par B. BONILAURI et Fr.-O. GIESBERT avec une note par J. MACESCARON]». *Le Figaro* 1994, n° 15519, 13 juillet, 9.

Traduit en italien par II.E.75.

II.A.570. «Quelle représentation pour les exclus? L'invité de la semaine: Paul Ricœur [recueilli par Ch. AUBY et R. MIGLIORINI]». *La Croix* 1994, 23-24 octobre, 24.

II.A.571. «Paul Ricœur: quand le philosophe traque 'le moraliste inconnu' [à savoir le publicitaire. Propos recueillis par Ph.M. DE SAINT-CHERON]». *Le Quotidien de Paris* 1994, n° 4442, 24 février, 17.

II.A.572. «Rencontre avec Paul Ricœur: Comment gérons-nous notre mémoire? Et qui fait notre T.V? [réponses à des questions posées par l'agence CIP, Louvain-la-Neuve]». *CIP 5006* 1994, 10 février, [7]-[8] [dactylographié].

1995

II.A.573. AGIS VILLAVERDE M., *Del símbolo a la metáfora. Introducción a la filosofía hermenéutica de Paul Ricœur*. Préface de P. RICŒUR en français. Santiago de Compostela: [Servicio de Publicaciones da Universidade, 1995], 24 × 17, 13-18.

II.A.574. JERVOLINO D., *L'amore difficile* (Interpretazioni, 24). Préface de P. RICŒUR en français [qui commente les tentatives de D. JERVOLINO de dépasser l'agnosticisme philosophique de Ricœur]. Roma: Edizioni Studium, [1995], 18,5 × 11,5, 9-16.

II.A.575. MOUANNES N., *La soif d'être. Le théâtre de Gabriel Marcel: des drames vécus au mystère*. Lettre préface de P. RICŒUR. Paris: Cariscript, [1995], 24 × 17, 11.

I.A.575a. OSTERHELD W., *Portraits. Regard sur la créativité au Luxembourg*. Préface de P. RICŒUR intitulée 'À la découverte du visage humain'. [Luxembourg]: Editions Phi, [1995], 30,5 × 24,5, 9-16.

II.A.576. QUÉRÉ Fr., *Le sel et le vent*. Préface de P. RICŒUR. [Paris]: Bayard Editions, [1995], 21 × 12, 5-16.

II.A.577. «Le problème de la liberté de l'interprète en herméneutique générale et en herméneutique juridique». *Interprétation et Droit*. Sous la direction de P. AMSELEK. Bruxelles-Aix-Marseille: Bruylant-Presses Universitaires, 1995, 24 × 16, 177-188.

II.A.578. «Kant, Emmanuel (1724-1804)». *Encyclopédie du Protestantisme*. Sous la direction de P. GISEL. Paris-Genève: Cerf-Labor et Fides, [1995], 26,5 × 23, 816-821.

II.A.579. «Rawls John. 1921- . Théorie de la justice, 1971». *Dictionnaire des œuvres politiques*. Sous la direction de Fr. Châtelet, O. Duhamel et E. Pisier. 3e édition. [Paris]: PUF, 1995, 25 × 16, 971-982.

II.A.580. «La place du politique dans une conception pluraliste des principes de justice». *Pluralisme et équité. La justice sociale dans les démocraties* (Société). Sous la direction de J. Affichard et J.-B. de Foucauld. [Paris]: Editions Esprit, [1995], 21 × 14, 71-84.

II.A.581. Ricœur P. et Michaux B., «Le paradoxe d'apprendre [dans le cadre des 'Rencontres philosophiques' de l'UNESCO]». *Qu'est-ce qu'on ne sait pas?* Textes présentés et établis par A. Sureau. [Paris]: Découvertes Gallimard-Editions Unesco Philosophie, [1995], 17,8 × 12,5, 12-15, 17; 15-17.

II.A.582. «Envoi [empêché, Paul Ricœur fit parvenir ce message que lut André Dumas au Colloque]». *Les protestants face aux défis du XXIe siècle*. Actes du Colloque du 50e anniversaire du journal *Réforme*. Préface de J. Bauberot. [Genève]: Labor et Fides, [1995], 21 × 15, 146-152.

II.A.583. «Exorde. 'Comme si la Bible n'existait que lue...'». *Ouvrir les Écritures*. Mélanges offerts à Paul Beauchamp (Lectio divina, 162). Édité par P. Bovati et R. Meynet. Paris: Cerf, 1995, 21-28.

II.A.584. «Accomplir les Écritures selon Paul Beauchamp, *L'Un et l'Autre Testament, I, II* [conférence de P. Ricœur lors de l'hommage à Paul Beauchamp, Paris 1995]». *Hommage à Paul Beauchamp*. Conférence de Paul Ricœur. Paris: Médiasèvres, 1996, 21 × 13,5, 7-22.

II.A.585. «Le pardon peut-il guérir [texte d'une conférence au Temple de l'Étoile, dans la série 'Dieu est-il crédible?']». *Esprit* 1995, n° 3-4, mars-avril, 77-82.

«[Retranscription de la conférence par R. Burnet suivie de ses réflexions]». *Sénévé*. Revue catholique de l'École Normale Supérieure (Souffrance et Pardon) 1995, Carême, 64-65, 66 et reproduit entièrement sous le titre 'Mémoire, oubli, pardon' dans *La religion, les maux, les vices* (Conférences de l'Etoile). Présenté par A. Houziaux. [Paris]: Presses de la Renaissance, [1995], 20 × 12,5, 191-199.

II.A.586. «[Écoutant les paraboles]». *ABC Écritures*. Bulletin de l'Association Biblique Catholique/Suisse Romande 10 (1995), n° 3, 99-107.

Traduction française de II.B.53.

II.A.587. «La condition du pardon, c'est la vraie mémoire. Un débat animé par Jean-Claude Escaffit, Paul Ricœur et Alain Finkielkraut, philosophes». *La vie* 1995, 6 avril, n° 2588, 56-58.

II.A.588. «Réflexions d'un philosophe de la volonté. Paul Ricœur: reconcilier notre devoir de justice avec notre penchant au mal. Propos recueillis par Fr. ASSOULINE et Ph. PETIT». *L'événement.* Hebdomadaire 1995, n° 578, 3 novembre-6 décembre, 70-73.

II.A.589. «Le pardon peut-il guérir? [Réponses de Julia Kristéva et Paul Ricœur]». *Le christianisme au XXe siècle* (Dieu est-il crédible?) 1995, hors série, n° 13, octobre, 62-63.

II.A.590. «Emmanuel Levinas parle de la mort. Hommage de Paul Ricœur à son ami Emmanuel Levinas par une relecture de son cours 'Dieu, la mort et le temps' donné il y a vingt ans». *La Croix.* Quotidien 1995, n° 34295, 30 décembre, 4.

Repris sous le titre 'In memoriam. Emmanuel Levinas'. *Revue des sciences religieuses* 70 (1996), n° 2, 179-182.
Traduit en anglais par I.B.173a.

II.A.591. «La pensée protestante aujourd'hui: déclin ou renouveau? 4. Paul Ricœur: 'La voie christique n'épuise pas le rapport au fondamental' [propos recueillis par R. HEBDING]». *Réforme* 1995, n° 2609, 15 avril, 7-8.

II.A.592. «Partager, c'est vivre! 4. Paul Ricœur, de la distance à la proximité [propos recueillis par R. HEBDING]». *Réforme* 1995, n° 2637, 28 octobre, 7-8.

II.A.593. «Annexe 1. Ethics and Narrativity: an answer to Peter Kemp [texte français de la réponse de P. Ricœur à l'article de P. KEMP, 'Éthique et narrativité']». THOMASSET A., *Poétique de l'existence et agir moral en société. La contribution de Paul Ricœur au fondement d'une éthique herméneutique et narrative dans une perspective chrétienne* (Thèse doctorale). Leuven: Katholieke Universiteit Leuven, Faculty of Theology, 1995, 24 × 16,5, a-c.

II.A.594. «Annexe 2. Entretien [de A. THOMASSET] avec Paul Ricœur (9 mars 1992)». THOMASSET A., *Poétique de l'existence et agir moral en société. La contribution de Paul Ricœur au fondement d'une éthique herméneutique et narrative dans une perspective chrétienne* (Thèse doctorale). Leuven: Katholieke Universiteit Leuven, Faculty of Theology, 1995, 24 × 16,5, d-k.

II.A.595. «Annexe 3. Entretien [de A. THOMASSET] avec Paul Ricœur. Vendredi 25 mars 1994 [sur l'éthique à la lumière de B. SPINOZA, P. KEMP, la Règle d'Or, E. LEVINAS, J. NABERT, H. FREI, E. KANT et Fr. ROSENZWEIG]». THOMASSET A., *Poétique de l'existence et agir moral en société. La contribution de Paul Ricœur au fondement d'une éthique herméneutique et narrative dans une perspective chrétienne* (Thèse doctorale). Leuven: Katholieke Universiteit Leuven, Faculty of Theology, 1995, 24 × 16,5, l-z.

1996

II.A.596. BOURETZ P., *Les promesses du monde: philosophie de Max Weber* (Essais). Préface de P. RICŒUR. [Paris]: Gallimard, 1996, 22,5 × 14, 9-15.

II.A.597. DUFLO C., *Pour des morales par provision* (Autres temps, 2). Préface de P. RICŒUR. [Genève]: Labor et Fides, [1996], 20 × 12,5, 9-16.

II.A.598. GARAPON A., *Le gardien des promesses. Le juge et la démocratie*. Préface de P. RICŒUR. Paris: Odile Jacob, [1996], 24 × 15,5, 9-18.

II.A.599. RENÉ L., *Code de déontologie médicale* (Essais. Textes politiques). Introduit et commenté par L. RENÉ avec une préface de P. RICŒUR. [Paris]: Seuil, [1996], 18 × 10,8, 9-25.

II.A.600. «Pour une herméneutique juridique: interprétation et/ou argumentation». *Qu'est-ce que la justice? Devant l'autel de l'histoire (*La Philosophie hors de soi). Sous la direction de J. POULAIN. [Paris: PUF, 1996], 21 × 13, 115-130.

Repris dans I.A.23.
Texte allemand par II.C.46.

II.A.601. «Les paradoxes de l'autorité». *Quelle place pour la morale?* Edité par les soins de la Ligue de l'Enseignement, du journal *La Vie* et des Cercles Condorcet. [Paris]: Desclée de Brouwer, [1996], 22 × 15, 75-86.

Repris dans *Al-Masa'ila Al-qawmiyya. Le problème du nationalisme à l'aube du 3e millénaire*. Mélanges offerts au professeur A. Magdisi. Édité par B. AL-HALLAQ. Beirut: Dar-al-nahar Lil-Nahsr, 1998, 203-211.
Texte allemand par II.C.48.

II.A.602. «Justice et vérité». *Le statut contemporain de la philosophie première*. Centenaire de la Faculté de Philosophie (Philosophie. Institut Catholique de Paris, 17). Présenté par Ph. CAPELLE. Paris: Beauchesne, [1996], 21,5 × 13,5, 51-71.

Traduit en espagnol par II.D.57a.
Traduit en tchèque par II.R.9.

II.A.603. «[Conférence de P. RICŒUR sur l'avenir de la philosophie à l'occasion de la remise d'un doctorat honoris causa à l'Université de Santiago de

Compostela, 1996]». *Discursos de investidura de D. Paul Ricœur como Doutor Honoris causa*. Santiago de Compostela: [Universidade de Santiago de Compostela], 1996, 24 × 17, 11-15.

II.A.604. «Le destinataire de la religion: l'homme capable». *Archivio di Filosofia* (Filosofia della religione tra etica e ontologia) 64 (1996), nº 1-3, 19-34.

II.A.605. «Connaissance de soi et éthique de l'action. Rencontre avec Paul Ricœur [propos recueillis par J. LECOMTE]». *Sciences humaines* 1996, nº 63, juillet, 34-38.

II.A.606. «Note de lecture. Une correspondance hors-pair: Pettazzoni et Eliade (1926-1957)». *Revue des sciences religieuses* (Université des sciences humaines de Strasbourg) 70 (1996), nº 3, juillet, 394-399.

Traduit en italien dans II.E.89.

II.A.607. «Les trois niveaux du jugement médical». *Esprit* (Malaise dans la filiation) 1996, nº 12, décembre, 21-33.

II.A.608. «Avertissement [introduisant les articles]». *Diogène* (La tolérance entre l'intolérable et l'intolérance) 1996, nº 176, octobre-décembre, 2.

Traduit en anglais par II.B.175 et en arabe par II.α.1.

II.A.608a. «Penser la tolérance». «La tolérance et le droit». «Quelques sources spirituelles de la tolérance [introductions à trois séries d'articles». *Diogène* (La tolérance entre l'intolérable et l'intolérance) 1996, nº 176, octobre-décembre, 23, 45-46, 100.

Traduit en anglais par II.B.175a et en arabe par II.α.2.

II.A.609. «L'usure de la tolérance et la résistance de l'intolérable [précédé d'une introduction intitulée «Obstacles et limites de la tolérance».]». *Diogène* (La tolérance entre l'intolérable et l'intolérance) 1996, nº 176, octobre-décembre, 166-176, 142.

Traduit en anglais par II.B.176. et en arabe par II.α.3.

II.A.610. «In memoriam Mikel Dufrenne». *Revue d'esthétique* (Mikel Dufrenne. La vie, l'amour, la terre) 30 (1996), 13-14.

II.A.610a. «Conclusions: droit, interprétation, application [à la Faculté des Sciences politiques]». *Ars interpretandi* (Diritto, interpretazione, applicazione) 1996, 191-198.

II.A.611. «Les paradoxes de l'identité [Conférences données à Lille dans le cadre des XIVes journées de *L'information Psychiatrique*, 1995]». *L'information Psychiatrique* (Toulouse: Privat) 1996, nº 3, mars, 201-206.

II.A.612. «Le mal [dans la lecture de DOSTOÏEVSKI, de S. FREUD, de la Bible et comment le mal est à traiter par la justice]. Entretien avec Bernard Sichère». *La règle du jeu* 7 (1996), n° 19, mai, 88-105.

II.A.613. «Soirée d'hommage à Emmanuel Lévinas [où P. RICŒUR prend la parole à la Sorbonne le 29 janvier 1996]». *Sens.* Revue de l'Amitié judéo-chrétienne de France (Emmanuel Levinas) 1996, n° 9-10, septembre-octobre, 356-358.

II.A.614. «Entre mémoire et histoire». *Projet* (Mémoires des peuples) 1996, n° 428, décembre, 7-16.

II.A.615. «La nécessaire parole [de dire le droit... et de pardonner]. Propos receuillis par D. KAREK TAGER [dans le cadre d'un dossier 'Punir a-t-il un sens?']». *L'Actualité religieuse* 1996, n° 141, 15 février, 35-37.

II.A.616. «Paul Ricœur, philosophe et passe-murailles [une interview d'A. FURST sur l'université, la justice, les médias, l'éthique, la sagesse pratique (les encycliques) et sa foi personnelle]». *La Vie* 1996, n° 2627, 4 janvier, 50-53.

II.A.617. «*Le Juste* de Paul Ricœur. Propos recueillis par St. CZARNECKI». *Le Christianisme au XXe siècle.* Hebdomadaire protestant 1996, n° 526, 7 au 13 janvier, 6-7.

II.A.618. «Ouverture. La condition d'étranger». *Étranger, Étrangers.* Supplément au bulletin *Information-Évangélisation. Église en débat* (Eglise réformée de France) 1996, n° 2, mai, 1-14.

II.A.619. «Foi et écriture. Interview». *Sénévé.* Revue catholique de l'E.N.S., 1996, Carême, 5-12.

II.A.620. «Retour de Gadamer [sur la première traduction intégrale de *Wahrheit und Methode*]». *Libération* 1996, n° 4703, 4 juillet, I-III.

II.A.621. «Paul Ricœur parle d'Emmanuel Levinas [propos recueillis par R. HEBDING]». *Réforme* 1996, n° 2647, 6 janvier, 2.

II.A.622. «Le 'discernement des esprits' [hommage au pasteur et professeur A. DUMAS]». *Réforme* 1996, n° 2673, 6 juillet, 8.

Repris dans *Esprit* (Suffit-il d'être tolérant?) 1996, n° 8-9, août-septembre, 197-199.

II.A.622a. «Conclusions: droit, interprétation, application [au Congrès à la Faculté des sciences politiques]». *Ars interpretandi. Annuario di ermeneutica juridica* 1996, 191-198

1997

III.A.623. MARCEL G., *Le mystère de l'être*. Nouvelle édition. Avant-propos de V. HAVEL avec notes et annexes sous la direction de J. PARAIN-VIAL comprenant une lettre inédite de P. RICŒUR à G. MARCEL [lors de la publication de *Mystère de l'être* en 1951]. [Paris]: Association Présence de Gabriel Marcel, 1997, 215-216.

II.A.624. «Autonomie et vulnérabilité [texte issu d'une conférence donnée à l'Institut des Hautes Etudes Juridiques (École nationale de la magistrature), 1995]». *La philosophie dans la Cité. Hommage à Hélène Ackermans* (Publications des Facultés universitaires Saint-Louis, 73). Textes réunis par A.-M. DILLENS. Bruxelles: Facultés universitaires Saint-Louis, 1997, 23 × 15,5, 121-141.

Reproduit dans *Rendiconti dell'Accademia Nazionale dei Lincei* (Roma) 1997, 585-606 et dans *La justice et le mal* (Opus, 57). Édité par A. GARAPON et D. SALAS. Paris: O. Jacob, 1997, 163-184.

II.A.625. «Le dialogue des cultures. La confrontation des héritages culturels [sur les différents degrés de 'tolérance']». *Aux sources de la culture française* par. D. LECOURT et d'autres. Préface de R. LESGARDS et postface de G. GAUTHIER. [Paris]: La Découverte, [1997], 22 × 15, 97-105.

II.A.626. «À la gloire de la *phronesis* (*Éthique à Nicomaque*, livre VI)». *La vérité pratique. Aristote, Éthique à Nicomaque*, livre VI (Tradition de la pensée classique). Textes réunis par J.-Y. CHATEAU. Paris: Vrin, 1997, 21,5 × 13,5, 13-22.

II.A.627. «Défi et bonheur de la traduction [discours à la remise du Prix franco-allemand de Traduction, 15 avril 1997]». *Le prix de traduction des relations franco-allemandes*. Stuttgart: DVA, 1997, 15-22.

Texte français de II.C.49.

II.A.628. «Universalité et historicité». *La filosofía y sus margines: Homenaje al profesor Carlos Balinas Fernandez*. Édité par S. VENCES FERNANDEZ. Universidade de Santiago de Compostela, 1997, 511-526.

II.A.629. «L'insoluble, huitième séquence [entretien de P. RICŒUR avec J. BAZAINE, peintre sur le travail du peintre et l'art de la peinture]». *Couleurs et mots. Entretiens avec Jean Bazaine*. Paris: Le cherche midi éditeurs, [1997], 27 × 22,5, 67-87.

II.A.630. «Paul Fraisse [hommage de P. RICŒUR à Paul Fraisse, un de ses voisins aux *Murs Blancs*]». *Esprit* 1997, n° 229, février, 191-192.

II.A.631. «Entier et courageux [hommage de P. RICŒUR à J.-M. Domenach lors de la messe à ses obsèques, Châtenay-Malabry, 9 juillet 1997]». *Esprit* 1997, n° 10, octobre, 224.

II.A.632. «Le 'questionnement à rebours' (*Rückfrage*) et la reduction des idéalités dans la *Krisis* de Husserl et *L'idéologie allemande* de Marx». *Alter* (Veille, sommeil, rêve). Revue de phénoménologie 1997, n° 5, 315-330.
Texte français de II.C.24.
Traduit en italien par II.E.47.

II.A.633. «L'héritage du passé, c'est aussi des rêves. Entretien de C. PORTEVIN et E. GRUILLOT [sur le procès Papon, le pardon, la tradition, le chômage et l'Islam]». *Télérama* 1997, n° 2503, 31 décembre, 9-14.

II.A.634. «L'éthique du Verbe. Propos recueillis par Marc Dupuis et Nicolas Truong [P. Ricœur répond d'une manière profonde et percutante aux questions 'Quelle confiance et quelle efficacité accorder aux mots; qu'il s'agisse de politique, de droit, de parole divine, de thérapie.... et même de silence?']». *Le Monde de l'Éducation.* Mensuel 197, n° 249, juin, 25-27.

II.A.635. «Levinas sur radios chrétiennes en France avec Paul Ricœur et Olivier Clément [texte de l'émission 'Magazine oecuménique' du Réseau RCF où A.-M. Tardivel interroge les deux penseurs sur E. Levinas]». *Sens* (Dialogue autour de Levinas). Revue de l'Amitié Judéo-Chrétienne 1997, juin, 241-253.

II.A.636. «L'Occident est-il la norme de toute évolution? Contribution à l'occasion du 2e Forum de l'Académie universelle des cultures». *La Croix* 1997, n° 34676, 28 mars, 14.

1998

II.A.636a. SIMON L., *'Mon' Jésus. Méditations sur des textes d'Évangile* (Parole vive). Préface de P. RICŒUR [sur la prédication à partir des paraboles et sa tâche actuelle]. [Paris]: Les Bergers et les Mages, [1998], 9-14.

II.A.637. «Synthèse. L'histoire autrement [épilogue de P. RICŒUR au Colloque international sur 'E. Levinas et l'histoire', Namur 1997]». *Emmanuel Levinas et l'histoire.* Actes du Colloque international (La nuit surveillée)-(Philosophie, 5). Édité par N. FROGNEUX et Fr. MIES. Paris-Namur: Cerf-Presses universitaires de Namur, 1998, 21,5 × 11; 23,5 × 14,3, 291-309.

II.A.638. «Responsabilité: limitée ou illimitée?». *Le crime contre l'humanité. Mesure de la responsabilité?* Actes du cycle des conférences «Droit, liberté et Foi», juin 1997 (Les Cahiers de l'École Cathédrale, 33). [Paris-Saint-Maur]: Cerf-Éditions Parole et Silence, [1998], 21 × 14, 23-30.

II.A.639. «Étranger moi-même [contribution suivie d'un débat à la LXXIIe session des Semaines sociales de France. Thème: Les migrants, défi et richesse pour notre société, Paris-Issy-les-Moulineaux, 1997]». *L'immigration. Défis et richesses.* [Paris]: Bayard-Éditions Centurion, [1998], 22,5 × 15, 93-106, 106-110.

II.A.640. «État actuel de la réflexion sur l'intolérance». *L'intolérance* (Académie universelle des cultures). Paris: Grasset, 1998, 20-23.

II.A.641. «Le fondamental et l'historique. Note sur *Sources of the Self* de Charles Taylor». *Charles Taylor et l'interprétation de l'identité moderne* (Passages). Sous la direction de G. LAFOREST et Ph. DE LARA. [Paris-Laval]: Cerf-Presses de l'Université Laval, 1998, 23,5 × 14,5, 19-34.

I.A.641a. «Entretien Levinas-Ricœur [un extrait de l'émission «Le bon plaisir de Paul Ricœur» produite par E. HIRSCH pour France-Culture le 21 février 1985] [sur leurs divergences sur le moi et l'autre et, en conséquence, sur l'éthique, la justice, le langage et l'histoire]». *Emmanuel Levinas. Philosophe et Pédagogue* (Voix). [Paris]: Éditions du Nadir de l'Alliance Israélite Universelle, [1998], 21 × 13,8, 9-28.

II.A.642. «Le sentiment de culpabilité: sagesse ou névrose. Dialogue avec Marie DE SOLEMNE». *Innocente culpabilité.* Dialogues de M. DE SOLEMNE avec P. RICŒUR, St. ROUGIER et d'autres. Paris: Éditions Dervy, [1998], 21 × 13,7, 9-29.

.A.642a. RICŒUR P. et DANIEL J., «Dialogue. L'étrangeté de l'étranger [la connaissance d'autres langues, la xénophobie, le racisme]». *Les grandes questions de la philo. Anthologie de textes de l'Antiquité à nos jours.* Préface de J. DANIEL. Textes réunis et présentés par M.-R. MORVILLE. [Paris]: Maisonneuve et Larose, [1998], 15-25.

I.A.643. «Histoire et mémoire [sur les échanges entre mémoire privée et collective et histoire]». *De l'histoire au cinéma* (Histoire du temps présent). Sous la direction de A. BAECQUE et Ch. DELAGE. [Bruxelles: Complexe, 1998], 21 × 12,5, 17-28.

I.A.644. «La Justice, vertu et institution [conférence suivie d'une ample discussion, Amiens 1997]». *La sagesse pratique. Autour de l'oeuvre de Paul Ricœur.* Actes du colloque international, Amiens 1997 (Documents. Actes et rapports pour l'Éducation). Sous la direction de J.A. BARASH et

M. Delbraccio. [Amiens]: Centre Régional de Documentation Pédagogique de l'Académie d'Amiens, [1998], 11-18, 18-28.

II.A.645. «Table ronde. Échanges de Jean-Gérard Rossi, Mireille Delbraccio, Jacques Garelli, Olivier Mongin avec Paul Ricœur [sur la philosophie analytique, l'identité narrative et la psychanalyse, et autorité et pouvoir]». *La sagesse pratique. Autour de l'œuvre de Paul Ricœur.* Actes du colloque international, Amiens 1997 (Documents. Actes et rapports pour l'Éducation). Sous la direction de J.A. Barash et M. Delbraccio. [Amiens]: Centre Régional de Documentation Pédagogique de l'Académie d'Amiens, [1998], 191-215.

II.A.645a. «Responsabilité et vulnérabilité». *Être libre aujourd'hui* (Rencontres internationales de Carthage, 2-25 mai 1996). Carthage (Tunis): Beiit Al-Hikma, 1998, 185-205.

II.A.646. «Passé, mémoire et oubli [sur les trois apories de la mémoire. Conférence au Colloque 'La mémoire et l'histoire', Grenoble 1997]». *Histoire et mémoire* (Documents. Actes et rapports pour l'Éducation). Coordonné par M. Verlhac. [Grenoble]: Centre Régional de Documentation Pédagogique de l'Académie de Grenoble, [1998], 29-45.

Traduit en italien par II.E.91.

II.A.647. «La marque du passé [texte de la sixième et dernière des Leçons du séminaire au Collège international de philosophie, 1997] [avec Résumé et Summary]». *Revue de métaphysique et de morale* (Mémoire, histoire) 1998, n° 1, janvier-mars, 8-31, 7-8.

Traduit en allemand dans I.C.14.

II.A.647a. «Vulnérabilité de la mémoire [Conférence aux Entretiens du Patrimoine, Paris, 6 janvier 1997, suivie d'un débat avec J. Le Goff et d'autres]». *Patrimoine et passions identitaires.* Actes des Entretiens du Patrimoine sous la présidence de J. Le Goff. [Paris]: Éditions du Patrimoine – A. Fayard, [1998], 17-31, 55-68.

II.A.647b. Ricœur P., Nora P. et d'autres, «Débat [sur la conférence 'Michelet, ou l'hystérie identitaire' par P. Nora]». *Patrimoine et passions identitaires.* Actes des Entretiens du Patrimoine sous la présidence de J. Le Goff. [Paris]: Éditions du Patrimoine – A. Fayard, [1998], 87-96, 97-107.

II.A.648. «Message de Paul Ricœur. Au colloque international Simone Weil-Paul Ricœur de Rio de Janeiro, 13-15 septembre 1993». *Théo Phi Lyon* (L'éthique et l'universel). Revue 3 (1998), Vol. 1, 11-13.

Repris dans *Être et don. Essai sur l'unité et l'enjeu de la pensée de Simone Weil* par E. Gabellieri. Université de Nice, 1998.

II.A.648a. «Architecture et narrativité». *Urbanisme* 1998, n° 303, novembre-décembre, 44-51.

Publié d'abord en italien par II.E.87.

II.A.648b. «La crise de la conscience historique et l'Europe». *Etica e o Futuro da Democracia.* Lisboa: Edições Colibri/S.P.F., 1998, 26-35.

II.A.648c. «Entretien avec Paul Ricœur [propos recueillis par J.-Fr. DUVAL sur son enfance, sa famille, sa captivité, les neuro-sciences, le clonage, l'Europe d'aujourd'hui et de demain, Dieu, Sartre, Heidegger, Freud, Lacan, Derrida etc..]». *Ecriture 52.* Revue littéraire (Lausanne) 1998, automne, 195-216.

II.A.649. «Paul Ricœur: Réflexions sur la philosophie morale [propos recueillis par M. CANTO-SPERBER sur le cheminement dans sa philosophie morale]». *Magazine littéraire* (Les nouvelles morales. Éthique et philosophie) 1998, n° 361, janvier, 36-40.

II.A.650. «Les religions, la violence et la paix. Pour une éthique planétaire. Entretien Hans Küng - Paul Ricœur [autour du livre de H. KÜNG, *Manifeste pour une éthique planétaire*]». *Sens* (Inlassables dialogues) 1998, n° 5, mai, 211-230.

II.A.651. «Paul Ricœur. Propos recueillis par D. BERMOND [sur l'expression 'un philosophe chrétien', la Bible, le mal absolu, le pardon, M. Heidegger, E. Levinas, la philosophie, Nanterre, la et le politique et la médiatisation de la philosophie]». *Lire. Le magazine des livres* 1998, n° 266, juin, 26-32.

II.A.652. «Paul Ricœur, philosophe, spécialiste de l'éthique. La pluralité humaine s'impose. Propos recueillis par J.-Cl. ESCAFFIT [sur la Déclaration universelle des Droits de l'Homme: à la fois un idéal impératif et une conquête perpétuelle]». *La Vie.* Hebdomadaire 1998, n° 2776, 12 novembre, 25-26.

II.A.653. «Les protestants vus par un protestant. Propos recueillis par Chr. DUPONT [sur le protestantisme, son histoire, sa situation et tâches actuelles et le rapport avec le catholicisme]». *Le Christianisme.* Hebdomadaire protestant 1998, n° 665, 29 novembre-5 décembre, 6-7.

II.A.654. «Les vérités de Paul Ricœur. Propos recueillis par Fr. HAUTER [sur Papon, l'Amérique, la démocratie et 'une vie bonne']». *Le Figaro* 1998, n° 16676, 26 mars, 13.

II.A.655. «Entretien. Le philosophe analyse la manière dont il vit sa foi chrétienne. Paul Ricœur: 'Je vis sur des frontières des échanges et des emprunts'. Propos recueillis par I. DE CHIKOFF [sur la religion dans le monde]». *Le Figaro* 1998, n° 16797, 15-16 août, 18.

II.A.656. «L'étrangeté de l'étranger. Dialogue par P. Ricœur et J. Daniel [propos recueillis par M. ARANET]». *Le Nouvel Observateur* (Les grandes questions de la philo) 1998, hors série, n° 32, 8-13.

II.A.657. «L'entretien. Paul Ricœur: 'Il y a de la vérité ailleurs que chez soi' [propos recueillis par Fr. LENOIR sur la relation entre le religieux et le politique]». *L'Express* 1998, 23 juillet, 8-11.

II.A.658. «Entretien: Paul Ricœur. Le respect de la dignité pour tous. Propos recueillis par R. HEBDING [sur le statut, le sens, le fondement et la pratique des droits de l'homme proclamés il y a 50 ans]». *Réforme* 1998, n° 2796, 12-18 novembre, 1-2.

II.A.659. «La tolérance, la mémoire et le pardon. De l'édit de Nantes au procès Papon, un entretien avec le grand philosophe Paul Ricœur. Propos recueillis par Th. GUIDET». *Ouest France* 1998, dimanche 31 mai.

II.A.660. «Une nouvelle confrontation des cultures a commencé. Entretien de Fr. Ernenwein avec Paul Ricœur [qui éclaire l'actualité de 1998 autour de trois thèmes: la justice, la mémoire et la volonté de vivre ensemble]». *La Croix* (Spécial) 1998, n° 35198, 31 décembre, I-II.

1999

II.A.661. «Définition de la mémoire d'un point de vue philosophique (conférence au Forum International 'Mémoire et histoire', Unesco-La Sorbonne, 25-26 mars 1998)». *Pourquoi se souvenir?* (Académie des Cultures). Préface d'É. WIESEL et édité par Fr. BARRET-DUCROCQ. Paris: Bernard Grasset, [1999], 28-32.

II.A.662. «À l'horizon de la prescription: l'oubli [suivi de réponses de P. RICŒUR à A. MINKOWSKI et d'autres]». *Pourquoi se souvenir?* (Académie des Cultures). Préface d'É. WIESEL et édité par Fr. BARRET-DUCROCQ. Paris: Bernard Grasset, [1999], 92-95, 101-104.

II.A.662a. p. 243.

II.A.663. «Le paradigme de la traduction [leçon d'ouverture à la Faculté de théologie protestante de Paris, octobre 1998]». *Esprit* (La traduction, un choix culturel) 1999, n° 253, juin, 8-19.

IIA.664. «Quelques réflexions sur l'intitulé du séminaire [Éthique et représentation, Paris 1998]». *Autrement* (Travail de mémoire 1914-1998. Une nécessité dans un siècle de violence) (Collection mémoires) 1999, n° 54, 87-91.

II.A.665. «Le religieux et la violence [avec résumé; conférence au Colloque 'Éducation, mimésis et réduction de la violence', Saint-Denis 1998]». *La nouvelle revue de l'ATS* (Adaptation et intégration scolaires) 1999, n° 5, mars, 92, 92-101.

II.A.666. «La différence entre le normal et le pathologique comme source de respect [conférence au XIe Colloque Scientifique de la Fondation John Bost consacré au thème "Hier et demain en psychiatrie 1970-2000, 3 ans pour son avenir", Bergerac 17-20 novembre 1998]». *Notre prochain* (Fondation John Bost). Trimestriel 1999, n° 295. Sera repris dans *Actes du colloque*, à paraître.

II.A.667. «Déclaration universelle des droits de l'homme. Un nouveau souffle». *Courier ACAT* (Action des Chrétiens pour l'Abolition de la Torture). Mensuel 1999, n° 191-192, janvier-février, 21-24.

II.A.668. «Conversation. Bertrand Révillon a rencontré.... Paul Ricœur: 'Dieu n'est pas tout-puissant....' [sur les rapports foi et raison, Dieu et le mal, le fondement de la morale et le pardon]». *Panorama* (L'espérance chrétienne). Mensuel 1999, n° 340, janvier, 26-30.

II.A.669. «Paul Ricœur témoin au procès du sang contaminé [intenté contre trois anciens ministres]. Juger autrement la 'malgouvernance' [par la création des instances politiques devant lesquelles les politiciens sont responsables (19 février 1999).]». *Le Monde des Débats*. Mensuel 1999, avril, n° 2, 8-9.

II.A.670. «Paul Ricœur: la foi du philosophe [interviewé par St. CZARNECKI sur la résurrection, le religieux, son être protestant et la vie éternelle]». *Le Christianisme au XXème siècle* 1999, n° 697, 11-24 juillet, 6-7.

II.A.671. «Lire la Bible aujourd'hui [Conférence au Dialogue organisé par le Collège des études juives de l'Alliance israélite universelle, Paris 31 janvier 1999]». A paraître.

II.A.672. ALTER R., *L'art du récit biblique* (Le livre et le rouleau, 4). Traduit de l'anglais par P. LEBEAU avec une préface de P. RICŒUR. Paris: Cerf, 1999, 216 p. (à paraître)

II.A.673. «Juifs et chrétiens, entre la louange et la plainte. Un entretien avec Paul Ricœur [propos recueillis par Sh. MALKA et Ph.M. DE SAINT-CHERON]». *L'Arche* 1999, n°498-499, septembre, 141-145.

II.A.674. P. 243.

II.B. English / Anglais

1952

II.B.1. «Christianity and the Meaning of History: Progress, Ambiguity, Hope.» *The Journal of Religion* 22 (1952), No. 4, October, 242-253.

Translation of II.A.36, different from the translation in I.B.1.

II.B.2. RICŒUR P. and DOMENACH J.-M., «Mass and Person.» *Cross Currents* 2 (1952), Winter, 59-66.

Translation of II.A.31.

1954

II.B.3. «Sartre's Lucifer and the Lord.» *Yale French Studies* 1954-1955, No. 14, Winter, 85-93.

Translation of II.A.34.

1955

II.B.4. «'Associates' and Neighbor.» *Love of Our Neigbor*. Edited by A. PLÉ. Springfield (Illinois)-London: Templegate-Blackfriars Publications, 1955, 149-161.

Translation of II.A.62.

II.B.5. «'Morality without Sin' or Sin without Moralism?» *Cross Currents* 5 (1955), No. 4, Fall, 339-352.

Translation of II.A.67.

II.B.6. «French Protestantism Today.» *The Christian Century* 72 (1955), October 26, 1236-1238.

Previously unpublished.

1957

II.B.7. *The State and Coercion. The Third John Knox House Lecture, 1957.* Geneva: The John Knox House, 1957, 21 × 14,5, 16 p.

Translation of II.A.84.

II.B.8. «The Relation of Jaspers' Philosophy to Religion.» *The Philosophy of Karl Jaspers. A Critical Analysis and Evaluation* (Library of Living Philosophers). Edited by P.A. SCHILLP. New York: Tudor, 1957, 22 × 14,5, 611-642.

Reprint: La Salle (Ill.): Open Court, 1981.
Translation of II.A.85.

II.B.9. «Faith and Culture.» *The Student World.* World's Student Christian Federation (The Greatness and Misery of the Intellectual) 50 (1957), No. 3, 246-251.

Previously unpublished.
Reprinted in I.B.9.
Translated into Spanish in I.D.13.

1958

II.B.10. «Ye are the Salt of the Earth.» *The Ecumenical Review* 10 (1958), No. 3, April, 264-276.

Translation of II.A.95.
Reprinted in I.B.9.

1960

II.B.11. «The Symbol.... Food for Thought.» *Philosophy Today* 4 (1960), No. 3/4, Fall, 196-207.

Translation of II.A.113.

1961

II.B.12. «'The Image of God' and the Epic of Man.» *Cross Currents* 11 (1961), No. 1, Winter, 37-50.

Translation of II.A.126.
Another translation in I.B.1.

1962

II.B.13. «The Hermeneutics of Symbols and Philosophical Reflection.» *International Philosophical Quarterly* 2 (1962), No. 2, 191-218.

Translation of II.A.135.
Reprinted in I.B.8 and I.B.12.

1963

II.B.14. «Faith and Action: A Christian Point of View. A Christian must rely on his Jewish memory [elaboration of a paper delivered at a conference on «Perspectives on the Good Society» Chicago (1963)].» *Criterion* 2 (1963), No. 3, 10-15.

1964

II.B.15. «The Historical Presence of Non-Violence.» *Cross Currents* 14 (1964), No. 1, Winter, 15-23.

Translation of II.A.19.
Another translation in I.B.1.

II.B.16. «The Dimensions of Sexuality. Wonder, Eroticism and Enigma [followed by P. RICŒUR's presentation of the answers to the questionnaire].» *Cross Currents* (Sexuality and the Modern World) 14 (1964), No. 2, Spring, 133-141, 142-165, 186-208, 229-255.

Almost integral translation of II.A.124.
The article only is reprinted under the title «Wonder, Eroticism and Enigma» in *Sexuality in the Modern World. A Symposium.* West Nyack (New York): Cross Current Corporation, 1964, 23,5 × 16,5, 133-141.

1966

II.B.17. DUFRENNE M., *The Notion of Apriori.* (Northwestern University Studies in Phenomenology and Existential Philosophy). Translation of *La notion d'apriori* by E. CASEY with a preface of P. RICŒUR. Evanston (Illinois): Northwestern University Press, 1966, 23,5 × 16, IX-XVII.

Translation of II.A.137.

II.B.18. «The Atheism of Freudian Psychoanalysis.» *Concilium* (Church and World) 2 (1966), No. 2, 31-37 [British Edition]; *Concilium* (Is God dead?) 2 (1966), No. 16, 59-72 [American Edition].

Translation of II.A.201.

II.B.19. «Kant and Husserl.» *Philosophy Today* 10 (1966), No. 3/4, Fall, 147-168.

Translation of II.A.65.
Another translation in I.B.4.

II.B.20. «A Conversation... [text of an interview on his philosophical interests at the moment (hermeneutics and linguistics)].» *The Bulletin of Philosophy* 1 (1966), No. 1, January, 1-8.

1967

II.B.21. «Philosophy of Will and Action [talk followed by a discussion with F. KERSTEN et al. at Lexington (Ky, USA) 1964].» *Phenomenology of Will and Action.* The Second Lexington Conference on Pure and Applied Phenomenology, 1964. Edited by E.W. STRAUS and R.M. GRIFFITH. Pittsburgh: Duquesne University Press, 1967, 22 × 14, 7-33, 34-60.

Previously unpublished.
Partly reprinted in I.B.12.

II.B.22. «Husserl and Wittgenstein on Language.» *Phenomenology and Existentialism.* Edited by E.N. LEE and M. MANDELBAUM. Baltimore: The Johns Hopkins University Press, [1967], 21 × 14, 207-217.

Previously unpublished.
Paperback edition in 1969.
Reprinted in *Analytic Philosophy and Phenomenology* (American University Publications in Philosophy). Edited by H.A. DURFEE. The Hague: M. Nijhoff, 1976, 24 × 16, 87-95.
Translated into Italian in I.E.24.

II.B.23. «The Unity of the Voluntary and the Involuntary as a Limiting Idea.» *Readings in Existential Phenomenology*. Edited by N. LAWRENCE and D. O'CONNOR. Englewood Cliffs (New Jersey): Prentice Hall, [1967], 24 × 17, 93-112.

Reprint: New York: Prentice Hall, 1976.
English translation of II.A.28.
Reprinted in I.B.12.

II.B.24. «The Antinomy of Human Reality and the Problem of Philosophical Anthropology.» *Readings in Existential Phenomenology*. Edited by N. LAWRENCE and D. O'CONNOR. Englewood Cliffs (New Jersey): Prentice Hall, [1967], 24 × 17, 390-402.

Reprint: New York: Prentice Hall, 1976.
English translation of II.A.123.
Reprinted in I.B.12.

II.B.25. «New Development in Phenomenology in France: the Phenomenology of Language.» *Social Research* 34 (1967), No. 1, Spring, 1-30.

Originally published in English. Partial French version under the title «La question du sujet: le défi de la sémiologie» in I.A.10, which is translated in I.B.8.

1968

II.B.26. «The Critique of Subjectivity and the Cogito in the Philosophy of Heidegger [text from a tape of a paper delivered at the Heidegger symposium at the DePaul University, Chicago 1966].» *Heidegger and the Quest for Truth*. Edited by M.S. FRINGS. Chicago: Quadrangle Books, 1968, 21,5 × 14,5, 62-75.

Originally published in English. The French version slightly different has been published under the title «Heidegger et la question du sujet» in I.A.10, which is translated in the following languages.
Translated into English in I.B.8.
Translated into German in I.C.5.
Translated into Spanish in I.D.3.
Translated differently into Italian in I.E.5 (integral translation) and in I.E.9 (partial translation).
Translated differently into Portuguese in I.F.3 and in I.F.9.
Translated into Polish by II.H.1a.
Translated into Serbo-Kroatian by II.K.5.

II.B.27. «Tasks of the Ecclesial Community in the Modern World.» *Theology of Renewal. II. Renewal of Religious Structures.* Edited by L.K. SHOOK. [New York]: Herder and Herder, [1968], 21,5 × 15, 242-254.

Translation of II.A.228.
Translated into Italian by II.E.6c.

II.B.28. «Structure-Word-Event.» *Philosophy Today* 12 (1968), No. 2/4, Summer, 114-129.

Translation of II.A.214.
Reprinted integrally in I.B.8 and partly in I.B.12.

II.B.29. «The Father Image. From Phantasy to Symbol [paper delivered at a Seminar on «Hermeneutics and Philosophy of Language», Chicago 1968].» *Criterion.* A Publication of the Divinity School of the University of Chicago 8 (1968-1969), No. 1, Fall-Winter, 1-7.

Translation of II.A.248.
Another translation in I.B.8.

1969

II.B.30. «The Problem of the Double-Sense as Hermeneutic Problem and as Semantic Problem.» *Myths and Symbols.* Studies in Honor of Mircea Eliade. Edited by J.M. KITAWAGA and Ch.H. LONG. Chicago-London: University of Chicago Press, [1969], 22,5 × 14, 63-79.

English translation of II.A.197.
Another translation in I.B.8.

II.B.31. «Religion, Atheism and Faith [Bampton Lectures in America, delivered at Columbia University, 1966].» *The Religious Significance of Atheism.* Edited by A. MACINTYRE, Ch. ALASDAIR and P. RICŒUR. New York-London: Columbia University Press, 1969, 21 × 14, 58-98.

Reprint in 1969 in paperback.
Originally published in English. Published in French under the title «Religion, Athéisme, Foi» in I.A.10, which version is translated again into English in I.B.8 and into the following languages.
Translated into German in I.C.7.
Translated into Spanish in I.D.4.
Translated into Italian in I.E.3 and I.E.5.
Translated differently into Portuguese in I.F.3 and in I.F.9.
Translated into Polish in I.H.1.

II.B.32. «Guilt, Ethics and Religion [paper delivered at the Royal Institute of Philosophy].» *Talk of God* (Royal Institute of Philosophy Lectures, II, 1967-1968). Edited by G.N.A. VESEY. London-Basingstoke: MacMillan; New York: St. Martin's Press, [1969], 21,5 × 14, 100-117.

Originally published in English.
Reprinted in *Concilium* (Moral Evil Under Challenge) 1970, No. 56, 11-27 [American Edition]; *Concilium* (Moral Evil Under Challenge) 6 (1970), No. 6, 11-27 [British Edition].
Reprinted in I.B.8 and in *Conscience: Theological and Psychological Perspectives*. Edited by C.E. NELSON. New York-Paramus-Toronto: Newman, [1975], 22,5 × 15, 1-27 and in *Experience of the Sacred. Readings in the Phenomenology of Religion*. Edited by B. TWISS and W.H. CONSER. Hanover: University Press of New England-Brown University Press, [1982], 22,5 × 15, 224-237.
Published in French under the title «Culpabilité, éthique et religion» in I.A.10. which is reproduced by II.A.257 and translated into the following languages.
Translated into German in I.C.7 and by II.C.9.
Translated differently into Spanish by II.D.9 and in I.D.4.
Translated differently into Italian by II.E.7 and in I.E.5.
Translated into Portuguese by II.F.6 and in I.F.3.
Translated into Dutch by I.G.5.
Translated into Polish by II.H.1.

II.B.33. NABERT J., *Elements of an Ethic* (Northwestern University Studies in Phenomenology and Existential Philosophy). Translation of *Éléments pour une éthique* by W.J. PETREK with a preface by P. RICŒUR. Evanston (Illinois): Northwestern University Press, 1969, 24 × 16, XVII-XXVIII.

English translation of II.A.143.

1970

II.B.34. «Hope and Structure of Philosophical Systems [communication at the American Catholic Association, San Francisco 1970].» *Proceedings of the American Catholic Association* (San Francisco 1970) (Philosophy and Christian Theology). Edited by G.F. MCLEAN and F. DOUGHERTY. Washington: The Catholic University of America Press, 1970, 22,5 × 15,55-69.

Previously unpublished
Reprint in I.B.24.

II.B.35. «The Problem of the Will and Philosophical Discourse.» *Patterns of the Life-World*. Essays in Honor of John Wild (Northwestern University Studies in Phenomenology and Existential Philosophy). Edited by J.M. EDIE, F.H. PARKER and C.O. SCHRAG. Evanston (Illinois): Northwestern University Press, 1970, 23,5 × 16, 273-289.

Previously unpublished.

1971

II.B.36. «What is a Text? Explanation and Interpretation.» *Mythic-Symbolic Language and Philosophical Anthropology. A Constructive Interpretation of the Thought of Paul Ricœur* by D.M. RASMUSSEN. The Hague: M. Nijhoff, 1971, 24 × 16, 135-150.

Abridged version of II.A.256, different from the integral translation in I.B.16. Reprinted in I.B.22.

II.B.37. IHDE D., *Hermeneutic Phenomenology. The Philosophy of Paul Ricœur* (Northwestern University Studies in Phenomenology and Existential Philosophy). Foreword by P. RICŒUR. Evanston (Illinois): Northwestern University Press, 1971, 23,5 × 15,5, XIII-XVII.

II.B.38. «The Model of the Text: Meaningful Action Considered as a Text.» *Social Research* 38 (1971), No. 3, Fall, 529-562.

Previously unpublished.
Reprinted in *Social Research* (50th Anniversary, 1934-1984) 51 (1984), Nos. 1 and 2, Spring-Summer, 185-218.
Reprinted in *New Literary History* 5 (1973), No. 1, 91-117. Reprinted under the title «Human Sciences and Hermeneutical Method: Meaningful Action Considered as as Text» in *Explorations in Phenomenology* (Selected Studies in Phenomenology and Existential Philosophy, 8). Edited by D. CARR and E. CASEY. The Hague: M. Nijhoff, 1973, 21 × 14, 13-46.
Reprinted under the title «The Model of the Text: Meaningful Action Considered as a Text» in I.B.16 and in I.B.22.
French text in I.A.15.
Translated into German by II.C.10.
Translated into Spanish in I.D.12.
Translated into Polish by II.H.8.
Translated into Danish in I.J.2.

II.B.39. «From Existentialism to the Philosophy of Language [text of an address at the Divinity School, University of Chicago, 1971].» *Criterion* 10 (1971), Spring, 14-18.

Reprinted in I.B.11 and in I.B.12.
Reprinted in an expanded version under the title «A Philosophical Journey. From Existentialism to the Philosophy of Language». *Philosophy Today* 17 (1973), No. 2/4, Summer, 88-96.
Translated into Spanish by II.D.28.

1973

II.B.40. «Creativity in Language. Word, Polysemy, Metaphor [address delivered at Duquesne University, 1972].» *Philosophy Today* 17 (1973), No. 2/4, 97-111.

Previously unpublished.
Reprinted in *Language and Language Disturbances* (The 5th Lexington Conference on Pure and Applied Phenomenology, 1972). Edited by E.W. STRAUS. Pittsburgh: Duquesne University Press, 1974, 22 × 14,5, 49-71.
Reprinted also in I.B.12 and in I.B.21.
Translated into Japanese by II.I.6.

II.B.41. «The Task of Hermeneutics [lecture delivered at Princeton Theological Seminary, 1973].» *Philosophy Today* 17 (1973), No. 2/4, Summer, 112-128.

Originally published in English. French text of II.A.310.
Reprinted in *Exegesis. Problems of Method and Exercices in Reading (Genesis 22c and Luke 15)* (Pittsburgh Theological Monograph Series, 21). Edited by Fr. BOVON and Gr. ROUILLER and translated by D.J. MILLER. Pittsburgh: Pickwick Press, 1978, 21,5 × 14, 265-296 and in *Heidegger and Modern Philosophy. Critical Essays*. Edited by M. MURRAY. New Haven (Conn.): Yale University Press, 1978, 23,5 × 15, 141-160, and in I.B.22.
Another English version in I.B.16.

II.B.42. «The Hermeneutical Function of Distanciation [lecture delivered at Princeton Theological Seminary, 1973].» *Philosophy Today* 17 (1973), No. 2/4, Summer, 129-141.

Originally published in English.
French text in II.A.311.
Reprinted in I.B.22.
Reprinted in *Exegesis. Problems of Method and Exercices in Reading (Genesis 22c and Luke 15)* (Pittsburgh Theological Monograph Series, 21). Edited by Fr. BOVON and Gr. ROUILLER and translated by D.J. MILLER. Pittsburgh: Pickwick Press, 1978, 21,5 × 14, 297-320.
Translated into Swedish by II.P.1.

II.B.43. «The Task of the Political Educator.» *Philosophy Today* 17 (1973), No. 2/4, Summer, 142-152.

Translation of II.A.182, which is reprinted in I.B.9.

II.B.44. «Ethics and Culture. Habermas and Gadamer in Dialogue.» *Philosophy Today* 17 (1973), No. 2/4, Summer, 153-165.

French version by II.A.30a.
Translated into Spanish in I.D.13.

II.B.45. «A Critique of B.F. Skinner's *Beyond Freedom and Dignity*.» *Philosophy Today* 17 (1973), No. 2/4, Summer, 166-175.

Reprinted in I.B.9.
Translated into Spanish in I.D.13.

II.B.46. «Metaphor and the Central Problem of Hermeneutics.» *Graduate Faculty Philosophy Journal* 3 (1973-1974), No. 1, 42-58.

Translation – with additional notes and comment – of II.A.289. Reprinted under the title «Metaphor and the Main Problem of Hermeneutics» and without notes and comment in *New Literary History* (On Metaphor) 6 (1974-1975), No. 1, 95-110, which is reprinted in I.B.12 and in I.B.21.
Reprinted in *Philosophy looks at the Arts. Contemporary Readings in Aesthetics*. Edited by J. MARGOLIS. Philadelphia: Temple University Press, 1987.
Translated in a different way into Italian by II.E.12b and in I.E.4.
Translated into Swedish by II.P.1.

II.B.47. «The Critique of Religion.» *Union Seminary Quarterly Review* 28 (1973), No. 3, Spring, 203-212.

Translation of II.A.171.
Reprinted in I.B.12.
Translated into Japanese in I.I.15.

II.B.48. «The Language of Faith.» *Union Seminary Quarterly Review* 28 (1973), No. 3, Spring, 213-224.

Translation of II.A.172.
Reprinted in I.B.12.

II.B.48a. «Paul Ricœur replies to a question put to him by 'Revue Nouvelle' (Brussels) [on November 30, 1971. The question was: How do you see the Future of the Church as an Institution and of Christianity in general?].» *Pro mundi vita* (Pluralism, Polarisation and Communication in the Church) 1973, No. 45, 36.

English text of II.A.299a.

1974

II.B.49. «Psychiatry and Moral Values.» *American Handbook of Psychiatry. I.* Edited by S. ARICTI et al. Second edition. New York: Basic Books, 1974, 26 × 18, 976-990.

Previously unpublished.

II.B.50. «Philosophy and Religious Language [lecture delivered under the auspices of the John Nuveen Chair of Philosophical Theology, University of Chicago].» *The Journal of Religion* 54 (1974), No. 1, 71-85.

Originally published in English.
Reprinted in I.B.24.
French text by II.A.317.

II.B.51. «Phenomenology [book review on *Phénoménologie et matérialisme dialectique* by TRAN-DUC-THAO].» *The Southwestern Journal of Philosophy* (Husserl-Issue) 5 (1974), No. 3, 149-168.

Translation of II.A.56.

II.B.52. «[Can there be a Scientific Concept of Ideology? I and II. A Segment] [followed by a discussion].» *Phenomenological Sociology: Newsletter* (Dayton: Ohio) 3 (1973-1974), No. 2, 2-5,8; No. 3, 4-6, 6-8 [discussion]. [mimeographed].

Partial translation of a text slightly different from II.A.303, which is translated more extendedly but differently by II.B.79.

II.B.53. «Listening to the Parables of Jesus. Text: Matthew 13: 31-32 and 45-46 [sermon].» *Criterion* 13 (1974), No. 3, Spring, 18-22.

Reprinted in *Christianity and Crisis* 34 (1975), No. 23, 6 January, 304-308 and I.B.12.
Translated into French by II.A.586.
Translated into Japanese in I.I.15.

1975

II.B.54. «Phenomenology of Freedom.» *Phenomenology and Philosophical Understanding*. Edited with an introduction by E. PIVCEVIC. London-New York-Melbourne: Cambridge University Press, 1975, 21,5 × 13,5, 173-194.

Translation of almost the complete text of II.A.296 and of some parts of II.A.266.
Translated into Japanese by II.I.5.

II.B.55. «Phenomenology and Hermeneutics.» *Noûs* (Bloomington) 9 (1975), No. 1, 85-102.

Partial translation of II.A.305.
Reprinted in I.B.22.

II.B.56. «Philosophical Hermeneutics and Theological Hermeneutics.» *Studies in Religion. Sciences religieuses* 5 (1975), No. 1, 14-33.

Reprinted in *Philosophy of Religion and Theology: 1975 Proceedings. Reprinted Papers for the Section on Philosophy and Theology*. Compiled by J.W. MCCLENDON. The American Academy of Religion, 1975, 23,5 × 15,5, 1-17.
Reprinted as first part of II.B.60.

II.B.57. «Biblical Hermeneutics.» *Semeia*. An Experimental Journal for Biblical Criticism 1975, No. 4, 27-148.

Previously unpublished.
Excerpt (75-88): «The Metaphorical Process [reading].» *Exploring the Philosophy of Religion*. Edited by D. STEWART. Englewood Cliffs (New Jersey): Prentice Hall, [1980], 23 × 15,5, 229-238.
Almost completely translated into German by II.C.28.
Translated into Japanese in I.I.15.

1976

II.B.57a. GARDET L., GUREVICH A.J. et al., *Cultures and Time* (At the crossroads of cultures). English translation of *Les cultures et le temps* with an introduction of P. RICŒUR. Paris: The Unesco Press, 1976, 24 × 15,5, 13-33.

II.B.58. «Psychoanalysis and the Work of Art [the Edith Weigert Lecture of Washington School of Psychiatry, 1974].» *Psychiatry and the Humanities. I.* Edited by J.H. SMITH. New Haven (Conn.)-London: Yale University Press, 1976, 21,5 × 14,5, 3-33.

Previously unpublished.

II.B.59 «What is Dialectical?» *Freedom and Morality.* The Lindley Lectures delivered at the University of Kansas (University of Kansas Humanistic Studies, 46). Edited with an introduction by J. BRICKE. Lawrence: University of Kansas, 1976, 23 × 15,5, 173-189.

Translation of II.A.309.

II.B.60. *Philosophical Hermeneutics and Theological Hermeneutics: Ideology, Utopia and Faith.* Protocol of the Seventeenth Colloquy: 4 November 1975 (Protocol Series of the Colloquies of the Center for Hermeneutical Studies in Hellenistic and Modern Culture; 17) [talk followed by comments and discussions]. Edited by W. WELLNER. [Berkeley (California)]: The Center for Hermeneutical Studies in Hellenistic and Modern Culture. The Graduate Theological Union and the University of California (Berkeley), [1976], 20 × 16, 1-28, 29-37, 40-56.

The first part is a reprint of II.B.56.

II.B.61. «Ideology and Utopia as Cultural Imagination.» *Philosophic Exchange* 2 (1976), No. 2, Summer, 17-28.

Previously unpublished in French.
Reprinted in *Being Human in a Technological Age.* Edited by D.M. BOCHERT and D. STEWART. Athens: Ohio University Press, [1979], 23 × 15, 107-125.
Extensive parallels with II.A.307b.
Translated into Italian in I.E.10.

II.B.62. «Philosophical Hermeneutics and Theology.» *Theology Digest* 24 (1976), No. 2, 154-161.

II.B.63. «History and Hermeneutics [paper presented at an APA Symposion on Hermeneutics, 1976].» *The Journal of Philosophy* (Symposium: Hermeneutics) 73 (1976), No. 19, 683-695.

Previously unpublished.

II.B.64. «Review Essay. M. Eliade, *Histoire des croyances et des idées religieuses. Vol. 1: De l'âge de la pierre aux mystères d'Eleusis.*» *Religious Studies Review* 2 (1976), No. 4, October, 1-4.

1977

II.B.65. STRASSER St., *Phenomenology of Feeling. An Essay on the Phenomenon of the Heart* (Philosophical Series, 34). Translated and introduced by R.E. WOOD with a foreword by P. RICŒUR. Pittsburgh: Duquesne University Press, 1977, XI-XIV.

II.B.65a. AGUESSY H., ASHISH M. et al., *Time and the Philosophies* (At the Crossroads of Cultures). English translation of *Le temps et les philosophies* with an introduction by P. RICŒUR. [Paris]: Unesco, [1977], 24 × 15,5, 13-30.

Translation of II.A.339.

II.B.66. *Husserl. Expositions and Appraisals.* Edited with introductions by Fr.A. ELLISTON and P. McCORMICK and with a foreword by P. RICŒUR. Notre Dame (Ind.)-London: University of Notre Dame Press, [1977], 24 × 17,5, IX-XI.

II.B.67. *Hermeneutics and the Idea of Revelation.* Protocol of the Twenty-seventh Colloquy: 13 February 1977 (Protocol Series of the Colloquies of the Center for Hermeneutical Studies in Hellenistic and Modern Culture, 27) [talk followed by comments and discussions]. Edited by W. WUELLNER. [Berkeley (California)]: The Center for Hermeneutical Studies in Hellenistic and Modern Culture. The Graduate Theological Union and the University of California (Berkeley), [1977], 20 × 15, 5, 1-13, 14-23, 25-36.

Abridged translation of II.A.333.

II.B.68. «Phenomenology and the Social Sciences.» *The Annals of Phenomenological Sociology* 2 (1977), 145-159.

II.B.69. «The Question of Proof in Freud's Psychoanalytic Writings.» *Journal of the American Psychoanalytic Association* 25 (1977), No. 4, 836-871.

Originally published in English. The French text of II.A.362 is slightly different from the English text.
Reprinted in I.B.12 and in I.B.16.
Translated into Spanish by II.D.30.

II.B.70. «Toward a Hermeneutic of the Idea of Revelation.» *Harvard Theological Review* 70 (1977), No. 1-2, January-April, 1-37.

English translation of II.A.333.
Reprinted in I.B.14.
Translated into Hungarian in I.X.1.

II.B.71. «Patočka, Philosopher and Resister.» *Telos* 1977, No. 31, Spring, 152-155.
Translation of II.A.338, different from II.B.112.

II.B.72. «Schleiermacher's Hermeneutics.» *The Monist* (Philosophy and Religion in the 19th Century) 60 (1977), No. 2, April, 181-197.
English translation of Chapter I of Part II of II.A.24.

II.B.73. «Writing as a Problem for Literary Criticism and Philosophical Hermeneutics.» *Philosophic Exchange* 2 (1977), No. 3, Summer, 3-15.
Reprint of the second essay of I.B.10.
Reprinted in I.B.21.

II.B.74. «Construing and Constructing. Book Review: E.D. HIRSCH Jr., *The Aims of Interpretation.*» *The Times Literary Supplement* 197 (1977), No. 3911, February 25, 216.
Previously unpublished.
Reprinted in I.B.21.

1978

II.B.75. «4. Philosophy.» *Main Trends of Research in the Social and the Human Sciences. Part Two/Volume Two. Legal Science/Philosophy*. Under the editorship of J. HAVET. The Hague-Paris-New York: Mouton-Unesco, 1978, 25 × 17, 1071-1567.
English edition of II.A.340.
Reprinted by I.B.13.
Translated into Japanese by I.I.5 and I.I.6.

II.B.76. «Philosophical Hermeneutics and Biblical Hermeneutics.» *Exegesis. Problems of Method and Exercices in Reading (Genesis 22 and Luke 15)* (Pittsburgh Theological Monograph Series, 21). Edited by Fr. BOVON and Gr. ROUILLER and translated by D.J. MILLER. Pittsburgh: Pickwick Press, 1978, 21,5 × 14, 321-339.
Translation of II.A.312.
Reprinted in I.B.22.

II.B.77. «History and Hermeneutics [with a comment by Ch. TAYLOR].» *Philosophy of History and Action*. Papers of the First Jerusalem Philosophical Encounter 1974 (Philosophical Studies Series in Philosophy, 11). Edited by Y. YOVEL. Dordrecht-Boston-London-Jerusalem: D. Reidel Publishing Company-The Magnes Press (Hebrew University), [1978], 22,5 × 16, 3-20, 20-25.
Previously unpublished.

II.B.78. «Panel Discussion. Is a Philosophy of History Possible? [with I. BERLIN, St. HAMPSHIRE, M. BLACK et al.].» *Philosophy of History and Action.* Papers of the First Jerusalem Philosophical Encounter 1974 (Philosophical Studies Series in Philosophy, 11). Edited by Y. YOVEL. Dordrecht-Boston-London-Jerusalem: D. Reidel Publishing Company-The Magnes Press (Hebrew University), [1978], 22,5 × 16, 219-240.

Previously unpublished.

II.B.79. «Can there be a Scientific Concept of Ideology?» *Phenomenology and the Social Sciences: A Dialogue.* Edited by J. BIEN. The Hague-Boston-London: M. Nijhoff, 1978, 24 × 16, 44-59.

Translation of a text slightly different from II.A.303.

II.B.80. «Imagination in Discourse and in Action.» *Analecta Husserliana. Vol. VII* (1978), 3-22.

Translation of II.A.322.
Reprint in I.B.22.

II.B.81. «Image and Language in Psychoanalysis.» *Psychoanalysis and Language* (Psychiatry and the Humanities, 3). Edited by J.H. SMITH. New Haven-London: Yale University Press, 1978, 21,5 × 15, 293-324.

Previously unpublished.

II.B.82. «The Narrative Function.» *Semeia* 1978, No. 13, 177-202.

Abridged English version of II.A.345.
Reprint in I.B.16.

II.B.83. «The Problem of the Foundation of Moral Philosophy.» *Philosophy Today* 22 (1978), No. 3-4, Fall, 175-192.

Expanded English version of II.A.307.

II.B.83a. «'Response' to Karl Rahner's Lecture: On the Incomprehensibility of God.» *Celebrating the Medieval Heritage. A Colloquy on the Thought of Aquinas and Bonaventure* (Supplement *to The Journal of Religion* 58 (1978)). Edited by D. TRACY, 23 × 15, S126-S131.

Previously unpublished.

II.B.84. RICŒUR P. et al., «Conference on Religious Studies and the Humanities: Theories of Interpretation. November 17-19, 1977. First Session: Paul Ricœur [paper of P. RICŒUR reproduced by G.E. LAWRENCE].» *Criterion* 17 (1978), No. 2, Summer, 20-23, 23-29.

Previously unpublished.

II.B.85. «The Metaphorical Process as Cognition, Imagination and Feeling.» *Critical Inquiry* (On Metaphor) 5 (1978), No. 1, Fall, 143-159.

Previously unpublished.
Reprinted in *On Metaphor*. Edited by Sh. SACKS. [Chicago-London]: The University of Chicago Press, [1979], 23 × 15, 141-157. Paperback edition in 1980.
Reprinted in *Philosophical Perspectives on Metaphor*. Edited by M. JOHNSON. [Minneapolis: University of Minnesota Press, 1981], 23,5 × 16, 228-247.

II.B.86. «My Relation to the History of Philosophy.» *The Iliff Review* (Paul Ricœur's Philosophy) 35 (1978), No. 3, Fall, 5-12.
Previously unpublished.

II.B.86a. RICŒUR P. and TOULMIN St., «Psychoanalysis, Physics and the Mind-Body Problem, with discussion by P. RICŒUR.» *The Annual of Psychoanalysis* 6 (1978). A Publication of The Chicago Institute for Psychoanalysis 6 [1978], November, 315-336, 336.

II.B.86b. «Manifestation and Proclamation.» *The Journal of the Blaisdell Institute* 12 (1978), No. 1, Winter, 16-35.
English translation of II.A.302.
Reprint in I.B.24.

II.B.87. «That Fiction 'remakes' Reality.» *The Journal of the Blaisdell Institute* 12 (1978), No. 1, Winter, 44-62.

1979

II.B.88. *Studies in the Philosophy of Paul Ricœur*. Edited by Ch.E. REAGAN with a preface by P. RICŒUR. Athens (Ohio): Ohio University Press, [1979], 23,5 × 16, XI-XXI.

II.B.89. LACOCQUE A., *The Book of Daniel*. Translation of *Le livre de Daniel* by D. PELLAUER with a foreword by P. RICŒUR. London-Atlanta: S.P.C.K.-J. Knox Press, [1979], XVII-XXVI.
Translation of II.A.320.

II.B.90. «Hegel and Husserl on Intersubjectivity.» *Reason, Action and Experience*. Essays in Honor of Raymond Klibansky. Edited by H. KOHLENBERGER. Hamburg: F. Meiner, [1979], 23,5 × 16, 13-29.
French text by II.A.358a.
Another English translation is found in I.B.22.

II.B.91. «Epilogue. The 'Sacred' Text and the Community.» *The Critical Study of Sacred Texts* (Berkeley Religious Studies Series). Edited by W.D. O'FLAHERTY. Berkeley: [Graduate Theological Union], 1979, 22,5 × 16, 271-276.
Reprint in I.B.24.

II.B.91a. RICŒUR P., HABERMAS J. et al., «Discussion [on the paper: J. HABERMAS, «Aspects of the Rationality of Action»].» *Rationality Today / La rationalité aujourd'hui* (Philosophica 13). Edited by/Édité par Th. GERAERTS. Ottawa: The University of Ottawa Press-Éditions de l'Université d'Ottawa, 1979, 23 × 15, 205-212.

II.B.92. «Naming God.» *Union Seminary Quarterly Review* 34 (1979), No. 4, Summer, 215-228.

Translation of II.A.337.
Reprint in I.B.24.

II.B.93. «The Hermeneutics of Testimony.» *Anglican Theological Review* 61 (1979), No. 4, 435-461.

Translation of II.A.288.
Reprinted in I.B.14.

II.B.94. «The Human Experience of Time and Narrative.» *Research in Phenomenology* (Studies in Phenomenology and the Human Sciences. Papers presented at the International Colloquium on Phenomenology and the Human Sciences at Duquesne University, 1978) 9 (1979), 17-34.

Previously unpublished.
Reprinted in I.B.21.

II.B.95. «The Function of Fiction in Shaping Reality.» *Man and World* 12 (1979), No. 2, 123-141.

Previously unpublished.
Reprinted in I.B.21.

II.B.96. «A Response [to the papers of A. LACOCQUE, D. CROSSAN and L.S. MUDGE].» *Biblical Research* (Symposium: Paul Ricœur and Biblical Hermeneutics) 24-25 (1979-1980), 70-80.

Partly reprinted in I.B.14.

II.B.97. «The Logic of Jesus, the Logic of God [sermon delivered in Rockefeller Chapel at the University of Chicago].» *Criterion* 18 (1979), No. 2, Summer, 4-6.

Translation of II.A.352.
Reprinted in *Anglican Theological Review* 62 (1980), No. 1, January, 37-41 and in I.B.24.

1980

II.B.98. «Narrative Time.» *Critical Inquiry* (On Narrative) 7 (1980), No. 1, Autumn, 169-190.

Abridged translation of II.A.353.
Reprinted in *On Narrative*. Edited by W.J.T. MITCHELL. Chicago-London:

The University of Chicago Press, [1981], 23 × 15,5, 165-186.
Translated into Japanese by II.I.16a.
Translated into Danish by II.J.2a.

II.B.99. «*Ways of Worldmaking*, by Nelson Goodman [critical discussion].» *Philosophy and Literature* 4 (1980), No. 1, Spring, 107-120.
Previously unpublished.
Reprint in I.B.21.

1981

II.B.100. MADISON G.Br., *The Phenomenology of Merleau-Ponty. A Search for the Limits of Consciousness*. Foreword by P. RICŒUR. Athens (Ohio): Ohio University Press, [1981], 23,5 × 16, XIII-XIX.
Translation of II.A.297.

II.B.101. «Sartre and Ryle on the Imagination.» *The Philosophy of Jean-Paul Sartre* (The Library of Living Philosophers, 26). Edited by P.A. SCHILLP. La Salle (Illinois): Open Court, [1981], 23,5 × 16, 167-178.
Previously unpublished.

II.B.101a. «The Bible and the Imagination.» *The Bible as a Document of the University* (Polebridge Books, 3). Edited by H.D. BETZ with a foreword by M.E. MARTY. [Chico (California)]: Scholars Press, [1981], 22,5 × 14,5, 49-75.
Reprinted in I.B.24.
French text by II.A.365.

II.B.102. «Two Encounters with Kierkegaard: Kierkegaard and Evil. Doing Philosophy after Kierkegaard.» *Kiekegaard's Truth: the Discourse of the Self* (Psychiatry and Humanities, 5). Edited by J.H. SMITH. New Haven-London: Yale University Press, [1981], 22 × 15, 313-342.
The second article "Philosophy after Kierkegaard" is published in another translation in *Kierkegaard: A Critical Reader*. Edited by J. RÉE and J. CHAMBERLAIN. [Oxford]: Blackwell, [1998], 9-25.

II.B.103. «Mimesis and Representation.» *Annals of Scholarship*. Metastudies of the Humanities and Social Sciences 2 (1981), No. 3, 15-32.
English translation of II.A.364.
Reprinted in I.B.21.

II.B.104. «The 'Kingdom' in the Parables of Jesus.» *Anglican Theological Review* 63 (1981), No. 2, April, 165-169.
Translation of II.A.328.

II.B.105. «Phenomenology and Theory of Literature. An Interview with Paul Ricœur [by E. NAKJAVANI].» *MLN*. Modern Language Notes (Comparative Literature) 96 (1981), No. 5, December, 1084-1090.
Reprinted in I.B.21.

1982

II.B.106. GADAMER H.-G. and RICŒUR P., «The Conflict of Interpretations [introductory texts by both philosophers followed by a discussion between them. Partial transcription from the recording of a symposium].» *Phenomenology: Dialogues and Bridges* (Selected Studies in Phenomenology and Existential Philosophy, 8). Edited by R. BRUZINA and Br. WILSHIRE. Albany: State University of New York Press, [1982], 23,5 × 15,5, 299-312, 313-320 [cloth and paper].

Reprinted in I.B.21.

II.B.106a. «The Status of *Vorstellung* in Hegel's Philosophy of Religion.» *Meaning, Truth and God* (Boston University Studies in Philosophy and Religion, 3). Edited by L.S. ROUNER. Notre Dame-London: University of Notre Dame Press, [1982], 24 × 16, 70-88.

French text by II.A.382.

II.B.107. «Poetry and Possibility: an Interview with Paul Ricœur conducted at the University of Chicago [1982].» *The Manhattan Review* 2 (1982), No. 2, 6-21.

Previously unpublished.
Reprinted in I.B.21.

1983

II.B.108. «On Interpretation.» *Philosophy in France Today*. Edited by A. MONTEFIORE. Cambridge-London-New York-New Rochelle-Melbourne-Sydney: Cambridge University Press, [1983], 22 × 14,5, 175-197 [hard cover and paperback edition].

Reprinted in *After Philosophy. End or Transformation?* Edited by K. BAYNES et al. Cambridge (Mass.)-London:The MIT Press, [1978], 23 × 15,5, 357-380 and in *The Continental Philosophy Reader*. Edited by R. KEARNEY and M. RAINWATER. London-New York: Routledge, [1996], 27,8 × 16,7, 138-155 and in I.B.22. French version published under the title 'De l'interprétation' in I.A.15.

II.B.109. «'Anatomy of Criticism' or the Order of Paradigms [on N. FRYE, *Anatomy of Criticism*].» *Centre and Labyrinth.* Essays in Honour of Northrop Frye. Edited by E. COOK, Ch. HOSEK et al. Toronto-Buffalo-London: University of Toronto Press, [1983], 23,5 × 16, 1-13.

Previously unpublished.
Reprinted in I.B.21.

II.B.110. «Can Fictional Narratives be True (Inaugural Essay)?» *Analecta Husserliana. Vol. XIV* (1983), 3-19.

Previously unpublished.

II.B.110a. «Narrative and Hermeneutics.» *Esssays on Aesthetics*. Perspectives on the Work of Monroe C. Beardsley. Edited by J. FISHER. Philadelphia: Temple University Press, [1983], 23,5 × 16, 149-160.

Previously unpublished.

II.B.111. «Action, Story and History: on Re-Reading *The Human Condition* [by H. ARENDT].» *Salmagundi*. A Quarterly of the Humanities and Social Sciences (On Hannah Arendt) 1983, No. 60, Spring-Summer, 60-72.

Reprinted in *The Realm of Humanitas: Responses to the Writings of Hannah Arendt*. New York-Bern-Frankfurt am Main-Paris: Gardner-Ruben-Lang, 1989, 149-163.

II.B.112. «Jan Patočka: A Philosopher of Resistance.» *The Crane Bag*. Journal of Irish Studies 7 (1983), No. 1, 116-118.

English translation of II.A.338, different from II.B.71.

1984

III.B.113. *The Reality of the Historical Past* (The Aquinas Lecture, 1984, No. 48). Under the Auspices of the Wisconsin-Alpha Chapter of Sigma Tau. Milwaukee: Marquette University Press, 1984, 18,5 × 11,5, 51 p.

Previously unpublished.

III.B.114. «Gabriel Marcel and Phenomenology. Reply [of G. MARCEL] to Paul Ricœur.» *The Philosophy of Gabriel Marcel* (The Library of Living Philosophers, 17). Edited by P.A. SCHILLP and E. HAHN. La Salle (Illinois): Open Court, [1984], 23,5 × 16,5, 471-494, 495-498.

English translation of II.A.324 without the discussion, but with a reply by G. MARCEL.

III.B.115. «Ideology and Ideology Critique.» *Phenomenology and Marxism* (International Library of Phenomenology and Moral Sciences). Edited by B. WALDENFELS, J. BROEKMAN and A. PAŽANIN and translated by J.Cl. EVANS. London: Routledge and Kegan Paul, [1984], 22,5 × 14, 134-164.

English translation of II.C.22.

II.B.116. KEARNEY R., «[Dialogues with] Paul Ricœur. Prefatory note. I: The Creativity of Language (Paris, 1981). II: Myth as the Bearer of Possible Worlds (Paris, 1978).» *Dialogues with Contemporary Continental Thinkers. The Phenomenological Heritage. Paul Ricœur. Emmanuel Levinas, Herbert Marcuse, Stanislas Breton, Jacques Derrida.* [Manchester]: Manchester University Press, [1984], 22,3 ×14,3, 15-16, 17-36, 36-46.

Reprint in 1986.
The first and second dialogue are reproduced in *States of Mind. Dialogues with Contemporary Thinkers on the European Mind.* Edited by R. KEARNEY. [Manchester]: Manchester University Press, [1995], 21,7 × 13,8, 216-236, 236-245 and in I.B.21.
A shortened version of the second dialogue appeared in *The Crane Bag.* Journal of Irish Studies 2 (1978), No. 1-2, 260-266.
Translated into Japanese in II.I.19.

II.B.117. «From Proclamation to Narrative [a study in the light of Rediscovering the Teaching of Jesus by N. PERRIN].» *The Journal of Religion* 64 (1984), No. 4, October, 501-512.

II.B.118. «Toward a 'Post-Critical Rhetoric'? [response of P. RICŒUR to the double issue of *Pre/Text* on «Ricœur and Rhetoric«].» *Pre/Text* 5 (1984), Spring, No. 1, 9-16.

1985

II.B.119. «The History of Religions and the Phenomenology of Time Consciousness.» *The History of Religions. Retrospect and Prospect.* Edited by J.M. KITAGAWA with an Afterword by G.D. ALLES and the editor. New York-London: MacMillan Publishing Company - Collier Macmillan, [1985], 24 × 16, 13-30.
Translated into Japanese by I.I.21.

II.B.120. «The Text as a Dynamic Unity.» *Identity of the Literary Text.* Edited by M.J. VALDÉS and O. MILKO. Toronto-Buffalo-London: Toronto University Press, [1985], 22 × 15, 175-186.

II.B.121. «Irrationality and the Plurality of Philosophical Systems (Summary. Résumé. Zusammenfassung).» *Dialectics* 39 (1985), No. 4, 297-319, 297.

II.B.122. «The Power of Speech: Science and Poetry.» *Philosophy Today* 29 (1985), No. 1/4, Spring, 59-70.
English translation of II.A.313.

II.B.123. «History as Narrative and Practice. Peter Kemp talks to Paul Ricœur in Copenhagen.» *Philosophy Today* 39 (1985), No. 3/4, Fall, 213-222.
English translation of III.A.359.

II.B.124. «Narrated Time [first draft of the conclusions on time in the forthcoming volume III of *Time and Narrative*].» *Philosophy Today* 39 (1985), No. 4/4, Winter, 259-272.
English translation of III.A.376.
Reproduced in I.B.21.

II.B.125. «Evil, a Challenge to Philosophy and Theology [paper presented as a Plenar Address to the 75th Annual Meeting of the American Academy of Religion, 1984].» *Journal of the American Academy of Religion* 53 (1985), No. 4, December, 635-648.

Reprinted in *Gottes Zukunft – Zukunft der Welt.* Festschrift für Jürgen Moltmann zum 60. Geburtstag. Edited by H. DEUSER. [München]: Kaiser Verlag, [1986], 23,3 × 15,5, 345-361, and in I.B.24.
French text by I.A.16.

1986

II.B.127. DAUENHAUER B.P., *The Politics of Hope* (Critical Social Thought). Foreword by P. RICŒUR. New York-London: Routledge and Kegan Paul, [1986], 22 × 14, IX-XVI..

II.B.128. *Philosophical Foundations of Human Rights*. Prepared by Unesco and the International Institute of Philosophy with an introduction by P. RICŒUR. [Paris]: Unesco, [1986], 24 × 15,5, 9-29.

Translated into Spanish by II.D.36.

II.B.129. «Life: a Story in Search of a Narrator.» *Facts and Values: Philosophical Reflections from Western and non-Western Perspectives* (Martinus Nijhoff Philosophy Library, 19). Edited by M.C. DOESER and J.N. KRAAJ. Dordrecht-Boston-Lancaster: M. Nijhoff, 1986, 24,5 × 16,5, 121-132.

Reprinted in I.B.21.
Translated into Italian by I.E.24.

II.B.130. «The Self in Psychoanalysis and in Phenomenological Philosophy.» *Psychoanalytic Inquiry* 6 (1986), No. 3, 437-458.

1987

II.B.132. HANLEY K.R., *Dramatic Approaches to Creative Fidelity. A Study in the Theater and Philosophy of Gabriel Marcel (1889-1973).* Introduction by P. RICŒUR. Lanham (MD): University Press of America, 1987, 23,5 × 15,5, XV-XVIII.

II.B.133. «Evil.» *The Encyclopedia of Religion. Vol. 5*. Published under the chief editorship of M. ELIADE. New York-London: Macmillan, [1978], 28,5 × 22,5, 199-208.

II.B.134. «Myth: Myth and History.» *The Encyclopedia of Religion. Vol. 10.* Published under the chief editorschip of M. ELIADE. New York-London: MacMillan, [1978], 28,5 × 22,5, 273-282.

II.B.135. «The Teleological and Deontological Structures of Action: Aristotle and/or Kant?» *Contemporary French Philosophy* (Royal Institute of Philosophy Lecture Series, 21). Edited by A. PHILLIPS GRIFFITHS. Cambridge-New York-New Rochelle-Melbourne-Sydney: Cambridge University Press, [1987], 23 × 16, 99-111.

Reprinted in *Archivio di Filosofia* (Etica e pragmatica). Atti del Colloquio internazionale, Roma 1987. 55 (1987), No. 1-3, 205-217 and in *Philosophy*. Journal of the Royal Institute of Philosophy (Supplement) 1987, 99-111.

II.B.136. *The Greatness and Fragility of Political Language*. The Forty-Second John Findley Green Foundation Lecture [delivered at Westminster College, Fulton (Missouri) 1987]. [1987], 21,5 × 14, 11 p.

A slightly different version is published under the title «The Fragility of Political Language.» *Philosophy Today* 31 (1987), No. 1/4, Spring, 35-44.
Italian text by II.E.21a.

1988

II.B.136a. BARASH J.A., *Martin Heidegger and the Problem of Historical Meaning* (Phaenomenologica, 102). Preface by P. RICŒUR. Dordrecht-Boston-Lancaster: M. Nijhoff, 1988, 24,5 × 16,5, IX-XVIII.

The French text slightly revised is published by II.A.503a and in I.A.19 and translated into Italian by II.E.57a.

II.B.137. «The Human Being as the Subject Matter of Philosophy [paper presented at the World Congress of Philosophy at Brighton, 1988].» *Philosophy and Social Criticism* (The Narrative Path: The Later Works of Paul Ricœur) 14 (1988), No. 2, 203-215.

Reprinted in *The Narrative Path. The Later Works of Paul Ricœur*. Edited by T.P. KEMP and D.M. RASMUSSEN. Cambridge (Mass.): The MIT Press, [1989], 23 × 15, 89-101.
French text by II.A.440a.
Translated into Czech by II.R.4.
Translated into Russian by II.T.1.
Translated into Hungarian by II.X.8.

II.B.138. «From Kant to Guyau.» *Guyau and the Idea of Time* (Koninklijke Nederlandse Akademie van Wetenschappen. Verhandelingen Afdeling Letterkunde. Nieuwe Reeks, Deel 136). Edited by J.A. MICHON with a foreword by P. FRAISSE. Amsterdam-Oxford-New York: North-Holland Publishing Company, 1988, 24,5 × 21, 149-159.

1989

II.B.139. «Rhetoric-Poetics-Hermeneutics.» *From Metaphysics to Rhetoric* (Synthese Library. Studies in Epistemology, Logic, Methodology and

Philosophy of Science, 202). Dordrecht-Boston-London: Kluwer Academic Publishers, [1989], 137-149.

Translation of II.A.397.
Reprinted in *Rhetoric and Hermeneutics in our Time: A Reader* (Yale Studies in Hermeneutics). Edited by W. JOST and M.J. HYDE. New Haven-London: Yale University Press, 1994, 24 × 16, 60-72. Reprint in 1997.

II.B.141. «Response to Josef Blank [Title of his Paper: 'According to the Scriptures': The New Testament. Origins and Structure of Theological Hermeneutics'].» *Paradigm Change in Theology*. A Symposium for the Future. Edited by H. KÜNG and D. TRACY and translated by M. KÖHL. Edinburgh: T&T. Clark LTD, [1989], 22 × 14, 283-286.

English version of II.C.35a.

II.B.142. «Greimas's Narrative Grammar.» *New Literary History*. A Journal of Theory and Interpretation 20 (1989), No. 3, 598-608.

Reprinted in *Paris School Semiotics I. Theory* (Semiotics Crossroads, 2). Edited by P. PERRON and Fr. COLLINS. Amsterdam-Philadelphia: John Benjamins Publishing Co., 1989, 22,5 × 15,5, 3-31 and in I.B.21.
English translation of II.A.355.

II.B.143. «On Narrativity: Debate with A.J. Greimas [held at the University of Toronto. Colloquium on 'Universals of Narrativity', Toronto 1984].» *New Literary History*. A Journal of Theory and Interpretation 20 (1989), No. 3, 551-562.

Reprinted in I.B.21.

II.B.144. «The Memory of Suffering [address delivered on Yom-Ha-Shoah at an interfaith Memorial Service, Chicago].» *Criterion* 28 (1989), No. 2, Spring, 2-4.

Reprinted in I.B.24.

1990

II.B.145. JERVOLINO D., *The Cogito and Hermeneutics. The Question of the Subject in Ricœur* (Contributions to Phenomenology, 6). Translation of *Il Cogito e l'ermeneutica* by G. POOLE with forewords by P. RICŒUR and Th. GEERAERTS followed by a new afterword of the author and by an interview with P. RICŒUR. Dordrecht-Boston-London: Kluwer Academic Publishers, [1990], 24,5 × 16,5, XI-XVI, 147-153.

English translation of I.E.2.

II.B.146. «Interpretative Narrative.» *The Book and the Text. The Bible and Literary Theory*. Edited by R. SCHWARZ. [Oxford-Cambridge (Mass.)]: Blackwell, [1990], 236-257.

Translation of II.A.384.
Reprinted in I.B.24.

II.B.147. «Phenomenology and History in the Sciences of Religion [paper presented at the 12th Congress of Arts and Sciences. Paris 1987].» *Homo Religiosus. To Honor Mircea Eliade*. A.R.A. Publications, 1990.

II.B.148. «The Golden Rule: Exegetical and Theological Perplexities [paper delivered at the Studiorum Novi Testamenti Societas, Dublin 1989].» *New Testament Studies* 36 (1990), No. 3, July, 392-397.

French text by II.A.349.

II.B.149. «On John Rawls' *A Theory of Justice*: Is a purely procedural theory of justice possible?« *International Science Journal* (Changing Family Patterns) 1990, No. 126, November, 553-564.

English translation of II.A.455.

1991

II.B.150. «Love and Justice.» *Radical Pluralism and Truth. David Tracy and the Hermeneutics of Religion*. Edited by W.J. JEANROND and J.L. RIKE. New York: Crossroad, [1991], 23,5 × 16,5, 187-202.

This English text is slightly different from I.A.17a, from II.B.157 and from I.C.11.
Reprinted in I.B.24.

II.B.151. «Life in Quest of Narrative.» *On Paul Ricœur. Narrative and Interpretation* (Warwick Studies in Philosophy and Literature). Edited by D. WOOD. London-New York: Routledge, [1991], 22,5 × 14, 20-33.

English translation different from II.B.129.

II.B.152. «Ricœur on Narrative [Round Table discussion on *Time and Narrative I*. A Reply of P. RICŒUR to contributions of D. CARR, D. TAYLOR and H. WHITE].» *On Paul Ricœur. Narrative and Interpretation* (Warwick Studies in Philosophy and Literature). Edited by D. WOOD. London-New York: Routledge, [1991], 22,5 × 14, 160-187.

English translation of II.A.385.

II.B.153. «Narrative Identity.» *On Paul Ricœur. Narrative and Interpretation* (Warwick Studies in Philosophy and Literature). Edited by D. WOOD. London-New York: Routledge, [1991], 22,5 × 14, 188-199.

English translation of II.A.422, different from II.B.154.

II.B.154. «Narrative Identity.» *Philosophy Today* (A Festschrift Issue for Robert Lechner) 35 (1991), No. 1, Spring, 73-81.

English translation of II.A.422, different from II.B.153.

1992

II.B.155. «Metaphor and the Semantics of Discourse.» *Ideas, Words and Things* (French Writings in Semiology). Edited by H. SINGH GILL and B. POTTIER. [New Delhi]: Orient Longman, [1992], 22 × 14,5, 220-233.

English translation of an excerpt of I.A.11 (pp. 87-100), different from the English text in I.B.11.

II.B.156. «Universality and the Power of Difference [interview with R. KEARNEY].» *Visions of Europe*. Ed. by R. KEARNEY. Dublin: Wolfhound Press, 1992, 117-125.

Reprinted in *States of mind. Dialogues with contemporary thinkers on the European mind.* Edited by R. KEARNEY. [Manchester]: Manchester University Press, [1995], 33-38.

1993

II.B.157. «Self as *Ipse.*» *Freedom and Interpretation.* The Oxford Amnesty Lectures 1992. Edited by B. JOHNSON. [New York]: Basic Books, [1993], 21,5 × 15, 103-119.

II.B.158. «Responsibility and Fragility: an Ethical Reflection.» *The Journal of the Faculty of Religious Studies* (McGill University) 21 (1993), 7-10.

1994

II.B.159. «Althusser's Theory of Ideology.» *Althusser. A Critical Reader.* Edited by Gr. ELLIOTT. Oxford-Cambridge: Blackwell, [1994], 23 × 15, 44-72.

Reprint of extract (pp. 124-157) from I.B.19.

II.B.160. «The Plurality of the Sources of Law.» *Ratio Juris* 7 (1994), No. 3, December, 272-286.

French text in I.A.23.

1995

II.B.161. «Intellectual Autobiography.» *The Philosophy of Paul Ricœur* (The Library of Living Philosophers, 22). Edited by L.E. HAHN. Chicago-La Salle (Illinois): Open Court, [1995], 23,5 × 16, 1-53.

French text in I.A.22.

II.B.162. «Replies to D. IHDE, G.B. MADISON, D. PELLAUER, M. PHILIBERT, H.D. RUDNICK, J.E. SMITH, Th.Z. LAVINE, D. TOWNSEND, M. GERHART, E.F. KAELIN, M.J. VALDÉS, J. BIEN, R.L. LANIGAN, Ch.E. REAGAN, T. KLEIN, P. KEMP, T.F. GODLOVE, D. STEWART, St.T. TYMAN, D. DETMER, B. STEVENS,

L. KUEN TONG, D. JERVOLINO, P.L. BOURGEOIS, K. BLAMEY.» *The Philosophy of Paul Ricœur* (The Library of Living Philosophers, 22). Edited by L.E. HAHN. Chicago-La Salle (Illinois): Open Court, [1995], 23,5 × 16, 71-73, 93-95, 123-125, 138-139, 146, 165-168, 189-192, 210-212, 233-235, 256-258, 281-284, 306-307, 327-329, 346-347, 367-370, 395-398, 416-420, 443-449, 472-475, 495-497, 507-509, 528-530, 544-547, 567-570, 604.

II.B.163. «Memory-Forgetfulness-History.» *Mitteilungen*. Zentrum für interdisziplinäre Forschung der Universität Bielefeld 2 (1995), 3-12.

Reprinted in *The Jerusalem Philosophical Quarterly* (History, Memory and Action. The Israel Academy of Sciences and Humanities, 13-24 Iyyun) 1996, July, 15ss.
German text in II.C.47.

II.B.164. «History and Rhetoric.» *Diogenes*. Bergbahn Books. Providence-Oxford 42 (1995), No. 168, 7-24.

English translation of II.A.559.

1996

II.B.165. PATOČKA J., *Heretical Essays in the Philosophy of History*. Translated from the Czech edition with the preface by P. RICŒUR to the French edition and edited by J. DODD. Chicago-La Salle (Illinois): Open Court, [1996], 21 × 14, VII-XVI.

Translation of II.A.357.

II.B.166. «Fragility and Responsibility.» *Paul Ricœur. The Hermeneutics of Action* (Philosophy and Social Criticism). Edited by R. KEARNEY. London-Thousand Oaks-New Delhi: Sage Publications, [1996], 23,5 × 15,5, 15-22.

English version of II.A.502.
Shortened version of II.B.158.

II.B.167. «Love and Justice.» *Paul Ricœur. The Hermeneutics of Action* (Philosophy and Social Criticism). Edited by R. KEARNEY. London-Thousand Oaks-New Delhi: Sage Publications, [1996], 23,5 × 15,5, 23-39.

This English text is a shortened and slightly different version from I.A.17a, I.C.11 and II.B.150.

II.B.168. «Reflections on a New Ethos for Europe.» *Paul Ricœur. The Hermeneutics of Action* (Philosophy and Social Criticism). Edited by R. KEARNEY. London-Thousand Oaks-New Delhi: Sage Publications, [1996], 23,5 × 15,5, 3-13.

English translation of II.A.496.

II.B.168a. «Response by Paul Ricœur: Philosophy and Liberation.» *The Underside of Modernity: Apel, Ricœur, Rorty, Taylor and the Philosophy of Liberation.* Translated and edited by E. MENDIETA. New Jersey: Humanities Press, 1996, 205-212.

English text of II.E.59.

II.B.169. «Interview [with P. RICŒUR conducted by Ch. E. REAGAN on his publications on Freud and Metaphor, Châtenay-Malabry, 1982].» *Paul Ricœur. His Life and Work* by Ch. E. REAGAN. Chicago-London: University of Chicago Press, [1996], 100-109.

II.B.170. «Interview [with P. RICŒUR conducted by Ch. E. REAGAN on *Time and Narrative* and the Gifford Lectures]. Chicago, 1988.» *Paul Ricœur. His Life and Work* by Ch. E. REAGAN. Chicago-London: University of Chicago Press, [1996], 109-116.

II.B.171. «Interview [with P. RICŒUR conducted by Ch. E. REAGAN on *Du texte à l'action* and *Soi-même comme un autre*]. Chicago, 1990.» *Paul Ricœur. His Life and Work* by Ch. E. REAGAN. Chicago-London: University of Chicago Press, [1996], 116-123.

II.B.172. «Interview [with P. RICŒUR conducted by Ch. E. REAGAN on his projected trilogy on *Philosophy of will*, his early Christian pacifism, his captivity and Nanterre]. Châtenay-Malabry, 1991.» *Paul Ricœur. His Life and Work* by Ch. E. REAGAN. Chicago-London: University of Chicago Press, [1996], 123-135.

English translation of II.A.483.

II.B.173. «Between Rhetoric and Poetics.» *Essays on Aristotle's 'Rhetoric'* (Philosophical Traditions, 6). Edited by A. OKSENBERG RORTY. Berkeley-Los Angeles-London: University of California Press, [1996], 23 × 15, 324-384.

Shortened version of Study 1 and of Section I in Study 8 in I.B.11.

II.B.173a. «In memoriam Emmanuel Levinas.» *Philosophy Today* 40 (1996), No. 3/4, Fall, 331-333.

English translation of II.A.590.

II.B.174. «From Metaphysics to Moral Philosophy.» *Philosophy Today* 1996, 4/4, Winter, 443-458.

Translation of II.A.517.

II.B.175. «Foreword [presenting all the articles on 'Tolerance and Intolerance'].» *Diogenes* (Tolerance between Intolerance and the Intolerable) (Berghahn Books, Providence-Oxford) 44 (1996), No. 176, Winter, 1-2.

Translation of II.A.608.

II.B.175a. «To Think Tolerance.» «Tolerance, Rights and the Law.» «Some spiritual Sources of Tolerance [introductions to 3 series].» *Diogenes* (Tolerance between Intolerance and the Intolerable) 44 (1996), No. 176, Winter, 25-26, 51-52, 113-114.

English text of II.A.610a.

II.B.176. «The Erosion of Tolerance and the Resistance of the Intolerable [introduced by a text entitled 'Obstacles and Limits to Tolerance'].» *Diogenes* (Tolerance between Intolerance and the Intolerable) (Berghahn Books, Providence-Oxford) 44 (1996), No. 176, Winter, 189-201, 161-162.

English translation of II.A.609.

II.B.177. «The Crisis of the *Cogito*.» *Synthese*. An International Journal for Epistemology, Methodology and Philosophy of Science 106 (1996), No. 1, 57-66.

1997

II.B.178. *Paul Ricœur and Narrative. Context and Contestation*. Edited by M. JOY with a Response by P. RICŒUR [in English and in French]. [Calgary]: University of Calgary Press, [1997], 23 × 15, XXXIX-L.

II.B.180. «The Self in the Mirror of the Scriptures [the unpublished eleventh Gifford Lecture on the Bible as a pluriform unity of texts correlating with the Self]». *The Whole and the Divided Self*. Edited by D.E. AUNE and J. MCCARTHY. New York: The Crossroad Publishing Company, [1997], 23 × 15,5, 201-220.

II.B.181. «Conversation [between P. RICŒUR, D. PELLAUER and J. MCCARTHY on the canon, the liturgical reading and the sermon, and on the testimony, the attestation and the approbation of a biblical text]». *The Whole and the Divided Self*. Edited by D.E. AUNE and J. MCCARTHY. New York: The Crossroad Publishing Company, [1997], 23 × 15,5, 221-243.

1999

II.B.182. «Memory and Forgetting [on the ethics of memory].» *Questioning Ethics. Contemporary Debates in Philosophy*. Edited by R. KEARNEY and M. DOOLEY. London-New York: Routledge, [1999], 23,3 × 15,7, 5-11.

II.B.183. «Imagination, Testimony and Trust. A dialogue with Paul Ricœur.» *Questioning Ethics. Contemporary Debates in Philosophy*. Edited by R. KEARNEY and M. DOOLEY. London-New York: Routledge, [1999], 23,3 × 15,7, 12-17.

II.B.184. «Approaching the Human Person.» *Ethical Perspectives* (Is Personalism Still Alive in Europe?) 6 (1999), No. 1, April, 45-54.

English translation of II.A.456.

II.B.185. p. 243.

II.C. ALLEMAND / GERMAN

1953

II.C.1. «Geschichte der Philosophie als kontinuierliche Schöpfung der Menschheit auf dem Wege der Kommunikation». *Offener Horizont* (Festschrift für Karl Jaspers zum 70. Geburtstag). Edité par Kl. PIPER. München: P. PIPER, 1953, 110-125.

Texte français par II.A.64a.

II.C.2. *Staat und Gewalt*. Die dritte Vorlesung der John Knox Haus-Vorlesungsreihe. Genf: John Knox Haus-Gesellschaft, 1957, 21 × 14,5, 20 p.

Traduction allemande de II.A.84.

II.C.3. «Philosophie und Religion bei Karl Jaspers». *Karl Jaspers* (Philosophen des 20. Jahrhunderts). Édité par P.A. SCHILLP. Stuttgart: Kohlhammer, [1957], 22 × 14,5, 604-636.

Traduction alllemande de II.A.85.
Reproduit dans *Karl Jaspers in der Diskussion*. Édité par H. SANER. München: R. Piper, 1973, 23 × 14,5, 358-389.

1960

II.C.4. «Zum Grundproblem der Gegenwartsphilosophie. Die Philosophie des Nichts und die Urbejahung». *Sinn und Sein. Ein philosophisches Symposion*. Festschrift für F.J. von Rintelen. Édité par R. WISSER. Tübingen: M. Niemeyer, 1960, 23 × 14, 47-65.

Traduction allemande de II.A.76.

1963

II.C.5. «Das Wunder, die Abwege, das Rätsel 'Sexualität' [communication suivie de la présentation des questionnaires par P. RICŒUR]». *Sexualität. Wunder, Abwege, Rätsel. Eine Deutung in Form grundsätzlicher Stellungnahmen, Umfragen und Kontroversen* (Tribüne. Dokumente zu Zeitfragen). Traduit et édité par O. MARBACH. Olten-München: Roven Verlag, [1963], 20 × 12, 7-21, 25-47, 63-64, 141-161, 175-182, 199-209, 233, 265-292, 303, 321-323.

Réédité par *Sexualität. Wunder, Abwege, Rätsel. Eine Deutung in Form grundsätzlicher Stellungnahmen, Umfragen und Kontroversen* (Bücher des Wissens, 811). Traduit et édité par O. MARBACH. Frankfurt a.M.-Hamburg: Fischer Bücherei, [1967], 18,5 × 10,5, 7-19, 22-39, 109-125, 135-140, 154-162, 180, 202-224, 233, 240-249.
Traduction allemande de II.A.124.

II.C.6. «Hermeneutik der Symbole und philosophisches Denken». *Entmythologisierung und existentiale Interpretation.* Akten eines Kolloquiums des Centro internazionale di Studi Umanistici, Rom 1961 (Kerygma und Mythos, VI-1). (Theologische Forschung, 230). Édité par H.-W. BARTSCH et al. Hamburg-Bergstedt: Herbert Reich - Evangelischer Verlag, 1963, 23 × 16, 44-68.

Traduction de II.A.135, différente de celle-ci de I.C.7.

1966

II.C.7. «Der Atheismus der Psychoanalyse Freuds». *Concilium* (Grenzfragen) 2 (1966), n° 6, juin-juillet, 430-435.

Traduction de II.A.201.

1968

II.C.8. «Die Zukunft der Philosophie und die Frage nach dem Subjekt». *Die Zukunft der Philosophie.* Olten-Freiburg i.Br.: Walter Verlag, [1968], 22 × 14, 128-165.

Repris par une version française plus élaborée intitulée «La question du sujet: le défi de la sémiologie» dans I.A.10, ce qui est traduit dans les langues suivantes:
Traduit en anglais dans I.B.8.
Traduit en allemand dans I.C.5.
Traduit en espagnol dans I.D.3.
Traduit différemment en italien dans I.E.5 (traduction intégrale) et dans I.E.4 et I.E.9 (traductions partielles).
Traduit différemment en portugais dans I.F.3 et I.F.9.
Traduit en néerlandais dans I.G.2.

Traduit en polonais dans I.H.1.
Traduit en danois dans I.J.1.
Traduit en serbo-croate par II.K.3.

1969

II.C.8a. «Die Struktur, das Wort, das Ereignis». *Der französische Strukturalismus. Mode, Methode, Ideologie.* Mit einem Anhang mit Texten von de Saussure, Ricœur, etc. (Rowohlts deutsche Enzyklopädie, 310-311) par G. SCHIWY. Édité par E. GRASSI. [Reinbek bei Hamburg]: Rowohlt, [1969], 19 × 11,5, 214-218.

Traduction allemande partielle de II.A.214, différente de celle dans I.C.5.

1970

II.C.9. «Schuld, Ethik und Religion». *Concilium* (Grenzfragen) 2 (1966), n° 6-7, 384-393.

Traduction allemande de II.A.257, différente de celle dans I.C.7.

1972

II.C.10. «Der Text als Modell: hermeneutisches Verstehen». *Verstehende Soziologie. Grundzüge und Entwicklungstendenzen.* Édité par W. BÜHL. [München]: Nymphenburger Verlagshandlung, [1972], 21 × 13, 252-283.

Traduction allemande de II.B.38.
Reproduit dans *Seminar: Die Hermeneutik und die Wissenschaften* (Suhrkamp Taschenbuch Wissenschaft, 238). Édité par H.-G. GADAMER et G. BOEHM. [Frankfurt a.M.]: Suhrkamp, [1978] 17,5 × 11, 83-117.

II.C.11. «Sprachwissenschaftliche Analyse und Phänomenologie des Handelns». *Wissenschaft und Weltbild* 25 (1972), n° 4, octobre-décembre, 254-260.

Inédit en français.

1973

II.C.12 «Husserl und der Sinn der Geschichte». *Husserl* (Wege der Forschung, 40). Édité par H. NOACK. Darmstadt: Wissenschaftliche Buchgesellschaft, 1973, 20 × 13, 231-276.

Traduction allemande de II.A.18.

II.C.12a. «Vom Konflikt zur Konvergenz der exegetischen Methoden». *Exegese im Methodenkonflikt. Zwischen Geschichte und Struktur.* Édité par X. LÉON-DUFOUR et traduit par G. HAEFFNER et H. SCHOENDORF. München: Kösel Verlag, [1973], 22 × 14, 19-39.

Traduction allemande de II.A.268.

II.C.12b. «Über die Exegese von Gen. I, 1-2, 4». *Exegese im Methodenkonflikt. Zwischen Geschichte und Struktur*. Édité par X. LÉON-DUFOUR et traduit par G. HAEFFNER et H. SCHOENDORF. München: Kösel Verlag, [1973], 22 × 14, 47-67.

Traduction allemande de II.A.269.

II.C.12c. «Skizze eines abschliessenden Zusammenhangs». *Exegese im Methodenkonflikt. Zwischen Geschichte und Struktur*. Édité par X. LÉON-DUFOUR et traduit par G. HAEFFNER et H. SCHOENDORF. München: Kösel Verlag, [1973], 22 × 14, 188-199.

Traduction allemande de II.A.271.

II.C.12d. «Sprache und Theologie des Wortes». *Exegese im Methodenkonflikt. Zwischen Geschichte und Struktur*. Édité par X. LÉON-DUFOUR et traduit par G. HAEFFNER et H. SCHOENDORF. München: Kösel Verlag, [1973], 22 × 14, 201-221.

Traduction allemande de II.A.237.

II.C.13. «Die Hermeneutik Rudolf Bultmanns». *Evangelische Theologie* 33 (1973), n° 5, septembre-octobre, 457-476.

Traduction allemande de II.A.231, différente de celle dans I.C.5.
Reproduit dans *Theologisches Jahrbuch 1975*. Édité par W. ERNST et d'autres. Leipzig: St. Benno Verlag, 1975, 22,5 × 16, 536-553.

II.C.13a. «Paul Ricœur antwortet auf eine Anfrage der 'Revue Nouvelle' (Brüssel, Januar 1972) [die Frage war: 'Wie sehen Sie die Zukunft der Kirche als Institution und des christlichen Lebens im allgemeinen?']». *Pro mundi vita. Centrum informationis* (Pluralismus, Polarisation und Kommunikation in der Kirche) 1973, n° 42, 38.

Texte allemand de II.A.299a.

1974

II.C.14. «Die Vatergestalt. Vom Phantasiebild zum Symbol». *Fragen nach dem Vater. Französische Beiträge zu einer psychoanalytischen Anthropologie*. Édité par J. STORK. Freiburg-München: Alber, [1974], 20 × 12,5, 25-76.

Traduction allemande de II.A.248.
Reproduction de l'article portant le même titre dans I.C.7.

II.C.15. «Philosophische Annäherung an den Begriff der religiösen Freiheit». *Religion und Freiheit. Zur Hermeneutik der religiösen Freiheit*. Akten des Kolloquiums am Institut für philosophische Studien. Rom 1968 (Kerygma und Mythos, VI-5) (Theologische Forschung, 52). Édité par

Fr. THEUNIS. Hamburg-Bergstedt: Herbert Reich - Evangelischer Verlag, 1974, 23 × 16, 51-63.

Traduction allemande de II.A.235, différente de celle dans I.C.5.

II.C.16. «Philosophische und theologische Hermeneutik». *Metapher. Zur Hermeneutik religiöser Sprache* (Evangelische Theologie. Sonderheft). München: Kaiser Verlag, [1974], 22,5 × 15, 24-45.

Traduction allemande d'un texte français inédit.
Texte anglais dans II.B.56.
Traduit en italien dans I.E.8.
Traduit en japonais par II.I.14.

II.C.17. «Stellung und Funktion der Metapher in der biblischen Sprache». *Metapher. Zur Hermeneutik religiöser Sprache* (Evangelische Theologie. Sonderheft). München: Kaiser Verlag, [1974], 22,5 × 15, 45-70.

Traduit en italien dans I.E.8.
Traduit en japonais par II.I.15.

1975

II.C.18. «Phänomenologie des Wollens und Ordinary Language Approach». *Die Münchener Phänomenologie*. Vorträge des Internationalen Kongresses in München (Phaenomenologica, 65). Édité par H. KÜHN, E. AVÉ-LALLEMANT et R GLADIATOR. La Haye: M. Nijhoff, 1975, 24,5 × 16, 106-124.

Publié en français par II.A.362b.

1976

II.C.19. «Wissenschaft und Ideologie». *Die Wahrheit des Ganzen* (Leo Gabriel Festschrift). Édité par H. KOHLENBERGER. Wien-Freiburg-Basel: Herder, [1976], 23 × 15, 135-150.

Traduction allemande de II.A. 303.

II.C.20. «Objektivierung und Entfremdung in der geschichtlichen Erfahrung». *Zeitlichkeit und Entfremdung in Hermeneutik und Theologie*. Aus den Akten des Kolloquiums am Institut für philosophische Studien (Kerygma und Mythos, VI-8) (Theologische Forschung, 59). Édité par Fr. THEUNIS. Hamburg-Bergstedt: Herbert Reich-Evangelischer Verlag, 1976, 23 × 16, 24-32.

Reproduit dans *Philosophisches Jahrbuch* 84 (1977), 1-12.
Traduction allemande de II.A.315.
Traduit en japonais par II.I.20.

1977

II.C.21. «Die Hermeneutik der Säkularisierung. Glaube, Ideologie, Utopie». *Zum Problem der Säkularisierung. Mythos oder Wirklichkeit, Verhängnis oder Verheissung?* Akten des Kolloquiums am Institut für philosophische Studien (Kerygma und Mythos, VI-9) (Theologische Forschung, 60). Édité par Fr. THEUNIS. Hamburg-Bergstedt: Herbert Reich - Evangelischer Verlag, 1977, 23 × 16, 33-46.

Traduction allemande de II.A.327.

II.C.22. «Ideologie und Ideologiekritik». *Phänomenologie und Marxismus. Bd. I: Konzepte und Methoden* (Suhrkamp Taschenbuch Wissenschaft, 195). Édité par B. WALDENFELS, J. BROEKMAN et A. PAŽANIN. Frankfurt a.M.: Suhrkamp, 1977, 17,5 × 11, 197-233.

Traduction allemande d'un texte un peu différent de II.A.303.
Traduit en anglais par II.B.115.
Traduit en japonais par II.I.11.

II.C.23. «Diskurs und Kommunikation». *Neue Hefte für Philosophie* (Philosophische Psychologie) 1977, n° 11, 1-25.

Traduction allemande quasi-intégrale de II.A.294.

1978

II.C.24. «Rückfrage und Reduktion der Idealitäten in Husserls 'Krisis' und Marx' Deutscher Ideologie'». *Phänomenologie und Marxismus. Bd. III: Sozialphilosophie* (Suhrkamp Taschenbuch Wissenschaft, 232). Édité par B. WALDENFELS, J. BROEKMAN et A. PAŽANIN. Frankfurt a.M.: Suhrkamp, [1978], 17,5 × 11, 207-239.

Publié partiellement en français par II.A.348 et intégralement par II.A.632.
Traduit en italien par II.E.47.
Traduit en japonais par II.I.10.

II.C.24a. «Die Schrift als Problem der Literaturkritik und der philosophischen Hermeneutik». *Sprache und Welterfahrung* (Kritische Information, 69). Édité par J. ZIMMERMANN. München: W. Fink Verlag, [1978], 18,5 × 12, 67-88.

1979

II.C.25. «Der gekreuzigte Gott von Jürgen Moltmann». *Diskussion über Jürgen Moltmanns Buch 'Der gekreuzigte Gott'*. Édité et introduit par M. WELKER. München: Kaiser Verlag, [1979], 20,5 × 13, 17-25.

Traduction allemande de II.A.318.

1981

II.C.26. «Gott nennen». *Gott nennen. Philosophische Zugänge* (Alber Broschur Philosophie). Édité par B. CASPER. Freiburg-München: Karl Alber Verlag, [1981], 20 × 12,5, 45-79.

Traduction allemande de II.A.337.

II.C.27. «Poetische Fiktion und religiöse Rede». *Christlicher Glaube in moderner Gesellschaft. Teilband 2. Mythos und Wissenschaft, Kunst und Religion. Literarische und religiöse Sprache* (Enzyklopädische Bibliothek). Édité par Fr. BÖCKLE et d'autres. Freiburg-Basel-Wien: Herder, [1981], 21 × 15,3, 96-105.

Pas publié auparavant.

1982

II.C.28. «Biblische Hermeneutik». *Die neutestamentische Gleichnisforschung im Horizont von Hermeneutik und Literaturwissenschaft* (Wege der Forschung, 575). Édité par W. HARNISCH. Darmstadt: Wissenschaftliche Buchgesellschaft, 1982, 20 × 13,5, 248-339.

Traduction allemande quasi-intégrale de II.B.57.

1983

II.C.29. RICŒUR P., HOELZLE P. et JANOWSKI H.N., «Liebender Kampf um die Wahrheit. Gespräch mit Paul Ricœur [par P. KOELZLE et H. JANOWSKI sur la vérité théologique]». *Evangelische Kommentare* 16 (1983), n° 7, juillet, 378, 383-384.

II.C.29a. «Die Metapher und das Hauptproblem der Hermeneutik». *Theorie der Metapher* (Wege der Forschung, 389). Édité par A. HAVERKAMP. Darmstadt: Wissenschaftliche Buchgesellschaft, 1983, 20 × 13, 356-375.

Traduction allemande de II.A.289.

1984

II.C.30. «Poetik und Symbolik». *Die Mitte der Welt. Aufsätze zu Mircea Eliade* (Suhrkamp Taschenbuch, 981). Édité par H.P. DUERR. [Frankfurt a.M.]: Suhrkamp, [1984], 17,5 × 10,5, 11-34.

Traduction allemande de II.A.362c.

II.C.31. RICŒUR P., HOELZLE P. et JANOWSKI H.N., «Geschichte als erzählte Zeit [entretien de P. KOELZLE et H. JANOWSKI avec P. RICŒUR sur son livre *Temps et récit I*]». *Evangelische Kommentare* 17 (1984), n° 1, janvier, 45-46.

1985

II.C.32. «Paul Ricœur [une interview par Christian DELACHAMPAGNE]». *Philosophien. Gespräche mit Michel Foucault, Kostas Axelos etc.* (Édition Passagen, 6). Traduction de *Entretiens avec 'Le Monde'. I. Philosophies.* Édité par P. ENGELMANN. [Graz-Wien: Hermann Böhlaus Nachf. Gesellschaft, 1985], 20,8 × 12,8, 142-155.

Traduction allemande de II.A.360.

1986

II.C.33. *Zufall und Vernunft in der Geschichte* (Tübingen Rive Gauche) [conférence de P. RICŒUR à Tübingen, 1985]. Traduction de *Contingence et rationalité dans le récit* par H. MARCELLI. [Tübingen: Claudia Gehrke, 1986], 21,5 × 13,5, 36 p.

Traduction allemande de II.A.398.

II.C.34. «Jenseits von Husserl und Heidegger». *Leibhaftige Vernunft. Spuren von Merleau-Pontys Denken* (Übergänge. Texte und Studien zu Handlung, Sprache und Lebenswelt, 15). Édité par A. MÉTRAUX et B. WALDENFELS. München: W. Fink, [1986], 21,5 × 14, 56-63.

Texte français par II.A.440.

II.C.35. «Ist 'die Krise' ein spezifisch modernes Phänomen?» *Über die Krise. Castelgandolfo-Gespräche 1985*. Édité par K. MICHALSKI. [Stuttgart]: Klett-Cotta, 1986, 21,5 × 13,5, 38-63.

Texte français par II.A.420.
Traduit en italien par II.E.29.
Traduit en polonais par II.H.10.

II.C.35a. «Antwort an Josef Blank [Titel seiner Vorlesung: 'Secundum Scripturas. Ursprung und Struktur der theologischen Hermeneutik im Neuen Testament']». *Das neue Paradigma von Theologie. Strukturen und Dimensionen* (Ökumenische Theologie, 13). Édité par H. KÜNG et D. TRACY. [Zürich-Köln]: Benziger Verlag - Gütersloher Verlagshaus Gerd Mohn, [1986], 23 × 15, 53-56.

Texte anglais par II.B.141.

II.C.35b. «Begriff und Symbol [suivi d'une discussion]». *Wovon werden wir morgen geistig leben? Mythos, Religion und Wissenschaft in der 'Postmoderne'*. Akten der 13. Salzburger Humanismusgespräche 1986. Édité par O. SCHATZ und H. SPATZENEGGER. [Salzburg]: Universitätsverlag Anton Pustet, [1986], 21 × 15, 139-153, 171-181.

1987

II.C.36. «Narrative Funktion und menschliche Zeiterfahrung». *Romantik, Literatur und Philosophie*. Édité par V. BOHN. Frankfurt a.M.: Suhrkamp, 1987, 21,5 × 12, 45-79.

Traduit en espagnol par II.D.50.

II.C.37. «Narrative Identität [conférence à la Ruprecht-Karls Universität 1983]». *Heidelberger Jahrbücher* 31 (1987), 57-67.

Texte allemand de II.A.479.

II.C.38. «Erzählung, Metapher und Interpretationstheorie [conférence donnée à l'université de Tübingen 1986]». *Zeitschrift für Theologie und Kirche* 84 (1987), nº 2, mai, 232-253.

Traduction de l'article «De l'interprétation» paru dans I.A.15.

1988

II.C.39. PATOČKA J., *Ketzerische Essais zur Philosophie der Geschichte und ergänzende Schriften. Jan Patočka. Ausgewählte Schriften II*. Édité par Kl. NELLEN et J. NĚMEC avec une introduction de P. RICŒUR. [Stuttgart]: Klett-Cotta, [1988], 22 × 14, 7-18.

Texte allemand de II.A.357.

1989

II.C.40. «Von der Philosophie zum Politischen. Zu den Pfaden des Denkens von Hannah Arendt [conférence au Goethe-Institut Paris 1986]». *Wege ins Reich der Freiheit. Andre Gorz zum 65. Geburtstag*. Édité par H.L. KRÄMER et Cl. LEGGEWIE. [Berlin]: Rotbuch Verlag, [1989], 107-115.

Traduction allemande de II.A.410.

II.C.41. «Interpretation». *Esprit/Geist. 100 Schüsselbegriffe für Deutschen und Franzosen* (Serie Piper, 1093). Édité par L. LEENHARDT et R. PICHT. München-Zürich: Piper, [1989], 186-192.

Traduction allemande de II.A.451.

1990

II.C.42. «Dankesrede [réponse de remerciement de P. RICŒUR à la «Laudatio» par J. HERSCH à l'occasion de la remise du 'Karl Jaspers-Preis' 1989, Heidelberg 1990]». *Heidelberger Jahrbücher* 34 (1990), 89-93.

1991

II.C.43. «Interview mit Ricœur [par N. HALMER]». *Mesotes* (Wien) 1 (1991), nº 1, 14-17

1992

II.C.44. MARCEL G., *Werkauswahl. Bd. I. Hoffnung in einer zerbrochenen Welt. Vorlesungen und Aufsätze*. Introduit et édité par P. GROTZER avec une préface de P. RICŒUR. Paderborn-Wien-Zürich: Schöningh, 1992, 244 p.

II.C.45. «Welches neues Ethos für Europa?» *Europa imaginieren*. Édité par P. KOSLOWSKI. Berlin: Springer, 1992, 108-120.

Texte français par II.A.496.

1994

II.C.46. «Zu einer Hermeneutik des Rechts: Argumentation und Interpretation [paper delivered at the Colloquy 'What is Justice?', University of Dresden, 1993]». *Deutsche Zeitschrift für Philosophie* 42 (1994), nº 3, 375-384.

Repris dans *Die Gegenwart der Gerechtigkeit*. Berlin: Akademie Verlag, 1995, 69-78.
Texte français dans I.A.23 et par II.A.600.

1995

II.C.47. «Gedächtnis-Vergessen-Geschichte». *Identität im Wandel. Castelgandolfo-Gespräche 1995*. Édité par Kr. MICHALSKI. [Stuttgart]: Klett-Cotta, [1995], 23 × 16, 24-46.

Texte allemand de II.B.163.
Reproduit dans *Historische Sinnbildung*. Édité par Kl. E. MÜLLER et J. RÜSEN. Reinbek bei Hamburg: Rowohlts Enzyklopädie, 1997, 433-454.

1996

II.C.47a. «Geschichte und Rhetorik». *Der Sinn des Historischen. Geschichtsphilosophische Debatten*. Édité par H. NAGL-DOCEKAL. [Frankfurt-am-Main]: Fischer Taschenbuch Verlag, [1996], 19 × 12,2, 107-126.

Traduction allemande de II.A.559.

1997

II.C.48. «Das Paradox der Autorität». *Aufklärung heute. Castelgandolfo-Gespräche 1996*. Édité par Kr. MICHALSKI. [Stuttgart]: Klett-Cotta, 1997, 23,5 × 16, 36-53.

Traduction allemande de II.A.601.

II.C.49. «Herausforderung und Glück des Übersetzens [discours à la remise du prix]». *Übersetzerpreis zur Förderung der deutsch-französischen Beziehungen.* Stuttgart: DVA, 1997, 17-25.

Texte français par II.A.627.

1999

II.C.50. «Vielfältige Fremdheit». *Andersheit-Fremdheit-Toleranz* (Bausteine zur Philosophie. Bd. 14). Édité par R. BREUNINGER. Ulm: Humboldt-Studienzentrum. Universität Ulm, 1999, 11-30.

Texte français par II.A.674.
Texte italien par II.E.77 et texte tchèque par II.R.8.

II.D. ESPAGNOL / SPANISH

1965

II.D.1. «Hermenéutica de los símbolos y reflexión filosófica». *Anales de la Universidad de Chile.* Memorias científicas y literarias 123 (1965), n° 136, octobre-décembre, 4-42.

Traduction espagnole de II.A.135, différente de celle dans I.D.4.

1966

II.D.2. «El ateísmo del psicoanálisis freudiano». *Concilium* (Cuestiones fronterizas) 2 (1966), n 16, juin, 241-253.

Traduction de II.A.201.
Résumé publié sous le même titre dans *Colligite* (León) 1966, n° 47, 27-29.

II.D.3. «La aventura técnica y su horizonte interplanetario». *Testimonium* (En la era tecnológica) 11 (1966), n° 3, 18-29.

Traduction de II.A.99.

1967

II.D.4. «Estructura y hermenéutica». *Claude Lévi-Strauss. Problemas del estructuralismo. Verstraeten, Ricœur, Paci, Lévi-Strauss, Caruso, Bellour.* Traduction de quelques textes de P. VERSTRAETEN, P. RICŒUR et d'autres avec une introduction de O. DEL BARCO. [Córdoba, Argentina]: Universitaria de Córdoba, [1967], 22 × 14, 115-144.

Traduction espagnole de II.A.153 d'après la version parue dans *Esprit.* Cette version est légèrement différente de celle dans I.A.10, dont I.D.3 offre la traduction espagnole.

II.D.4a. «Claude Lévi-Strauss. Respuestas a algunas preguntas [de P. RICŒUR, M. GABORIAU et d'autres]». *Claude Lévi-Strauss. Problemas del estructuralismo. Verstraeten, Ricœur, Paci, Lévi-Strauss, Caruso, Bellour.* Traduction de quelques textes de P. VERSTRAETEN, P. RICŒUR et d'autres avec une introduction de O. DEL BARCO. [Córdoba, Argentina]: Universitaria de Córdoba, [1967], 22 × 14, 157-183.

Traduction espagnole de II.A.157.

II.D.5. «La universidad por hacer». *Convivium. Filosofía, psicología, humanidades* (Barcelona) 1967, nº 24-25, septembre-décembre, 49-57.

Traduction espagnole de II.A.168.
Repris dans I.D.13.

1969

II.D.6. GUILEAD R., *Ser y libertad. Un estudio sobre el ultimo Heidegger* (Molino de ideas). Traduction espagnole de *Être et liberté* par C. DÍAZ HERNÁNDEZ avec une préface de P. RICŒUR. Madrid: G. del Toro, 1969, 24 × 16, 5-8.

Traduction espagnole de II.A.179.

II.D.7. «Estructura, palabra, acontecimiento». *Estructuralismo y linguïstica* (El pensamiento estructuralista). Traduction de quelques textes de A.G. HAUDRICOURT, P. RICŒUR et d'autres par M. SAZBON. Buenos Aires: Nueva Visión, [1969], 19,5 × 14, 71-95.

Traduction espagnole de II.A.214, différente de celle dans I.D.1.

II.D.7a. «Técnica y no-técnica en la interpretación». *Revista Uruguyana de Psicología* 11 (1969), 22 ss.

Traduction espagnole de II.A.166.

1970

II.D.8. «La filosofía y la política ante la cuestión de la libertad [conférence aux Rencontres internationales de Genève; 1969]». *Libertad y orden social* (Pensamiento y ensayo). Madrid: Guadiana de Publicaciones, [1970], 21 × 13,5, 61-95.

Traduction espagnole de II.A.245.

II.D.9. «Culpa, ética y religión». *Concilium* (Cuestiones Fronterizas) 6 (1970), nº 56, juin, 329-346.

Traduction espagnole de II.A.247, différente de celle dans I.D.4.

1973

II.D.10. «Debate: Psicología y filosofía [débat autour du livre de J. PIAGET, *Sagesse et illusion de la philosophie* avec P. RICŒUR, J. PIAGET et d'autres]». *Debates sobre psicología, filosofía y Marxismo* (Biblioteca de psicología). Traduit par V.A. GOLDSTEIN. Buenos Aires: Amorrortu, [1973], 19,5 × 12, 11-48.

Repris sous le même titre dans *Autobiografía. El nacimiento de la inteligencia*. Traduction de textes de J. PIAGET, P. RICŒUR et R. ZAZZO. Buenos Aires: Caldeón, 1976, 126 p.
Traduction espagnole de II.A.200.

II.D.10a. «Respuesta de M. Paul Ricœur à la 'Revue Nouvelle' (Bruselas, enero de 1972). [cuestión: por su parte, ¿como ve el futuro de la institución eclesial y de la vida cristiana?]». *Pro mundi vita. Centrum informationis* 1973, nº 45, 37.

Texte espagnol de II.A.299a.

II.D.11. «El conflicto: ¿signo de contradicción y de unidad?». *Criterio* (Buenos Aires) 46 (1973), nº 1668, 24 mai, 252-258.

Traduction espagnole de II.A.290.

1974

II.D.12. «Hermenéutica y crítica de las ideologías». *Teoría* (Santiago de Chile) 1974, nº 2, 5-43.

Traduction espagnole de II.A.299.

II.D.13. «Ciencia y ideología». *Convivium. Filosofía, psicología, humanidades* (Barcelona) 1974, nº 43, 3-26.

Traduction espagnole de II.A.303.
Reproduit dans *Ideas y valores* (Bogotá) 1973-1975, nº 42-45, 97-122.

1975

II.D.14. «Valor actual del pensamiento de Hegel». *Selecciones de Teología* (Barcelona). Condensación de los mejores articulos de teología 14 (1975), nº 56, 339-357.

Traduction espagnole d'un condensé de II.A.304.

1976

II.D.15. «Del conflicto a la convergencia de los métodos en exégesis biblica». *Exégesis y hermenéutica* (Biblia y lenguaje). Traduction de *Exégèse et herméneutique* par G. TORRENTE BALLESTER. Madrid: Cristiandad, [1976], 22 × 14, 33-50.

Traduction espagnole de II.A.268.

II.D.16. «Sobre la exégesis de Genesis, 1-2, 4a en varios [conférence suivie d'une discussion]». *Exégesis y hermenéutica* (Biblia y lenguaje). Traduction de *Exégèse et herméneutique* par G. TORRENTE BALLESTER. Madrid: Cristiandad, [1976], 22 × 14, 59-74, 75-82.

Traduction espagnole de II.A.269.

II.D.16a. «Mesa redonda [avec R. BARTHES, P. RICŒUR et d'autres]». *Exégesis y hermenéutica* (Biblia y lenguaje). Traduction de *Exégèse et herméneutique* par G. TORRENTE BALLESTER. Madrid: Cristiandad, [1976], 22 × 14, 193-210.

Traduction espagnole de II.A.270.

II.D.17. «Bosquejo de conclusión». *Exégesis y hermenéutica* (Biblia y lenguaje). Traduction de *Exégèse et herméneutique* par G. TORRENTE BALLESTER. Madrid: Cristiandad, [1976], 22 × 14, 225-234.

Traduction espagnole de II.A.271.

II.D.18. «Reflexión sobre el lenguaje. Hacia una teología de la palabra». *Exégesis y hermenéutica* (Biblia y lenguaje). Traduction de *Exégèse et herméneutique* par G. TORRENTE BALLESTER. Madrid: Cristiandad, [1976], 22 × 14, 237-253.

Traduction espagnole de II.A.237, différente de celle dans I.D.6.

1978

II.D.19. «La tarea de la hermenéutica». *Exégesis. Problemas de método y ejercicios de lectura*. Édité par Fr. BOVON et G. ROUILLER et traduit par J.S. CROATTO. Buenos Aires: La Aurora, [1978], 22,5 × 15,5, 219-243.

Traduction espagnole de II.A.310.

II.D.20. «La función hermenéutica de la distanciación». *Exégesis. Problemas de método y ejercicios de lectura*. Édité par Fr. BOVON et G. ROUILLER et traduit par J.S. CROATTO. Buenos Aires: La Aurora, [1978], 22,5 × 15,5, 245-261.

Traduction espagnole de II.A.311.

II.D.21. «Hermenéutica filosófica y hermenéutica biblica». *Exégesis. Problemas de método y ejercicios de lectura*. Édité par Fr. BOVON et G. ROUILLER et traduit par J.S. CROATTO. Buenos Aires: La Aurora, [1978], 22,5 × 15,5, 263-277.

Traduction espagnole de II.A.312.

1979

II.D.22. LARRÉ Cl., PANIKKAR R. et d'autres, *Las culturas y el tiempo* (Hermeneia, 16). Traduction de *Les cultures et le temps* avec une introduction de P. RICŒUR par A. SÁNCHEZ BRAVO. Salamanca-Paris: Sígueme-UNESCO, [1979], 21,5 × 13,5, 11-35.

Traduction espagnole de II.A.339.

1980

II.D.24. «Hegel hoy». *Estudios de Deusto* 28 (1980), nº 64, janvier-juin, 215-238.

Traduction espagnole de II.A.304.

1981

II.D.25. «Acontecimiento y sentido». *Revista de filosofía* (Chile), 19 (1981), nº 1, décembre, 5-24.

Traduction espagnole de II.A.279. Reproduit dans I.D.10.

II.D.26. «El proyecto de una moral social». *Fe cristiana y vida cotidiana* (Creer y comprender). Édité par A. DUMAS et R. SIMON. Madrid: Ediciones Marova, [1981], 21 × 13,5, 91-101.

Traduction espagnole de II.A.202.

II.D.26a. «Filosofía y sociedad. Entrevista con Paul Ricœur [por M. MACEIRAS]». *Aporía* (Madrid) 5 (1983), nº 19-20, 124-126.

1983

II.D.27. COUCH B.M., *Hermenéutica metódica. Teoría de la interpretación según Paul Ricœur* (El Baquiano, 3). Préface de P. RICŒUR. [Buenos Aires: Docencia, 1983], 20 × 14, 15-19.

II.D.28. «Del existencialismo a la filosofía del lenguaje». *Del existencialismo a la filosofía del lenguaje* (El Baquiano, 4). [Buenos Aires: Docencia, 1983], 20 × 14, 9-18.

Traduction espagnole de II.B.39.

I.D.29. «Experiencia y teoría en psicoanálisis». *Del existencialismo a la filosofía del lenguaje* (El Baquiano, 4). [Buenos Aires: Docencia, 1983], 20 × 14, 9-18.

Texte espagnol peu différent de II.D.30.

II.D.30. «El problema de la prueba en los escritos psicoanalíticos de Freud». *Revista de Psicoanálisis* 40 (1983), nº 5/6, septembre-décembre, 1053-1082.

Traduction espagnole de II.B.69.

1984

II.D.31. «Poética y simbólica». *Iniciación a la práctica de la teología. I.: Introducción.* Édité par B. HANRET et d'autres. Madrid: Cristiandad, 1984, 43-69.

Traduction espagnole de II.A.362c.
Reproduit dans I.D.11.

II.D.32. «Acercamiento filosófico del concepto de libertad religiosa». *Revista Universitaria* (Santiago) 1984 nº 12, 22-26.

Traduction espagnole de la première partie de II.A.235.

II.D.33. «Una aproximación filosófica de la libertad según la esperanza». *Revista Universitaria* (Santiago) 1984 nº 13, 8-14.

Traduction espagnole de la deuxième partie de II.A.235.

II.D.34. «Hacia una teoría del lenguaje literario». *Revista Canadiense de estudios Hispánicos* (Ottawa) 9 (1984), nº 1, octobre, 67-84.

1985

II.D.35. MACEIRAS FAFIÁN M., *¿Que es filosofía? El hombre y su mundo* (Historia de la filosofía, 1). Préface de P. RICŒUR. [Madrid]: Editorial Concel, [1985], 18 × 12, 11-18.

Réimpression en 1987 et en 1994.

1986

II.D.36. «Fundamentos filosóficos de los derechos humanos: una sintesis». *Los fundamentos filosóficos de los derechos humanos.* Traduction par Gr. BARAVALLE. [Barcelona-Paris]: Serbal-Unesco, [1985], 19 × 13, 9-32.

Traduction espagnole de II.B.128.

1987

II.D.37. «La historia es una novela. Conversación con Paul Ricœur [propos recueillis par M. FERRARIS]». *El País.* Libros 9 (1987), nº 389, 9 avril, 1, 7.

II.D.38. «El tiempo contado». *Revista de Occidente* 76 (1987), nº 76, septembre, 41-64.

Traduction espagnole de II.A.376.

1988

II.D.39. PATOČKA J., *Ensayos heréticos sobre la filosofía de la historia* (Ideas, 6). Traduit par A. CLAVERIA avec une introduction de P. RICŒUR. Barcelona: Peninsula, 1988, 184 p.

Traduction espagnole de II.A.357.

II.D.40. «Discurso y comunicación [avec résumé]». *Universitas philosophica* (Bogotá) 1988-1989, nº 1-12, décembre-janvier, 67-88, 67.

Traduction espagnole de II.A.294.

II.D.41. «Historia de la idea de justicia. I. La justicia según Aristóteles». *Archipiélago*. Cuadernos de critica de la cultura (Barcelona) 1989, nº 3, 33-39.

II.D.42. «Teología biblica y practica politica según Georges Casalis». *De Basilea a Managua: Georges Casalis. Hermenéutica-revolución-fidelidad.* [Managua (Nicaragua): Centro Inter-Eclesial de Estudios Teológicos y Sociales, 1989], 21,5 × 14, 281-287.

1990

II.D.43. «Individuo y identidad personal». *Sobre el individuo*. Contribuciones al Coloquio de Royaumont (Paidos Studio, 78). Barcelona-Buenos Aires-Mexico: Ediciones Paidos, 1990, 19,5 × 12,5, 67-90.

Traduction espagnole de II.A.408.

II.D.44. «¿Es posible una teoría puramente procesal de la justicia? A proposito de la *Teoría de la justicia* de John Rawls». *Revista internacional de ciencias sociales* (Evoluciones de la familia) 1990, nº 126, décembre, 585-597.

Traduction espagnole de II.A.455.

1991

II.D.45. «Autocomprehensión e historia». *Paul Ricœur. Los caminos de la interpretación* (Autores, Textos y Temas. Filosofía, 37). Édité par T. CALVO MARTÍNES et R. ÁVILA CRESPO. Barcelona: Anthropos, [1991], 26-42.

Traduction espagnole de II.A.473.
Repris dans *Anthropos* (Barcelona) 1998, nº 181, novembre-décembre, 23-30.

II.D.46. «Respuestas à M. MACEIRAS, A. PINTOR-RAMOS, T. CALVO, J.M. NAVARRO CORDON, M. BEUCHOT, J.M. RUBIO FERRERES, G. PETITDEMANGE, O. MONGIN et M. PEÑALVER». *Paul Ricœur. Los caminos de la interpretación* (Autores, Textos y Temas. Filosofía, 37). Édité par T. CALVO MARTINES et R. AVILA CRESPO. Barcelona: Anthropos, [1991], 70-72, 112-116, 141-144, 188-192, 216-218, 244-246, 277-278, 330-332, 363-366.

Traduction espagnole de II.A.474.

II.D.47. «Entre hermenéutica y semiotica». *Escritos.* Mexico: Universidad Autónoma de Puebla, 1991, 7-94.

Traduction espagnole de II.A.460.

II.D.48. *Sexualidad: la maravilla, la errancia, el enigma* (Colecció Mínima). Traduit par R. PAEZ. [Buenos Aires]: Almagesto, [1991], 18 × 11, 22 p.

Traduction espagnole du seul article de II.A.124.

II.D.49. «El escandolo del mal». *Revista de filosofía* 4 (1991), nº 5, 191-197.

Traduction espagnole de II.A.402.

II.D.49a. «Entrevista a Paul Ricœur [par J.M. ESQUIROL I CALAF]». *El Ciervo* (Barcelona) 1991, mai.

1992

II.D.50. *La función narrativa y el tiempo* (Colección Minima). Traduit par J.E. SUAREZ. [Buenos Aires]: Almagesto, 17,5 × 10,5, 46 p.

Traduction espagnole de II.A.353, différente de celle dans I.D.10.

II.D.51. «La identidad narrativa». *Dialogo filosófico* (Madrid) 24 (1992), nº 8, 315-324.

Traduction espagnole de II.A.422.

1994

II.D.52. «Historia de la idea de justicia. 3. Hegel y el derecho penal». *Archipiélago.* Cuadernos de critica de la Cultura 1994, nº 18-18, janvier-mars, 200-210.

1995

II.D.53. AGÍS VILLAVERDE M., *Del símbolo a la metáfora. Introducción a la filosofía hermenéutica de Paul Ricœur.* Préface de P. RICŒUR [en espagnol]. Santiago de Compostela: Universidad de Santiago de Compostela, 1995, 19-24.

II.D.54. LANDSBERG P.-L., *Ensayo sobre la experiencia de la muerte* (Colección Esprit, 14). Traduit par A. DEL RIO HERMANN avec une présentation par P. RICŒUR. [Madrid]: Caparros, [1995], 21 × 14, 7-12.

La présentation est la traduction de l'article II.A.33.

II.D.55. «La persona: desarollo moral y político». *Revista de Occidente* (Lo político y sus fronteras) 1995, nº 67, avril, 129-142.

1997

II.D.56. «Entrevista con Paul Ricœur [por G. ARANZUEQUE]. Memoria, olvido y melancolía». *Revista de Occidente* 1997, nº 198, 105-121.

II.D.57. «Entrevista con Paul Ricœur [por M. MACEIRAS]». *Anábasis*. Revista de Filosofía 4 (1997), nº 5, 9-15.

1998

II.D.57a. «Justicia y verdad.» *Horizontes de la hermenéutica*. Actas. Encuentros Internacionales de Filosofía en el Camino de Santiago (1993, 1995). Edité par M. AGÍS VILLAVERDE, 1998, 33-45.

Traduction espagnole de II.A.602.
Repris dans *Conferencias de Foro Universitario*. Édité par M. AGÍS VILLAVERDE. Santiago de Compostela: Universidad de Santiago de Compostela, 1999, 51-63.

II.D.58. «Discurso, metafísica y hermenéutica del sí-mismo». *Anthropos* (Barcelona) 1998, nº 181, novembre-décembre, 30-37.

II.D.59. «Las paradojas de la autoridad». *Tópicos*. Revista de Filosofía de Santa Fe 1998, nº 6, 7-19.

Traduction espagnole de II.A.601.

II.E. ITALIEN / ITALIAN

1956

II.E.1. «Interrogativi sulla Cina». *Il Ponte*. Rivista mensile di politica e di letteratura (La Cina d'oggi) 1956, avril, 129-142.

Reproduit dans *La Cina d'oggi* (Il ponte). Firenze: La Nuova Italia, 22 × 14,5, 129-142.
Traduction italienne de II.A.80.

1959

II.E.2. «L'insegnante di fronte al cattolicesimo attuale». *Foi-Éducation* 28 (1958), nº 42, janvier-mars; 14-18.

Traduction italienne de II.A.104.

1964

II.E.3. «La domanda che la filosofia odierna pone alla filosofia di domani». *Il mondo di domani*. Edité par P. PRINI. Roma: Abete, [1964], 24 × 16,5, 163-170.

Inédit en français.

1966

II.E.4. RICŒUR P, CHAUCHARD P. et d'autres, «L'uomo di scienza e l'uomo di fede». *Scienza e fede*. Brescia: Morcelliana, 1966, 21,5 × 14, 100-113.
Traduction italienne de II.A.49.

II.E.5. «La sessualità: la meraviglia, la deviazione, l'enigma [exposé suivi de la présentation des questionnaires par P. RICŒUR]». *Problematica della sessualità* (Conoscenza dell'uomo, 5). Torino: Borla, [1966], 21 × 13, 9-22, 25-46, 56, 119-128, 130, 173-187, 192, 215-250.
Traduction italienne de II.A.124.

II.E.5a. «Il 'socius' e il prossimo». *Il tetto* 4 (1966), nº 16, août, 29-40.
Traduction italienne de II.A.62.

II.E.6. «L'ateismo della psicoanalisi freudiana». *Concilium* 2 (1966), nº 4, 87-100.
Traduction italienne de II.A.201.

1967

II.E.6a. «L'uomo non violento e la sua presenza nella storia». *Il tetto* 5 (1967), nº 22, août, 38-47.
Traduction italienne de II.A.19.

1969

II.E.6b. DRÈZE J. et DEBELLE J., *Progetto di università* (Outsiders-Queriniana, 5). Traduction de *Conceptions de l'université* par C. BRANCA avec une préface de P. RICŒUR. [Brescia]: Queriniana, [1969], 18,5 × 11,5, 12-28.
Traduction italienne de II.A.232.

II.E.6c. «I compiti della comunità ecclesiale nel mondo moderno». *La teologia del rinovamento. Mete, problemi e prospettive della teologia contemporanea*. Édité par V. PAGANI et traduit par G. GUSTIZIERI et al. Assisi: Cittadella editrice, 1969, 164-174.
Traduction italienne de II.A.27.

1970

II.E.7. «Colpevolezza, etica e religione». *Concilium* (Problemi Chiesa-Mondo) 6 (1970), nº 6, 999-1010.
Traduction italienne de II.A.257, différente de celle dans I.E.5.

II.E.8. «Tendenze principali della ricerca in filosofia [communication suivie d'une discussion avec F. BATTAGLIA et d'autres]». *Filosofia* 21 (1970), nº 4, octobre, 463-471, 472-508.

1973

II.E.8a. «Psicoanalisi e cultura». *La critica tra Marx e Freud. Studi di sociologia della letteratura.* Édité et traduit par A. CECCARONI. Rimini: Guaraldi, 1973, 180-189.

1975

II.E.9. «La situazione del problema ermeneutico. Saggio sul mito». *Gadamer, Ricœur, Lévi-Strauss. Problemi dell'interpretazione.* Édité par M. CRISTALDI. [Catania]: Giavotta, [1975], 24,5 × 17, 123-174.

Traduction italienne de notes prises par le traducteur pendant les cours de P. Ricœur, dont les pages 31-56 de II.A.252 offrent des éléments substantiels. Les pages 123-144 sont reproduites dans *Fenomenologia e tempo* (Nuovi Saggi, 84). Édités par les soins de M.Cl. FRANZA. [Roma]: Editore dell'Ateneo, [1982], 21 × 15, 55-71.

1979

II.E.10. GRAMPA G., *Ideologia e poetica. Marxismo ed ermeneutica per il religioso* (Pubblicazioni della Università Cattolica del Sacro Cuore. Scienze filosofiche, 25). Préface de P. RICŒUR. Milano: Vita e Pensiero, 1979, 22 × 16, IX-XIV.

II.E.11. «Paradosso storico del problema della metafora». *La metafora e lo Stato. Saggi di retorica e di politica. Testi di P. Ricœur, M. Hester, H. Weinrich, M. Black, M. Beardsley, J. Derrida* (Filosofia e tempo presente, 4). Édité par M. CRISTALDI. Cassino: [Editrice Garigliano], [1979], 20 × 14, 1-80.

Traduction italienne de II.A.306.

II.E.12. «Il paradosso teoretico del problema della metafora». *La metafora e lo Stato. Saggi di retorica e di politica. Testi di P. Ricœur, M. Hester, H. Weinrich, M. Black, M. Beardsley, J. Derrida* (Filosofia e tempo presente, 4). Édité par M. CRISTALDI. Cassino: [Editrice Garigliano], [1979], 20 × 14, 249-313.

Traduction italienne d'un texte légèrement différent de la huitième étude – sans les notes – dans I.A.11.

1981

II.E.12a. «Simbolo e ordine». *Linguaggio e stile.* Atti del Congresso internazionale di fenomenologia.: Linguaggio, sogno, opera d'arte (Catania-Vulcanio, 1977). Vol. I (2 parties). Édité par les soins de M. CRISTALDI. Catania: Università degli studi di Catania, 1981, 3-10.

Pas publié auparavant.

II.E.12b. «Metafora ed ermeneutica». *Metafora* (SC/10 readings 21). Édité par les soins de G. CONTE. [Milano]: Feltrinelli, [1981], 20,5 × 12,5, 152-170.

Traduction italienne de II.A.46, différente de celle dans I.E.4.

II.E.12c. «Il primato della cultura». *Vita e pensiero* (Sei testimonianze per Mounier a trenta anni dalla morte) 63 (1981), nº 10, 48-54.

1982

II.E.13. «'Il Dio crocifisso' di Jürgen Moltmann». *Dibattito su 'Il Dio crocifisso' di Jürgen Moltmann* (Giornale di teologia, 136). Edité par M. WELKER. [Brescia]: Queriniana, [1982], 19,5 × 12,5, 15-23.

Traduction italienne de II.A.318.

II.E.13a. «Il racconto e il tempo». *Fenomenologia e tempo* (Nuovi saggi, 84). Édité par les soins de M. Cl. FRANZA. [Roma]: Edizioni dell'ateneo; [1982], 73-92.

Pas publié auparavant.

1983

II.E.14. RICŒUR P. et DANESE A., «Conversazione con Paul Ricœur [interview par A. DANESE]». *Nuova umanità.* Rivista bimestriale di cultura 5 (1983), nº 27, mai-juin, 89-107.

II.E.15. «Ricœur: la fenomenologia della volontà». *La fenomenologia* (Filosofia, 32). Édité par St. ZECCHI. Torino: Loescher, [1983], 19,5 × 12,5, 341-346.

Traduction italienne de quelques pages (113-114, 117-119, 121-125) de II.A.43.

II.E.16. «La persona tra memoria e creatività [propos recueillis par A. DANESE]». *Nuova umanità* 1983, nº 27, 89-107.

Repris dans I.E.25.

1984

II.E.16a. DANESE A., *Unità e pluralità. Mounier e il ritorno alla persona.* Préface de P. RICŒUR. Roma: Città Nuova Editrice, 1984, 21 × 15, 12-15.

II.E.17. «A colloquio con Paul Ricœur [propos recueillis par O. ROSSI]». *Itinerari* (Lanciano) 1984, nº 3, 109-122.

Reproduit dans *Introduzione alla filosofia di Paul Ricœur. Dal mito al linguaggio* par O. ROSSI. Bari: Levante, 1984, 165-179.

II.E.18. «Intervista. 'Ti racconto che cosa succede'. Storia e narrazione nell'ermeneutica di Paul Ricœur [propos recueillis par L. ARCHIBURGI]». *Il manifesto*. Quotidien 1984, 22 janvier, 7.

II.E.19. «Poetica e simbolica». *Iniziazione alla prattica della teologia. 1. Introduzione*. Édité par B. HAURET et d'autres par les soins de C. MOLINARI. Brescia: Queriniana, 1984, 21 × 15, 35-63.

Traduction italienne de II.A.362c.

II.E.20. «Violenza e linguaggio». *Hermeneutica* (Ermeneutica della violenza) (Urbino) 1985, n° 4, 22-30.

Traduction italienne de II.A.215.

1986

II.E.21. HABACHI R., *Il momento dell'uomo* (Già e non ancora, 132). Préface de P. RICŒUR. Milano: Jaca Book, 1986, 22,5 × 15, 13-15.

Traduction italienne de II.A.371a.

II.E.21a. «Grandezza e miseria del linguaggio politico». *Uomini e tecnologie*. Ricorse della grande industria nei rapporti, negli scambi e negli accordi internazionali (Convegno, Milano 1986). [Milano: Finanziaria Ernesto Breda, 1986], 87-94.

Texte anglais par II.B.136.

II.E.22. «Il tempo raccontato». *Aut Aut* 1986, n° 216, novembre-décembre, 23-40.

Traduction italienne de II.A.376.

II.E.23. «Etica e politica». *Il tetto* 23 (1986), n° 134-135, mars-juin, 170-183.

Traduction italienne de II.A.371.
Repris dans *Il tetto* 125 (1988), n° 149-150, septembre-décembre, 302-314.

II.E.24. «Il 'Self' secondo la psicoanalisi e la filosofia fenomenologica». *Metaxù*. Materiali e ricerche sul pensiero simbolico e zone di confine (Roma) 1986, n° 2, novembre, 7-30.

II.E.25. «Racconto, metafora, simbolo. Dialogo con Paul Ricœur [par L. AVERSA]». *Metaxù* 1986, n° 2, novembre; 82-90.

II.E.26. «L'intervista. Le regole di Ricœur [propos recueillis par D. JERVOLINO]». *L'indice* 3 (1986), juin, 28-29.

1987

II.E.27. «Logica ermeneutica?». *Aut Aut* (Margine dell'ermeneutica) 1987, n° 217-218, janvier-avril, 64-100.

Traduction italienne de II.A.358.
Réédité par les soins de M. FERRARIS. Firenze: La Nuova Italia, 1987, 22,5 × 15, 64-100.

II.E.28. «Il tempo, il sacro, il racconto [suivi par une note de D. JERVOLINO]». *Religioni e società* 1987, nº 3, 115-119, 119-120.
Pas publié auparavant.
Traduit en anglais dans II.B.140.

II.E.29. «La crisi come fenomeno della modernità». *Il Nuovo Areopago* (Roma) 1987, nº 3, 81-102.
Traduction italienne de II.C.35.

II.E.30. «Pluralismo e convinzione [conférence à la faculté Valdoise de théologie 1987]». *Protestantesimo* 42 (1987), nº 3, 129-139.
Repris dans *Rocca* 46 (1987), 1 décembre, 44-48.

II.E.30a. «Conversazione con Ricœur [propos recueillis par M. FERRARIS]». *Alfabeta* 1987, nº 92, janvier, 7-8.

II.E.31. «Intervista. Linguagggio, azione, potere. Una ricerca fra due tradizioni [propos recueillis par D. JERVOLINO]». *Il manifesto.* Quotidien 1987, 18 avril.

1988

II.E.32. «Paul Ricœur: dal testo all'azione [interview avec M. CONTAT]». *Seminario. Letture e discussioni intorno a Levinas, Jankélévitsch e Ricœur* (Materiali universitari lettere, 73). Édité par L. BOELLA. [Milano]: Unicopli, [1988], 24 × 17, 241-247.
Traduction italienne de II.A.412.

II.E.33. «Dialettica o dialogica della storia [texte présenté au Colloque Ermeneutica e dialettica, Naples 1985]». *Il tetto* 25 (1988), nº 145, janvier-février, 10-34.
Repris dans *Dialettica ed ermeneutica* (Acta philosophica, 14). Édité par Th.F. GERAERTS. [Urbino]: Quattro Venti, [1993], 91-108.

II.E.34. «La componente narrativa della psicoanalisi [conférence donnée au 'Centro Montale', Roma 1987]». *Metaxù* (Roma) 1988, nº 5, 7-19.

II.E.35. «A proposito del *Marx* di Michel Henry». *Marx Centouno* [1988], nº 7, 39-60.
Traduction italienne de II.A.343.

II.E.36. «Interpretazione e cambiamento. Intervista a P. Ricœur [par G. LAVANCO]». *Invarianti per descriver le trasformazioni* (Roma) 1 (1987-1988), nº 4, hiver, 62-66.

II.E.37. «Paul Ricœur: fare la storia senza garanzie». *Il manifesto*. Quotidien 1988, 1 juillet.

1989

II.E.38. CALVO Fr., *Cercare l'uomo. Socrate, Platone, Aristotele*. Préface de P. RICŒUR. Milano: Marietti, 1989, XVIII-336 p.

II.E.39. NICOLETTI E., *Fenomenologia e interpretazione* (Filosofia delle scienze umane, 497-8). Préface de P. RICŒUR. [Milano]: Fr. Angeli, [1989], 11-21.

II.E.40. *Hermes. Dagli dei agli uomini*. Édité par Fr. BREZZI GUERRERA avec une préface de P. RICŒUR. [Roma]: Armando Editore, [1989], 7-8.

II.E.41. «Gabriel Marcel fra etica e ontologia». *Annuario filosofico* (Mursia) 1989, nº 5, 97-106.

Traduction italienne de II.A.437, sans le texte du débat.

II.E.42. «Psicoanalisi e scienza». *Lettera internazionale* 5 (1989), nº 19, hiver, 11-21.

Traduction italienne de II.A.362.

1990

II.E.43. «Evento e senso [contribution au séminaire consacré au 'Segno ed evento nel pensiero contemporaneo', Palermo 1987]». *Segno ed evento nel pensiero contemporaneo* (Filosofia, 66). Édité par G. NICOLACI. [Milano]: Jaca Book, [1990], 23 × 15, 15-30.

Texte français par II.A.471.

II.E.44. «Conclusioni di Paul Ricœur [du séminaire consacré au 'Segno ed evento nel pensiero contemporaneo', Palermo 1987]». *Segno ed evento nel pensiero contemporaneo* (Filosofia, 66). Édité par G. NICOLACI. [Milano]: Jaca Book, [1990], 23 × 15, 89-94.

II.E.45. «Miti della salvezza e ragione contemporanea [suivi d'une discussion avec A. DI GIOVANNI et d'autres]». *La ragione e i simboli della salvezza oggi*. Atti del quarto Colloquio su Filosofia e Religione, Macerata 1988 (Pubblicazioni della Facoltà di lettere e filosofia, 53). Par les soins de G. FERRETTI. Genova: Marietti, 1990, 24 × 17, 15-31, 32-37.

II.E.46. RICŒUR P., SCHÖKEL A., TILLIETTE X., PAGANO M., FERRETTI G., «Momenti della discussione [sur les conférences: A. SCHÖKEL, 'La simbolica biblica della salvezza'; X. TILLIETTE, 'Salvatore e salvezza nella filosofia romantica'; M. PAGONO, 'Salvezza e filosofia in Hegel']; 'Tavola rotonda finale». *La ragione e i simboli della salvezza oggi.* Atti del quarto Colloquio su Filosofia e Religione, Macerata 1988 (Pubblicazioni della Facoltà di lettere e filosofia, 53). Par les soins de G. FERRETTI. Genova: Marietti, 1990, 24 × 17, 61-62, 109-110, 144, 192-195.

II.E.47. «L'interrogazione a ritroso e la riduzione delle idealità nella *Crisi* di Husserl e nell'ideologia tedesca di Marx [précédé d'une introduction par D. JERVOLINO].» *Marx Centouno.* Rivista internazionale di dibattito teoretico e politico 1990, n° 3, octobre, 126-128, 128-150.

Traduction italienne de II.A.632.

II.E.48. «Etica e conflitto dei doveri: il tragico dell'azione». *Il Mulino* 39 (1990), n° 329, mai-juin, 365-390.

Traduction italienne de II.A.441.

II.E.49. «Il pluralismo dell'etica [interview par R. PARASCANDALO]». *L'unità.* Quotidien 1990, 20 juillet, 17.

1991

II.E.50. «L'etica ternaria della persona». *Persona e sviluppo. Un dibattito interdisciplinare.* Par les soins de A. DANESE et d'autres. Roma: Dehoniane, 1991, 65-86.

Repris dans I.E.25.

II.E.51. «Il modello del testo: su alcune correlazioni degne di nota». *Episteme e azione* (Filosofia delle scienze umane, 11). Édité par Fr. BIANCO et D. IANNOTTA. Milano: Fr. Angeli, 1991, 13-19.

II.E.52. «Etica e morale: mira teleologica e prospettiva deontologica». *Aquinas* 34 (1991), n° 2, 3-14.

Traduction italienne de II.A.474a.

II.E.53. «C'è un altro da amare e odiare: noi stessi [interview par R. DE GAETANO sur *Soi-même comme un autre*]». *L'unità.* Quotidien 1991, 17 février, 17.

II.E.54. «Un futuro privo di classe. Intervista con P. RICŒUR [propos recueillis par Chr. PULCINELLI]». *L'Unità.* Quotidien 1991, 24 septembre, 17.

1992

II.E.55. BREZZI Fr., *Al partire dal gioco. Per i sentieri di un pensiero ludico.* Préface de P. RICŒUR. Milano: Marietti, 1992, 21 × 15, VII-XII.

II.E.56. «Il problema etico in *Essere e tempo*». *Heidegger in discussione* (Filosofia delle scienze umane, 15). Édité par Fr. BIANCO. Milano: Fr. Angeli, 1992, 22 × 14, 50-62.

Pas publié auparavant.

II.E.57. «Le implicazioni della teoria degli atti linguistici per la teoria generale dell'etica». *Teoria degli atti linguistici*. Édité par P. AMSELEK. Torino: Giappichelli, 1992, 21 × 14, 105-123.

Traduction italienne de II.A.399.

II.E.57a. «Il problema etico in *Essere e tempo* [conférence donnée au colloque international à l'occasion du centenaire de la naissance de Heidegger, Roma 1989]». *L'eredità di Heidegger*. Édité par Fr. BIANCO. Milano: Fr. Angeli, 1992, 22 × 14, 50-62.

Traduction italienne d'un texte assez proche de II.B.136a et de II.A.503a.

II.E.59. «Risposta di Paul Ricœur: Filosofia e liberazione [au colloque 'Filosofia e liberazione', Naples avril 1991]». *Filosofia e liberazione. La sfida del pensiero del Terzo Mondo*. Lecce: Capone Editore, 1992, 108-115.

Repris dans *Segni e comprensione* (Filosofia e liberazione) 6 (1992), n° 15, janvier-juin, 108-115.
Traduit en anglais par II.B.168a.

II.E.60. «Interpretare la Bibbia». *Religione e scuola*. Rivista dell'insegnante di religione 20 (1992), n° 6, juillet-août, 2-15.

Traduction italienne de II.A.462.

II.E.61. «Il nuovo *ethos* per l'Europa». *Prospettiva persona*. Rivista del Centro Richerche Personaliste 1 (1992), n° 1-2, juillet-décembre, 15-21.

Traduction italienne de II.A.496.
Repris dans I.E.25.

II.E.62. «Tra ermeneutica e semiotica». *Aut Aut* 1992, n° 252, 119-132.

Traduction italienne de II.A.460.

II.E.63. «Fragilità e responsibilità [conférence prononcée en français à la Faculté de Philosophie de l'Université de Naples, 1992]». *Il tetto* 1992, n° 171, 325-336.

Abrégé de II.A.502. Traduit en anglais par II.B.166.

1993

II.E.64. «Conversando con Paul Ricœur [conversation de F. DI MONTE avec P. RICŒUR à Châtenay-Malabry en novembre 1992]». *L'io dell'altro.*

Confronto con P. Ricœur (Ragione e ragioni. Dimensione dell'intelligenza). Par les soins de A. DANESE. Genova: Marietti, 1993, 21 × 15,5, 261-266.

Reproduit partiellement dans I.E.25 et dans *Prospettiva persona* 2 (1993), n° 3, janvier-mars, 11-13.

II.E.65. «Tra sfida etica ed impegno filosofico [propos recueillis par O. ROSSI]». *L'io dell'altro. Confronto con P. Ricœur* (Ragione e ragioni. Dimensione dell'intelligenza). Par les soins de A. DANESE. Genova: Marietti, 1993, 21 × 15,5, 267-294.

La première partie est aussi publiée dans *Giornale di filosofia* 1991, n° 2, juin, 6-7.
Repris dans I.E.25.

II.E.67. «Muore il personalismo, ritorna la persona...». *Humanitas*. Rivista bimestriale di cultura (Brescia)1993, n° 3, juin, 362-370.

Traduction italienne de II.A.369.
Repris dans I.E.27a.

II.E.68. «Per un'autobiografia intellettuale». *Prospettiva persona* 2 (1993), n° 3, janvier-mars, 14-21.

Repris dans I.E.25.

II.E.69. «Le sfide e le speranze del nostro comune futuro [conférence donnée à l'occasion de la remise d'un doctorat honoris causa à la Faculté des sciences politiques, Université des Abruzzes 1993. Avec une introduction de A. RIGOBELLO]». *Prospettiva persona* 2 (1993), n° 4, avril-juin, 6-7, 7-16.

Repris dans I.E.25.

II.E.70. «L'identità personale. Il *Self* [texte présenté à Oxford, 1992]». *Prospettiva persona* 2 (1993), n° 5-6, juillet-décembre; 10-17.

Reproduit dans I.E.25.

1994

II.E.71. LENOIR Fr., *Il tempo della responsabilità. Interviste sull'etica*. Postface de P. RICŒUR. Torino: SEI, 1994, XVII-274 p.

Traduction italienne de II.A.468a.

II.E.72. «Etica e morale». *L'etica e il suo altro* (Filosofia, 66). Édité par C. VIGNA. Milano: Fr. Angeli, 1994, 22 × 14, 217-227.

Traduction italienne de II.A.461.

II.E.73. «Imputazione e responsabilità». *Prospettiva persona* 3 (1994), n° 4, 10-18.

II.E.74. «Chi è il soggetto di diritto?». *Prospettiva persona* 3 (1994), nº 7, janvier-mars, 11-16.

Traduction du texte français publié dans I.A.23.
Reproduit dans I.E.25.

II.E.75. «Uno sguardo 'altro' su questo secolo. Intervista con Paul Ricœur [par B. BONILAURI et Fr.O. GIESBERT]». *Prospettiva persona* 3 (1994), nº 9-10, juillet-décembre, 60-64.

Traduction italienne de II.A.569.

1995

II.E.76. *Verso l'oriente del testo. Ermeneutica, retorica ed estetica nell'insegnamento.* Édité par A. VALERIANI avec une préface de P. RICŒUR. [Colledara]: Andromeda, [1995], 19,5 × 15,5, 11-19.

II.E.77. «Molteplice estraneità [conférence inaugurale au Congrès européen de l'herméneutique, Halle (Allemagne) 1994]». *Ricœur. L'amore difficile* (Interpretazioni, 24) par D. JERVOLINO. Roma: Edizioni Studium, [1995], 18,5 × 11,5, 115-134.

Texte allemand par II.C.50.

II.E.78. «Giustizia e amore: l'economia del dono». *Ricœur. L'amore difficile* (Interpretazioni, 24) par D. JERVOLINO. Roma: Edizioni Studium, [1995], 18,5 × 11,5, 135-153.

Traduction italienne de II.A.564.

II.E.79. «Il soggetto convocato. Alla scuola dei raconti di vocazione profetica». *Ricœur. L'amore difficile* (Interpretazioni, 24) par D. JERVOLINO. Roma: Edizioni Studium, [1995], 18,5 × 11,5, 155-178.

Traduction italienne de II.A.424.

II.E.80. «Dio è amore». *Ricœur. L'amore difficile* (Interpretazioni, 24) par D. JERVOLINO. Roma: Edizioni Studium, [1995], 18,5 × 11,5, 179-195.

Traduction italienne de II.A.563.

II.E.81. «Morale, etica, politica». *Solidarietà e cittadinanza.* Édité par la province de Firenze et de la revue «Cultura». [Firenze]: Cultura nuova editrice, [1995], 21 × 13,5, 13-25.

Traduction italienne de II.A.522.

II.E.82. «Per una ontologia indiretta: l'essere, il vero, il giusto (e/o il buono) [suivi de 'questioni e risposte']». *Aquinas.* Rivista internazionale di filosofia (Roma) 38 (1995), nº 3, septembre-décembre, 483-494, 495-499.

II.E.83. «Intervento del noto filosofo francese. Imputazione e responsabilità». *Prospettiva persona* 4 (1995), n° 13-14, juillet-décembre, 46-48.

II.E.84. «Esperienza e linguaggio nel discorso religioso». *Filosofia e teologia* 1995, 80-96.

Traduction italienne de II.A.494.

II.E.85. «Tra storia e attualità». *Religione e scuola* (Brescia) 1995, mai-juin, 59-71.

1996

II.E.86. «La persona: sviluppo morale e politico». *L'idea di persona* (Metafisica e storia della metafisica, 16). Édité par V. MELCHIORRE. Milano: Università Cattolica del Sacro Cuore, 1996, 22 × 16, 163-173.

II.E.87. «Architettura e narratività». *Triennale di Milano XIX Esposizione Internazionale*. Integrazione e pluralità nelle forme del nostro tempo. Le culture tra effimero e duraturo. Milano: Elemond Editori Associati, 1996, 28 × 21, 64-72.

Publié en français par II.A.648a.

II.E.88. «Ermeneutica del Sé e filosofia dell'attestazione». *Humanitas* 1996, 956-966.

II.E.89. «Una corrispondenza senza pari: Pettazzoni e Eliade (1926-1959)». *Rivista di storia della storiografia moderna* 17 (1996), n° 1-3, 7-13.

Traduction italienne de II.A.606.

II.E.89a. «L'ermeneutica riduce la distanza tra spiegazione scientifica e comprensione umanistica». *Il Sole 24 Ore* 1996, 13 octobre, 2Of3-3Of3.

II.E.90. «Il perdono difficile [Intervention à la présentation du livre *L'amore difficile* par D. JERVOLINO à la Facultà Valdese di Teologia, 1996]». *Protestantesimo* 51 (1996), n° 4, 306-312.

1997

II.E.90a. «Ritorno alla persona, l'Io è troppo limitato». *Il Sole 24 Ore* 1997, 22 juin, 1 octobre, 1of3.

II.E.90b. «L'ermeneutica e la saggezza pratica [conférence à Torino, 1997]». *Annuario filosofico* (Mursia) 1997, 7-8

1998

II.E.91. «Passato, memoria, oblio». *Filosofia del tempo*. Édité par L. RUGGICE. Milano: Bruno Mondadori, 1998, 214-230.

Traduction italienne de II.A.646.

II.E.92. «Prolusione generale». *Ermeneutica e critica*. Roma: Accademia nazionale dei Lincei, 1998, 14-21.

II.E.94. «Intervista con Paul Ricœur». *L'impegno ontologico della pedagogia* [sur P. RICŒUR] par P. MALAVASI. Brescia: La Scuola, 1998.

II.E.95. «Colori e parole. Un colloquio con Paul Ricœur sull'insolubile (con una presentazione di R. Messori)». *Studi di estetica* (III serie) 1998, nº 18, 7-30.

Traduction italienne de II.A.629.

II.E.96. «La libertà del bene». *La libertà e il male*. Edité par C. VIGNA. Milano: Vita e Pensiero, 1998, 21-31.

II.F. PORTUGAIS / PORTUGUESE

1966

II.F.1. «O ateismo da psicoanalise de Freud». *Concilium* (Problemas de fronteira) 2 (1966), nº 6, 67-77.

Traduction portugaise de II.A.201.

1967

II.F.2. «Sexualidade. A Maravilha, o descaminho, o enigma». *Paz e terra* 1 (1967), nº 5, 27-38.

Traduction portugaise de I.A.124.

1968

II.F.3. «A verdadeira e a falsa angustia [conférence de P. RICŒUR suivie d'une discussion avec É. WEIL et d'autres]». *A angustia do tempo presente e os deveres do espirito* (Encontras Internacionais de Genebra). Traduit par M. BRAGA. Maia (Portugal): Publicações Europa-America, 1968, 21,5 × 14,5, 5, 43-65, 203-235.

Traduction portugaise de II.A.51.

II.F.4. RICŒUR P., SCHUMAN R., CALOGERO G. et d'autres, «Terceiro debate publico [sur la conférence de R. SCHUMAN, «Les causes sociales et politiques de l'angoisse]».Tercero debate privado [autour de la conférence de G. CALOGERO, «La vie morale et l'angoisse»]». *A angustia do tempo presente e os deveres do espirito* (Encontras Internacionais de Genebra). Traduit par M. BRAGA. Maia (Portugal): Publicações Europa-America, 1968, 21,5 × 14,5, 5, 43-65, 203-235.

Traduction portugaise de II.A.52.

II.F.5. «Reconstruir a universidade». *Fôlha de S. Paulo* 1968, 7 juillet.

Traduction portugaise partielle de II.A.238. Reproduit dans *Paz e Terra* 3 (1969), nº 9, octobre, 51.

II.F.6. «Culpa, ética e religão». *Concilium* (Problemas de fronteira) 6 (1970), nº 56, 679-692.

Traduction portugaise de II.A.257, différente de celle dans I.F.6.

1975

II.F.7. LARRE Cl., PANIKKAR R. et d'autres, *As culturas e o tempo*: estudos reunidos pela UNESCO. Traduction de *Les cultures et le temps* par G. TITTON, O. DOS REIS et E. FERREIRA ALVES avec une introduction de P. RICŒUR. Petrópolis (São Paulo): Editores Vozes-Universidade de S. Pãolo, 1975, 22 × 13,5, 15-39.

Traduction portugaise de II.A.308.

II.F.8. «A filosofia e a politica perante a questião de liberdade [conférence suivie d'une discussion avec J. HERSCH et d'autres]». *Liberdade e ordem social.* Texto integral das conferências e debates dos XXII Encontros Internacionais de Genebra (Estudos e documentos, 100). Traduit par M. BRAGA. Lisboa: Publicações Europa-America, [1975], 18,5 × 13, 40-62, 185-208.

Traduction portugaise de II.A.245.

II.F.9. «Ciência e ideologia». *Cuadernos de Historia e Filosofia da Ciência* (Campinas, S.P., Brasil) 1980, nº 1, 21-43.

Traduction portugaise de II.A.303, différente de celle dans I.F.4.

1988

II.F.10. «Indivíduo e identidade pessoal». *Indivíduo e poder* (Perspectivas do homem, 31). Traduction de *Sur l'individu* par I. DIAS BRAGA. [Lisboa: Edições 70, 1988], 21,5 × 13,5, 65-85.

Traduction portugaise de II.A.408.

II.G. NÉERLANDAIS / DUTCH

1965

II.G.1. «Sexualiteit. Het wonder, de dwaling, het raadsel [exposé suivi par la présentation des questionnaires par P. RICŒUR]». *Sexualiteit. Het menselijk leven als sexueel bestaan, een onderzoek naar alle aspecten waarvoor de mens van deze tijd zich geplaatst ziet* (Amboboeken). Traduction de *La sexualité* par J. VAN GEIJN. Utrecht: Ambo, [Merksem: De Fontein-Westland], [1965], 20,5 × 12, 9-24, 25-49, 62-63, 135-147, 150-154, 167-174, 191-203, 224, 272-300, 311, 319-334.

Traduction néerlandaise de II.A.124.

1966

II.G.2. «Het atheïsme van de Freudiaanse psychoanalyse». *Concilium* (Grensvragen) 2 (1966), n° 6, juin, 68-79.

Traduction néerlandaise de II.A.201.

II.G.3. «De taak der Christenen». *De Maand.* Algemeen tijdschrift voor culturele en sociale bezinning 9 (1986), n° 10, Noël, 626-630.

Traduction partielle néerlandaise de II.A.184, différente de la traduction intégrale dans I.G.1.

1969

II.G.4. «Economisch vooruitzicht en ethische keuze». *Vier stemmen over ontwikkeling* (UCOS. Operatie restitutie). Bijvoegsel Maandblad Ontwikkelingsguerilla 1969, juillet, 42-56.

Traduction néerlandaise de II.A.186, différente de celle dans I.G.1.

1970

II.G.5. «Schuld, ethiek en religie». *Concilium* (Grensvragen) 6 (1970), n° 6, 8-25.

Traduction néerlandaise de II.A.257.

1973

II.G.5a. «Antwoord van Paul Ricœur aan 'Revue nouvelle (Brussel) [le 30 novembre à la question: 'Comment, pour votre part, voyez-vous l'avenir de l'institution ecclésiale et de la vie chrétienne?']». *Pro mundi vita. Centrum informationis* (Pluralisme, polarisatie en communicatie in de kerk) 1973, n° 45, 38.

Texte néerlandais de II.A.299a.

1981

II.G.6. «Fenomenologie en hermeneutiek». *Fenomenologie en kritiek* (Serie Ter Zake. Fenomenologische Cahiers, 2). Assen: Van Gorcum, 1981, 21 × 13,5, 20-47.

Traduction néerlandaise de II.A.305.

1983

II.G.7. «De moeilijke weg naar een narratieve theologie. Noodzaak, bronnen, problemen [originairement une contribution à un symposium sur la théologie narrative, Haverford College 1972]». *Meedenken met Edward Schillebeeckx* [Penser avec Edward Schillebeeckx]. Sous la rédaction de H. HÄRING, T. SCHOOF et A. WILLEMS. Baarn: H. Nelissen, 1983, 23,5 × 15, 80-92.

Texte anglais publié dans I.B.24.

1986

II.G.8. «Het Teken in gesprek met Paul Ricœur. Een pleidooi voor echte menselijkheid [interview avec P. RICŒUR par F. DE LAGARDE]». *Het Teken. Maandblad uitgegeven door de Paters Passionisten* 59 (1986), n° 5, novembre, 134-138.

Traduction néerlandaise de II.A.406.

1995

II.G.9. «De waarheid die ik voorsta is de waarheid die mij kan veranderen [interview par D. MEINEMA]». *Beweging* 59 (1995), n° 2, mai, 36-38.

II.G.10. «Lezen is een oefening van vrijheid. Filosoof Paul Ricœur over goed, kwaad, fantasie en fanatisme [texte composé par G. GROOT avec des propos de P. RICŒUR]». *NRC-Handelsblad. C.S. Literair* 25 (1995), n° 113, 10 février, 3.

Repris in extenso par II.G.12.

1998

II.G.11. «De onverzettelijke Paul Ricœur. 'Je ziet de straat, je denkt de stad' [propos recueillis par E. ESKENS sur les méconnaissances anthropologiques et éthiques de M. HEIDEGGER, l'expérience journalière et la confiance fondamentale dans l'homme]». *Filosofie Magazine* 7 (1998), n° 6, juillet-août, 8-11.

II.G.12. GROOT G., «De ruimte van de verbeelding vergroten. Gesprek met Paul Ricœur [texte composé par G. GROOT avec des propos de P. RICŒUR]». *Streven* 65 (1998), n° 2, février, 99-108.

Repris dans *Twee zielen. Gesprekken met hedendaagse filosofen* (Filosofische diagnosen). [Nijmegen]: Sun, [1998], 217-227.
Texte abrégé dans II.G.10.

II.H. POLONAIS / POLISH

1970

II.H.1. «Wina, etyka, religia». *Concilium* (Z progranicza filozofici i teologii) 1970, n° 6-10, 10-22.

Traduction polonaise de II.A.257.

1974

II.H.1a. «Heidegger i problem podmiotu [Heidegger et la question du sujet]». *Znak* 26 (1974), n° 240, 778ss.

Traduction polonaise de II.B.26.

1978

II.H.2. «Historyczność a historia filozofii [Historicité et histoire de la philosophie]». *Drogi wspólczesnej filozofii* [Les chemins de la philosophie contemporaine]. Édité par M. SIEMEK. Warszawa: Czytelnik, 1978, 16 × 12, 243-263.

Traduction polonaise de II.A.132.

II.H.3. «Emmanuel Mounier-filozofia personalistyczna [Emmanuel Mounier, une philosophie personnaliste]». *Wieź* 21 (1978), n° 7-8, 12-35.

Traduction polonaise de II.A.25.

1980

II.H.4. «Egzegega i hermeneutyka. Zarys wnioskow [Exégèse et herméneutique. Esquisse de conclusion]». *Pamiętnik Literacki* 71 (1980), n° 313-322.

Traduction polonaise de II.A.271.

II.H.5. «Meta-forycźne i meta-fizicźne [Méta-phore et méta-physique]». *Teksty* 1980, n° 6, 183-198.

Traduction polonaise des pages 356-374 de I.A.11.

1981

II.H.6. «Trwoga rzeczywista i złudna [Vraie et fausse angoisse]». *Znak* 1982, n° 5, 323-338.

Traduction polonaise de la conférence II.A.51.
Repris dans I.H.4.

1984

II.H.7. «Proces metaforyczny jakopopznanie, wyobraźanie i odczuwanie». *Pamiętnik Literacki* 75 (1984), nº 2, 269-286.

Traduction polonaise de II.B.85.

II.H.8. «Model tekstu: działanie znaczące rozważne jako tekst». *Pamiętnik Literacki* 75 (1984), nº 2, 329-354.

Traduction polonaise de II.B.38.

1986

II.H.9. «Interpretacja a refleskja: konflikt hermeneutyczny». *Studia Filozoficzne* 250 (1986), nº 9, 137-161.

Traduction polonaise d'un extrait (29-63) de I.A.8.

1990

II.H.10. «Kryzys – zjawisko swoiście nowoczesne?». *O kryzysie. Rosmowy w Castel Gandolfo.* Édité et préfacé par K. MICHALSKI. [Warszawa: Res publica, 1990], 21 × 14, 36-58.

Traduction polonaise de II.C.35.

1992

II.H.11. «Ku hermeneutycne krytycnęj». *Pamiętnik literacki* (Wrocław) 83 (1992), nº 1, 182-192.

1994

II.H.12. «Jakiego nowego etosu potrzebruje Europa?». *Europa jutra.* Lublin: Redakcja Wydawnictu Katolickiego Uniwersytetu Lubelskiego, 1994, 101-110.

Traduction polonaise de II.A.496.

1999

II.H.13. «Trudne drogi religynošci [conférence à Cracovie 1998]». *Czolowiek wobec religii.* Edité par A. GROCHOWSKA-PIROG [Kraków]: Zakład Wydawmiczy 'Nonos', 1999, 56-64.

I.I. JAPONAIS / JAPANESE

1968

II.I.1a. LÉVI-STRAUSS Cl., RICŒUR P. et d'autres, «Kōzōshugi towa nanika-Rebi-Sutorōsu wa kataru [Qu'est-ce que le structuralisme? Lévi-Strauss répond]». *Kōzōshugi towa nanika–Sono Ideorogi to Hoho* [Qu'est-ce que le structuralisme? Son idéologie et sa méthode]. Édité par J.M. DOMUNAKKU et traduit par M. ITO et R. YAGAME. Tokyo: Saimaru-shuppan-kai, 1968, 14-49.

Traduction japonaise de II.A.157.

II.I.1b. «Kōzo, Go, Dekigoto–Kōzōshugi to Gengogaku [La structure, le mot, l'événement. Structuralisme et linguistique]». *Ibid.*, 150-175.

Traduction japonaise de II.A.214.

1969

II.I.1. «Daigaku ni okeru Kaikaku to Kakumei [Réforme et révolution dans l'université]». *Tenbō* 1969, nº 121, janvier, 133-145.

Traduction japonaise de II.A.238.

II.I.2a. «Ishi ni kansuru Genshōgaku ō Hoho no to Kadai [Méthode et tâches d'une phénoménologie de la volonté]». *Genshōgaku no Kadai.* Traduit par N. TAKAHASHI. Tokyo: Serika-shobo, 1969, 137-185.

Traduction japonaise de II.A.43.

1974

II.I.2b. «Gendai Furansu-Tetsugaku no Tenbō [Tableau de la philosophie française contemporaine]». *Risō* 12 (1974), nº 499, décembre, 1-15.

Traduction japonaise d'un texte inédit.

II.I.2. «Tōron: Shinrigaku to Titsugaku [Discussion: Psychologie et philosophie]». *Shinrigaku to Marukusu-shugi* par J. PIAGET, P. RICŒUR et al. Tokyo: Fukumura-shuppan, 1974, 9-76.

Traduction japonaise de II.A.200.

1977

II.I.3a. «Shokaishaku-kan no Katto [Le conflit entre les interprétations]». *Kaishakugaku no Konpon-mondai* [Questions fondamentales de l'herméneutique] (Gendai-tetsugaku no Kompon-mondai [Questions fondamentales de la philosophie contemporaine]. Tome VII). Traduit par S. HASE. Kyoto: Koyo-shobo, 1977, 363-390.

Traduction japonaise des pages 29-44 de I.A.8.

1978

II.I.3. «Seishinbunseki to Kaishakugaku [Psychoanalyse et herméneutique]». *Shisō* 1978, n° 644, février, 1-15.

Publié originellement en japonais.
Texte français par II.A.347.

II.I.4. «Tetsugaku to Gengo [Philosophie et langage] [Conférence donnée à Tokyo, 1977]». *Shisō* 1978, n° 643, janvier, 32-53.

Pas publié auparavant.

II.I.5. «Jiyu no Genshōgaku [Phénoménologie de la liberté]». *Gendai-shisō* 6 (1978), n° 13, octobre, 187-203.

Traduction japonaise de II.B.54.

II.I.5a. «Genshōgaku to Kaishakugaku [Phénoménologie et herméneutique] *Genshōgaku no Konpon-mondai* (Gendai-tetsugaku no Kompon-mondai. Tome VIII). Édité par Y. NITTA et T. OGAWA. Kyoto: Koyo-shobo, 1978, 315-358.

Traduction japonaise de II.A.305.

1979

II.I.6. «Gengo ni okeru Sozōsei [Créativité dans le langage]». *Gensai-shisō* 7 (1979), n° 10, août, 74-87.

Traduction japonaise de II.B.40.

II.I.6a. «Shisō no Genzai [Le présent de la pensée] [H. KUME interviewe P. RICŒUR]». *Gendai-shisō* 7 (1979), n° 15, décembre, 58-71.

1981

II.I.7. «In'yu to Genjutsu no Imiron [La métaphore et la sémantique du discours]». *Shisō* 1981, n° 682, février, 103-137.

Traduction japonaise de la troisième étude de I.A.11.
Reproduit à peu près intégralement dans I.I.8.

1982

II.I.8. «Kierukegōru to Aku [Kierkegaard et le mal]». *Kierukegōru to Aku.* Traduit par A. MATSUSHIMA. Osaka: Toho-Shuppan, 1982, 18,8 × 13,3, 131-155.

Traduction japonaise de II.A.155.

II.I.9. «Kierukegōru o tetsugakusuru koto wa ikani kanō de aruka [Comment est-il possible de philosopher après Kierkegaard?]». *Kierukegōru to Aku*. Traduit par A. MATSUSHIMA. Osaka: Toho-Shuppan, 1982, 18,8 × 13,3, 156-186.

Traduction japonaise de II.A.156.

II.I.10. «Sokyuteki-Toi to Rinensei no Kangen-Fussaru no 'Kiki' to Marukusu no 'Doitsu Ideorogi' [La question-en-retour et la réduction de l'idéalité dans la 'Krisis' de Husserl et la 'Deutsche Ideologie' de Marx]». *Genshōgaku to Marukusu-shugi. I. Seikatsu-sekai to Jissen*. Hakusui-sha, 1982, 312-350.

Traduction japonaise de II.C.24.

II.I.11. «Ideorogi to Ideorogi-hihan [Idéologie et la critique des idéologies]». *Genshōgaku to Marukusushugi. II. Hoho to Ninshiki*. Hakusui-sah, 1982, 60-102.

Traduction japonaise de II.C.22.

1984

II.I.12. «Monogatari no Kinō [La fonction narrative]». *Risō* 1984, n° 612, 287-310.

Traduction japonaise de II.A.345.

1985

II.I.12a. «Poru Rikūru [Paul Ricœur. Dialogue avec Ch. DELACAMPAGNE]». *Tetsugaku no Posuto-Modan* (Chi no Pasāju). Traduit par N. NAKAMURA. Nagoya: Yunite, 1985, 217-230.

Traduction japonaise de II.A.360.

1986

II.I.13. «Rekishi-keiken ni okeru Kyakkanka to Sogai [Objectivation et aliénation dans l'expérience historique]». *Genshōgaku no Tenbō* (Aurora). Édité par Y. NITTA et J. MURATA et traduit pr T. MARUYAMA. Tokyo: Kokubun-sha, 1986, 309-330.

Traduction japonaise de II.C.20.

1987

II.I.14. «Tetsugakuteki-kaishakugaku to Shingakuteki-kaishakugaku [Herméneutique philosophique et herméneutique théologique]». *In'yu-ron*.

Shukyōteki-gengo no Kaishakugaku. Traduit par K. Aso et K. Miura. Tokyo: Yorudan-sha, 1987, 41-81.

Traduction japonaise de II.C.16.

II.I.15. «Seishoteki-gengo ni okeru In'yu no Yakuwari to Kino [Position et fonction de la métaphore en langage biblique]». *In'yu-ron. Shukyōteki-gengo no Kaishakugaku*. Traduit par K. Aso et K. Miura. Tokyo: Yorudan-sha, 1987, 82-130.

Traduction japonaise de II.C.17.

II.I.16. «Shinjuru koto omeguru Mondai-gun: Iken, Doi, Shinkō [La problématique de la croyance : opinion, assentiment, foi]». *Gendai-shisō* 15 (1987), n° 2, février, 108-116.

Traduction japonaise de III.A.368.

II.I.16a. «Monogatari no Jikan [Temps du récit]». *Monogatari ni tsuite* (Teoria Sōsho). Édité par W.J.T. Miccheru et traduit par D. Harada. Tokyo: Heibon-sha, 1987, 259-291.

Traduction japonaise de II.B.98.

1988

II.I.16a. Hishahige T., *Zaiaku no Genshōgaku-Jukuni Rinrigaku*. Préface par P. Ricœur. Tokyo Kobundo, 1988, 373 p.

Publication japonaise de II.A.366.

II.I.17. «Keiji-kannen no Kaishakugagku [Herméneutique de l'idée de révélation]». *Shikoku-gakuin-Daigaku Ronshū* 68 (1988), n° 3, 89-108; 69 (1988), n° 7, 1-20.

Traduction japonaise de II.A.333.

II.I.18. Ricœur P., Derrida J. et al., «Tetsugaku o Komyunikēshon [Philosophie et communication]». *Gendai-shishō* 16 (1988), n° 6, mai, 43-71.

Traduction japonaise de II.A.295.

II.I.19. «Poru Rikūru tono Taiwa. Gengo no Sōzōsei. Kanoteki-sekai no Unpansha toshiteno Shinwa [Entretien avec Paul Ricœur. Créativité du langage. Mythe comme véhicule du monde possible] [Dialogue avec R. Kearney]». *Genshōgaku no Deformashion* (Pikyu Bukkusu [PQ Books]). Traduit par M. Marimo. Tokyo: Gendai-kikaku-hitsu, 1990, 31-84.

Traduction japonaise de II.B.116.

1995

II.I.20. «Poru Rikūru». *Tetsugaku, Kagaku, Shūkyō: Ru-Mondo Intabyū-shū*. Traduit par T. MARUOKA et M. HAMANA. Sangyo-Tosho: Ru-Mondo Ediskon, 1995, 12-24.

1996

II.I.21. «Chokusen to Enkan no Shinoa-teki». *Bukhyō* (Bouddhisme) 4 (1996), n° 35, 164-183.

Traduction japonaise de II.B.119.

II.J. DANOIS / DANISH

1975

II.J.1. «[Extraits de *Le conflit des interprétations* (237-238, 259, 259-260, 84-85, 432-433, 433-435, 445] traduit en danois par P. KEMP]». *Temaer i Nutidens Taenkning*. København: Gyldental, 1975, 23,8 × 15,5, 83-85, 116-117, 311-314.

Ces extraits sont commentés par le même auteur dans *Traek of Nutidens Taenkning*. København: Gyldental, 1977, 23,8 × 15,5, 40-41, 47, 51, 97-100.

1984

II.J.2. «Tale og Skrift [conférence au Grundtvig Congrès, Copenhague 1983]». *Sprog a Tale og Skryft*. Indlaeg fra Filosofisk Grundtvig-kongres afholdt på Københavns Universitet 9.-10. september 1983. Edité par P. KEMP et traduit par P. BUSCH-LARSEN. Arhus: Forlaget Aros, 1984, 21 × 15, 51-66.

Pas publié auparavant.

1987

II.J.2a. «Narrativ Tid». *Tidskrift for Kultur og tekstanalyse* 1987, n° 8 13-31.

Traduction danoise de II.B.98.

II.J.3. «Den fortalte tid». *Slagmark*. Tidskrift for idéhistorie 1987, n° 10, automne, 124-141.

Traduction danoise de II.A.376.

II.J.4. «Fortaellingen og den gyldne regel [réponse de P. Ricœur à l'article de P. KEMP «Éthique et narrativité»]». *Slagmark*. Tidskrift for idéhistorie 1987, n° 10, 173-176.

Manuscript français publié par II.A.593.
Traduit en suédois par II.P.3.

1988

II.J.5. «Den praktiske fornuft». *Moral og Ethik*. Edité par B.G. SCHUSTER. Arhus: Anis, 1988, 274-296.

Traduction danoise de II.A.344a.

1995

II.J.6. KEMP P., *Tid og Fortaelling*. Introduction til Paul Ricœur. Préface de P. RICŒUR. Aarhus: Aarhus Universitetsforlag, 1995, 167 p.

Réimprimé en 1996.

II.K. SERBO-CROATE / SERBO-CROATIAN

1973

II.K.1a. «Les difficultés de l'interprétation [en serbo-croate]». *Delo* (Yugoslavie) 19 (1973), nº 4-5, 453-471.

II.K.1. «Sukob tumačenja [Le conflit des interprétations]». *Delo* 19 (1973), nº4-5, 570-586.

Traduction serbo-croate d'un extrait (29-44) de I.A.10.

II.K.2. «Šta je tekst [Qu'est-ce qu'un texte?]». *Polja* 19 (1973), nº 171, 16-20.

Traduction serbo-croate de II.A.256.

II.K.3. «Budučnos filozofije i pitanje o subjektu [L'avenir de la philosophie et la question du sujet]». *Pitanja* 5 (1973), nº 47, 35-53.

Traduction serbo-croate de II.C.8.
Reproduit dans *Čemu foš filozofija*. Zagreb: Centar za kulturnu djelatnost, 1978, 161-200.

1977

II.K.4. «Različitost kultura i različitost vremena [La différence des cultures et la différence des temps]». *Kultura* 1977, nº 36-37, 250-265.

Traduction serbo-croate de II.A.308.

1979

II.K.5. «Hajdeger i pitanje o subjektu [Heidegger et la question du sujet]». *Rani Hajdeger*. Édité par D. BASTAT et D. STOJANOVIC. Beograd: Uuk Karadzič, 1979, 148-174.

Traduction serbo-croate de II.B.26.

1982

II.K.6. «Pisač umire, ali tekst sledi svoj život da proizvodui svoje dejstvo [L'auteur meurt, mais le texte suit sa vie]». *Vidici* 28 (1982), n°3-4, 108-113.

Traduction serbo-croate de II.A.369.

1984

II.K.7. «Zli bog i 'tragična vizija egzistencije' [Le dieu méchant et la vision 'tragique' de l'existence]». *Teorija tragedije*. Traduit par Z. STANOJEVIČ. Beograd: Nolit, 1984, 324-340.

Traduction serbo-croate d'un extrait (199-218) de I.A.7.

II.K.8. «Istinito bivstvo' ili ideja u Platona [Être, essence et substance chez Platon]». *Lucva* 1984, n° 1, 41-74.

Traduction serbo-croate d'un extrait de II.A.97.

1985

II.K.9. «Dogadjaj i smisao i izalganju [Événement et sens dans le discours]». *Polja* 31 (1985), n° 312-313, 70-72.

Traduction serbo-croate de II.A.273.

II.K.10. «Dijalektika, archeologija i technologija [Dialectique, archéologie et technologie]». *Treči program Radio Beograda* 1985, n° 66, 316-324.

II.K.11. «Simbolička funkcija mitova [La fonction symbolique du mythe]». *Polja* 34 (1988), n° 355, 414-416.

Traduction serbo-croate d'un extrait (153-165) de I.A.7.

1997

II.K.12. «Hermeneutičko pitanje u kriščenstvu in Sarajevo». *Dialog* 1997, 115-134.

II.L. Grec / Greek

1978

II.L.1. «Duname tou logou: epistēmē kai poiēsē [Puissance de la parole: science et poésie][en grec]». *Diotima* [Proceedings of the First International Week on Philosophy of Art, Cephalonia, 1973] 1978, 2e partie, 140-150.

Traduction grecque de II.A.313.

II.M. Roumain / Rumanian

1996

II.M.1. «Expérience et langage dans le discours religieux [en roumain]». *Fenomenologie si teologie*. Caşi: Poliron, 1996.

Traduction roumaine de II.A.494.

II.P. Suédois / Swedish

1977

II.P.1. «Distansering som hermeneutisk funktion». «Metafor och hermeneutik». *Hermeneutik*. Édité par H. Engdahl et d'autres avec des textes traduits par O. Holmgren. Stockholm: Raben och Sjöhgren, 1977, 21 × 13,3, 133-151, 152-168.

Traduction suédoise de II.B.42 et II.B.46.

1987

III.P.2. «Filosofen mitt i samhället. Intervju med Paul Ricœur [par M. Contat]». *Res publica* (Text och verklighet. Paul Ricœur) 1987, n° 9, 57-74.

Réimpression en 1988.
Traduction suédoise de II.A.412.

II.P.3. «Berättelsen och Den gyllene regeln. Svar till Peter Kemp [réponse de P. Ricœur à l'article de P. Kemp «Éthique et narrativité»]». *Res publica* (Text och verklighet. Paul Ricœur) 1987, n° 9, 121-125.

Réimpression en 1988.
Traduction suédoise de II.J.4.

II.P.4. «Etik och handling. Inledning till handlings ontologi». *Res publica* (Text och verklighet. Paul Ricœur) 1987, n° 9, 127-140.

Réimpression en 1988.
Pas publié auparavant.

II.P.5. «Zagorka Zivkovic intervjuar Paul Ricœur. Att skriva i offergörandes sekel [interview de Ricœur par Z. ZIVKOVIC]». *Dagens Nyheter*. Quotidien suédois 1987, 7 novembre, 4-5.

1993

II.P.6. «Faderskap: från fantasi till symbol». *Divan. Tidskrift för psykoanalyse och kultur* 6 (1993), 42-61.

Traduction suédoise de II.A.248.

II.R. TCHÈQUE / CZECK

1986

II.R.1. «Krize subjectu v zapidni filosofii [La crise du sujet dans la philosophie occidentale. Conférence, Prague, septembre 1980]». *Byti a subjektivita. Ricœurovake eseje*. Praha: Expedice, 1986, 1-18 [ronéotypé].

II.R.2. «Rozhovor s Paulem Ricœurem. O reci, zjeveni a ontologii [Interview de Paul Ricœur par Z. NEUBAUER. Sur le langage, le phénomène et l'ontologie]». *Byti a subjektivita. Ricœurovake eseje*. Praha: Expedice, 1986, 114-149. [ronéotypé].

1991

II.R.3. «Poeta Janu Patočkovi [Hommage à Jan Patočka]». *Filosofický Časopis* (Praha) 1991, 5-12.

Traduction tchèque de II.A.498.

1993

II.R.4. «Člověk ako predmet filosofie [L'homme comme sujet de la philosophie]». *Filosofia*. Bratislava: Slovak Academic Press, 1993, n° 10, 638-645.

Traduction tchèque de II.B.137.

II.R.5. «O filozofii a filozofoch. Rozhovor s. P. Ricœurem». *Filosofia*. Bratislava: Slovak Academic Press, 1993, n° 10, 646-650.

II.R.6. «Filosofie důvěry (Rozhovor s Paulem Ricœurem) [Une philosophie de la confiance. Entretien avec Paul Ricœur]». *Paul Ricœur. Život, pravda, symbol*. Praha: [Edice Oikumene], 1993, 20,5 × 13,5, 15-24.

Traduction tchèque de II.A.370.

II.R.7. «[Le soi comme objet d'estime et de respect (en tchèque)]». *Filosofický Časopis* 41 (1993), nº 1, 3-14.

1995

II.R.8. «[Multiple Foreignness (E. LEVINAS, PLATON) (en tchèque)]». *Filosofický Časopis* 43 (1995), nº 1, 37-49.

Texte français dans II.A.674 et texte allemand par II.C.50.

1996

II.R.9. «Justice et vérité [traduit en tchèque et commenté par P. HOZÁK]». *Filosofický Časopis* 44 (1996), nº 2, 277-290.

Traduction tchèque de II.A.602.

1997

II.R.10. «Jan Patočka: od filosofie přirozenéko sveta k filosofii dějin [Jan Patočka: d'une philosophie du monde naturel à une philosophie de l'histoire]». *Filosofický Časopis* 45 (1997), 742-749.

II.T. RUSSE / RUSSIAN

1969

II.T.1a. «Histoire et vérité. Extraits [texte russe]». *Francuzskij personaliszm. O social'noj strukture sovrenoenneyk obscesto i polozcnii celoveka* [Le personnalisme français. Sur la structure sociale de la société contemporaine et la situation de l'homme] Vol. II. Traduction de I. VDOVINA. Moscou, 1969.

Traduction russe d'extraits de I.A.5.

II.T.1b. «Prévision économique et choix éthique [texte russe]». *Ibid.*

Traduction russe de II.A.186.

II.T.1c. «Liberté, responsabilité et décision [texte russe]». *Ibid.*

Traduction russe de II.A.223.

1989

II.T.1. «Celovek kak predmet filosofii [Man as Subject of Philosophy]». *Voprosy Filosofi* [Problèmes de philosophie] 2 (1989), 41-50.

Traduction russe de II.B.137.

1990

II.T.2. «Metaforiceskij process kak poznanie, vobrazenie i oscuscenie [The Metaphorical Process as Cognition, Imagination and Feeling]». *Theoriia metafory*. Edité et introduit par N.D. ARUTIUNOVA. Moscou: Progress, 1990, 22 × 15, 416-434.

Traduction russe de II.B.85.

II.T.3. «Zivaia metafora [La métaphore vive]». *Theoriia metafory*. Édité et introduit par N.D. ARUTIUNOVA. Moscou: Progress, 1990, 22 × 15, 435-455.

Traduction russe du texte abrégé de la sixième étude de II.A.11.

1991

II.T.4. «Cto menia zanimaet poslednie 30 let [Ce qui me préoccupe depuis trente ans]». *Istoriko-filosofskij ežegodnik* 1991.

Traduction russe de II.A.400a.
Repris dans I.T.1.

1992

II.T.5. «Konflikt interpretacij. Esse o germenevtike [Conflit des interprétations. Essais d'herméneutique]». *Čelovek i obsčestvó*. Problemy čeloveka na XVIII Vsemirnom filosofkom kongrese 1992, fascicule 4, 85-114.

Traduction russe des pp. 7-34 de I.A.10.

1995

II.T.6. «Objectivité et subjectivité en histoire [en russe]». *Recherches métaphysiques* [en russe]. Traduction par B. SOKOLOV. Saint-Petersbourg, 1995.

Traduction russe des pp. 25-52 de I.A.5.

II.U. Bulgare / Bulgarian

II.U.1. «La mémoire politique [en bulgare]». *Pol Rik'or. Filosofia ired iredyzvikatelstvata na promenite* [La philosophie face aux défis des changements. Colloque, Sofia 1997]. Édité par I. Znepolski. Sofia: Dom na naukuta za c'oveka i obsh'estvoto, 1998, 23-39.

Publié en français dans *Divinatio*. Studia culturologica Series 1998, vol. 6-7, Spring-Summer, (MSHS, Sofia).

II.V. Catalan

1995

II.V.1. «Filosofia: cap a la Grècia antiga, de la nostàlgia al dol». *Els Idelas de la Mediterrània dins la Cultura Europea*. Sous la direction de G. Duby, Institut Català d'Estudis Mediterranis. Barcelona: Generalitat de Catalunya, 1995, 189-205.

II.X. Hongrois / Hungarian

1987

II.X.1. «Ar Adam-mitosz és a törtenelem eszkatologisi vizioja [Le mythe 'adamique' et la vision 'eschatologique' de l'histoire]». *A hermeneutika elmélete. Elsö rész. Szöveggyüjtemeny. Auerbach, Palmer, Ricœur, Hirsch, Szondi, Frye, Kermode* [Une théorie de l'herméneutique. Ie partie. Anthologie][Ikonológia és Müértelmezés, 3. Édité par T. Fabiny. Szeged: [Universitas Szegediensis], 1987, 23,5 × 16, 123-178.

Traduction hongroise des pages 218-226 de I.A.7.

II.X.2. «Nyelv, szimbólum és értelmezés. Az interpretaciók konfliktusa [Du langage, du symbole et de l'interprétation. Le conflit des interprétations]». *Ibid.*, 173-218.

Traduction hongroise d'un extrait (13-44) de I.A.8.

II.X.3. «Létezés és hermeneutika [Existence et herméneutique]». *Ibid.*, 219-246.

Traduction hongroise de II.A.177.

II.X.4. «Elószó Rudolf Bultmannhoz [Préface à Rudolf Bultmann]». *Ibid.*, 247-272.

Traduction hongroise de II.A.231.

II.X.5. «A tamusag hermeneutikaja [L'herméneutique du témoignage]». *Ibid.*, 273-312.

Traduction hongroise de II.A.288.

II.X.6. «A harmas mimézis [La triple mimésis]». *Ibid.*, 313ss.

Traduction hongroise d'un extrait (85-120) de I.A.12.

1989

II.X.7. «Kultura és Hit. A böleselet Kerdesei Ricœur profeszoral Patisz 1989 [Culture et foi. Entretien avec le professeur Ricœur sur les problèmes de la sagesse. Paris]». *Pariszi Magyor Szo* [La parole hongroise à Paris], 13 mars 1989.

1990

II.X.8. «Az ember mint a filozófia tárgya [Man as the Subject of Philosophy]». *Magyar Filozófiai Szemle* 1990, n° 5-6, 612-65.

Traduction hongroise de II.B.237.

1997

II.X.9. «Fenomenológia és hermeneutika». *Fenomenológia és hermeneutika.* Traduit par B. MEZEI. [Budapest]: Kossuth Kiado, 1997, 18,5 × 10,5, 7-58.

Traduction hongroise de II.A.305.

II.X.10. «A rossz mint filozófiai és teológiai kikívás [Le mal: un défi à la philosophie et à la théologie]». *Magyar Filozófiai Szemle* (Budapest: Azon Kiado) 1997, n° 5-6, 851-869.

Traduction hongroise de I.A.16a.

II.X.11. «Az 'ohvány', az 'üledék', és az 'emlékezet'. Ket beszélzetés Tóth Tomasset [The 'graft', the 'sediment' and the 'remembrance'. Two conversations with Tomas Tóth]». *Magyar Filozófiai Szemle* 1997, n° 5-6, 871-908.

II.Y. GALICIEN / GALICIAN

1987

II.Y.1. «Paul Ricœur: O don como ceme da relixion. Entrevista a Paul Ricœur [par A. DÍAZ BLANCO et A. TORRES QUELRUGA]». *Encrucillada* (Pontevedra) 11 (1987), n° 55, 500-504.

II.I.α. ARABE / ARABIC

1996

II.α.1. «Tasdīr [préface]». *Diugin* (Center for Unesco Publications, Cairo 1996, n° 120), 176, 3-4.

Texte arabe de II.A.608.

II.α.2. «Penser la tolérance». «La tolérance et le droit». «Quelques sources spirituelles de la tolérance (en arabe) [introduction à trois séries d'articles]». *Diugin* 1996, n° 120, 176, 21-22, 42-44, 85-86.

Texte arabe de II.A.608a.

II.α.3. «Tadā'ul al tasāmuh wa-muqāwama mā lā yuhtamulu [précédé par une introduction] «Al-aqūbāt wa-'l hūdūd fī tarîq al tasāmuh». *Diugin* 1996, n° 120, 176, 133-139, 115-116.

Texte arabe de II.A.609.

ADDENDA
II.A. FRANÇAIS / FRENCH

1999

II.A.662a. «Le passé avait un futur [sur l'allergie à l'enseignement de l'histoire et comment y remédier]». *Relier les connaissances. Le défi du XXIe siecle.* Paris: Seuil, 1999, 297-314.

2000

II.A.674. «Multiple étrangeté». *Fremdheit und Vertrautheit. Hermeneutik im europäischen Kontext.* Édite par R. ENSKAT. Leuven: Peeters 2000, 11-23.

Texte français de II.C.50.

II.B. ENGLISH / ANGLAIS

1999

I.A.662a. *Humanities between Science and Art* [addressat Aarhus University, Denmark 1999]. Aarhus: Center for Kulturforskring, 1999, 15 p.

III. TEXTES MINEURS / MINOR TEXTS

III.A. FRANÇAIS / FRENCH

1935

III.A.1. «Un livre d'André Philip: Le Christianisme et la paix». *Terre nouvelle.* Organe des chrétiens révolutionnaires (Paris) 1935, nº 4, août-septémbre, 8.

1936

III.A.2. «Où sont donc les mauvais Français? Le général Weygand et l'enseignement». *Terre nouvelle* 1936, nº 10, mars, 6-7.

III.A.3. «Marchands de canon». *Terre nouvelle* 1936, nº 11, avril, 8-10.

III.A.4. «Courte thèse d'un jeune philosophe. Le christianisme par le socialisme». *Terre nouvelle* 1936, nº 15, août-septembre, 6-7.

III.A.5. «Plaidoyer pour le désarmement [sur L. BLUM, *Les problèmes de la paix*]». *Terre nouvelle* 1936, nº 17, novembre, 9-10.

1938

III.A.6. «À propos de Teruel. Le problème du pacifisme». *Terre nouvelle* 1938, nº 31, février, 5.

III.A.7. «Le statut du travail. Un code de paix sociale?». *Terre nouvelle* 1938, nº 32, mars, 2-3.

III.A.8. «Les travailleurs ne doivent défendre qu'une république des travailleurs». *Terre nouvelle* 1938, nº 33, avril, 7-8.

III.A.9. «Résister...». *Terre nouvelle* 1938, nº 35, juin, 5.

Repris dans *Front populaire. 'Socialistes parce que chrétiens'* (Sciences humaines et religion) par A. ROCHEFORT-TURQUIN. Préface de P. RICŒUR. Paris: Cerf, 1986, 21,5 × 13,5, 165.

III.A.10. «Bilan politique. I. Un point de vue socialiste. Contribution à un bilan». *Terre nouvelle* 1938, nº 38, octobre, 3-4.

III.A.11. «Résister pour gouverner». *Terre nouvelle* 1938, nº 40, décembre, 3.

1939

III.A.12. «Où va la France? Perte de vitesse». *Terre nouvelle* 1939, nº 43, mars, 2.

III.A.13. «La crise syndicale». *Terre nouvelle* 1939, nº 45, mai, 6.

III.A.14. «Pour un socialisme constructif». *Terre nouvelle* 1939, nº 46, juin, 4.

1947

III.A.15. «La question coloniale [commentaire sur la «Déclaration de la délégation française à la Conférence mondiale de la jeunesse chrétienne d'Oslo sur la question coloniale»].». *Réforme*. Hebdomadaire 3 (1947-), nº 131, 20 septembre, 2.

Reproduit sous le titre «Commentaires à la déclaration française. Paul Ricœur». dans *Le Semeur* (Que pensent les étudiants coloniaux?) 46 (1947-1948), nº 2-3, décembre-janvier, 137-141.

III.A.16. «Envoi [premier message de P. RICŒUR en tant que président du bureau provisoire de la Fédération protestante des membres de l'Enseignement constituée au Congrès national à Chambon-sur-Lignon, 1947]». *Foi-Éducation*. Revue trimestrielle de la Fédération protestante des membres de l'Enseignement 17 (1947), nº 1, décembre, 2-3.

1949

III.A.17. «Les propositions de paix scolaire de la Revue 'Esprit'». *Foi-Éducation* 19 (1949), nº 8, juillet, 3-8.

III.A.18. «Auto-critique et anticipation [concernant l'action de la Fédération protestante de l'Enseignement]». *Foi-Éducation* (Rencontres et travaux de l'été 1949) 19 (1949), nº hors série, décembre, 1-2.

1950

III.A.19. «Les travaux de la commission Philip [concernant la paix scolaire]». *Christianisme social* 58 (1950), nº 1-2, janvier-février, 9-23.

Reproduit dans *Foi-Éducation* 20 (1950), nº 10, janvier, 1-12 et sous le titre «La querelle des écoles. Les travaux de la commission Philip (1944-1945)» dans *Laïcité et paix scolaire*. Enquête et conclusions de la Fédération protestante de l'enseignement. Paris: Berger-Levrault, 1957, 19 × 14,5, 219-232.

III.A.20. «Message de clôture du Congrès [de la Fédération protestante de l'Enseignement consacré à 'La vie personnelle de l'éducateur', Bièvres 1950]». *Foi-Éducation* 20 (1950), nº 13, novembre, 63-64.

1951

II.A.21. «Nous ne pouvons nous taire. La Fédération protestante de l'Enseignement et le problème scolaire [déclaration du Comité National présidé par P. RICŒUR]». *Foi-Éducation* (École et Cité) 21 (1951), n° 17, novembre 234-235.

1952

III.A.22. «Quelques conclusions du Congrès [de la Fédération protestante de l'Enseignement consacré à 'l'Université et la Nation', Bièvres 1952] (Notes prises d'après Ricœur)». *Foi-Éducation* 22 (1952), n° 21, octobre, 196.

1954

III.A.23. «Le Protestantisme et la question scolaire [conférence faite dans le cadre 'Positions protestantes' à Strasbourg, 1954]». *Foi-Éducation* 24 (1954), n° 27, juin, 48-59.

1956

III.A.24. «Déclaration de la Fédération protestante de l'enseignement [présidée par P. RICŒUR en faveur de la laïcité scolaire]». *Foi-Éducation* 26 (1956), n° 34, janvier-mars, 4-5.

Reproduit partiellement dans *Le Monde* 12 (1955), n° 3398, 27 décembre, 2 et sous le titre «Les enseignants protestants pour la laïcité». *L'Express* 3 (1955), n° 190, 28 décembre, 3.

III.A.25. «Communiqué de la Fédération protestante de l'Enseignement [présidée par P. RICŒUR]. Faut-il abroger la loi Barangé?» *Foi-Éducation* 26 (1956), n° 35, avril-juin, 46-47.

1957

III.A.26. «École-Nation-État». *Laïcité et paix scolaire*. Enquête et conclusions de la Fédération protestante de l'Enseignement. Paris: Berger-Levrault, 1957, 19 × 14,5, 280-293.

III.A.27. «Appel de la Fédération protestante de l'Enseignement [présidée par P. RICŒUR à l'Ambassadeur de l'U.R.S.S. au sujet de l'intervention de l'armée russe en Hongrie]». *Foi-Éducation* 27 (1957), n° 38, janvier-mars, 45.

III.A.28. «André Mandouze [lettre de protestation adressée par le bureau de la Fédération protestante de l'Enseignement présidée par P. RICŒUR au

Président du Conseil au sujet de l'arrestation du professeur André Mandouze]». *Foi-Éducation* 27 (1957), nº 38, janvier-mars, 46.

III.A.29. «Les événements d'Algérie devant la Conscience Chrétienne [déclaration du bureau de la Fédération protestante de l'Enseignement dont P. RICŒUR est président]». *Foi-Éducation* 27 (1957), nº 39, avril-juin, 105.

1958

III.A.30. «Le procès d'Étienne Mathiot et de Francine Rapiné [accusés d'avoir aidé des algériens recherchés]». *Christianisme social* 66 (1958), nº 4-5, avril-mai, 277-279.

Reproduit dans *Cité nouvelle* 1958, nº 268, 22 mars, 1 et 4.

III.A.31. «Appel [de la Fédération protestante de l'Enseignement présidée par P. RICŒUR à l'opinion publique au sujet de la torture pratiquée par l'autorité française]». *Foi-Éducation* 28 (1958), nº 42, janvier-mars, 43-44.

III.A.32. «Le 'cas' Étienne Mathiot [pasteur incarcéré pour avoir hébergé un chef politique algérien]». *Foi-Éducation* 28 (1958), nº 42, janvier-mars, 45-17.

1959

III.A.33. «Conclusions du Congrès [de Bièvres 1958 consacré aux problèmes de l'enseignement. Notes prises d'après le discours de P. RICŒUR]». *Foi-Éducation* (Le congrès de Bièvres. 10e anniversaire de la Fédération) 29 (1959), nº 46, janvier-mars, 46-49.

III.A.34. «Mémorandum pour servir à l'élaboration d'un statut national de l'Enseignement [publié par le Comité National de la Fédération Protestante de l'Enseignement présidée par P. RICŒUR]». *Foi-Éducation* 29 (1959), nº 46, juillet-septembre, 121-128.

III.A.35. «Prolongements de la Pastorale [réponse de P. RICŒUR à Jean Lasserre sur l'état et le chrétien]». *La confiance* 5 (1959), nº 4, 2-3.

III.A.36. «Le Collège Cévénol regarde l'avenir». *Nouvelles du Collège Cévenol* 6 (1959), mars, 1415.
Repris dans *Cité nouvelle* 1959, nº 299, 30 juillet, 4.

1960

III.A.37. «Déclaration de la Fédération protestante de l'Enseignement [présidée par P. RICŒUR en faveur de la laïcité de l'Enseignement]». *Foi-Éducation* 30 (1960), nº 51, avril-juin, 41.

III.A.38. «Allocution prononcée par P. RICŒUR à l'occasion de l'inauguration du nouvel internat de filles. Pentecôte 1959». *Nouvelles du Collège Cévénol* 6 (1960), avril-mai, 2-3.

1961

III.A.39. «Une lettre du professeur Ricœur [protestant contre la perquisition de sa maison et la mesure de garde à vue prise contre lui par la police]». *Le monde* 18 (1961), n° 5102, 14 juin, 2.

III.A.40. «Pierre Nourisson [chrétien socialiste. In memoriam]». *Cité nouvelle* 1961, n° 334, 2 mars, 1.

III.A.41. «Les rapports introductifs [au XXXIIIe Congrès du Christianisme social à Rocheton 1961]. Le socialisme d'aujourd'hui». *Cité nouvelle* 1961, n° 338, 11 mai, 3.

III.A.42. «Pour accompagner le message de Maurice Voge [secrétaire général du mouvement du Christianisme social à l'occasion de son message d'adieu]». *Cité nouvelle* 1961, n° 344, septembre, 2.

Reproduit dans *Christianisme social* 69 (1961), n° 10-11, octobre-novembre, 594-597.

1962

III.A.43. «Le procès de Michel Bourgeois [étudiant et objecteur de conscience. Témoignage écrit de Ricœur en sa faveur au tribunal militaire de Paris]». *Cité nouvelle* 1962, n° 359, 19 avril, 1, 4.

Reproduit sous le titre «L'affaire Bourgeois». *Christianisme social* 70 (1962), n° 5-6, mai-juin, 339-340.

III.A.44. [DUCROS P. et RICŒUR P.], «Appel pour le mouvement [du Christianisme social co-présidé par P. RICŒUR]». *Cité nouvelle* 1962, n° 370, 8 novembre, 3.

III.A.45. [DUCROS P. et RICŒUR P.], «Appel pour le mouvement [remerciements]». *Cité nouvelle* 1962, n° 373, 20 décembre, 3.

1963

III.A.46. «Appel aux protestants de France [par le Christianisme social co-présidé par P. RICŒUR contre la force de frappe française]». *Cité nouvelle* 1963, n° 384, 6 juin, 1.

Reproduit dans *Christianisme social* 71 (1963), n° 7-8, juillet-août, 533-535.

1964

III.A.47. «Message de M. Paul Ricœur [à l'occasion de l'hommage rendu à Gaston Berger]». *Hommage à Gaston Berger* (Publication des annales de la Faculté des Lettres d'Aix-en-Provence). [Gap]: Ophrys, 1964, 24 × 16, 131.

1965

III.A.48. «[Protestation contre la réforme de l'enseignement]». *Le Monde* 22 (1965), nº 6357, 23 juin, 10.

1966

III.A.49. RICŒUR P. et DOMENACH J.-M., «Invitation à la conférence de presse [pour protester contre la suspension infligée à Casamayor ayant critiqué la justice dans l'affaire Ben Barka]». *Esprit* 34 (1966), nº 3, mars, 527.

Repris intégralement dans *Christianisme social* 74 (1966), nº 1, janvier-février, 130-131 et quasi intégralement dans *Le Monde* 1966, nº 6560, 15 février, 6.

III.A.50. «Déclaration [de P. RICŒUR et d'autres personnalités à propos de l'article «La leçon des morts». par R. CAPITANT]». *Le Monde* 23 (1966), nº 6566, 22 février, 7.

III.A.50a. «Un appel pour la manifestation 'six heures pour le Vietnam' [contre la guerre du Vietnam, appel co-signé par P. RICŒUR]». *Le Monde* 23 (1966), nº 6644, 26 mai, 2.

III.A.51. RICŒUR P. et DUCROS P., «A nos amis [appel d'aide aux abonnés]». *Cité nouvelle* 34 (1966), 24 novembre, 4.

1968

III.A.52. «Christianisme et révolution [communiqué co-signé par Christianisme social, co-présidé par P. RICŒUR en faveur de la participation des chrétiens à la lutte révolutionnaire]». *Christianisme social* (Comprendre la Chine) 76 (1968), nº 1-2, 119.

Repris sous le titre «Les chrétiens peuvent participer à la lutte révolutionnaire». *Cité nouvelle* 36 (1968), nº 490, 25 avril, 3.

III.A.53. «À nos amis, à nos abonnés [appel de soutien de Christianisme social co-présidé par P. RICŒUR]». *Christianisme social* (Comprendre la Chine) 76 (1968), nº 1-2, 127-128.

III.A.54. «Déclaration du Congrès National du Mouvement du Christianisme social [co-présidé par P. RICŒUR en faveur des justes requêtes du mouvement révolutionnaire estudiantin]». *Christianisme social* (Imagination et pouvoir) 76 (1968), nº 3-4, 221.

III.A.55. «Appel à tous les chrétiens [co-signé par P. RICŒUR pour qu'ils appuient les justes aspirations du mouvement révolutionnaire des étudiants et des ouvriers en mai-juin 1968]». *Christianisme social* (Imagination et pouvoir) 76 (1968), nº 3-4, 223-224.

Repris sous le titre «Appel aux chrétiens». *Cité nouvelle* 36 (1968), nº 492, 13 juin, 7.

III.A.56. «Faire une nouvelle société [communiqué d'un groupe de catholiques et de protestants, co-signé par P. RICŒUR en faveur d'une transformation de la société, le 22 mai 1968]». *Christianisme social* (Imagination et pouvoir) 76 (1968), nº 3-4, 225-227.

Reproduit dans *Cité nouvelle* 36 (1968), nº 492, 13 janvier, 7.

III.A.57. «Au lecteur [liminaire au nº de *Christianisme social* consacré à l'intercélébration eucharistique. Pentecôte 1968, co-signé par P. RICŒUR]». *Christianisme social* (Un geste risqué. L'eucharistie de Pentecôte 1968. Documents et réflexions) 76 (1968), nº 7-10, 385-387.

III.A.58. «Commentaire eucharistique de Paul Ricœur [reconstitué de mémoire par l'un des participants à l'intercélébration]». *Christianisme social* (Un geste risqué. L'eucharistie de Pentecôte 1968. Documents et réflexions) 76 (1968), nº 7-10, 400-401.

Traduit partiellement en anglais par III.B.1.

III.A.58a. RICŒUR P. et d'autres, «Les incidents de Nanterre [comprend un texte adopté par P. RICŒUR, MICHAUD et TOURAINE et proposé aux professeurs, qui plaide pour une transformation des institutions universitaires]». *Le Monde* 25 (1968), nº 7247, 2 mai, 2.

III.A.59. «Lettre d'information des participants [à l'intercélébration adressée à Mgr. Marty et au pasteur Ch. Westphal, co-signé par P. RICŒUR]». *Le Monde* 25 (1968), nº 7274, 4 juin, 4.

Reproduit intégralement dans *La Croix* 88 (1968), nº 25980, 5 juin, 7, dans *Informations catholiques internationales* 1968, nº 313-314, juin, 22-23, dans *La documentation catholique* 50 (1968), nº 1520, 7 juillet, col. 1212, dans *Christianisme social* (Un geste risqué. L'eucharistie de Pentecôte 1968) 76 (1968), nº 7-10, 405-406, et partiellement dans R. SERROU, «Dieu n'est pas conservateur». *Les chrétiens dans les événements de mai* (Contestation). Paris: Seuil, [1968], 17 × 11, 58-59.
Traduit en néerlandais par III.G.1.

III.A.60. «Semaine de l'unité: un appel [co-signé par Christianisme social, co-présidé par P. RICŒUR en faveur de la justice dans le monde et de la paix au Vietnam]». *Réforme* 1968, n° 1191, 3 janvier, 11.

Repris sous le titre «Pour la 'Semaine de l'unité'». *Cité nouvelle* 36 (1968), n° 485, 25 janvier, 3.

III.A.61. «La concélébration eucharistique». *Réforme* 1968, n° 1212, 8 juin, 2 et Réforme. Supplément au n° 1212, 8 juin, 4-5 [polycopié].

Repris intégralement sous le titre «Le jour de la Pentecôte, ils étaient tous en un même lieu (Livre des Actes)» dans *Cité nouvelle* 36 (1968), n° 492, 13 juin, 2, dans *Christianisme social* (Un geste risqué. L'eucharistie de Pentecôte 1968) 76 (1968), n° 7-10, 423-425, sous le titre «La concélébration eucharistique de la Pentecôte», dans *Crédo*. Revue oecuménique Canadienne 15 (1968), n° 12, 100, dans *5 ans de 'Réforme'*. Préface de A. DUHAMEL. [Genève]: Labor et Fides, [1995], 21 × 14,5, 74-76, et dans *Lettre* 1968, n° 118-119, 43-44 [polycopié]; reproduit partiellement dans *La documentation catholique* 50 (1968), n° 1520, 7 juillet, col. 1216 et dans *Le monde* 25 (1968), n° 7283, 14 juin, 16.
Traduit partiellement en anglais par III.B.2.
Traduit en néerlandais par III.G.2.

1969

III.A.62. «Appel du Comité français de la Conférence Chrétienne pour la Paix [co-signé par Christianisme social co-présidé par P. RICŒUR]». *Christianisme social* 77 (1969), n° 1-2, 125-126.

1970

III.A.63. «[Lettre de protestation contre le licenciement injuste de personnel au centre de Saclay, co-signé par P. RICŒUR]». *Christianisme social* 78 (1970), n° 1-2, 99-101.

III.A.64. «[Lettre de J. BEAUMONT et P. RICŒUR, présidents du Christianisme social dénonçant l'oppression politique au Brésil]». *Christianisme social* 78 (1970), n°3-6, 286-287.

III.A.65. «Commentaire du Doyen Ricœur à la télévision sur la situation à Nanterre]». *Le Monde* 27 (1970), n° 7793, 1-2 février, 9.

III.A.66. «Une mise au point du doyen Ricœur [concernant un communiqué dénigrant de quelques étudiants]». *Le Monde* 27 (1970), n° 7798, 7 février, 9.

III.A.67. «Déclaration du M. Ricœur [demandant de transformer les voies du domaine universitaire de Nanterre en voies publiques]». *Le Monde* 27 (1970), n° 7815, 27 février, 10 et n° 7816, 28 février, 24.

Reproduit partiellement dans *Le Figaro* 144 (1970), n° 7918, 27 février, 4.

III.A.68. «Un communiqué du doyen Ricœur [mettant au point sa déclaration sur la banalisation]». *Le Monde* 27 (1970), n° 7819, 4 mars, 9.

III.A.69. «Une lettre du doyen Ricœur [protestant contre une interprétation injurieuse de son appel aux enseignants et étudiants]». *Le Monde* 27 (1970), n° 7820, 5 mars, 32 et n° 7821, 6 mars, 10.

III.A.70. «La lettre de M. Ricœur [remettant sa démission comme doyen de Nanterre]». *Le Monde* 27 (1970), n° 7830, 18 mars, 16.

Reproduit partiellement dans *France-Soir* 1970, 18 mars, 7, dans *La Croix* 90 (1970), n° 26522, 18 mars, 5, et dans *Le Figaro* 144 (1970), n° 7933, 18 mars, 12.

1974

III.A.71. «Les directions de la recherche philosophique sur l'imagination». *Recherches phénoménologiques sur l'imaginaire. I.* [Paris]: Centre de Recherches Phénoménologiques, [1974], 29,5 × 21, 1-8 [polygraphié].

III.A.72. «Imagination productive et imagination reproductive selon Kant». *Recherches phénoménologiques sur l'imaginaire. I.* [Paris]: Centre de Recherches Phénoménologiques, [1974], 29,5 × 21, 9-13 [polygraphié].

III.A.73. «Husserl et le problème de l'image. I et II». *Recherches phénoménologiques sur l'imaginaire. I.* [Paris]: Centre de Recherches Phénoménologiques, [1974], 29,5 × 21, 24-26, 27-30 [polygraphié].

III.A.74. «Métaphore et image». *Recherches phénoménologiques sur l'imaginaire. I.* [Paris]: Centre de Recherches Phénoménologiques, [1974], 29,5 × 21, 66-72 [polygraphié].

1977

III.A.75. «Présentation». *Revue de métaphysique et de morale* 82 (1977), n° 1, 1-2.

1982

III.A.76. «A propos de: Petit Joseph [film de Jean-Michel BARDOL avec comme deuxième assistant Olivier RICŒUR]». *Petit Joseph. un film de Jean-Michel Barjol d'après le roman de Chris Donner.* Neuilly: Gaumont Distribution, [1982], 29,5 × 21, 10-11.

1983

III.A.77. «Lettre [à Claude Gruson au sujet de 'L'appel aux hommes et femmes d'espérance']». *Centre de Villemétrie. Appel aux hommes et aux femmes d'espérance* (Editions du Centurion), 1983, 38.

1991

III.A.78. «Une grande figure [Témoignage de P. RICŒUR à la mort du Cardinal DE LUBAC]». *La Croix*. Quotidien 111 (1991), n° 32988, 5 septembre, 3.

1995

III.A.79. «Lettre de Monsieur Paul Ricœur [donnant sa démission de président de l'Association des Amis de Gabriel Marcel lors de ses quatre-vingt ans]». *Bulletin de l'Association 'Présence de Gabriel Marcel'* 1995, n° 5, 49.

III.A.80. «Point de vue. Pour une réforme de fond de la Sécurité sociale [co-signé par P. RICŒUR]». *La Croix*. Quotidien 1995, n° 34272, 1 décembre, 3.

1996

III.A.81. «Annexe n° 6. Hommage de Paul Ricœur à Etienne Mathiot prononcé sur sa tombe à Lion-sur-Mer, le 16 août 1993». *Dédier les liens du joug. Trois prêtres et un pasteur dans la guerre d'Algérie: Christien Corre, Robert Davezier, Jobie Kerlan, Etienne Mathiot* (Sources et travaux d'histoire immédiate, n° 5) par S. CHAPEU. Préface de J.-Fr. SOULET. Toulouse: Groupe de Recherche en Histoire Immédiate, 1996, 253.

III.A.82. «Paul Ricœur au secours des sans-papiers. L'étranger n'a pas tous les torts [interview de C. CHABAUD]». *La Vie*. Hebdomadaire chrétien d'actualité 1996, n° 2651, 20 juin.

III.A.83. «Étrangers: une politique à refaire [Adresse au gouvernement par le collège des médiateurs dont P. RICŒUR fait partie en faveur des Africains sans papiers]». *Le Monde* 52 (1996), n° 15982, 15 juin, 14.

III.A.84. «Appel aux citoyens d'Europe [rédigé par les 26 membres du Collège des médiateurs, dont P. RICŒUR au sujet des sans-papiers]». *Le Monde* 52 (1996), n° 16116, 19 novembre, 12.

III.A.85. «Communiqué du 6 avril 1996 [à propos des familles africaines accueillies par la Cartoucherie à la suite de leur expulsion de l'Église Saint-Ambroise, co-signé par P. RICŒUR]». [dactylographié]

1997

III.A.86. «Pour le recours en grâce de Claude Lucas [pétition co-signée par P. RICŒUR]». *Esprit* 1997, n° 7, juillet, 222-223.

III.A.87. «Des intellectuels dénoncent le 'manque de détermination' de la France en ex-Yougoslavie [concernant l'arrestation des présumés criminels contre l'humanité]. Ils réprouvent les propos d'Alain Richard [lettre ouverte co-signée par P. RICŒUR]». *Le Monde* 54 (1997), n° 16453, 20 décembre, 5.

1998

III.A.88. «Ne jouez pas avec la vie des hommes.... 121 signataires [parmi eux P. RICŒUR] pour un appel à la solidarité et au respect des promesses [à l'égard des sans-papiers]». *Libération* 1998, 2 juillet, 3.

III.B. ENGLISH / ANGLAIS

1970

III.B.1. «[Eucharistic Comment]». *The Crumbling Walls*. Edited by L.S. MUDGE. Philadelphia: The Westminster Press, [1970], 19 × 12, 32-33.

Partial English translation of III.A.58.

III.B.2. «[The Eucharistic Concelebration]». *The Crumbling Walls*. Edited by L.S. MUDGE. Philadelphia: The Westminster Press, [1970], 19 × 12, 32-33.

Partial English translation of III.A.61.

1975

III.B.3. «Commencement Address at Boston College». *Congressional Record* 121 (1975), June 16, n° 94, E.3193.

III.G. NÉERLANDAIS / DUTCH

1968

III.G.1. «[Brief van de deelnemers aan de intercelebratie, mede ondertekend door P. RICŒUR]». *Katholiek Archief* 23 (1968), n° 37, 13 septembre, col. 913-914.

Traduction néerlandaise de II.A.59.

III.G.2. «Verklaring van prof. Paul Ricœur naar aanleiding van de interconfessionele eucharistieviering te Parijs, 2 juni 1968». *Katholiek Archief* 23 (1968), n° 37, 13 septembre, col. 913-914.

Traduction néerlandaise de III.A.61.

INDEX

BIBLIOGRAPHIE PRIMAIRE / PRIMARY BIBLIOGRAPHY

I. INDEX DES NOMS / INDEX OF NAMES

Cette liste mentionne les noms des auteurs de traductions, de préfaces et de postfaces ainsi que les noms des éditeurs et des co-auteurs de publications. Les chiffres renvoient au *numéro* de la publication. L'astérisque signale la mention du même nom dans l'index de la Bibliographie secondaire.

This list comprises the names of translators, prefacers, epilogues and editors as well as of the co-authors of publications. The figures are referring to the *code* of the publication. The asterisk indicates that the name also appears in the index of Part Two (Secondary Bibliography).

II. INDEX THÉMATIQUE

Cet index couvre toutes les publications sauf les textes en anglais qui sont inventoriés dans le *Subject Index*.

This index lists the texts in any language except those in English.

III. SUBJECT INDEX

This index covers only the English publications.
Seuls les textes anglais sont répertoriés dans cet index.

PART TWO

BIBLIOGRAPHIE SECONDAIRE
SECONDARY BIBLIOGRAPHY

I. LIVRES / MONOGRAPHS

I.A. Français / French

1971

I.A.1. Philibert M., *Paul Ricœur ou la liberté selon l'espérance*. Présentation, choix de textes, biographie, bibliographie aves des pages inédites de P. Ricœur (Philosophes de tous les temps, 72). [Paris]: Seghers, [1971], 16 × 13,5, 190 p.

Traduit en polonais par I.H.1.

1974

I.A.2. Bergeron R., *La vocation de la liberté dans la philosophie de Paul Ricœur* (Travaux de psychologie, pédagogie et orthopédagogie, 9). Montréal-Fribourg: Bellarmin-Éditions Universitaires, 1974, 24,5 × 16,5, 296 p.

1975

I.A.3. Madison G.Br., *Sens et existence*. En hommage à Paul Ricœur. Recueil préparé sous la direction de G.Br. Madison. Paris: Seuil, [1975], 20,5 × 14, 221 p.

Seuls les articles suivants traitent de la pensée ricœurienne:
Dumas A., «Savoir objectif, croyance projective, foi interpellée [sur P. Ricœur]». (160-169)
Maqdici R., «L'ontologie kérygmatique de Paul Ricœur. Approche arabe». (170-206)
Traduit en espagnol par I.D.1.

1984

I.A.4. Nkeramihigo Th., *L'homme et la transcendance. Essai de poétique dans la philosophie de Paul Ricœur* (Le Sycomore. Chrétiens aujourd'hui, 12). Paris-Namur: Lethielleux-Culture et Vérité, [1984], 22 × 14, 299 p.

I.A.4a. Bouchard G., *Le procès de la métaphore* [confrontation des vues de J. Derrida et de P. Ricœur sur la métaphore] (Brèches). [Québec]: Hurtubise, [1984], 23 × 14, 353 p.

1988

I.A.5. *Esprit. Paul Ricœur.* [Colloque sur P. RICŒUR organisé par la revue «Esprit«, Paris 1987] Coordonné par O. MONGIN et J. ROMAN. Paris: Esprit n° 7-8, juillet-août, 1988, 326 p.

Comprend les articles suivants:
[MONGIN O.], «Paul Ricœur. L'action de la pensée [introduction générale des textes sur P. RICŒUR]». (1-3)

I. De l'action politique
THIBAUD P., «Devant la crise de l'université: l'esprit libéral et l'esprit radical [sur les opinions de P. RICŒUR sur l'université et les événements de Nanterre en 1970]». (9-20)
MONGIN O., «Les paradoxes du politique [dans la pensée de P. RICŒUR]». (21-37)
ROMAN J., «Entre Hannah Arendt et Éric Weil [réflexion sur la philosophie politique de P. RICŒUR située entre H. ARENDT et E. WEIL]». (38-48)

II. Dans les sombres temps
PETITDEMANGE G., «Détresse et récit [dans l'œuvre de P. RICŒUR]». (64-75)
GREISCH J., «Temps bifurqué et temps de crise [dans *Temps et récit. I – III*]». (88-96)

III. Lectures
BESNIER J.-M., «Les anciens et les modernes [P. Ricœur comme lecteur de E. HUSSERL, I. KANT et ARISTOTE]». (97-100)
COLIN P., «L'héritage de Jean Nabert [dans la philosophie de P. RICŒUR]». (119-128)
ROVIELLO A.-M., «L'horizon kantien [dans la philosophie ricœurienne]». (152-162)

IV. Aux frontières de la philosophie
SCHLEGEL J.-L., «Devant la théologie allemande [évoque les thèmes de la théologie allemande ayant inspiré la pensée ricœurienne]». (213-226)
VIGNE E., «L'intrigue mode d'emploi [dans la philosophie ricœurienne de l'histoire]». (249-256)
GIARD L., CHARLIER R. et al., «Débat [sur l'histoire et *Temps et récit I – III*]». (257-265)
SALLENAVE D., «Onze propositions en hommage à *Temps et récit* [avec une discussion]». (266-268, 269-273)
PIERROT A., «La référence des énoncés métaphysiques [suivi d'une discussion]». (274-289, 290-294)

1990

I.A.6. *'Temps et récit' de Paul Ricœur en débat* (Procope). Edité et préfacé par Ch. BOUCHINDHOMME et R. ROCHLITZ. Paris: Cerf, 1990, 21,5 × 13,5, 215 p.

Comprend les articles suivants:

BUBNER R., «De la différence entre historiographie et littérature [avec une réponse de P. RICŒUR]». (39-55, 178-190)
BREMOND Cl., «Le rôle, l'intrigue et le récit [À propos des pages 63 à 71 de *Temps et récit II*] [avec une réponse de RICŒUR]». (57-71, 190-193)
BOBILLOT J.P., «Le ver(s) dans le fruit trop mûr de la lyrique et de récit. Eléments pour une théorie 'moderne' des genres, encore [avec une réponse de P. RICŒUR]». (73-110, 193-199)
LEENHARDT J., «Herméneutique, lecture savante et sociologie de la lecture [avec une réponse de P. RICŒUR]». (111-120, 199-201)
GRONDIN J., «Herméneutique positive de Paul Ricœur: du temps au récit [avec une réponse de P. RICŒUR]». (121-137, 201-205)
ROCHLITZ R., «Proposition de sens et de tradition: l'innovation sémantique selon Paul Ricœur [avec une réponse de P. RICŒUR]». (139-161, 205-209)
BOUCHINDHOMME Ch., «Limites et présupposés de l'herméneutique de P. Ricœur [avec une réponse de P. RICŒUR]». (163-183, 210-212)

1991

I.A.7. STEVENS B., *L'apprentissage des signes. Lecture de Paul Ricœur* (Phaenomenologica, 121). Dordrecht-Boston-London: Kluwer Academic Publishers, 1991, 24,5 × 16,5, VIII-310 p.

I.A.8. *Paul Ricœur. Les métamorphoses de la raison herméneutique*. Actes du colloque de Cerisy-la-Salle 1988 (Passages). Édité par J. GREISCH et R. KEARNEY. Paris: Cerf, 1991, 23,5 × 14,5, 413 p.

Comprend les articles suivants:
GREISCH J. et KEARNEY R., «Présentation« (9-12)

I. Héritages
COLIN P., «Herméneutique et philosophie réflexive [chez P. RICŒUR]». (15-35)
DASTUR Fr., «De la phénoménologie transcendantale à la phénoménologie herméneutique [chez P. RICŒUR]». (37-50)
SCHNEIDER M., «Eros tragique [à la lumière du tragique chez P. RICŒUR]». (51-64)
DUNPHY J., «L'héritage de Dilthey [dans la pensée de P. RICŒUR]». (83-95)

II. Epistémologie et herméneutique
HENRY M., «Ricœur et Freud: entre psychanalyse et phénoménologie.» (127-143)
SAUDAN A., «Herméneutique et sémiotique: intelligence narrative et rationalité narratologique [à partir de P. RICŒUR]». (159-173)
REAGAN Ch.E., «L'herméneutique et les sciences humaines [chez P. RICŒUR]». (175-183)
VILLELA-PETIT M., «D'*Histoire et vérité* à *Temps et récit*: la question de l'histoire». (186-197)
CARR D., «Épistémologie et ontologie du récit [à partir de RICŒUR]». (205-214)

III. L'herméneutique à l'œuvre
KEMP P., «Un 'oubli' dans la philosophie politique de Ricœur». (217-222)

JERVOLINO D., «Herméneutique de la praxis et éthique de la libération [à partir de la pensée de P. RICŒUR]». (223-230)
CÉLIS R., «Temps du mythe et temps de l'histoire. L'éternité racontée dans *Joseph et ses frères* de Thomas Mann [à la lumière de la pensée de P. RICŒUR]». (231-262)
MEITINGER S., «Entre 'intrigue' et 'métaphore': la poétique de Ricœur devant la spécificité du poème». (281-296)
PELLETIER A.-M., «L'exégèse biblique sous l'inspiration de l'herméneutique: un accès réouvert à la temporalité biblique [inspiré par l'herméneutique ricœurienne]». (297-309)
GREISCH J., «La métamorphose herméneutique de la philosophie de la religion [inspiré par l'herméneutique ricœurienne]». (311-334)

IV. Horizons
KEMP P., «Pour une éthique narrative. Un pont entre l'éthique et la réflexion narrative chez Ricœur». (337-356)

1992

I.A.8a. BULANGA LUNANGA P., *L'homme religieux dans la philosophie de Paul Ricœur*. Roma: Urbaniana University Press, 1992.

1993

I.A.8b. RWABILINDA J.M., *Paul Ricœur: le dépassement de la subjectivité. De la critique du cogito à la personne responsable*. Roma: Urbaniana University Press, 1993.

1994

I.A.9. MONGIN O., *Paul Ricœur* (Les contemporains). [Paris]: Seuil, [1994], 20,5 × 13,5, 371 p.

Réédité et mis à jour dans la collection "Points.358". [Paris]: Seuil, [1998], 18 × 10,7, 273 p.
L'introduction intitulée «Face au scepticisme» (pages 17-29) est traduite en espagnol dans I.D.12.
La partie intitulée «La petite éthique« (pages 183-193) est traduite en italien par III.E.131 et en polonais par III.H.7, et les pages 164-174, 188-193 sont traduites en italien dans l'article «Il concetto di attestazione» dans I.E.10.
Traduit en portugais par I.F.4.
Traduit en chinois par I.S.2.

1995

I.A.10. *Paul Ricœur. L'herméneutique à l'école de la phénoménologie* (Philosophie. Institut Catholique de Paris, 16). Présenté par J. GREISCH. Paris: Beauchesne, [1995], 21,5 × 13,5, 346 p.

Comprend les articles suivants:

Première partie. Le soi et l'autre. L'herméneutique du soi en débat (Colloque de Paris, 1990).
1. ADRIAANSE H.J., «La mienneté et le moment de la dépossession de soi. Le débat de Ricœur avec Derek Parfit». (3-19)
2. DE VRIES H., «Attestation du temps et de l'autre. De *Temps et récit* à *Soi-même comme un autre*». (21-42)
3. DE BOER Th., «Identité narrative et identité éthique». (43-58)
4. DASTUR Fr., «Paul Ricœur. Le soi et l'autre. L'altérité la plus intime: la conscience». (59-71). Texte allemand plus développé par III.C.54.
5. PEPERZAK Ad., «Autrui et moi-même comme autrement autre». (73-84)
6. MARTY Fr., «L'unité analogique de l'agir. Paul Ricœur et la tradition de l'analogie». (85-101)
7. GÖRTZ H.-J., «La narration comme acte fondamental et l'idée d' 'identité narrative'». (103-137)
8. THEOBALD Chr., «La règle d'or chez Paul Ricœur. Une interrogation théologique». (139-158). Reprise de III.A.197.

Deuxième partie. L'herméneutique à l'école de la phénoménologie (Colloque de Naples, 1993)
1. INEICHEN H., «Herméneutique et philosophie du langage. Pour une herméneutique critique». (183-194)
2. SUGIMURA Y, «L'homme médiation imparfaite. De *L'homme faillible* à l'herméneutique du soi». (195-217)
3. DASTUR Fr., «Histoire et herméneutique». (219-233)
4. KEMP P., «Ricœur entre Heidegger et Levinas. L'affirmation originaire entre l'attestation ontologique et l'injonction éthique». (235-259). Traduit en anglais dans I.B.34.
5. JERVOLINO D., «L'herméneutique de la 'praxis'». (261-281) Traduit en anglais dans I.B.34.
6. KEARNEY R., «L'imagination narrative entre l'éthique et la poétique». (283-304). Texte français de l'article «The narrative imagination.» (III.B.134)
7. GREISCH J., «Témoignage et attestation». (305-326) Texte anglais dans I.B.34.
8. WALDENFELS B., «L'autre et l'étranger». (326-344) Texte anglais dans I.B.34.

1996

I.A.11. ABEL O., *Paul Ricœur. La promesse et la règle* (Le bien commun). [Paris]: Editions Michalon, [1996], 18,5 × 11,5, 126 p.

I.A.12. THOMASSET A., *Paul Ricœur. Une poétique de la morale. Aux fondements d'une éthique herméneutique et narrative dans une perspective chrétienne* (Bibliotheca Ephemeridum Theologicarum Lovaniensium, CXXIV). Leuven: University Press-Peeters, 1996, 24,5 × 16, XVI-706 p.

Publication de la dissertation doctorale (II.A.19) sans les trois annexes.

I.A.13. *Études des Lettres* (*Autour de la poétique de Paul Ricœur.* À la croisée de l'action et de l'imagination*)*. Revue de la Faculté des lettres de l'Université de Lausanne. Édité par R. Célis et M. Sierro. 1996, n° 3-4, 254 p.

Comprend les articles suivants:
Célis R., «Introduction. Pour une poétique de la liberté». (3-19)
Sierro M., «L'imagination et la ressemblance dans la métaphore». (21-35)
Gilbert M., «Pour une contribution narrative à la problématique du temps». (37-54)
Kearney R., «Narrative and Ethics.» (55-72)
Stevens B., «Puissance et effectivité de l'être (A propos de Ricœur et de Heidegger)». (73-88)
Vanni M., «*Stimmung* et identité narrative». (89-108)
Villela-Petit M., «Le sujet multiple et le soi. Le 'Je suis plusieurs' de Fernando Pessoa». (109-124)
Bonzon S., «De l'attestation, une nuée de témoins». (125-139)
Cepl M., «La narrativité comme moralité. Pour une lecture 'poétique' de l'éthique dans *Soi-même comme un autre*». (141-158)
Ackermann Br., «Explorations personnalistes». (159-178)
Merlini F., «Identité, narration et histoire». (179-194)
Vandevelde P., «Ontologie et récit selon Ricœur. Une application à Günther Grass, *Les années de chien*». (195-213)

1997

I.A.14. Dosse Fr., *Paul Ricœur. Les sens d'une vie.* Paris: La Découverte, 1997, 24 × 15, 789 p.

1998

I.A.15. *La sagesse pratique. Autour de l'œuvre de Paul Ricœur.* Actes du Colloque international, Amiens 1997 (Documents. Actes et rapports pour l'éducation). Sous la direction de J. Barash et M. Delbraccio. [Amiens]: Centre Régional de Documentation Pédagogique de l'Académie d'Amiens, [1998], 226 p.

Outre un article de P. Ricœur suivi d'une discussion, le livre comprend les articles suivants sur la pensée ricœurienne:
Première partie. L'herméneutique de l'identité au fondement de la philosophie morale
Jervolino D., «La poétique retrouvée de Paul Ricœur». (31-43)
Greisch J., «Pouvoir promettre: le rôle de la promesse dans l'herméneutique du soi». (45-63) Texte français de l'article dans I.B.37 et III.C.55.
Célis R., «Le schème de la disponibilité chez Paul Ricœur». (65-74)
Abel O., «Qu'est-ce que la cohérence éthique?» (75-83)
Pellauer D., «A la limite de la sagesse pratique, la cécité morale». (85-95)
Welsen P., «Téléologie et déontologie: à propos du projet systématique de l'éthique chez Paul Ricœur». (97-107)
Deuxième partie. Éthique et droit: l'interprétation de la norme juridique

KEMP P., «Au-delà de la justice: le juste entre le droit et l'éthique». (111-116)
DRAI R., «Reconaissances. À propos de soi, de l'autre et du Juste chez Paul Ricœur». (117-131)
ZACCARIA G., «Expliquer et comprendre: argumentation et interprétation dans la philosophie du droit de Paul Ricœur». (134-142)

Troisième partie. Les enjeux éthico-politiques: l'éthique entre mémoire et récit

FERRY J.-M., «Conflits identitaires, droit cosmopolitique et justice reconstructive dans les relations internationales». (145-166)
KEARNEY R., «Récit et éthique du souvenir». (167-180)
BARASH J.A., «Pour une politique de la mémoire à partir d'une interprétation de la sagesse pratique chez Paul Ricœur». (181-188) Texte anglais par III.B.277.

Table ronde. Actualité de Paul Ricœur (189-217)

1999

I.A.16. *Rendre justice au droit. En lisant 'Le Juste' de Paul Ricœur* [Actes d'un séminaire sur *Le Juste* de P. RICŒUR, Namur] (Philosophie, 6). Edité par Fr.-X. DRUET et E. GANTY. [Namur]: Presses universitaires de Namur, 1999, 316 p.

Comprend les articles suivants:
GANTY E., «Avant-propos». (7-17)
1. DUCHENE J., «Préliminaires. 'La Petite éthique' de Paul Ricœur». (19-34)

1e partie. Sujet de droit et responsabilité

2. GANTY E., «Du sujet du droit au sujet de droit: attestation et reconnaissance». (37-49)
3. DIJON X., «Le sujet de Ricœur: côté droit». (51-57)
4. ROMMEL G., «La nature du sujet en droit». (59-74)
5. FROGNEUX N., «De nouvelles composantes du concept de responsabilité». (75-88)
6. THUNIS X., «Le concept de responsabilité: de l'extension à la dilution». (89-102)

2e partie. Construire le sens du droit: promesses et limites

7. MIES Fr., «Théorie de la justice de Rawls selon Ricœur. Une lecture éthique optimiste». (105-117)
8. GASPART Fr., «Le constructivisme de Rawls et le sens du droit». (119-144)
9. ADANT I. et GASPART Fr., «Le droit parmi et par-delà les conventions: le paradoxe du civique et du politique». (145-190)

3e partie. Argumenter, juger, punir

10. SCHMETZ R., «Argumenter et/ou interpréter selon P. Ricœur: vraie et/ou fausse dialectique». (193-214)
11. ROMMEL G., «Continuité éthique et politique de l'acte judiciaire de juger». (215-233)

12. CASSIERS W., «Juger: dire les droits, dire le droit». (235-250)
13. VAN DER BREMPT M., «Lecture de 'Sanction, réhabilitation, pardon' de P. RICŒUR: chronique d'un dialogue manqué». (251-168)
14. FIERENS J., «Sanction ou pardon au Ruanda. À propos de 'Sanction, réhabilitation, pardon' de P. RICŒUR». (269-282)

4e partie. Faire droit au droit

15. DELFOSSE M.-L., «La conscience et la loi, mais quelle loi?». (285-302)
16. DRUET Fr.-X., «Un dialogue avec le droit: utopie ou entreprise fondée? Essai de synthèse de débats». (303-311)

I.B. ENGLISH / ANGLAIS

1971

I.B.1. IHDE D., *Hermeneutic Phenomenology. The Philosophy of Paul Ricœur* (Northwestern University Studies in Phenomenology and Existential Philosophy). Foreword by P. RICŒUR. Evanston (Ill.): Northwestern University Press, 1971, 24 × 15,5, XX-192 p.

I.B.2. RASMUSSEN D.M., *Mythic-Symbolic Consciousness and Philosophical Anthropology. A Constructive Interpretation of the Thought of Paul Ricœur* [with an essay «What is a Text? Explanation and Interpretation» by P. RICŒUR]. The Hague: M. Nijhoff, 1971, 24 × 16, VIII-158 p.

1975

I.B.3. BOURGEOIS P.L., *Extension of Ricœur's Hermeneutic*. The Hague: M. Nijhoff, 1975, 24 × 15, X-154 p.

1977

I.B.4. LOWE W.J., *Mystery of the Unconscious. A Study in the Thought of Paul Ricœur* (ATLA Monograph Series, 9). Metuchen (New Jersey): The Scarecrow Press, Inc. – The American Theological Library Association, 1977, 22 × 14, VIII-184 p.

1979

I.B.5. DORAN R.M., *Subject and Psyche. Ricœur, Jung and the Search for Foundations*. Washington D.C.: University Press of America, 1979, 313 p.

I.B.6. GERHART M., *The Question of Belief in Literary Criticism. An Introduction to the Hermeneutical Theory of Paul Ricœur* (Stuttgarter Arbeiten zur Germanistik, 54). Stuttgart: Akademischer Verlag Hans-Dieter Heinz, 1979, 21 × 14,5, XIII-408 p.

I.B.7. REAGAN Ch.E., *Studies in the Philosophy of Paul Ricœur*. Edited by Ch.E. REAGAN with a preface by P. RICŒUR entitled «Response to my friends and critics». Athens (Ohio): Ohio University Press, [1979], 23,5 × 16, XXVI-194 p.

Comprises the following essays:
SOLOMON R.C., «Paul Ricœur on Passion and Emotion.» (1-20)
STEWART D., «Existential Humanism.» (21-32)
ZANER R.M., «The Adventure of Interpretation: the Reflective Wager and the Hazards of the Self.» (33-56)
SCHALDENBRAND M., «Metaphoric Imagination: Kinship through Conflict.» (57-81)
BOURGEOIS P.L., «From Hermeneutics of Symbols to the Interpretations of Texts.» (83-95)
PELLAUER D., «The Significance of the Text in Paul Ricœur's Hermeneutic Theory.» (97-114)
COUCH B.M, «Religious Symbols and Philosophic Reflection.» (115-131)
PHILIBERT M., «The Philosophic Method of Paul Ricœur.» (133-139)
REAGAN Ch.E., «Psychoanalysis as Hermeneutics.» (141-161)
LAPOINTE Fr.H., «Ricœur and His Critics: A Bibliographical Essay.» (163-177)
VANSINA Fr., «Bibliography of Paul Ricœur.» (179-194)

1981

I.B.8. THOMPSON B.J., *Critical Hermeneutics. A Study in the Thought of Paul Ricœur and Jürgen Habermas.* Cambridge-London-New York-Melbourne: Cambridge University Press, [1981], 23,5 × 16, IX-257 p.

Paperback edition in 1984
Translated into Japanese by I.I.2.

I.B.9. VAN LEEUWEN Th.M., *The Surplus of Meaning. Ontology and Eschatology in the Philosophy of Paul Ricœur* (Amsterdam Studies in Theology, 2). Amsterdam: Rodopi, 1981, 22 × 15, 199 p.

1982

I.B.10. VAN DEN HENGEL J.H., *The Home of Meaning. The Hermeneutics of the Subject of Paul Ricœur*. Doctoral thesis presented at the Katholieke Universiteit of Nijmegen. [Washington]: University Press of America, [1982], 21,5 × 13,5, XXI-333 p.

I.B.11. *The Relevance of some Current Philosophers. Derrida, Habermas, Rawls, Ricœur, Schulz* (Publications Series of the University of Zululand.

Series B, 13). Edited by C.S. DE BEER. Kwa Dlangezwa: University of Zululand, 1982, III-164 p.

1983

I.B.12. KLEMM D.E., *The Hermeneutical Theory of Paul Ricœur. A Constructive Analysis*. Lewisburg-London-Toronto: Bucknell University Press-Associated University Press, [1983], 24 ×16, 184 p.

1987

I.B.13. ALBANO P.J., *Freedom, Truth and Hope. The Relationship of Philosophy and Religion in the Thought of Paul Ricœur*. [Lanham, MD]: University Press of America, [1987], 21,5 × 13,5, XVI-252 p. [cloth and paper].

1988

I.B.13a. DONALDSON M.E., *Holy Places are Dark Places: C.S. Lewis and Paul Ricœur on Narrative Transformation*. Lanham: University Press of America, 1988, XXVI, 145 p.

I.B.13b. ZIMMERMAN J.A., *Liturgy as Language of Faith. A Liturgical Hermeneutics in the Mode of Paul Ricœur's Textual Hermeneutics*. Lanham (MD): University Press of America, 1988.

1989

I.B.14. *The Narrative Path. The Later Works of Paul Ricœur*. Edited by T.P. KEMP and D. RASMUSSEN. Cambridge (MA)-London: The MIT Press, [1989], 23 × 15, 121 p.

Comprises the following essays:
KEARNEY R., «Paul Ricœur and the Hermeneutical Imagination.» (1-31). Reprint of III.B.172. Reprinted in *Poetics of Imagination. From Husserl to Lyotard* (Problems of Modern European Thought). London: Harper Collins Academic, 1991, 22,5 × 14, 134-169.
VILLELA-PETIT, M., «Thinking History. Methodology and Epistemology in Paul Ricœur's Reflections on History from *History and Truth* to *Time and Narrative*.» (33-46). Reprint of III.B.182.
MEITINGER S., «Between 'Plot' and ''Metaphor'. Ricœur's Poetics Applied to the Specificity of the Poem.» (47-64). Reprint of III.B.177.
KEMP P., «Toward a Narrative Ethics: a Bridge between Ethics and the Narrative Reflection of Ricœur.» (65-87). Reprint of III.B.173 and a more elaborated version in I.B.32.
RICŒUR P., «The Human Being as the Subject Matter of Philosophy.» (89-101). Reprint of II.B.137.
VANSINA D.Fr, «Selected Bibliography of Ricœur's English Works.» (103-121)

1990

I.B.15. BOURGEOIS P.L. and SCHALOW Fr., *Traces of Understanding: A Profile of Heidegger's and Ricœur's Hermeneutics* (Elementa-Schriften zur Philosophie und ihrer Problemgeschichte, 53). Würzburg-Amsterdam-Atlanta: Königshausen und Neumann-Rodopi, [1990], 22 × 15, VI-186 p.

I.B.16. CLARK St.H., *Paul Ricœur* (Critics of the Twentieth Century). London-New York: Routledge, [1990], 22,5 × 14,5, VIII-216 p.
Reprint in paperback in 1991.

I.B.17. DICENSO J., *Hermeneutics and the Disclosure of Truth. A Study in the Work of Heidegger, Gadamer and Ricœur.* Charlottesville (VA): University Press of Virginia, [1990], 23,5 × 15,5, 183 p.

I.B.18. DORNISCH L., *Faith and Philosophy in the Writings of Paul Ricœur.* Lampeter-Dyfed (Wales, UK): The Edwin Meller Press, 1990.

I.B.19. JERVOLINO D., *The Cogito and Hermeneutics. The Question of the Subject in Ricœur* (Contributions to Phenomenology, 6). Translation of *Il Cogito e l'ermeneutica* by G. POOLE with forewords by P. RICŒUR and Th. GEERAERTS followed by a new afterword of the author and by an interview with P. RICŒUR. Dordrecht-Boston-London: Kluwer Academic Publishers, [1990], 24,5 × 16,5, XI-XVI, 188 p.
English translation of I.E.2.

I.B.20. ORMISTON G.L. and SCHRIFT A.D., *The Hermeneutic Tradition. From Ast to Ricœur.* Albany (NY): State University of New York Press, 1990, XII-380 p.

I.B.21. VANHOOZER K.J., *Biblical Narrative in the Philosophy of Paul Ricœur. A Study in Hermeneutics and Theology.* Cambridge-New York-Port Chester-Melbourne-Sydney: Cambridge University Press, [1990], 22,5 × 14,5, 308 p.

I.B.22. WALLACE M.I., *The Second Naivité. Barth, Ricœur and the New Yale Theology* (Studies in American Biblical Hermeneutics, 6). Macon (GA): Mercer University Press, 1990, 23 × 15,5, XV-130 p.

1991

I.B.23. *On Paul Ricœur. Narrative and Interpretation* (Warwick Studies in Philosophy and Literature). Edited by D. WOOD. London-New York: Routledge, [1991], 22,5 × 14, 209 p.

Comprises the following articles:
WOOD D., «Introduction: Interpreting Narrative.» (1-19)
VANHOOVER K.J., «Philosophical Antecedents to Ricœur's *Time and Narrative*.» (34-54)
KEARNEY R., «Between Tradition and Utopia. The Hermeneutical Problem of Myth.» (55-73) A more elaborated version by III.B.251.
RÉE J., «Narrative and Philosophical Experience.» (74-83)
GOLDTHORPE Rh., «Ricœur, Proust and the Aporias of Time.» (84-101)
BERNSTEIN J.M., «Grand Narratives.» (102-123)
IHDE D., «Text and the New Hermeneutics.» (124-139)
WHITE H., «The Metaphysics of Narrativity. Time and Symbol in Ricœur's Philosophy of History.» (140-159)

I.B.24. STREIB H., *Hermeneutics of Metaphor, Symbol, and Narrative in Faith Development Theory* [P. RICŒUR]. Bern-Frankfurt am Main-New York: Peter Lang, 1991, 237 p.

1992

I.B.25. LAWLOR L., *Imagination and Chance. The Difference between the Thought of Ricœur and Derrida* (Intersections: Philosophy and Critical Theory). Albany (NY): State University of New York Press, 1992, 203 p.

I.B.26. SCHRAG C., *The Resources of Rationality: a Response to the Postmodern Challenges* (Studies in Continental Thought) [explains how Ricœur's narrativized temporality gives us superior access to the «chronotopal field of transversality»]. Bloomington(IN): Indiana University Press, 1992, X-191 p.

1993

I.B.27. *Meanings in Texts and Action: Questioning Paul Ricœur* [Texts from the Ricœur-Symposium held at the University of Iowa, 1990] (Studies in Religion and Culture). Edited by D.E. KLEMM and W. SCHWEIKER. Charlottesville (VA): University Press of Virginia, [1993], 23,5 × 15,5, 368 p.

Comprises the following articles:

Part I. Fundamental Issues in Interpretation
1. SCHARLEMANN R.P., «The Textuality of Texts.» (13-25)
2. BRUNS G., «Against Poetry: Heidegger, Ricœur and the Originary Scene of Hermeneutics.» (26-46). Reprint of III.B.223.

Part II. Essays on History and Narrative
1. KELLNER H., « 'As Real as it Gets'. Ricœur and Narrativity.» (49-66). Reprint of III.B.200.

2. ROSEN Ph., «Traces of the past. From Historicity to Film.» (67-89)
3. GAUDREAULT A., «The Cinematograph: A Historiographical Machine.» (90-97). English translation of III.A.151.
4. LAGNY M., «Visconti Read through Ricœur: Time in *Ludwig*.» (98-114)
5. ANDREW D., «History and Timelessness in Films and Theory.» (115-132)
6. VAN DEN HENGEL J., «Jesus between History and Fiction.» (133-153)

Part III. The Nature of Existence and the Being of God
1. DAUENHAUER B.P. «Ricœur's Contribution to Contemporary Political Thought.» (157-175)
2. DALLMAYR Fr., «Politics and Power. Ricœur's Political Paradox Revisited.» (176-194)
3. ANDERSON P., «Narrative Identity and the Mythico-Poetic Imagination.» (195-204)
4. SCHWEIKER W., «Imagination, Violence and Hope. A Theological Response to Ricœur's Moral Philosophy.» (205-225)
5. RAPAPORT H., «Face to Face with Ricœur and Levinas.» (226-233)
6. WALLACE M.I., «Ricœur, Rorty and the Question of Revelation.» (234-254)
7. KLEMM D.M., «Theological Hermeneutics and the Divine Name. Ricœur and the Cross of Interpretation.» (255-272)

Part IV. Concluding Reflections
1. KLEMM D.M., «Individuality. The Principle of Ricœur's Mediating Philosophy and its Bearing on Theology of Culture.» (275-291)
2. SCHWEIKER W., «Hermeneutics, Ethics, and the Theology of Culture. Concluding Reflections.» (292-313)
3. JASPER D., «A Response to Robert Scharlemann.» (314-317)
4. MARSHALL D.G., «Response to Gerald Burns.» (318-325)
5. JOY M., «Response to Hans Kellner and Herman Rapaport.» (326-334)
6. MCCUE J.F., «Response to Pamela Anderson, William Schweiker, and Fred Dallmayr.» (335-342)
7. GERHART M., «Response to John van den Hengel, David Klemm and Mark Wallace.» (343-349)

I.B.28. ANDERSON P., *Ricœur and Kant. Philosophy of the Will* (AAR Studies in Religion, 66). Atlanta (GA): Scholars Press, 1993, 147 p.

1994

I.B.29. DAILEY Th.F., *The Repentant Job: A Ricœurian Icon for Biblical Theology*. [Lanham (MD)]: University Press of America, 1994, 256 p.

I.B.30. PUTTI J., *Theology as Hermeneutics: Paul Ricœur's Theory of Text Interpretation and Method in Theology*. Catholic Scholars Press, 1994, IX, 365 p.
Paperback in 1995 at International Scholars Publications.

1995

I.B.31. *The Philosophy of Paul Ricœur* (Library of Living Philosophers, 22). Edited by L.E. HAHN. Chicago-La Salle (Il.): Open Court, [1995], 23,5 × 16, 828 p.

Comprises the following articles:
Part One: «Intellectual Autobiography of Paul Ricœur.» (1-53)

Part Two: Descriptive and Critical Essays on the Philosophy of Paul Ricœur, with Replies.

A. Initial Overview.
1. IHDE D., «Paul Ricœur's Place in the Hermeneutic Tradition [with a Reply].» (59-70, 71-73)
2. MADISON G.Br., «Ricœur and the Hermeneutics of the Subject [with a Reply].» (75-92, 93-95)

B. From a Hermeneutics of Symbols to a Hermeneutics of Texts
3. PELLAUER D., «The Symbol gave Rise to Thought [with a Reply].» (99-121, 123-126)
4. PHILIBERT M., «Philosophical Imagination: Paul Ricœur as the Singer of Ruins [with a Reply].» (127-137, 138-139)
5. RUDNICK H.H., «Naive and Sentimental Hermeneutics: Keeping Language Open [with a Reply].» (141-145, 146)
6. SMITH J.E., «Freud, Philosophy and Interpretation [with a Reply].» (147-164, 165-168)
7. LAVINE Th.Z., «Paul Ricœur and the Conflict of Interpretations [with a Reply].» (169-188, 189-192)
8. TOWNSEND D., «Metaphor, Hermeneutics and Situations [with a Reply].» (193-209, 210-212).

C. From Hermeneutics to Aesthetics and Literary Criticism
9. GERHART M., «The Live Metaphor [with a Reply].» (215-232, 233-235)
10. KAELIN E.F., «Paul Ricœur's Aesthetics: on How to Read a Metaphor [with a Reply].»(237-255, 256-258)
11. VALDÉS M.J, «Paul Ricœur and Literary Theory [with a Reply].» (259-280, 281-284)

D. From the Text to Action
12. BIEN J., «Ricœur as a Social Philosopher [with a Reply].» (287-305, 306-307).
13. LANIGAN R.L., «A Good Rhetoric is Possible: Ricœur's Philosophy as a Phenomenology of Discourse in the Human Sciences [with a Reply].» (309-326, 327-329)
14. REAGAN Ch.E., «Words and Deeds. The Semantics of Action [with a Reply].» (331-345, 346-347)
15. KLEIN T., «The Idea of a Hermeneutical Ethics [with a Reply].» (349-366, 367-370)
16. KEMP P., «Ethics and Narrativity [with a Reply].» (371-394, 395-398)
17. GODLOVE JR. T.F., «Ricœur, Kant and the Permanence of Time [with a Reply].» (399-415, 416-420)

E. To the Frontiers of Philosophy
18. STEWART D., «Ricœur on Religious Language [with a Reply].» (423-442, 443-449)
19. TYMAN St. T., «Ricœur and the Problem of Evil [with a Reply].» (451-471, 472-475)
20. DETMER D., «Ricœur on Atheism: a Critique [with a Reply].» (477-493, 494-497)
21. STEVENS B., «On Ricœur's Analysis of Time and Narration [with a Reply].» (499-506, 507-509)
22. LIK KWEN TONG, «Act, Sign and Consciousness: Thinking Along with Ricœur [with a Reply].» (511-527, 528-530)

F. Final Overviews
23. JERVOLINO D., «The Depth and the Breadth of Paul Ricœur's Philosophy [with a Reply].» (533-543, 544-547). Slightly different version from the Italian text III.E.92.
24. BOURGEOIS P.L., «The Limits of Ricœur's Hermeneutics of Existence [with a Reply].» (549-566, 567-570)
25. BLAMEY K., «From the Ego to the Self: a Philosophical Itinerary [with a Reply].» (571-603, 604).

Part Three. Bibliography of Paul Ricœur: A Primary and Secundary Systematic Bibliography by FR. VANSINA. (685-815)

I.B.32. EVANS J., *Paul Ricœur's Hermeneutics of the Imagination* (American University Studies. Series V. Philosophy, 143). Frankfurt a.M.-New York: Peter Lang, 1995, 213 p.

I.B.33. FODOR J., *Christian Hermeneutics: Paul Ricœur and the Refiguring of Theology*. Oxford: Clarendon Press, 1995, 22,5 × 14, XIV-370 p.

I.B.34. *Paul Ricœur. The Hermeneutics of Action* (Philosophy and Social Criticism). Edited by R. KEARNEY. London-Thousand Oaks (CA)-New Delhi: Sage Publications, [1996], 23,5 × 15,5, 231 p.

Previously published as a special issue of the journal *Philosophy and Social Criticism* (Ricœur at 80. Essays on Hermeneutics of Action). 21 (1995), No. 5/6, 41-209.
Besides three articles of Ricœur and three review essays on books of him, this work comprises the following articles on Ricœur:
1. KEMP P., «Ricœur between Heidegger and Levinas: Original Affirmation between Ontological Attestation and Ethical Injunction.» (41-61). English version of the French article in I.A.10 and reprinted in I.B.37.
2. JERVOLINO D., «Gadamer and Ricœur on the Hermeneutics of Praxis.» (63-79). English version of the French article in I.A.10.
3. GREISCH J., «Testimony and Attestation.» (81-98). English version of the French article in I.A.10.
4. RAINWATER M., «Refiguring Ricœur: Narrative Force and Communicative Ethics.» (99-110)
5. WALDENFELS B., «The Other and the Foreign.» (111-124). English version of the French article in I.A.10.

6. PUCCI E., «History and the Question of Identity: Kant, Arendt, Ricœur.» (125-136)
7. DUNNE J., «Beyond Sovereignty and Deconstruction: the Storied Self.» (137-158)
8. RASMUSSEN D. «Rethinking Subjectivity: Narrative Identity and the Self.» (159-172)
9. KEARNEY R., «Narrative Imagination: between Ethics and Poetics.» (173-190). Reprint of III.B.249.

1996

I.B.35. HETTEMA Th.L., *Reading for Good. Narrative Theology and Ethics of the Joseph Story from the Perspective of Ricœur's Hermeneutics* (Studies in Philosophical Theology, 18). Kampen: Kok Pharos, 1996, 24 × 16, 380 p.

I.B.36. REAGAN Ch.E., *Paul Ricœur. His Life and Work.* Chicago-London: University of Chicago Press, [1996], 23,5 × 15, 151 p.

I.B.37. *Paul Ricœur. In the Conflict of Interpretation.* Edited by L.-H. SCHMIDT. [Arhus]: Aarhus Universitetsforlag, 1996, 22 × 14,5, 172 p.

Comprises the following articles:
GREISCH J., «Eine phänomenologische Hermeneutik des Versprechens». (7-35) Reprint by III.C.55.
KEMP P., «Ricœur between Heidegger and Levinas. Original Affirmation between Ontological Attestation and Ethical Injunction.» (36-60) Reprint of article 1 in I.B.34.
SKULASON P., «Will and Interpretation. A Reflection on Ricœur's Way of Doing Philosophy.» (61-79)
ALMEIDA I., «Ricœur et la sémiotique». (80-101)
RENDTORFF J., «Critical Hermeneutics in Law and Politics.» (102-126)
PALLESEN C., «The Fault. Paul Ricœur's Idea of a Broken Ontology.» (127-149)
VIGSØ O., «The Amorous Battle. The Pragmatics of Paul Ricœur.» (150-164)
«Afterword.»

1997

I.B.38. *Paul Ricœur and Narrative. Content and Contestation.* [Texts based on the Ricœur Colloquy held at the University of Calgary, 1994], Edited by M. JOY with a forword by D. PELLAUER, an introduction by M. JOY and a response by P. RICŒUR in English and French. [Calgary]: University of Calgary Press, [1997], 232 p.

Comprises the following articles:
DUNPHY BLOMFIELD J., «From a Poetics of the Will to Narratives of the Self: Paul Ricœur's *Freud and Philosophy*.» (1-11)

SCOTT J.S., «Dietrich Bonhoeffer, *Letters and Papers from Prison* and Paul Ricœur's 'Hermeneutics of Testimony'.» (13-24)
LIVESEY Gr., «The Role of Figure in Metaphor, Narrative and Architecture.» (25-34)
JOY M., «Writings as Repossession: the Narratives of Incest Victims.» (35-49)
ANDERSON P., «Re-reading Myth in Philosophy: Hegel, Ricœur and Irigaray reading Antigone.» (51-68)
STAM H.J. and EGGER L., «Narration and Life: on the Possibilities of a Narrative Psychology.» (69-85)
BUSS H.M., «Women's Memoirs and the Embodied Imagination: the Gendering of Genre that Makes History and Literature Nervous.» (87-96)
JOLDERSMA H., «Narrative Songs and Identity in Late-Medieval Women's Religious Communities.» (69-108)
BROWN D.D., «On Narrative and Belonging.» (109-120)
PERRON D., «Québec Narratives: the Process of Refiguration.» (121-127)
DAUENHAUER B.P., «Ricœur and Political Identity.» (129-140). Reprint of III.B.247b.
BRYN PINCHIN C., «Essay/ing Ricœur: A Challenge to Ricœur's Construction of Historical and Fictional (and Metaphorical) Truth.» (141-151)
FODOR J., «The Tragic Face of Narrative Judgment: Christian Recollections on Paul Ricœur's Theory of Narrative.» (153-173)
TILLEY T.W., «Narrative Theology *Post Mortem Dei*? Paul Ricœur's *Time and Narrative, III* and Postmodern Theology.» (175-195)
SWEENEY R.D., «Ricœur on Ethics and Narrative.» (197-205)
FISHER L., «Mediation, *Muthos* and the Hermeneutical Circle in Ricœur's Narrative Theory.» (207-219)

1998

I.B.39. DAUENHAUER B.P., *Paul Ricœur. The Promise and Risk of Politics* (Twentieth Century Political Thinkers, 100). Lanham-Boulder-New York-Oxford: Rowman & Littlefield, [1998], 339 p.

I.C. ALLEMAND / GERMAN

1983

I.C.1. BÖHNKE M., *Konkrete Reflexion. Philosophische und theologische Hermeneutik. Ein Interpretationsversuch über Paul Ricœur* (Disputationes Theologiae, 15). Frankfurt am Main-Bern-New York: Peter Lang, [1983], 21 × 15, 271 p.

1986

I.C.2. WELSEN P., *Philosophie und Psychoanalyse. Zum Begriff der Hermeneutik in der Freud-Deutung Paul Ricœurs*. Tübingen: Max Niemeyer, 1986, 22 × 14, VII-277 p.

1988

I.C.3. PRAMMER Fr., *Die philosophische Hermeneutik Paul Ricœurs in ihrer Bedeutung für eine theologische Sprachtheorie* (Innsbrucker theologische Studien, 22). Innsbruck: TyroliaVerlag, 1988, 22,5 × 15, 237 p.

I.C.4. RADEN M.J., *Das relative Absolute. Die theologische Hermeneutik Paul Ricœurs* (Europäische Hochschulschriften. Reihe XXIII: Theologie, 323). Frankfurt am Main-Bern-New York-Paris: Peter Lang, 1988, 21 × 15, 332 p.

1989

I.C.5. JÄHNIG R., *Freuds Dezentrierung des Subjekts im Zeichen der Hermeneutiken Ricœurs und Lacans* (Europäische Hochschulschriften. Reihe XX: Philosophie, 266). Frankfurt am Main-Bern-New York: Peter Lang, 1989, 21 × 15, 197 p.

1990

I.C.6. MÜLLER W.W., *Das Symbol in der dogmatischen Theologie. Eine symboltheologische Studie anhand der Theorien bei K. Rahner, P. Tillich, P. Ricœur und J. Lacan* (Europäische Hochschulschriften. Reihe XXIII: Theologie, 401). Frankfurt am Main-Bern-New York-Paris: Peter Lang, 1990, 21 × 15, 455 p.

1991

I.C.7. AARNES A., *Cartesianische Perspektiven. Von Montaigne bis Paul Ricœur* (Aachener Abhandlungen zur Philosophie, 13). Übersetzt aus dem Norwegischen durch Gr. GUMPERT. Bonn-Berlin: Bouvier Verlag, 1991, 23 × 15,5, IX-222 p.

I.C.8. MEYER U.I., *Paul Ricœur. Die Grundzüge seiner Philosophie* (Einführung in französische Denker, 1). Aachen: Ein-Fach Verlag, 1991, 245 p.

1994

I.C.9. CHUNG K.Ch., *Der hermeneutische Ansatz zu einer Theorie der Erzählung bei Ricœur*. Bochum: Universitätsverlag Dr. N. Brockmeyer, 1994, 21 × 14,7, 151 p.

1995

I.C.9a. MEUTER N., *Narrative Identität. Das Problem der personalen Identität im Anschluss an Ernst Tugendhat, Niklas Luhmann und Paul Ricœur*. Stuttgart: M. und P. Verlag für Wissenschaft und Forschung, 1995, 276 p.

1996

I.C.10. MATTERN J., *Paul Ricœur zur Einführung* (In der Reihe zur Einführung). Hamburg: Junius, [1996], 17 × 12, 243 p.

1997

I.C.11. *Metageschichte. Hayden White und Paul Ricœur. Dargestellte Wirklichkeit in der europäischen Kultur im Kontext von Husserl, Weber, Auerbach und Gombrich* (ZIF Interdisziplinäre Studien, Band 2). Édité par J. STUCKRATH et J. ZBINDEN. Baden-Baden: Nomos Verlagsgesellschaft, 1997, 342 p.

Comprend les articles suivants:
CARR D., «White und Ricœur: die narrative Erzählform und das Alltägliche». (169-179)
ZBINDEN J., «Krise und Mimesis. Zur Rekonstruktion und Kritik von Paul Ricœurs Begrifflichkeit in *Zeit und Erzählung*». (180-198)
LIEBSCH B., «Geschichte als Antwort». (199-229)
POLTI A., «Zur Rezeption und Kritik von *Zeit und Erzählung*». (230-253)
STONE D., «Paul Ricœur, Hayden White and Holocaust Historiography». (254-274)

I.C.12. MEURER H.J., *Die Gleichnisse Jesu als Metaphern. Paul Ricœurs Hermeneutik der Gleichniserzählungen Jesu im Horizont des Symbols «Gottesherrschaft/Reich Gottes»* (Bonner biblische Beiträge, 11). Bodenheim: Philo, 1997, 783 p.

1999

I.C.13. *Das herausgeforderte Selbst: Perspektiven auf Paul Ricœurs Ethik.* Édité par A. BREITLING, S. ORTH et B. SCHAFF. Würzburg: Königshausen und Neumann, 1999, 210 p.

Comprend les articles suivants:
PRAMMER F., «Von der 'naiven' zur 'kritischen' Phronesis. Zum Ansatz der Ethik bei Paul Ricœur».
WELSEN P., «Kant als Korrektiv der teleologischen Ethik?».
MANDRY C., «Ricœur und Rawls. Zugleich ein Querschnitt durch Ricœurs 'kleine Ethik'».
ORTH S., «Spuren des Denkens von Jean Nabert in Paul Ricœurs 'kleine Ethik'».
BREITLING A., «Die Tragik der Handlung. Ricœurs Ethik an der Grenze zwischen Philosophie und Nicht-Philosophie».
ECKHOLT M., «Kultur – zwischen Universalität und Partikularität. Annäherung an eine kulturphilosophische Interpretation Paul Ricœurs».
SCHNELL M.W., «Narrative Identität und Menschenwürde. Paul Ricœurs Beitrag zur Bioethikdebatte».

TEICHERT D., «Von der Feststellung der Identität zur Explikation von Personalität. Ricœurs Kritik an Derek Parfit».
SCHAAF B., «Zwischen Identität und Ethik. Ricœurs Zugang zum Versprechen».
TENGELYI L., «Ricœurs realistische Wende der Selbstauslegung».
LIEBSCH B., «Bezeugung und Selbstheit. *Soi-même comme un autre* als Antwort auf *Sein und Zeit*».
WENZEL K., «Das exzentrische Selbst und die Gottebenbildlichkeit des Menschen. Paul Ricœurs Philosophie des Selbst als Beitrag zu einer theologischen Anthropologie».

I.C.14. ORTH St., *Das verwundete Cogito und die Offenbarung. Von Paul Ricœur und Jean Nabert zu einem Modell fundamentaler Theologie* (Freiburger theologische Studien. Band 162). Freiburg-Basel-Wien: Herder, [1999], 507 p.

I.C.15. *Hermeneutik des Selbst – im Zeichen des Anderen. Zur Philosophie Paul Ricœurs* (Alber Reihe Philosophie). Édité par B. LIEBSCH. Freiburg-München: Alber, 1999, 13,9 × 21,4, 335 p.

Comprend les articles suivants:
ANGEHRN E., «Selbstverständigung und Identität. Zur Hermeneutik des Selbst».
FELLMANN F., «Wir interpretieren, bis der Tod uns abholt. Grenzen der philosophischen Hermeneutik Ricœurs».
INEICHEN H., «Zu Ricœurs Weg von der Sprechakttheorie zum Narrativismus».
WELSEN P., «Das Problem der personalen Identität».
TÉTAZ J.-M., «Eine Philosophie des Selbst, aber keine Reflexionsphilosophie. Hermeneutik als Theorie der konkreten Subjektivität».
CRISTIN R., «Phänomenologische Interpretation der subjektiven Identität mit Bezug auf Paul Ricœur».
DREISHOLTKAMP U., «Epistemische Diskontinuitäten zwischen dem Denken von Descartes und Nietzsche – zur Archäologie einer Hermeneutik des Selbst».
GREISCH J., «Die Andersheit der Spur und die Spuren der Anderen».
DE VRIES H., «Die Bezeugung des Anderen: von *Zeit und Erzählung* zu *Das Selbst als ein Anderer*».
LIEBSCH B., «Versprechen, ethische und moralische Ausrichtung des Selbst».
TENGELYI L., «Gesetzesanspruch und 'wilde' Verantwortung».
GÖRTZ H.-J., «Der Grundakt der Erzählung».
ADRIAANSE H.J., «Religion als das Andere der Philosophie».

I.D. ESPAGNOL / SPANISH

1976

I.D.1. MADISON G.Br., *Sentido y existencia. Homenaje a Paul Ricœur* (Hombre y sociedad, 10). Traduction de *Sens et existence* par E. LOPEZ CASTELLON. Estella (Navarra): Verbo Divino, 1976, 22 × 14, 305 p.

Traduction espagnole de I.A.3.

1978

I.D.2. PEÑALVER SIMÓ, *La búsqueda del sentido en el pensamiento de Paul Ricœur. Teoría y práctica de la comprehensión filosófica de un discorso* (Publicaciones de la Universidad de Sevilla. Filosofía y letras, 41). Sevilla: Publicaciones de la Universidad de Sevilla, [1978], 24 × 17, XXIII-301 p.

1983

I.D.3. COUCH D.M., *Hermenéutica metódica. Teoría de la interpretación según Paul Ricœur* (El Baquiano, 3). Préface par P. RICŒUR. [Buenos Aires: Docencia, 1983], 20 × 14, 262 p.

1987

I.D.4. FORNARI A., *Razón y sentimiento. Formación del acto de pertenecer en la fenomenología de Paul Ricœur* (Pontificia Universitas Lateranensis. Theses ad Doctoratum in philosophia). Roma: Pontificia Università Lateranensis, 1987, 24 × 17, 199 p.

Publication de la 3e partie de II.D.4.

1990

I.D.4a. CUENCA MOLINA A., *Dialéctica, mito y lenguaje: perspectiva antropológico-ética de Paul Ricœur*. Barcelona: PPV, 1990, 232 p.

1991

I.D.5. *Paul Ricœur. Los caminos de la interpretación.* Actas del symposium internacional sobre el pensamiento filosófico de Paul Ricœur (Granada 1987) (Autores, Textos y Temas. Filosofía, 37). Édité par T. CALVO MARTINEZ et R. AVILA CRESPO avec une introduction en français et en espagnol de P. RICŒUR. Barcelona: Anthropos, [1991], 20 × 13, 447 p.

Comprend les articles suivants dont ceux de la première partie sont suivis d'une réponse de P. RICŒUR en français et en espagnol:

Parte primera. Ponencias

MACEIRAS M, «Una ontología militante». (45-66, 67-72)

PINTOR-RAMOS A., «Paul Ricœur y la fenomenología». (73-106, 107-116)

CALVO MARTINEZ T., «Del símbolo al testo». (117-136, 137-144)

NAVARRO CORDON J.M., «Existencia y libertad: sobre la matrix ontológica del pensamiento de Paul Ricœur». (145-182, 183-192)

BEUCHOT M., «Verdad y hermenéutica en el psicoanálisis según Ricœur». (193-212, 213-218)

RUBIO FERRERES J.M., «Lenguaje religioso y hermenéutica filosófica». (219-240, 241-246)

PETITDEMANGE G., «Relato bíblico y miseria del presente». (261-276, 277-278). Texte français par III.A.156.
MONGIN O., «Las paradojas de lo politico». (306-329, 330-332). Texte français par III.A.154.
PEÑALVER M., «Paul Ricœur y las metáforas del tiempo». (333-358, 359-366).
Parte segunda. Comunicaciones
PÉREZ DE TUDELA Y VELASCO J., «Desvelamiento y revelación: el círculo hermenéutico en Paul Ricœur». (369-388)
ARANGUEZ SANCHEZ J., «La primacía explicativa escatológica en la simbólica de Paul Ricœur». (385-390)
PEÑALVER GOMEZ P., «La fenomenología hermenéutica ante la aporética de los dos tiempos». (391-395)
GALIBONDO A., «La intriga y la trama: la poética de Aristóteles en Paul Ricœur». (397-406)
MUÑOZ TRIGUERO I., «A proposito de la concepción del símbolo en Paul Ricœur y E. Cassirer (Simbolismo, simbolicidad y simbolización)». (407-412)
AVILA CRESPO R., «El ocaso de los ídoles y la aurora de los símbolos». (413-423)
PÉREZ TAPIAS J.A., «Utopía y escatología en Paul Ricœur». (425-436)

I.D.6a. DOMINGO A., *Introducción al pensamiento de Ricœur. Esperanza militante y creatividad reflexiva.* Madrid: Instituto Emanuele Mounier, 1991.

1992

I.D.6. CORONA N.A., *Pulsión y símbolo. Freud y Ricœur.* [Buenos Aires]: Almagesto, [1992], 20 × 14, 448 p.

1993

I.D.7. CRAGNOLINI M.B., *Razón imaginativa. Identidad y ética en la obra de Paul Ricœur* (Colección mínima). Buenos Aires: Almagesto, [1993], 18 × 11, 101 p.

1994

I.D.7a. BINABURO J.A. et ETXEBERIA X., *Pensando en la violencia: desde Walter Benjamin, Hannah Arendt, René Girard y Paul Ricœur* (Libros de la catarata, 21). Bilbao: Bakeaz. Centro de Documentación y Estudios para la Paz, 1994, 122 p.

I.D.7b. MACEIRAS FAFIÁN M., *¿Qué es filosofía? El hombre y su mundo* (Historia de la filosofía, 1). Préface de P. RICŒUR. [Madrid]: Ediciones Pedagógicas, 1994, 232 p.

1995

I.D.8. AGÍS VILLAVERDE M., *Del símbolo a la metáfora. Introducción a la filosofía hermenéutica de Paul Ricœur*. Préface de P. RICŒUR en français et en espagnol. Santiago de Compostela: [Servicio de Publicacions da Universidade], [1995], 24 × 17, 301 p.

I.D.8a. ETXEBERRIA MAULEON X., *Imaginario y derechos humanos desde Paul Ricœur*. Bilbao: Desclée de Brouwer - Instituto Diocesano de Teología Pastoral, 1995, 377 p.

1996

I.D.9. DOMINGO MORATALLA Th., *Creatividad ética y ontología. La fenomenología hermenéutica de Paul Ricœur*. Madrid: Universidad P. Comillas, 1996, XII-869 p.

Publication de II.D.5.

I.D.10. FIDALGO BENAYAS L., *Hermenéutica y existencia humana: el pensamiento de Paul Ricœur* (Filosofía, 6). Valladolid: Secretariado de Publicaciones e Intercambio Científico, Universidad de Valladolid, 1996, 227 p.

I.D.11. HERRERIAS GUERRA L., *Espero estar en la verdad. La búsqueda ontológica de Paul Ricœur* (Tesi gregoriana. Serie Filosófica, 1). Roma: Editrice Pontificia Università Gregoriana, 1996, 287 p.

1997

I.D.12. *Horizontes del relato. Lecturas y conversaciones con Paul Ricœur* (Cuaderno Gris, nº 2. Monográficos). Édité par G. ARANZUEQUE avec une préface de O. MONGIN. [Madrid: Universidad Autónoma de Madrid Ediciones], 1997, 27 × 17, 504 p.

Comprend les textes suivants sur P. RICŒUR:

Prólogo

MONGIN O., «Frente al escepticismo». (11-19). Traduction espagnole de l'introduction intitulée «Face au scepticisme» de I.A.9.

Encuentros

PÖGGELER O., «El conflicto de las interpretaciones». (107-114). Traduction espagnole de III.C.27.

ALTHUSSER L., «Ensayo y proposito. Sobre la objetividad de la historia (Carta a Paul Ricœur)». (115-122). Traduction espagnole de III.A.3.

LYOTARD J.-Fr., «El umbral de la historia». (137-208). Traduction espagnole de III.A.97a.

DERRIDA J., «La retirada de la metáfora». (209-233). Traduction espagnole de III.A.70.

Lecturas
1. Metafórica de la identidad
NAVARRO CORDON J.M., «Sentido y estatuto de la ontología hermenéutica [chez Paul Ricœur]». (239-266)
GREISCH J., «Hacia una hermenéutica del sí mismo: la via corta y la via larga». (267-280). Traduction espagnole de III.A.177.
GALIBONDO A., «*Quien* cuida de sí». (281-300)
AGÍS VILLAVERDE M., «Metáfora y filosofía. En torno al debate Paul Ricœur-Jacques Derrida». (301-314)
2. Ética y acción discursiva
KEMP P., «Ética y narratividad. A propósito de la obra de Paul Ricœur, *Temps et récit*». (317-332). Traduction espagnole de III.A.117.
LOPEZ CASTELLON E., «Sobre lo bueno y lo justo: Rawls y Ricœur». (333-351)
MACEIRAS M., «Violencia, lenguaje e interpretación [chez P.RICŒUR]». (353-367)
ARANZUEQUE G., «Retórica, política y hermenéutica. Paul Ricœur y los acuerdos razonables». (369-385)
3. Fenómeno, signo y sentido
TILLIETTE X., «Reflexión y símbolo. La empresa filosófica de Paul Ricœur». (389-400). Traduction espagnole de III.A.112.
PÉREZ DE TUDELA Y VELASCO J., «Historia y visibilidad: sobre un Ricœur (no tan) olvidado». (401-409)
SINI C., «La fenomenología y el problema de la interpretación (Fenomenología y hermenéutica)». (411-419). Traduction espagnole de III.E.54.
Conversación
VATTIMO G. et ARANZUEQUE G., «Más allá de la hermenéutica». (457-465)

I.E. ITALIEN / ITALIAN

1969

I.E.1. GUERRERA BREZZI Fr., *Filosofia e interpretazione. Saggio sull'ermeneutica restauratrice di Paul Ricœur* (Saggi, 84). [Bologna]: Il Mulino, [1969], 21,5 × 14, 263 p.

1984

I.E.2. JERVOLINO, D., *Il Cogito e l'ermeneutica. La questione del soggetto in Ricœur*. Préface de P. RICŒUR avec une introduction de Th.F. GERAERTS. Napoli: Generoso Procaccini editore, 1984, 24 × 16,6, 192 p.

Deuxième édition revue et élargie: Collection «Saggi e richerche». [Genova]: Marietti, [1993], 24 × 16, 206 p.
Traduit en anglais avec une postface et une interview dans I.B.19.

I.E.3. ROSSI O., *Introduzione alla filosofia di Ricœur. Dal mito al linguaggio*. Bari: Levante, 1984, 182 p.

1985

I.E.4. GERVASONI M., *La «poetica» nell'ermeneutica teologica di Paul Ricœur* (Pubblicazioni del Pontificio Seminario Lombardo in Roma. Richerche di Scienze Teologiche, 25). Brescia: Morcelliana, 1985, 24 × 17, 424 p.

1986

I.E.5. MARRONE P., *Studi sul pensiero di Paul Ricœur* (Itinerari filosofici, 1). Trieste: CLUET, 1986, 173 p.

1988

I.E.6. BUZZONI M., *Paul Ricœur. Persona e ontologia* (Nuova universale Studium, 55). Roma: Edizioni Studium, 1988, 18,5 × 11,5, 140 p.

I.E.7. OLEFSY J., *Verità e libertà nella decisione morale. Il contributo del pensiero di Paul Ricœur* (Pontificia Universitas Gregoriana, Facultas theologiae). Roma: Pontificia Universitas Gregoriana, 1988, 82 p.

I.E.8. *Letture e discussioni intorno a Levinas, Jankélévitch, Ricœur. Seminario* (Materiali universitari. Lettere, 73). Édité par L. BOELLA. Milano: Unicopli, 1988, 247 p.

1990

I.E.9. CHIODI M., *Il cammino della libertà. Fenomenologia, ermeneutica, ontologia della libertà nella ricerca filosofica di Paul Ricœur* (Pubblicazioni del Pontificio Seminario Lombardo in Roma. Ricerche di Scienze Teologiche, 28). Préface en français de P. RICŒUR. [Brescia]: Morcelliana, [1990], 24 × 17, XIX-603 p.

1993

I.E.10. *L'io dell'altro. Confronto con Paul Ricœur* (Ragione e ragioni. Dimensioni dell'intelligenza, 3). Par les soins de A. DANESE. [Genova]: Marietti, [1993], 21 × 15,5, 294 p.

Comprend les textes suivants sur P. RICŒUR:
PANAV A., «Prefazione». (7-14)
DANESE A., «Introduzione». (15-29)

I. Prima parte. La scoperta del sé
MONGIN O., «Il concetto di attestazione». (33-45) Traduction italienne des pages 164-174, 188-193 de I.A.9.
JERVOLINO D., «Un altro *cogito*?». (49-60)
RIGOBELLO A., «Impegno ontologico e maieutica dell'altro». (61-74)

II. Parte seconda. Intersoggettività
MELCHIORRE V., «Per una teoria dell'intersoggettività. Note a margine di *Soi-même comme un autre*». (77-96)
CAMPANINI G., «Dall'estraneità alla prossimità». (97-108)
DI NICOLA G.P., «Utopia e analogia nel concetto di reciprocità». (109-129)

III. Parte terza. L'ermeneutica
GRAMPA G., «La soglia 'oggettiva' dell'ermeneutica». (133-142)
BIANCO Fr., «Ermeneutica del testo e comprensione dell'agire». (143-159)
BREZZI Fr., «Il sé nell'età ermeneutica della ragione». (161-173)

IV. Parte quarta. Fenomenologia e ontologia
PIERETTI A., «Alla ricerca dell'identità dell'io». (177-189)
CASINI L., «Morte e trasfigurazione del soggetto». (191-200)
CODA P., «Verso quale ontologia?». (201-211)

V. Parte quinta. L'etica
DA RE A., «L'aspirazione alla 'vita buona'». (215-226)
IANNOTTA D., «La *Regola d'oro* nella prospettiva etico-morale di P. Ricœur». (227-238).
BELLINO Fr., «Etica della persona e giustizia». (239-258)

I.E.11. AUGIERI C.A., *«Sono, dunque narro». Racconto e semantica dell'identità in Paul Ricœur*. Palermo: Palumbo, 1993, 112 p.

I.E.12. SOETJE E., *Ricœur tra narrazione e storia*. Torino: Rosenberg e Sellier, 1993, 200 p.

1994

I.E.13. *Paul Ricœur. Persona, comunità e istituzione. Dialettica tra giustizia e amore* (La Biblioteca). Textes de et sur P. RICŒUR. Publiés par A. DANESE avec une préface de P. RICŒUR. [San Domenico di Fiesole]: Edizioni Cultura della Pace, 1994, 21 × 13, 222 p.

Comprend les textes suivants sur P. Ricœur:
DANESE A., «Introduzione. Etica della responsabilità e politica». (13-35)
BIANCO Fr., «Alla confluenza di etica e politica». (187-195)
RIGOBELLO A., «Assunzione di responsabilità e motivi di speranza». (196-201)
SEIFERT J., «Osservazioni dal punto di vista di una metafisica fenomenologica della persona». (202-211)
SIMON R., «Paul Ricœur e l'etica contemporanea». (212-222)

1995

I.E.14. JERVOLINO D., *Ricœur. L'amore difficile* (Interpretazioni, 24) [où l'auteur frustré par l'agnosticisme philosophique de RICŒUR tente de le dépasser à l'aide de ses propres amorces]. Préface de P. RICŒUR. Roma: Edizioni Studium, [1995], 18,5 × 11,5, 238 p.

I.E.15. De Simone A., *Della metafora alla storia. Modelli ermeneutici, filosofia e scienze umane: Saggi su Ricœur, Gadamer e Habermas* (Materiali). Urbino: Quattroventi, 1995, 21 × 14, 330 p.

1996

I.E.16. Orabona M., *Paul Ricœur. Esistenzialismo ed ermeneutica in un filosofo moderno*. Salerno: Ripostes, 1996.

I.E.17. Poma I., *Le eresie della fenomenologia: itinerario tra Merleau-Ponty, Ricœur e Levinas* (Filosofia e città. Monografie, 5). Napoli: Edizioni scientifiche italiane, 1996, 102 p.

1998

I.E.18. Iannotta D., *Frammenti di lettura. Percorsi dell'altrimenti con Paul Ricœur*. Préface de Fr. Brezzi. [Roma]: Aragne Editrice, [1998], 22 × 16, 169 p.

I.E.19. Malavasi P., *L'impegno ontologico della pedagogia. In dialogo con Paul Ricœur* [première et excellente étude sur la pédagogie à la lumière de l'herrméneutique éthique et ontologique de P. Ricœur]. Introduction contenant une lettre en français de P. Ricœur (9-10). [Brescia]: La Scuola, [1998], 272 p.

1999

I.E.20. Brezzi Fr. *Ricœuir Interpretare la fede*. Padova: Messagero, 1999,317 p.

I.F. Portugais / Portuguese

1989

I.F.1. Sumares M., *O sujeito e a cultura na filosofia de Paul Ricœur. Para além da necessidade* (Texto e contexto). Lisboa: Escher, 1989, 302 p.

1992

I.F.2. Tavares Nunes Correia C.J., *Ricœur e a expressão simbólica do sentido*. Lisboa, 1992, 789 p.

1995

I.F.3. Franco S. de G., *Hermenêutica e psicoanálise na obra de Paul Ricœur* (Colecção filosofia, 35). São Paolo: Edições Loyola, 1995, 271 p.

1997

I.F.4. MONGIN O., *Paul Ricœur as fronteiras da filosofia*. Lisboa: Instituto Piaget, 1997.

Traduction portugaise de I.A.9.

1998

I.F.5. *Paul Ricœur*. Ensaios (Ensaios filosoficos). Édité par C.M. CESAR. [São Paulo]: Paulus, [1998], 115 p.

Comprend les articles suivants:
DARTIGUES A., «Paul Ricœur e a questão da identidade narrativa». (7-25) Traduction portugaise de III.A.203.
CESAR C.M., «O problema do tempo». (27-37)
CESAR C.M., «Etica e politica». (39-51) Reprise de III.F.11.
CESAR C.M., «Etica e hermenêutica: a critica do *Cogito*». (53-66) Reprise de III.F.12.
CESAR C.M., «Responsabilidade e cosmos». (67-75) Reprise de III.F.150.
DI MANNO ALMEIDA D., «Subjectividade e interpretação: a questão do sujeito». (77-93)
DI MANNO ALMEIDA D., «A hermêneutica da pratica». (95-112)

I.G. NÉERLANDAIS / DUTCH

1997

I.G.1. VAESSEN J.Chr., *Tussen Schrift en Preek. Ontwerp van een analysemodel voor de bijbelinterpretatie in preken met gebruikmaking van de tekstuele hermeneutiek van Paul Ricœur* [with Summary]. Kok: Kampen, 1997, 218-220.

Publication de II.G.3.

1999

I.G.2. VAN DEN HAAK N., *Metafoor en filosofie. Studie naar de metaforische werking in de filosofie aan de hand van Julia Kristeva en Paul Ricœur*. Best: Damon, 1999, 240 p.

I.H. POLONAIS / POLISH

1976

I.H.1. PHILIBERT M., *Paul Ricœur. Czyli wolność na miare nadziei*. Traduction de *Paul Ricœur ou la liberté selon l'espérance* par E. BIENKOWSKA. [Warszawa]: Institut Wydawniczy Pax, 1976, 19 × 12, 259 p.

Traduction polonaise de I.A.1.

1984

I.H.2. Ozdowski P., *Teoria kultury wobec hermeneutyki Ricœura* (Seria Metodologia Nauk, 29). Warzsawa: Panstwowe Wydawn Nauk, 1984, 152 p.

1993

I.H.3. Dobosz A., *Symbol i istnienie* [Symbole et existence] (Rozprawy / Politechnika Poznanska, 285). Poznań: Wydawn. Politechniki Poznanskiej, 1993, 150 p.

1998

I.H.4. Dzwięga M., *Paul Ricœur daje do myślenia* (Paul Ricœur donne à penser). Kraków: Wydawniotwo, 1998, 216 p.

I.I. Japonais / Japanese

1978

I.I.1. Kume H., *Shōchō no kaishakugaku. Rikūru tetsugaku no kōsei to tenkai* [L'herméneutique du symbole. La constitution et le développement de la philosophie de Paul Ricœur]. Tokyo: Shin'yosha, 1978, 21,5 × 16, 408 p.

Reproduction de III.I.3, III.I.4a, III.I.5, III.I.6a, III.I.7, III.I.7a, III.I.9, III.I.10, III.I.10a, III.14, III.I.17 et III.I.17a.

1987

I.I.2. Hase Sh., *Shōchō to Sōzōryoku* [Symbole et imagination]. [Recueil d'articles sur P. Ricœur]. Tokyo: Sobunsha, 1987, 261 p.

Reprise de III.I.26a, III.I.31a, III.I.31b, III.I.41, III.I.49 et III.I.50a.

1991

I.I.3. Thompson J.B., *Hikanteki-Kaishakugaku: Rikūru to Hābamasu no Shisō*. Traduction de *Critical Hermeneutics: a Study in the Thought of Paul Ricœur and Jürgen Habermas* par H. Yamamoto and E. Ogawa (Universitasu, 393). Hōsei Daigaku Sluppankyoku, 1992, 392 + 36 p.

Traduction japonaise de I.B.8.

1997

I.I.4. Makita E., *Rikūru no Tekusuto-Kaishakugaku* [L'herméneutique du texte selon P. Ricœur]. Kyoto: Koyo-Shobo, 1997, 21,7 × 15,5, 341 p.

1998

I.I.5. SUGIMURA Y, *Pōru Rikūru no Shisō: Imi no Tansakyū* [La pensée de Paul Ricœur. L'enquête du sens]. Tokyo: Sōbunsha, 1998, 234 p.

I.J. DANOIS / DANISH

1987

I.J.1. KEMP P., *Paul Ricœurs filosofi om tid og fortaelling* [conférences sur *Temps et récit (I-III)* à l'Université de Copenhague et de Göteborg]. København-Göteborg: [Filosofisk Institut, København-Institutionen för Religionsvetenskap, Göteborgs Universitet], 1987, 21 × 14,5, 95 p.

Republié en 1988 et 1990 (101 p.) et édité avec une préface par I.J.2.
Comprend les textes suivants:
«1. Forelaesning. Inledning til Paul Ricœurs filosofi». (9-18).
«2. Forelaesning. Augustin versus Aristoteles». (19-24)
«3. Forelaesning. Fortaellings forudstaelse». (25-32)
«4. Forelaesning. Den mimetiske proces». (33-41)
«5. Forelaesning. Den historiske tid». (43-50)
«6. Forelaesning. Fiktion og histoire». (51-61)
«7. Forelaesning. Den narrative filosofis muligkeder og graenser». (63-74)
«8. Forelaesning. Ricœurs kritik of Husserl og Heidegger». (75-88)
«Tillaeg: Kronikken om Ricœur. I. Nutidens filosof». (89-91) Traduction danoise de III.P.5.
«II. Historiens filosof». (92-95). Reprise de III.P.6.

1995

I.J.2. KEMP P., *Tid og Fortaelling. Introduction til Paul Ricœur*. Préface de P. RICŒUR. Århus: Århus Universitetsforlag, 1995, 167 p.

Réimpression de I.J.1 avec une postface «Etik og narrativitet« (III.J.6).
Réimpression en 1996.

I.P. SUÉDOIS / SWEDISH

1987

I.P.1. *Res publica* (Tema: Text och verklighet. Paul Ricœur), 1987, n° 9, 313 p.

Réimprimé en 1988.
Outre des articles de P. Ricœur, ce numéro comprend les articles suivants concernant sa pensée:

KRISTENSSON B., «Paul Ricœur i tolkningarnas konflikt [introduction au projet philosophique de P. RICŒUR et sa présence en Suède]». (37-66)
KEMP P., «Etik och narrativitet. På spanning efter den implicita etiken i Ricœurs verk om 'Tid och beraltelse'». (85-120). Texte suédois de III.J.6.
LINDEN J.-L., «Metaforen. En ricœurisation». (141-165)
JAMES M.R.D, «Fran Ricœur till Kant. Hermeneutik och estetik». (167-184)
KRISTENSSON B., «På väg mot 'en andra naivitet' [Sur la voie 'vers une deuxième naïveté']». (185-189)

I.P.2. KRISTENSSON UGGLA B., *Kommunikation på bristingsgränsen* [with an English Summary: Communication at the bursting point. The Philosophical Project of Paul Ricœur] (Moderna franska tänkare, 19). Stockholm-Stehag: Brutus Östlings Bokförlag Symposion, 1994, 21,7 × 14,7, 627 p.

I.R. TCHÈQUE / CZECK

1986

I.R.1. NEUBAUER R.Zd., *Bytí a subjectivita. Ricœurovake eseje. Nove cešty myšleni* [Existence et subjectivité. Essais sur Ricœur. Nouvelles pistes de penser]. Praha: Expedice, 1986, 29 × 18, 151 p. [ronéotypé]

I.S. CHINOIS / CHINESE

1990

I.S.1. GAO XUANYANG, *Likeer de Jieshixue* [L'herméneutique de Ricœur] (Renwen kexue congshu, 6). Préface de P. RICŒUR en français. Taibei: Yuanliu Chubanshe, 1990, 21,5 × 13,5, XIX-224 p.

I.S.2. MENG GAN, *Cong wen ben dao xingdong: Baoer Likeer zhan* (Ershi shigi faguo Sixiangjia pingzhuan congshu). Traduction par LIU ZIQIANG du livre *Paul Ricœur* de O. MONGIN. Beijing: Beijing daxue, 1999, 6,3, 228 p.
Traduction chinoise de I.A.9.

I.U. BULGARE / BULGARIAN

1993

I.U.1. RAINOVA I., *Ot Khusera do Rikór* [De Husserl à Ricœur]. Sofia: Universitetsko izd-vo «Sv. Kliment Okhridski». 1993, 159 p.

1997

I.U.2. *Recueil en l'honneur de Paul Ricœur* [en bulgare]. Édité par M. NEDELTCHEV. Sofia: Vladimir Grodev, 1997.

1998

I.U.3. *Pol Rik'or. Filosofia ired iredyzvakatelstvata na promenite* [Paul Ricœur. La philosophie face aux défis des changements. Colloque Sofia, 25-26 octobre 1997]. Édité par I. ZNEPOLSKI. Sofia: Dom no naukuta za c'oveka obesh'estvoto, 1998, ca. 300 p.

Traduit en français dans *Divinatio*. Studia culturologica Series (MSHS. Sofia) 1998, vol. 6-7, Spring-Summer.
Comprend les articles suivants sur la pensée de P. Ricœur en bulgare:
ZNEPOLSKI I., «Paul Ricœur: la guerre et (ou) paix dans la république des philosophes et des hommes». (9-23)
FABIANI J.-L., «Paul Ricœur: les historiens et les sociologues. Remarques sur le tournant interprétatif dans les sciences sociales». (94-115)
GINEV D., «Les avantages de la voie longue». (118-137)
ZACHEV D., «À la recherche d'une nouvelle ontologie. Paul Ricœur avec et sans Heidegger». (138-149)
DEJANOVA L., «La mémoire – entre le temps et le récit». (164-179)
NEDELTCHEV M., «Le consensus selon Ricœur et à la manière bulgare – désiré, recherché, nécessaire, proclamé, impossible, non voulu, échoué». (293 ss.).

I.V. CATALAN

1993

I.V.1. HEREU I BOHIGAS J., *El mal com a problema filosòfic. Estudi del problema del mal en la filosofia de Jean Nabert i Paul Ricœur* (Collectània Sant Pacià, 46). Barcelona: Facultat de Teologia de Catalunya, 1993, 227 p.

1997

I.V.2. *Ética i religió en Levinas, Ricœur e Habermas* (Cristianismo i cultura, 22). Édite par J. ESQUIROL, A. MARQUÉS et G. AMENGUAL. Barcelona: Cruïlla, 1997, 152 p.

I.X. HONGROIS / HUNGARIAN

1987

I.X.1. FABINY T., *A Hermeneutika elmelete: Auerbach, Palmer, Ricœur, Hirsch, Szondi, Frye, Kermode: szoveggyujtemeny* (Universitatis Szegediensis...

Cathedra Comparationis Litterarum Universarum. Ikonologia es muertelmezes, 3). Szeged: Joszef Attila Tudomanyegyeteù Osszehasonlito Irodalomtudomanyi Tanszeke Szeged, 1987, 2 vol., 602 p.

1994

I.X.2. CZABA SZ., *Filozófusok Freudról és a pszichoanalízisrol* [sur P. RICŒUR. Résumé en anglais]. Budapest: Cserépfalvi Kiado, 1994, 225 p.

II. DISSERTATIONS DOCTORALES / PH.D. DISSERTATIONS

II.A. FRANÇAIS / FRENCH

1966

II.A.1. DECLÈVE H., *Le Kantisme selon quelques philosophes contemporains. P. Ricœur, É. Weil, M. Scheler, M. Heidegger. Avec* appendices et tables (4 vol.). Thèse de doctorat. Université Catholique de Louvain, Faculté de Philosophie et Lettres. Groupe A: Philosophie, 1966, VIII-221-424-719 p., 218 + XXXVII p.

II.A.2. MICHAUD R., *La dialectique fini-infini dans la philosophie de la volonté de Paul Ricœur.* Thèse doctorale. Université Catholique de Louvain, Institut Supérieur de Philosophie, 1966, 375 p.

1967

II.A.3. SIMONA E., *La liberté chez J.-P. Sartre et P. Ricœur.* Thèse doctorale. Université catholique de Louvain, Institut Supérieur de Philosophie, 1967, 323 p.

1970

II.A.4. SANCHES PUENTES R., *Le problème du mal chez Paul Ricœur.* Thèse doctorale. Université Catholique de Louvain, Institut Supérieur de Philosophie, 1970, 353 p.

1973

II.A.5. SKULASON P., *Du cercle et du sujet. Problèmes de compréhension et de méthode dans la philosophie de Paul Ricœur.* Thèse de doctorat. Université Catholique de Louvain, Institut Supérieur de Philosophie, 1973, 431 p.

1974

II.A.6. DEPOORTERE C.A.M.J., *Les fleurs du mal: une étude de la problématique du mal et de la rédemption chez Paul Ricœur.* Thèse doctorale. Pontificia Universitas Lateranensis, Academia Alfonsiana, Institutum Superius Theologiae Moralis, 1975, XLIII-350 p.

1980

II.A.7. MIGLIASSO S., *La théorie herméneutique de Paul Ricœur et l'herméneutique biblique*. Doctorat de III cycle en Sciences théologiques et Sciences des religions – Philosophie. Institut Catholique de Paris et Université de Paris IV (Sorbonne), 1980.

1982

II.A.8. COUCH B.M., *Herméneutique méthodique. Théorie de l'interprétation selon Paul Ricœur*. Ph.D. Dissertation. Université de Strasbourg, 1982.

1983

II.A.9. NVUMBI Ng.-Ts., *La personne humaine et l'inconscient freudien dans la philosophie de Paul Ricœur*. Thèse de doctorat. Katholieke Universiteit Leuven, Hoger Instituut voor Wijsbegeerte, 1983, 278 p.

1984

II.A.10. SEWERYNIAK H., *«Spes quaerens intellectum». Espérance et compréhension dans l'herméneutique de Paul Ricœur*. Doctorat en théologie. Roma, Pontificia Universitas Gregoriana, 1984, 419 et 113 p.

Publié: Roma, 1994, 520 p.

1986

II.A.11. STEVENS B., *L'apprentissage des signes. Une lecture de Paul Ricœur*. Ph.D. Dissertation. Université Catholique de Louvain, Institut Supérieur de Philosophie, 1986, 332 p.

Publié par I.A.7.

1988

II.A.12. MABIKA NKATA J., *L'ontologie du sujet chez Paul Ricœur Essai de la méthode a Priori dans la philosophie du sujet*. Ph.D. Dissertation. Katholieke Universiteit Leuven, Hoger Instituut voor Wijsbegeerte, 1988, XXVII-639 p.

1989

II.A.13. SALAS ASTRAIN R., *Herméneutique, symbole et langage religieux. Interprétation de l'univers religieux mapuche, à la lumière de la pensée de Paul Ricœur. Vers une philosophie herméneutique de la religion*. Ph.D.

Dissertation. Université Catholique de Louvain, Institut Supérieur de Philosophie, 1989, 460 p.

1990

II.A.14. MADU R.O., *Herméneutique. La destinée humaine à travers les symboles, proverbes et mythes traditionnels africains lus à la lumière de la méthodologie herméneutique de Paul Ricœur. Le cas Igbo*. Ph.D. Dissertation. Université Catholique de Louvain-la-Neuve, Institut Supérieur de Philosophie, 1990.

1991

II.A.14a. LOUIS J., *Récit et société: interprétation et représentation de l'histoire d'après Paul Ricœur et Max Weber*. Ph.D. Dissertation. Université Libre de Bruxelles, Faculté des sciences sociales, politiques et économiques, 1991.

1992

II.A.15. JACQUES R., *Dieu livré au pardon des humains. Exploration théologique d'une expression contemporaine de l'expérience religieuse à la lumière de la poétique du récit de P. Ricœur*. Ph.D. Dissertation. Montréal, Faculté de Théologie, 1992, 283 p.

1993

II.A.16. KAMUNDU Y., *La notion de pouvoir chez Paul Ricœur. Approche phénoménologico-herméneutique*. Thèse doctorale. Université Catholique de Louvain-la-Neuve, Institut Supérieur de Philosophie, 1993.

II.A.17. McCOY W., *L'idée d'herméneutique théologique créative en accord avec l'herméneutique de Paul Ricœur*. Thèse de doctorat. Strasbourg, Faculté de théologie protestante, 1993, 465 p.

1995

II.A.18. CONDERA Cl., *Éthique et politique. La pensée politique de Paul Ricœur*. Mémoire pour la maîtrise de la philosophie. Université de Strasbourg II, 1995.

II.A.19. THOMASSET A., *Poétique de l'existence et agir moral en société. La contribution de Paul Ricœur au fondement d'une éthique herméneutique et narrative dans une perspective chrétienne* [avec trois annexes et une ample bibliographie]. Thèse de doctorat, Katholieke Universiteit Leuven, Faculty of Theology, 1995, X-473, a-z, I-IXIV.

Publié par I.A.12.

1996

II.A.20. AMHERDT Fr.-X., *L'herméneutique de Paul Ricœur et son importance pour l'exégèse biblique*. Thèse de doctorat devant la Commission biblique pontificale de Rome, 1996, 694 p.

II.A.21 MADILA-BASANGUKA M., *Poétique de la culture. Imagination, éthique et religion chez Paul Ricœur*. Thèse de doctorat, Institut Catholique de Paris, 1996, 483 p.

1997

II.A.22. BUANGA MPONGO J., *Le rôle de l'imagination dans la pensée politique de P. Ricœur et la problématique en Afrique*. Thèse de doctorat. Université Catholique de Louvain-la-Neuve, Institut Supérieur de Philosophie, 1997, 306 p.

II.A.23 KALUBENDE KASHAMA TUMBA L., *De la visée éthique chez Paul Ricœur. Une vie bonne dans des institutions justes*. Thèse de doctorat. Université Catholique de Louvain-la-Neuve, Institut Supérieur de Philosophie, 1997, 245 p.

II.B. ENGLISH /ANGLAIS

1964

II.B.1. IHDE D., *Paul Ricœur's Phenomenological Methodology and Philosophical Anthropology*. Ph.D. Dissertation. Boston University, Graduate School, 1964, IV-244 p.

1965

II.B.2. STEWART J.D., *Paul Ricœur's Phenomenology of Evil*. Ph.D. Dissertation. Rice University, 1965, VI-221 p.

1967

II.B.3. REAGAN Ch. E., *Freedom and Determinism. A Critical Study of Certain Aspects of the Problem in the Light of the Philosophy of Paul Ricœur*. Ph.D. Dissertation. University of Kansas, 1967, 270 p.

1969

II.B.4. RASMUSSEN D.M., *A Correlation between Religious Language and an Understanding of Man. A Constructive Interpretation of the Thought of Paul Ricœur*. Ph.D. Dissertation. University of Chicago, 1969, 280 p.

1970

II.B.5. BOURGEOIS P.L., *Ricœur's Hermeneutical Phenomenology*. Ph.D. Dissertation. Duquesne University, 1970, 233 p.

II.B.6. PETTIT Ph., *The Phenomenology and Hermeneutics of Paul Ricœur. A Critical Study*. Ph.D. Dissertation. The Queen's University of Belfast, 1970, VIII-366 p.

1972

II.B.7. ALEXANDER R., *Paul Ricœur's Philosophy of Religious Language Interpreted as an Alternative to Anthony Flew's Empiristic Rejection of Religious Language*. Ph.D. Dissertation. Lutheran School of Theology at Chicago, 1972, 333 p.

II.B.8. LOWE W.J., *Mystery and the Unconscious. A Study in the Thought of Paul Ricœur*. Ph.D. Dissertation. Yale University, 1972, 229 p.

II.B.9. WELLS H.G., *The Theme of Freedom in the Anthropology of Paul Ricœur*. Ph.D. Dissertation. McGill University (Montréal), 1972,VIII-263 p.

II.B.10. WESOLOWSKY St.O., *Intersubjectivity and Communication in Recent Philosophy and Theology. A Study undertaken in the Light of the Works of Paul Ricœur*. Ph.D. Dissertation. Princeton University, 1972, 382 p.

1973

II.B.11. COX J.W., *An Analysis of Paul Ricœur's Philosophy of Will and Voluntary Action*. Ph.D. Dissertation. Vanderbilt University, 1973, 290 p.

II.B.12. DORNISCH L., *A Theological Interpretation of the Meaning of Symbol in the Theory of Paul Ricœur and Possible Implications for Contemporary Education*. Th.D. Dissertation. Marquette University, 1973, 277 p.

II.B.13. GERHART M., *The Question of 'Belief' in Recent Criticism. A Reexamination from the Perspective of Paul Ricœur's Hermeneutical Theory*. Ph.D. Dissertation. University of Chicago, Divinity School, 1973, 359 p.

1974

II.B.14. CIPOLLONE A.P., *Ethical Elements in the Philosophy of Paul Ricœur*. Ph.D. Dissertation. DePaul University, 1974, 190 p.

1975

II.B.15. BAILEY D.L., *The Modern Novel in the Presence of Myth* [on P. RICŒUR and Cl. LÉVI-STRAUSS]. Ph.D. Dissertation. Purdue University, 1975, 198 p.

II.B.16. COUCH B.M., *Methodical Hermeneutics. The Theory of Interpretation according to Paul Ricœur*. Thèse de doctorat en sciences religieuses. Université de Strasbourg, Faculté de Théologie, 1975, XI-424 p.

II.B.17. SKOUSGAARD St.A., *Self and Freedom. An Interpretation of the Essence, Existence and Symbols of Human Freedom Based on the Philosophy of Paul Ricœur*. Ph.D. Dissertation. Tulane University, 1975, 236 p.

II.B.18. SMITH E.D., *Aspects of Human Agency in the Phenomenology of Paul Ricœur*. Ph.D. Dissertation. Claremont Graduate School, 1975, 265 p.

1976

II.B.19. ALBANO P.J., *Freedom, Truth and Hope. The Relationship of Philosophy and Religion in the Thought of Paul Ricœur*. Ph.D. Dissertation. Claremont Graduate School, 1976, 246 p.

II.B.20. FINK P.E., *A Poetics of Christian Sacraments. A Dialogue with Paul Ricœur*. Ph.D. Dissertation. Emory University (Georgia), 1976, XVI-255 p.

II.B.21. LEAVITT D.A., *Will and the Unconscious. A Study in the Thought of Paul Ricœur*. Ph.D. Dissertation. St. Mary's Seminary and University, 1976.

II.B.22. PISCITELLI E.J., *Language and Method in the Philosophy of Religion. An Interpretation of the Philosophies of Bernard Lonergan and Paul Ricœur*. Ph.D. Dissertation. Georgetown University, 1976.

1977

II.B.23. JOHNSTON R.E.C., *From an Author-Oriented to a Text-Oriented Hermeneutic: Implications of Paul Ricœur's Hermeneutical Theory for the Interpretation of the New Testament. 2 Vol*. Ph.D. Dissertation in Religious Studies, Katholieke Universiteit Leuven, Faculty of Theology, 1977, XXX-257 p., 82 p.

II.B.24. SAGAN C.M., *The Role of the Personal Other in the Philosophy of Paul Ricœur*. Ph.D. Dissertation. Fordham University, 1977, 409 p.

II.B.25. SEVENSKY R.L., *Towards a Philosophy of Evil. The Role of the Myth of the Fall in the Thought of Paul Tillich and Paul Ricœur*. Ph.D. Dissertation. Boston College, 1977, 306 p.

II.B.26. STROHM F.L., *Objectivity of Interpretation. The Hermeneutics of Hirsch and Ricœur*. Ph.D. Dissertation. University of Southern California, 1977.

II.B.27. WOODS J.P., *An Application of Paul Ricœur's Hermeneutic Phenomenology to the Symbols of Contemplative Union in Richard Rolle's 'The Fire of Love.'* Ph.D. Dissertation. DePaul University, 1977, 296 p.

1978

II.B.28. KENNEDY A.L., *Historical Consciousness and its Mediation of Transcendence in the Thought of Paul Ricœur*. Ph.D. Dissertation. Boston University Graduate School, 1978.

II.B.29. NELSON L.J., *Freedom and Embodiment in Paul Ricœur*. Ph.D. Dissertation. Saint Louis University, 1978, 190 p.

1979

II.B.30. JOHNSON P.A., *A Hermeneutic Analysis of Human Speaking. An Examination and Extension of the Work on Language of Martin Heidegger, Paul Ricœur and Hans-Georg Gadamer*. Ph.D. Dissertation. University of Toronto (Canada), 1979.

II.B.31. JUNG P.J.B., *Human Embodiment and Moral Character. A Revision of Stanley Hauerwas in the Light of Paul Ricœur's Philosophy of the Will*. Ph.D. Dissertation. Vanderbilt University, 1979, 288 p.

II.B.32. KIM S.E., *Metaphor and Religious Truth. An Examination of Some Contemporary Theories of Metaphor with Special Attention to Paul Ricœur*. Ph.D. Dissertation. University of Pittsburgh, 1979, 198 p.

II.B.33. SIVERNS L.S., *Parable Interpretation from Julicher to Ricœur. A Critique and Alternative Proposal*. Th.D. Dissertation. McGill University (Montréal), 1979.

1980

II.B.34. KLEMM D.E., *Religious Understanding. Theological Hermeneutics and the Thought of Paul Ricœur*. Ph.D. Dissertation. University of Iowa, 1980, 269 p.

II.B.35. LENSSEN M.C., *Myth and Philosophy. The Use of Myth in the Thought of Eliade, Schelling and Ricœur*. Ph.D. Dissertation. Northwestern University (Illinois), 1980, 296 p.

II.B.36. LEW W., *Truth and Method in Comparative Religion. A Critique of the Role of Method in Comparative Religion with Special Reference to Hans-Georg Gadamer and Paul Ricœur*. Ph.D. Dissertation. University of California at Santa Barbara, 1980-1981.

II.B.37. ZAIDAN C.Z., *Ricœur's Conception of Language and its Implications for Foundational Theology. An Analytic Study of his Works on Language from 1959 to 1975*. S.T.D., Catholic University of America, 1980, 284 p.

1981

II.B.38. GARCIA L.M., *Between Responsibility and Hope. The Meaning of Man in Paul Ricœur's 'Philosophy of the Will' and Social-Political Writings*. 2 Vol. [with an outstanding bibliography]. Ph.D. Dissertation. Université Catholique de Louvain-la-Neuve, Institut Supérieur de Philosophie, 1981, VIII-286-466 p. + (111) p.

II.B.40. JOY M.M., *Towards a Philosophy of Imagination. A Study of Gilbert Durand and Paul Ricœur*. Ph.D. Dissertation. McGill University, 1981.

II.B.41. LOCK J.D., *Psychoanalytic Hermeneutics. An Application of Paul Ricœur's Philosophy to Freudian and Jungian Psychologies*. Ph.D. Dissertation, Emory University, 1981, 278 p.

II.B.42. O'NEILL M.A., *Revealed Imagination. A Study of Paul Ricœur*. Ph.D. Dissertation. Vanderbilt University, 1981, 287 p.

II.B.43. VAN LEEUWEN Th., *The Surplus of Meaning. Ontology and Eschatology in the Philosophy of Paul Ricœur*. Th.D. Dissertation. Rijksuniversiteit Leiden, Faculteit der Godgeleerdheid, 1981, 199 p.

1982

II.B.44. CURRAN R., *'Redemption through Suffering': The Task of Human Freedom in the Writings of A.N. Whitehead and Paul Ricœur and the Implications for a Christian Soteriology*. Th.D. Dissertation. Fordham University, Theology Department, 1982-1983.

II.B.44a. GROTE P.J., *Simone Weil, Leo Strauss and Paul Ricœur on the Conflict of Power and Wisdom in Plato's 'Republic'*. Ph.D. Dissertation. University of Louisville (Ky.), Department of Philosophy, 1982, VI-106 p.

II.B.45. MONROE L.J., *Paul Ricœur and the Philosophy of Religion. A Constructive Interpretation and a Critical Assessment of his Recent Writings.* Ph.D. Dissertation. University of Notre Dame, 1982, 242 p.

II.B.46. SNIJDERS J., *The Early Works of Paul Ricœur.* Dissertatio ad lauream in facultate philosophiae apud pontificiam universitatem S. Thomae in urbe, Nijmegen, 1982, 228 p.

II.B.47. VAN DEN HENGEL J.W., *The Home of Meaning. The Hermeneutics of the Subject of Paul Ricœur.* Th.D. Dissertation. Katholieke Universiteit Nijmegen, Faculteit der Godgeleerdheid, 1982, XXI-333 p.
Published by I.B.10.

1983

II.B.49. BRIMFIELD R.M.B., *Metaphor and Curriculum Discourse. An Application of Paul Ricœur's Interpretation Theory.* Ph.D. Dissertation. University of Maryland, 1983, 148 p.

II.B.50. FLEMING P.A., *The Text of Human Action and Its Hermeneutic. An Inquiry in the Work of Paul Ricœur.* Ph.D. Dissertation. Washington University, 1983, 276 p.

1984

II.B.51. DONALDSON M.E., *Narratives of Transformation: C.S. Lewis's 'Till We Have Faces' and Paul Ricœur's Theory of Metaphor.* Ph.D. Dissertation. Emory University, 1984.

II.B.52. KOENIG E.K.J., *'The Book of Showings' of Julian Norwich: a Test-case of Paul Ricœur's Theories of Metaphor and Imagination.* Ph.D. Dissertation. Columbia University, 1984.

II.B.53. OTIJELE P.Y., *Paul Ricœur's Philosophy as a Source for a Christian Apologetic in Africa (Hermeneutics, Interpretation).* Th.D. Dissertation. The Southern Baptist Theological Seminary, 1984, 275 p.

1985

II.B.54. SCOTT E.A., *On the Way to Ontology: the Philosophy of Language in the Hermeneutic Phenomenology of Paul Ricœur.* Ph.D. Dissertation. Duquesne University, 1985, 301 p.

1986

II.B.55. PRESCOTT W.Br., *The Symbolism of Love: an Application of Ricœur's Phenomenological Hermeneutic*. Th.D. Dissertation. Southwestern Baptist Theological Seminary, 1986, 256 p.

1987

II.B.56. DICENSO J.J., *Hermeneutics and the Disclosure of Truth: a Study in the Thought of Heidegger, Gadamer and Ricœur*. Ph.D. Dissertation. Graduate School of Syracuse University, 1987, VII-320 p.

II.B.57. HAMMERUD R.G., *The Drama of Ricœur's Philosophy. A Drama of Metaphor*. Ph.D. Dissertation. Graduate Theological Union, 1987, 419 p.

II.B.58. O'CONNELL S.P., *Man as Intermediate. An Examination of Paul Ricœur's Philosophical Anthropology and its Implications with Respect to Philosophical Methodology*. Ph.D. Dissertation. Fordham University, 1987, 501 p.

1988

II.B.58a. LAWLOR L.R., *Event and Iterability. The Confrontation between Paul Ricœur and Derrida*. Ph.D. Dissertation. State University of New York at Stony Brook, 1988, 295 p.

II.B.59. MCREYNOLDS S.A., *Eschatology and Social Action in the Work of Paul Ricœur*. Ph.D. Dissertation. Washington, Catholic University of America. 1988, 486 p.

1989

II.B.60. ANDERSON P.S., *Paul Ricœur's Philosophy of Will, Temporal Experience, Sin and God*. Ph.D. Dissertation. University of Oxford, 1989.

II.B.61. EVANS J., *Paul Ricœur's Hermeneutics. The Imagination as the Creative Element of Religious Literacy*. Ph.D. Dissertation. Toronto, University of St. Michael's College, 1989, 186 p.

II.B.62. STREIB-WEICKUM H., *Hermeneutics of Metaphor, Symbol and Narrative in Faith Development Theory (Fowler, Ricœur)*. Ph.D. Dissertation. Emory University, 1989, 406 p.

1990

II.B.63. KLEDEN L., *Symbolic-Textual Paradigm in the Hermeneutic Philosophy of Paul Ricœur*. Ph.D. Dissertation. Katholieke Universiteit Leuven, Hoger Instituut voor Wijsbegeerte, 1990, XVII-250-460 p.

II.B.64. LEWIS J., *Aporia and Category. A Partial Commentary on 'Temps et récit' with Prolegomena to an Interpretation of the Relation of Time, Freedom and Hope in the Philosophy of Paul Ricœur*. Ph.D. Dissertation. Université Catholique de Louvain, Institut Supérieur de Philosophie, 1990, VIII-270 p.

II.B.65. MULDOON M., *Time, Self and Meaning in the Works of Henri Bergson, Maurice Merleau-Ponty and Paul Ricœur*. Ph.D. Dissertation. Katholieke Universiteit Leuven, Hoger Instituut voor Wijsbegeerte, 1990, XV-274 p.

II.B.66. PEREPPADAM J., *Ricœur and Postmodernity in Debate. A Study of Paul Ricœur's Hermeneutical Principles in Confrontation with Postmodern Deconstructionism. Their Relevance to Ethico-Theological Reflection*. Ph.D. Dissertation. Katholieke Universiteit Leuven, Faculty of Theology, 1990, XX-302-527 p.

1992

II.B.67. DIMARE Ph.Chr., *Hermeneutical Suspicions: the Movement within Paul Ricœur's Phenomenology*. Ph.D. Dissertation. Syracuse University, 1992, 399 p.

II.B.68. GROSS N.L., *A Re-examination of Recent Homelitical Theories in the Light of the Hermeneutical Theory of Paul Ricœur*. Ph.D. Dissertation. Princeton Theological Seminary, 1992, 232 p.

II.B.69. KIM D.K., *A Postmodern Ethical-Political Interpretation of Jesus' Sayings and Parables in the Light of Derrida, Foucault and Ricœur*. Ph.D. Dissertation, Drew University, 1992, 348 p.

1993

II.B.70. ALTHAUS-REID M., *Paul Ricœur and the Methodology of the Theology of Liberation. The Hermeneutics of J. Severino Croatto, Juan Luis Segundo and Clodovis Boff*. Ph.D. Dissertation. St. Andrews, 1993, 414 p.

II.B.71. DAILEY Th., *The Repentant Job. A Ricœurian Icon for Biblical Theology*. Doctoral Dissertation in Theology. Roma: Gregorian University, 1993, XLVI-192 p.

Published by I.B.29.

II.B.72. ELKINS W., *Learning to Say Jesus. Narrative, Identity and Community. A Study of Hermeneutics of Josiah Royce, Hans Frei, George Limbeck, Paul Ricœur and the Gospel of Mark*. Th.D. Dissertation. Drew University (Madison (NJ)), 1993.

1994

II.B.73. COBB K., *Theology of Culture. Reflections on the Ethics of Troeltsch, Tillich and Ricœur*. Ph.D. Dissertation. University of Iowa Religion School, 1994.

II.B.74. GEORGE M., *Ethics and Imagination in the Work of Bernard Lonergan and Paul Ricœur*. Doctoral Dissertation in Theology. Université Saint-Paul. Ottawa, 1994, 347 p.

1995

II.B.75. JACOBSON W.H., *Preaching as Mimesis. The Importance of Paul Ricœur's Theory of 'Mimesis' for Preaching*. Th.D. Dissertation. Princeton Theological Seminary, 1995.

II.B.76. PANDIKATTU K., *«Idols must die so that Symbols might live». Towards an Ontological Understanding of Religious Language with Special Reference to Ricœurian Symbols*. Th.D. Dissertation. Innsbruck Universität. Katholisch-theologische Fakultät, 1995, 261 p.

1996

II.B.77. HETTEMA Th.L., *Reading for Good. Narrative Theology and Ethics in the Joseph Story from the Perspective of Ricœur's Hermeneutics*. Th.D. Dissertation. Universiteit Leiden, 1996, 383 p.

Published in I.B.35.

1997

II.B.78. BRASHER M.E.J., *Limiting Hermeneutics. Paul Ricœur, Discourse and Subjectivity*. Ph.D. Dissertation. Katholieke Universiteit Leuven, Higher Institute of Philosophy, 1997, 516 p.

II.B.79. LINDEN Ph.J., *Slavery, Religion and Regime: the Political Theory of Paul Ricœur as a Conceptual Framework for a Critical Theological Interpretation of the Modern State*. Th.D. Dissertation. Katholieke Universiteit Leuven, Faculty of Theology, 1997, XII-288 p.

II.B.80. NANNO E., *The Literary-Theoretical Influences of the Thought of Hans Frei and Paul Ricœur, with Reference to Narrative Identity*. Ph.D. Dissertation. St. Andrews, 1997, 404 p.

II.B.81. REED D.E., *Naming God in Paul Ricœur. The Religious Uses of Metaphor and Analogy*. Ph.D. Dissertation. Washington, 1997.

II.B.82. VENEMA H., *Paul Ricœur's Interpretation of Selfhood and its Significance for Philosophy of Religion*. Ph.D. Dissertation, McGill University, Montréal, 1997.

II.B.83. CROSSEN M., *Catholic Theology of Revelation and the Hermeneutics of Paul Ricœur*. Ph.D. Dissertation, Duquesne University, Montréal, 1997.

II.C. ALLEMAND / GERMAN

1984

II.C.1. PRAMMER Fr., *Text-Symbol-Erzählung. Die philosophische Hermeneutik Paul Ricœurs in ihrer Bedeutung für eine theologische Sprachtheorie*. Th.D. Dissertation. Katholisch-theologische Fakultät der Universität Wien. 1984.

Publié par I.C.3

II.C.2. RADEN M., *Das relative Absolute. Die theologische Hermeneutik Paul Ricœurs*. Doctorat en théologie. Tübingen, Evangelisch-theologische Fakultät, 1984, VI-414 p.

Publié par I.C.4.

II.C.3. THORER J., *Die liturgische Symbolik im Lichte der Symboltheorie Paul Ricœurs*. Doctorat en théologie. Universität Innsbruck, Katholisch-theologische Fakultät, 1984, 314+X p.

II.C.4. WELSEN P., *Philosophie und Psychoanalyse. Zum Begriff der Hermeneutik in der Freud-Deutung Paul Ricœurs*. Ph.D. Dissertation. Universität Regensburg, 1984-1985.

Publié par I.C.2.

1987

II.C.5. JÄHNIG R., *Freuds Dezentrierung des Subjekts im Zeichen der Hermeneutiken Ricœurs und Lacans*. Ph.D. Dissertation. Universität Heidelberg, 1987.

1989

II.C.6. MÜLLER W.W., *Das Symbol in der dogmatischen Theologie, unter besonderer Berücksichtigung der Symboltheorien bei Karl Rahner, Paul Tillich, Paul Ricœur und Jacques Lacan.* Th.D. Dissertation Katholische Theologie. Universität München, 1989, 455 p.

Publié en 1990 dans I.C.6.

1995

II.C.7. CHOI T., *Dialektik der Interpretation.* Ph.D. Dissertation. Freie Universität Berlin, 1995, 259 p.

1998

II.C.8. ORTH St., *Das verwündete Cogito und die Offenbarung. Von Paul Ricœur und Jean Nabert zu einem Modell fundamentaler Theologie.* Th.D. Dissertation. Katholische Theologische Fakultät. Westfälische Wilhelm Universität Münster, 1998.

Publié dans I.C.14.

II.D. ESPAGNOL / SPANISH

1969

II.D.1. TREVIJANO ECHEVERRIA P., *La dimensión horizontal y vertical de la esperanza en el pensamiento de Paul Ricœur.* Thèse de doctorat. Universitas Pontificia Gregoriana, Academia Alfonsiana, 1969.

1987

II.D.2. FORNARI A., *Razón y sentimiento. Formación del acto de pertenecer en la antropología de Paul Ricœur.* Ph.D. Dissertation. Universitas Lateranensis, 1987.

Seule la 3e partie est publiée dans I.D.4.

1992

II.D.3. AGÍS VILLAVERDE, *El discurso filosófico. Análisis desde la obra de Paul Ricœur.* Ph.D. Dissertation. Universidade de Santiago de Compostela, 1992, 614 p.

Authorized facsimile: Publicacións e Intercambio Científico, 1993.

1994

II.D.4. ZAPATA DIAZ G.A., *Elementos para una ética de la razón hermenéutica en Paul Ricœur. Pretensión ética de la 'ipseidad'*. Ph.D. Dissertation. Universitas Gregoriana, Roma, 1994, 519 p.

1996

II.D.5. DOMINGO MORATELLA Th., *Creatividad, ética y ontología. La fenomenología hermenéutica de Paul Ricœur*. Th.D. Dissertation. Universitas pontificia Comillas (Madrid), 1996, 869 p.

Publié par I.D.9.

1997

II.D.6. MUMBIELA SIERRA J.L., *Unidad y alteridad: la aportación de Paul Ricœur a una antropología moral*. Th.D. Dissertation. Universidad de Navarra, Pamplona, 1997, 403 p.

Publié partiellement par III.D.94.

1998

II.D.7. MARTINEZ SANCHEZ A., *La pasión por lo posible*. Thèse doctorale. Universidad de Cadiz publicaciones, 1998 (Versión electrónica. Deux disquettes).

1999

II.D.8. BEGUÉ M.-Fr., *Sobre la Poetica del sí-mismo en la antropología de Paul Ricœur. 3 Tomes*. Thèse de doctorat. Universidad del Salvador, Buenos Aires, 1999, 187-317-509 p.

II.E. ITALIEN / ITALIAN

1968

II.E.1. BUGANO C., *Coscienza simbolica e totalizzazione della storia della filosofia di Paul Ricœur*. Thèse de doctorat. Université Catholique de Milan, 1968.

1972

II.E.2. ASCIUTTI L., *Volontà e corpo proprio nella fenomenologia di Paul Ricœur*. Thèse de doctorat en théologie morale. Universitas Lateranensis, Academia Alfonsiana, 1972.

Estratto della tesi. Drancavilla al mare: Edizioni Paoline, 1973, 24 × 17, 61 p.

1975

II.E.3. VALENTINI A., *La dimensione etico-religiosa come principio unitario del pensiero di Paul Ricœur.* Thèse de doctorat. Universitas Pontificia Gregoriana, Facultas Philosophiae, 1975.

Excerpta. Trento: Scuola Graphiche Artigianelli, 1975, 24 × 17, 86 p.

1982

II.E.4. GERVASONI M., *La 'poetica' nell'ermeneutica teologica di Paul Ricœur.* Thèse de doctorat en théologie. Roma, Universitas Pontificia Gregoriana, 1982, 683 p.

Publié par I.E.4.

II.E.5. TONINI A., *L'impatto filosofico della speranza. Il pensiero di Paul Ricœur tra il 1947 e il 1957.* Thèse de doctorat en philosophie. Université de Firenze, 1982.

1987

II.E.6. CHIODI M., *Il cammino della libertà. Fenomenologia, ermeneutica, ontologia della libertà nella ricerca filosofica di Paul Ricœur.* Ph.D. Dissertation. Pontificia Universitas Lateranensis, Academia Alfonsiana, 1987.

Publié par I.E.9.

II.E.7. OLESKY J., *Verità e libertà nella decisione morale. Il contributo del pensiero di Paul Ricœur.* Doctorat en théologie. Roma, Pontificia Universitas Gregoriana, 1987, 354 p.

Publié dans I.E.7.

II.G. NÉERLANDAIS / DUTCH

1962

II.G.1. VANSINA D.Fr., *De filosofie van Paul Ricœur. Problematiek en dialektiek van zijn methode.* Thèse de doctorat. Katholieke Universiteit Leuven, Hoger Instituut voor Wijsbegeerte, 1962, XVI-369 p.

1976

II.G.2. GEERTS A., *Een onderzoek naar enkele krachtlijnen in het ethisch denken van Paul Ricœur.* Thèse doctorale. Katholieke Universiteit Leuven, Faculteit der Godgeleerdheid, 1976, XLVII-305 p.

1997

I.G.3. VAESSEN J.Chr., *Tussen Schrift en Preek. Ontwerp van een analysemodel voor de bijbelinterpretatie in preken met gebruikmaking van de tekstuele hermeneutiek van Paul Ricœur*. Th.D. Dissertation, Groningen, 1997, 220 p.

II.H. POLONAIS / POLISH

1998

II.H.1. SOBROVIAK J., *Paula Ricœura koncepeja podstaw moralności* [La conception de Paul Ricœur sur les fondements de la morale]. Thèse de doctorat en théologie. Université de Varsoire, 1998, 375 p.

II.I. JAPONAIS / JAPANESE

1991

II.I.1. MAKITA E., *Rekishisei to Kyakkkansei: Rikūru Kaishakugaku Hihan* [Historicité et objectivité. Critique de l'herméneutique de Ricœur]. Thèse de doctorat. Université Tsukuba, 1991, 516 p.

II.P. SUÉDOIS / SWEDISH

1994

II.P.2. KRISTENSSON UGGLA B., *Kommunikation på bristingsgränsen. En studie i Paul Ricœurs projekt*. Ph.D. Dissertation. Lund University. Department of Theology, 1994, 627 p.

Publié par I.P.2.

III. ARTICLES

III.A. FRANÇAIS / FRENCH

1950

III.A.1. SPECTATOR, «Ricœur en Sorbonne». *Foi-Éducation* 20 (1950), nº 12, juillet, 31-32.

1955

III.A.2. ANONYME, «En écoutant Paul Ricœur. Vraie et fausse paix». *Cité nouvelle.* Journal bimensuel 1955, nº 208, mai, 1.

III.A.3. ALTHUSSER L., «Essais et propos. Sur l'objectivité de l'histoire (Lettre à Paul Ricœur)». *Revue de l'enseignement philosophique* 5 (1955), nº 4, avril-mai, 3-15.
Traduit en espagnol dans I.D.12.

III.A.4. CZARNECKI J., «Chroniques. *L'histoire et la vérité* selon Paul Ricœur». *Foi et vie* 53 (1955), nº 6, novembre-décembre, 548-555.

III.A.5. EBERSOLT J., «Connaissance de l'histoire et conscience d'historien [principalement sur P. RICŒUR]». *Foi-Éducation* 25 (1955), nº 33, 228-234.

III.A.6. SARANO J., «La réciprocité du pâtir et de l'agir [selon P. RICŒUR dans *Le volontaire et l'involontaire*]». *Les études philosophiques* 10 (1955), nº 4, octobre-décembre, 726-729.

1956

III.A.7. DOZ A., «L'ontologie fondamentale et le problème de la culpabilité [discussion de la critique de P. RICŒUR sur la conception heideggérienne de la culpabilité]». *Revue de métaphysique et de morale* 61 (1956), nº 2, avril-juin, 166-194.

1957

III.A.8. MALEVEZ L., «La méthode du P. Teilhard de Chardin et la phénoménologie [traite aussi de la critique ricœurienne à l'égard du cosmologisme]». *Nouvelle revue théologique* 79 (1957), nº 6, juin, 579-599.

1960

III.A.9. VAN RIET G., «Mythe et vérité [aussi sur P. RICŒUR]». *Revue philosophique de Louvain* 58 (1960), février, 68-77.

1961

III.A.10. CALLICLES, «Un dangereux terroriste! [protestation contre la mise en garde de P. RICŒUR dans les bureaux de police le 13 juin, de 6 heures du matin jusqu'au soir]». *Cité nouvelle* 1961, nº 341, 22 juin, 3.

III.A.11. SECRETAN Ph., «Paradoxe et conciliation dans la philosophie de Paul Ricœur». *Studia philosophica* 21 (1961), 187-198.

III.A.12. TILLIETTE X., «Réflexion et symbole. L'entreprise philosophique de Paul Ricœur [étude pénétrante couvrant toute la pensée de RICŒUR]». *Archives de philosophie*. Recherches et documentation 24 (1961), nº 3-4, juillet-décembre, 574-588.
Traduit en espagnol dans I.D.12.

1962

III.A.13. FESSARD G., «Image, symbole et historicité [sur la critique ricœurienne de l'interprétation historique du mythe adamique]». *Archivio di filosofia* (Demitizzazione e immagine) 32 (1962), nº 1-2, 43-68.

III.A.14. ROBERT J.-D., «Descartes, créateur d'un nouveau style métaphysique. Réflexion sur l'introduction du primat de la subjectivité en philosophie première [traite de P. RICŒUR]». *Revue philosophique de Louvain* 60 (1962), août, 369-393.

1963

III.A.15. BARTHEL P., «L'interprétation 'symbolique' des représentations d'origine et de structure mythique, par P. Ricœur». *Interprétation du langage mythique et théologie biblique. Étude de quelques étapes de l'évolution du problème de l'interprétation des représentations d'origine et de structure mythiques de la foi chrétienne*. Leiden: E.J. Brill, 1963, 23 × 16, 286-345.

III.A.16. WIDMER G., «Paul Ricœur et les intellectuels de Suisse romande. Rencontre d'universitaires protestants [compte rendu d'une conférence de P. RICŒUR sur l'enjeu de l'herméneutique pour les chrétiens, Vevey 1963]». *Réforme* 1963, nº 972, 2 novembre, 11.

1964

III.A.17. Apostel L., «Symbolisme et anthropologie philosophique: vers une herméneutique cybernétique [une critique de la réflexion ricœurienne sur le symbole et son interprétation]». *Cahiers internationaux du symbolisme* 2 (1964), n° 5, 7-31.

III.A.18. Robberechts L., «Quelques théories de la liberté. Autour de Jean Nabert [discute aussi la conception ricœurienne de la liberté]». *Revue philosophique de Louvain* 62 (1964), mai, 251-257.

III.A.19. Vansina D.Fr., «Esquisse, orientation et signification de l'entreprise philosophique de Paul Ricœur (I-II)». *Revue de métaphysique et de morale* 69 (1964), n° 2, 179-208; n. 3, juillet-septembre, 305-321.

Traduction d'un texte à peu près identique à III.G.3.

1965

III.A.20. Sebag L., «Le mythe: code et message [étude des mythes des Keresaus au moyen de la réflexion ricœurienne sur le structuralisme]». *Les temps modernes* 20 (1965), n° 226, mars, 1607-1623.

1966

III.A.21. Blanchet Ch., «L'entreprise philosophique de Paul Ricœur». *Cahiers de l'Institut de science économique appliquée* (Philosophie-Sciences sociales-Économie. Série M, 23) 1966, n° 172, avril, 179-190.

III.A.21a. Colin P., «De la phénoménologie à l'herméneutique. L'œuvre de P. Ricœur [à partir de *Le volontaire et l'involontaire* jusqu'à *Essai sur Freud*]». *La Croix* 87 (1966), n° 25526, 4-5 décembre, 5.

III.A.22. Franck R., «Deux interprétations de la méthode de Jean Nabert [l'une par P. Ricœur, l'autre par P. Naulin]». *Revue philosophique de Louvain* 64 (1966), août, 416-435.

III.A.23. Lacroix J., «Un philosophe du sens: Paul Ricœur». *Panorama de la philosophie française contemporaine*. Paris: Presses universitaires de France, 1966, 18 × 14, 38-47.

Réimpression en 1968.
Traduit en tchèque par III.R.1.

III.A.24. Pohier J.M., «Au nom du Père... (I-II) [étude de fond autour de la problématique religieuse dans *De l'interprétation*]». *Esprit* 34 (1966), n° 3, mars, 480-500; n° 4, avril, 947-970.

Repris dans *Au nom du Père... Recherches théologiques et psychanalytiques* (Cogitatio fidei, 66). Paris: Les éditions du Cerf, 1972, 21,5 × 13,5, 15-62. Traduit en espagnol par III.D.19a.

III.A.25. VIDIL J.-L., «Psychoanalyse et foi chrétienne [rapport d'une conférence au Centre de Villemétrie en juin 1964 dont le texte est présenté par II.A.188]». *Réforme* 1966, nº 1095, 12 mars, 11.

1967

III.A.26. GRELOT P., «Réflexions sur le problème du péché originel (I-II) [plusieurs référénces à P. RICŒUR dont l'auteur rejoint en grande partie les analyses]». *Nouvelle revue théologique* 89 (1967), nº 4, avril, 337-375; nº 5 mai, 449-484.

III.A.27. JAVET P., «Imagination et réalité dans la philosophie de Paul Ricœur [exposé remarquable sur l'ensemble de la philosophie de P. RICŒUR, suivi d'une discussion]». *Revue de théologie et de philosophie* 17 (1967), nº 3, 145-158, 158-165.

III.A.28. ROBBERECHTS L., *Le mythe d'Adam et le péché originel* [fortement inspiré par la pensée de P. RICŒUR et J. NABERT]. Paris: Éditions universitaires, 1967, 21 × 16, 165 p.

III.A.29. ROBERT J.-M., «Le sort de la philosophie à l'heure des sciences de l'homme [traite de la défense de la philosophie par P. RICŒUR, M. MERLEAU-PONTY et d'autres]». *Revue des sciences philosophiques et théologiques* 41 (1967), nº 4, octobre, 573-615.

III.A.30. TROTIGNON P., «Les courants phénoménologiques [traite aussi de P. RICŒUR]». *Les philosophes français d'aujourd'hui* (Que sais-je?, 1279). Troisième édition. Paris: Presses Universitaires de France, 1967, 17,5 × 11,5, 81-88.

1968

III.A.31. SCHILLEBEECKX E., «Le philosophe Paul Ricœur, docteur en théologie [discours d'admission de P. RICŒUR au doctorat honoris causa en théologie à l'Université Catholique de Nimègue]». *Christianisme social* 76 (1968), nº 11-12, 639-645.

III.A.32. SECRÉTAN Ph., «La pensée politique de Paul Ricœur [analyse déployée à l'aide des catégories du paradoxe et de la conciliation]». *Vérité et Pouvoir* (Mobiles). [Lausanne]: Éditions de l'Âge d'homme, [1968], 21 × 13,5, 117-145.

III.A.33. VAN ESBROECK M., «La philosophie herméneutique de Paul Ricœur». *Herméneutique, structuralisme et exégèse. Essai de logique kérygmatique* (L'athéisme interroge). [Paris]: Desclée, [1968], 21,5 × 13,5, 23-46.
Traduit en allemand par III.C.9.

1969

III.A.34. DUMAS A., «L'herméneutique [sur G. EBELING et P. RICŒUR]». *Foi et Vie* 68 (1969), n° 5-6, décembre, 57-73.

III.A.35. HERVÉ A., «Un philosophe descend dans l'arène. Pourquoi Paul Ricœur a accepté de devenir doyen de la faculté de Nanterre?». *Réalités* (L'Allemagne cousue d'or) 1969, n° 284, septembre, 30-33.

III.A.36. SALES M., «Un colloque sur le mythe de la peine [critique de l'exposé de P. RICŒUR et de G. FESSARD (II.A.212)]». *Archives de Philosophie.* Recherches et documentations 32 (1969), n° 4, octobre-décembre, 664-675.

1970

III.A.37. ANONYME, «L'élimination des libéraux [récit de la situation critique du doyen P. RICŒUR à Nanterre]». *L'Express* 1970, n° 969, 2-8 février, 35.

III.A.38. BLONDEL J., «Paul Ricœur et 'Nanterre'». *Foi-Éducation* 40 (1970), n° 91, avril-juin, 6.

III.A.39. DUPUY B.-D., «Herméneutique [fortement nourri par la pensée de P. RICŒUR]. *Encyclopaedia Universalis. VIII.* Paris: Enyclopaedia Universalis France, [1970], 30,5 × 20, 365-367.

III.A.40. FAUST J.-J., «Le test de Nanterre [relation des derniers événements avant la démission du doyen P. RICŒUR]». *L'Express* 1970, n° 974, 9-15 mars, 42-44.

III.A.41. GAUSSEN Fr., «M. Ricœur à Nanterre: un réformiste entre deux feux [la droite lui reproche son attitude libérale et non répressive, la gauche le critique pour son réformisme et sa politique de participation]». *Le monde* 27 (1970), n° 7792, 31 janvier, 8.

III.A.42. GISEL P., «Le conflit des interprétations [étude de l'herméneutique dans la pensée de P. RICŒUR]». *Esprit* 38 (1970), n° 11, novembre, 776-784.

III.A.43. GUICHARD O., «La réponse de M. Olivier Guichard [ministre de l'Éducation nationale à la lettre de démission du doyen P. RICŒUR]». *Le Monde* 27 (1970), n° 7830, 18 mars, 16.

Reproduit partiellement dans *France-Soir* 1970, 18 mars, 7 et *Le Figaro* 144 (1970), n° 7933, 18 mars, 16.

III.A.43a. LYOTARD J.-F. et un groupe d'étudiants, «Nanterre: ici, maintenant [le doyen P. RICŒUR et sa politique y sont accusés d' «a-politique» et d'«a-pédagogie»]». *Les Temps modernes* 26 (1970), n° 285, avril, 1650-1665.
Repris dans *Dérive à partir de Marx et Freud*. UGE 10/18, 1973.

III.A.44. L.N., «Nanterre, plaidoyer pour un doyen [P. RICŒUR]». *Réforme* 1970, n° 1299, 7 février, 3.

III.A.45. MAUGE R., «Nanterre, l'université ingouvernable [présentation et interprétation du trame des conflits à Nanterre]». *Paris Match* 1970, n° 1090, 28 mars, 94-99.

III.A.46. PADAVANI M., «Nanterre. La peur règne [à la suite de la situation anarchique le doyen P. RICŒUR est obligé de demander à l'autorité «la transformation des voies du domaine universitaire en voies publiques»]». *L'Express* 1970, n ° 973, 2-8 mars.

III.A.47. VAN RIET G., «Paul Ricœur [concerne seulement les 3 volumes de sa *Philosophie de la volonté*]». *Philosophie et religion* (Bibliothèque philosophique de Louvain, 23). Louvain-Paris: Publications Universitaires de Louvain-Éditions Béatrice-Nauwelaerts, 1970, 24,5 × 16, 57-61.

1971

III.A.47a. BLOCHER H., «Paul Ricœur dans le conflit des interprétations». *Ichtus* 1971, n° 10, 24-27.

III.A.47b. CHARRON G.H., «Implications de la distinction de Benveniste entre linguistique de la langue et linguistique du discours [maintes réferences à P. RICŒUR]». *Revue de l'Université d'Ottawa* 41 (1971), n° 2, avril-juin, 207-223.

III.A.48. MADEC G., «Notes sur l'intelligence augustinienne de la foi [sur le péché originel et le cercle herméneutique d'après P. RICŒUR]». *Revue des études augustiniennes* 17 (1971), n° 1-2, 119-142.

1972

III.A.49. FOREST A. «Le sacré fondamental [sur G. MARCEL, P. RICŒUR et M. HEIDEGGER]». *Teoresi* 27 (1972), n° 3-4, juillet-décembre, 147-174.

III.A.50. VANSINA D.Fr., «La problématique épochale de P. Ricœur et l'existentialisme (Résumé) [critique à l'égard de l'objection ricœurienne d'ontologisation de la faute par S. KIERKEGAARD, K. JASPERS et M. HEIDEGGER]». *Revue philosophique de Louvain* 29 (1972), novembre, 587-619, 636-637.

1973

III.A.51. MADISON G.Br., «Ricœur et la non-philosophie (À l'occasion du 60e anniversaire de Paul Ricœur) [étude perspicace de la pensée de P. RICŒUR]». *Laval théologique et philosophique* 29 (1973), n° 3, octobre, 227-241.

III.A.52. ROBERT J.-D., «Sagesse et illusions de Jean Piaget [l'auteur y confronte *Sagesse et illusions de la philosophie* par J. PIAGET avec *La sémantique de l'action* de P. RICŒUR]». *Tijdschrift voor Filosofie* 35 (1973), n° 4, 867-909.

1974

III.A.53. CHAZAUD J., «La psychanalyse face aux phénoménologies. Quand Ricœur interprète Freud [exposé sympathique avec des réserves à l'égard de la lecture prospective]». *Les contestations actuelles de la psychanalyse* (Nouvelle Recherche). [Toulouse]: Privat, [1974], 24 × 18, 115-124.

III.A.54. GISEL P., «Paul Ricœur [une introduction à l'oeuvre de P. RICŒUR et une évaluation par un théologien]». *Etudes théologiques et religieuses* 49 (1974), n° 1, 31-50.

Traduit en allemand par III.C.11.

III.A.55. OKONDA O., «L'herméneutique chez Paul Ricœur. Instances et méthodes [sur les trois moments de l'herméneutique ricœurienne]». *Cahiers philosophiques africains* (Lubumbashi) 1974, n° 6, juillet-décembre, 33-61.

III.A.56. TSHIAMALENGA NTUMBA, «La philosophie de la faute dans la tradition Luba [comparée avec la conception ricœurienne à ce sujet]». *Cahiers des Religions Africaines* 8 (1974), n° 16, 167-186.

1975

III.A.57. ANONYME, «Ricœur Paul (1913-0000)». *Encyclopaedia universalis. XX.* Paris: Encyclopaedia Universalis, [1975], 30 × 21,5, 1658.

III.A.58. FONTAN P., «Histoire et philosophie. Présence du platonisme [plusieurs références à P. RICŒUR]». *Revue thomiste* 75 (1975), n° 1, janvier-mars, 108-118.

III.A.59. IKOR R., *Pour une fois écoute, mon enfant*. Paris: Albin Michel, [1975], 20 × 14, 242-243, 262.

Récit de la vie des officiers français, prisonniers de guerre en Allemagne, par un auteur qui partageait longtemps la même chambre popote avec Paul Ricœur et six autres.

III.A.59a. SECRETAN Ph., «Herméneutique et vérité [inspiré par P. RICŒUR]. Hommage à Paul Ricœur, à l'occasion de son 60e anniversaire». *Exegesis. Problèmes de méthode et exercices de lecture* (Bibliothèque théologique). Travaux publiés sous la direction de Fr. BOVON et Gr. ROUILLER. Neuchâtel-Paris: Delachaux et Niestlé, 1975, 23 × 15,5, 169-178.

Traduit en anglais par III.B.73a.
Traduit en espagnol par III.D.25a.

1976

III.A.60. ALEXANDRE J., «Notes sur l'esprit des paraboles en réponse à P. Ricœur». *Études théologiques et religieuses* 51 (1976), n° 3, 367-372.

III.A.61. BLOCHER H., «L'herméneutique selon Paul Ricœur». *Hokhma*. Revue de réflexion théologique 1976, n° 3, 11-57.

III.A.62. CAPPE D., «Ricœur (Paul)». *La Grande Encyclopédie. Vol. 17*. Paris: Larousse, 1976, 10448-10449.

III.A.63. CHARLES D., «Dire, entendre, parler. L'herméneutique et le langage selon Paul Ricœur». *Algemeen Nederlands Tijdschrift voor Wijsbegeerte* 68 (1976), n° 2, avril, 74-98.

III.A.64. DEPOORTERE Ch., «Mal et libération. Une étude de l'œuvre de Paul Ricœur [excellent article couvrant presque toute la pensée ricœurienne]». *Studia Moralia* (Pontificia Universitas Lateranensis) 14 (1976), 337-385.

III.A.65. GISEL P., «Paul Ricœur ou le discours entre la parole et le langage». *Revue de théologie et de philosophie* 26 (1976), n° 2, 98-110.

Traduit en anglais par III.B.59.

III.A.66. KEMP P., «Réponse de Peter Kemp à Paul Ricœur [sur le langage de l'engagement]». *Bulletin de la société française de philosophie* 70 (1976), n° 2, 79-83.

III.A.67. LAPLANTINE Fr., «Violence et mythologie (Première partie). Critique de la philosophie réflexive (Jean Nabert et Paul Ricœur) (Chapitres III et IV de la deuxième partie) [exposé et critique impregnés de la pensée de P. RICŒUR]». *Le philosophe et la violence* (Collection S.U.P. Le philosophe, 122). Paris: Presses Universitaires de France, [1976], 21 × 13,5, 31-85, 130-180.

III.A.68. LASSÈGUE M., «L'œuvre de Ricœur [présentation de quelques thèmes majeurs]». *Cahiers Universitaires Catholiques* 1976, nº 2, novembre-décembre, 18-22.

1977

III.A.68a. FOLLEN J., «Expliquer et comprendre: une conférence de P. Ricœur». *Revue théologique de Louvain* 8 (1977), 105-109.

III.A.69. GREISCH J., «Bulletin de la philosophie. La tradition herméneutique aujourd'hui: H.-G. Gadamer, P. Ricœur, G. Steiner». *Revue des sciences philosophiques et théologiques* 61 (1977), nº 2, avril, 289-300.

1978

III.A.70. DERRIDA J., «Le retrait de la métaphore [conférence lors d'un colloque sur "Philosophie et métaphore", Genève 1978. Réponse à la critique de P. RICŒUR dans *La métaphore vive* (huitième étude, §3) à l'égard de la conception de J. DERRIDA sur la métaphore dans *Mythologie blanche*]». *Poésie* 1978, nº 7, 103-126.

Repris avec quelques modifications dans *Psyché. Inventions de l'autre*. [Paris]: Galilée, [1987], 15-24, 63-93.
Traduit en espagnol par I.D.12.

III.A.71. GEFFRÉ Cl., «Crise de l'herméneutique et ses conséquences pour la théologie (suivie d'une discussion) [traite aussi de la conception ricœurienne de l'herméneutique]». *Revue des sciences religieuses* (Problèmes d'interprétation dans le champ du discours théologique. Conférences du C.E.R.I.T.) 52 (1978), nº 3-4, octobre, 268-294, 297-298.

III.A.72. MISSAC P., «Tropes, tics et trucs [contient de multiples références à *La métaphore vive* (I.A.11)]». *Critique* 34 (1978), nº 378, novembre, 1017-1033.

III.A.73. PARAIN-VIAL J., «Paul Ricœur». *Tendances nouvelles de la philosophie*. [Paris]: Le Centurion, [1978], 21 × 13,5, 219-221.

1979

III.A.74. GALLAND S., *L'espérance maintenue. Chronique d'un homme du commun* [un pasteur traitant du mouvement social protestant référant maintes fois à P. RICŒUR]. Préface du pasteur A. NICOLAS. [Paris]: Le Centurion, 1979, 22 × 15, 61-62, 66-70, 76, 85, 131, 148, 152-153, 26-227.

Reproduit partiellement sous le titre «Paul Ricœur et la réflexion sur le marxisme» dans *Itineris. Cahiers socialistes chrétiens* (Itinéraires socialistes chrétiens). [Genève]: Labor et Fides, [1983], 22,5 × 17,5, 127-136.

III.A.75. HOTTOIS G., *L'inflation du langage dans la philosophie contemporaine* (Université Libre de Bruxelles. Faculté de Philosophie et Lettres, 69) [traite aussi de P. RICŒUR]. Préface de J. LADRIÈRE. [Bruxelles]: Éd. de l'Université de Bruxelles, [1979], 24 × 16, 71-75.

III.A.76. PETIT J.-L., «Pour une phénoménologie linguistique de l'action [étude critique de *La sémantique de l'action* (II.A.335)]». *Revue de métaphysique et de morale* 84 (1979), n° 3, juillet, 397-403.

1980

III.A.77. BOUCHARD G., «Sémiologie, sémantique et herméneutique selon Paul Ricœur». *Laval théologique et philosophique* 36 (1980), n° 3, octobre, 255-284.

III.A.78. LABBÉ Y., «Existence, histoire, discours. L'ontologie herméneutique [sur M. HEIDEGGER, H.-G. GADAMER et P. RICŒUR]». *Nouvelle revue théologique* 102 (1980), n° 6, novembre-décembre, 801-834.

III.A.79. LÉONARD A., «Ricœur et l'idée d'une poétique de la volonté [critique les longs détours dans la philosophie ricœurienne]». *Pensée des hommes et foi en Jésus-Christ. Pour un discernement intellectuel* (Le Sycomore. Chrétiens aujourd'hui, 6). Paris-Namur: P. Lethellieux-Culture et Vérité, 1980, 22 × 14, 219-234.

III.A.80. VANSINA D.Fr., «Les grands problèmes de notre temps [amplement nourri par la pensée ricœurienne]». *Éthique et société. Actes de la 3e semaine philosophique de Kinshasa* (Recherches philosophiques, 5). Kinshasa: Faculté de Théologie, 1980, 24 × 17, 7-16.

1981

III.A.81. GRONDIN J., «La conscience du travail de l'histoire et le problème de la vérité en herméneutique [mise en relation de H.-G. GADAMER et P. RICŒUR]». *Archives de Philosophie* 44 (1981), n° 3, 435-453.

III.A.82. KAJ J., «Hans Urs von Balthasar, théologien post-critique [multiples références à P. RICŒUR]». *Concilium* 1981, n° 161, 141-148.

III.A.83. ROBERT J.-D., «La 'coupure épistémologique' entre sciences de la nature et sciences de l'homme d'après Paul Ricœur [sur son article «Expliquer et comprendre» (II.A.336)]». *Revue des Questions Scientifiques* 152 (1981), nº 1, 111-113.

III.A.84. WELSCH P.-J., «Métaphore et jeux de langage [conforte P. RICŒUR de l'autorité de L. WITTGENSTEIN]». *Langage ordinaire et philosophie chez le 'second' Wittgenstein.* Séminaire de Philosophie du Langage 1979-1980 (Série Pédagogique de l'Institut de linguistique de Louvain, 10). Édité par J.-Fr. MALHERBE. Louvain-la-Neuve: Cabay, 1981, 23 × 13,5, 43-56.

1982

III.A.85. SAURET M.-J., «La foi comme limite de la psychanalyse. I. Paul Ricœur: la psychanalyse au service de la foi». *Croire? Approche psychanalytique de la croyance* (Sciences de l'homme). [Toulouse]: Privat, [1982], 24 × 16, 167-178.

III.A.86. VAN DE WIELE J., «P. Ricœur et M. Foucault. Le concept de discours». *Qu'est-ce que l'homme? Philosophie/Psychanalyse. Hommage à Alphonse de Waelhens (1911-1981)* (Publications des Facultés Universitaires Saint-Louis, 27). Bruxelles: Facultés Universitaires Saint-Louis, 1982, 23 × 15,5, 205-226.

1983

III.A.87. DUMOUCHEL P., «Paul Ricœur: la tension de la vérité». *Esprit* (Cinquantenaire. Des années 30 aux années 80) 1983, nº 1, janvier, 46-55.

III.A.88. GEFFRÉ Cl., «Le déplacement de l'herméneutique selon P. Ricœur». *Le christianisme au risque de l'interprétation* (Cogitatio fidei, 119). Paris: Cerf, 1983, 21,5 × 13,5, 49-59.

III.A.89. HAUSEMER H., «Quelques remarques sur 'la mort' du personnalisme d'après P. Ricœur [critique de II.A.369]». *Vers la vie nouvelle* 1983, nº 4-5, mai-juin, 26-27.

III.A.90. HISASHIGE T., *Phénoménologie de la conscience de culpabilité. Essai de pathologie éthique* (livre où P. Ricœur est un interlocuteur important). Présentation par P. RICŒUR. Tokyo: Les Presses de l'Université Senshu, 1983, 21,5 × 14,5, 35-189, 257-264 et passim.

Publié en japonais par III.I.66.

III.A.91. NEUSCH M. et DE MONTRÉMY J.-M., «La synthèse Ricœur. 'Auditeur de la parole'. L'homme et son énigme». *La Croix.* Journal 1983, 26 mars, 16.

1984

III.A.92. BALMES M., «II. Du problème de l'interprétation. Sa situation et sa position selon Paul Ricœur. III. De diverses oppositions au *Peri Hermeneias*. Paul Ricœur». *Peri Hermeneias. Essai de réflexion du point de vue de la philosophie première sur le problème de l'interprétation* (Studia Friburgensia. Nouvelle Série, 62). [Fribourg]: Éditions Universitaires Fribourg Suisse, 1984, 22,5 × 15,5, 37-66, 66-93.

III.A.93. DELACAMPAGNE Chr., «Paul Ricœur». *Entretiens avec «Le Monde». 1. Philosophies*. Introduction de Christian Delacampagne. Paris: Éditions La Découverte-Le Monde, [1984], 167-176.

III.A.94. GREISCH J., RICŒUR P., et d'autres, «Débat autour du livre de Paul Ricœur 'Temps et récit'». *Cahiers Recherches-Débats* (Confrontations. Société, Culture, Foi) 1984, 31 p.

III.A.95. GREISCH J., «Ricœur Paul, 1913-....». *Dictionnaire des philosophes. K.Z.* Édité sous la direction de D. HUISMAN, avec une préface de F. ALQUIÉ et une introduction de M. CONCHE. [Paris]: Presses Universitaires de France, [1984], 25 × 16,5, 2223-2227.

Le texte reste inchangé dans la deuxième édition de 1993.

III.A.96. GREISCH J., «De l'intrigue à l'intrication. Quelques études récentes sur la narrativité [*Mimologiques* et *Nouveaux discours du récit* de G. GENETTE, *In Geschichten verstrickt* de W. SCHAPP et *Temps et récit. I*]». *Revue des sciences philosophiques et théologiques* 68 (1984), n° 2, avril, 250-264.

III.A.97. KEARNEY R., *Poétique du possible. Phénoménologie herméneutique de la figuration* (Bibliothèque des Archives de Philosophie. Nouvelle Série, 44) [fortement inspiré par la réflexion de P. RICŒUR auquel d'ailleurs le livre est dédié]. Paris: Beauchesne, [1984], 21,5 × 13,3, 91-101, 179-204.

III.A.97a. LYOTARD J.-Fr., «Le seuil de l'histoire [où il critique P. RICŒUR à quelques endroits]». *Diagraphe* 1984, n° 33 et n° 34, 7-56, 36-74.

Traduit en espagnol dans I.D.12.

III.A.98. NEUSCH M., «Ricœur, Paul». *Dictionnaire des religions*. Publié sous la direction de P. POUPARD. [Paris]: Presses Universitaires de France, [1984], 24,5 × 16, 1450-1452.

III.A.99. ROCKMORE T., «Idéologie marxienne et herméneutique [selon P. RICŒUR]». *Laval théologique et philosophique* 40 (1984), n° 2, juin, 161-173.

III.A.100. TROTIGNON P., «Au pays de la dissemblance. En hommage à Paul Ricœur pour sa contribution à une philosophie de l'imaginaire». *Revue de métaphysique et de morale* 89 (1984), nº 1, janvier-mars, 1-10.

1985

III.A.101. CARR D. et TAYLOR Ch., «Table ronde. Round table. *Temps et récit*, volume I [interventions de D. CARR et de Ch. TAYLOR suivies d'une réponse par P. RICŒUR]». *Revue de l'Université d'Ottawa. University of Ottawa Quarterly* (À la recherche du sens. In Search of Meaning) 55 (1985), nº 4, octobre-décembre, 301-316, 316-322.

III.A.102. CIARAMELLI F., «Herméneutique et créativité. A propos de Paul Ricœur [sur D. JERVOLINO, *Il cogito e l'ermeneutica. La questione del soggetto in Ricœur*]». *Revue philosophique de Louvain* 38 (1985), août, 410-412.

III.A.103. GREISCH J., «Paul Ricœur». *Encyclopaedia Universalis. Universalia 1985*. Paris: Encyclopaedia Universalis France, [1985], 30 × 22, 629-631.

III.A.104. GREISCH J., «Les métamorphoses de la narrativité. Le récit de la fiction selon P. Ricœur et le cinéma selon G. Deleuze [sur *Temps et récit. II* et *L'image-mouvement (Cinéma 1)* de G. DELEUZE]». *Revue des sciences philosophiques et théologiques* 69 (1985), nº 1, février, 87-100.

III.A.105. KELKEL A.L., «L'herméneutique de Paul Ricœur – une autre phénoménologie?». *Philosophische Forschung* (1985), nº 17, 108-142.

III.A.106. LAVAUD Cl., «Philosophie et religion dans l'œuvre de Paul Ricœur». *Etudes* 362 (1985), 519-533.

III.A.107. MALHERBE J.Fr., «Chapitre 4. La créativité du langage [sur les chapitres III, VI, VII et VIII de *La métaphore vive*]». *Le langage théologique à l'âge de la science. Lecture de Jean Ladrière* (Cogitatio fidei, 129). Paris: Cerf, 1985, 21,5 × 13,5, 79-108.

III.A.108. PETIT J.-L., «Herméneutique et sémantique chez Paul Ricœur (Résumé. Summary)». *Archives de philosophie* 48 (1985), nº 4, octobre-décembre, 575-589, 575.

III.A.109. STEVENS B., «Action et narrativité chez Paul Ricœur et Hannah Arendt». *Etudes phénoménologiques* 1 (1985), nº 2, 93-109.

III.A.110. STEVENS B., «L'unité de l'œuvre de Paul Ricœur saisie selon la perspective de son ouvrage *Temps et récit. I*». *Tijdschrift voor Filosofie* 47 (1985), nº 1, mars, 111-117.

1986

III.A.111. CESAR C.M., «Le problème du corps chez Paul Ricœur». *Protagora* 26 (1986), 65-72.

III.A.112. DA RE A., «De l'herméneutique à l'éthique: note sur la pensée morale de Gadamer, Ricœur et Pareyson». *Notes et documents. Institut international «J. Maritain»* (Torrette di Ancona) 1986, nº 14, 110-125.

III.A.113. DE BAUW Ch., «La réflexion ouverte et l'être religieux. Lecture de Paul Ricœur (Résumé. Summary)». *Revue des sciences philosophiques et théologiques* 70 (1986), nº 2, avril, 197-215, 215.

III.A.114. DESCAMPS Chr., «Herméneutique et le sens [chez P. RICŒUR]». *Les idées philosophiques contemporaines en France (1960-1985)* (Philosophie présente). Paris: Bordas, [1986], 18 × 11, 140-143.

III.A.115. GREISCH J., «Le temps bifurqué. La refiguration du temps par le récit et l'image-temps du cinéma [confontation entre *Temps et récit. III* et *Cinéma 2. L'image-temps* de G. DELEUZE]». *Revue des sciences philosophiques et théologiques* 70 (1986), nº 3, juillet, 419-437.

III.A.116. JACQUES R., «La compréhension de soi dans *Soi-même comme un autre* de Paul Ricœur: le soi au détour de l'agir et du corps propre». *Variations herméneutiques.* Institut romand d'herméneutique et systématique 1986, nº 4, 39-48.

III.A.117. KEMP P., «Éthique et narrativité. À propos de l'ouvrage de Paul Ricœur: *Temps et récit* [Sommario]». *Aquinas* 1986, 211-231, 231-232.
Traduit en espagnol dans I.D.12.
Traduit en danois par III.J.6.

III.A.118. CESAR C.M., «Le problème du temps chez Paul Ricœur». *Il protagora.* Rivista di filosofia e cultura (Lecce) 1986, 65-72.

III.A.119. OLIVETTI M.M., «Réponse à l'exposé de Paul Ricœur [«Ipséité. Altérité. Socialité» (II.A.400)]». *Archivio di Filosofia* (Intersoggettività, socialità, religione). Atti del Colloquio internazionale, Roma 1986. 54 (1986), nº 1-3, 35-40.

III.A.120. RIOUX B., «Philosophie du discours chez Paul Ricœur et le fondement du langage (Summary)». *Laval théologique et philosophique* 42 (1986), 15-21.

III.A.121. ROCHEFORT-TURQUIN, «Paul Ricœur (1913) [note biographique sur sa jeunesse]». *Front populaire. «Socialistes parce que chrétiens»* (Sciences humaines et religions). Préface de P. RICŒUR. Paris: Cerf, 1986, 21,5 × 13, 50, 90-91.

III.A.122. ROUDINESCO E., «L'école freudienne de Paris: la reconquête. II. Intermezzo [sur quelque malignité de J. LACAN et son disciple J.-P. VALABREGA à l'égard de P. RICŒUR]». *La bataille de cent ans. Histoire de la psychanalyse en France. 2: 1925-1985*. Paris: Seuil, [1986], 24 × 15, 398-405, 725-726.

Traduit en anglais par III.B.203.

1987

III.A.123. ABEL O., «Un philosophe inlassable et indispensable». *Cimade-Information* 1987, nº 1, janvier, 5-6.

III.A.124. BLONDEL E., «Ricœur vivant. *Du texte à l'action* [un texte profond et cordial, où l'auteur évoque l'homme et le philosophe P. RICŒUR à la lumière des thèmes majeurs de *Du texte à l'action*]». *Réforme* 1987, nº 2201, 20 juin, 7.

III.A.124a. BONZON S., «P. Ricœur, *Temps et récit*: une intrigue philosophique». *Revue de théologie et de philosophie* 119 (1987), nº 2, 341-367.

III.A.125. BOURGEOIS H., GIBERT P. et JOURJON M., *L'expérience chrétienne du temps* (Cogitatio fidei, 142) [sur P. RICŒUR]. Paris: Cerf, 1987, 21,5 × 13,5, 63-102.

III.A.126. BOUSQUET F., «Texte, Mimèsis, Répétition. De Ricœur à Kierkegaard et retour». *Le texte comme objet philosophique* (Philosophie, 12). Présenté par J. GREISCH. Paris: Beauchesne, [1987], 21,5 × 13,5, 185-204.

III.A.127. GREIMAS A.J., «Postulats, méthodes et enjeux. Algirdas Julien Greimas mis à la question [réponse de A.J. GREIMAS à la critique formulée par P. RICŒUR]». *Sémiotique en jeu. À partir et autour de l'œuvre de A.J. Greimas*. Actes de la Décade tenue au Cerisy-la-Salle, 83 (Actes sémiotiques, 5). Édité par M. ARRIVÉ et J.Cl. COQUET avec une préface de E. LANDOWSKI. Paris-Amsterdam-Philadelphia: Hadès-Benjamins, 1987, 21 × 14, 315-317.

III.A.128. MABIKA N.J., «Le présupposé métaphysique de la philosophie du sujet. Le volontaire et l'involontaire de Paul Ricœur». *Les nouvelles rationalités africaines* 2 (1987), nº 6, janvier, 365-369.

III.A.129. MUCKENSTURM Fr., «Tolérance, intolérance et l'intolérable. Une conférence de Paul Ricœur [sur la conférence de P. RICŒUR dans II.A.426]».

Hebdomadaire BIP. Bulletin d'information protestant 1987, nº 1070, octobre 14, 8-9.

Repris dans *Aujourd'hui Credo*. Mensuel de l'Église Unie 34 (1987), nº 12, décembre, 21.

III.A.130. VAHANIAN G., «En cercle autour de Paul Ricœur. Démarche philosophique. Celui qui ne conserve rien sans l'avoir dépassé». *Réforme*. Hebdomadaire protestant d'information générale 1987, nº 2201, 20 juin, 6-7.

1988

III.A.131. ANONYME, «Les 75 ans de Paul Ricœur». *Le Monde* 45 (1988), nº 13542, 12 août, 11.

III.A.132. MALABOU C., «Temps littéraire et pensée du temps. Proust lecteur de Freud [sur *Temps et récit. II*]». *Revue philosophique de la France et de l'Etranger* 113 (1988), 317-322.

III.A.134. SCHOUWEY J., «Herméneutique: ontologie ou méthodologie? Quelques questions à propos du livre de Paul Ricœur *Du texte à l'action*». *Revue de théologie et de philosophie* 120 (1988), nº 1, 75-87.

III.A.135. VINCENT G., «Enjeux éthiques du concept d'identité narrative [sur P. RICŒUR]». *Revue d'histoire et de philosophie religieuses* 68 (1988), nº 2, avril-juin, 217-228.

1989

III.A.136. ABEL O., «À Monsieur Ricœur [laudatio lors de son admission au doctorat honoris causa à la Faculté de Théologie Protestante de Paris]». *Études théologiques et religieuses* 64 (1989), nº 3, 393-394.

III.A.137. GREISCH J., «Descartes selon l'ordre de la raison herméneutique. Le 'moment cartésien' chez Michel Henry, Martin Heidegger et Paul Ricœur [avec Résumé et Summary]». *Revue des sciences philosophiques et théologiques* 73 (1989), nº 4, 529-548, 548.

III.A.138. MVUMBI Hg.T., «La personne humaine et l'inconscient freudien dans la philosophie de Paul Ricœur». *Revue philosophique de Kinshasa* 2 (1989), nº 3-4, janvier-juin, 37-55.

III.A.138a. PÖGGELER O., «Conflit des interprétations. 'Laudatio' en l'honneur de Paul Ricœur (14 juin 1985)». *Archives de philosophie* 52 (1989), nº 1, janvier-mars, 3-11.

Texte allemand par III.C.27.

III.A.139. STEVENS B., «Herméneutique philosophique et herméneutique biblique dans l'œuvre de Paul Ricœur (Summary)». *Revue théologique de Louvain* 20 (1989), nº 2, 178-193, 280.

III.A.140. STEVENS B., «La question de l'identité d'Israël à la lumière de l'herméneutique de Paul Ricœur». *Concordia* 16 (1989), 62-78.

III.A.141. VIEILLARD-BARON J.-L., «Phénoménologie herméneutique et imagination chez Paul Ricœur et Henry Corbin». *Introduction à la philosophie de la religion.* Édité par Fr. KAPLAN et J.-L. VIEILLARD-BARON. Paris: Cerf, 1989, 21,5 × 13,5, 293-310.

1990

III.A.142. FONTANILLE J., «Notes sur le parcours cognitif [réponse à l'article de P. RICŒUR (II.A.460)]». *Nouveaux Actes Sémiotiques* (Paul Ricœur. Entre herméneutique et sémiotique). Édités par l'Université de Limoges, PULIM, nº 7, 1990, 21-31.

III.A.143. FORTIN-MELKEVIK A., «Herméneutique et rationalité: l'apport des théories herméneutiques de Habermas et Ricœur». *Revue d'éthique et théologie morale* 1990, nº 174, septembre, 123-142.

III.A.144. GREISCH J., «Empêtrement et intrigue. Une phénoménologie pure de la narrativité est-elle concevable?». *Études phénoménologiques* (Paul Ricœur: Temporalité et narrativité) 1990, nº 11, 41-83.

III.A.145. LADRIÈRE J., «Temps historique et temps cosmique [à partir de la pensée de P. RICŒUR sur le temps]». *Études phénoménologiques* (Paul Ricœur: Temporalité et narrativité) 1990, nº 11, 85-117.

III.A.146. MUKENGEBANTU P., «L'unité de l'oeuvre philosophique de Paul Ricœur [avec résumé]». *Laval théologique et philosophique* 46 (1990), nº 2, 209-222, 209.

III.A.146a. NTIMA NKANZA, «Mythe et philosophie chez Paul Ricœur». *Raison ardente* (Kinshasa) 1990, nº 33, 11-22.

III.A.147. PIERRARD J., «Paul Ricœur: l'homme tranquille». *Le Point* 1990, nº 918, 23 avril, 23.

III.A.148. STEVENS B., «L'évolution de la pensée de Ricœur au fil de son explication avec Husserl». *Études phénoménologiques* (Paul Ricœur: Temporalité et narrativité) 1990, nº 11, 9-27.

III.A.149. ZILBERBERG Cl., «Brève réponse à Ricœur [à l'article II.A.460]». *Nouveaux Actes Sémiotiques* (Paul Ricœur. Entre herméneutique et sémiotique). Édités par l'Université de Limoges. PULIM, 1990, n° 7, 33-45.

1991

III.A.150. BLOCHER H., «Fruits d'automne. La fécondité de l'âge illustrée par Paul Ricœur [itinéraire philosophique de P. RICŒUR, surtout à partir de *La métaphore vive*]». *Foi-Réflexion*. Organe d'information publié par la Faculté Libre de Théologie Evangélique de Vaux-sur-Seine 1991, n° 17, octobre, 32-47.

III.A.151. GAUDREAULT A., «Le cinématographe. Une machine historiographique [inspiré par *Temps et récit*]». *Protée* 19 (1991), hiver, 25-30.
Traduit en anglais dans I.B.27.

III.A.152. JERVOLINO D., «Du bon usage de la pensée de Ricœur». *Agone* (Éthique et expression) 1991, n° 2-3, hiver-printemps.
Traduction française de III.E.92.

III.A.153. MAGGIORI R., «Ricœur à la loupe [trace l'itinéraire de sa carrière universitaire et de ses publications]». *Libération* 1991, n° 3290, 19 décembre, 19-21.

III.A.154. MONGIN O., «Les paradoxes de la politique [avec une réponse de P. RICŒUR]». *Paul Ricœur. Los caminos de la interpretación* (Autores, Textos y Temas. Filosofía, 37). Édité par T. CALOCI MARTINEZ et R. AVILA CRESPO. Barcelona: Anthropos, [1991], 279-302, 303-305.
Traduit en espagnol dans I.D.5.

III.A.155. MÜLLER D., «L'accueil de l'autre et le souci de soi. La dialectique de la subjectivité et l'altérité comme thème de l'éthique [à partir de la distinction de P. RICŒUR entre visée éthique et norme morale l'auteur s'interroge sur l'articulation de la morale commune et de l'éthique théologique] (English summary)». *Revue de théologie et de philosophie* 123 (1991), 195-212, 224.

III.A.156. PETITDEMANGE G., «Récit biblique et détresse du présent [avec une réponse de P. RICŒUR]». *Paul Ricœur. Los caminos de la interpretación* (Autores, Textos y Temas. Filosofía, 37). Édité par T. CALOCI MARTINEZ et R. AVILA CRESPO. Barcelona: Anthropos, [1991], 247-260, 275-278.

III.A.157. STEWART D., «Le langage de la transcendance [chez I. KANT, I. RAMSEY et P. RICŒUR]». *Bulletin de la Société Américaine de Philosophie de Langue Française* 3 (1991), n° 3, hiver, 173-182.

1992

III.A.158. ABEL O., «Bonheur et cité chez Ricœur». *Autres Temps*. Les cahiers du Christianisme social 1992, n° 35, septembre, 33-38.

III.A.159. ABEL O., «Jugement dernier (Mt. 25) et jugement de droit (1 Co. 6). Une éthique de l'imagination chez Calvin et Ricœur». *Foi et vie. Cahier biblique 31* (Bible et jugement de Dieu) 91 (1992), n° 5, septembre, 111-120.

III.A.160. DA RE A., «Sujet, altérité et visée de la 'vie bonne'. Note sur le dernier ouvrage de Paul Ricœur [*Soi-même comme un autre*]». *Notes et documents. Institut international J. Maritain*. Pour une recherche personnaliste. For a Personalist Approach 1992, n° 33-34, janvier-août, 52-65.

III.A.161. GREISCH J., «Paul Ricœur». *Encyclopédie philosophique universelle. Les œuvres philosophiques. Tome 2*. Dirigé par J.-Fr. MATTÉI. [Paris]: PUF, [1992], 27 × 18,5, 3669-3676.

III.A.162. GUILMIN S., «'Les métamorphoses de la raison herméneutique': autour de Paul Ricœur». *Autres temps*. Les Cahiers du Christianisme social 1992, n° 36, décembre, 76-80.

III.A.163. MASSET P., «Que suis-je? qui suis-je? que sommes-nous? De Ricœur à St. Jean de la Croix [avec Summary]». *Filosofia oggi* (Genova) 15 (1992), n° 1, 31-46.

III.A.164. SIMON R., «Éthique et morale: intérêt de la distinction [sur P. RICŒUR et E. LEVINAS]». *Ethica* (Rimonski) 4 (1992), n° 1, 11-31.

III.A.165. SYS J., «Mythe et théologie de la Parole dans *La symbolique du mal*». *Uranie* 1992, n° 2, 121-143.

1993

III.A.166. ABEL O., «Ricœur et la question tragique». *Études théologiques et religieuses* 68 (1993), n° 3, 365-374.

III.A.167. CRESPIN R., *Des Protestants engagés. Le Christianisme social 1945-1970* [histoire de ce mouvement dans lequel P. RICŒUR a joué un rôle éminent]. Préface de P. RICŒUR. Paris: Les Bergers et les Mages, [1993], 22 × 14,5, 77-79, 81-84, 97-98, 107-108, 123-124, 131-132, 144-145, 179-180, 330-331, 353-355, 357-361, 366-368, 375-380, 382-383, 408-409, 415-416.

III.A.168. CUNNINGHAM H.-P., «La sagesse pratique et les règles du concevable selon H. Jonas et P. Ricœur». *Hans Jonas. Nature et responsabilité*.

Coordination scientifique par G. HOTTOIS et M.-G. PINSART (Annales de l'Institut de Philosophie de l'Université Libre de Bruxelles). Paris: Vrin, 1993, 21,5 × 13,5, 155-168.

III.A.168a. GAGNON M., «Ricœur et la fiction de l'autonomie». *Eidos* 11 (1993), n° 1-2, juin-décembre, 45-54.

III.A.169. GREISCH J., «Vers une herméneutique du soi». *Revue de métaphysique et de morale* 98 (1993), n° 3, juillet-septembre, 413-427.
Texte plus élaboré dans III.A.177.

III.A.170. GRONDIN J., «L'herméneutique positive de Paul Ricœur: du temps au récit». *L'horizon herméneutique de la pensée contemporaine*. Paris: Vrin, 1993, 176-192.

III.A.170a. KALAMBA SINDANI, «Patience. L'éthique chez Paul Ricœur (1e et 2e partie)». *Raison ardente* 1993, n° 39, 9-20; n° 40, 17-23.

III.A.171. MOTTARD Fr., «Paul Ricœur: de la réflexion à l'attestation [avec résumé]». *Laval théologique et philosophique* (La philosophie française contemporaine) 49 (1993), n° 3, octobre, 459-475, 459.

III.A.172. PAREYDT L., «Paul Ricœur. L'avenir de la mémoire». *Études* 378 (1993), n° 2, février, 221-230.

1994

III.A.173. ABEL O., «Autour de Paul Ricœur [sur *Lectures 3* et *Paul Ricœur* par O. MONGIN]». *Foi et vie* 1994, n° 42, juin, 97-100.

IIII.A.174. BLOCHER H., «Paul Ricœur marcheur inlassable». *Le Christianisme au XXème siècle* 1994, n° 452, 29 mai – 4 juin, 9.

III.A.175. DERCZANSKY A., «L'unité de l'œuvre de Paul Ricœur [à travers son itinéraire philosophique]». *Éthique et responsabilité. Paul Ricœur* (Langages). Neuchâtel: La Baconnière, [1994], 21 × 13,5, 103-131.

III.A.176. FAESSLER M., «Attestation et élection [sur la différence et la complémentarité de ces deux catégories qui caractérisent respectivement la philosophie de P. RICŒUR et celle de E. LEVINAS]». *Éthique et responsabilité. Paul Ricœur* (Langages). Neuchâtel: La Baconnière, [1994], 21 × 13,5, 133-153.

III.A.177. GREISCH J., «Vers une herméneutique du soi. La vie courte et la voie longue [dans *Soi-même comme un autre*]». *Éthique et responsabilité. Paul Ricœur* (Langages). Neuchâtel: La Baconnière, [1994], 21 × 13,5, 155-173.
Traduit en espagnol dans I.D.12.

III.A.178. GUYOTAT R., «Intervention. Morale et politique. Les détours de la mauvaise conscience [sur un forum international organisé par l'Académie Universelle des cultures avec participation de P. RICŒUR, Sorbonne, 1993]». *Le monde des débats* 1994, janvier, 20-21.

III.A.179. HALPERIN J., «Passé, présent, futur [sur la relation entre mémoire et action dans l'œuvre de P. RICŒUR et dans la Bible]». *Éthique et responsabilité. Paul Ricœur* (Langages). Neuchâtel: La Baconnière, [1994], 21 × 13,5, 39-50.

III.A.180. HUNYADI M., «La règle d'or. L'effet-radar [P. RICŒUR] [avec Résumé et Summary]». *Revue de théologie et de philosophie* 126 (1994), nº 3, 215-222, 303.

III.A.181. IWATA F., «Paul Ricœur et la philosophie réflexive». *Études phénoménologiques* 10 (1994), nº 20, 101-117.

III.A.181a. KABORE B., «Paul Ricœur et la question de la preuve en psychanalyse». *De Philosophia* 11 (1994-1995), 31-48.

III.A.182. MAJOR R., «Paul Ricœur et la psychanalyse». *Éthique et responsabilité. Paul Ricœur* (Langages). Neuchâtel: La Baconnière, [1994], 21 × 13,5, 175-185.

III.A.182a. MISRAHI R., «La dialectique fictive de l'idem et de l'ipse: Paul Ricœur. [suivi de la] Conclusion. Bilan et tâches [étude critique pénétrante mettant en question la justification ontologique de l'attestation]». *La problématique du sujet aujourd'hui.* [La Versanne]: Encre marine, [1994], 22,3 × 14,6, 213-246, 247-254.

III.A.183. MONGIN O., «De la justice à la conviction [sur le politique chez P. RICŒUR]». *Éthique et responsabilité. Paul Ricœur* (Langages). Neuchâtel: La Baconnière, [1994], 21 × 13,5, 51-85.

Une première version d'un chapitre (pp. 95-123) dans I.A.9 (1994).

III.A.184. MONGIN O., «Note éditoriale». *Lectures 3. Aux frontières de la philosophie* (La couleur des idées) par P. RICŒUR. Paris: Seuil, [1994], 7-11.

III.A.185. PETITDEMANGE G., «Paul Ricœur. La mémoire du tragique [dans sa philosophie]». *Éthique et responsabilité. Paul Ricœur* (Langages). Neuchâtel: La Baconnière, [1994], 21 × 13,5, 87-101.

III.A.186. RAYNOVA Y., «La distinction entre philosophie et théologie dans l'oeuvre de Paul Ricœur». *Anthropos* 1994, nº 3/4, 28-50.

III.A.187. SIMON R., «Religion, Thérapie, Handicap [largement inspiré par les réflexions de P. RICŒUR sur le 'socius' et le mal]». *Recherches. Handicaps et vie chrétienne* (Religion, Thérapie, Handicap) 1994, nº 80, octobre-décembre, 7-15.

III.A.187a. TATOSSIAN A., «L'identité humaine selon Ricœur et le problème des psychoses». *L'art de comprendre* (Ipséité et psychoses). Revue semestrielle (Paris) 1994, nº 3, mars.

1995

III.A.188. ABEL O. et GISEL P., «Ricœur, P. (1913-)». *Encyclopédie du Protestantisme*. Sous la direction de P. GISEL. Paris-Genève: Cerf-Labor et Fides, [1995], 26,5 × 23, 1336-1337.

III.A.189. AMHERDT Fr.-X., «Exégètes et prédicateurs à l'école de Paul Ricœur». *ABC Écritures*. Bulletin de l'Association Biblique Catholique (Suisse Romande) 10 (1995), nº 3, 93-107.

III.A.189a. BOUREUX Chr., «Paul Ricœur et les identités européennes: une lecture théologique». *Mélanges de science religieuse* (Lille) 52 (1995), nº 2, avril-juin, 123-138.

III.A.190. BRITO E., «Hegel dans *Soi-même comme un autre* de Paul Ricœur». *Laval théologique et philosophique* 51 (1995), nº 2, juin, 389-404.

III.A.192. CHAZAUD J., «Quelques aspects de la pensée de Ricœur concernant le fonctionnement mental». *L'information psychiatrique* 1995, nº 6, 560-568.

III.A.193. GILBERT P.,« Paul Ricœur: réflexion, ontologie et action [avec Sommaire et Summary; article pénétrant sur l'ontologie de l'auteur]». *Nouvelle revue théologique* 117 (1995), nº 3-4, mai-juin et juillet-août, 339-363, 532-563, 563-564.

III.A.194. JACQUES R., «Corps et transcendance. Une mise en relation dans *Le volontaire et l'involontaire* de Paul Ricœur [avec Résumé et Summary]». *Revue de théologie et de philosophie* 127 (1995), nº 3, 235-249, 235, 320.

III.A.195. LORENZON A., «Colloque international Simone Weil et Paul Ricœur (13-15 septembre 1993)». *Revue philosophique de Louvain* 93 (1995), nº 1-2, 176-177.

III.A.196. SCHOUWEY J., «De la possibilité d'une herméneutique de la religion. À propos d'un ouvrage de P. Ricœur [*Lectures 3. Aux frontières de la philosophie*]». *Revue de théologie et de philosophie* 127 (1995), 357-367.

III.A.197. THEOBALD Chr., «La règle d'or chez Paul Ricœur». *Recherches des sciences religieuses* 83 (1995), n° 1, janvier-mars, 43-59.
Repris dans I.A.10.

1996

III.A.198. BARASH J.A., «Ricœur, Paul». *Dictionnaire d'éthique et de philosophie morale*. Sous la direction de M. CANTO-SPERBER. [Paris]: PUF, [1996], 25 × 19, 1312-1316.

III.A.199. BUEHLER P., «Le soi mandaté. La compréhension de soi devant Dieu». *Variations herméneutiques*. Institut romand d'herméneutique et de systématique 1996, n° 4, 49-56.

III.A.199a. DELACAMPAGNE Chr., «Ricœur, le métier de douter. Une autobiographie intellectuelle et un entretien éclairent la genèse et la cohérence souterraine du projet 'anthropologique' du philosophe». *Le Monde* 52 (1996), n° 15904, 15 mars, IX.

III.A.199b. GREISCH J., «Bulletin de philosophie herméneutique. Heidegger, Schleiermacher, Ricœur, Gadamer, Misch, G. Abel». *Revue des sciences philosophiques et théologiques* 80 (1996), n° 4, 639-655.

III.A.200. HEBDING R., «Ricœur, une pensée en action [sur *La critique et la conviction*, *Réflexion faite* et *Le juste*]». *Réforme* 1996, n° 2648, 13 janvier, 9.

III.A.200a. PONTON L., «L'anti-hégélianisme politique de Paul Ricœur dans *Soi-même comme un autre*». *Laval théologique et philosophique* 52 (1996), n° 2, juin, 473-488.

III.A.201. VILLANUEVA PRIETO Fr., «[Discours de bienvenue à P. RICŒUR, nouveau doctor honoris causa à l'université de Santiago de Compostela, 1996] [en galicien et en français]». *Discursos da investidura de D. Paul Ricœur como Doutor Honoris Causa*. Santiago de Compostela: [Universidade], 1996, 24 × 17, 41-45, 45-48.

1997

III.A.202. AVELINA CECILIA M., «La voie symbolico-littéraire et l'exploration de l'existence. M. de Unamuno et P. Ricœur». *Analecta Husserliana. Vol. L* (1997), 209-228.

III.A.203. DARTIGUES A., «Paul Ricœur et la question de l'identité narrative [avec résumé en portugais et en français]». *Reflexão* (A hermenêutica de Paul

Ricœur). Revista do Instituto de Filosofia PUC-Campinas (São Paulo) 22 (1997), nº 69, septembre-décembre 19-20, 20-34.

Traduit en portugais par I.F.5.

III.A.204. ÉTIENNE J., «La question de l'intersubjectivité. Une lecture de *Soi-même comme un autre* [étude substantielle et critique]». *Revue théologique de Louvain* 28 (1997), nº 2, 189-215.

III.A.205. HUNEMAN Ph. et KULICH E., «Paul Ricœur: une phénoménologie du détour». *Introduction à la phénoménologie*. [Paris]: Armand Colin, [1997], 168-184.

III.A.205a. MIES Fr., «L'herméneutique du témoignage en philosophie, littérature, mythe et bible». *Revue des sciences philosophiques et théologiques* 81 (1997), 3-20.

III.A.206. SCHRAG C.O., «La récupération du sujet phénoménologique. En dialogue avec Derrida, Ricœur et Levinas». *Analecta Husserliana. Vol. L* (1997), 183-192.

1998

III.A..207. ABBELIERI E., «Herméneutique de la culture et l'universalité éthique. Simone Weil et Paul Ricœur [commentaire sur l'adresse de P. RICŒUR au colloque international Simone Weil-Paul Ricœur, Rio de Janeiro, 1993]». *Théo Phi Lyon* (L'éthique et l'universel). Revue 3 (1998), vol. 1, 14-22.

Repris dans *Être et don. Essais sur l'unité et l'enjeu de la pensée de Simone Weil*. Université de Nice, 1998.

III.A.208. RASMUSSEN D., «Repenser la subjectivité. L'identité narrative et le soi». *La Modernité en questions. De Richard Rorty à Jürgen Habermas*. Actes de la décade de Cerisy-la-Salle 2-11 juillet 1993. Sous la direction de Fr. GAILLARD, J. POULAIN et R. SHUSTERMANN (Passages). Paris: Editions du Cerf, 1998, 253-263.

1999

III.A.209. LE BLANC G., «Spinoza et Ricœur. La vitalité des affects». *Spinoza et les affects* (Groupe des recherches spinozistes. Travaux et Documents, 7). Édité par Fr. BRUGÈRE et P.-Fr. MOREAU. Paris: Presses de l'Université de Paris-Sorbonne, 1999, 23-38.

III.A.210. VINCENT G., «Sens de l'institution, loi du partage. Une lecture de l'œuvre de Paul Ricœur». *Autres temps* 1999, nº 61, printemps, 27-42.

III.B. ENGLISH / ANGLAIS

1957

III.B.1. JASPERS K., «Reply to my critics [answer to P. RICŒUR's contribution «The Relation of Jaspers' Philosophy to Religion (II.B.8)].» *The Philosophy of Karl Jaspers. A Critical Analysis and Evaluation* (Library of Living Philosophers). Edited by P.A. SCHILLP. New York: Tudor, 1957, 22 × 14,5, 778-781.

English translation of III.C.1.
Second and augmented edition in 1981: La Salle (Illinois): Open Court.

1960

III.B.2. SPIEGELBERG H., «Paul Ricœur (1913-).» *The Phenomenological Movement. A Historical Introduction. Vol. 2* (Phaenomenologica, 5-6). The Hague: M. Nijhoff, 1960, 24 × 15,5, 563-579.

Second edition in 1969.
Third and revised edition in 1982, with the collaboration of K. SCHUHMANN under the title «Paul Ricœur (born 1913)« (584-600) [hardback and student edition].

1966

III.B.3. IHDE D., «Some Parallels between Analysis and Phenomenology [among others on P. RICŒUR].» *Philosophy and Phenomenological Research* 27 (1966-1967), No. 4, June, 577-586.

Reprinted in *Sense and Significance* (Dusquesne Studies. Philosophical Series, 31). Pittsburgh: Duquesne University Press, [1973], 23,5 × 15,5, 131-141.

1967

III.B.4. IHDE D., «Rationality and Myth [according to P. RICŒUR].» *The Journal of Thought* 2 (1967), No. 1, January, 10-18.

Reprinted in *Sense and Significance* (Duquesne Studies. Philosophical Series, 31). Pittsburgh: Duquesne University Press, [1973], 23,5 × 15,5, 107-116.

III.B.5. IHDE D., «The Secular City and the Existentialists [mostly referring to P. RICŒUR].» *The Andover Newton Quarterly* 7 (1967), No. 4, March, 180-189.

Reprinted in *Technics and Praxis. A Philosophy of Technology* (Boston Studies in the Philosophy of Science, 24; Synthese Library, 130). Dordrecht-Boston-London: D. Reidel, [1979], 23 × 16, 141-150.

III.B.6. IHDE D., «From Phenomenology to Hermeneutic [on P. RICŒUR's Hermeneutics].» *Journal of Existentialism* 8 (1967-1968), No. 30, 111-132.

III.B.7. KOHÁK E., «Existence and the Phenomenological Epokhe [on P. RICŒUR 's use of the epokhe].» *Journal of Existentialism* 8 (1967-1968), No. 29, Fall, 19-47.

1968

III.B.8. REAGAN Ch.E., «Ricœur's 'Diagnostic' Relation.» *International Philosophical Quarterly* 8 (1968), No. 4, December, 586-592.

III.B.9. STEWART D., «Paul Ricœur and the Phenomenological Movement.» *Philosophy Today* 12 (1968), 4/4, Winter, 227-235.

1969

III.B.10. FLEW A., «Two Views of Atheism [among other things on the article «Religion, Atheism and Faith» (II.B.31)].» *Inquiry* (Norway) 12 (1969), No. 4, 469-473.

III.B.11. HACKETT St.C., «Philosophical Objectivity and Existential Involvement in the Methodology of Paul Ricœur [contains a positive and negative critique of P. RICŒUR's use of the transcendental method].» *International Philosophical Quarterly* 9 (1969), No. 1, March, 11-39.

III.B.12. RASMUSSEN D.M., «Myth, Structure and Interpretation [among others on P. RICŒUR].» *The Origin of Cosmos and Man. Naissance du monde et de l'homme* (Missionalia, 18). Edited by M. DHAVANONY. Rome: Gregorian University Press, 1969, 24 × 17, 201-217.

III.B.13. RASMUSSEN D.M., « Ricœur: the Anthropological Necessity of a Special Language.» *Continuum* 7 (1969), No. 1, Winter-Spring, 120-130.
Reprinted in D.M. RASMUSSEN, *Symbol and Interpretation*. The Hague: M. Nijhoff, 1974, 38-51.
Translated into Japanese by III.I.22a.

III.B.14. STEWART D., «Paul Ricœur's Phenomenology of Evil.» *International Philosophical Quarterly* 9 (1969), No. 4, December, 572-589.

1970

III.B.15. LAVERS A., «Man, Meaning and Subject. A Current Reappraisal [among others on P. RICŒUR].» *The Journal of the British Society for Phenomenology* 1 (1970), No. 3, October, 44-49.

III.B.16. SINYARD B., « Myth and Reflection. Some Comments on Ricœur's Phenomenological Analysis.» *Canadian Journal of Theology* 16 (1970), No. 1-2, 33-40.

III.B.17. STEWART D., «In Quest of Hope: Paul Ricœur and Jürgen Moltmann.» *Restoration Quarterly* (Texas) 13 (1970), No. 1, 31-52.

1971

III.B.18. BOURGEOIS P.L., «Hermeneutics of Symbols and Philosophical Reflection: Paul Ricœur.» *Philosophy Today* 15 (1971), No. 4/4, Winter, 231-241.

III.B.18a. BOURGEOIS P.L., «Phenomenology and the Sciences of Language [on P. RICŒUR's philosophy of language].» *Research in Phenomenology* 1 (1971), 119-136.

Reprinted in P.L. BOURGEOIS, *Extension of Ricœur's Hermeneutic*. The Hague: M. Nijhoff, 1975, 24 × 16, 113-127.

III.B.19. PHILLIPS D.Z., «Review [on the article «Religion, Atheism and Faith» (II.B.31)].» *The Philosophical Quarterly* 21 (1971), No. 82, January, 93.

III.B.20. THIE M.C., «The 'Broken' World of Myth: An Analysis [among others on P. RICŒUR].» *The New Scholasticism* 45 (1971), No. 1, Winter, 38-55.

III.B.21. TRACY D., *Paul Ricœur's Long Route to Ontology: An Attempt to Interpret his Interpretation Theory*. Paper presented at the Faculty Conference of the University of Chicago Divinity School, 1971 [mimeographed].

1972

III.B.22. BOURGEOIS P.L., «Paul Ricœur's Hermeneutical Phenomenology.» *Philosophy Today* 16 (1972), No. 1/4, Spring, 20-27.

III.B.23. GRATTON C., «Summary [of the article «The Hermeneutics of Symbols and Philosophical Reflection» (II.B.13)].» *Humanitas*. Journal of the Institute of Man 8 (1972), May, 264-266.

III.B.24. KIM J.J., «Belief or Anamnesis: Is a Rapprochement between History of Religions and Theology Possible? [based on P. RICŒUR's interpretation of symbols].» *The Journal of Religion* 52 (1972), No. 2, April, 150-169.

III.B.25. MITCHELL W.H., «Poetry: Language as Violence, an Analysis of the Symbolic Processs in Poetry [among others on P. RICŒUR].» *Humanitas*.

Journal of the Institute of Man (Symbolism and Human Development) 8 (1972), No. 2, May, 193-208.

III.B.26. MOHANTY J.N., «Paul Ricœur.» *The Concept of Intentionality* (Modern Concepts of Philosophy, 15). St. Louis: Warren H. Green, 1972, 23,5 × 15,5, 143-148, and passim.

III.B.27. MUTO S., «Reading the Symbolic Text: Some Reflections on Interpretation [an excellent article on the Ricœurian theory of symbol and interpretation].» *Humanitas*. Journal of the Institute of Man (Symbolism and Human Development) 8 (1972), No. 2, May, 169-191.

III.B.28. RASMUSSEN D.M., «From Problematics to Hermeneutics: Lonergan and Ricœur.» *Language, Truth and Meaning*. Papers from the International Lonergan Congress, 1970. Edited by Ph. McSHANE. Dublin-London: Gill and Macmillan, 1972, 21,5 × 13,5, 236-271.

III.B.29. STEWART D., «The Christian and Politics: Reflections on Power in the Thought of Paul Ricœur.» *The Journal of Religion* 52 (1972), No. 1, January, 56-83.

III.B.30. SYNNESTVEDT J., «Objectivity and Subjectivity in Paul Ricœur.» *Kinesis* 4 (1972), No. 2, Spring, 63-78.

III.B.31. ZUIDEMA S.V., «Original Affirmation and Theological Eschatology in Paul Ricœur's Thought, Especially in his *Histoire et Vérité*.» *Communication and Confrontation. A Philosophical Appraisal and Critique of Modern Society and Contemporary Thought*. Assen-Kampen: Royal Van Gorcum-J.H.Kok, 1972, 24 × 16, 280-308.
English translation of III.G.5.

1973

III.B.32. ARCAYA J., «Two Languages of Man [many references to «Creativity and Language» (II.B.40)].» *Journal of Phenomenological Psychology* 4 (1973), No. 1, Fall, 315-329.

III.B.33. DORAN R.M., «Paul Ricœur: toward the Restoration of Meaning.» *Anglican Theological Review* (Illinois) 55 (1973), No. 4, October, 443-458.

III.B.34. KOCKELMANS J.J., «On Myth and Its Relationship to Hermeneutics [mainly on P. RICŒUR's opinion in this matter].» *Cultural Hermeneutics* 1 (1973-1974), No. 1, April, 47-86.

III.B.35. MAGLIOLA R., «Parisian Structuralism confronts Phenomenology: The Ongoing Debate [on P. RICŒUR, R. BARTHES and T. TODOROV].» *Language and Style* 6 (1973), No. 4, Fall, 237-248.

III.B.36. PETTIT P., «French Philosophy [among others on P. RICŒUR].» *The Cambridge Review* 94 (1973), No. 2214, June 8, 178-180.

1974

III.B.37. KOCKELMANS J.J., «Reflections on Ricœur's Conception of Creativity in Language [on P. RICŒUR's article «Creativity in Language» (II.B.40)].» *Language and Language Disturbances* (The 5th Lexington Conference on Pure and Applied Phenomenology, 1972). Edited by E.W. STRAUS. Pittsburgh: Duquesne University Press, 1974, 22 × 14,5, 72-80.

III.B.38. MORGAN J.H., «Religious Myth and Symbol: Convergence of Philosophy and Anthropology [among others on P. RICŒUR].» *Philosophy Today* 18 (1974), No. 1, Spring, 68-84.

III.B.39. STEWART D., «Language and/et langage [on French contemporary philosophers of language as J. DERRIDA, P. RICŒUR et al.].» *Philosophy Today* 18 (1974), No. 2, Summer, 87-105.

1975

III.B.40. ALEXANDER R.G., «Paul Ricœur: Which Direction is he taking?» *Dialog.* A Journal of Theology (Right, Wrong and the Difference) 14 (1975), No. 1, Winter, 56-61.

III.B.41. BESHAI J.A., «Is Psychology a Hermeneutic Science? [mostly on P. RICŒUR's hermeneutics].» *Journal of Phenomenological Psychology* 5 (1975), No. 2, Spring, 425-439.

III.B.43. CAHILL P.J., «An Amerindian Search: Propaideutic to the Study of Religion in Transition [use of RICŒUR's method of sympathetic re-enactment].» *Studies in Religion. Sciences Religieuses* 5 (1975-1976), No. 3, 286-299.

III.B.44. DORNISCH L., «Symbolic Systems and the Interpretation of Scripture: An Introduction to the Work of Paul Ricœur.» *Semeia.* An Experimental Journal for Biblical Criticism 1975, No. 4, 1-21.

Translated into Italian by III.E.30.

III.B.45. EDIE J., «Identity and Metaphor: A Phenomenological Theory of Polysemy [referring to P. RICŒUR's views in this matter].» *Journal of the British Society for Phenomenology* (Philosophy in a Technological Age) 6 (1975), No. 1, January, 32-41.

III.B.46. GERHART M., «Paul Ricœur's Hermeneutical Theory as Resource for Theological Reflection.»*The Thomist* 39 (1975), No. 3, July, 496-527.

III.B.47. HUTCHISON J.A., «Two Questions to Paul Ricœur [on the use of P. RICŒUR's symbolism and interpretation as a speech act].» *Philosophy of*

Religion and Theology: Proceedings 1975 (Reprinted Papers for the Section on Philosophy and Theology). Compiled by J. McCLENDON. American Academy, 1975, 23,5 × 15,5, 19-23.

III.B.48. STEWART D., «Transcendence and the Categorical Imperative [among others on P. RICŒUR].» *Rice University Studies* 61 (1975), No. 3, Summer, 87-96.

III.B.49. TRACY D., *Blessed Rage for Order. The New Pluralism in Theology* [inspired by P. RICŒUR's hermeneutical theory]. New York: The Seabury Press, [1975], 24 × 16,5, 271 p.

III.B.50. WELLS H., «Theology and Christian Philosophy: Their Relation in the Thought of Paul Ricœur.» *Studies in Religion/Sciences Religieuses* (Toronto) 5 (1975), No. 1, 45-56.

1976

III.B.51. ALEXANDER L., «Ricœur's Symbolism of Evil and Crosscultural Comparison: The Representation of Evil in Maya Indian Culture.» *Journal of the American Academy of Religion* 44 (1976), No. 4, December, 704-714.

III.B.52. DORNISCH L., «An Introduction to Paul Ricœur.» *Theology Digest* 24 (1976), No. 2, Summer, 147-153.

III.B.53. GERHART M., «Paul Ricœur's Notion of 'Diagnostics': its Function in Literary Interpretation.» *The Journal of Religion* 56 (1976), No. 2, April, 137-156.

III.B.54. McCOWN J., «Phenomenology and Symbolics of Guilt [on P. RICŒUR].» *The Southern Journal of Philosophy* 14 (1976), No. 3, Fall, 293-302.

III.B.55. SIMON M., «Does History need Hermeneutics? [comment on «History and Hermeneutics» (II.B.63)].» *The Journal of Philosophy* 73 (1976), No. 19, November 4, 695-697.

1977

III.B.56. CIPPOLONE A.P., «Religious Language and Ricœur's Theory of Metaphor.» *Philosophy Today* (A Presentation on *The Rule of Metaphor* by Paul Ricœur) 21 (1977). Supplement to No. 4/4, Winter, 458-467.

Reprinted as brochure in 1983.

III.B.57. DILLISTONE Fr.W., «The Essence and the Core [among others in P. RICŒUR].» *Andover Newton Quarterly* 17 (1977), No. 4, March, 290-302.

III.B.58. GERHART M., «The Extents and Limits of Metaphor: Reply to Gary Madison.» *Philosophy Today* (A Presentation of *The Rule of Metaphor* by Paul Ricœur) 21 (1977), Supplement to No. 4/4, Winter, 431-436.

Reprinted as brochure in 1983.

III.B.59. GISEL P., «Paul Ricœur: Discourse between Speech and Language.» *Philosophy Today* (A Presentation of *The Rule of Metaphor* by Paul Ricœur) 21 (1977), Supplement to No. 4/4, Winter, 446-456.

Reprinted as brochure in 1983.
Translation of III.A.59.

III.B.60. HOHLER Th.P., «Seeing and Saying: Phenomenology's Contention [among others on P. RICŒUR].» *Philosophy Today* 21 (1977), No. 4/4, Winter, 327-346.

III.B.61. KIRKLAND Fr.M., «Gadamer and Ricœur: the Paradigm of the Text.» *Graduate Faculty Philosophy Journal* 6 (1977), No. 1, Winter, 131-144.

III.B.62. LECHNER R., «The Interpretation of Paul Ricœur. The Rule of the Metaphor [introductory notes to the present issue].» *Philosophy Today* (A Presentation of *The Rule of Metaphor* by Paul Ricœur) 21 (1977), Supplement to No. 4/4, Winter, 409, 410-411.

Reprinted as a brochure in 1983.

III.B.63. MADISON G.Br., «Reflections on Paul Ricœur's Philosophy of Metaphor [questioning RICŒUR's acceptance of reference as an extraworldly reality].» *Philosophy Today* (A Presentation of *The Rule of Metaphor* by Paul Ricœur) 21 (1977), Supplement to No. 4/4, Winter, 424-430.

Reprinted as a brochure in 1983.

III.B.64. PELLAUER D., «A 'Response on Paul Ricœur's Philosophy of Metaphor'.» *Philosophy Today* (A Presentation of *The Rule of Metaphor* by Paul Ricœur) 21 (1977), Supplement to No. 4/4, Winter, 437-445.

Reprinted as a brochure in 1983.
Reprinted under the title «Ricœur's Philosophy of Metaphor» in *The Hermeneutics of Postmodernity. Figures and Themes* (Studies in Phenomenology and Existential Philosophy). Bloomington-Indianapolis: Indiana University Press, [1988], 24 × 16, 82-89.

III.B.65. PETERS T., «Sola Scriptura and the Second Naivité [many references to P. RICŒUR].» *Dialog*. A Journal of Theology (Lutheran Identity) 16 (1977), No. 4, Fall, 268-280.

III.B.66. RASCHKE C.A., «Hermeneutics as Historical Process: Discourse, Text and the Revolution of Symbols [on P. RICŒUR].» *Journal of the American Academy of Religion* 45 (1977), March, 74 [full text available].

III.B.67. SEEBOHM Th.M., «The Problem of Hermeneutics in recent Anglo-American Literature: Part II [largely on P. RICŒUR 's Hermeneutics].» *Philosophy and Rhetoric* 10 (1977), No. 4, Fall, 263-275.

III.B.68. SMITHERAM V., «Sartre and Ricœur on Freedom and Choice.» *Philosophy Research Archives* 3 (1977), No. 2, April 1, 34 p.

1978

III.B.69. BROWN J.F., «Culture, Truth and Hermeneutics [report on a dialogue between P. RICŒUR and H.-G. GADAMER on «The Conflict of Interpretations» (II.B.106) at Northwestern University].» *America.* National Catholic Weekly Review 138 (1978), No. 3, January 28, 54-57.

III.B.70. CIPOLLONE A.P., «Symbol in the Philosophy of Paul Ricœur.» *The New Scholasticism* 52 (1978), No. 2, Spring, 149-167.

III.B.71. CIPPOLONE A.P., «Concrete Human Freedom: Ricœur on Sartre.» *The Iliff Review* (Special Issue. Paul Ricœur's Philosophy) 35 (1978), No. 3, Fall, 37-47.

III.B.72. KLEIN T., «Ricœur and Husserl.» *The Iliff Review* (Special Issue. Paul Ricœur's Philosophy) 35 (1978), No. 3, Fall, 27-36.

III.B.72a. PETIT J.-L., «Reunion in Philosophy: Phenomenology and Analytic Philosophy [review of «La sémantique de l'action» (II.A.335)].» *Phenomenology Information Bulletin* 2 (1978), No.2, October, 3-11.

III.B.73. RASCHKE C., «Paul Ricœur and Religious Language: From *Lebensform* to Work of Discourse.» *The Iliff Review* (Special Issue. Paul Ricœur's Philosophy) 35 (1978), No. 3, Fall, 59-64.

III.B.73a. SECRETAN Ph., «Hermeneutics and Truth [inspired by P. RICŒUR]. Presented to Paul Ricœur on the occasion of his 60th birthday.» *Exegesis. Problems of Method and Exercises in Reading (Genesis 33 and Luke 15)* (Pittsburgh Theological Monograph Series, 21). Edited by Fr. BOVON and Gr. ROUILLER and translated by D.J. MILLER. Pittsburgh: Pickwick Press, 1978, 21,5 × 14, 249-264.

English translation of III.A.59a.

III.B.74. SEEBURGER Fr.F., «Ricœur on Heidegger.» *The Iliff Review* (Special Issue. Paul Ricœur's Philosophy) 35 (1978), No. 3, Fall, 49-57.

III.B.75. SURBER J.P., «Introduction [to special issue on P. RICŒUR].» *The Iliff Review* (Special Issue. Paul Ricœur's Philosophy) 35 (1978), No. 3, Fall, 3.

III.B.76. SURBER J.P., «Ricœur and the Dialectics of Interpretation [on the dialogue between Kant and Hegel as it appears in P. RICŒUR's thought].» *The Iliff Review* (Special Issue. Paul Ricœur's Philosophy) 35 (1978), No. 3, Fall, 13-26.

1979

III.B.77. CARR D., «Interpretation and Self-Evidence [on interpretation according to H.-G. GADAMER, P. RICŒUR and E. HUSSERL].» *Analecta Husserliana. Vol. IX* (1979), 133-147.

Republished under the title «Interpretation and Self-Evidence: Husserl and Hermeneutics» in *Interpreting Husserl. Critical and Comparative Studies* (Phaenomenologica, 106). Dordrecht-Boston-Lancaster: M. Nijhoff, [1987], 179-196.

III.B.77a. COUZENS HOY D., «Immanence and Reference: Ricœur's Hermeneutical Arch. Appropriation.» *The Critical Circle. Literature, History and Philosophical Hermeneutics*. Berkeley-Los Angeles-London: University of California Press, 1979, 23,5 × 15,5, 84-89, 89-95.

III.B.78. CROSSAN J.D., «Paradox Gives Rise to Metaphor: Paul Ricœur's Hermeneutics and the Parables of Jesus [followed by a response from P. RICŒUR].» *Biblical Research* (Symposium: Paul Ricœur and Biblical Hermeneutics) 24-25 (1979-1980), 20-37, 71-76.

III.B.79. GERHART M., «Imagination and History in Ricœur's Interpretation Theory.» *Philosophy Today* 23 (1979), No. 1/4, Spring, 51-68.

III.B.80. LACOCQUE A., «Job and the Symbolism of Evil [according to P. RICŒUR, followed by a response from P. RICŒUR].» *Biblical Research* (Symposium: Paul Ricœur and Biblical Hermeneutics) 24-25 (1979-1980), 7-19, 70-71.

III.B.81. MONTAGUE G.T., «Hermeneutics and Teaching of Scripture [based on the hermeneutics of P. RICŒUR].» *Catholic Biblical Quarterly* 41 (1979), No. 1, 1-17.

III.B.82. MUDGE L.S., «Paul Ricœur on Biblical Interpretation [followed by a response from P. RICŒUR].» *Biblical Research* (Symposium: Paul Ricœur and Biblical Hermeneutics) 24-25 (1979-1980), 38-69, 76-80.

Reprinted as introduction in P. RICŒUR's publication (I.B.14).

III.B.83. OLSON A.M., «The Question of Method: Jaspers and Ricœur.» *Transcendence and Hermeneutics. An Interpretation of the Philosophy of Karl Jaspers* (Studies in Philosophy and Religion, 2). The Hague-Boston-London: M. Nijhoff, 1979, 24,5 × 16,5, 156-169.

III.B.84. REESE J.M., «Can Paul Ricœur's Method Contribute to Interpreting the Book of Wisdom?» *La Sagesse de l'Ancien Testament* (Bibliotheca Ephemeridum Theologicarum Lovaniensium, 51). Edited by M. GILBERT. Gembloux-Leuven: J. Duculot-University Press, [1979], 24,5 × 16, 384-396.
Nouvelle édition mise à jour en 1990.

III.B.86. TITELMAN P., «Some Implications of Ricœur's Conception of Hermeneutics for Phenomenological Psychology.» *Duquesne Studies in Phenomenological Psychology. III.* Edited by A. GIORGI, R. KNOWLES and D.L. SMITH. Pittsburgh: Duquesne University Press, 1979, 22,5 × 15, 182-192.

III.B.87. WALHOUT C.P., «On Symbolic Meanings: Augustine and Ricœur.» *Renascence. Essays on Values in Literature* 31 (1979), No. 2, 115-127.

III.B.88. WINTER G., «A Proposal for a Political Ethics [also on P. RICŒUR].» *The Review of Religious Research* 21 (1979), No. 1, Fall, 87-107.

1980

III.B.89. BLEICHER B., «Ricœur's Phenomenological Hermeneutic. Ricœur's Theory of Interpretation. Conclusions: Ricœur and the Hermeneutic Dispute.» *Contemporary Hermeneutics. Hermeneutics as Method, Philosophy and Critique.* London-Boston-Henley: Routledge and Kegan Paul, [1980], 22,5 × 15, 217-256.

III.B.90. GRAY B.J., «Towards Better Ways of Reading the Bible [on the complementarity of the methods of F. TORRANCE and P. RICŒUR].» *Scottish Journal of Theology* 33 (1980), No. 4, 301-315.

III.B.91. IHDE D., «Interpreting Hermeneutics: Origins, Developments and Prospects [on M. HEIDEGGER and P. RICŒUR].» *Man and World* 13 (1980), No. 3-4, 325-343.

III.B.92. KURZWEIL E., «IV. Paul Ricœur. Hermeneutics and Structuralism [biographical introduction and excellent study].» *The Age of Structuralism. Lévi-Strauss to Foucault.* New York: Columbia University Press, 1980, 23,5 × 16, 78-112.

III.B.93. OLSON A.M., «Myth, Symbol and Metaphorical Truth [mainly on P. RICŒUR's metaphorical truth and hermeneutics].» *Myth, Symbol and Reality* (Boston University Studies in Philosophy and Religion, 1). Edited by A.M. OLSON. Notre Dame-London: Notre Dame University Press, 1980, 23,5 × 19, 99-125.

III.B.94. PETERSEN N.R., «Literary Criticism in Biblical Studies [makes use of P. RICŒUR's method in *Symbolism of Evil*].» *Orientation by Disorientation. Studies in Literary Criticism and Biblical Literary Criticism.* Presented in honor of W.A. Beardslee (Pittsburgh Theological Monograph Series, 35). Edited by R.A. SPENCER. Pittsburgh: The Pickwick Press, 1980, 21,5 × 14, 25-50.

III.B.95. PISCITELLI E.J., «Paul Ricœur's Philosophy of Religious Symbol: A Critique and Dialectical Transposition.» *Ultimate Reality and Meaning: Interdisciplinary Studies in the Philosophy of Understanding* 3 (1980), No. 4, 275-313.

III.B.96. SKOUSGAARD St., «Revisiting Fundamental Ontology: Ricœur vs. Heidegger.» *Philosophical Perspectives.* Essays in Honor of Edward Goodwin Ballard (Tulane Studies in Philosophy, 29). Edited by R.C. WHITMORE. New Orleans (Louisiana): Tulane University Press, 1980, 119-132.

1981

III.B.97. DORNISCH L., «The Book of Job and Ricœur's Hermeneutics [introduction to the special Issue].» *Semeia* (The Book of Job and Ricœur's Hermeneutics) 1981, No. 19, 3-21.

III.B.97a. HELLMAN J., *Emmanuel Mounier and the New Catholic Left 1930-1950* [with many references to the contribution of P. RICŒUR]. Toronto-Buffalo-London: University of Toronto Press, [1981], 23,5 × 16,4, 104-105, 202, 207, 234, 235, 253, 286 n.44, 294 n.97.

III.B.98. LACOCQUE A., «Apocalyptic Symbolism: A Ricœurian Hermeneutical Approach.» *Biblical Research* (Symposium: Apocalyptic Symbolism and Social Reality) 26 (1981), 6-15.

III.B.99. LOWE W.J., «Cosmos and Covenant [on P. RICŒUR's interpretation of Job in *The Symbolism of Evil*].» *Semeia* (The Book Job and Ricœur's Hermeneutics) 1981, No. 19, 107-111.

III.B.100. LOWE W.J., «The Coherence of Paul Ricœur.» *The Journal of Religion* 61 (1981), No. 4, 384-402.

III.B.101. McGUIRE St., «Interpretive Sociology and Paul Ricœur.» *Human Studies.* A Journal for Philosophy and the Social Sciences 4 (1981), No. 2, April-June, 179-200.

III.B.102. PELLAUER D., «The Problem of Religious Language and the Complexity of Religious Discourse [mainly inspired by P. RICŒUR].» *Dialog.* A Journal of Theology 20 (1981), No. 2, Spring, 112-116.

III.B.103. PELLAUER D., «Paul Ricœur on the Specificity of Religious Language.» *The Journal of Religion* 61 (1981), No. 3, 264-284.

III.B.104. PELLAUER D., «Reading Ricœur Reading Job [followed by discussion-papers presented by Fr.F. BOLTON, D.R. BUCKEY, R.D. DUNN and A.M. OLSON].» *Semeia* (The Book of Job and Ricœur's Hermeneutics) 1981, No. 19, 73-83, 8-103, 113-119.

III.B.105. SMITHERAM V., «Man, Meditation and Conflict in Ricœur's *Fallible Man*.» *Philosophy Today* 25 (1981), No. 4, Winter, 357-369.

III.B.106. SWEENEY R., «Discussion: Metaphor and Feeling. Ricœur's article: The Metaphorical Process as Cognition, Imagination and Feeling (II.B.85).» *Phenomenology Information Bulletin* 3 (1981), October, 68-74.

III.B.106a. THOMPSON J.B., «Editor's Introduction.» *Paul Ricœur. Hermeneutics and Human Sciences. Essays on Language, Action and Interpretation.* Cambridge-Paris: Cambridge University Press-Maison des Sciences de l'Homme, [1981], 23 × 15, 1-26.

III.B.107. WINQUIST Ch.E., «The Epistemology of Darkness: Preliminary Reflections [based on P. RICŒUR's interpretation of S. Freud].» *Journal of the American Academy of Religion* 49 (1981), No.1, March, 23-34.

1982

III.B.108. ALBANO P.J., «Ricœur's Contribution to Fundamental Theology.» *The Thomist* 46 (1982), No. 4, October, 573-592.

III.B.109. BROZ L., «Symbols, Culture and Mythopoetic Thought [among others on P. RICŒUR].» *Communio Viatorum* (Praha) 25 (1982), No. 4, 181-202.

III.B.110. KLEMM D.E., «'This is my Body': Hermeneutics and Eucharistic Language [inspired by P. RICŒUR's hermeneutical theory].» *Anglican Theological Review* 64 (1982), No. 3, 293-310.

III.B.111. KOENIG Th.R., «Ricœur's Interpretation of the Relation between Phenomenological Philosophy and Psychoanalysis.» *Journal of Phenomenological Psychology* (Pittsburgh) 13 (1982), No. 2, Fall, 115-142.

III.B.112. MASON R., «Paul Ricœur's Theory of Interpretation: Some Implications for Critical Inquiry in Art Education.» *Journal of Aesthetic Education* 16 (1982), Winter, 71-80.

III.B.113. O'DONNELL J.G., «The Influence of Freud's Hermeneutic of Suspicion on the Writing of Juan Segundo [via P. RICŒUR's interpretation of Freud].» *Journal of Psychology and Theology* 10 (1982), 28-34.

III.B.114. PEREPPADAM J., «The Contributions of Paul Ricœur to Biblical Hermeneutics.» *Jeehadvara. The Word of God.* A Journal of Christian Interpretation (Indian Biblical Hermeneutics) 12 (1982), No. 68, March-April, 156-163.

III.B.115. PETERS T., «Hermeneutics and Homiletics [mainly inspired by P. RICŒUR's interpretation theory].» *Dialog.* A Journal of Theology 21 (1982), Spring, 121-129.

III.B.116. SAKUMA A., «On the Power of Metaphor. A Critical Study of Paul Ricœur's Theory.» *Kiyo.* Bulletin of the Faculty of Arts of the Aoyama gakuin University (Japan) 1982, No. 24, 109-123.

III.B.116a. STARK J.Chr., «The Problem of Evil: Augustine and Ricœur.» *Augustinian Studies* 13 (1982), 111-121.

1983

III.B.117. DAUENHAUER B.P., «Ricœur's Metaphor Theory and Some of its Consequences.» *Southern Journal of Philosophy* 12 (1983), Spring, 1-12.

III.B.117a. DAVID L.S., «The Parable of the Good Samaritan: Reflections after Paul Ricœur.» *Life Forum* (Manila) 15 (1983), No. 3, 5-11.

III.B.117b. DUNNING St.N., «History and Phenomenology. Dialectical Structure in Ricœur's *The Symbolism of Evil.*» *The Harvard Theological Review* 76 (1983), No. 3, July, 343-463.

III.B.117c. GARCIA L.G., «Ricœur's View on Politics and the State.» *Unitas.* A Quarterly for the Arts and Sciences (Manila) 56 (1983), No. 2, 233-242.

III.B.118. HIRAGA M., «Metaphor and Poetry: Problems in a Hermeneutic Theory of Metaphor.» *Proceedings of the XIIIth International Congress of Linguists.* Tokyo, 1983, 1082-1085.

III.B.119. JUNG Pr.B., «Sanctification: An Interpretation in the Light of Embodiment [based on P. RICŒUR's philosophy of will].» *Journal of Religious Ethics* 11 (1983), Spring, 75-95.

III.B.119a. LEVY D.J., «Paul Ricœur: Christianity and the Space of Politics.» *Modern Age* 27 (1983), Spring, 153-160.

III.B.120. LUNDIN R., «Metaphor in the Modern Critical Arena [among others on P. RICŒUR].» *Christianity and Literature* 33 (1983), No. 1, Fall, 19-35.

III.B.121. SCHWARTZ S., «Hermeneutics and the Productive Imagination: Paul Ricœur in the 1970s [excellent article].» *The Journal of Religion* 63 (1983), No. 3, July, 290-300.

III.B.122. SWEENEY R., «Value and Ideology [on phenomenological axiology mainly according to P. RICŒUR].» *Analecta Husserliana. Vol. XV* (1983), 387-401.

III.B.123. VAN DEN HENGEL J., «Faith and Ideology in the Philosophy of Paul Ricœur.» *Église et théologie.* A Review of the Faculty of Theology, Saint Paul University, Ottawa (Theology and Culture. Théologie et Culture) 14 (1983), No. 1, 63-89.

III.B.124. WETHERBEE PHELPS L., «Possibilities for a Post-Critical Rhetoric: A Parasitical Preface 6 [to the articles on P. RICŒUR in this issue of *Pre/Text*].» *Pre/Text* (Ricœur and Rhetoric) 4 (1983), Nos. 3-4, Fall-Winter, 201-213.

III.B.124a. YARBROUGH St.R., «Ricœur, Paul.» *Thinkers of the Twentieth Century. A Biographical, Bibliographical and Critical Dictionary.* Edited by E. DEVINE, M. HELD, J. VINSON and G. WALSH. London: Macmillan, [1983], 25 × 19,5, 476-477.

III.B.125. SWEENEY R.D. and WETHERBEE PHELPS L., «Rhetorical Themes in the Work of Paul Ricœur: A Bibliographical Introduction.» *Pre/Text* (Ricœur and Rhetoric) 4 (1983), Nos. 3-4, Fall-Winter, 215-223.

III.B.126. DELOACH B., «On First Looking into Ricœur's *Interpretation Theory*: A Beginner's Guide.» *Pre/Text* (Ricœur and Rhetoric) 4 (1983), Nos. 3-4, Fall-Winter, 225-236.

III.B.127. REAGAN Ch., «Hermeneutics and the Semantics of Action [in P. RICŒUR 's works].» *Pre/Text* (Ricœur and Rhetoric) 4 (1983), Nos. 3-4, Fall-Winter, 239-255.

III.B.128. SWEARINGEN C.J., «Between Intention and Inscription: Toward a Dialectical Rhetoric [in P. RICŒUR's work].» *Pre/Text* (Ricœur and Rhetoric) 4 (1983), Nos. 3-4, Fall-Winter, 257-271.

III.B.129. GERHART M., «Genre as Praxis: An Inquiry [in P. RICŒUR's work].» *Pre/Text* (Ricœur and Rhetoric) 4 (1983), Nos. 3-4, Fall-Winter, 273-288.

III.B.130. CHARMÉ St., «Paul Ricœur as Teacher: A Reminiscence.» *Pre/Text* (Ricœur and Rhetoric) 4 (1983), Nos. 3-4, Fall-Winter, 289-294.

III.B.131. FOSTER St.W., «Deconstructing a Text on North Africa: Ricœur and Post-Structuralism.» *Pre/Text* (Ricœur and Rhetoric) 4 (1983), Nos. 3-4, Fall-Winter, 295-315.

III.B.132. LAWLOR L., «Event and Repeatibility: Ricœur and Derrida in Debate.» *Pre/Text* (Ricœur and Rhetoric) 4 (1983), Nos. 3-4, Fall-Winter, 317-334.

1984

III.B.132a. FU P.J., «An Understanding of Original Sin through the Interpretation of Tennant: Rahner and Ricœur.» *Philosophy Review* (Taiwan) 7 (1984), 141-162.

III.B.133. GERHART M. and RUSSELL A.M., *Metaphoric Process. The Creation of Scientific and Religious Understanding* [on P. RICŒUR]. With a foreword of P. RICŒUR. Forth Worth (Texas): Texas Christian University, 1984, 217 p

III.B.134. GRÜNBAUM A., «Critique of Ricœur's Philosophy of Psychoanalysis.» *The Foundations of Psychoanalysis. A Philosophical Critique* (Pittsburgh Series in Philosophy and History of Science). Berkeley-Los Angeles-London: Univeristy of California Press, [1984], 23 × 15,5, 43-69.

III.B.135. KEMP P., «Review Essay. *Michel Foucault. Beyond Structuralism and Hermeneutics* by H.L. Dreyfus and P. Rabinow [offers a critique from P. RICŒUR's views].» *History and Theory* (Studies in the Philosophy of History) 23 (1984), No. 1, 84-105.

III.B.136. THOMPSON J.B., «Action, Ideology and the Text.» *Studies in the Theory of Ideology*. [Cambridge]: Polity Press, 1984, 24 × 15,5, 173-204.
Reprint in 1985.

III.B.137. WALLULIS J., «Philosophical Hermeneutics and the Conflict of Ontologies [mainly on H.-G. GADAMER and P. RICŒUR].» *International Philosophical Quarterly* 24 (1984), No. 3, September, 282-301.

III.B.138. WHITE H., «The Question of Narrative in Contemporary Historical Theory [also on P. RICŒUR].» *History and Theory* (Studies in the Philosophy of History) 23 (1984), No. 1, 1-33.

III.B.139. WOLTERSTORFF N., «Are Texts Autonomous? An Interaction with the Hermeneutic of Paul Ricœur.» *Aesthetics*. Proceedings of the 8th International Wittgenstein Symposium (1983). Part I. *Ästhetik*. Akten. Teil 1. Edited by R. HALLER. Wien: Hölder-Pichler-Tempsky, 1984, 139-152.

1985

III.B.140. BARCIAUSKAS R.C., «The Primordial and Ethical Interpretations of Evil in Paul Ricœur and Alfred North Whitehead.» *Modern Theology* 2 (1985), October, 64-77.

III.B.141. BARRAL M.R., «Paul Ricœur: the Resurrection as Hope and Freedom.» *Philosophy Today* 29 (1985), No. 1/4, Spring, 72-82.

III.B.141a. CAPPS D., «Augustine as Narcissist: Comments on Paul Rigby's *Paul Ricœur, Freudianism, and Augustine's Confessions* [cf. III.B.147a].» *Journal of the American Academy of Religion* 53 (1985), March, 125-127.

III.B.142. FREEMAN M., «Paul Ricœur on Interpretation. The Model of the Text and the Idea of Development.» *Human Development* 28 (1985), 295-312.

III.B.143. GERHARDT M., «Paul Ricœur.» *A Handbook of Christian Theologians.* Enlarged Edition. Edited by D.J. PEERMAN and M.E. MARTY. Nashville: Abingdon Press, [1985], 20,3 × 13,2, 608-624.

III.B.144. KEARNEY R., «Religion and Ideology. Paul Ricœur's Hermeneutic Conflict.» *Irish Philosophical Journal* 2 (1985), 37-52.
Early version of III.B.250.

III.B.145. LLEWELYN J., «Lévi-Strauss or Ricœur: Structural or Hermeneutical Anthropology?» *Beyond Metaphysics? The Hermeneutic Circle in Contemporary Continental Philosophy* (Contemporary Studies in Philosophy and the Human Sciences). Atlantic Highlands-London: Humanities Press International-Macmillan Press, [1985], 23 × 16, 153-170.

III.B.146. MADISON G.Br., «Text and Action: the Hermeneutics of Existence.» *Revue de l'Université d'Ottawa. University of Ottawa Quarterly* (À la recherche du sens. In Search of Meaning) [Colloquy in honor of P. RICŒUR] 55 (1985), No. 4, October-December, 135-145.

III.B.147. POLAND L.M., «Rethinking Biblical Hermeneutics [exposition of P. RICŒUR's views on interpretation and biblical hermeneutics].» *Literary Criticism and Biblical Hermeneutics: a Critique of Formalist Approaches* (American Academy of Religion Academy Series, 48). Chico (California): Scholars Press, 1985, 22,3 × 14,5, 157-203.

III.B.147a. RIGBY P., «Paul Ricœur, Freudianism and Augustine's *Confessions.*» *Journal of the American Academy of Religion* 53 (1985), No. 1, 93-114.

III.B.148. SHAPIRO G., «British Hermeneutics and the Genesis of Empiricism [starts from and ends with P. RICŒUR's view on history of philosophy and narrativity-time].» *Phenomenological Inquiry* 9 (1985), October, 29-44.

III.B.149. SUMARES M., «Discourse, Imagination and Ontology in Paul Ricœur.» *Phenomenological Inquiry* 9 (1985), October, 44-57.

III.B.150. SWEENEY R., «Hermeneutics and Axiology [mostly on P. RICŒUR].» *Phenomenological Inquiry* 9 (1985), October, 71-79.

III.B.151. TIEMERSMA D., «Ricœur's Hermeneutics of Action and Schema Theory.» *Phenomenological Inquiry* 9 (1985), October, 58-71.

III.B.152. VALDÉS M.J., «Paul Ricœur's Phenomenological Hermeneutics as a Basis for Literary Criticism.» *Revue de l'Université d'Ottawa. University of Ottawa Quarterly* (À la recherche du sens. In Search of Meaning) [Colloquy in honor of P. RICŒUR] 55 (1985), No. 4, October-December, 115-126.

III.B.153. WHITE H., «The Rule of Narrativity: Symbolic Discourse and the Experiences of Time in Ricœur's Thought.» *Revue de l'Université d'Ottawa. University of Ottawa Quarterly* (À la recherche du sens. In Search of Meaning) [Colloquy in honor of P. RICŒUR] 55 (1985), No. 4, October-December, 278-299.

1986

III.B.154. COMSTOCK G., «Truth or Meaning. Ricœur versus Frei on Biblical Narrative.» *The Journal of Religion* 66 (1986), No. 2, April, 117-140.

III.B.155. HEKMAN S.J., «IV. Gadamer and the Methodology of the Social Sciences [discussion of the views of H.-G. GADAMER and P. RICŒUR].» *Hermeneutics of the Sociology of Knowledge.* [Cambridge-Oxford]: Polity Press-B. Blackwell, 1986, 22 × 14,5, 139-155.

III.B.156. IHDE D., «Variation and Boundary: a Conflict within Ricœur's Phenomenology.» *Consequences of Phenomenology.* [Albany]: State University of New York Press, [1986], 23,5 × 15,5, 160-180.

III.B.157. KEARNEY R., «Paul Ricœur.» *Modern Movements in European Philosophy.* [Manchester]: Manchester University Press, [1986], 22 × 14,2, 91-112.

III.B.158. KEARNEY R., «Religion and Ideology: Paul Ricœur's Hermeneutic Conflict.» *The Irish Theological Quarterly* 52 (1986), No. 1/2, 109-126.

Early version of III.B.251.

III.B.159. PELLAUER D., «Ricœur's Hegel in *Time and Narrative* (Vol. III).» *Bulletin of the Hegel Society of Great-Britain* (Manchester) 1986, No. 14, 58-59.

III.B.160. TAYLOR G.H., «Editor's Introduction.» *Paul Ricœur. Lectures on Ideology and Utopia.* Edited by G.H. TAYLOR. New York: Columbia University Press, 1986, 23,5 × 16, IX-XXXVI.

II.B.161. VAN DER HOEVEN J., «The Problem of Evil – Crucible for Authenticity and Modesty of Philosophizing: In Discussion with Paul Ricœur.» *South African Journal of Philosophy. Suid-Afrikaanse Tydskrif vir Wijsbegeerte* 5 (1986), No. 5, May, 44-52.

III.B.162. WALLACE M.I., «The World of the Text: Theological Hermeneutics in the Thought of Karl Barth and Paul Ricœur.» *Union Seminary Quarterly Review* 41 (1986), No. 1, 1-15.

1987

III.B.163. BOURGEOIS P.L. and SCHALOW Fr., «Freedom, Finitude and Totality. Ricœur and Heidegger.» *Journal of the British Society for Phenomenology* 18 (1987), No. 3, 263-271.

III.B.164. BOURGEOIS P.L. and SCHALOW Fr., «Hermeneutics of Existence: Conflict and Resolution.» *Philosophy Today* 31 (1987), No. 1, Spring, 45-53.

III.B.165. BOURGEOIS P.L. and SCHALOW Fr., «The Integrity and Fallenness of Human Existence [in HEIDEGGER and P. RICŒUR].» *The Southern Journal of Philosophy 25* (1987), No. 1, 123-132.

III.B.165a. BRADFORD S.C., «Language and Worlds in Ricœur, Goodman and Brunner.» *De Philosophia* 7 (1987-1988), 31-44.

III.B.166. MALONEY J.C., HURWITZ R and DUFFY G., «Hermeneutics [on RICŒUR's hermeneutics].» *Encyclopedia of Artificial Intelligence. Volume I.* Edited by St.C. SHAPIRO and D. ECKROTH. New York-Chicester-Brisbane-Toronto-Singapore: Wiley-Interscience Publications, [1987], 28,5 × 22, 367-369.

III.B.167. PELLAUER D., «Some Preliminary Reflections. *Time and Narrative* and Theological Reflection [a penetrating and well-documented study].» *Philosophy Today* 31 (1987), Fall, No. 3/4, 262-286.

III.B.168. PLACHER W.C., «Paul Ricœur and Postliberal Theology: a Conflict of Interpretations.» *Modern Theology* 4 (1987), No. 1, October, 35-52.

III.B.169. SMITH B.D., «Distanciation and Textual Interpretation [on GADAMER and RICŒUR] [Résumé. Summary].» *Laval théologique et philosophique* 43 (1987), nº 2, 205-216, 205.

III.B.169a. WHITE H., «The Metaphysics of Narrativity. Time and Symbol in Ricœur's Philosophy of History.» *The Content of Form. Narrative Discourse and Historical Representation*. Baltimore-London: The Johns Hopkins University Press, [1987], 169-184.

1988

III.B.170. INGBRETSEN D.A., «The Concept of Explanation in Ricœur's Hermeneutics.» *Proceedings of the American Catholic Philosophical Association* (Hermeneutics and the Tradition) 2 (1988), 80-87.

III.B.171. JOY M., «Derrida and Ricœur. A Case of Mistaken Identity (and Difference).» *The Journal of Religion* 68 (1988), No. 4, 508-526.

III.B.172. KEARNEY R., «Paul Ricœur and the Hermeneutic Imagination.» *Philosophy and Social Criticism* (The Narrative Path. The Later Works of Paul Ricœur) 14 (1988), No. 2, 115-145.

Reprinted in I.B.14.

III.B.173. KEMP P., «Toward a Narrative on Ethics: a Bridge between Ethics and the Narrative Reflection of Ricœur [papers presented in French at the Ricœur Conference at Cerisy-la-Salle (France) 1988].» *Philosophy and Social Criticism* (The Narrative Path. The Later Works of Paul Ricœur) 14 (1988), No. 2, 179-201.

Reprinted in I.B.14.

III.B.174. LAWLOR L., «Dialectic and Iterability. The Confrontation between Paul Ricœur and Jacques Derrida.» *Philosophy Today* 32 (1988), No. 3/4, Fall, 181-194.

III.B.175. MADISON G.Br., «Ricœur and the Hermeneutics of the Subject.» *The Hermeneutics of Postmodernity. Figures and Themes* (Studies in Phenomenology and Existential Philosophy). Bloomington-Indianapolis: Indiana University Press, [1988], 24 × 16, 90-105.

III.B.176. MCGAUGHEY D.R., «Ricœur's Metaphor and Narrative Theories as a Foundation for a Theory of Symbol.» *Religious Studies* 24 (1988), No. 4, December, 415-437.

III.B.177. MEITINGER S., «Between 'Plot' and 'Metaphor': Ricœur's Poetics Applied on the Specificity of the Poem [paper presented in French at the

Ricœur Conference at Cerisy-la-Salle (France), 1988].» *Philosophy and Social Criticism* (The Narrative Path. The Later Works of Paul Ricœur) 14 (1988), No. 2, 161-178.

Reprinted in I.B.14.

III.B.178. PELLAUER D., «Response to Professors Sweeney and Ingbretsen [III.B.170. and III.B.181].» *Proceedings of the American Catholic Philosophical Association* (Hermeneutics and the Tradition) 62 (1988), 88-94.

III.B.179. SCHWEIKER W., «Beyond Imitation. Mimetic Praxis in Gadamer, Ricœur and Derrida.» *The Journal of Religion* 68 (1988), No. 1, 21-38.

III.B.180. SVERDIOLAS A., «Paul Ricœur and Hermeneutic Ontology.» *The Philosophical Understanding of Human Beings* (Towards the XVIIIth World Congress of Philosophy. Brighton, United Kingdom, August 21-27, 1988). Edited by V. LAZUTKA and translated by A. DEGUTIS. Vilnius: [Institute of Philosophy, Sociology and Law. Academy of Sciences of the Lithuanian S.S.R.], 1988, 84-96.

III.B.181. SWEENEY R.D., «Reference and Refiguration in Ricœur's Hermeneutics.» *Proceedings of the American Catholic Philosophical Association* (Hermeneutics and the Tradition) 62 (1988), 71-79.

III.B.181a. TANNER J.S., «'Say first what cause': Ricœur and the Etiology of Evil in *Paradise Lost*.» *PMLA* 103 (1988), January, 45-56.

III.B.182. VILLELA-PETIT M., «Thinking History: Methodology and Epistemology in Paul Ricœur's Reflections on History from *History and Truth* and *Time and Narrative* [paper presented in French at the Ricœur Conference at Cerisy-la-Salle (France) 1988].» *Philosophy and Social Criticism* (The Narrative Path. The Later Works of Paul Ricœur) 14 (1988), No. 2, 147-160.

Reprinted in I.B.14.

III.B.183. WEBB E., «Paul Ricœur. Consciousness as a Hermeneutic Field.» *Philosophers of Consciousness. Polanyi, Lonergan, Voegelin, Ricœur, Girard, Kierkegaard.* Seattle-London: University of Washington Press, 1988, 23 × 16, 137-182.

1989

III.B.184. CLAYTON Ph., «Ricœur's Appropriation of Heidegger: Happy Marriage or *Holzwege*? [in his three-volume *Time and Narrative*].» *The Journal of the British Society for Phenomenology* (Time, Choice and Method) 20 (1989), No. 1, January, 33-47.

III.B.185. DAUENHAUER B.P., «History's Sources. Reflections on Heidegger and Ricœur.» *The Journal of the British Society for Phenomenology* 20 (1989), No. 3, 236-247.

III.B.186. DORNISCH L., «Ricœur's Theory of Mimesis: Implications for Literature and Theology.» *Literature and Theology* (Paul Ricœur) 3 (1989), No. 3, November, 308-318.

III.B.187. JOY M., «Hermeneutics and the Task of Changing the World [in P. RICŒUR's philosophy].» *L'interprétation, un défi de l'action pastorale* (Cahiers d'études pastorales, 6). Edited by J.-G. NADEAU. [Québec]: Fides, [1989], 23 × 15, 15-27.

III.B.188. KLEMM D.M., «Ricœur, Theology and the Rhetoric of Overturning.» *Literature and Theology* (Paul Ricœur) 3 (1989), No. 3, November, 267-284.

III.B.189. McCARTHY J., «The Density of Reference. Paul Ricœur on Religious Textual Reference.» *International Journal for Philosophy of Religion* 26 (1989), No. 1, 1-28.

III.B.190. MICHELL L., «History and Imagination in the Philosophy of Paul Ricœur [with Abstract].» *The Southern Journal of Philosophy* 8 (1989), No. 1, 41-49, 49.

III.B.191. REAGAN Ch., «The Dialectic between Explanation and Understanding [in P. RICŒUR].» *Literature and Theology* (Paul Ricœur) 3 (1989), No. 3, November, 285-295.

III.B.192. STEWART D., «The Hermeneutics of Suspicion [in P. RICŒUR].» *Literature and Theology* (Paul Ricœur) 3 (1989), No. 3, November, 296-307.

III.B.193. VAN HOOFT St., «Ricœur on Choice.» *The Journal of the British Society for Phenomenology* (Time, Choice and Method) 20 (1989), No. 1, January, 48-61.

III.B.194. VAN NIEKERK A.A., «Beyond the Erklären-Verstehen Dichotomy [W. DILTHEY and P. RICŒUR] [with Abstract].» *South African Journal of Philosophy* 8 (1989), No. 3-4, 198-213, 198.

III.B.196. WALLACE M.I., «Parsimony of Presence in Mark: Narratology, the Reader and Genre Analysis in Paul Ricœur.» *Studies in Religion/Sciences religieuses* 18 (1989), No. 2, 201-212.

1990

III.B.197. FLEMING P.A., «Paul Ricœur's Methodological Parallelism.» *Human Studies* 13 (1990), No. 3, 221-236.

III.B.198. KEARNEY R., «Ideology and Religion: a Hermeneutical Conflict.» *Phenomenology of the Truth Proper to Religion.* Edited by D. GUERRIÈRE. [Albany]: State University of New York Press, [1990], 126-145.

Early version of III.B.250.

III.B.200. KELLNER H., «As real as it gets.... Ricœur and Narrativity.» *Philosophy Today 34* (1990), No. 32, Fall, 229-242.

Reprinted in I.B.27.

III.B.201. ODERMANN V.J., «Coming Down to Earth: a Narrative Methodology for Promoting Human Growth and Development.» *Studies in Formative Spirituality* 11 (1990), 47-56.

III.B.202. PAMBRUN J.R., «Ricœur, Lonergan and the Intelligibility of Cosmic Time.» *The Thomist* 54 (1990), No. 3, 471-198.

III.B.203. ROUDINESCO E., «The École Freudienne de Paris: The Reconquest. II. Intermezzo [on some malignant behaviour of J. LACAN and J.-P. VALABREGA towards P. RICŒUR].» *Jacques Lacan and Co. A History of Psychoanalysis in France, 1925-1985.* Translated with a foreword by J. MEHLMAN. Chicago: University of Chicago Press, [1990], 24,5 × 17,5, 390-398, 739-740.

English translation of III.A.122.

IIII.B.203a. SCHALOW Fr. and BOURGEOIS P.L., «Imagination, Totality and Transcendence [on M. HEIDEGGER and P. RICŒUR].» *International Studies in Philosophy* 22 (1990), No. 1, 59-71.

1991

III.B.203b. ANDERSON P.S., «Paul Ricœur's Aesthetics: Tradition and Innovation.» *Bulletin de la Société Américaine de Philosophie de Langue Française* 3 (1991), No. 3, Winter, 207-220.

III.B.204. AYLESWORTH G.E., «Dialogue, Text, Narrative: Confronting Gadamer and Ricœur.» *Gadamer and Hermeneutics* (Continental Philosophy, 4). Edited and introduced by H.J. SILVERMAN. New York-London: Routledge, [1991], 22 × 14, 63-81.

III.B.205. BARBARCZY E., «Two Conceptions of Narrative Identity – Alasdair MacIntyre and Paul Ricœur.» *Mesotes* 1991, No. 4, 39-46.

III.B.206. BOURGEOIS P.L., «Semeiology and the Phenomenology of Language. Merleau-Ponty and Ricœur.» *Phenomenological Inquiry* 15 (1991), 162-171.

III.B.207. HERBERT G.B. and BOURGEOIS P.L., «The Religious Significance of Ricœur's Post-Hegelian Kantian Ethics.» *American Catholic Philosophical Quarterly* 65 (1991), Ann. Suppl., 133-144.

III.B.208. HOHLER Th.P., «Praxis and Narration. The Underpinnings of Ricœur's Hermeneutics.» *Phenomenological Inquiry* 15 (1991), 15 October, 129-150.

III.B.209. JEANROND W.G., «Chapter 3. The Development of Philosophical Hermeneutics: from Schleiermacher to Ricœur.» *Theological Hermeneutics. Development and Significance.* [London]: Macmillan, [1991], 21,5 × 14, 44-77.

III.B.210. JERVOLINO D., «Ricœur and Husserl. Towards a Hermeneutic Phenomenology.» *Analecta Husserliana. Vol. XXXVI* (1991), 23-30.

III.B.210a. KEARNEY R., «The Hermeneutical Imagination (Ricœur).» *Poetics of Imagining. From Husserl to Lyotard* (Problems of Modern European Thought). [London]: Harper Collins Academic, 1991, 22,5 × 14, 134-169.

Revised paperback edition in 1998.

III.B.211. LAWLOR L., «The Dialectical Unity of Hermeneutics: on Ricœur and Gadamer.» *Gadamer and Hermeneutics* (Continental Philosophy, 4). Edited with an introduction by H.J. SILVERMAN. New York-London: Routledge, [1991], 22 × 14, 82-90.

III.B.212. LEWIS J.J., «Synthesis and Category: the Synthesis of the Heterogeneous in Ricœur and Kant.» *Bulletin de la Société Américaine de Philosophie de Langue Française* 3 (1991), No. 3, Winter, 183-206.

III.B.213. MILLION P., «Can Hermeneutics Respond to the Predicament of Reason? From Husserl to Ricœur.» *Analecta Husserliana. Vol. XXXVI* (1991), 53-72.

III.B.214 MULDOON M., «Time, Self and Meaning in the Works of Henri Bergson, Maurice Merleau-Ponty and Paul Ricœur.» *Philosophy Today* 35 (1991), No. 3, 254-268.

III.B.215. PELLAUER D., «Limming the Liminal. Carr and Ricœur on Time and Narrative [on D. CARR, *Time, Narrative and History*].» *Philosophy Today* 35 (1991), No. 1, 51-23.

III.B.216. SWEENEY R.D., «Phenomenology and Hermeneutics [on E. HUSSERL and P. RICŒUR].» *Analecta Husserliana. Vol. XXXVI* (1991), 17-22.

III.B.217. VALDÉS M.J., «Introduction: Paul Ricœur's Post-Structuralist Hermeneutics [excellent introduction to *A Ricœur Reader*].» New York-London-Toronto-Sydney-Tokyo-Singapore: Harvester-Wheatsheaf, [1991], 23 × 15, 3-40.

III.B.218. WALLACE M.I., «Can God be named without Being Known? The Problem of Revelation in Thiemann, Ogden and Ricœur.» *Journal of the American Academy of Religion 59* (1991), No. 2, Summer, 281-308.

III.B.219. WHITE E., «Between Suspicion and Hope: Paul Ricœur's Vital Hermeneutic.» *Literature and Theology* 5 (1991), No. 5, November, 311-321.

III.B.220. WILSON III R.J., «Ricœur's 'allegory' and Jakobson's metaphoric metonymic principles.» *Phenomenological Inquiry* 15 (1991), 151-161.

1992

III.B.221. ANDERSON P.S., «A Question of Personal Identity.» *The Personalist Forum* 8 (1992), No. 1, Spring.

III.B.222. BOURGEOIS P.L., « Semiotics and the Deconstruction of Presence. A Ricœurian Alternative.» *American Catholic Philosophical Quarterly* 66 (1992), No. 3, 361-379.

III.B.223. BRUNS G.B., «Against Poetry: Heidegger, Ricœur and the Originary Scene of Hermeneutics.» *Hermeneutics Ancient and Modern: Studies in the History of Interpretation* by G.L. BRUNS. New Haven-London: Yale University Press, [1992], 24 × 16, 229-246.

Reprinted in I.B.27.

III.B.224. BUSCH Th., «Perception, Finitude and Transgression. A Note on Merleau-Ponty and Paul Ricœur.» *Merleau-Ponty: Hermeneutics and Postmodernism.* Edited by Th. BUSCH and Sh. GALLAGHER. Albany (NY): State University of New York Press, 1992, 23,5 × 16, 25-35.

III.B.225. DAUENHAUER B.P., «Taylor and Ricœur on the Self [on Ch. TAYLOR, *Sources of the Self* and P. RICŒUR, *Soi-même comme un autre*].» *Man and World* 25 (1992), No. 2, 211-225.

III.B.226. DEGENAAR J., «Imagination and Myth [Kant and Ricœur].» *South African Journal of Philosophy* 11 (1992), No. 3, 67-74.

III.B.226a. GAY W.C., «Ricœur on Metaphor and Ideology.» *Darshan-Manjari. The Burdwan University Journal of Philosophy* 32 (1992), January, 59-70.

III.B.227. LOWE W., «Hans Frei and Phenomenological Hermeneutics [deals with P. RICŒUR's views].» *Modern Theology* 8 (1992), No. 1, January, 133-144.

III.B.228. MARTINE Z R., «Ethics and Interethnic Violence: Ricœur and Nonviolence [Résumé and Summary].» *Laval théologique et philosophique* 48 (1992), No. 2, June, 239-248, 239.

III.B.229. PETERS J.St., «Theatre Hermeneutics, Bodies, History. Gadamer and Ricœur on Performance and Text.» *Internationale Zeitschrift für Philosophie* 1992, nº 1, 101-109.

III.B.230. POTWOROWSKI Chr., «Origen's Hermeneutics in Light of P. Ricœur.» *Origeniana Quinta.* Papers of the 5th International Origen Congress (Boston College 1989) (Bibliotheca Ephemeridum Theologicarum Lovaniensium, 105). Edited by R. DALY. Leuven: University Press - Peeters, 1992, 24,5 × 16, 161-166.

III.B.231. SUTHERLAND D., «A Theological Anthropology of Evil. A Comparison in the Thought of Paul Ricœur and Teilhard de Chardin [Zusammenfassung].» *Neue Zeitschrift für systematische Theologie und Religionsphilosophie* 34 (1992), No. 1, 85-100, 100.

1993

III.B.232. ABEL O., «Ricœur's Ethics of Method.» *Philosophy Today* 37 (1993), No. 1/4, Spring, 23-30.

III.B.233. BOURGEOIS P.L., «The Instant and the Living Present. Ricœur and Derrida Reading Husserl.» *Philosophy Today* 37 (1993), No. 1/4, Spring, 31-37.

III.B.234. BOURGEOIS P.L., «Trace, Semiotics and the Living Present: Derrida or Ricœur.» *Southwest Philosophy Review* 9 (1993), No. 2, 43-63.

III.B.235. DAUENHAUER B.P., «Truth in Drama [on P. RICŒUR].» *Japanese and Western Phenomenology* (Contributions to Phenomenology, 12). Edited by Ph. BLOSSER, E. SHIMONISSÉ et al. with a preface by H. KOJIMA and L. EMBREE. Dordrecht-Boston-London: Kluwer Academic Publishers, 1993, 169-179.

III.B.236. KLEMM D.E., «The Word as Grace. The Religious Bearing of Paul Ricœur's Philosophy.» *Faith and Philosophy.* Journal of the Society of Christian Philosophers 10 (1993), No. 4, October, 503-520.

III.B.237. KOENIG Th., «Psychoanalysis and Hermeneutics: a Psychoanalytico-Philosophical Reading of Freud [by P. RICŒUR].» *Tradition and Renewal. The Centennial of Louvain's Institute of Philosophy. Vol. 2* (Louvain Philosophical Studies, 6). Edited by D. BOILEAU and J.A. DICK. Leuven: Leuven University Press, 1993, 24 × 16, 93-115.

III.B.238. LIEBSCH B., «Archeological Questioning. Merleau-Ponty and Ricœur.» *Merleau-Ponty in Contemporary Perspective* (Phaenomenologica, 129). Edited and introduced by P. BURKE and J. VAN DER VEKEN. Dordrecht-Boston-London: Kluwer Academic Publishers, 1993, 24,5 × 16,5, 13-24.

III.B.238a. RAJAN R.S., «Text and World in Ricœur: a Study in Ricœur's *Rule of Metaphor*.» *Journal of the Indian Council of Philosophical Research* 11 (1993), No. 1, Septembre-December, 17-36.

III.B.239. REAGAN Ch.E., «The Self as an Other [on *Oneself as Another*].» *Philosophy Today* 37 (1993), No. 1/4, 3-22.

A broader version entitled «Philosophical Essay. Personal Identity» is published in his book *Paul Ricœur. His Life and Work*. Chicago-London: University of Chicago Press, [1996], 73-99.

III.B.240. WILSON III, R.J., «Ricœur's 'allegory' and Jakobson's metaphoric/metonymic principles.» *Analecta Husserliana. Vol. XLI* (1993), 293-302.

1994

III.B.240a. ANDERSON P.S., «Agnosticism and Attestation: an Aporia concerning the Other in Ricœur's *Oneself as Another* [penetrating article on Ricœur's philosophical agnosticism on God].» *The Journal of Religion* 74 (1994), No. 1, January, 65-76.

III.B.240b. DWORKIN R., «Reply to Paul Ricœur's 'The Plurality of Sources of Law'.» *Ratio Juris* 7 (194), No. 3, 287-290.

III.B.241. ELLOS W.J., «The Weavings of Narrative [explores the possibility of utilizing Ricœur's theory to elaborate practical ethics].» *Narrative Ethics* (Avebury Series in Philosophy). Aldershot-Brookfield-Hong Kong-Singapore-Sydney: Avebury, [1994], 94-120.

III.B.242. KRAATZ Chr., «Consequences of Ricœur's *Time and Narrative* with regard to Integrated Understanding of the Meaning of Death.» *Phenomenological Inquiry* 18 (1994), 36-45.

III.B.243. MADISON G.Br., «Hermeneutics. Gadamer and Ricœur.» *Twentieth-Century Continental Philosophy* (Routledge History of Philosophy, 8).

Edited by R. KEARNEY. London-New York: Routledge, [1994], 24 × 16, 290-349.

III.B.243a. PANNEERSELVAM S., «Metaphorical Reference in Paul Ricœur: a Study.» *Indian Philosophical Quarterly* 21 (1994), No. 1, 45-52.

III.B.244. VAN DEN HENGEL J., «Paul Ricœur's *Oneself as Another*, and Practical Theology.» *Theological Studies* 55 (1994), No. 3, September, 458-480.

III.B.245. WILSON III R.J., «Metaphor and Metonymic Allegory. Ricœur, Jakobson and the Poetry of W.B. Yeats.» *Analecta Husserliana. Vol. XLII* (1994), 219-227.

1995

III.B.246. BOURGEOIS P.L., «Misplaced Alterity. Another 'Other' of Phenomenological Time.» *Southwest Philosophy Review* 11 (1995), No. 2, 161-169.

III.B.246a. BOURGEOIS P.L., «Ricœur and Marcel: an Alternative to Postmodern Deconstruction.» *Bulletin de la Société américaine de philosophie de langue française* 7 (1995), No. 1-2, 164-175.

III.B.247. COOK M., «Portrait [of P. RICŒUR].» *The Yale Review* 83 (1995), No. 3, July.

III.B.247a. C.R., «Ricœur.» *Dictionary of Philosophy*. Edited by Th. MAUTNER. [Oxford]: Blackwell, 1995, 25 × 17,5, 368-369.

III.B.247b. DAUENHAUER B.P., «Ricœur and Political Identity.» *Philosophy Today* 39 (1995), No. 1/4, Spring, 47-55.

III.B.248. DAVENPORT M.M., «Comments on James B. Sauer's 'Ethics after the Linguistic Turn'.» *Southwest Philosophy Review* 11 (1995), No. 2, 247-249.

III.B.249. KEARNEY R., «Hermeneutic Developments. 7. The Narrative Imagination: Between Poetics and Ethics (Ricœur III).» *Poetics of Modernity. Toward a Hermeneutical Imagination* (Philosophy and Literary Theory). Atlantic Highlands: Humanities Press, [1995], 21 × 14, 92-106, 230-236.

Reprinted in I.B.34.
French text in I.A.10.

III.B.250. KEARNEY R., «5. Ideology and Utopia. The Social Imaginary (Ricœur I).» *Poetics of Modernity. Toward a Hermeneutical Imagination* (Philosophy and Literary Theory). Atlantic Highlands: Humanities Press, [1995], 21 × 14, 66-79, 224-227.

Elaborated version of III.B.144, III.B.158 and III.B.198.

III.B.251. KEARNEY R., «Hermeneutic Developments. 6. Hermeneutics of Myth and Tradition (Ricœur II).» *Poetics of Modernity. Toward a Hermeneutical Imagination* (Philosophy and Literary Theory). Atlantic Highlands: Humanities Press, [1995], 21 × 14, 80-91, 228-230.

A more elaborate version of article «Between Tradition and Utopia» in I.B.23.

III.B.251a. PANNEERSELVAM S., «Paul Ricœur's Hermeneutical Theory of Discourse.» *Indian Philosophical Quarterly* 22 (1995), No. 2, 123-132.

III.B.251b. POOLE G., «Gadamer and Ricœur on the Hermeneutics of Praxis.» *Philosophy and Social Criticism* 21 (1995), No. 5/6, 63-79.

III.B.252. SAUER J.B., «Discourse and Narrative Ethics after the Linguistic Turn.» *Southwest Philosophy Review* 11 (1995), No. 1, 119-134.

III.B.253. WALLACE M.I., «Introduction [presenting the Ricœur texts].» *Figuring the Sacred. Religion, Narrative and Imagination. Paul Ricœur*. Edited by M.I. WALLACE. Minneapolis: Fortress Press, [1995], 23 × 15, 1-32.

1996

III.B.254. ANONYM, «Ricœur, Paul, 1913- .» *Dictionary of Philosophy and Religion. Eastern and Western Thought*. New and enlarged edition. Edited by W.L. REESE. Atlantic Highlands: Humanities Press, [1996], 23 × 15, 654-655.

III.B.254a. BUSCH Th., «Sartre and Ricœur on Imagination.» *American Catholic Philosophical Quarterly* 70 (1996), No. 2, 507-519.

III.B.255. CECILIA M.A., «The Paradox of the Ideals of Humankind: Paul Ricœur's Approach.» *Analecta Husserliana. Vol. XLIX* (1996), 79-96.

III.B.256. CHMIELEWSKI Ph.J., «Toward an Ethics of Production: Vico and Analogy, Ricœur and Imagination.» *Philosophy and Theology* 9 (1996), No. 3-4, Fall, 389-416.

III.B.256a. DUSSEL E., «Hermeneutics and Liberation.» *The Underside of Modernity: Apel, Ricœur, Rorty, Taylor, and the Philosophy of Liberation*. Translated and edited by E. MENDIETA. New Jersey: Humanities Press, 1996, 74-102.

English text of III.E.110.

III.B.257. JOHNSTON A.A., «Oneself as oneself and not as another.» *Husserl-Studies* 13 (1996), No. 1, 1-17.

III.B.257a. KEARNEY R., «Narrative and Ethics.» *Études de lettres* (Autour de la poétique de Paul Ricœur. À la croisée de l'action et de l'imagination). Revue de la Faculté des lettres de l'Université de Lausanne 1996, nº 3-4, 55-72.

III.B.258. RIZZACASA A., «History, Intersubjectivity and *Lebenswelt.*» *Analecta Husserliana. Vol. XLVIII* (1996), 135-144.

III.B.259. SWEENEY R., «The Body as Expression of Life.» *Analecta Husserliana. Vol. XLVIII* (1996), 97-106.

III.B.260. VAN DEN HENGEL J., «Can There Be a Science of Action? Paul Ricœur.» *Philosophy Today* 40 (1996), No. 2/4, Summer, 235-250.

III.B.261. VANDEVELDE P., «Paul Ricœur: Narrative and Phenomenon.» *A Key to Husserl's Ideas I* by P. RICŒUR. Translated by B. HARRIS and J. BOUCHARD SPURLOCK. [Milwaukee]: Marquette University Press, 1996, 21,5 × 14, 7-31.

III.B.261a. ZBINDEN J., «Historical Reality, Narrative Identity and Guilt Conscience. On Paul Ricœur's Theory of History [paper presented on a workshop on 'Narrativity and Fictionality', University of Bielefeld 1995].» *Discours social/Social Discourse* (Le discours de l'histoire et le passé enveloppé. The Discourses on History: Wrapping Up the Past) Vol. 8, 1996, nº 1-2, Winter-Spring, 25-43.

1997

III.B.261b. BEZECKY G., «Paul Ricœur and the Assumption of Linguistic Uniformity.» *Neophilologus* 81 (1997), No.3, 325-339.

III.B.262. BOURGEOIS P.L., «Philosophy at the Limit: Deconstruction and a Ricœurian Extension.» *Southwest Philosophy Review* 13 (1997), No. 2, 153-170.

III.B.263. GARCIA L.M., «Paul Ricœur: Philosopher of Responsibility and Hope: an Introduction and Part I.» *Budhi* (Manila) 1 (1997), No. 2, 129-182.

III.B.264. GARCIA L.M., «The Meaning of Being Human in Ricœur's *Philosophy of the Will* (I).» *Budhi* (Manila) 1 (1997), No. 3, 81-154.

III.B.265. MULDOON M., «Ricœur and Merleau-Ponty on Narrative Identity.» *American Catholic Philosophical Quarterly* 71 (1997), No. 1, Winter, 35-52.

III.B.266. PARFITT M., «Reading Poetry with Ricœur's Dialectical Hermeneutics.» *Budhi* (Manila) 1 (1997), No. 1, 79-99.

III.B.267. PUTT B.K., «Indignation toward Evil: Ricœur and Caputo on a Theodicy of Protest.» *Philosophy Today* 41 (1997), No. 3-4, 460-471.

III.B.268. REAGAN Ch.E., «Paul Ricœur.» *Encyclopedia of Phenomenology* (Contributions to Phenomenology, 18). Edited by L. EMBREE, E.A. BEHNKE et al. Dordrecht-Boston-London: Kluwer Academic Publishers, [1997], 609-613

III.B.268a. SCHRAG C.O., «The Recovery of the Phenomenological Subject: in Conversation with Derrida, Ricœur and Levinas.» *The Journal of the British Society for Phenomenology* 28 (1997), No. 3, October, 228-225.

1998

III.B.269. BOURGEOIS P.L., «Ethics at the Limits of Reason: Ricœur and the Challenge of Deconstruction.» *American Catholic Philosophical Quarterly* 72 (1998), No. 1, 1-21.

III.B.269a. CECILIA M.A., «Existence, Conflict and Harmony/ From M. Rio's 'Jungles pensives' to P. Ricœur's philosophical reflection.» *Analecta Husserliana. Vol. LVII* (1998), 313-337.

III.B.269b. DAIGLER M., «Being as Act and Potency in the Philosophy of Paul Ricœur.» *Philosophy Today* 42 (1998), No. 4/4, Winter, 375-385.

III.B.270. GARCIA L.M., «The Meaning of Being Human in Ricœur's *Philosophy of the Will* (II).» *Budhi* (Manila) 2 (1998), No. 1, 65-103.

III.B.271a. GYLLENHAMMER P., «From the Limits of Knowledge to the Hermeneutics of Action (From Derrida to Ricœur).» *American Catholic Philosophical Quarterly* 72 (1998), No. 4, 559-580.

III.B.271. FRANKE W., «Psychoanalysis as Hermeneutics of the Subject: Freud, Lacan, Ricœur.» *Dialogue*. Canadian Philosophical Review/Revue Canadienne de philosophie 37 (1998), No. 1, 65-81.

III.B.272. JAMES W., «Ricœur, Paul.» *Hundred Twentieth-Century Philosophers*. Edited by St. BROWN et alii. London-New York: [Routledge], [1998], 23,3 × 15,5, 164-166.

III.B.273. KEARNEY R., «Ricœur.» *A Companion to Continental Philosophy* (Blackwell Companions to Philosophy). Edited by S. CRITCHLEY and W.R. SCHROEDER. [Malden (Mass.)-Oxford]: Blackwell, [1998], 25,5 × 18, 443-451.

III.B.274. LI-HSIANG L., «Ricœur's Hermeneutics of the Self and its Aporia.» *International Studies in Philosophy. Studi internazionali di Filosofia* 30 (1998), No. 2, 55-67.

III.B.275. MULDOON M.S., «Ricœur's Ethics: Another Version of Virtue Ethics? Attestation is not a Virtue.» *Philosophy Today* 42 (1998), No. 3/4, 301-309.

III.B.276. THOMPSON J.B., «Ricœur, Paul (1913-....).» *Routledge Encyclopedia of Philosophy. Volume 8*. Edited by E. CRAIG. London-New York: Routledge, [1998], 19 × 14, 318-322.

1999

III.B.277. BARASH J., «The Politics of Memory. Reflections on Practical Wisdom and Political Identity [based on RICŒUR].» *Questioning Ethics. Contemporary Debates in Philosophy*. Edited by R. KEARNEY and M. DOOLEY. London-New York: Routledge, 1999, 33-43.
French text in last article in I.A.15.

III.B.278. CEFAT D. and MUNOZ-DARDÉ V., «Social and Moral Understanding.» *The Edinburgh Encyclopedia of Continental Philosophy*. Edited by S. GLENDINNING. [Edinburgh]: Edinburgh University Press, [1999], 231-238.

III.B.279. MADISON G.B., «Paul Ricœur.» *A Companion to the Philosophers* (Blackwell Companions to Philosophy). Edited by R.L. ARRINGTON. Oxford: Blackwell, 1999, 471-473.

III.B.280. MADISON G.Br., «Hermeneutics: Gadamer and Ricœur.» *The Pimlico History of Western Philosophy*. Edited by R.H. POPKIN. [London]: Pimlico, [1999], 705-712.

III.B.281. PROTEVI J., «*Inventio* and the unsurpassable Metaphor: Ricœur's Treatment of Augustine's Time Meditation.» *Philosophy Today* 43 (1999), No. 1/4, Spring, 86-94.

III.B.282. VENEMA H., «Am I The Text? A Reflection on Paul Ricœur's Hermeneutic of Selfhood.» *Dialogue*. Canadian Philosophical Review/Revue canadienne de Philosophie 38 (1999), No. 4, Fall, 765-783.

III.C. ALLEMAND / GERMAN

1957

III.C.1. JASPERS K., «Antwort [de K. JASPERS à la contribution de P. RICŒUR «Philosophie und Religion bei Karl Jaspers» (II.C.3)]». *Karl Jaspers*

(Philosophen des 20. Jahrhunderts). Édité par P.L. SCHILPP. Stuttgart: Kohlhammer, [1957], 22 × 14,5, 776-779.

Traduit en anglais par III.B.1.

1964

III.C.2. WALDENFELS B., «Philosophie und Nicht-Philosophie. Zur gegenwärtigen französischen Philosophie [expose aussi la philosophie de P. RICŒUR]». *Philosophische Rundschau* 12 (1964), nº 1-2, 48-58.

1968

III.C.3. WYSS D., *Strukturen der Moral. Untersuchungen zur Anthropologie und Genealogie moralischer Verhaltensweisen* [plusieurs références à P. RICŒUR]. Göttingen: Vandenhoeck und Ruprecht, [1968], 23 × 16, 30-32, 34, 56, 91-92.

1970

III.C.4. KEMP P., «Phänomenologie und Hermeneutik in der Philosophie Paul Ricœurs». *Zeitschrift für Theologie und Kirche* (Tübingen) 67 (1970), nº 3, september, 335-347.

1971

III.C.5. HOLENSTEIN E., «Passive Genesis: eine begriffsanalytische Studie [sur la genèse passive chez E. HUSSERL, M. MERLEAU-PONTY et P. RICŒUR]». *Tijdschrift voor Filosofie* 33 (1971), nº 1, mars, 112-153.

III.C.6. SCHIWY G., *Neue Aspekte des Strukturalismus* [discute aussi la conception ricœurienne]. München: Kösel, [1971], 22 × 14, 106-109, 130-131, 184-187.

1972

III.C.7. DUMASY A., «Erkenntnistheorie und strukturale Methodologie. Paul Ricœur». *Restloses Erkennen. Die Diskussion über den Strukturalismus des Claude Lévi-Strauss in Frankreich* (Soziologische Schriften, 8). Berlin: Duncker und Humblot, [1972], 23 × 16, 153-168.

III.C.8. MAINBERGER G., «Die Freiheit und das Böse. Diakronische und synchronische Lektüre der Werke von Paul Ricœur». *Freiburger Zeitschrift für Philosophie und Theologie* 19 (1972), nº 2-3, 410-430.

III.C.9. VAN ESBROECK M., «Die hermeneutische Philosophie von Paul Ricœur». *Hermeneutik, Strukturalismus und Exegese*. Traduction de *Herméneutique, structuralisme et exégèse* par K. BERGNER. München: Kösel, 1972, 22 × 13,5, 27-47.

Traduction allemande de III.A.33.

1973

III.C.10. LEICK R., «Die Wahrheit der Existenz. Versuch über Paul Ricœur». *Stimmen der Zeit* (Freiburg im Breisgau) 98 (1973), Heft 10, octobre, 695-709.

Repris sous le titre «Einleitung. Paul Ricœur und die Wahrheit der Existenz [comme introduction à *Geschichte und Wahrheit*]». *Geschichte und Wahrheit*. München: List, 1974, 20,5 × 13, 9-36.

1974

III.C.11. GISEL P., «Paul Ricœur. Eine Einführung in sein Denken». *Metapher. Zur Hermeneutik religiöser Sprache* (Evangelische Theologie. Sonderheft). München: Kaiser Verlag, [1974], 22,5 × 15, 5-23.

Traduction allemande de III.A.54.
Traduit en japonais par III.I.49.

1975

III.C.12. HONNEFELDER L., «Zur Philosophie der Schuld [surtout chez P. RICŒUR]». *Theologische Quartalschrift* (Schuld und Sünde in einer säkularisierten Welt) 155 (1975), n° 1, 31-48.

III.C.13. STOCK K., «Kerygma als Thema der Philosophie [dans la pensée ricœurienne]« *Evangelische Theologie* (Zur Gottesfrage) 35 (1975), n° 3, mai-juin, 275-281.

1976

III.C.14. BOLLNOW O.Fr., «Paul Ricœur und die Probleme der Hermeneutik. I-II». *Zeitschrift für philosophische Forschung* 30 (1976), n° 2, avril-juin, 167-189; n° 3, juillet-septembre, 389-412.

Reproduit dans *Studien zur Hermeneutik. Band I.: Zur Philosophie der Geisteswissenschaften*. München: Karl Alber, [1982], 20 × 12,5, 224-294.

1977

III.C.15. DIEMER A., «Die Hermeneutik in der Phänomenologie. E. Husserl – M. Heidegger – P. Ricœur – A. Diemer». *Elementarkurs Philosophie. Hermeneutik*. Düsseldorf-Wien: Econ Verlag, [1977], 20 × 14, 84-92.

1978

III.C.16. FREDI DE QUERVAIN P., «Paul Ricœur: die Auseinandersetzung mit Freud». *Psychoanalyse und dialektische Theologie: zum Freud-Verständnis bei K. Barth, E. Thyrmysen und P. Ricœur* (Jahrbuch der Psychoanalyse. Beiheft nº 3). Bern-Stuttgart-Wien: Verlag Hans Huber, [1978], 21 × 12,5, 47-66.

III.C.17. HERTSCH Kl.P., «Rezension. Metapher. Zur religiösen Sprache [sur les articles II.C.16 et II.C.17]». *Theologische Literaturzeitung* (Leipzig) 103 (1978), nº 6, juin, 445-447.

III.C.18. SCHELLING W.A., «Über Motive in der Hermeneutik von Paul Ricœur». *Sprache, Bedeutung und Wunsch. Beiträge zur psychologischen Hermeneutik* [tout le livre d'ailleurs est amplement nourri par la pensée ricœurienne] (Erfahrung und Denken, 53). Berlin: Duncker und Humblot, [1978], 23,5 × 16, 96-126, et passim.

III.C.19. STOCK K., «Philosophie 'in dieser Zwischenzeit' [étude mettant 'Hermeneutik und Psychoanalyse' (I.C.7) dans le contexte de l'entreprise herméneutique de P. RICŒUR]». *Evangelische Theologie* (Gotteslehre in der Philosophie) 38 (1978), nº 1, janvier-février, 84-91.

1979

III.C.20. BRAUNSCHWEIGER H., «Auf dem Weg zu einer poetischen Homiletik. Einige Aspekte der Hermeneutik Ricœurs als Impuls für die Homiletik». *Evangelische Theologie* (Praktische Theologie) 39 (1979), nº 2, mars-avril, 127-143.

1981

III.C.21. SCHELLING W.A., «Zwischen Anthropologie, Hermeneutik und Psychoanalyse: über Paul Ricœur». *Reformation* 30 (1981), nº 3, mars, 154-162.

1982

III.C.22. SPIEGELBERG H., «Aus der Diskussion: zu Paul Ricœurs 'Phénoménologie du vouloir et approche par le langage ordinaire'». *Pfänder-Studien* (Phaenomenologica, 84). Édité par H. SPIEGELBERG et E. AVÉ-LALLEMANT. The Hague-Boston-London: M. Nijhoff, 1982, 24,5 × 16,5, 102-106.

III.C.22a. VILLWOCK J, «Symbol und Existenz. Die Gewissenserfahrung als Sinnquelle des hermeneutischen Problems». *Klassiker der Hermeneutik*

(Uni-Taschenbücher, 1176). Édité par U. NASSEN. Paderborn-München-Wien-Zürich: Ferdinand Schöningh, [1982], 18,5 × 12, 270-300.

1983

III.C.23. WALDENFELS B., «Paul Ricœur: Umwege der Deutung [étude de valeur couvrant toute la philosophie de P. RICŒUR]». *Phänomenologie in Frankreich*. Frankfurt a.M.: Suhrkamp, [1983], 20,5 × 13, 226-335.

1985

III.C.24. SONNEMANS H., «Zum Verhältnis von Gott und Mensch angesichts des Leidens. Auseinandersetzung mit Paul Ricœurs Aufhebung eines ethischen und tragischen Gottesverständnisses in der Christologie». *Theologie und Glaube*. Zeitschrift für den Katholischen Klerus 75 (1985), nº 3, 286-297.

1986

III.C.24a. LÄRCHER G., «Subjekt und Glaube: fundamentaltheologische Denkanstöße im Werk Paul Ricœurs». *Philosophisch-theologische Grenzfragen*. Édité par J. KIRSCHBERG et J. MÜTHER. Essen: Ludgerus, 1986, 113-126.

1987

III.C.25. ZENKA T., «Die Frage: Wer bin ich? (Paul Ricœur: neue Überlegungen zum Wesen der Subjektivität)». *Journal philosophique* (Paris) 1987, nº 15, 244-256.

1988

III.C.26. ANONYME, «Metapher. Ricœurs metaphorische Referenz». *Information Philosophie* 1988, nº 5, décembre, 70-73.

III.C.27. PÖGGELER O., «Zur Verleihung des Hegel-Preises der Stadt Stuttgart an Paul Ricœur [Laudatio]. Konflikt der Interpretationen». *Hegel-Studien* 23 (1988), 248-268.

Texte français par III.A.138a.
Traduit en espagnol dans I.D.12.

III.C.28. ROMMEL M., «Zur Verleihung des Hegel-Preises der Stadt Stuttgart an Paul Ricœur. Oberbürgemeister Manfred Rommel: Einleitungsworte». *Hegel-Studien* 23 (1988), 246-248.

III.C.29. WELSEN P., «Das Subjekt und sein Anderes – Subversion und Wiederaneignung des Subjekts bei Paul Ricœur und Jacques Lacan». *Philosophisches Jahrbuch* 95 (1988), n° 2, 307-320.

1989

III.C.30. BAYER O., «Theologie im Konflikt der Interpretationen. Ein Gespräch mit Paul Ricœur [sur la contribution de la philosophie herméneutique de P. RICŒUR à la théologie]». *Communio Viatorum.* A Theological Quarterly 32 (1989), n° 4, hiver, 223-230.

Une version abrégée est publiée dans *Evangelische Kommentare* 1989, n° 7, 31-34.

III.C.31. MAKITA E., «Gadamer und Ricœur: die Kontinuität der Tradition und die Geschichtlichkeit der Interpretation». *European Journal for Semiotic Studies* (Wien) 4 (1989), n° 3, 479-486.

Texte japonais par II.I.71.

III.C.32. MEYER U.I., «Sinn und Symbol. Eine Untersuchung zum Sinnbegriff bei Paul Ricœur und Maurice Merleau-Ponty». *Prima philosophia* 2 (1989), n° 2, 217-226.

III.C.33. WALDENFELS B. et SCHOLTZ G., «Philosophie [sur P. RICŒUR]». *Historisches Wörterbuch der Philosophie. Band 7: P-Q.* Édité par J. RITTER et K.-H. GRÜNDER. Basel: Schwabe & Co., 1989, 27,5 × 20,5, 749, 758-759.

1990

III.C.34. BAYER O., «Laudatio anläßlich der Verleihung des Dr. Leopold-Lucas-Preises 1989». *Liebe und Gerechtigkeit. Amour et justice* (Lucas-Preis 1989) par P. RICŒUR. Tübingen: J.C.B. Mohr, [1990], 18,5 × 11,5, 85-90.

III.C.35. BUZZONI M., «Zum Begriff der Person. Person, Apriori und Ontologie bei Heidegger und Ricœur». *Zur philosophischen Aktualität Heideggers.* Symposium der Humboldt-Stiftung, 1989. *Band II: Im Gespräch der Zeit.* Sous la direction de D. PAPENFUSS et O. PÖGGELER. Frankfurt a.M.: Klostermann, [1990], 24 × 16,5, 227-253.

III.C.36. GÖRTZ H.-J., «'Erzählen' und 'Erzählung'. Zu Paul Ricœurs Gedanke von *Temps et récit*». *Philosophisches Jahrbuch* 1990 (97), n° 1, 105-117.

III.C.37. HERSCH J., «Laudatio auf Paul Ricœur [à l'occasion de la remise du Karl Jaspers-Preis 1989, Heidelberg 1990]». *Heidelberger Jahrbücher* 34 (1990), 83-87.

III.C.38. PLECHL P.M., «Die Person und ihre ethischen Strukturen. Paul Ricœur im Institut für die Wissenschaften vom Menschen [on a Jan Patočka Memorial Lecture, Wien 1990]». *Die Presse* (Wien) 1990, 15 mars, 7.

III.C.39. PRESAS M.A., «Über Ricœurs Hermeneutik». *Zur philosophischen Aktualität Heideggers.* Symposium der Humboldt-Stiftung 1989. *Band II: Im Gespräch der Zeit.* Sous la direction de D. PAPENFUSS et O. PÖGGELER. Frankfurt a.M.: Klostermann, [1990], 24 × 16,5, 220-226.

III.C.40. WELSEN P., «Opazität und Transparenz. Zum Verhältnis von Sprache und Bewußtsein bei Jacques Lacan und Paul Ricœur». *Logik, Anschaulichkeit und Transparenz. Studien zu Husserl, Heidegger und der französischen Phänomenologiekritik* (Phänomenologische Forschungen/Phenomenological Studies/Recherches phénoménologiques, 23). Édité par E.W. ORTH. Freiburg-München: K. Alber, [1990], 20,5 × 12,5, 74-103.

1991

III.C.41. DE BOER Th., «Ricœurs Hermeneutik». *Allgemeine Zeitschrift für Philosophie* 16 (1991), n° 3, 1-24.

III.C.42. PRAMMER Fr., «Paul Ricœur. Eine Einführung in seine Philosophie». *Mesotes.* Zeitschrift für philosophischen Ost-West-Dialog 1 (1991), n° 1, 18-24.

III.C.43 TENGELYI L., «Phänomenologie der Zeiterfahrung und Poetik des Zeitromans in Paul Ricœurs *Temps et récit*». *Mesotes.* Zeitschrift für philosophischen Ost-West-Dialog 1 (1991), n° 3, 28-36.

III.C.44. WELSEN P., «Paul Ricœur». *Philosophie der Gegenwart in Einzeldarstellungen. Von Adorno bis von Wright* (Kröner Taschenausgabe, 423). Édité par J. NIDA-RÜMELIN. Stuttgart: Kröner, [1991], 18-115, 499-503.

1992

III.C.45. GONDEK H.-D., «Trauerarbeit nach Hegel. Über 'Zeit und Erzählung' von Paul Ricœur». *R/SS.* Zeitschrift für Psychoanalyse 1992, n° 21, 89-95.

III.C.46. GRØN A., «Struktur und Sprache [sur F. DE SAUSSURE, Cl. LÉVI-STRAUSS et P. RICŒUR]». *Philosophie im 20. Jahrhundert. Band 1. Phänomenologie, Hermeneutik, Existenzphilosophie und Kritische Theorie* (Rowohlts Enzyklopädie). Édité par A. HÜGLI and P. LÜBCKE. [Reinbek (Hamburg): Rowohlts Taschenbuch Verlag], 1992, 19 × 12,5, 515-536.

Traduction allemande de *Vor is filosofi. Engagement og forståelse.* Kopenhagen: Politikus Verlag, 1982.

III.C.47. SZEGEDI N., «Die Seele und die Zeit. Unterschiede zwischen Heideggers und Ricœurs Deutung der Aristotelischen Definition der Zeit». *Mesotes* 2 (1992), n° 2, 116-121.

1994

III.C.47a. STREIB H., «Erzählte Zeit als Ermöglichung für die religionspädagogische Rede von Identität und Bildung». *Religion und Gestaltung der Zeit*. Édité par D. GENZL et d'autres. Den Haag, 1994, 181-198.

III.C.48. TENGELYI L., «Die hermeneutische Phänomenologie und die rhetorische Tradition [Ricœur]». *Mesotes* 4 (1994), n° 1, 53-69.

1996

III.C.49. CIBULKA J., «Das Entwerfen in der Auffassung von Schütz und Heidegger, und Ricœurs Synthesis von Hermeneutik und Dialektik». *Analecta Husserliana. Vol. XLVIIII* [1996], 427-432.

III.C.50. LIEBSCH B., «Lebensgeschichte und Erzählbarkeit? Auseinandersetzung mit der Philosophie Paul Ricœurs». *Geschichte im Zeichen des Abschieds* (Übergänge, 30). [München]: Wilhelm Fink Verlag, [1996], 195-259.

III.C.50a. TIEMERSMA D., «Über ethnisch-narrative und ethische Identität: Senghor und Ricœur». *Ethik und Politik aus interkultureller Sicht* (Studien zur interkulturellen Philosophie, 5). Édité par R.A. MALL et N. SCHNEIDER. Amsterdam-Atlanta (GA): Rodopi, 1996, 205-220.

III.C.51. WELSEN P., «Teleologie und Deontologie: zum systematischen Anliegen von Ricœurs Ethik». *Philosophisches Jahrbuch* 103 (1996), n° 2, 372-782.

III.C.52. WELSEN P., «Paul Ricœur». *Information Philosophie* 24 (1996), n° 2, 42-50.

III.C.52a. BREITLING A., «III. Forschungskolloquium: Paul Ricœurs *Das Selbst als ein Anderer* (Münster, 11.-13. Juli 1997)». *Journal Phänomenologie* 1997, n° 8, 18-22.

1997

III.C.53. DUGUE J., «Narrative Theologie. Chancen und Grenzen – im Anschluß an E. Jüngel, P. Ricœur und G. Lafont». *Theologie und Philosophie* 72 (1997), n° 1, 31-53.

1998

III.C.54. DASTUR Fr., «Das Gewissen als innerste Form der Andersheit. Das Selbst und der Andere bei Paul Ricœur». *Der Anspruch des Anderen. Perspektiven phänomenologischer Ethik* (Übergänge, 32). Édité par B. WALDENFELS et I. DÄRMANN. [München]: Wilhelm Fink Verlag, [1998], 51-63.

Texte allemand plus développé de l'article 4 dans I.A.10.

III.C.55. GREISCH J., «'Versprechen dürfen': unterwegs zu einer phänomenologischen Hermeneutik des Versprechens [fortement inspiré par P. RICŒUR]». *Kontinuität der Person. Zum Versprechen und Vertrauen* (Collegium Philosophicum, 2). Édité par R. SCHENK. [Stuttgart-Bad Cannstatt]: Frommann-Holzboog, 1998, 241-270.

Reprise de l'article dans I.B.37.
Publié en français dans I.A.15.

III.C.56. KONRAD W., «Die biblische Hermeneutik Paul Ricœurs. Der Ertrag der Hermeneutik Ricœurs für die Homiletik.». *Hermeneutik im Spannungsfeld von Exegese und Homiletik. Predigt als Rede- und Leseakt* (Europäische Hochschulschriften: Reihe 23, Theologie Bd. 633). Frankfurt a.M.-Berlin-Bern-New York-Paris-Wien: Peter Lang, [1998].

III.C.57. LIEBSCH B., «Diesseits eines 'neuen Ursprungs'. Überlegungen zu Ricœurs Verhältnis zu Hegel». *Hegels Vorlesungen über die Philosophie der Weltgeschichte* (Hegel-Studien Beiheft, 38). Édité par E. WEISSER-LOHMANN et D. KÖHLER. Bonn: Bouvier, 1998, 269-293.

III.C.58. LUCKNER A., «Ethik- oder Moralprimat? Ein Universalienstreit (Habermas/Ricœur)». *Philosophische Rundschau* 45 (1998), nº 2, 113-128.

III.C.59. O'MURCHADHA F., «Erzählte Zeit? (Münster, 10. – 12.7.1998) [compte rendu d'un colloque sur P. RICŒUR]». *Journal Phänomenologie* 10 (1998), 30-34.

III.C.60. WELSEN P., «Der Ort der Ethik in Ricœurs praktischer Philosophie». *Der Anspruch des Anderen: Perspektiven phänomenologischer Ethik* (Übergänge, 32). Édité par B. WALDENFELS et I. DÄRMANN. [München]: Wilhelm Fink Verlag, [1998], 111-120.

III.C.61. WOLF K., «Paul Ricœur: Das einshermeneutik und Schrifthermeneutik.» *Religionsphilosophie in Fankreich.* München: Fink Verlag, 1999, 115-142.

III.D. ESPAGNOL / SPANISH

1970

III.D.1. GARCÍA CANCLINI N., «El tiempo en Ricœur: contecimiento y estructura». *Cuadernos de filosofía* (Buenos Aires) 10 (1970), nº 13, janvier-juin, 49-61.

1971

III.D.2. SANTOS M., «La 'repetición' filosófica del mito. Introducción al pensamiento de Paul Ricœur». *Stromata* (Argentina) 27 (1971), nº 3/4, juillet-décembre, 195-513.

III.D.2a. SCHWOEBEL J., *La prensa, el poder y el dinero* (Documento periodistico, 17). Prologue de M. VIGIL Y VAZQUEZ, avec une préface de P. RICŒUR. Barcelona: Dopesa, 1971, 340 p.

Traduction espagnole de II.A.233.

1972

III.D.3. PINTOR-RAMOS A., «Símbolo, hermenéutica y reflexión en Paul Ricœur». *La Ciudad de Dios* (El Escorial) 185 (1972), nº 3, juillet-décembre, 463-495.

III.D.4. TREVIJANO ETCHEVERRIA P., «La dimensión horizontal de la esperanza en el pensamiento de Paul Ricœur». *Scriptorium Victoriense* 19 (1972) janvier-avril, 5-34.

III.D.5. TREVIJANO ETCHEVERRIA P., «La dímensión vertical de la esperanza en el pensamiento de Paul Ricœur». *Scriptorium Victoriense* 19 (1972), mai-août, 185-215.

Ces deux articles ont été reproduits comme tiré à part sous le titre *La dimensión horizontal y vertical de la esperanza en el pensamiento de Paul Ricœur*. Roma, S.N., 1973, 61 p.

1973

III.D.6. LOPEZ MARTIN A., «El estructuralismo linguistico [aussi sur P. RICŒUR]». *Revista de Filosofía de la Universidad de Costa Rica* 11 (1973), nº 32, 3-11.

III.D.7. MARISTANY DEL RAYO J., «Paul Ricœur y la muerte de la Universidad». *Antropológica* 1973, nº 1, 85-113.

III.D.8. ORTEGA ORTIZ J.M., «Paul Ricœur. Hermenéutica y ontología». *Antropológica* 1973, nº 1, 137-149.

III.D.9. WALTON R.J., «Cultura, existencia y logica transcendental: apofántica formal en la fenomenología [sur P. RICŒUR]». *ITA Humanidades* 9 (1973), 41-60.

1975

III.D.10. DÍAZ C. et MACEIRAS M., *Introducción al personalismo actual* [sur E. MOUNIER, J. LACROIX, M. NÉDONCELLE et P. RICŒUR]. Madrid: Gredos, 1975, 246 p.

III.D.12. MACEIRAS M., «Paul Ricœur [étude sur l'ensemble de sa philosophie]». *Introducción al personalismo actual* (Bibliotéca hispanica de filosofía, 87). Édité par C. DÍAZ et M. MACEIRAS. [Madrid]: Gredos, [1975], 19,5 × 13,5, 141-241.

III.D.13. PINTOR-RAMOS A., «Paul Ricœur y el estructuralismo». *Pensamiento* 31 (1975), nº 122, avril-juin, 95-123.

III.D.14. SAZBON J., *Mito e historia en la antropología estructural* [aussi sur Cl. LÉVI-STRAUSS et la critique de P. RICŒUR]. Buenos Aires: Nueva Visión, 1975, 95 p.

1976

III.D.14a. GRANDA D., «Símbolo y razón en el pensamiento de Paul Ricœur». *Revista de la Universidad Católica* (Quito) 4 (1976), nº 13, 109-128.

III.D.15. LUCAS HERNANDEZ J.S., *Antropologías del siglo XX* [sur B.F. SKINNER, S. FREUD, P. RICŒUR et d'autres]. Salamanca: Sigueme, 1976, 277 p.

III.D.16. MACEIRAS FAFIÁN M., «Ricœur, Paul». *Diccionario de filosofía contemporanea*. Sous la direction de M.A. QUINTANILLA. Salamanca: Sigueme, 1976.

Traduit en italien par III.E.35.

III.D.17. MACEIRAS FAFIÁN M., «La antropología hermenéutica de P. Ricœur». *Antropologías del siglo XX* (Hermeneia, 5). Dirigé par J. DE SAHAGUN LUCAS. Salamanca: Sigueme, 1976, 21,5 × 13, 125-148.

Troisième édition en 1983.

III.D.18. MACEIRAS FAFIÁN M., «Paul Ricœur: una ontología militante». *Pensamiento* 32 (1976), nº 126, avril-juin, 131-156.

III.D.19. COUCH B.M, «Liberación de la palabra [sur l'herméneutique de P. RICŒUR]». *Cuadernos de teología* (Buenos Aires) 4 (1976), nº 2, 116-123.

III.D.19a. POHIER J.-M., «En el nombre del Padre… [étude de fond autour de la problématique religieuse dans *De l'interprétation*]». *En el nombre del Padre. Estudios teologicos y psicoanaliticos* (Lux Mundi, 47). Salamanca: Sigueme, 1976, 21,5 × 13,5, 15-60.

Traduction espagnole de III.A.24.

III.D.20. POLAINO-LORENTE A., «Fenomenología de la comunicación humana y su aplicación a la comunidad pedagógica [chez P. RICŒUR, G. MARCEL et d'autres]». *Bordón* (Madrid) 28 (1976), 213, 215-224.

III.D.21. UNA JUAREZ O., «En la base de la revisión: la hermenéutica [chez H.-G. GADAMER, P. RICŒUR et d'autres]». *Religión y Cultura* (Madrid) 22 (1976), nº 90, 69-77.

1977

III.D.22. MOLNAR Th., «La filosofía en desorden [sur P. RICŒUR, M. HEIDEGGER et d'autres]». *Mikael* (Paraná) 5 (1977), nº 14, 47-57.

III.D.23. OLMEDO A., «¿Cómo es posible hoy el amor al projimo? [selon G. GUTIERREZ, A. PAOLI et P. RICŒUR]». *Projección* (Granada), 24 (1977), nº 106, 1873-190.

III.D.24. PINTOR-RAMOS A., «Arqueología y teleología del sujeto. Hitos de la filosofía reflexiva de Paul Ricœur (I-II)». *La Ciudad de Dios* (El Escorial) 190 (1977), nº 2, mai-août, 223-277; 191 (1978), nº 2, mai-août, 247-297.

III.D.25. RUBIO ANGULO J., «Paul Ricœur y la filosofía latino-americana». *Revista Javeriana* 91 (1977), nº 439, 73-80.

III.D.25a. SECRETAN Ph., «Hermenéutica y verdad». *Exégesis. Problemas de método y ejercicios de lectura.* Édité par Fr. BOVON et Gr. ROUILLER et traduit par J.S. CROATTO. Buenos Aires: La Aurora, [1978], 22 × 15,5, 000-218].

Traduction espagnole de III.A.59a

1978

III.D.26. RINCON GONZALEZ A., «Lenguaje religioso y ciencias del lenguaje [sur P. RICŒUR et J. MACQUARRIE]». *Theologica Xaveriana* (Columbia) 28 (1978), nº 3, 395-411.

III.D.27. BLOCHER H., «La hermenéutica según Paul Ricœur». *Boletín teológico. Fraternidad teológica Latinoamericana* (México) 1978, nº 1, 1-55.

III.D.28. CERIOTTO C.L., «Aproximación a Paul Ricœur. Hermenéutica-Latencia-Reflexión». *Philosophia* (Argentina) 1978, nº 40, 1-21.

III.D.29. GARCÍA CANCLINI N., «Linguïstica y psicoanálisis en la filosofía de Paul Ricœur». *Escritos de filosofía* (Lenguaje) (Argentina) 1 (1978), nº 1, 103-112.

III.D.30. NOEMI J., «Exégesis y dogma: a propósito del 'pecado original' [selon P. RICŒUR]». *Teología Vida* (Chile) 19 (1978), nº 4, 299-304.

III.D.31. ORUZCO S.L.E., «Ciencia-ideología desde la relación Feuerbach-Marx. A propósito del texto de Ricœur 'Ciencia-ideología' (II.D.13)». *Cuadernos de Filosofía y Letras* (Bogotá) 1 (1978), nº 1, 27-48.

1979

III.D.32. PINTOR-RAMOS A., «Paul Ricœur, fenomenólogo». *Cuadernos Salmantinos de Filosofía* (Salamanca) 6 (1979), 135-136.

III.D.32a. PINTOR-RAMOS A., «Paul Ricœur y el estructuralismo». *Pensamiento* 31(1979), nº 122, avril-juin, 95-123.

III.D.33. VÉASE, «Paul Ricœur». *Diccionario de Filosofía. Vol. IV*. Édité par J. FERRATER MORA. [Madrid]: Alianza Editorial, 1979, 23,5 × 16, 2870-2872.
Réédité en 1980.

1980

III.D.34. HUARTE J., «Apuntes para una antropología del lenguaje bíblico [traitant de P. RICŒUR]». *La Ciencia tomista* (Salamanca) 107 (1980), nº 352, 403-431

III.D.35. PRIETO R.M., «El problema del mal en la obra de Paul Ricœur (Summary)». *Filosofia oggi* 3 (1980), nº 3, 381-407, 476.

III.D.36. SCANNONE J.C., «Simbolismo religioso y pensamiento filosófico según Paul Ricœur». *Stromata* (Argentina) 36 (1980), nº3-4, 215-226.

III.D.37. SCHLESENER A.H., «Ricœur: Fenomenología y hermenéutica». *Textos SEAF* (Curitiba) 1 (1980), nº 2, mai-décembre, 16-23.

III.D.38. FORNARI A., «Cultura, religión y critica de las idolatrías. Explanación filosófico, desde Paul Ricœur, de la intención totalizadora del Documento de Puebla». *Religión y Cultura*. Bogotá: Celam, 1981, 260-327.

1981

III.D.39. PEÑALVER SIMÓ M., «La justificación de la hermenéutica en la filosofía de la voluntad de Paul Ricœur». *Aporía* 3 (1981), nº 12, 73-81.

1982

III.D.40. MACEIRAS FAFIÁN M., «Hermenéutica y reflexión [chez H.-G. GADAMER et P. RICŒUR]». *Aporía* 4 (1982), nº 14-16, 35-52.

1983

III.D.41. COUCH B.M., «Simbolismo y interpretación filosófica». *Del existencialismo a la filosofía del lenguaje* (El Baquiano, 4). [Buenos Aires: Docencia, 1983], 20 × 14, 37-52.

III.D.42. CUENCA MOLINA A., «Rasgos antropológicos-éticos en el pensamiento de Paul Ricœur». *Anales de filosofía* (Murcia) 1 (1983), 225-240.

III.D.43. FLOREZ MIGUEL C., «Racionalidad y acción: P. Ricœur». *Contextos* 1 (1983), 21-39.

III.D.44. FORNARI A., «Civilización, cultura, religión y conciencia critica, según Paul Ricœur». *Del existencialismo a la filosofía del lenguaje* (El Baquiano, 4). [Buenos Aires: Docencia, 1983], 20 × 14, 65, 69-123.

III.D.45. SCANNONE J.C., «Simbolismo religioso y pensamiento filosófico según Paul Ricœur». *Del existencialismo a la filosofía del lenguaje* (El Baquiano, 4). [Buenos Aires: Docencia, 1983], 20 × 14, 53-63.

1984

III.D.46. FORNARI A., «Epilogo [aux conférences et textes de *Educación y política*]». *Educacion y política. De la historia personal a la Comunión de Libertades.* [Buenos Aires]: Editorial Docencia; [1984], 20 × 24, 115-119.

III.D.47. GARCIA PRADA J.M., «Hermenéutica de los símbolos y crisis del lenguaje religioso [chez P. RICŒUR]». *La Ciencia Tomista* (Salamanca) 3 (1984), 111-265, 515-550.

III.D.48. NADAL D., «La libertad en Paul Ricœur». *Estudio Agustiniano* (Valladolid) 19 (1984), nº 3, nº 1, 3-41; nº 2, 191-234, 335-398.

1985

III.D.49. GARCIA PRADA J.M., «De la hermenéutica semiológica a la semántica. El camino de Paul Ricœur». *Estudios filosóficos* (Valladolid) 34 (1985), 115-147.

III.D.50. GUTIERREZ BRIDA M., «Hermenéutica y teoría del significado en Paul Ricœur [with Abstract]». *Escritos de Filosofía* (Buenos Aires) 8 (1985), nº 15-16, 243-265, 265.

III.D.51. MUNERA GARCES J.L., «Acerca de la metafísica en la filosofía de Paul Ricœur». *Aleph* (Manizales) 1985, nº 52, 29-37.

III.D.52. RUBIO ANGULO J., «El trabajo del símbolo (Hermenéutica y narrativa) (Resumen)». *Universitas Philosophica* (Bogotá) 3 (1985), nº 5, 37-56.

1986

III.D.53. RIGBY P., «Critica a la interpretación de Paul Ricœur sobre la doctrina agustiniana del pecado original». *San Agustín en Oxford, 2°* (IX. Congreso internacional de estudios patristicos). Édité avec une préface par J. OROZ RETA. Madrid: Padres Agustinos Recoletas, 1986, 245-252.

III.D.54. WALTON R.J., «El pensamiento de la historia en Paul Ricœur». *Anuario de filosofía jurídica y social* (Buenos Aires) 1986, nº 6, 323-352.

1987

III.D.54a. SANCHEZ MECA D., «La réplica de una poética de la narratividad a la aporetica fenomenológica del tiempo. A proposito de *Temps et récit* de Paul Ricœur». *Carthaginensia* (Murcia) 3 (1987), nº 4, 263-284.

III.D.55. SCANNONE J.C., «Ética y cultura. Recapitulación de trabajos de Ricœur». *Stromata* (Argentina) 43 (1987), 179-184.

III.D.56. WALTON R.J., «Razón prática y espera utópica en la ética de Ricœur». *Cuadernos de ética* 1987, nº 4, 73-93.

III.D.57. WALTON R.J., «Dimensiones de la responsibilidad en la ética de Ricœur». *Actas de las Segundas Jornadas Nacionales de Ética*. Buenos Aires, 1987, 376-381.

1988

III.D.58. BEGUÉ DE GILOTAUX M.-Fr., «Sujeto e historicidad en Latinoamerica [inspiré par la pensée de P. RICŒUR]». *Jahrbuch des Stipendienwerkes Lateinamerikas-Deutschland* 1988, 91-115.

III.D.59. BEGUÉ DE GILOTAUX M.-Fr., «Mimesis y representación». *Stromata* (Argentina) 44 (1988), janvier-juin, 263-291.

III.D.60. PRESAS M.A., «La verdad de la ficción: estudio sobre las ultimas obras de Paul Ricœur». *Revista latinoamericana de filosofía* 14 (1988), 229-235.

III.D.61. RUBIO ANGULO J., «El don del ser. La poética en la obra de Paul Ricœur». *Universitas Philosophica* (Bogotá) 1988-1989, nº 11-12, décembre-janvier, 89-103.

1989

III.D.62. CRAGNOLINI M.B., «Imaginación y conflicto: aspectos reflexivos desde la obra de Paul Ricœur». *Cuadernos de ética* 1989, nº 8, décembre, 7-16.

III.D.63. MASIA CLAVEL J., «Deseo, tiempo y narración. La filosofía de P. Ricœur como hermenéutica de la esperanza critica». *Miscelanea Comillas* 47 (1989), nº 91, 371-389.

III.D.63a. MATURO Gr., «Metáfora y narración en la concepción del simbolo de P. Ricœur». *Fenomenología, creación y crítica.* Édité par F. GARCIA CAMBEIRO. Buenos Aires, 1989.

1990

III.D.63b. PRESAS M.A., «Paul Ricœur: una nueva lectura de la *Poetica* de Aristoteles». *Actas del Coloquio Internacional: una nueva visión de la cultura griega antigua en el fin del milenio* (juin 1997). Universidad Nacional de La Plata, 1990.

III.D.63c. ROVATTI P.A., «Acerca de la 'verdad' de la metáfora [sur la métaphore selon J. DERRIDA et P. RICŒUR]». *Come la luz tenue. Metáfora y saber* (Filosofía). [Barcelona]: Gedisa, [1990], 15-25.

1991

III.D.64. CABRERA SANCHEZ C., «El problema del sujeto en las primeras etapas de la filosofía de Paul Ricœur (I)». *Almogaren* (Las Palmas) 8 (1991), 51-89.

III.D.65. CRUZ M., «Una nota sobre Ricœur y su lugar en el pensamiento contemporaneo». *Cuadernos de filosofía* 22 (1991), nº 35, 37-48.

III.D.65a. PRESAS M.A., «La re-descripción de la realidad en el arte [selon P. RICŒUR]». *Revista Latinoamericana de filosofía* (Buenos Aires) 17 (1991), nº 2, 275-290.

1992

III.D.66. BEGUÉ M.-Fr., «Poética e imaginación creadora en la antropología de Paul Ricœur [avec Abstract]». *Escritos de filosofía* 11 (1992), nº 21-22, 237-254, 254.

III.D.67. BEUCHOT M., «El porvenir politico-cultural y escatológico del hombre según Paul Ricœur: utopía y ontología». *Isegoría* (Madrid) 1992, nº 5, mai, 134-142.

III.D.68. CABRERA SANCHEZ C., «La ética y la constitución de la subjetividad en los escritos recientes de Paul Ricœur». *Almogaren* (Las Palmas) 10 (1992), 11-24.

III.D.69. CRAGNOLINI M.B., «El concepto de razón práctica de Paul Ricœur: entre el proyecto de libertad y las tradiciones [avec Abstract]». *Escritos de filosofía* 11 (1992), nº 21-22, 191-198, 198.

III.D.70. MASIA CLAVEL J, «Revisión de la heteronomía en diálogo con P. Ricœur». *Isegoría* (Madrid) 1992, nº 5, mai, 17-27.

1993

III.D.70a. CECILIA LAFUENTE M.A., «Paul Ricœur, pensador de la escisión». *Fragmentos de Filosofía* (Sevilla) 3 (1993), 77-96.

III.D.70b. CRAGNOLINI M.B., «Razón imaginativa y ética. Reflexiones a partir de la obra de Paul Ricœur». *Temas actuales de la filosofía*. Édité par M.J. PALACIOS. Buenos Aires: Universidad nacional Salta, 1993

III.D.71. FERNANDEZ G.B., «La metáfora: Ricœur y la teoría de los códigos». *Escritos de filosofía* (Buenos Aires) 23-24 (1993), 169-181.

III.D.72. PRESAS M.A., «La verdad de la ficción: estudio sobre las ultimas obras de Paul Ricœur». *El pensamiento de Husserl en la reflexión filosófica contemporanea*. Édité par R. RIZO-PATRON DE LERNER. Lima: Pontificia Universidad Católica del Perú (Instituto Riva Agüero), 1993, 20,5 × 15, 231-242, 231-232.

1994

III.D.74. AGIS VILLAVERDE M., «La metáfora en el discurso filosófico (El diálogo M. Heidegger-P. Ricœur)». *Paideia*. Revista de filosofía y didáctica filosófica 1994, nº 25, 9-101.

III.D.75. BEGUÉ M.-Fr., «El rol de la convicción en la sabiduria practica de Paul Ricœur». *Cuadernos de Ética* 17-18 (1994), 45-56.

III.D.76. BEUCHOT M., «Naturaleza y operaciones de la hermenéutica según Paul Ricœur». *Pensamiento* 50 (1994), nº 196, 143-152.

III.D.76a. BINABURO ITURBIDE J.A., «Símbolo y hermenéutica: las nuevas categorías ontológicas de la filosofía de Paul Ricœur». *Paideia.* Revista de Filosofía y Didáctica filosófica 1994, nº 25.

III.D.76b. ETXEBBERIA MAULEON X., «El pensamiento de Paul Ricœur en torno a la violencia». *Paideia.* Revista de Filosofía y Didáctica filosófica 1994, nº 25.

III.D.76c. HAYLIN FONSECA A., «Caracter punitivo de la culpa: su relación con la simbólica del mal (Parte I)». *Revista de filosofía de la Universidad de Costa Rica* 78-79 (1994), nº 32, 217-224.

III.D.76d. MACEIRAS FAFIÁN M., «Hermenéutica del simbolismo religioso». *Paideia.* Revista de Filosofía y Didáctica filosófica 1994, nº 25.

III.D.76e. MASIA CLAVEL J., «Proyecto, deber y riesgo: la dialectica entre el sí mismo y el otro en la ética de Paul Ricœur». *Paideia.* Revista de Filosofía y Didáctica filosófica 1994, nº 25.

III.D.76f. RODRIGUEZ BUIL F.J., «Paul Ricœur y la postmodernidad (Hermenéutica y esperanza para unos tiempos de crisis)». *Paideia.* Revista de Filosofía y Didáctica filosófica 1994, nº 25.

1995

III.D.76g. FORNARI A., «Sobre Paul Ricœur. Fenomenología de la 'actitud-persona' y hermenéutica de la 'experiencia ética'». *Estudios.* Academia nacional de Ciencias de Buenos Aires. Buenos Aires: Centro de Estudios Filosóficos, 1995, 352-370.

III.D.77. HAYLIN FONSECA A., «Carácter primitivo de la culpa: su relación con la simbólica del mal (Parte II)». *Revista de Filosofía de la Universidad de Costa Rica* 80 (1995), nº 33, 73-77.

III.D.78. MASIA CLAVEL J., «Paul Ricœur en la frontera de filosofía y teología». *Miscelanea Comillas* 53 (1995), 115-134.

III.D.79. ZAPATA G., «La identidad personal como problema hermenéutico y el 'ethos' de la identidad narrativa según el ultimo libro de Paul Ricœur *Soi-même comme un autre*». *Universitas Philosophica* (Bogotá) 12 (1995), nº 23-24, 51-68.

1996

III.D.80. AGÍS VILLAVERDE M., «La metáfora en Heidegger, Ricœur, Derrida». *Simbolo, metafora e senso nella cultura contemporanea.* Atti del convegno internazionale. Édité par C.A. AUGIERI. Lecce (Italia), 1996, 21 × 12,5, 310-325.

III.D.80a. AGÍS VILLAVERDE M., «El ser del discurso y el discurso sobre el ser: aproximación hermenéutica al discurso filosófico». *¿Qué es filosofía?* Actas del Congreso. Universidas de Granada, 1996.

III.D.81. AGÍS VILLAVERDE M., «Simbolismo y hermenéutica: Mircea Eliade y Paul Ricœur». *Suplementos Anthropos* 1996, nº 42, 101-114.

III.D.82. BALIÑAS FERNANDEZ C., «[Laudatio lors du doctorat honoris causa de P. RICŒUR à l'Université de Santiago de Compostela, 1996]». *Discursos da investidura de D. Paul Ricœur como Doutor Honoris Causa.* Santiago de Compostela, [Universidade], 1996, 24 × 17, 21-36.

III.D.83. BINABURO ITURBIDE J.A., «La metáfora: innovación semántica y mediación ontológica [chez P. RICŒUR]». *Letras de Deusto* (Bilbao) 71 (1996), nº 26, 209-216.

III.D.83a. CUENCA A., «La acción social en Paul Ricœur». *Acción e historia. El objeto de la Historia y la teoría de la acción.* Édité par W.J. GONZALEZ. Universidad de Coruña, Servicio de Publicacions, 1996, 233-260.

III.D.84. FORNARI A., «Identidad personal, acontecimiento y alteridad desde Paul Ricœur. La atestación del sí-mismo entre 'mediación narrativa' y 'herméneutica del testimonio' [avec Abstract]». *Escritos de Filosofía* (Buenos Aires) 1996, nº 29-30, 251-272, 272.

Une version plus élaborée est reprise dans *Aquinas.* Rivista internazionale di filosofia 49 (1996), nº 2, mai-août, 339-365.

III.D.84a. RODRIGUEZ SERON A., «El inconsciente: una confrontación entre Bergson y Freud (Resumen. Abstract)». *Contrastes* 1 (1996), 265-283, 265.

III.D.84b. VICENTE BURGOS L., «Desde la acción al agente. Hermenéutica y teoría de la acción en Paul Ricœur». *Acción e historia. El objeto de la Historia y la teoría de la acción.* Édité par W.J. GONZALEZ. Universidad de Coruña, Servicio de Publicacions, 1996, 155-174

1997

III.D.85. AGÍS VILLAVERDE M., «Metáfora y filosofía. En torno al debate Paul Ricœur-Jacques Derrida». *Horizontes del relato. Lecturas y conversaciones con Paul Ricœur.* Édité par GARANZUEQUE avec une préface de O. MONGIN. [Madrid]: Cuaderno gris-UAM Ediciones, [1997], 22 × 14, 301-314.

III.D.86. AGÍS VILLAVERDE M., «Ricœur, Paul». *Diccionario interdisciplinar de Hermenéutica.* Édité par A. ORTIZ OSÉS. Bilbao: Universidad de Deusto, 1997, 22 × 14, 728-731.

III.D.87. AGÍS VILLAVERDE M., «Identidad narrativa y alteridad en las ultimas obras de Paul Ricœur». *Rivista Idee* (Lecce) 12 (1997), nº 34-35, juin-août, 167-178.

III.D.87a. ARANZUEQUE G., «Paul Ricœur: memoria, oblivio y melancolía». *Revista de Occidente* 1997, 105-121.

III.D.87b. BASOMBRIO M.A., «Literatura y autocomprehensión en Paul Ricœur». *Topicos.* Revista de Filosofía 1997, nº 13, 79-103.

III.D.87c. BEGUÉ M.-F., «Refiguración poética del si-mismo. Una interioridad con historia». *Escritos de filosofía* 16 (1997), nº 32, 139-160.

III.D.88. CRAGNOLINI M.B., «Tiempo 'interior' e historia. El instante come 'presente viviente'». *Escritos de filosofía* 16 (1997), nº 31, 91-98.

III.D.88a. FORNARI A., «Historia, interioridad y convicción. Acerca de su relación en el ambito de la filosofía practica». *Escritos de filosofía* 16 (1997), nº 32, 101-137.

III.D.89. GARCIA P.S., «Acción intencional y compromiso ontológico: Nota sobre una crítica de Ricœur a Davidson». *Daimon.* Revista de filosofía (Murcia) 1997, nº 14, 187-190.

III.D.90. GARRIDO S.V., «La hermenéutica del sí y su dimensión ética [avec résumé en portugais et français]». *Reflexão* (A hermenêutica de Paul Ricœur). Revista do Instituto de Filosofia PUC-Campinas, São Paulo) 22 (1997), nº69, 100, 100-106.

III.D.91. LOPEZ SAENZ M.C., «El paradigmo del texto en la filosofía hermenéutica [chez HEIDEGGER, GADAMER et RICŒUR]». *Pensamiento* 53 (1997), nº 206, mai-août, 215-242.

III.D.91a. MATURO Gr., «Paul Ricœur en la universidad Argentina [discours de bienvenu à P. RICŒUR, Buenos Aires, octobre 1983]». 1997, 15 p. [tiré à part]

III.D.91b. PRESAS M.A., «La verdad de la ficción. Estudio sobre las ultimas obras de Paul Ricœur». *La verdad de la ficción.* Buenos Aires: E. Almagesto, 1997, 129-142.

III.D.92. TRIAS S., «Reflección sobre la 'narración de identidad'». *Revista de filosofía* (Venezuela) (26-27) 1997.

1998

III.D.93. AGÍS VILLAVERDE M., «Paul Ricœur en el panorama filosófico contemporáneo». *Anthropos* (Barcelona) 1998, nº 181, novembre-décembre, 15-22.

III.D.94. AGÍS VILLAVERDE M., «El pensamiento hermenéutico de Paul Ricœur». *Anthropos* (Barcelona) 1998, n° 181, novembre-décembre, 49-59.

III.D.95. AUGIERI C.A., «En el principio era el relato: el sentido como narración, el no-sentido como 'demanda' de narración». *Anthropos* (Barcelona) 1998, n° 181, novembre-décembre, 77-81.

III.D.96. BARBEITO M., «El concepto de tradición en P. Ricœur y T.S. Eliot. Una lectura de *La Terra baldía*». *Fenomenología y ciencias humanas* (Cursos y congresos da universidad de Santiago de Compostela, 111). Conmemoración del V Centenario de la Universidad de Santiago de Compostela. Édité par M.L. PINTOS PENARANDA et J.L. GONZALEZ LOPEZ. Santiago de Compostela: Universidad de Santiago de Compostela, 1998, 305-314.

III.D.97. DOMINGO MORATALLA T., «Fragilidad y vulnerabilidad de lo politico: la hermenéutica politica de P. Ricœur». *Anthropos* (Barcelona) 1998, n° 181, novembre-décembre, 72-77.

III.D.98. ESTANQUERIO Rocha A. da S., «De la función semiológica a la semantica: Lévi-Strauss y Ricœur». *Anthropos* (Barcelona) 1998, n° 181, novembre-décembre, 86-91.

III.D.99. JERVOLINO D., «El cogito herido y la ontología problemática del último Ricœur». *Anthropos* (Barcelona) 1998, n° 181, novembre-décembre, 59-63.
Traduction espagnole de III.E.153.

III.D.100. MARTINEZ SANCHEZ A., «Filosofía y literatura en Paul Ricœur». *Fenomenología y ciencias humanas* (Cursos y congresos da universidad de Santiago de Compostela, 111). Conmemoración del V Centenario de la Universidad de Santiago de Compostela. Édité par M.L. PINTOS PENARANDA et J.L. GONZALEZ LOPEZ. Santiago de Compostela: Universidad de Santiago de Compostela, 1998, 361-368.

III.D.101. MUMBIELA SIERRA J.L., «Unidad y alteridad: la aportación de Paul Ricœur a una antropología moral». *Excerpta e dissertationibus in Sacra Theologia*. Universidad de Navarra. Facultad de teología, 1998, 136-199.

III.D.102. NOGUEIRA DOBARRO A., «Editorial. Paul Ricœur. El símbolo da qué pensar. Labilidad antropológica y simbólica del mal». *Anthropos*. Huellas del conocimiento (Paul Ricœur. Discurso filosófico y hermeneusis) (Barcelona) 1998, n° 181, novembre-décembre, 3-14.

III.D.103. PEÑALVER M., «Ricœur: la forma del sentido». *Anthropos* (Barcelona) 1998, n° 181, novembre-décembre, 82-86.

III.D.104. RIGOBELLO A., «El 'pudor del testimonio' en Paul Ricœur». *Anthropos* (Barcelona) 1998, nº 181, novembre-décembre, 69-71.

III.D.105. RODRIGUEZ PIÑEIRO H., «El ser del si mismo: alteridad y participación en Paul Ricœur». *Analecta Husserliana. Vol. LIV* [1998] 37-50.

III.D.106. VALDÉS M.J., «De la filosofía a la teoría de la literatura [chez P. RICŒUR]». *Anthropos* (Barcelona) 1998, nº 181, novembre-décembre, 63-68.

1999

III.D.107. GABILONDO A. et ARANZUEQUE G., «Introducción [à la théorie de l'histoire et la narratologie]». *Paul Ricœur. Historia y narratividad* (Pensamiento contemporaneo, 56). Barcelona-Buenos Aires-México: Ediciones Paidós, [1999], 9-32.

III.D.108. PRESAS M.A., «La lectura de Freud de Paul Ricœur». *Cuadernos de Filosofía* 1999...

III.E. ITALIEN / ITALIAN

1960

III.E.1. RENZI E., «Criticismo, fenomenologia e problema della relazione interpersonale secondo Ricœur». *Archivio di Filosofia* (Tempo e intenzionalità) 30 (1960), nº 1, 89-97.

III.E.2. RENZI E., «Ricœur e l'*Einfühlung* husserliana». *Il Verri* 1960, nº 4, 131-138.

1966

III.E.3. PACI E., «Psicoanalisi e fenomenologia [sur P. RICŒUR]». *Aut Aut* 1966, nº 92, mars, 7-20.

1968

III.E.4. LANISO A., «Linguaggio simbolico e filosofia dell'indagine di Paolo Ricœur». *Giornale di Metafisica* 23 (1968), nº 2-3, 208-218.

III.E.5. VECA S.; «Un articolo di Ricœur sulla linguistica [sur l'article «La structure, le mot, l'événement» (II.A.214)]». *Aut Aut* 1968, nº 105-106, mai-juillet, 192-195.

1969

III.E.6. MORRA G., «Ricœur, Paul». *Enciclopedia Filosofica. Vol. V.* [Firenze]: G.C. Sansoni, [1969], 28 × 20, 755-756.

III.E.7. PATROLA V., «L'antropologia di Paul Ricœur». *L'uomo nel problematicismo di Ugo Spirito*. L'Aquila: L.V. Japadré, 1969, 24 × 16,5, 83-107.

1971

III.E.8. MONDIN B., «La filosofia del simbolismo religioso di Paul Ricœur». *Aquinas* 14 (1971), nº 1, 34-48.

III.E.9. OBERTELLO L., «Filosofia e interpretazione [chez P. RICŒUR]». *Filosofia* 22 (1971), nº 1, janvier, 97-110.

1972

III.E.10. ANDREONI C., «Paul Ricœur. I: La demistificazione del Dio etico. II: Il superamento del Dio etico». *Ethica* 11 (1972), nº 2, 127-149; nº 3, 173-198.

III.E.11. CRISTALDI M., «La testimonianza della maschera. Note sulla critica ermeneutica di Paul Ricœur». *Archivio di Filosofia* (Informazione e testimonianza) 42 (1972), nº 3, 67-85.

III.E.12. GUERRERA BREZZI Fr., «Filosofia e religione in Paul Ricœur». *Sacra Doctrina* 17 (1972), juillet-septembre, 431-472.

III.E.13. GUZZI A., «Gli 'Entretiens' di Cambridge su l'azione. Settembre 1972 [traite aussi de l'analyse linguistique chez P. RICŒUR]». *Filosofia* 24 (1972), nº 2, avril, 177-200.

III.E.14. MARTON Fr., «L'interpretazione nel pensiero di Paul Ricœur». *Esegesi ed ermeneutica*. Atti della XXI Settimana Biblica, Roma 1972. Brescia: Paideia Editrice, 1972, 97-107.

III.E.14a. MODA B., «Paul Ricœur. Il superamento del Dio etico». *Ethica* 1972, 173-220.

1973

III.E.15. DENTICO A.L., «Simbolo e interpretazione in Paul Ricœur». *Saggi e richerche di filosofia*. Édité par A. LAMACCHIA. Lecce: Edizioni Milella, 1973, 21 × 15, 85-111.

III.E.16. FORNI G., «Paul Ricœur». *Fenomenologia. Brentano, Husserl, Scheler, Hartmann, Fink, Landgrebe, Merleau-Ponty, Ricœur*. Milano: Marzorati, 1973, 23,5 × 16,5, 50-52.

III.E.17. FORNOVILLE Th., «L'uomo peccatore. Libertà e fallibilità. La visione di Paul Ricœur». *Studia Moralia* (Pontificia Universitas Lateranensis) 11 (1973), 77-103.

1974

III.E.18. CRISTALDI M., «Tempo e linguaggio in Paul Ricœur». *La sfida semiologica* (Filosofia e problemi d'oggi, 38). Roma: Armando Armando, 1974, 22 × 19, 13-95.

III.E.19. DINI S., «Religione e fede in Paul Ricœur». *Testimonianze* 17 (1974), nº 170, décembre, 764-776.

III.E.20. GUERRERA BREZZI Fr., «Finitudine e situazione in P. Ricœur». *L'etica della situazione* (Esperienze, 24). Édité par P. PIOVANI. Napoli: Guida, 1974, 335-368.

III.E.21. PETTERLINI A., «La simbolica del sacro in Paul Ricœur». *Filosofia e antropologia. Richerche metodologiche.* Verona: Fiorini, 1974, 21 × 14,5, 99-149.

III.E.22. PROPATI G., «Un'interpretazione dell'esistenza: la fenomenologia di Paul Ricœur». *Rassegna di teologia* 15 (1974), nº 5, septembre-octobre, 348-360.

1975

III.E.23. FORNOVILLE Th., «L'uomo peccatore. II: Approccio filosofico della colpa. La visione di Paul Ricœur». *Studia Moralia* (Pontificia Universitas Lateranensis) 13 (1975), 213-239.

III.E.24. JERVOLINO D., «L'ermeneutica della coscienza storica e i limiti dell'ontologia ermeneutica [traite aussi de l'herméneutique de P. RICŒUR]». *Storiografia ed ermeneutica.* Par les soins du Centro di Studi Filosofici di Gallarate. Padova: Gregoriana, 1975, 24 × 17, 165-172.

III.E.25. PROPATI G., «La visione etica di Paul Ricœur». *Sapienza.* Rivista internazionale di Filosofia e di Teologia (Il problema della fondazione della morale) 28 (1975), nº 3, juillet-septembre, 393-397.

III.E.26. PITTALUGA A., «Il problema del male nel pensiero di Paul Ricœur». *Proteus.* Rivista di Filosofia 6 (1975), nº 17-18, mai-décembre, 45-109.

1976

III.E.27. RIGOBELLO A., «Paul Ricœur e il problema dell'interpretazione». *La filosofia dal'45 ad oggi* (Saggi, 65). Édité par V. VERRA. Torino: Édizioni Rai Radiotelevisione Italiana, 1976, 21,5 × 15, 211-223.

1977

III.E.28. SINI C., «Paul Ricœur e la sfida semiologica». *Il Verri* 1977, nº 7, 19-33.

1978

III.E.29. ARCOLEO S., «Metafisica ed ontologia in Platone nella interpretazione di P. Ricœur». *Metafisica e ontologia.* Atti del XXII Convegno di assistenti universitari di filosofia (Padova 1977). Padova: Gregoriana, 1978, 57-66.

III.E.30. DORNISCH L., «I sistemi simbolici e l'interpretazione della scrittura: introduzione all'opera di Ricœur». *Ermeneutica biblica. Linguaggio e simbolo nelle parabole di Gesù.* [Brescia]: Morcelliana, [1978], 23 × 15, 7-27.

Traduction italienne de III.B.44.

III.E.30a. GUERRERA BREZZI Fr., «Paul Ricœur». *Lessico dei teologi del secolo XX* (Mysterium Salutis, 12). Édité par J. FEINER et M. LÖHRER. Brescia: Queriniana, 1978, 677-690.

III.E.30b. SINI C., «Paul Ricœur e la sfida semiologica». *Semiotica e filosofia. Segno e linguaggio in Peirce, Nietzsche, Heidegger e Foucault.* Bologna: Il Mulino, 1978, 228-243.

1979

III.E.31. BARALE F., «Ricœur e la psicoanalisi». *Gli argonauti* 1 (1979), n° 2, 155-159.

III.E.32. GRAMPA G., «Introduzione. Critica delle ideologie, scienze umane ed ermeneutica [largement nourri par la pensée ricœurienne]». *Ideologie e poetica. Marxismo ed ermeneutica per il linguaggio religioso* (Pubblicazioni della Università Cattolica del Sacro Cuore. Scienze filosofiche, 25). Milano: Vita e Pensiero, 1979, 21,5 × 16, 245-303.

III.E.34. JERVOLINO D., «Note sull'ermeneutica di Paul Ricœur (I)». *Il tetto* 16 (1979), n° 96, octobre-décembre, 620-633.

III.E.35. MACEIRAS FAFIÁN M., «Ricœur, Paul». *Dizionario di filosofia contemporanea.* Édition italienne par les soins de M. MARTINI. [Assisi]: [Cittadella editrice], [1979], 25 × 16, 491-493.

Traduction italienne de III.D.16.

III.E.36. MONDIN B., «Ermeneutica filosofica ed ermeneutica biblica [l'auteur se rallie aux vues de P. RICŒUR]». *Bibbia e Oriente* 21 (1979), n° 2, 115-128.

1980

III.E.37. BÜCHLI E., «Metafora e verità secondo Paul Ricœur». *Comunicazioni sociali* (Milano) 1980, n° 2, 55-63.

III.E.38. CAZZULLO A., «Paul Ricœur e la metafora». *Semiotica ed ermeneutica. Whitehead, Gadamer, Ricœur, Foucault* (Quaderni de «L'uomo, un segno»). Milano: Edizioni Dov'è la tigre, 1980, 24 × 17, 63-80.

III.E.39. HEERING H., «Paul Ricœur». *Filosofi del XX Secolo*. Traduction de *Filosofen van de 20e eeuw* (1972) par A. POMPEI. Roma: Armando Armando, 1980, 21,5 × 13,5, 157-167.
Traduction de III.G.12.

III.E.40. JERVOLINO D., «Note sull'ermeneutica di Paul Ricœur (II)». *Il tetto* 17 (1980), n° 97, janvier-février, 16-29.

III.E.41. NEBULONI R., «Nabert e Ricœur. La filosofia reflessiva dall'analisi coscienziale all'ermeneutica filosofica». *Rivista di filosofia neoscolastica* 72 (1980), n° 1, janvier-mars, 80-107.

III.E.42. ROSSI O., «Per un'analisi dell'ontologia di Paul Ricœur». *Aquinas* 23 (1980), n° 2-3, 439-466.

1981

III.E.43. ANONYME, «Ricœur, Paul». *Enciclopedia Garzanti di filosofia e epistemologia, logica formale*. [Milano]: Garzanti, [1981], 19 × 12,5, 794.

III.E.44. BACCARINI E., «Paul Ricœur (1913). Fenomenologia ed ermeneutica». *La fenomenologia. Filosofia come vocazione* (Nuova Universale Studium, 41). Roma: Edizioni Studium, [1981], 16,5 × 11,5, 114-119.

III.E.45. CAMARDI G., «Fenomenologia e filosofia della storia nel pensiero di Paul Ricœur». *Linguaggio e stile. Atti del Congresso Internazionale di Fenomenologia: Linguaggio, Sogno, Opera d'arte (Catania-Vulcano, 1977). Vol I (2 parties)*. Édité par les soins de M. CRISTALDI. Catania: Università degli Studi di Catania, 1981, 201-207.

III.E.46. JERVOLINO, D., «Ricœur e la metafora». *Linguaggio: Scienza-Filosofia-Teologia*. Par les soins du Centro di Studi Filosofici di Gallarate. Padova: Gregoriana, 1981, 24 × 17, 129-139.

III.E.46a. MIEGGE M., «Una traccia di lavoro sui problemi del mito [sur la conception du mythe chez R. BULTMANN, Cl. LÉVI-STRAUSS et P. RICŒUR]». *Protestantesimo* 36 (1981), n° 1, 199-219.

III.E.47. MIGLIASSO S., «Dal simbolo al linguaggio simbolico. L'interesse di una svolta nella teoria ermeneutica di Paul Ricœur per un ermeneutica biblica creativa». *Rivista biblica* 29 (1981), n° 2, avril-juin, 187-203.

III.E.48. ROCCI G., «Simbolo e inconscio in Paul Ricœur». *Linguaggio e stile. Atti del Congresso internazionale di Fenomenologia: Linguaggio, Sogno, Opera d'arte (Catania-Vulcano, 1977). Vol. I (2 parties).* Édités par les soins de M. CRISTALDI. Catania: Università degli studi di Catania, 1981, 1981, 229-286.

1982

III.E.49. CAZZULLO A., «L'aperto dell'interpretazione. Paul Ricœur e la referenza sdoppiata». *L'uomo, un segno.* Rivista di filosofia e cultura (Milano) 21 (1982), n° 2, 21-29.

III.E.50. CAZZULLO A., «Paul Ricœur e l'ermeneutica oggi». *Cultura e scuola* (Roma) 1982, n° 81, 136-143.

III.E.51. FERRARIS M., «Metafora, proprio, figurato. Da Loos a Derrida [traite aussi de la conception ricœurienne]». *Rivista di Estetica* (L'ornamento) 22 (1982), n° 12, 60-73.

III.E.52. FRANZA M.Cl., «Introduzione. Il clima filosofico in Francia dalla crisi della generazione sartriana allo strutturalismo: da Merleau-Ponty a Paul Ricœur. L'evoluzione del concetto di ermeneutica nella produzione ricœuriana [introduction à *Fenomenologia e tempo*]». *Fenomenologia e tempo* (Nuovi Saggi, 84). Édité par les soins de M.Cl. FRANZA. [Roma]: Edizioni dell'Ateneo, [1982], 21 × 15, 7-8, 11-14, 14-17.

1983

III.E.53. JERVOLINO D., «Se il sospetto è creazione. 'Per cambiare il mondo devi interpretarlo' [surtout sur *Temps et récit*]». *Il manifesto.* Quotidien 1983, 17 août.

III.E.54. SINI C., «La fenomenologia e il problema dell'interpretazione (Fenomenologia ed ermeneutica) [commente principalement l'article de P. RICŒUR II.A.305]». *Aquinas.* Rivista internazionale di filosofia 26 (1983), n° 3, septembre-décembre, 517-529.
Traduit en espagnol dans I.D.12.

1984

III.E.57. ALES BELLO A., «Paul Ricœur e l'ermeneutica dell'azione». *Il contributo.* Rivista di ricerca filosofica 8 (184), avril-juin, n° 2.

III.E.58. FANTI M., «Linguaggio, retorica, ontologia in Merleau-Ponty e Ricœur». *Linguaggio, persuasione, verità.* Atti del XXVIII congresso nazionale di filosofia, Verona 1983. Padova: Cedam, 1984, 411-418.

III.E.59. GARULLI E., «Mondo della vita e problemi dell'interpretazione (Ricœur-Gadamer)». *Itinerari di filosofia ermeneutica.* [Urbino]: Quattro Venti, [1984], 21 × 14, 99-116.

III.E.60. GRAMPA G., «Interpretazione e simbolo. La poetica come disciplina ermeneutica nel pensiero di Paul Ricœur». *Interpretazione e simbolo.* Atti del V colloquio sulla interpretazione. Macerata 1983 (Università di Macerata. Pubblicazioni della Facoltà di Lettere e Filosofia, 17). Par les soins de G. GALLI. Torino: Marietti, 1948, 24 × 16,5, 55-93.

III.E.61. JERVOLINO D., «Ricœur e la scoperta del *récit*». *Criterio* (Nuova serie filosofica) 2 (1984), n° 2, été, 37-47.

III.E.62. ROSSI O., «A proposito dell'indagine di Paul Ricœur sulla linguistica». *Linguaggio, persuasione, verità.* Atti del XXVIII Congresso nazionale di Filosofia. Verona, 1983. Padova: Cedam, 1984, 469-474.

III.E.63. ROSSI O., «Il momento etico secondo Paul Ricœur». *Il valore. La filosofica prattica fra metafisica, scienza e politica.* Contributi al XXVII Convegno dei ricercatori di filosofia, Padova 1982. Padova: Gregoriana, 1984, 221-237.

1985

III.E.64. COPPOLINO S., «Ricœur e l'ermeneutica del Novecento [sur D. JERVOLINO, *Il cogito e l'ermeneutica. La questione del soggetto in Ricœur*]». *Criterio* (Napoli) 3 (1985), n° 1, 64-67.

III.E.65. JERVOLINO D., «Questione del soggetto e narratività nell'ermeneutica di Ricœur». *Marka* 6 (1985), n° 14, mai-juillet, 1-10.

III.E.66. PISCIONE E., «La parabola evangelica in Paul Ricœur e l'esistenza umana come parabola». *Per la filosofia* 2 (1985), n° 2, 89-94.

1986

III.E.67. DANESE A., «Il personalismo e l'ermeneutica di Paul Ricœur». *La questione personalista. Mounier e Maritain nel dibattito per un nuovo umanesimo* (Atti del Convegno su «Il personalismo comunitario oggi», Terano 1986). Édité par A. DANESE. [Roma]: Città nuova editrice; [1986], 116-149.

III.E.68. MARRONE P., «La fenomenologia nel pensiero di Paul Ricœur». *Fenomenologia e società* (Milano) 1986, n° 12, 117-135.

III.E.69. PIERETTI A., «Ricœur: la fenomenologia della volontà come metodo di rinvio all'originario [introduction à *La semantica dell'azione*]». *La semantica dell'azione. Discorso e azione* (Di fronte e attraverso, 156). [Milano]: Jaca Book, [1986], 23 × 15, 7-31.

III.E.70. SCILIRONI C., «L'ermeneutica dei simboli di P. Ricœur». *Sapienza* 39 (1986), 315-329.

1987

III.E.71. APPOLONI A., «Storia e narrazione in Paul Ricœur». *Verifiche* 16 (1987), 265-290.

III.E.72. CAZZULLO A., «Paul Ricœur: l'ultima voce filosofica sulla metafora». *La verità della parola. Ricerca sui fondamenti filosofici della metafora in Aristotele e nei contemporanei* (Edizioni Universitarie Jaca. Filosofia, 39). [Milano]: Jaca Book, [1987], 39-58.

III.E.73. FURNARI M.G., «Tecnica e muthos in psicoanalisi. Note in margine a Paul Ricœur». *La filosofia tra tecnica e mito.* Atti del XXIX Congresso nazionale della Società filosofica italiana (Perugia, 1986). Édité par R. GATTI. S. Maria degli Angeli: Porziuncola, 1987, 462-471.

III.E.74. JERVOLINO D., «Il tempo del racconto. L'itinerario filosofico di Paul Ricœur in un corso a Roma». *Il manifesto.* Quotidien 1987, 18 avril.

III.E.75. JERVOLINO D., «Ricœur: un filosofo della liberazione». *Con nuovi tempi* 1987, 4 marzo, 6.

III.E.76. PIERETTI A., «L'io come persona in Ricœur». *Idee* (Lecce) 1987, nº 5-6, 51-59.

III.E.77. RUSSO G., «Il filosofo Ricœur parla dei giovani, dell'università e dei problemi dell'occidente. 'Abbiamo bisogno di speranza e utopia'». *Corriere della sera.* Quotidien 1987, 1 février, 3.

1988

III.E.78. CAZZULLO A., «Ricœur [sur l'herméneutique et l'ontologie]». *Il concetto e la speranza. Cassirer, Heidegger, Ricœur* (Edizioni Universitarie Jaca. Filosofia, 46). [Milano]: Jaca Book, [1988], 23 × 15, 103-124.

III.E.79. FERRI P., «Il tempo della storia. Analisi trasversale di 'Temps et récit, tome III: Le temps raconté' di Paul Ricœur». *Seminario. Letture e discussioni intorno a Levinas, Jankélévitch, Ricœur* (Materiali Universitari Lettere, 73). [Milano]: Edizioni Unicopli, [1988], 24 × 17, 143-157.

III.E.80. GUETTA A., «Lettura guidata di alcune pagine di 'Temps et récit' di Paul Ricœur». *Seminario. Letture e discussioni intorno a Levinas, Jankélévitch, Ricœur* (Materiali Universitari Lettere, 73). [Milano]: Edizioni Unicopli, [1988], 24 × 17, 125-141.

III.E.81. KEMP P., «Per un'etica narrativa. Un ponte tra l'etica e la riflessione narrativa in Ricœur». *Aquinas* 31 (1988), nº 3, 435-457.

III.E.82. PENATI G., «Ricœur e la storia. Attività storiografica e umanità dell'uomo». *Per la filosofia* 5 (1988), nº 14, 68-79.

III.E.83. PEROGGI M., «Filosofia, simbolo, cifra. Note su Ricœur e Jaspers». *Seminario. Letture e discussioni intorno a Levinas, Jankélévitch, Ricœur* (Materiali Universitari Lettere, 73). [Milano]: Edizioni Unicopli, [1988], 24 × 17, 159-172.

III.E.84. PISCIONE E., «La simbolica del male in Ricœur come riscoperta del sacro». *Per la filosofia* 5 (1988), nº 13, 111-115.

III.E.85. SEGARELLI G., «Paul Ricœur tra concetto e kerygma: il 'kantismo post-hegeliano'». *Filosofia e teologia* (Napoli) 1988, nº 2, 102-118.

1989

III.E.86. BONATO M., «'Il respiro etico del progetto' in Paul Ricœur.» *Hermeneutica* (Urbino) 1989, 441-450.

III.E.87. BOTTANI L., «Ermeneutica rimmemorante ed ermeneutica del sublime. Ermeneutica, tradizione e meta-fisica [chez P. RICŒUR]». *Fenomenologia e società* 12 (1989), nº 2, 107-162.

III.E.88. IANNOTTA D., «Experimentum mysterii. Pensiero e verità [selon E. NICOLETTI et P. RICŒUR]». *Hermes. Dagli dei agli uomini.* Édité par Fr. BREZZI GUERRERA. [Roma]: Armando Editore, [1989], 64-79.

III.E.89. PELLECCHIA P., «Discorso meta-forico e discorso meta-fisico: Ricœur». *Aquinas* 32 (1989), nº 2, 257-300.

1990

III.E.90. BOTTANI L., «Parole come fioris? Metafora e ontologia in Paul Ricœur». *Religioni e società* (Firenze) 1990, nº 9, 9-24.

III.E.91. CELANO Br., «Senso e concetto [sur P. RICŒUR]». *Filosofia per intersezione. Saggi su Aristotele, Leibniz, Peirce, Bloch, Heidegger, Ricœur*

(L'altro, identità del contemporaneo, 33). Sous la direction de G. NICOLAI. Palermo: L'Epos, 1990, 21 × 15, 139-176.

III.E.92. JERVOLINO D., «Del buono uso del pensiero di Ricœur». *Il tetto* 27 (1990), nº 159, mai-juin, 303-316.

Repris dans *Le parole della prassi. Saggi di ermeneutica* (Istituto italiano per gli studi filosofici, il pensiero e la storia, 17). [Napoli]: La città del sole, [1996], 67-83.
Traduit en français par III.A.152.
Une version un peu différente est parue en anglais sous le titre «The Depth and the Breadth of Paul Ricœur» dans I.B.31.

III.E.93. MANASSERO L., «La teoria della metafora tra Aristotele e Ricœur: un tentativo di confronto». *Annali chieresi dell'Istituto di filosofia S. Tommaso d'Aquino* (Chieri) 1990, 69-78.

III.E.94. MIRANDA P., «Simbolo e cifra. Per un confronto Ricœur-Jaspers». *Atti. Accademia di scienze morali e politiche. Vol. CI.* 1990, 93-102.

III.E.95. ZALTIERI C., «Paul Ricœur: il percorso di un'ermeneutica kantiana». *Bollettino della società filosofica italiana* 1990, nº 140, 45-56.

1991

III.E.96. CIARAMELLI F., «La tensione etica del pensiero di Ricœur». *Per la filosofia* (Modelli dell'etica contemporanea) 8 (1991), nº 23, septembre-décembre, 50-63.

III.E.97. CIARAMELLI F., «Ipseità, alterità e pluralità. Nota sull'ultimo Ricœur». *Aut Aut* 1991, nº 212, mars-avril, 91-103.

III.E.98. CIARAMELLI F., «Paul Ricœur filosofo della volontà». *Prospettive settanta* 1991, nº 2-3, 542.

III.E.98a. DI NICOLA G.P., «Per un' antropologia della reciprocità [d'après P. RICŒUR]». *Persona e sviluppo. Un dibattito interdisciplinare.* Édité par A. DANESE. Roma: Dehoniane, 1991, 87-111.

III.E.99. IANNOTTA D., «Dal cogito al sé. Il progetto ermeneutico di Paul Ricœur». *Per la filosofia* 1991, nº 22, 79-89.

III.E.100. IANNOTTA D., «Simbolo e metafora. Interrogando P. Ricœur». *Metaxú* 1991, nº 11, 7-20.

III.E.101. JERVOLINO D., «Ricœur alla scuola della fenomenologia». *Razionalità fenomenologica e destino della filosofia.* Atti del Convegno internazionale per il cinquantenario della morte di Edmund Husserl, Potenza 1988

(Richerche Studi Strumenti. Filosofia, 23). Genova: Marietti, 1991, 21 × 15,5, 241-248.

III.E.102. MARRONE P.P., «Ricœur e Derrida: due aprocci ermeneutici al tema della metafora». *Idee* 1991, nº 17, 65-80.

III.E.103. NEGRI A., «Novecento filosofico e scientifico. Protagonisti [sur P. RICŒUR]». Édité par A. NEGRI. Milano: Marzorati, 1991, 443-451.

III.E.104. PENATI G., «La ricerca di Ricœur come 'cammino della libertà'». *Segni e comprensione* 1991, nº 13, 76–79.

III.E.105. SALANDINI P., «Tempo e alterità in Ricœur e Husserl: per un'ermeneutica fenomenologica della temporalità». *Studi Urbinati* (Università di Urbino) 64 (1991), 122-145.

1992

III.E.106. BOTTANI L., «Simbolo e linguaggio in Paul Ricœur [avec Summary]». *Filosofia Oggi* 15 (1992), nº 1, 47-67.

III.E.106a. CATALANO S., «La 'poetica' nella fenomenologia ermeneutica di Paul Ricœur». *Poietica.* Rassegna critica di filosofia e di scienze umane (Roma) 2 (1992), 53-57.

III.E.108. CRUZ M., «Il presente respira attraverso la storia». *Iride. Filosofia e discussione pubblica* 1992, nº 6, 61-68.

III.E.109. DE BENEDETTI R., «Una filosofia della volontà». *Aut Aut* 1992, nº 247, 113-124.

III.E.110. DUSSEL E., «Ermeneutica e liberazione. Dialogo con P. Ricœur» [texte présenté au colloque 'Filosofia e liberazione', Naples, avril 1991]». *Filosofia e liberazione. La sfida del pensiero del Terzo Mondo.* Lecce: Capone Editore, 1992, 78-107.

Repris dans *Segni e comprensione* (Lecce) 1992, nº 15, 78-107.
Publié en anglais par III.B.256a.

III.E.111. GIULIANI M.C., «La legittimazione del metodo ermeneutico in Paul Ricœur». *Poietica.* Rassegna critica di filosofia e di scienze umane (Roma) 2 (1992), 58-64.

III.E.112. JERVOLINO D., «Parola e scrittura. Considerazioni fenomenologiche a partire da Ricœur e Patočka». *Archivio di Filosofia* (Religione, Parola, Scrittura) Actes du colloque international, Rome 1992. 60 (1992), nºs 1-3, 249-263.

Repris dans *Le parole della prassi. Saggi di ermeneutica* (Il pensiero e la storia, 17). [Napoli]: La città del sole, [1996], 21 × 15, 175-198.

III.E.113. JERVOLINO, D., «In dialogo con l'ermeneutica di P. Ricœur». *Segni e comprensione* (Lecce) 1992, n° 15, 68-77.

III.E.114. MARI G, «Narrazione e futuro. A proposito di 'Temps et récit' e dell'unità della storia». *Iride. Filosofia e discussione pubblica* 1992, n° 9, 69-77.

III.E.115. MORAVIA S., «Il soggetto come identità e l'identità del soggetto». *Iride. Filosofia e discussione pubblica* 1992, n° 9, 78-83.

III.E.116. ROVATTI P.A., «Narrazione e 'fragilità'. Su alcune variazioni di Paul Ricœur». *Iride. Filosofia e discussione pubblica* 1992, n° 9, 84-93.

III.E.117. SINI C., «Narrazione e tradizione». *Iride. Filosofia e discussione pubblica* 1992, n° 9, 92-96.

1993

III.E.118. BERTULETTI A., «Teoria etica e ontologia ermeneutica nel pensiero di Paul Ricœur. I et II». *Theologia* 1993, n° 3 et n° 4, septembre et décembre; 283-318, 331-370.

III.E.119. BREZZI Fr., «La presenza di Paul Ricœur nella filosofia italiana. Omaggio per il suo ottantesimo compleanno». *Cultura e scuola* 1993, n° 128, octobre-décembre, 245-257.

III.E.120. BREZZI Fr., «Il soggetto e la prassi nell'ermeneutica di Paul Ricœur». *Aquinas* 36 (1993), n° 3, septembre-décembre, 643-654.

III.E.121. DE BENEDETTI P., «Postfazione. in margine a Ricœur. Sul male dopo Auschwitz». *Il male. una sfida alla filosofia e alla teologia* (Il pellicano rosso) par P. RICŒUR. [Brescia]: Morcelliana, [1993], 19 × 12, 57-76.

III.E.122. DE SIMONA A., «La scintilla di senso. Ricœur, Aristotele e la metaforica contemporanea». *Studi Urbinati*, B 2 1993-1994, 55-132.

III.E.122a. DI MONTE F., «Profilo biografico di P. Ricœur». *Prospettiva persona* 2 (1993), n° 3, 11-13.

III.E.123. IANNOTTA D., «L'alterità nel cuore dello stesso [introduction à P. RICŒUR]». *Sé come un altro* (Di fronte e attraverso, 325). [Milano]: Jaca Book, [1993], 11-69.

III.E.125. IANNOTTA D., «L'alterità nel cuore della persona». *Prospettiva persona* 2 (1993), n° 3, janvier-mars, 27-31.

III.E.126. IANNOTTA D., «La *Regola d'oro* nella lettura etico-teologica di Paul Ricœur». *Scuola democratica* 1993, n 3-4, juillet-décembre, 78-90.

III.E.127. JERVOLINO D., «Sull'ermeneutica della prassi. Gadamer e Ricœur». *Filosofia e società* 10 (1993), 149-166.

Repris dans *Le parole della prassi. Saggi di ermeneutica* (Il pensiero e la storia, 17). [Napoli]: La città del sole, [1996], 21 × 15, 137-160.

III.E.128. JERVOLINO D., «Un altro cogito?». *L'io dell'altro*. Par les soins de A. DANESE. Genova: Marietti, 1993, 40-60.

Reproduit sous le titre «Apologia pro cogitante. Pensare con Ricœur contro Ricœur» dans *Le parole della prassi. Saggi di ermeneutica* (Il pensiero e la storia, 17). [Napoli]: La città del sole, [1996], 21 × 15, 85-110.

III.E.129. MARIANI ZINI F., «Il problema del terzo nell'ultimo Ricœur». *Rivista di estetica* 1993, n° 43, 23-40.

III.E.131. MONGIN O., «La 'piccola etica' di P. Ricœur». *Prospettiva persona* 2 (1993), n° 3, janvier-mars, 22-26.

Traduction italienne de la partie «La petite éthique» (pages 183-193) de I.A.9.

III.E.132. PUCCI E., «Amore, comunità umana e giustizia nel pensiero di P. Ricœur». *Idee* (Lecce) 1993, n° 24, 51-66.

III.E.133. RIZZACASA A., «La persona nell'itinerario filosofico ermeneutico di Paul Ricœur». *Aquinas* 36 (1993), n° 3, 561-574.

III.E.134. ROSTAGNO S., «Paul Ricœur, ottantesimo compleanno». *Protestantesimo* 1993, 208-210.

1994

III.E.135. AGÍS VILLAVERDE M., «Testo e interpretazione: Paul Ricœur e Hans-Georg Gadamer». *Il testo filosofico. Ermeneutica: teoria e prattica*. Par les soins de F. COSTA. [Palermo]: L'epos, [1994], 21 × 13, 11-41.

III.E.136. ALICI L., «Temporalità e memoria nelle 'Confessiones'. L'interpretazione di Paul Ricœur». *Augustinus* 39 (1994), 5-20.

III.E.137. BREZZI Fr., «Il soggetto responsabile che 'merita di essere chiamato sé' nell'ultimo Ricœur». *Itinerari* 1994, n° 1, 3-12.

III.E.138. CARRAVETTA P., «La sfida della retorica in Paul Ricœur». *Paradigmi* 1994, 527-556.

III.E.139. CORSELLI M., «Storiografia e narratività in Paul Ricœur». *I fondamenti del communicare*. Contributi al XXXIV Convegno dei ricercatori di filosofia,

Padova 1989 (Studi filosofici, 28). Édité par G. PIAIA. Padova: Gregoriana Libreria Editrice, 1994, 24 × 17, 197-208.

III.E.140. GRAMPA G., «Ricœur e la communicazione storica». *I fondamenti del communicare*. Contributi al XXXIV Convegno dei ricercatori di filosofia, Padova 1989 (Studi filosofici, 28). Édité par G. PIAIA. Padova: Gregoriana Libreria Editrice, 1994, 24 × 17, 181-196.

III.E.141. GROSSI S., «Paul Ricœur e il problema del male». *Vivens homo* (Firenze) 1994, 49-72.

III.E.142. IANNOTTA D., «Il gioco dell'identità. Sulle tracce di Paul Ricœur». *Segno. Communicazione. Azione*. Milano: Fr. Angeli, 1994, 112-135.

III.E.142a. LORENZON A., «Simone Weil e Paul Ricœur in Brasile [sur le congrès international sur Simone Weil et Paul Ricœur, Rio de Janeiro, 1993]». *Prospettiva persona* 3 (1994), nº 8, avril-juin, 64-67.

III.E.143. NEUBAUER Zd., «Paul Ricœur e Praga». *Prospettiva persona* 3 (1994), nº 8, avril, 23-26.

III.E.143a. RIZZACASA A., «Democrazia e razionalità ermeneutica. Riflessioni sull'ultimo Ricœur». *Democrazia, ragione e verità* (Scienze umane e filosofia, 35). Par les soins de R. GATTI. Milano: Massimo, [1994], 20 × 12,5, 243-270.

III.E.144. RIZZACASA A., «La riappropriazione di Aristotele nell'ultimo Ricœur». *Aquinas* 38 (1994), nº 1, 35-48.

III.E.145. ROSSI O., «Dal mito al testo: genesi di un approccio e critica della soggettività in Paul Ricœur». *I fondamenti del communicare*. Contributi al XXXIV Convegno dei ricercatori di filosofia, Padova 1989 (Studi filosofici, 28). Edité par G. PIAIA. Padova: Gregoriana Libreria Editrice, 1994, 24 × 17, 209-223.

III.E.146. ROSSI O., «Il kerigma della speranza in Paul Ricœur. Appunti per una riflessione». *Prospettiva persona* 3 (1994), nº 8, avril, 17-22.

III.E.147. SAVIGNANO A., «Ermeneutica e liberazione. Il dialogo di Dussel con Ricœur». *Prospettiva persona* 3 (1994), nº 8, avril, 13-16.

1995

III.E.148. GALLI N., «Il 'deterioramento della politica': la preoccupazione di P. Ricœur». *Pedagogia e vita* (Brescia) 1995, nº 3, 8-10.

III.E.149. GROSSI S., «Possibili risposte al problema del male secondo Ricœur». *Vivens homo* (Firenze) 1995, 395-410.

III.E.150. IANNOTTA D., «Itinerari. In cammino lungi i percorsi dell'ermeneutica ricœuriana». *Psichiatria e psicoterapia analitica* 1995, nº 4, 321-335.

III.E.150a. LORENZON A., «L'opera di Paul Ricœur e la realtà latino-americana». *Prospettiva persona* 4 (1995), nº 12, 37-42.

III.E.151. SALVI M., «Ricœur oltre la dispersione dell'alterità». *La Scuola cattolica* (Varese) 1995, 191-215.

1996

III.E.151a. DANESE A., «Da Mounier a Ricœur. Itinerari di riflessione». *L'idea di persona*. Edité par V. MELCHIORRE. Milano: Vita e Pensiero, 1996.

III.E.151b. GAIFFI F., «L'economia del dono nel pensiero di Ricœur». *Filosofia e teologia* 1996, 75-82.

III.E.151c. GIRARDI G., «Ricerca filosofica rigorosa e l'affirmazione della trascendenza nel dialogo tra Paul Ricœur e Domenico Jervolino». *Protestantesimo* 51 (1996), nº 4, 324-328.

III.E.152. JERVOLINO D., «Tempo e linguaggio nella fenomenologia ermeneutica: il primo Heidegger e l'ultimo Ricœur». *Annuario* (della società italiana di Filosofia del linguaggio) 1996, 27-41.

Repris dans *Le parole della prassi. Saggi di ermeneutica* (Il pensiero e la storia, 17). [Napoli]: La città del sole, [1996], 21 × 15,8, 219-239.

III.E.153. JERVOLINO D., «Il 'cogito' ferito e l'ontologia problematica dell'ultimo Ricœur». *Aquinas* 39 (1996), nº 2, 369-380.

Traduit en espagnol par III.D.99.

1997

III.E.154. DANESE A., «Il contributo di Ricœur al personalismo [avec résumé en portugais et en français]». *Reflexão* (A hermenêutica de Paul Ricœur). Revista do Instituto de Filosofia. PUC-Campinas, São Paulo, 22 (1997), nº 69, 35-72.

III.E.155. DI NICOLA G.P., «A proposito del concetto di reciprocità [avec résumé en portugais et en français]». *Reflexão* (A hermenêutica de Paul Ricœur). Revista do Instituto de Filosofia. PUC-Campinas, São Paulo, 22 (1997), nº 69, 72-99.

III.E.155a. FERRETTI G., «Il soggetto in questione. La questione secondo Ricœur (a. Il cogito che si pone, b. Il cogito infranto)». *Soggettività e intersoggettività. Le 'Meditazioni cartesiane' di Husserl*. [Torino]: Rosenberg e Sellier, 1997, 14-24.

III.E.156. MESSORI R., «Dall'identità narrativa all'itinerenza. Ricœur e la questione della spazialità». *Magisterium.* Rivista di varia dell'Università di Messina 1 (1997), 31-74.

1998

III.E.157. DANESE A., «Paul Ricœur: l'io, l'altro, l'istituzione». *Testimonianze* 1998, n°1, janvier-février, 19-26.

II.E.157a. FISTETTI F., «Il socratismo politico di Paul Ricœur». *Filosofia politica* 12(1998), n. 3, décembre.

III.E.158. IANNOTTA D., «Dopo la riflessione autobiografia e memoria in Paul Ricœur [introduction à I.E.28]». *Riflessione fatta. Autobiografia intellettuale* par P. RICŒUR. [Milano]: Jaca Book, [1998], 23 × 15, 7-16

III.E.159. IANNOTTA D., «Prefazione. La giustizia fra etica, politica e diritto [préface à I.E.29]». *Il Giusto* par P. RICŒUR. Torino: Società editrice internazionale, [1998], 21,5 × 14,5.

III.E.160. JERVOLINO D., «'Fenomenologia ermeneutica': Heidegger e Ricœur». *Heidegger oggi.* Édité par E. MAZZARELLA. [Bologna]: Il Mulino, [1998], 327-332.

1999

III.E.161. RIVA FR., «Una possibilità per l'altro. Levinas Marcel, Ricœur». *Il pensiero dell'altro* (Classici e contemporanei, 19). [Roma]. Ediziomi Lavoro, 1999, VII-LXVI.

III.F. PORTUGAIS / PORTUGUESE

1975

III.F.1a. LAHUD M., « A semiologia segundo Granger [et P. RICŒUR]». *Discurso* 5 (1975), 105-131.

1977

III.F.1. DE SOUSA TEXEIRA J., «Paul Ricœur e a problematica do mal». *Didaskália.* Revista da Faculdade de Teologia de Lisboa 7 (1977): n° 1, 43-129.

III.F.2. PERUZZOLO A.C.,«O jago e a fantasia [selon P. RICŒUR, M. FOUCAULT et H. MARCUSE]». *Vozes* (Petropolis) 71 (19777), n° 5, 524-527.

1982

III.F.3. SUMARES M., «A teoria Ricœuriana da metáfora e o discurso filosófico». *Revista portuguesa de filosofia* (Actas do I congresso Luso-Brasileiro de Filosofia) 38 (1982), nº 2, 182-191.

1985

III.F.4. RENAUD M., «Fenomenologia e Hermenêutica. O projecto filosófico de Paul Ricœur». *Revista portuguesa de filosofia* (Actos do II. Colóquio Português de Fenomenologia) 41 (1985), nº 4, octobre-décembre, 405-442.

1987

III.F.4a. MAGALHÃES Th.C., «Tempo e narração: a proposta de uma poética da narração em Ricœur». *Sintese* (Belo Horizonte) 39 (1987), nº 39, 25-36.

1990

III.F.5. DIAS COSTA M., «A lógica do sentido na filosofia hermenêutica de Paul Ricœur [avec un resumé en français et en anglais]». *Revista portuguesa de filosofia* (Paul Ricœur) 46 (1990), nº 1, janvier-mars, 143-167

III.F.6a. ESTANQUEIRO ROCHA A., «Hermenêutica e estruturalismo [chez P. RICŒUR, avec résumé en français et en anglais]». *Revista portuguesa de filosofia* (Paul Ricœur) 46 (1990), nº 1, janvier-mars, 87-124.

III.F.7. HENRIQUES F., «A significação 'critica' de *Le volontaire et l'involontaire*». *Revista portuguesa de filosofia* (Paul Ricœur) 46 (1990), nº 1, janvier-mars, 49-86.

III.F.8. RENAUD M., «O discurso filosófico e a unidade da verdade nas primeiras obras de Paul Ricœur [avec un résumé en français et en anglais]». *Revista portuguesa de filosofia* (Paul Ricœur) 46 (1990), nº 1, janvier-mars, 19-48.

III.F.9. SIRGADO GANHO M. de L., «Paul Ricœur e Gabriel Marcel [avec un résumé en français et en anglais]». *Revista portuguesa de filosofia* (Paul Ricœur) 46 (1990), nº 1, janvier-mars, 169-180.

III.F.10. SUMARES M., «Acerca de uma tese Ricœuriana [avec un résumé en français et en anglais]». *Revista portuguesa de filosofia* (Paul Ricœur) 46 (1990), nº 1, janvier-mars, 125-142.

1995

III.F.11. CESAR C.M., «Etica e politica em Paul Ricœur». *Revista Brasileira de filosofia* 42 (1995), nº 177, janvier-mars, 51-59.
Repris dans I.F.5.

III.F.12. CESAR C.M., «Etica e hermenêutica: a critica do cogito em Paul Ricœur». *Reflexão* (A hermenêutica de Paul Ricœur). Revista do Instituto de Filosofia PUC-Campinas, São Paulo) 22 (1995), nº 63, septembre-décembre, 11-22.
Repris dans I.F.5.

1995

III.F.13. LORENZON A., «Uma leitura da obra de Paul Ricœur e a realidade latino-americana». *Revista Ciências Humanas* (Rio de Janeiro) 18 (1995), nº 30, 16-30.

1996

III.F.14. REIS J.C., «O conceito do tempo historico em Ricœur, Koselleck e «Annales»: uma articulação possível». *Síntese* (São Paulo) 23 (1996), nº 73, 229-253.

1997

III.F.15. CESAR C.M., «Responsabilidade e cosmos [chez P. RICŒUR] [avec résumé en portugais et en français]». *Reflexão* (A hermenêutica de Paul Ricœur). Revista do Instituto de Filosofia PUC-Campinas, São Paulo) 22 (1997), nº 69, septembre-décembre, 11-18.
Repris dans I.F.5.

III.F.16. LORENZON A., «A ética da pessoa e a relação do amor com a justiça na obra de Paul Ricœur». *Etica, filosofia e estética.* Édité par Fl. R. SIEBENEICHLER. Rio de Janeiro: Editoria Central de Universidade Gama Filho, 1997, 155-186.

III.F.17. LORENZON A., «O enigma do mal na perspectiva de Paul Ricœur». *Revista presença filosófica* (Rio de Janeiro) 22 (1997), nº 1-2, 41-49.

III.F.18. NOVASKI A., «Hermenêutica [chez P. RICŒUR]». *Reflexão* (A hermenêutica de Paul Ricœur). Revista do Instituto de Filosofia PUC-Campinas, São Paulo) 22 (1997), nº 69, 107-120.

III.F.19. HOMEM E. de C., «Considerações sobre a obra 'Conflit des interprétations. Essais d'herméneutique' de Paul Ricœur. Uma proposta de leitura». *Reflexão* (A hermenêutica de Paul Ricœur). Revista do Instituto de Filosofia PUC-Campinas, São Paulo) 22 (1997), n° 69, 121-136.

III.F.20. TURA M.F., «As fontes e implicações da questão da ideologia em Paul Ricœur». *Reflexão* (A hermenêutica de Paul Ricœur). Revista do Instituto de Filosofia PUC-Campinas, São Paulo) 22 (1997), n° 69, 138, 138-148.

1998

III.F.21. SIEBENEICHLER Fl.R., «A existência humana à luz dos textos e dos símbolos: a hermenêutica fenomenológica de Paul Ricœur». *Ethica* (Rio de Janeiro) 5 (1998), n° 1, 120-139.

III.G. NÉERLANDAIS / DUTCH

1958

III.G.1. KOCKELMANS A., «Realisme-idealisme en Husserls phaenomenologie [maintes références aux études ricœuriennes sur E. HUSSERL]». *Tijdschrift voor Philosophie* 20 (1958), n° 3, septembre, 395-411, 441-442.

1961

III.G.2. WYLLEMAN A., «P. Ricœur: eindigheid en schuld. De grenzen van een ethische wereldbeschouwing [étude pénétrante de *Philosophie de la volonté* (3 vol.)]». *Tijdschrift voor Philosophie* 23 (1961), n° 3, septembre, 527-546.

1963

III.G.3. VANSINA D.Fr., «Schets, oriëntatie en betekenis van Paul Ricœurs wijsgerige onderneming (Summary)». *Tijdschrift voor Filosofie* 25 (1963), n° 1, mars, 109-178, 178-182.

Publié en français par III.A.19.

1965

III.G.4. PEPERZAK Ad., «Symboliek van het kwaad [réflexion amplement nourrie par la symbolique ricœurienne du mal et par son interprétation philosophique]». *Mens en medemens* 1965, n° 62, 11-33.

Reproduit dans *Gronden en grenzen*. Haarlem: J.H. Gottmer, [1966], 24 × 16, 236-255.

III.G.5. ZUIDEMA S.U., «Oorspronkelijke affirmatie en theologische eschatologie in Paul Ricœur's denken, speciaal in zijn 'Histoire et vérité'». *Philosophia Reformata* 30 (1965), n° 2-4, 113-116.

Traduit en anglais par III.B.31.

1966

III.G.6. VANSINA D.Fr., «Het heil in de filosofie van Paul Ricœur (Summary)». *Bijdragen* (Over verlossing) 27 (1966), n° 4, octobre-décembre, 485-508, 508-510.

1968

III.G.7. IJSSELING S., «Paul Ricœur en Sigmund Freud. Enige opmerkingen over hermeneutiek en psychoanalyse (Résumé)». *Tijdschrift voor Filosofie* 30 (1968), n° 4, décembre, 695-713, 713-714.

III.G.8. STRUYKER BOUDIER C.E.M., «Paul Ricœur, doctor honoris causa [à l'Université de Nimègue, aperçu de sa pensée]». *Raam* 1968, n° 47, septembre, 55-71.

III.G.9. STRUYKER BOUDIER C.E.M., «Paul Ricœurs pleidooi voor revolutie [bref aperçu de sa philosophie et de sa pensée politique]». *De nieuwe linie* 23 (1968), n° 1176, 12 octobre, 16.

III.G.10. VANSINA D.Fr., «Paul Ricœur. Tekens van menszijn en de kunst ze te leren». *De bazuin* 52 (1968), n° 4, 27 october, 1-2.

1970

III.G.11. VAN DEN BULCKE J., «Het taalbegrip van de structurele linguïstiek en zijn vooropstellingen (Zusammenfassung) [discute amplement la réflexion ricœurienne sur le structuralisme]». *Tijdschrift voor Filosofie* 32 (1970), n° 4, décembre, 615-650, 650.

1971

III.G.12. HEERING H.J., «Paul Ricœur. Vernieuwer van de fenomenologie». *Intermediair* 7 (1971), n° 42, octobre, 5-9.

Reproduit sous le titre «Paul Ricœur« dans *Filosofen van de 20e eeuw*. Sous la rédaction de C.P. BERTELS et E.J. PETERSMA avec une introduction de C.A. VAN PEURSEN. Assen-Amsterdam-Brussel: Van Gorcum-Intermediair, [1972], 23 X 14,5, 141-150.

Dans la septième édition de 1981 l'article sur Ricœur n'a pas été retenu. Traduit en italien par III.E.39.

III.G.13. HEERING H.J., «Paul Ricœur als godsdienstwijsgeer». *Nederlands Theologisch Tijdschrift* 25 (1971), nº 4, octobre, 437-453.

III.G.14. HEERING H.J., «Ricœur, Levinas, Dumas. Wijsgerig-theologische ontmoetingen in Parijs». *Wending* 26 (1971), nº 8, octobre, 470-481.

III.G.15. HEERING H.J., «Paul Ricœur – ter introductie». *Amersfoortse Stemmen* 52 (1971), nº 6, novembre, 211-219.

III.G.16. VANSINA D. Fr., «Geloof, ethiek en politiek [largement inspiré par la pensée de P. RICŒUR]». *Kultuurleven* (De zoekende mens) 38 (1971), nº 3, mars-avril, 212-222.

1972

III.G.17. DIJKMAN J.H., «De wijsgerige en wetenschappelijke mogelijkheidsvoorwaarden voor een verantwoord theologisch taalgebruik in het denken van Paul Ricœur». *Vox theologica*. Interacademiaal theologisch tijdschrift 42 (1972), nº 1, janvier, 40-53.

III.G.18. HEERING H.J., «Het denken van Paul Ricœur». *Amersfoortse Stemmen* 53 (1972), nº 1, 31-33.

1973

III.G.19. BAKKER R., «Paul Ricœur». *Het anonieme denken. Foucault en het structuralisme*. Baarn: Het Wereldvenster, 1973, 21 × 13, 125-126, 162-166.

III.G.20. VAN BERGEN J., «'Het symbool geeft te denken.': een studie in Ricœur (Summary)». *Tijdschrift voor Theologie* 13 (1973), nº 2, avril-juin, 167-188, 188-189.

1974

III.G.21. VAN LEEUWEN Th. M., «De herovering van het symbool [dans la pensée ricœurienne]». *Wending* 28 (1974), nº 12, février, 676-687.

1976

III.G.22. BOONEN J., «Erfzonde of mysterie van het kwaad [surtout sur P. RICŒUR]». *Collationes*. Vlaams Tijdschrift voor Theologie en Pastoraal 1976, nº 3, octobre, 289-311.

III.G.23. GRIFFIOEN S., «De strijd om het centrum. Enkele lijnen en motieven in het denken van Paul Ricœur. Verslag van de diskussie met S. Griffioen». *Vrede met de rede? Over het vraagstuk van rede en religie, van autonomie en heil* (Bijdragen tot de filosofie, 7). Assen-Amsterdam: Van Gorcum, 1976, 24 × 15,5, 37-60, 61-62.

1977

III.G.24. VAN OUWERKERK C.A.J., «'In andermans boeken is het duister lezen'. De psycholoog als mede-lezer [sur P. RICŒUR]». *God, goed en kwaad.* Feestbundel H.J. Heering. Édité par H.J. ADRIAANSE. 's-Gravenhage: Boekencentrum, 1977, 21 × 12, 187-205.

1978

III.G.25. GEERTS A., «Het fundament van de ethiek en de opbouw van de ethische intentie volgens Paul Ricœur (Summary)». *Tijdschrift voor Filosofie* 40 (1978), n 2, juin, 270-305, 305-306.

III.G.26. VAN LEEUWEN Th. M., «Waarom de mythe? De cultuurfilosofie van Paul Ricœur». *Mededelingen Woodbrookers Barchem* 52 (1978), 4-14.

III.G.27. VAN OUWERKERK C.A.J., «'Metaforisch proces' en de samenhang tussen religieuze en esthetische ervaring [traite aussi de la conception ricœurienne de la métaphore]». *Nederlands Theologisch Tijdschrift* 32 (1978), n° 3, juillet, 231-259.

1982

III.G.28. VAN LUIJK H., «Eredoctoraat voor Paul Ricœur. Hulde voor wijsgerige bescheidenheid». *Elseviers Magazine* 1982, 20 novembre, 157-160.

1985

III.G.29. SCHEERS P., *Wat is interpretatie? Hermeneutiek en antropologie in de wijsbegeerte van Paul Ricœur.* [Leuven: Hoger Instituut voor Wijsbegeerte, 1985], 29 p. [gepolycopieerde tekst. Prijs van de Radboudstichting 1985-1986].

III.G.30. STRUYKER BOUDIER C.E.M., «Langs de (om)wegen van het denken. Paul Ricœur en de crisis van de fenomenologie [verslag van lezingen aan het Studium Generale]». *Inleiding hedendaagse Franse filosofen.* Nijmegen: Studium Generale, 1985, 29 × 20,8, 37-49 [polycopie].

III.G.31. VANSINA F., *Paul Ricœur, de filosoof van de gepassioneeerde waarheidsdialoog* (Centrum voor wijsbegeerte). [Brussel: Universitaire Faculteiten Sint-Aloysius], 1985, 30 × 20, 9 p. [ronéotypé].

1987

III.G.32. STRUYKER BOUDIER C.E.M., «Voorbij fenomenologie en structuralisme. Maurice Merleau-Ponty en Paul Ricœur». *Hedendaagse Franse filosofen.* Sous la rédaction de P.L. ASSOUN. Assen-Maastricht: van Gorcum, 1987, 60-70.

1988

III.G.33. DE BOER Th., «De hermeneutiek van Ricœur». *Hermeneutiek. Filosofische grondslagen van mens-en cultuurwetenschappen.* Sous la rédaction de Th. DE BOER avec une introduction de G.A.M. WIDDERSHOVEN. Meppel-Amsterdam: Boom, [1988], 21 × 13,5, 90-120.

1990

III.G.34. KUNST M., «Fenomenologie en eindigheid: de hermeneutiek van Paul Ricœur». *La Linea* (Utrecht) 4 (1990), 54-75.

III.G.35. VAN TONGEREN P., «Hermeneutiek en ethiek in het (vroege) werk van Ricœur [réaction à l'article de DE BOER, De hermeneutiek van Ricœur (II.G.33)]». *Hermeneutiek in discussie* (Filosofische reeks, 32). Sans la rédaction de G.A.M. WIDDERSHOVEN en Th. DE BOER. Delft: Eburon, 1990, 86-94.

III.G.36. POTT H.J., «De wereld als teksthermeneutiek en reflexie bij de late Ricœur». *Hermeneutiek in discussie* (Filosofische reeks, 32). Sans la rédaction de G.A.M. WIDDERSHOVEN en Th. DE BOER. Delft: Eburon, 1990, 95-101.

III.G.37. DE BOER Th., «De hermeneutiek en het postmoderne». *Hermeneutiek in discussie* (Filosofische reeks, 32). Sans la rédaction de G.A.M. WIDDERSHOVEN en Th. DE BOER. Delft: Eburon, 1990, 102-105.

1991

III.G.38. DE VISSCHER J., «Paul Ricœur». *Kritisch Denkerslexikon.* Alphen aan de Rijn-Brussel: Samsom, 1991, 21 × 14, 1-14.

1993

III.G.39. DE BOER Th., «Ricœur en het hermeneutisch tijdperk van de rede». *Moderne Franse filosofen. Foucault, Ricœur et al.* Édité par H.E.S. WOLDRING. Kampen-Kapellen: Kok Agora-Pelckmans, [1993], 22 × 15, 27-45.

III.G.40. DELFGAAUW B. en VAN PEPERSTAATEN Fr., *Beknopte geschiedenis van de wijsbegeerte. Van Thales tot Lyotard.* Kampen-Kapellen: Kok Agora-Pelckmans, [1993], 22 × 15, 220-221.

1994

III.G.41. DE VISSCHER J., «Paul Ricœur: narrativiteit en werkelijkheid». *Denkwijzen 9: Een inleiding in het denken van G.H. Mead, P.F. Strawson, P. Ricœur en J.-Fr. Lyotard.* Édité par H. BERGHS. Leuven-Amersfoort: Acco, 1994, 21 × 13,5, 83-117.

III.G.42. OPDEBEECK H., «De institutionele vermiddeling van de vrijheid. Een hermeneutische context voor de economie». *P. Ricœur. Het probleem van de grondslagen van de moraal* (Agora editie). Kampen-Kapellen: Kok Agora-Pelckmans, [1995], 20,5 × 12, 67-93.

III.G.43. VAN GERWEN J., «Evangelie en ethiek [chez P. RICŒUR]». *P. Ricœur. Het probleem van de grondslagen van de moraal* (Agora editie). Kampen-Kapellen: Kok Agora-Pelckmans, [1995], 20,5 × 12, 95-123.

1996

III.G.44. ADRIAANSE H.J., «Inleiding [au numéro «Wijsgerig perspectief» consacré à P. RICŒUR]». *Wijsgerig Perspectief* (Paul Ricœur) 37 (1996-1997), n° 5, 133-135.

III.G.45. GREISCH J., «Het verwonde Cogito. Ricœurs visie op het menselijk subject». *Wijsgerig Perspectief* (Paul Ricœur) 37 (1996-1997), n° 5, 136-139.

III.G.46. HETTEMA Th.L., «De hermeneutiek van Ricœur: Interpreteren aan de grenzen van de rede». *Wijsgerig Perspectief* (Paul Ricœur) 37 (1996-1997), n° 5, 140-144.

III.G.47. POTT H., «Tijd, narrativiteit, subjectiviteit: Paul Ricœur en Virginia Woolf». *Algemeen Nederlands Tijdschrift voor Wijsbegeerte* 88 (1996), n° 4, october, 267-282.

III.G.48. SCHMITZ P.F., «De levende metaforen van Ricœur». *Wijsgerig Perspectief* (Paul Ricœur) 37 (1996-1997), n° 5, 145-147.

III.G.49. VAN LEEUWEN Th.M., «Denken en geloven bij P. Ricœur». *Wijsgerig Perspectief* (Paul Ricœur) 37 (1996-1997), n° 5, 152-155.

III.G.50. WELSEN P., «Over Ricœurs praktische filosofie». *Wijsgerig Perspectief* (Paul Ricœur) 37 (1996-1997), n° 5, 148-151.

1997

III.G.51. KAL V., «Tussen vergelding en resignatie. Paul Ricœur over het kwaad». *De Uil van Minerva* 14 (1997-1998), n° 2, 77-92.

III.G.52. VEDDER B., «Traditie en overdracht. De functie van de metafoor volgens Paul Ricœur». *Wandelen met woorden. Een weg van de filosofische hermeneutiek naar de hermeneutische filosofie en terug* (Reflecties, 5). [Best]: Damon, [1997], 21,5 × 12, 142-165.

1998

III.G.53. ESKENS E., «De onverzettelijke Paul Ricœur. 'Je ziet de straat, je denkt de stad'». *Filosofie Magazine* 7 (1998), n° 6, augustus, 9-11.

1999

III.G.54. DE BOER Th., «*Soi-même comme un autre*. De beproevingen van het zelf». *Ex libris van de filosofie in de 20ste eeuw. Deel 2: Van 1950 tot 1998*. Édité par K. BOEY et alii. Leuven-Amersfoort: Acco, [1999], 24 × 16, 391-406.

III.G.55. VAN DER BURG S., «De kleine ethiek van Paul Ricœur. Over de grens van het eigenbelang». *Filosofie Magazine* 8 (1999), n° 6, juli-augustus, 20-23.

III.G.56. WELTER I.N.M., «Vrijheid als verantwoordelijkheid of als kwaad [sur I. KANT et P. RICŒUR]». *Filosofie*. Tweemaandelijks tijdschrift van de stichting informatie filosofie 9 (1999), n° 4, augustus-september, 13-16.

III.H. POLONAIS / POLISH

1971

III.H.1. BIENKOWSKA E., «Tragédie et mythe dans la philosophie de Paul Ricœur [en polonais]». *Twórczość* 27 (1971), n° 4, 88-99.

1975

III.H.2. BIENKOWSKA E., «Filozofia i hermeneutyka w mysli Parola Ricœura». *Teksty* 23 (1975), 69-86.

III.H.3. CICHOWICZ St., «Posłowie: Filozofia: hermeneutyka [postface à *Egzystencja i hermeneutyka* mettant en relief l'impact philosophique des textes traduits]». *Egzystencja i hermeneutyka. Rozprawy o metodzie.* Édité par St. CHICHOWICZ. Warszawa: Instytut Wydawnicy Pax, 1975, 291-320.

1982

III.H.4. PALACZ R., «Paul Ricœur czyli hermeneutyka Dasein [Paul Ricœur ou l'herméneutique du Dasein]». *Člowiek i Swiatopoglad* 1982, nº 9, 101-112.

1987

III.H.5. SWIATEK Kr., «Ricœurowska antropologia ulómnosci». *Studia filozoficzne* (Warszawa) 1987, nº 10, 149-164.

1989

III.H.6. ROSNER K., «Paul Ricœur-Filozoficzne zrodla jego hermeneutyki [introduction à la traduction polonaise de *Interpretation Theory* et de quatre articles de P. RICŒUR sur l'herméneutique]». *Język, tekst, interpretacja* (Biblioteka nysli wspolezesnej]. [Warszawa]: Panstwowy Institut Wydawniczy, 1989, 19,5 × 12, 5-60.

1996

III.H.7. DZWIĘGA M., «Petite éthique [en polonais]». *Kwartalnik Filozof* 24 (1996), nº 4, 153-174.

Traduction polonaise des pages 183-193 de I.A.9.

III.I. JAPONAIS / JAPANESE

1968

III.I.1. HISASHIGE T., «Pōru Rikūru ni okeru 'kasjitsu' no Gainen [Une étude sur le concept 'faute' chez Paul Ricœur]». *Senshū Jinbun Ronshū* 1968, nº 1, février, 59-83.

III.I.2. SHIMIZU M., «Pōru Rikūru». *Gendai Furansu Tetsugaku* [Philosophie française de nos jours]. Édité par H. OMODATA. Kyoto: Yūkonsha, 1968, 339-360.

1969

III.I.3. KUME H., «Shinwa to Kaishaku. Pōru Rikūru no Kaishakugaku o megutte [Philosophie et interprétation. Autour de l'heméneutique de Paul Ricœur]». *Hitotsubashi Ronsō* 1969, nº 2, février, 155-177.
Repris dans I.I.1.

1970

III.I.4. ANONYME, «Nanteru no kiken na Kake [Un pari dangereux à Nanterre]». *Nippon Dokusho Shinbun* 1970, nº 1540, 6 avril.

III.I.5. KUME H., «Shōchō toshite no Kotoba to sono Kaishaku [Parole comme symbole et son interprétation suivant l'herméneutique de Paul Ricœur]». *20-seiki Bungaku* 1 (1970), nº 10, 70-87.
Repris dans I.I.1.

III.I.6. KUME H., «Pōru Rikūru no Furoito hihan. Shōchōr-on to Shūkyōr-on o Megutte [La critique de Freud par Paul Ricœur. Autour de la symbolique et de la discussion de la religion]». *Tōhōgakuen Kenkyū Kiyō* 1970, nº 12, septembre, 56-70.

III.I.6a. KUME H., «Parōru no Rinri no tameni-Raveru to Rikūru [Pour une éthique de la parole: Lavelle et Ricœur]». *Hitotsubashi-Ronsō* 64 (1970), nº 4, octobre, 407-426.
Repris dans I.I.1 (66-88).

1971

III.I.7. KUME H., «'Chichi' no Fuzai [L'absence du 'Père']». *Gendai Bungaku* 1971, nº 4, 49-60.
Repris dans I.I.1.

III.I.7a. KUME H., «Disukūru to Kaishaku [Discours et interprétation]». *Gengo-bunka* [Langage et culture]. Hitotsu-bashi-daigaku Gogaku kenkyūs-hitsu 8 (1971), 83-95.
Repris dans I.I.1 (pp. 178-199).

III.I.8. OGAWA O., «Pōru Rikūru to Kāru Yasu. Sentaku no Mondai ni tsuite [Karl Jaspers et Paul Ricœur. Sur le problème du choix]». *Études de langue et de littérature françaises* 1971, nº 19, octobre, 55-56.

1972

III.I.9. KUME H., «Shinwa no Gengo to Shinkō no gengo. Rikūru no Bultmann-hihan [Le discours du mythe et le discours de la foi. La critique de Bultmann par Ricœur]». *Hitotsubashi Ronsō* 1972, nº 67, janvier, 40-57.

III.I.10. KUME H., «Tekusuto no Kaishaku to Kōzō-bunseki [L'interprétation et l'analyse structurelle du texte]». *Furansu techo* 1972, nº 1, novembre, 63-77.

III.I.10a. KUME H., «Kaishakugaku no Gengogakuteki-kisozuke. Banbenisuto to Rikūru [La fondation linguistique de l'herméneutique: Benveniste et Ricœur]». *Hitotsubashi-Ronsō* 69 (1973), nº 3, mars, 217-234.

Repris dans I.I.1. (pp. 156-177)

1973

III.I.11. ŌSHIMA S., «Eriāde to Rikūru ni okeru Genshōgaku to Yūron [La phénoménologie et l'ontologie chez Eliade et Ricœur]». *Risō* 1973, nº 487, décembre, 42-53.

1974

III.I.12. SHIMIZU M., «Pōru Rikūru no Gengoron [Théorie du langage de Paul Ricœur]». *Musashi Daigaku Jinbun Gakkai Zasshi* 5 (1974), nº 3-4, 63-87.

1975

III.I.13. HISASHIGE T., «Furansu no Daigaku-kaikaku ni okeruichi Daigakujin. Pōru Rikūru no baai [Un universitaire dans la réforme universitaire de France. Le cas de Paul Ricœur]». *Senshū Jinbun Ronshū* 1975, nº 15, juin, 71-94.

1976

III.I.14. KUME H., «Furoito to Rikūru. Furoito no Tetsugakuteki Kaishaku [Freud et Ricœur. L'interprétation philosophique de Freud]». *Gendai-shisō* 4 (1976), nº 5, mai, 192-209.

Repris dans I.I.1.

III.I.15. KUME H., «Shōchō no Kaishakugaku. Pōru Rikūru [L'herméneutique du symbole. Paul Ricœur]». *Gendai-shisō* 4 (1976), nº 10, octobre, 108-115.

1977

III.I.16. HISASHIGE T., «Aku to Shinwa. P. Rikūru no Adamu-shinwa Kaishaku [Mal et mythe. L'interprétation du mythe d'Adam par P. Ricœur]». *Jitsuzonshugi* 1977, n° 81, juillet, 34-42.

III.I.17. KUME H., «Tekusuto kaishaku ni okeru 'Sokaku' no Kino. Rikūru to Gadamer no Deai [La fonction de la 'distanciation' dans l'interprétation. La rencontre de Ricœur avec Gadamer]». *Hitotsubashi Ronsō* 77 (1977), n° 2, février, 176-192.

Repris dans I.I.1.

III.I.17a. KUME H., «Kaishakugaku kara Hibyō e [De l'herméneutique à la distanciation]». *Fushichō* 1977, n° 42, 15-17.

Repris dans I.I.1. (pp. 255-266).

III.I.18. KUME H., «P. Rikūru no Rainichi ni yosete [À l'occasion de la visite de P. Ricœur au Japon]». *Nippon dokusho shinbun* 1977, n° 1926, 10 octobre, n° 1927, 17 octobre.

III.I.19. KUME H., «Pōru Rikūru». *Hon no Hiroba* 1977, n° 233, novembre, 4-5.

III.I.20. MASIFA J., «Metafā to Ningen. Pōru Rikūru no Tetsugaku ni tsuite [Métaphore et homme. De la philosophie de Paul Ricœur]». *Sofia* Université Sofia 26 (1977), n° 2 (102), juillet, 115-129.

III.I.21. SAKABE M., «Pōru Rikūru shi no koto [Sur Monsieur Paul Ricœur]». *Kyōyōakubuhō* [Nouvelle de la Faculté de Culture de l'Université de Tokyo] 1977, n° 237, 5 décembre, 1.

1978

III.I.22. IKENAGA K., «Kigō to Kimi. Pōru Rikūru no Kaishakugaku o megutte [Signe et sens. Autour de l'herméneutique de Paul Ricœur]». *Ōsaka daigaku Kyōyōōbu Kenkyū shūroku* (Jinbun-Shakai-Kagaku) 1978, n° 26, mars, 1-18.

III.I.22a. RASMUSSEN D.M., «Pōru Rikūru. Tobubetsu-gengo no Ningengakuteki-Hitōuyōsei [Paul Ricœur: La nécessité anthropologique d'un langage spécial]». *Shōshō to Kaiskaku*. Tokyo: Kinokuniya-shoten, 1978, 75-92.

Traduction japonaise de III.B.13.

III.I.23. SHIMIZU M., «Shōchō-kaishaku no Mondai. Furoito to Rikūru [Le problème de l'interprétation du symbole. Freud et Ricœur]». *Shisō* 1978, n° 644, février, 16-32.

III.I.24. TAJIMA S., «Tetsugaku to Gengo [Philosophie et langage] [Présentation de la traduction d'une conférence de P. RICŒUR à Tokyo]». *Shisō* 1978, n° 643, janvier, 32-34.

III.I.25. TAJIMA S., «Futatsu no Gengoron. Rikūru to Révi-Suturosu [Deux théories du langage. Ricœur et Lévi-Strauss]». *Gengo* 7 (1978), n° 2, 92-93.

III.I.26. TANIGAWA A., «Kōzōshugi to Kaishakugaku. Pōru Rikūru no Kaishakugaku-kenkyū [Structuralisme et herméneutique. Une étude sur l'herméneutique de Paul Ricœur]». *Shisō* 1978, n° 643, janvier, 54-67.

1979

III.I.26a. HASE Sh., «Shokaishaku no Katto [Le conflit des interprétations]». *Shisōōshu no Kyojintachi*. Tokyo: Hokuju-Shuppan, 1979, 28-38.

Repris dans I.I.2. (pp. 149-159).

III.I.27. HISHAHIGE T., «'Hansei' Gainen no Tenkai. Maruseru to Rikūru [Une conversion du concept 'réflexion'. Marcel et Ricœur]». *Senshū Jinbun Ronshū* 1979, n° 23, mai, 1-24.

III.I.27a. ISOYA T., «Kaishakugaku to Kigōron [Herméneutique et sémiotique]». *Gendai-Shisō* 7 (1979), n° 10, août, 111-123.

III.I.27b. KODO A., «Imi no Sōzō to In'yu [La création du sens et la métaphore]». *Ronshū* 1979, n° 3, 67-82.

III.I.28. KUME H., «Rikūru ni okeru Puraton-Tetsugaku no Kaishakugaku-teki Tenkai [Platon et P. Ricœur]». *Gendai-Shisō* 1979, janvier, 135-145.

III.I.29. KUME H., «Kaishakugaku no Kadai to Tenka. Tekisuto-riron o Kijiku to shite [La tâche et le développement de l'herméneutique. La théorie du texte de P. Ricœur]». *Shisō* 1979, n° 659, mai, 1-20.

III.I.30. KUME H., «Tekisuto to wa nanika. Kaishakugaku no Shatei [Qu'est-ce qu'un texte?]». *Gendai-Shisō* 7 (1979), n° 10, août, 56-73.

III.I.31. KUME H., «Gengo no Sonzairon e no Michi. Heidegā to Rikūru [La voie à l'ontologie du langage. Heidegger et Ricœur]». *Gendai-Shisō* 7 (1979), n° 12, septembre, 51-67.

1981

III.I.31a. HASE Sh., «Reizoku-ishi no Mondai to Kotoba [Le problème du serf-arbitre et le langage]». *Ninshiki to Chōetsu*. Édité par F. INAGAKI et Sh. HASE. Hokuju-shuppan, 1981, 225-252.

Repris dans I.I.2 (pp. 174-200).

III.I.31b. HASE Sh., «Shūkyō Genshōkagu to Kaishakugaku [Phénoménologie des religions et herméneutique]». *Kaishakugaku no kadai to Tenkai.* Édité par T. UMEBARA et A. TACHEICHI. Kyoto: Koyo-Shobo, 1981, 252-291.
Repris dans I.I.2 (pp. 117-148).

III.I.32. KATŌ T., «Rikūru no Kaishakugaku-teki Genshōgaku no kōsō [Le plan de la phénoménologie herméneutique de Ricœur]». *Tōhoku-daigaku Kyōyōbu Kiyō* 1981, n° 33, février, 220-239.

III.I.33. KUME H., «Muishiki no Gengo-teki kōsō ni tsuite. Rakan to Rikūru [Sur la structure langagière de l'inconscient. Lacan et Ricœur]». *Gendai-Shisō* 9 (1981), n° 8, juillet, 58-70.

III.I.33a. KUME H., «Gendai Furansu-Shisō ni okeru Niche-Marukusu-Furoito [Nietzsche, Marx et Freud dans la pensée contemporaine en France]». *Gendai-Shisō 9* (1981), n° 3, mai, 96-107.

III.I.34. KUME H., «In'yu no Sōzōsei [La créativité de la métaphore selon P. Ricœur]». *Gendai-Shisō* 9 (1981), n° 5, mai, 60-71.

III.I.34a. SAKUMA A., «Imi no katto: Metafā no Yūgisei o megutte [Le conflit de sens: sur le jeu de métaphore]». *Ronshū* (Université Aoyama-Gakuin) 1981, n° 5, 76-89.

III.I.34b. YAMAKATA Y., «Rikūru no Kaishakugaku to Shutai-ivatashi no Mondai [L'herméneutique de Ricœur et le problème du sujet-je]». *Kaishakugaku no Kadai to Tenkai.* Kyoto: Kōyō-Shobō, 1981, 353-383.

1982

III.I.34c. IZUMI Y., «*Kokukaku VII-VIII* ni okeru Aku no Shōchō. Rikūru o Shō-cho-kaishaku ni manande [Les symboles du mal dans *Les Confessions VII-VIII*: éclairées par l'herméneutique des symboles de Ricœur]». *Chū-sei-Shisō Kenkyū* 1982, n° 24, 1-21.

III.I.34d. KUME H., «Gengo to Shutai no Momdai. Fūkō no 'Arukeorojī' to Rikūru no 'Kaishakugaku' [Le langage et le problème du sujet: 'Archéologie' de Foucault et 'Herméneutique' de Ricœur]». *Kōza Kigō-ron. Tome 2. Kigō o tetsugaku-suru.* Édité par Sh. KAWAMOTO et al. Tokyo: Keisō-shōbo, 1982, 84-109.

III.I.35. SAKUMA A., «Metaphor no kenkyū. Oto to Imi no Kakawari kara [Une étude sur la métaphore. Par rapport au son et au sens]». *Ronshū* 1982, n° 6, 87-101.

1983

III.I.36. HIRAGA M., «P. Rikūru no Metafā-ron no Mondaiten. Tension Theory o megutte [Problèmes de la théorie de la métaphore chez P. Ricœur. Autour de la 'Tension Theory']». *Kigōgaku kenkyū* [Studia Semiotica]. Édité par la Société de Sémiologie au Japon. Hokuto Shuppan 3 (1983), 123-136.

III.I.36a. KITAMURA K., «Kaishaku no Naka no Geijutsu-Sakuhin [L'oeuvre d'art dans l'interprétation]». *Kyōto-Daigaku Bigaku-Bijutsushi-gagu Kenkyu-shitsu Kenkyu-Kiyō* 1983, n° 4, 99-118.

III.I.37. KUME H., «P. Rikūru no-seisho kaishakugaku [L'herméneutique biblique de P. Ricœur]». *Fukuin to Sekai* 1983, octobre, 36-41.

III.I.38. MATSUSHIMA T., «Keiken to Kaishaku. P. Rikūru ni sokushite [Expérience et interprétation d'après P. Ricœur]». *Rinrigaku Nenpo* 1983, n° 32, 145-159.

III.I.38a. MUROI H., «Sadō-suru Gengo to Purosesu toshite no Dokusho: Rikūru to Bafuchin o Tegakari toshite [Langage en opération et lecture comme processus: A partir de Ricœur et Bakhtin]». *Kigōgaku-Kenkyū* 3 (1983), 111-122.

Repris dans *Bungaku-Riron no Poritīku. Posuto-Koroshugi no Senryaku.* Edité par H. MUROI. Tokyo: Keiso-shobo, 1985, 109-125.

III.I.39. TERAMOTO T., «Gengo no Fukami. P. Rikūru no In'yu riron Kara [La profondeur du langage. La théorie de la métaphore chez P. Ricœur]». *Derek* (Rikkyō Université) 1983, n° 3, décembre, 16-33.

1984

III.I.40. BRÈS Y., «Furansu ni Okeru Seishimbunseki to Tetsugaku. 1940 nen Igo [Psychanalyse et philosophie en France depuis 1940]». *Shisō* 1984, n° 721, juillet, 86-104.

III.I.41. HASE Sh., «Shūkyōteki-Gengō no Tokeisu [La spécificité du langage religieux]». *Shūkyō-tetsugaku Kenkyu* (Kyōto-Shūkyō-tatsugak-kai) 1984, n° 1, 14-38.

Repris dans III.I.2 (49-81).

III.I.42. IKEDA K., «Rikūru ni-okeru Muishiki-gainen no Kentō-Furoito no 'Chi-kara' to 'Imi' no Kongo-gengo no Bunseki [Etude de la notion de 'l'inconscient' de Ricœur: une analyse du langage, mélange de 'force' et de 'sens' chez Freud]». *Machika-neyana-Ronsō Bungaku-bu* 18 (1984), 1-16.

III.I.43. KITAMURA K., «Monogaturu Ningen-Rikūru-Kaishakugaku no Genzai [l'homme qui fait un récit: le présent de l'herméneutique de Ricœur]». *Bigaku* 35 (1984), n° 139, 12-26.

III.I.44. KUME H., «In'yu to Sai. Derida, Heidegā, Rikūru [Métaphore et différence. Derrida, Heidegger, Ricœur]». *Shisō* 1984, n° 718, avril, 55-74.

III.I.45. MASUNAGA Y., *Furansu-supiriclunai-sumūsu no Tetsugakuroito* [Le courant spiritualiste en France]. Tokyo: Sōbun-sha, 1984, 75-258 (chap. 2-4).

III.I.46. MIYAUCHI M., «Tekusuto toshite-no Ongaku. Kaihōsei, Dōitsusei, Saikisei [Musique comme texte: ouverture, identité, réflexivité]». *Risō* 1984, n° 612, mai, 350-362.

III.I.47. TERAMOTO T., «Pi Rikūru ni okeru 'Setsumei' to 'Rikai' no Sōgō – Tekusuto-Riron o Chushin toshite [Synthèse de 'expliquer' et de 'comprendre' chez Ricœur, en particulier sa théorie du texte]». *Derek* 1984, n° 4, 17-28.

1985

III.I.48. AKABA K., «Ikita In'yu no Koryoku-Rikūru no 'Ikita In'yu nitsuite' [L'efficacité de la métaphore vive]». *Bōeidaigakko-Kyō (Jinbun-Shakaikagaku)* 51 (1985), 213-245.

III.I.49. HASE Sh., «Aku no Shōchōron [Le symbolisme du mal]». *Shin Iwanami-Kōza'Tetsugaku'. T. 10.* Tokyo: Iwanami-Shoten, 1985, 309-333.
Repris dans I.I.2 (pp. 201-224).

III.I.50. HASE Sh., «Shōchō to Sei [Symbole et vie]». *Shūkyōgaku no Susume.* Édité par K. UEDA et K. YANAGAWA. Tokyo: Tsukuma-Shobo, 1985, 260-280.
Repris dans I.I.2 (pp. 29-48).

III.I.51. IMAMICHI T., «[Sur la philosophie de P. Ricœur]». *Gendai no Shisō.* Tokyo: Nihon-Hōsō, Shuppon-Kyōkai, 1985, 152-156, 260-261.

III.I.52. KUME H., «Jun-Monogatari toshiteno Shinwa, Yume, Genso [Mythe, rêve, illusion en tant que quasi-récit]». *Shisō* 1985, n° 725, septembre, 101-110.

III.I.53. KUME H. et al., «Naratorojī-Yume, Shinwa, Rekishi-kijutsu [Narratologie: rêve, mythe, description historique]». *Shisō* 1985, n° 725, septembre, 120-147.

III.I.54. MAKITA E., «Rikūru-Kaishakugaku ni okeru Sokaku-Gainen no Nijūsei [La dualité de la notion de 'distanciation' dans l'herméneutique de Ricœur]». *Tesugaku-Shisō Ronsō* 1985, nº 3, 85-96.

1986

III.I.55. AKABA K., «Ikita In'yu no Kōryuoku-Rikūru no ' Ikita In'yu nitsuite (II)». *Bōedaigakko-Kiyō* (Jinbun-Shakai-kagaku) 52 (1986), 205-237.

III.I.56. HAKOISHI T., «Sarutoru to Rikūru [Sartre et Ricœur]». *Iwate-Daigaku Kyōikugaku Kenkyū-Nenpō* 46 (1986), nº 1, 1-19.

III.I.57. KITAMURA K., «Mimēsisu no Kanōsei – Rikūru no Shudai niyoru Hensō [La capacité de mimèsis: une variation par le thème de Ricœur]». *Bigaku* 37 (1986), nº 2, automne, 14-24.

III.I.58. KUME H., «Shōchō to Kaishaku [Symbole et interprétation]». *Shin Iwanami-Kōza 'Tetsugaku'. T. 3. Kigō, Ronri, Metafā.* Tokyo: Iwanami-shoten, 1986, 255-281.

III.I.59. MAKITA E., «Gadamā to Rikūru – Gaizensei no Kanten kara [Gadamer et Ricœur: sur la notion de 'probabilité']». *Tesugaku-Shisō Ronsō* 1986, nº 4, 117-129.

III.I.60. TAKIURA Sh., «Metafā no Kōzō to Ronri [La structure et la logique de la métaphore]». *Shin Iwanami-Koza 'Tetsugaku'. T. 3.* Tokyo: Iwanami-Shoten, 1986, 177-202.

1987

III.I.61. GISEL P., «Pōru Rikūru no Shisō ni tsuite no Jogen [Introduction à la pensée de Paul Ricœur]». *In'yu-ron: Shūkyōteki-gengo no Kaishaku-gaku.* Tokyo: Yorudan-sha, 1987, 5-40.

III.I.62. HASE Sh., «Shinshin-kankei ni okeru Sōrōryaku no Ichi to Jiyū no Mondai [La pensée de l'imagination dans la relation de l'esprit et du corps et le problème de la liberté]». *Shōchō to Sōzōryoku* 1986, 225-261.

III.I.63. KUME Sh., «Shinkō-kyōdotai ni okeru Ideologī to Yūtopia no Benshōhō, Rikūru no Shinkōron [La dialectique de l'idéologie et de l'utopie dans la communauté de la foi]». *Gendai-Shisō* 15 (1987), nº 2, février, 116-121.

III.I.64. MAKITA E., «Rikūru In'yuron ni okeru Imi to Shiji [Sens et référence dans la théorie de la métaphore de Ricœur]». *Bigaku* 38 (1987), nº 3, 22-33.

III.I.65. MAKITA E., «Rikūru no Kaishakukatei-ron-Kuremu-Kaishaku Hihan [Le processus de l'interprétation chez Ricœur: critique de Klemm]». *Tetsugaku-Shisō Ronsō* 1987, n° 5, 75-87.

1988

III.I.66. HISHAHIGE T., *Zaiaku-kan no Genshōgaku-Juku no Rinrigaku* [livre où Ricœur est un interlocuteur important]. Présentation par P. RICŒUR. Tokyo: Kobundo, 1988.

Publication japonaise de III.A.90.

III.I.67. KITAMURA K., «Geijutsu, Kaishaku, Rekishi: Anāru-ha no Rekishigaku to Rikūru no Kaishakugaku [Arts, interprétation et histoire: l'historiographie de l'école des Annales et l'herméneutique de Ricœur]». *Geijutsu no Senbun-tachi-Furansu-Tetsugaku ōdan*. Édité par Sh. SHINOHARA. Kyoto: Shōwado, 1988, 289-321.

III.I.68. SHIBATA M., «Kaishakugaku no Imiron-Rikūru no Baai [Herméneutique et sémantique: dans le cas de Ricœur]». *Genshōkogaku to Kaishakugaku. T. II*. Tokyo: Sekai-shōin, 1988, 85-111, 264-268 (notes).

III.I.69. WATANABE J., *Kōzō to Kaishaku* [Structure et interprétation] (Hōsō Daigaku Kijōzai 55202-1-8811). Tokyo: Nihon-Hōso-Shuppas-Kyōkai 1988 (spécialement Ch. 5: «Kōzōshugo umo Hikan»).

1989

III.I.70. ASHIDA H., «Hegēru to Shomotsu no Jikan-Ittasei, Betsuyōsei, Chinjitsu-Rikūru Hihan [Hegel et le temps du livre: unité, divergence et proposition; critique de Ricœur]». *Shomotsu no Jikan – Hegēru, Fussāru, Haidegā*. Kōrō-shā, 1989, 80-93.

III.I.71. MAKITA E., «Gadamā to Rikūru – Dento no Renzokusei to Kaishaku no Rekishisei [Gadamer et Ricœur: continuité de la tradition et historicité de l'interprétation]». *Tesugaku* 1989, n° 39, 139-150.

Texte japonais de III.C.31.

III.I.72. MAKITA E., «Rikūru-Kaishakugaku ni-okeru Seishotoki-Sekai no Enki [La prolongation du monde biblique selon l'herméneutique de Ricœur]». *Shūkyō-Kenkyū* (63) 1987, n° 2, 251-272.

III.I.73. MAKITA E., «Genjutsu-gainen no Tasōka-Rikūru Ippankaishakugaku no Keiseihatei [L'articulation du discours: la formation de l'herméneutique du texte chez Ricœur]». *Tsukuba Tetsugaku* 1(1989), 22-31.

III.I.74. SASAKI K., «Pōru Rikūru no 'Tekusuto Riron' to Yohane-Fukuinsho-Kenkyū [La théorie du texte chez Paul Ricœur et les recherches sur l'Évangile johannique]». *Tetsugaku* (Société philosophique Université Hokkaido) 25 (1989), 127-147.

1990

III.I.75. IWATA F., «Rikūru ni-okeru Jiyū no Batkai toshite-no Shizen [La nature comme la médiation de la liberté chez Ricœur]». *Shukyō-Kenkyū* (Nihon Shukyogaku Kai) 64 (1990), n° 2, 125-150.

III.I.76. KAWAZOE F., «Rikūru no Metafā-Monogatari-ron-Genji-monogatari-ron ni-mukete [Les théories de la métaphore et du récit chez Ricœur: essai sur le roman de Genji]». *Kokubungaku-Kaishaku to Kyōzai no Kenkyū 35* (1990), n° 1, 62-64.

III.I.77. KITAMURA K., «Pōru Rikūru no Shōchō-ron ni-okeru Gējutsu-Katsudō no Isō [Les aspects de l'activité artistique selon la théorie symbolique de P. Ricœur]». *Shimane-Daigaku-Hōgakubu-Kiyōō* 14 (1990), n° 1, 1-12.

III.I.78. MAKITA E., «'Dekigoto to Imi' no Benshōhō to Rekishisei-Rikūru-Kaishakugaku no Seiritsu-katei [La dialectique de 'l'événement et du sens' et l'historicité: la formation de l'herméneutique de Ricœur]». *Rinrigakū-Nenpō* 39 (1990), 169-183.

III.I.79. MAKITA E., «Shōchō no Kaishakugaku to Rekishisei [L'herméneutique du symbole et l'historicité]». *JitsuzonShisō-Ronshū. Vol. V.: Haidegā to Hegēru* (JitsuzonShisō Kyokai) 5 1990), 121-138.

1991

III.I.80. IKEDA K., «Rikūru ni okeru Shōchō-gainen no Kentō-ideorogī-ron o Chūshin-toshite [La notion de symbole chez Ricœur]». *Karuteshiāna* 1991, n° 11, 29-44.

III.I.81. IWAMOTO J., «Kaishakugaku to Seijteki-Sōzōryoku-Pī Rikūru no 'Ideorogī to Yūtopia Kōgi' o-megutte [Herméneutique et imagination politique]». *Nengengaku Kiyō* (Jōchi Daigaku Ningengaku Kai) 21 (1991), 121-138.

1992

III.I.82. KUME H., «Han-Gunōshisu-teki-Gunōshisu toshite-no Genzai-gainen-Rikūru no Kaishakugaku-teki Gunōsisu-ron [Le péché originel comme gnosticisme anti-gnostique: la théorie herméneutique du gnosticisme chez Ricœur]». *Gendai-Shisō* 20 (1992), nº 2, 92-104.

III.I.83. KUME H., «Pōru Rikūru cho *Jikan to Monogatari* ni-okeru 'Rekishigaku to Monogatari-ron to Genshōgaku no Sansha Kaidon' ni tsuite [La conversation triangulaire entre l'historiographie, la narratologie et la phénoménologie dans *Temps et récit* par Paul Ricœur]». *Genshōgaku Nenpō* (Nihon Genshōgaku Kai) 8 (1992), nº 2, 101-116.

III.I.84. SUGIMURA Y., «Rikūru ni-okeru 'Yokubō' no Mondai [Le problème du désir chez Ricœur]». *Shūkyōtetsugaku-Kenkyū* (Kyōto Shūkōtetzugaku Kai) 1992, nº 9, 78-91.

1993

III.I.85. KAMIKAWA M., «Gen'i-teki-Seikatsusekai no Gongo-Kōzō-teki Bunkai-Pī Rikūru *Jikan to Monogatari* no Konponteki-Hihan o-tōshi [La structure linguistique du monde de la vie: à partir de la critique radicale de *Temps et récit* par P. Ricœur]». *Kokugakuin-Zasshi* 94 (1993), nº 2, 1-20.

1994

III.I.85a. KASHIWAGI Y., «Pōru Rikūru: *Jikan to Monogatari* ni-okeru Jikan-ron: Rikūru no Augusutinusu-Dohkai [La théorie du temps dans *Temps et récit*: sa lecture d'Augustin]». *Nihon ni-okeru Jiko to Chōetsuska no Rinrishisōshiteki-kenkyu.* Édité par M. SATŌ. Heisel-go-neudo Kakaku-kenyūhi-hojokin Kenkyūseika-hōkuku-sho, nº 0445108, 1994.

III.I.86. SASAKI K., «Pōru Rikūru to 'Sōzōryoku' no mondai [Paul Ricœur et le problème de l'imagination]». *Tetsugaku* 30 (1994), juillet, 41-60.

III.I.87. TANATSUGU M.., «Kaishaku ni okeru Sōzō to Hakken. Eriāde to Rikūru [Créations et découvertes dans l'interprétation. Eliade et Ricœur]». *Tetsugaku-Shisō-Ronshū* (Tsukuba) 1994, nº 20, 77-100.

1995

III.I.88. HORIE M., «Shūkyō-shi wa Hanpuku ka. Rikūru no Furoito-Hihan to Ningen Mōse to Isshinkyō ni okeru 'Shimpo' no Keiki [L'histoire des religions est-elle une répétition? Critique de Freud par Ricœur et le moment du progrès dans *L'homme Moïse et le monothéisme*]». *Tokyo-daigaku Shūkyōgaku-Nenpo* 13 (1995), 87-100.

III.I.89. IWATA F., «Rikūru ni okeru Hansei-tetsugaku to Kaishakugaku [Philosophie réflexive et herméneutique chez P. Ricœur]». *Tetsugaku-Kenkyū* 1995, nº 561, octobre, 58-92.

III.I.90. IWATA F., «In'yu toshite no Shūkyō-Genjutsu. Pōru Rikūru no Seisho-Kaishakugaku [Discours symbolique comme métaphore. L'herméneutique biblique de P. Ricœur]». *Kirisutokyō-gaku* 1995, nº 37, décembre, 196-217.

III.I.91. MATSUSAKA S., «Rikūru no Kaishakugaku [L'herméneutique chez P. Ricœur]». *Nagoya-daigaku Hōsei Ronshū* 1995, nº 161, juillet, 1-58.

III.I.92. SUGIMURA Y., «Rikūru no 'Shigaku' o megutte. Sono Shūkyōteki-Shingakuteki Sokumen kara no Kōsatsu [Sur la 'poétique' de Ricœur. Considérations sur ses aspects religieux et théologiques]». *Shūkyō-Kenkyū* 69 (1995), nº 2, septembre, 317-241.

1996

III.I.93. NUMATA T., «Pōru Rikūru ni okeru Mu no Shōsatsu [Réflexions de Paul Ricœur sur le Néant]». *Aichi-Kyoiku-daigaku Kenkyū-hoboku* (Jinbun-Shakai-kagaku) 45 (1996), 117-123.

1997

III.I.94. HORIE M., «'Monogatari to Shūkyōs Kenkyū Josetsu: Rikūru 'Monogatari Shingaku o mezashite' o yomu [Introduction à l'étude de 'narrativité et religion'; lecture de 'Vers une théologie narrative' de Paul Ricœur]». *Tōkyo-daigaku Shūkyōgaku-nenpō* 15 (1997), 61-78.

III.I.95. KUME H., «Erabareshi mono no Songen o megutte: Revinasu to Rikūru [La dignité des élus: Levinas et Ricœur]». *Shisō* 1997, nº 874, avril, 56-75.

1998

III.I.96. SUGIMURA Y., «Kokuhaku o Genshōgaku: Rikūru to Nabēru [Phénoménologie des confessions: Ricœur et Nabert]». *Shūkyō-Tesugaku Kenkyū* 15 (1998), mars, 48-62.

III.J. DANOIS / DANISH

1971

III.J.1. KEMP P., «Symbol og fortolkning [d'après P. RICŒUR]». *Nye Franske Filosoffer 1940-1970*. København: Vintens Vorlag, 1971, 19 × 15,5, 50-58.

Réédité en 1977.
A peu de chose près traduit en suédois par III.P.2.

1973

III.J.2. KRAUSE-JENSEN E., *Den Franske strukturalisme. Pa sporet af en teori for de humane videnskaber* [traite aussi de P. RICŒUR]. København: Berlingske Vorlag, 1973, 19 × 11, 143-148.

III.J.3. KEMP P., «Fortolkningernes konfikt». «Den moderne hermeneutik [d'après P. RICŒUR]». *Filosofiske Portraetter*. København: Vintens Forlag, 1973, 18,5 × 11,5, 116-123, 123-132.

Originairement publié comme chroniques dans *Politiken* 1970, 26 janvier, 1973, 23 mai.

1981

III.J.4. KEMP P., «Kritik af strukturalismen: Ricœur». *Doden og Maskinen* [La mort et la machine]. København: Rhodos, 1981, 20,5 × 12,3, 79-81.

1987

III.J.5. KEMP P., «Tekst og handling. Udviklingen i Paul Ricœurs filosofi». *Slagmark. Tidskrift for idéhistorie* 1987, nº 10, automne, 114-123.

III.J.6 KEMP P., «Etik og narrativitet. På sporet af en implicitte etik i Ricœurs vaerk om *Tid og Fortaelling*». *Slagmark. Tidskrift for idéhistorie* 1987, nº 10, automne, 143-171.

Version danoise de III.A.117.

III.K. SERBO-CROATE / SERBO-CROATIAN

1984

III.K.1. JOKIC V., «Filozofske hermeneutika (Slajermacher-Diltaj-Haideger-Gadamer-Riker [Herméneutique philosophique (Schleiermacher-Dilthey-Heidegger-Gadamer-Ricœur]». *Zbornik radova profesora i saradnika Nastavničkog fakulteta u Nikšicu* 1984, nº 7-8, 65-81.

III.L. GREC / GREEK

1980

III.L.1. BOUGAS T., «Psychanalyse et philosophie. L'anthropologie freudienne et la problématique du moi (Résumé en allemand) [traite aussi de P. RICŒUR]». *Filosofia* (Grèce), 10-11 (1980-1981), 148-191.

III.M. Roumain / Rumanian

1978

III.M.1. Gulian C.I., «L'herméneutique de Paul Ricœur et le structuralisme [en roumain]». *Revista de Filozofie* (Bucharest) 25 (1978), n° 2, mars-avril, 199-206.

1988

III.M.2. Lazar H., «Temporalité et narrativité chez Paul Ricœur [en roumain]». *Philologia*. Studia Universitatis Babes-bolyai. Ed. Clug, 1988, Napora, Roumanie.

III.N. Hébreu / Hebrew

1980

III.N.1. Golomb J., «De la phénoménologie à l'herméneutique: la méthode d'interprétation de Paul Ricœur (Summary) [en hébreu]». *Iyyun* 29 (1980), n° 1-2, 22-36.

1984

III.N.2. Levy Z., «La philosophie herméneutique de Paul Ricœur [en hébreu]». *Iyyun* 33 (1984), janvier-avril, 156-171.

III.O. Lithuanien / Lithuanian

1982

III.O.1. Sverdiolas A., «Le chemin de Paul Ricœur [en lituanien]». *Problemas* (Vilnius) 1982, n° 28, 93-99.

III.P. Suédois / Swedish

1977

III.P.1. Engdahl A., Kittang H. et Holmgren O., *Hermeneutik* [traite aussi de P. Ricœur]. Stockholm: Raben och Sjögren, 1977, 21 × 13,3, 43-48, 127-134.

1979

III.P.2. KEMP P., «Symbol och tolkning [d'après P. RICŒUR]». *Språk och Existens. Nogle moderna franska filosofer.* Stockholm: Liber, 21 × 12, 124-141.
Traduction suédoise quasi intégrale de III.J.1 et de l'introduction à I.J.2.

1987

III.P.3. ERIKSON M., «Magnus Erikson om ett temanummer och en Sverige aktuell filosof: att berätta är att moralisera». *Kvälisposten.* Quotidien suédois 40 (1987), nº 306, 10 novembre, 4.

III.P.4. KEMP P., «Paul Ricœur föreläser i Sverige». *Dagens Nyheter.* Quotidien suédois 1987, 2 novembre.

III.P.5. KEMP P., «Paul Ricœur – nutidens filosof». *Göteborgs-Posten* 1987, 4 novembre, 4.

III.P.6. KEMP P., «Historiens filosof». *Politiken.* Quotidien suédois 1987, 9 novembre, 5-6.

III.P.7. LIEDMAN S.-E., «Ricœur gätsar Lund. Drömmen om en etisk Kärna». *Sydsvenska Dagbladet-Snällposten.* Quotidien suédois 1987, 10 novembre, 4.

III.P.8. NORDIN Sv., «Ricœurs aktier i dalande?». *Sydsvenska Dagbladet-Snällposten.* Quotidien suédois 1987, 10 novembre.

III.P.9. NYGREN M, «Filosofisk gigant till Lund i dag». *Arbetet.* Quotidien suédois 1987, 10 novembre, 12.

III.Q. NORVÉGIEN / NORWEGIAN

1987

III.Q.1. AARNES A., «Paul Ricœur og det sårede cogito [Paul Ricœur et le cogito blessé]» *Tanke og mistanke. Til belysning av fornuftskrisen i vår tid.* Recueil d'essais rédigé par A. AARNES et H. SALEMONSEN. [Oslo]: Aventura Forlag, [1987], 109-122.

III.R. TCHÈQUE / CZECH

1993

III.R.1. LACROIX J., «Paul Ricœur, filosof smyslu [Paul Ricœur, philosophe du sens]». *Paul Ricœur. Život, pravda, symbol.* Praha: [Edice Oikúmené], 1993, 20,5 × 13,5, 9-14.
Traduction tchèque de III.A.23.

III.R.2. Sivak J., «Paul Ricœur osemdesiabročný». *Filozofia* 1993, nº 10, Bratislava: Slovak Academic Press, 651-652.

1996

III.R.3. Hozak J., «Commentaire de 'Justice et vérité'[II.A.602] [en tchèque]». *Filosofický Časopis* (Praga) 1996, nº 2, 277-290.

1997

III.R.4. Barša P., «Dobro, právo a moc u Paula Ricœura [avec résumé en anglais et allemand. Le bon, le juste et le pouvoir dans Paul Ricœur]». *Filosofický Časopis* 45 (1997), nº 6, 1045-1071, 1072-1073.

III.S. Chinois / Chinese

1983

III.S.1. «Likeer [P. Ricœur]». *Xiandia xifang zhuming zhexuejia shu ping II* [Analytic presentation of famous philosophers of the West]. Édité par Du Renzhi. Pekin: Sanlian Chubanshe, 1983, 456-471.

1988

III.S.2. Gao Xuan Yang, *Jieshixue jian Lun* [A concise handbook of hermeneutics]. Hong Kong: Éditions Sanlian, 1988, 201-215 [on P. Ricœur].

III.U. Bulgare / Bulgarian

1998

III.U.1. Znepolski J., «Introduction. La main qui tourne la page». *Paul Ricœur-Sofyski Dialozi* [Dialogues de Sofia]. Sofia: Dom na naukite za coveka u obshestvoto, 1998, 9-25.

III.W. Slovaque / Slovak

1995

III.W.1. Sivak J., «Fenomenologia V. Case a narracii, Paula Ricœura». *Filozofia* 1995, nº 5, 259-265.

III.X. Hongrois / Hungarian

1997

III.X.1. Toth T., «[An Anonymous Review on Ricœur (in Hungarian)]». *Magyar Filozófia Szemle* 1997, nº 5-6, 957-986.

III.Y. Galicien / Galician

1994

III.Y.1. Agís Villaverde M., «Mimese e realidade: autor, lector e trama na configuración imaginativa». *Grial* 32 (1994), nº 123, juillet-septembre, 319-331.

1997

III.Y.2. Agís Villaverde M., «Ricœur, a pessoa. O conflicto das interpretacións». *Historias da filosofía* (Materiais). [Vigo]: Edicións Xerais de Galicia, [1997], 24 × 17, 129-131.

IV. COMPTES RENDUS / REVIEWS

IV.A. FRANÇAIS / FRENCH

KARL JASPERS ET LA PHILOSOPHIE DE L'EXISTENCE (I.A.1.)

1947

IV.A.1. ROY J.H., «Note. *Karl Jaspers et la philosophie de l'existence*». *Les temps modernes* 3 (1947), nº 26, novembre, 955-960.

1948

IV.A.2. AYRAUD P., «Chronique philosophique. *Jaspers et la philosophie de l'existence* [et quatres autres livres]». *Témoignages* (Yonne) 1948, nº 17, 298-302.

IV.A.3. GALOT J., «Compte rendu. *Jaspers et la philosophie de l'existence*». *Nouvelle revue théologique* 70 (1948), nº 8, septembre-octobre, 885.

IV.A.4. WAHL J., «Karl Jaspers en France. *Karl Jaspers et la philosophie de l'existence* [compte rendu pénétrant]». *Critique* 4 (1948), nº 24, juin, 522-530.

1951

IV.A.5. GEIGER L.-B., «Bulletin de philosophie. La philosophie existentielle. Jaspers. *Jaspers et la philosophie de l'existence* [compte rendu]». *Revue des sciences philosophiques et théologiques* 35 (1951), nº 1, janvier, 90-91.

GABRIEL MARCEL ET KARL JASPERS (I.A.2.)

1948

IV.A.6. BOIS J., «Quo vadis, philosophia? En marge du livre de Paul Ricœur sur 'Gabriel Marcel et Karl Jaspers'». *Foi-Éducation* 18 (1948), nº 4, août, 39 -41.

IV.A.7. TROISFONTAINES R., «Compte rendu. *Gabriel Marcel et Karl Jaspers*». *Nouvelle revue théologique* 70 (1948), nº 8, septembre-octobre, 885-886.

1949

IV.A.8. DUFRENNE M., «Compte rendu. *Gabriel Marcel et Karl Japsers* [exposé franc, mais sympathique]». *Esprit* 17 (1949), n° 156, juin, 903-905.

IV.A.9. LÉONARD A., «Bulletin de philosophie de la religion. *G. Marcel et K. Jaspers*». *Revue des sciences philosophiques et théologiques* 37 (1953), n° 1, janvier, 122-123.

1957

IV.A.10. BRÉHIER É., «Revue critique. *G. Marcel et Karl Jaspers*». *Revue philosophique de la France et de l'étranger* 82 (1957), 76-77.

LE VOLONTAIRE ET L'INVOLONTAIRE (I.A.3.)

1950

IV.A.11. LACROIX J., «Philosophie de la volonté [compte rendu de *Le volontaire et l'involontaire*]». *Le monde* 7 (1950), n° 1837, 21 décembre, 9.
Reproduit dans *Christianisme social* 59 (1951), n° 3, mars, 246-249.

1951

IV.A.12. COLIN P., «Bulletin de philosophie. Réflexion et mystère [sur *Le volontaire et l'involontaire*]». *La vie intellectuelle* (Paris) 19 (1951), décembre, 113-121.

IV.A.13. DE WAELHENS A., «Une philosophie de la volonté [sur *Le volontaire et l'involontaire*]». *Revue philosophique de Louvain* 49 (1951), août, 415-437.

IV.A.14. NÉDONCELLE M., «Compte rendu. *Le volontaire et l'involontaire*». *Revue des sciences religieuses* 25 (1951), n° 3, juillet, 331-332.

1952

IV.A.15. BRISBOIS Ed., «Compte rendu. *Le volontaire et l'involontaire*». *Nouvelle revue théologique* 74 (1952), n° 3, mars, 320-321.

1953

IV.A.16. ANONYME, «Note critique. *Le volontaire et l'involontaire*». *Revue de métaphysique et de morale* 58 (1953), n° 4, octobre-décembre, 441-443.

1954

IV.A.17. BURLOUD A., «Compte rendu. *Le volontaire et l'involontaire*». *Revue philosophique de la France et de l'Etranger* 79 (1954), 284-285.

IV.A.18. GEIGER L.-B., «Bulletin de philosophie. *Le volontaire et l'involontaire* [compte rendu]». *Revue des sciences philosophiques et théologiques* 38 (1954), n° 2, avril, 296-297.

1955

IV.A.19. PHILIBERT M., «Paul Ricœur, *La philosophie de la volonté* [compte rendu de *Le volontaire et l'involontaire*]». *Esprit* (Valeurs et limites de la nation) 23 (1955), n° 3, mars, 488-493.

1956

IV.A.20. DUMÉRY H., «Un philosophe de la volonté: Paul Ricœur [sur *Le volontaire et l'involontaire* et *Idées directrices pour une phénoménologie*]». *Regards sur la philosophie contemporaine*. Préface de J. LACROIX. Tournai-Paris: Casterman, 1956, 21,5 × 15, 147-151.

1961

IV.A.21. BURGELIN H., «Études critiques. La philosophie de la volonté [sur *Le volontaire et l'involontaire*]». *Revue de théologie et de philosophie* (Lausanne) 11 (1961), n° 2, 150-154.

1963

IV.A.22. JAVET P., «La philosophie de la volonté [sur *Le volontaire et l'involontaire*]». *Bulletin du centre protestant d'études* (Genève), 15 (1963), n° 6, octobre, 5-6.

1964

IV.A.23. JACOB A., «Compte rendu. *Le volontaire et l'involontaire*». *Les études philosophiques* 19 (1964), n° 3, 483.

1966

IV.A.24. JACOB A., «Paul Ricœur: une philosophie pratique d'inspiration phénoménologique [compte rendu de *Le volontaire et l'involontaire*]». *Critique* (1966), n° 171-172, août-septembre, 749-758.

HISTOIRE ET VÉRITÉ (I.A.5.)

1955

IV.A.25. DUMAS J.-L., «Paul Ricœur, *Histoire et vérité* [compte rendu]». *Les études philosophiques* 10 (1955), n° 3, juillet-septembre, 528-529.

IV.A.26. GILBERT J., «Compte rendu. *Histoire et vérité*». *Nouvelle revue théologique* 77 (1955), n° 10, décembre, 1118-1119.

IV.A.27. GROJEANNE P., «*Histoire et vérité.* Paul Ricœur [compte rendu]». *Foi-Éducation* 25 (1955), n° 33, octobre, 245-247.

IV.A.28. MUGLIONI J., «L'histoire et la vérité [comprend un compte rendu de *Histoire et vérité*]». *Revue socialiste* 1955, n° 90, octobre, 312-321.

IV.A.29. TILLIETTE X., «Revue de livre. *Histoire et vérité*». *Études* 286 (1955), septembre, 264.

IV.A.30. VAX L., «Note. *Histoire et vérité*». *Critique* 1955, n° 100-101, septembre-octobre, 924-926.

1956

IV.A.31. MADAULE J., «Vues actuelles sur l'histoire [aussi sur *Histoire et vérité*]». *Esprit* 24 (1956), n° 235, 277-285.

IV.A.32. WIDMER G., «Compte rendu. *Histoire et vérité*». *Revue de théologie et de philosophie* 6 (1956), 156-157.

1957

IV.A.33. THONNARD F.-J., «Compte rendu. *Histoire et vérité*». *Revue des études augustiniennes* 3 (1957), n° 4, 599.

1959

IV.A.34. ANONYME, «Note critique. *Histoire et vérité*». *Revue de métaphysique et de morale* 64 (1959), n° 2, avril-juin, 245.

1966

IV.A.35. MONTAGNES B., «Bulletin de philosophie. *Histoire et vérité* [note]». *Revue des sciences philosophiques et théologiques* 50 (1966), n° 2, avril, 288.

ÊTRE, ESSENCE ET SUBSTANCE (II.A.97.)

1983

IV.A.35a. BURGELIN Fr., «Compte rendu». *Bulletin du centre protestant d'études et de documentation* 1983, n° 281, mai, 167-168.

FINITUDE ET CULPABILITÉ (I.A.6.-I.A.7.)

1960

IV.A.36. BURGELIN P., «L'homme et la faute [compte rendu de *L'homme faillible* et de *La symbolique du mal*]». *Réforme.* Hebdomadaire protestant 16 (1960), n° 819, 26 novembre, 20.

IV.A.37. DOUCY L., «L'enseignement de Paul Ricœur sur le mal [sur *L'homme faillible* et *La symbolique du mal*]». *Foi-Éducation* 30 (1960), n° 53, novembre-décembre, 127-134.

IV.A.38. LACROIX J., «La philosophie. *L'homme faillible* [compte rendu]». *Le monde* (17), 1960, n° 4905, 24 octobre, 9.

1961

IV.A.39. BRUN J., «Essai. *Finitude et culpabilité*». *Esprit* 29 (1961), n° 10, octobre, 502-507.

IV.A.39a. BRUN J., «Finitude et culpabilité [compte rendu]». *Bulletin du centre protestant d'études et de documentation* 1961, n° 65-66, novembre-décembre, 7-8.

IV.A.40. BURGELIN P., «Études critiques. La philosophie de la volonté [sur *Finitude et culpabilité*]». *Revue de théologie et de philosophie* 11 (1961), n° 2, 154-163.

IV.A.41. DE LAVALETTE H., «Compte rendu. *Finitude et culpabilité*». *Études* 319 (1961), n° 3, mars, 427.

IV.A.42. DES PLACES E., «Bulletin de la philosophie religieuse des Grecs. *La symbolique du mal* [compte rendu]». *Recherches de science religieuse* 48 (1961), n° 1, janvier-mars, 137-138.

IV.A.43. DE WAELHENS A., «Pensée mythique et philosophie du mal [sur *L'homme faillible* et *La symbolique du mal*]». *Revue philosophique de Louvain* 59 (1961), mai, 315-347.

IV.A.45. DREYFUS D., «Philosophie. Finitude et culpabilité [sur *L'homme faillible* et *La symbolique du mal*]». *Mercure de France* 72 (1961), n° 1172, avril, 737-744.

IV.A.45a. JACOB A., «Paul Ricœur: une philosophie pratique d'inspiration phénoménologique [compte rendu de *Finitude et culpabilité*]». *Critique* 17 (1961), n° 171-172, août-septembre, 758-764.

IV.A.46. SARANO J., «Compte rendu. *Finitude et culpabilité* (2 vol.)». *Les études philosophiques* 16 (1961), n° 2, avril-juin, 270-271.

IV.A.47. VANDER GUCHT R., «Finitude et culpabilité de l'homme [compte rendu de *Finitude et culpabilité* (2 vol.)]». *La revue nouvelle* 33 (1961), n° 3, mars, 294-306.

1962

IV.A.48. CZARNECKI J., «Finitude et culpabilité d'après P. Ricœur [compte rendu]». *Christianisme social* 70(1962), n° 2, janvier-février, 85-92.

IV.A.49. FLORIVAL É., «Compte rendu. *Finitude et culpabilité*». *Revue bénédictine* 72 (1962), 193-195.

IV.A.50. MONTAGNES B., «Bulletin de philosophie. *Finitude et culpabilité* [compte rendu]». *Revue des sciences philosophiques et théologiques* 446 (1962), n° 4, octobre, 715-716.

1963

IV.A.51. JAVET P., «La philosophie de la volonté [sur *Finitude et culpabilité*]». *Bulletin du centre protestant d'études* (Genève) 15 (1963), n° 6, octobre, 6-13.

IV.A.52. RUYSSEN Th., «La notion de culpabilité. À propos d'un livre récent [compte rendu de *Finitude et culpabilité*]». *Revue philosophique de la France et de l'étranger* 153 (1963), n° 1, janvier-mars, 85-100.

1966

IV.A.53. DUMONT C., «Compte rendu. *Finitude et culpabilité* [appréciation assez négative]». *Nouvelle revue théologique* 88 (1966), n° 8, septembre-octobre, 884-885.

1967

IV.A.54. FIALKOWSKI A., «Paul Ricœur et l'herméneutique des mythes [sur *L'homme faillible* et *La symbolique du mal*]». *Esprit* 35 (1967), nº 7-8, juillet-août, 73-89.

DE L'INTERPRÉTATION. ESSAI SUR FREUD (I.A.8.)

1965

IV.A.55. BEIRNAERT L., «Un essai sur Freud [compte rendu positif de *De l'interprétation*]». *Études* 323 (1965), nº 7, juillet-août, 49-52.

IV.A.56. DE WAELHENS A., «La force du langage et le langage de la force [sur *De l'interprétation*]». *Revue philosophique de Louvain* 63 (1965), novembre, 591-612.

IV.A.57. LACROIX J., «Désir et langage [compte rendu de *De l'interprétation*]». *Le Monde* 22 (1965), nº 6343, 6 et 7 juin, 13.

IV.A.57a. ROBINET A., «Narcisse archéologue [compte rendu très positif]». *Les Nouvelles Littéraires* 43 (1965), nº 1987, 30 septembre, 4.

IV.A.58. ROBERT M., «Remarque sur l'exégèse de Freud [compte rendu assez négatif de *De l'interprétation*]». *Les temps modernes* 21 (1965), octobre, 664-681.

IV.A.59. SCHÉRER R., «L'homme du soupçon et l'homme de foi [sur *De l'interprétation*] [essai judicieux, critique mais sympathique]». *Critique* 21 (1965), nº 223, décembre, 1052-1067.

IV.A.60. SECRETAN Ph., «L'interprétation selon P. Ricœur [sur *De l'interprétation*]». *Studia philosophica* 25 (1965), 182-188.

IV.A.61. TAUXE H.-Ch., «L'œuvre de Freud dans la pensée moderne. A propos de l'ouvrage de Paul Ricœur: *De l'interprétation. Essai sur Freud*». *La revue réformée* 16 (1965), nº 64, 25-32.

1966

IV.A.62. BERTHERAT Y., «Sur une lecture de Freud [compte rendu de *De l'interprétation*]». *Esprit* 34 (1966), nº 3, mars, 466-479.

IV.A.63. ELLENBERGER H., «Herméneutique et psychanalyse. À propos du livre de M. Paul Ricœur [*De l'interprétation*]». *Dialogue*. Canadian Philosophical Review 5 (1966), nº 2, septembre, 256-266.

IV.A.64. JULIEN Ph., «P. Ricœur à la rencontre de S. Freud [compte rendu de *De l'interprétation*]». *Archives de philosophie* 29 (1966), nº 4, octobre-décembre, 620-626.

IV.A.65. SCHÉRER R., «Compte rendu. *De l'interprétation*». *Journal de psychologie normale et pathologique* 63 (1966), nº 1, janvier-mars, 119-121.

IV.A.66. SCHLEMMER A., «Réflexion sur l'interprétation [compte rendu de *De l'interprétation* où l'auteur prend la défense de P. RICŒUR contre la critique hargneuse de M. TORT]». *Les cahiers de la méthode naturelle* 37 (1966), juillet, 1-11.

IV.A.67. THIRY A., «Freud et l'interprétation [compte rendu de *De l'interprétation*]». *Nouvelle revue théologique* 88 (1966), nº 10, décembre, 1083-1087.

IV.A.68. TORT M., «De l'interprétation ou la machine herméneutique [un long texte éreintant sur *De l'interprétation*]». *Les temps modernes* 21 (1966), nº 237, février, 1461-1493; nº 238, mars, 1629-1652.
Traduit en espagnol par IV.D.8.

IV.A.69. VALABREGA J.-P., «'Comment survivre à Freud?' Contribution à l'histoire du mouvement psychanalytique français contemporain [texte dénigrant où l'auteur croit devoir accuser P. RICŒUR de plagiat dans son livre *De l'interprétation*]». *Critique* 22 (1968), nº 224, janvier, 68-78.

1967

IV.A.70. CHAZAUD J., «De l'interprétation [étude à la fois critique et positive]». *Revue française de psychanalyse* 31 (1967), nº 3, mai-juin, 499-503.

IV.A.71. CZARNECKI J., «L'interprétation selon P. RICŒUR [compte rendu de *De l'interprétation*]». *Christianisme social* 75 (1967), nº 5-8, 439-447.

1995

IV.A.71a. RAGON M., «L'analyse de Ricœur [sur *De l'interprétation*]». *Libération* 1995, nº 4300, 16 mars, XV.

ENTRETIENS PAUL RICŒUR – GABRIEL MARCEL (I.A.9.)

1969

IV.A.72. SALES M., «Compte rendu. *Entretiens Paul Ricœur - Gabriel Marcel*». *Archives de philosophie* 32 (1969), nº 4, octobre-décembre, 692-694.

LE CONFLIT DES INTERPRÉTATIONS (I.A.10.)

1969

IV.A.73. BRÈS Y., «Le règne des herméneutiques ou 'Un long détour...' [compte rendu de *Le conflit des interprétations*]». *Revue philosophique de la France et de l'étranger* 94 (1969), n° 3-4, juillet-décembre, 425-429.

1970

IV.A.74. BURGELIN Fr., «Compte rendu. *Le conflit des interprétations*». *Bulletin du centre protestant d'études et de documentation* 1970, n° 152, juillet-août, 437-438.

IV.A.75. CLÉMENS E., «Volonté d'interprétation [sur *Le conflit des interprétations*]». *Critique* 26 (1970), n° 277, juin, 546-555.

IV.A.76. CORVEZ M., «Chronique de philosophie. *Le conflit des interprétations* [compte rendu lucide et critique]». *Revue thomiste* 70 (1970), n° 4, octobre-novembre, 651-654.

IV.A.77. LACROIX J., «Philosophie. *Le conflit des interprétations* [compte rendu]». *Le Monde* 27 (1970), n° 7846, 5-6 avril, 15.

IV.A.78. LASCAULT G., «Analyse. *Le conflit des interprétations*». *Revue d'esthétique* 23 (1970), n° 2, avril-juin, 216.

IV.A.79. MARGOLIN J. Cl., «Compte rendu. *Le conflit des interprétations*». *Les études philosophiques* 1970, n° 2, avril-juin, 247-248.

IV.A.80. TILLIETTE X., «Revue de livre. *Le conflit des interprétations*». *Études* 1970, octobre, 457.

IV.A.81. WATTÉ P., «Mélanges Ricœur [compte rendu de *Le conflit des interprétations*]». *Revue nouvelle* 52 (1970), n° 7-8, juillet-août, 104-105.

1971

IV.A.82. BERNARD-MAÎTRE H., «L'herméneutique de Paul Ricœur [compte rendu de *Le conflit des interprétations*]». *Revue des sciences* 92 (1971), n° 61-62, janvier-juin, 105-106.

IV.A.83. BLOCHER H., «Paul Ricœur dans le conflit des interprétations [compte rendu de *Le conflit des interprétations*]». *Ichtus* 1971, n° 10, février, 24-27.

IV.A.84. HÉBERT R., «Compte rendu. *Le conflit des interprétations*». *Dialogue* (Canada) 10 (1971), n° 1, mars, 179-181.

IV.A.85. VINCENT G., «Compte rendu. *Le conflit des interprétations*». *Revue d'histoire et de philosophie religieuses* 51 (1971), n° 2, 222-225.

1972

IV.A.86. SCHÉRER R., «Compte rendu. *Le conflit des interprétations*». *Journal de psychologie normale et pathologique* 69 (1972), n° 3, juillet-septembre, 345-347.

LA MÉTAPHORE VIVE (I.A.11.)

1975

IV.A.87. BURGELIN Fr., «Compte rendu. *La métaphore vive*». *Bulletin du Centre Protestant d'études et de documentation* 1975, n° 206, décembre, 500.

IV.A.88. LACROIX J., «Métaphore [compte rendu de *La métaphore vive*]». *Le Monde* 32 (1975), n° 9574, 2 et 3 novembre, 15.

1976

IV.A.89. BRISSON L., «*La métaphore vive* de Paul Ricœur [étude pénétrante et positive]». *Dialogue* (Canada) 15 (1976), n° 1, mars, 133-147.

IV.A.90. GILBERT P., «Compte rendu. *La métaphore vive*». *Nouvelle revue théologique* 108 (1976), n° 3, mars, 265-266.

IV.A.91. PETIT M. da P., «Note critique. *La métaphore vive*». *Revue de métaphysique et de morale* 81 (1976), n° 2, avril-juin, 271-276.

IV.A.92. REIX A., «Compte rendu. *La métaphore vive*». *Revue philosophique de la France et de l'étranger* 101 (1976), 108-109.

IV.A.93. VINCENT G., «*La métaphore vive* de Paul Ricœur [compte rendu]». *Revue d'histoire et de philosophie religieuses* 56 (1976), n° 4, 567-581.
Traduit en anglais par IV.B.79.

1977

IV.A.94. GANS E., «Esthétique de la métaphore [sur *La métaphore vive*]». *Poésie* 1977, n° 1, 58-74.

IV.A.95. GREISCH J., «Bulletin de philosophie. La tradition herméneutique aujourd'hui: H.-G. Gadamer, P. Ricœur, G. Steiner. La chasse à la métaphore vive [étude sur *La métaphore vive*]». *Revue des sciences philosophiques et théologiques* 61 (1977), 291-296.

IV.A.96. LUCIER P., «Paul Ricœur, *La métaphore vive* [compte rendu]». *Science et Esprit* (Montréal) 29 (1977), n° 1, janvier-avril, 120-122.

TEMPS ET RÉCIT I (I.A.12.)

1983

IV.A.97. CORDELLIER Ch., «Paul Ricœur: *Temps et récit (Tome I)* [compte rendu]». *La nouvelle revue française* 1983, n° 365, juin, 131-134.

IV.A.97a. DELACAMPAGNE Ch., «La mise en forme du temps [sur *Temps et récit I*]». *Le monde* 40 (1983), n° 11897, 29 avril, 2.

IV.A.98. ERIBON D., «Les belles histoires des oncles Paul [sur Paul Veyne, *Les grecs ont-ils cru à leurs mythes?* et Paul Ricœur, *Temps et récit. Tome I*]». *Libération*. Journal 1983, 9 mars, 32.

IV.A.99. LAVEGGI L., «Paul Ricœur: le temps mode d'emploi [sur *Temps et récit. I*]». *Le quotidien de Paris*. Journal 1983, n° 1104, 14 juin, 31.

IV.A.99a. MIGUELEZ R., «Compte rendu. *Temps et récit*». *Canadian Philosophical Review/Revue canadienne de comptes rendus en philosophie* 3 (1983), n° 6, décembre, 299-304.

1984

IV.A.100. BURGELIN Fr., «Compte rendu. *Temps et récit. Tome I*». *Bulletin du centre protestant d'études et de documentation* 1984, n° 287, janvier, 12-13.

IV.A.101. STIKER H.J., «Écriture et temps [sur *Temps et Récit. I*]». *Esprit* 1984, n° 1, janvier, 173-179.

TEMPS ET RÉCIT II (I.A.13.)

1985

IV.A.103. GREISCH J., «Les métamorphoses de la narrativité. Le récit de fiction selon P. Ricœur et le cinéma selon G. Deleuze [sur *Temps et récit II*]». *Revue des sciences philosophiques et théologiques* 69 (1995), n° 1, janvier, 87-94.

1986

IV.A.104. MIGUELEZ R., «*Temps et récit. Tome II: La configuration dans le récit de fiction* [compte rendu]». *Canadian Philosophical Review. Revue canadienne de comptes rendus en philosophie* 6 (1986), n° 3, mars, 126-130.

IV.A.105. STEVENS B., «Le temps de la fiction [étude critique de *Temps et récit II*]». *Revue philosophique de Louvain* 84 (1986), n° 1, février, 111-119.

IV.A.106. VINCENT G., «Histoires et romans: le récit, forme de l'expérience du temps [sur *Temps et récit II*]». *Autres Temps.* Les cahiers du christianisme social 1986, n° 7, automne, 73-80.

TEMPS ET RÉCIT III (I.A.14.)

1986

IV.A.107. BLONDEL E., «Paul Ricœur. Philosophe du temps et du récit [sur *Temps et récit III*]». *Réforme* 1986, n° 2151, 5 juillet, 9.

IV.A.108. MIGUELEZ R., «*Temps et récit. Tome III* [compte rendu]». *Canadian Philosophical Review/Revue Canadienne de comptes rendus en philosophie* 6 (1986), n° 6, juillet-août, 301-305.

1987

IV.A.109. FAES H., «La nature peut-elle être racontée? À propos de *Temps et récit III* (Résumé. Summary)». *Revue des sciences philosophiques et théologiques* 71 (1987), 221-232, 232.

TEMPS ET RÉCIT I-III (I.A.12, I.A.13, I.A.14.)

1986

IV.A.110. MONGIN O., «Face à l'éclipse du récit [sur les trois volumes de *Temps et récit*]». *Esprit* (La passion des idées) 1986, n° 8-9, août-septembre, 214-226.

Repris dans *Traversées du XX*[e] *siècle. Revue Esprit* (Armillaire). Paris: La Découverte, 1988, 22 × 113,5, 225-243.

IV.A.111. SALLENAVE D., «Paul Ricœur et les pouvoirs du récit [compte rendu de *Temps et récit I-III*]». *Le monde* 43 (1986), n° 13006, 21 novembre, 17, 24.

1987

IV.A.111a. IMBEAULT M., «Le temps humain». *Dialogue* 26 (1987), n° 1, printemps, 135-146.

IV.A.112. MIGUELEZ R., «Compte rendu». *Philosophiques* (Montréal) 14 (1987), 425-433.

DU TEXTE À L'ACTION (I.A.15.)

1986

IV.A.113. CONTAT M., «Entre la tradition et l'utopie [compte rendu de *Du texte à l'action*]». *Le Monde* 43 (1986), n° 13006, 21 novembre, 24.

1989

IV.A.114. GRONDIN J., «Compte rendu». *Archives de philosophie* 52 (1989), 343-345.

1991

IV.A.115. GREISCH J., «Compte rendu». *Revue des sciences philosophiques et théologiques* 75 (1991), n° 1, 117-120.

À L'ÉCOLE DE LA PHÉNOMÉNOLOGIE (I.A.16.)

1987

IV.A.117. REIX A., «Compte rendu». *Revue philosophique de la France et de l'étranger* 112 (1987), 511.

1989

IV.A.118. ABEL O., «Compte rendu». *Bulletin du Centre protestant d'études et de documentation* 1989, n° 337, 13.

IV.A.119. COLETTE J., «Compte rendu». *Les études philosophiques* 1989, n° 1, 113-115.

LE MAL (I.A.16.)

1987

IV.A.120. LYS D., «Compte rendu». *Etudes théologiques et religieuses* 62 (1987), n° 3, 464.

IV.A.121. SIEGWALT G., «Revue de livre». *Revue d'histoire et de philosophie religieuses* 7 (1987), n° 3, juillet-septembre, 336.

SOI-MÊME COMME UN AUTRE (I.A.17.)

1990

IV.A.122. BLONDEL E., «Je, moi, soi-même... et les autres [compte rendu]». *Réforme* 1990, n° 2365-2366, 11 et 18 août, 9.

IV.A.123. COMTE R., «Compte rendu de *Soi-même comme un autre*». *Catéchèse* (Vie spirituelle) 1990, n° 120, juillet, 124-125.

IV.A.124. FAUQUEX J., «Compte rendu de *Soi-même comme un autre* [bref mais très éclairant]». *Hokhma*. Revue de réflexion théologique 1990, n° 44, 65-66.

IV.A.125. ROMAN J., «Compte rendu». *Esprit* 1990, n° 5, 155-157.

IV.A.126. STEVENS B., «Compte rendu». *Revue philosophique de Louvain* 88 (1990), n° 80, 580-596.

1991

IV.A.127. DESCOMBES V., «Le pouvoir d'être soi (compte rendu substantiel)». *Critique* (Sciences humaines: sens social) 1991, juin-juillet, 545-596.

IV.A.128. GREISCH J., «Compte rendu». *Revue des sciences philosophiques et théologiques* 75 (1991), n° 1, 120-123.

IV.A.129. HUNYADI M., «Compte rendu». *Hermès* (Paris) 1991, n° 8-9, 363-366.

IV.A.130. RICHIR M., «Paul Ricœur. *Soi-même comme un autre* [compte rendu critique de fond]». *Annuaire philosophique 1989-1990* (L'ordre philosophique). Paris: Seuil, [1991], 20,5 × 14, 41-63.

1993

IV.A.131. GREISCH J., «Compte rendu [approfondi]». *Revue de métaphysique et de morale* 98 (1993), n° 3, 413-427.

1996

IV.A.131a. BONZON S., «Soi-même comme un autre: une lecture». *Variations herméneutiques*. Institut romand d'herméneutique et de systématique 1996, n° 4, 31-38.

LECTURES 1. AUTOUR DU POLITIQUE (I.A.18.)

1991

IV.A.132. AZOUVI Fr., «L'essentielle fragilité du politique [compte rendu]». *Le monde* 48 (1991) n° 14544, 1 novembre, 26, 28.

1992

IV.A.133. CAUSSE J.-D., «Compte rendu». *Études théologiques et religieuses* 67 (1992), n° 4, 624-625.

IV.A.134. FISCHBACH F., «Compte rendu». *Philosophie politique* 1992, nº 2, 226-227.

IV.A.135. VALADIER P., «Revue». *Études* 376 (1992), nº 3, mars, 423.

LECTURES 2. LA CONTRÉE DES PHILOSOPHES (I.A.19.)

1993

IV.A.136. VALADIER P., «Revue». *Études* 378 (1993), nº 2, février, 278-279.

LECTURES 3. AUX FRONTIÈRES DE LA PHILOSOPHIE (I.A.20.)

1994

IV.A.137. GREISCH J., «Compte rendu». *Revue des sciences philosophiques et théologiques* 78 (1994), nº 1, 137-138.

IV.A.138. PETITDEMANGE G., «Revue». *Études* 381 (1994), septembre, 279.

IV.A.139. QUELQUEJEU B., «Compte rendu». *Revue des sciences philosophiques et théologiques* 78 (1994), nº 3, 325.

1996

IV.A.140. ASKANI H.-Cr., «Compte rendu». *Études théologiques et religieuses* 71 (1996), nº 2, 306-307.

LA CRITIQUE ET LA CONVICTION (I.A.21.)

1995

IV.A.141. MONGIN O., «Compte rendu». *Esprit* 1995, nº 12, décembre, 197.

1996

IV.A.142. GUILMIN S., «Compte rendu». *LibreSens*. Bulletin du Centre Protestant d'Études et de Documentation 1996, nº 56, juin, 151-152.

RÉFLEXION FAITE. AUTOBIOGRAPHIE INTELLECTUELLE (I.A.22.)

1995

IV.A.143. BOURETZ P., «Compte rendu». *Esprit* 1995, nº 12, décembre, 197-199.

1997

IV.A.143a. ZNEPOLSKY B., «Conflits interprétatifs. Apories existentielles [Compte rendu]». Sofia: Maison de sciences de l'homme et de la société, 1997, 150-154.

LE JUSTE (I.A.23.)

1995

IV.A.144. BOURETZ P., «Compte rendu». *Esprit* 1995, n° 12, décembre, 199-200.

1996

IV.A.145. SCHOUWEY J., «Compte rendu». *Revue de théologie et de philosophie* 128 (1996), n° 1, 91-92.

IV.A.146. VALADIER P., «Revue». *Études* 384 (1996), n° 3, mars, 423.

CE QUI NOUS FAIT PENSER (I.A.26.)

1998

IV.A.147. CLAMENS G., «Compte rendu». *LibreSens*. Bulletin du Centre Protestant d'Etudes et de Documentation 1998, n° 77, juillet-août, 234.

IV.A.148. DROIT R.-P., «...suivant la disposition du cerveau [compte rendu]». *Le Monde* (Le monde des livres) 154 (1998), n° 16512, 27 février, VII.

IV.A.149. FERRY L., «Les racines de la morale [compte rendu]». *Le point*. Hebdomadaire 1998, n° 1327, 21 février, 92-93.

IV.A.150. NEUSCH M., «L'homme sous le double regard du sage et du savant [compte rendu]». *La Croix* 1998, n° 34962, 8-9 mars, 8.

1999

IV.A.151. GREISCH J., «Compte rendu». *Revue d'éthique et de théologie morale* (Le Supplément. Figures de la solitude pour Dieu) 1999, n° 208, mars, 178-183.

IV.A.152. LAPIERRE J.-W., «Controverse. À Jean-Pierre Changeux et Paul Ricœur, quelques remarques sur *La nature et la règle*». *Esprit* (Le pari de la réforme) 1999, n° 3-4, mars-avril, 277-286.

PENSER LA BIBLE (I.A.27.)

1998

IV.A.153. NEUSCH M., «Chaque époque a sa manière de lire les textes de l'Écriture». *La Croix* 1998, nº 35055, 12-13 juillet, 9.

IV.A.154. GUENAU, «Compte rendu». *LibreSens* 1998, nº 79, octobre-novembre, 280.

IV.B. ENGLISH / ANGLAIS

HISTORY AND TRUTH (I.B.1.)

1965

IV.B.1. KELBEY Ch.D., «Translator's introduction [to *History and Truth* putting this book into the context of P. RICŒUR's philosophy].» *History and Truth* (Northwestern University Studies in Phenomenology and Existential Philosophy). Evanston (Illinois): Northwestern University press, 1965, 24 × 15,5, XI-XXI.

1966

IV.B.2. IGGERS G.G., «Book review. *History and Truth.*» *The American Historical Review* 72 (1966-1967), No. 1, October, 118.

1967

IV.B.3. BOAS G., «Review Essay. *History and Truth* [a perspicacious review].» *History and Theory.* Studies in the Philosophy of History 6 (1967), No. 2, 265-270.

IV.B.4. DALY M., «Review. *History and Truth.*» *Philosophical Studies* (Ireland) 16 (1967), 369-371.

IV.B.5. WILLARD D., «Book Note. *History and Truth.*» *The Personalist* 48 (1967), No. 3, Summer, July, 412.

1968

IV.B.6. TAYLOR Ch., «Book Review. *History and Truth.*» *The Journal of Philosophy* 65 (1968), No. 13, June, 401-403.

1971

IV.B.7. DUPRÉ L., «Review Article. *History and Truth.*» *The New Scholasticism* 45 (1971), No. 1, Winter, 147-149.

FALLIBLE MAN (I.B.2.)

1961

IV.B.8. PONCELET A., «Feature Book Review. *L'homme faillible.*» *International Philosophical Quarterly* 1 (1961), No. 4, December, 713-718.

1965

IV.B.9. KELBEY Ch., «Translator's Introduction [to *Fallible Man* putting this book into the broader context of P. RICŒUR's philosophy].» *Fallible Man* [Chicago: Henry Regnery], [1965], 21 × 14,5, IX-XV.

IV.B.10. P.S., «Summary and Comment. *Fallible Man.*» *The Review of Metaphysics* 19 (1965), No. 2, December, 382.

1966

IV.B.11. STINNETTE C.R., «Critical Review. *Fallible Man.*» *The Journal of Religion* 46 (1966), No. 1, January, 60-61.

FREEDOM AND NATURE (I.B.3.)

1966

IV.B.13. KOHÁK E.V., «Translator's Introduction: the Philosophy of Paul Ricœur [putting *Freedom and Nature* into the whole of RICŒUR's philosophy].» *Freedom and Nature. The Voluntary and the Involuntary* (Northwestern University Studies in Phenomenology and Existential Philosophy). Evanston (Illinois): Northwestern University Press, 1966, 23,5 × 16,5, XI-XXXVIII.

1967

IV.B.14. EPSTEIN F., «Beyond Determinism and Irrationalism. Reflections on a Work of Paul Ricœur [on *Freedom and Nature*].» *Philosophy Today* 11 (1967), No. 1/4, Spring, 38-46.

IV.B.15. WILLARD D., «Book Note. *Freedom and Nature.*» *The Personalist* 48 (1967), No. 3, Summer, July, 411-412.

1968

IV.B.16. CREEGAN R.F., «Review. *Freedom and Nature.*» *Philosophy and Phenomenological Research* 28 (1968), No. 4, June, 608-610.

IV.B.17. DALY J., «Review. *Freedom and Nature.*» *Philosophical Studies* (Ireland) 17 (1968), 325-328.

IV.B.18. EMBREE L., «Book Review. *Freedom and Nature.*» *Social Research* 35 (1968), No. 3, Autumn, 565-570.

IV.B.19. HARTMANN Kl., «Phenomenology, Ontology and Metaphysics [on *Freedom and Nature*].» *The Review of Metaphysics* 22 (1968), No. 1, September, 85-112.

IV.B.20. MEDINA A., «Book Review. *Freedom and Nature.*» *The New Scholasticism* 42 (1968), No. 1, Winter, 155-159;

1969

IV.B.21. EHMAN R., «Book Review. *Freedom and Nature.*» *Man and World* 2 (1969), No. 2, May, 310-318.

HUSSERL. AN ANALYSIS OF HIS PHENOMENOLOGY (I.B.4.)

1967

IV.B.22. BALLARD E.G., «Translator's foreword [to *Husserl. An Analysis of his Phenomenology*, presenting the content of the book].» *Husserl. An Analysis of his Phenomenology* (Northwestern University Studies in Phenomenology and Existential Philosophy). Evanston (Illinois): Northwestern University Press, 1967, 23,5 × 16,5, XIII-XX.

1968

IV.B.23. EDIE J.M., «Book Review. *Husserl. An Analysis of his Phenomenology.*» *The Journal of Philosophy* 65 (1968), No. 13, June 27, 403-409.

1971

IV.B.24. DALY J., «Review. *Husserl. An Analysis of his Phenomenology.*» *Philosophical Studies* (Ireland) 20 (1971), 310-312.

IV.B.25. DUPRÉ L., «Review Article. *Husserl. An Analysis of his Phenomenology.*» *The New Scholasticism* 45 (1971), No. 1, Winter, 149-152.

THE SYMBOLISM OF EVIL (I.B.5.)

1961

IV.B.26. PONCELET A., «Review. *La symbolique du mal.*» *International Philosophical Quarterly* 1 (1961), No. 4, December, 713-724.

1967

IV.B.27. HICK J., «Review. *The Symbolism of Evil.*» *Theology Today* 24 (1967-1968), No. 4, January, 521-522.

IV.B.28. KEEN S., «Sin, Guilt and Such [review of *The Symbolism of Evil*].» *The Christian Century* 84 (2967), No. 32, August 9, 1023.

1968

IV.B.29. COLLINS J., «Annual Review of Philosophy 1967 [among other books on *The Symbolism of Evil*].» *Cross Currents* 18 (1968), No. 2, Spring, 187.

IV.B.30. STACK G.J., «Man and the Symbols of Evil [review of *The Symbolism of Evil*].» *Man and World* 1 (1968), No. 4, November, 626-635.

IV.B.31. WRIGHT J.H., «Book Review. *The Symbolism of Evil.*» *Theological Studies* 29 (1968), No. 2, June, 363-365.

1969

IV.B.32. E.A.R., «Summary and Comment. *The Symbolism of Evil.*» *The Review of Metaphysics* 22 (1969), No. 4, June, 763-764.

IV.B.33. FISHER A.L., «Book Note. *The Symbolism of Evil.*» *The Modern Schoolman* 47 (1969-1970), November, 142-143.

1972

IV.B.34. RYAN M., «Book Review. *The Symbolism of Evil.*» *Dialogue* (Canada) 11 (1972), No. 4, December, 666-668.

FREUD AND PHILOSOPHY (I.B.6.)

1970

IV.B.35. WARNOCK M., «Signs and Symbols [Book Review of *Freud and Philosophy*].» *New Society* 16 (1970), No. 412, August 20, 335-336.

1971

IV.B.36. GARGIULO G.J., «A Modern Dialogue with Freud [insightful review of *Freud and Philosophy*].» *The Psychoanalytic Review* 58 (1971), No. 2, 295-301.

IV.B.37. LICHTENSTEIN H., «Communication note on *Freud and Philosophy*.» *Philosophy and Phenomenological Research* 32 (1971-1972), September-June, 412-413.

IV.B.38. LLAMSON B.S., «Book Review. *Freud and Philosophy* [judicious review].» *Thought*. A Review of Culture and Idea 46 (1971), No. 183, Winter, 628-632.

IV.B.39. VIVAS E., «Review Article. *Freud and Philosophy* [valuable article].» *The Journal of Value Inquiry* 5 (1971), No. 4, 310-314.

1972

IV.B.40. GROLNICK S.A., «Book Review. *Freud and Philosophy* [perspicacious review].» *The Psychanalytic Quarterly* 41 (1972), No. 3, July, 436-443.

IV.B.41. IHDE D., «Briefer Book Review. *Freud and Philosophy*.» *International Philosophical Quarterly* 12 (1972), No. 1, March, 138-139.

IV.B.42. MOLONEY R., «Review. *Freud and Philosophy*.» *The Heythrop Journal* 13 (1972), No. 1, January, 82-83.

IV.B.43. PETTIT Ph., «Critical Notice. *Freud and Philosophy*.» *Philosophical Studies* (Ireland) 21 (1972), 236-243.

IV.B.44. REIDER N., «Book Review. *Freud and Philosophy* [both critical and praising review].» *Journal of the History of the Behaviorial Sciences* 8 (1972), No. 1, January, 142-144.

IV.B.45. SLAUGHTER J.W., «Book Review. *Freud and Philosophy*.» *International Journal for Philosophy of Religion* 3 (1972), No. 1, Spring, 56-58.

1973

IV.B.46. STACK G.J., «Book Review. *Freud and Philosophy*.» *The Modern Schoolman* 50 (1973), No. 3, March, 318-322.

1974

IV.B.47. WILKINSON W., «Book Review. *Freud and Philosophy*.» *Philosophy Forum* 14 (1974), 195-196.

1975

IV.B.48. SCOTT Ch.E., «Ricœur's Freud [excellent review on *Freud and Philosophy*].» *Anglican Theological Review* 57 (1975), No. 4, October, 467-479.

1978

IV.B.49. HARNEY M., «Psychoanalysis and Hermeneutics [mainly on *Freud and Philosophy*].» *The Journal of the British Society for Phenomenology* (Psychoanalysis and Language) 9 (1978), No. 2, May, 71-81.

IV.B.50. LOWE W.J., «Book Review. *Freud and Philosophy.*» *Religious Studies Review* 4 (1978), No. 4, October, 246-247.

1983

IV.B.51. DUCKWORT A.M., «Book Review. *Freud and Philosophy.*» *English Language Notes* 20 (1983), 52.

THE CONFLICT OF INTERPRETATIONS (I.B.8.)

1971

IV.B.52. CAPUZZI Fr.A., «Hermeneutics and the Symbol [review of *Le conflit des interprétations*].» *Research in Phenomenology* 1 (1971), 157-161.

1974

IV.B.53. IHDE D., «Editor's Introduction [to the essays of the *Conflict of Interpretations* putting this book into the context of P. RICŒUR's philosophy].» *The Conflict of Interpretations. Essays in Hermeneutics* (Northwestern University Studies in Phenomenology and Existential Philosophy). Evanston (Illinois): Northwestern University Press, 1974, 23,5 × 16, IX-XXV.

1975

IV.B.54. WILSON N., «Book Review. *Le conflit des interprétations.*» *Phenomenological Sociology. Newsletter* (Oklahoma) 3 (1975), No. 2, February, 6-7.

1976

IV.B.55. LEVIN D.M., «Book Review. *The Conflict of Interpretations* [valuable contribution].» *The Philosophical Review* 85 (1976), No. 2, April, 267-270.

1977

IV.B.56. KUZMINSKI A., «The Philosophers's Burden [review of *The Conflict of Interpretations*].» *Salmagundi* 1977, No. 36, 124-132.

POLITICAL AND SOCIAL ESSAYS (I.B.9.)

1974

IV.B.57. STEWART D. and BIEN J., «Editor's Introduction [to *Political and Social Essays* presenting the content of these essays].» *Political and Social Essays*. Athens: Ohio University Press, [1974], 22,5 × 14,5, 1-19.

1975

IV.B.58. CIPOLLONE A.P., «The Christian and Society: a Review Essay [on *Political and Social Essays*].» *The Iliff Review* 32 (1975), No. 3, Fall, 56-61.

1977

IV.B.59. STOLTZFUS A.G., «Book Review. *Political and Social Essays*.» *Christian Scholar's Review* 7 (1977), No. 2-3, 275-276.

IV.B.60. SWEENEY R.D., «Book Review. *Political and Social Essays*.» *The Thomist* 41 (1977), No. 2, April, 297-298.

1978

IV.B.61. DALLMAYR Fr., «Book Review. *Political and Social Essays*.» *Phenomenology and Social Science. Newsletter* 6 (1978), No. 3, Summer, 4-7.

1979

IV.B.62. LAWRENCE Fr., «Ricœur's *Political and Social Essays* [Review Essay].» *The Journal of Religion* 59 (1979), No. 2, April, 224-230.

INTERPRETATION THEORY (I.B.10.)

1977

IV.B.63. MANCHESTER P., «Book Notice. *Interpretation Theory*.» *Journal of the American Academy of Religion* 45 (1977), No. 3, September, 395-396.

IV.B.64. MCFADDEN G., «Review. *Interpretation Theory* [insightful review].» *The Journal of Aesthetics and Art Criticism* (Critical Interpretation) 36 (1977-1978), No. 3, Spring, 365-367.

1978

IV.B.65. BERTMAN M.A., «Book Review. *Interpretation Theory.*» *Journal of Aesthetic Education* 12 (1978), No. 4, October, 118-121.

IV.B.66. KLEIN T., «Book Review. *Interpretation Theory.*» *The Southwestern Journal of Philosophy* (The Proceedings of the 38th Annual Meeting of the Southwestern Philosophical Society, Texas, November 1977) 9 (1978), No. 1, Spring, 149-152.

IV.B.67. MAGLIOLA R., «Brief Review [of *Interpretation Theory*].» *Phenomenology Information Bulletin* 2 (1978), October, 25-26.

IV.B.68. PALMER R.E., «Shorter Review. *Interpretation Theory.*» *Philosophy and Literature* 2 (1978), No. 1, Spring, 135-136.

IV.B.69. SEEBOHM Th., «Book Review. Paul Ricœur, *Interpretation Theory: Discourse and the Surplus of Meaning* [in depth study].» *The Graduate Faculty Philosophy Journal* 7 (1978), No. 2, Winter, 257-270.

IV.B.70. STACK G.J., «Book Review [on *Interpretation Theory*].» *Philosophy and Phenomenological Research* 39 (1978), No. 2, December, 290-292.

1979

IV.B.71. B.W., «Summary and Comment. *Interpretation Theory.*» *The Review of Metaphysics* 33 (1979), No. 1, September, 198-200.

IV.B.72. WERTZ S.K., «Book Review. *Interpretation Theory.*» *Philosophy and Rhetoric* 12 (1979), No. 1, Winter, 65-69.

IV.B.73. WILSHIRE Br., «Summary and Comment. *Interpretation Theory.*» *The Review of Metaphysics* 33 (1979), No. 1, September, 198-200.

THE RULE OF METAPHOR (I.B.11.)

1975

IV.B.74. STEINER G., «Metaphors on the Move [review of *La métaphore vive*].» *The Times Literary Supplement* 1975, No. 3829, August 1, 879.

1976

IV.B.75. GERHART M., «Review Essay. *La métaphore vive* [penetrating contribution].» *Religious Studies Review* 2 (1976), No. 1, January, 23-30.

IV.B.76. REAGAN Ch.E., «Briefer Book Review. *La métaphore vive* [in depth contribution].» *International Philosophical Quarterly* 16 (1976), No. 4, December, 359-362.

1977

IV.B.77. CROSMAN I., «The Status of Metaphoric Discourse: Paul Ricœur: *La métaphore vive* [Book Review].» *The Romanic Review* (New York) 68 (1977), No. 3, May, 207-216.

IV.B.78. SWEENEY G., «Book Review. *La métaphore vive.*» *The Thomist* 41 (1977), No. 2, April, 301-305.

IV.B.79. VINCENT G., «Paul Ricœur's 'Living Metaphor' [review of *La métaphore vive*].» *Philosophy Today* (A Presentation of *The Rule of Metaphor* by Paul Ricœur) 21 (1977), Supplement to No.4/4, Winter, 412-423.

English translation of IV.A.93.
Reprinted as a brochure in 1983.

1978

IV.B.80. MAGLIOLA R., «Brief Review [of *The Rule of Metaphor*].» *Phenomenology Information Bulletin* 2 (1978), October, 26-28.

IV.B.81. MOOIJ J.J.A., «Review. *The Rule of Metaphor* [substantial review].» *Journal of Aesthetics and Art Criticism* 37 (1978-1979), No. 4, Summer, 496-498.

1979

IV.B.82. BARNOUW J., «Summary and Comment. *The Rule of Metaphor.*» *The Review of Metaphysics* 33 (1979), No 1, September, 200-204.

IV.B.83. LAMARQUE P., «Book Review [on *The Rule of Metaphor*].» *Philosophical Quarterly* (Scotland) 29 (1979), April, 188-190.

IV.B.84. MURCHLAND B., «Shorter Review. *The Rule of Metaphor.*» *Philosophy and Literature* 3 (1979), No. 1, Spring, 124-125.

1980

IV.B.85. HALL H., «Book Review. *The Rule of Metaphor.*» *The Philosophical Review 89* (1990), No. 1, January, 117-121.

IV.B.86. LACAPRA D., «Who Rules Metaphor? [on *The Rule of Metaphor*].» *Diacritics.* A Review on contemporary Criticism 1980, Winter, 15-28.

IV.B.87. OSBORN M., «Book Review. *The Rule of Metaphor.*» *Philosophy and Rhetoric* 13 (1980), No. 3, Summer, 208-210.

1987

IV.B.87a. HARRISON B., « Review.» *British Journal of Aesthetics* 27 (1987), 389-390.

IV.B.87b. MCARTHUR D., «Review.» *The Journal of the British Society for Phenomenology* 18 (1987), 297-299.

MAIN TRENDS IN PHILOSOPHY (I.B.13.)

1980

IV.B.88. HYLAND Dr.A., «Summary and Comment. *Main Trends in Philosophy.*» *The Review of Metaphysics* 34 (1980), No. 1, September, 157-158.

IV.B.89. SCUKA R.F., «Book Notice. *Main Trends in Philosophy.*» *Journal of the American Academy of Religion* 48 (1990), No. 2, June, 301-304.

1981

IV.B.90. HUNTER R.B., «Review. *Main Trends in Philosophy.*» *Philosophy and Phenomenological Research* 42 (1981-1982), September-June, 621-622.

IV.B.91. STACK G., «Book Review. *Main Trends in Philosophy.*» *The Journal of Value Inquiry* 15 (1981), No. 4, 329-332.

ESSAYS ON BIBLICAL INTERPRETATION (I.B.14.)

1980

IV.B.92. MUDGE L.S., «Paul Ricœur on Biblical Interpretation [penetrating introduction to *Essays on Biblical Interpretation* expounding the background and the significance of the essays].» *Paul Ricœur. Essays on Biblical Interpretation.* Philadelphia (PA): The Fortress Press, [1980], 21,5 × 12, 1-45.

1982

IV.B.93. CARROLL R.P., «Review. *Essays on Biblical Interpretation.*» *Religious Studies* 18 (1982), No. 2, June, 270-273.

IV.B.94. REESE J.M., «Book Review. *Essays on Biblical Interpretation.*» *Catholic Biblical Quarterly* 44 (1982), No. 1, January, 158-159.

1983

IV.B.95. KLEMM D.M., «Book Notice. *Essays on Biblical Interpretation.*» *Journal of the American Academy of Religion* 51 (1983), No. 4, December, 717-718.

HERMENEUTICS AND THE HUMAN SCIENCES (I.B.16.)

1981

IV.B.96. THOMPSON J.B., «Editor's introduction [to *Hermeneutics and the Human Sciences* offering a biographical note, a survey of his philosophy and a presentation of the essays].» *Hermeneutics and the Human Sciences. Essays on Language, Action and Interpretation.* Cambridge-London-New York-New Rochelle-Melbourne-Sydney: Cambridge University Press; Paris: Éditions de la Maison des Sciences de l'Homme, [1981], 23 × 15,5, 1-26.

1982

IV.B.97. ATACK M., «Book Review. *Hermeneutics and the Human Sciences.*» *Journal of European Studies* 12 (1982), No. 46, 152-154.

IV.B.98. BOURGEOIS P.L., «Summary and Comment. *Hermeneutics and the Human Sciences.*» *The Review of Metaphysics* 36 (1982-1983), No. 1, September, 186-188.

1983

IV.B.98a. HYDE M.J., «Book Review. *Hermeneutics and the Human Sciences.*» *Philosophy and Rhetoric* 16 (1983), No. 4, 272-275.

IV.B.99. MCCULLAGH C.B., «Book Review. *Hermeneutics and the Human Sciences.*» *Australian Journal of Philosophy* 61 (1983), No. 2, June, 211-213.

IV.B.100. PAPPIN J., «Book Review. *Hermeneutics and the Human Sciences.*» *The Heythrop Journal* 24 (1983), No. 2, April, 178-182.

IV.B.101 REGIER W.G., «Review. *Hermeneutics and the Human Sciences.*» *MLN – Modern Language Notes* (Comparative Literature. Special Issue) 98 (1983), No. 5, December, 1312-1315.

IV.B.102. WYSCHOGROD E., «Review Article. From Being to Meaning. Toward a Phenomenological Hermeneutics [on *Hermeneutics and the Human Sciences*].» *Semiotica* 44 (1983), No. 3/4, 371-382.

1984

IV.B.103. HARRISON P., «Book Review.» *Thesis Eleven* (Clayton) 1984, No. 9, 149-157.

1986

IV.B.104. GOLDSTEIN L.J., «Book Review.» *International Studies in Philosophy* (Chico, California) 18 (1986), No. 3, 79-81.

TIME AND NARRATIVE I (I.B.17.)

1984

IV.B.105. CARR D., «Book Review.» *History and Theory*. Studies in the Philosophy of History 23 (1984), 357-370.

1985

IV.B.105a. COMSTOCK G., «Book Review.» *The Quarterly Journal of Speech* 71 (1985), August, 373-375.

IV.B.106. HARRIS W.V., «Review.» *Philosophy and Literature* 9 (1985), No. 2, October; 246-248.

IV.B.106a. KELLNER H., «Book Review.» *MLN* 100 (1985), December, 1114-1120.

IV.B.107. OLSON A.M., «Review.» *International Journal for Philosophy and Religion* 18 (1985), Nos. 1-2, 180-183.

IV.B.108. REAGAN Ch.E., «Feature Review-Article. Paul Ricœur's *Time and Narrative.*» *International Philosophical Quarterly* 25 (1985), No. 97, March, 89-105.

IV.B.109. SCHARLEMAN P.P., «Ricœur's Mimetic Trinity: a Review.» *Journal of the American Academy of Religion* 53 (1985), No. 2, June, 271-275.

1986

IV.B.110. DUNPHY J., «Review.» *Australian Journal of Philosophy* 64 (1986), 232-235.

IV.B.110a. VANHOOZER K.J., «Book Review.» *Partisan Review* 53 (1986), 645-649.

1988

IV.B.111. MATTHEWS W., «Book Review.» *Philosophical Studies* (Dublin) 32 (1988-1990), 356-358.

IV.B.112. OLAFSON F.A., «Book Review.» *International Studies in Philosophy* (Atlanta) 20 (1988), No. 3, 141-142.

TIME AND NARRATIVE II (I.B.18.)

1986

IV.B.112a. MORRISON K.F., «Book Review.» *The American Historical Review* 91 (1986), November, 476-479.

1987

IV.B.112b. HARRIS W.V., «Book Review.» *Philosophy and Literature* 11 (1987), No. 1, April, 184-185.

1989

IV.B.113. OLAFSON F.A., «Book Review.» *International Studies in Philosophy* (Atlanta) 21 (1989), No. 3, 142–143.

TIME AND NARRATIVE III (I.B.20.)

1989

IV.B.114. CHAMPION J., «Review Article. The Poetics of Human Time. Paul Ricœur's *Time and Narrative. Volume 3.*» *Literature and Theology* 3 (1989), No. 3, November, 341-348.

IV.B.115. HARRIS W.V., «Book Review. *Time and Narrative III.*» *Philosophy and Literature* 13 (1989), No. 1, April, 201-202.

IV.B.115a. WARVICK B., «Book Review.» *The Quarterly Journal of Speech* 75 (1989), November, 498-499.

1990

IV.B.116. TAFT R., «Book Review.» *The Modern Schoolman* 68 (1990-1991), No. 3, 264-265.

TIME AND NARRATIVE I-III (I.B.17. – I.B.18. – I.B.20.)

1987

IV.B.117. HILLIS MILLER J., «But are things as we think they are? [review article accusing the author of reactionism because of overlooking the deconstructionist reading].» *The Times Literary Supplement* 1987, No. 4410, October 9-15, 1104-1105.

IV.B.117a. HOHLER Th.F., «Storytelling and Human Experience [on *Temps et récit. I-III*].» *Research in Phenomenology* 17 (1987), 291-303.

IV.B.117b. OLNEY J., «Book Review.» *The Sewanee Review* 95 (1987), Spring, 45-53.

1988

IV.B.117c. McGOWAN J., «Book Review.» *Partisan Review* 55 (1988), Fall, 690-692.

1989

IV.B.118. GERHART M., «Book Review.» *The Journal of Religion* 69 (1989), No. 1, January, 92-98.

LECTURES ON IDEOLOGY AND UTOPIA (I.B.19.)

1988

IV.B.118a. LOWE W., «Book Review.» *The Journal of Religion* 68 (1988), No. 4, October, 607-608.

FROM TEXT TO ACTION (I.B.22.)

1992

IV.B.119. FREEMAN M., «Book Review.» *Phenomenology and the Human Sciences* (Spokane) 17 (1992), No. 3, 13-23.

IV.B.120. KERBY A.P., «Book Review.» *Canadian Philosophical Review* 12 (1992), No. 3, 213-215.

ONESELF AS ANOTHER (I.B.23.)

1992

IV.B.121. DAUENHAUER B.P., «Book Review.» *Man and World* 245 (1992), No. 2, 221-225.

IV.B.122. PUCCI E., «Review of Paul Ricœur's *Oneself as Another*: Personal Identity, Narrative Identity and 'Selfhood' in the Thought of Paul Ricœur.» *Philosophy and Social Criticism* 18 (1992), No. 2, 185-209.

1993

IV.B.123. KULTGEN J., «Book Review.» *Review of Metaphysics* 47 (1993-1994), No. 3, 636-637.

1994

IV.B.123a. REID R.S., «Book Review.» *The Quarterly Journal of Speech* 80 (1994), February, 126-128.

IV.B.124. SCHREINR C.S., «Book Review.» *Philosophy and Literature* 18 (1994), No. 1, 137-138.

IV.B.125. VANHOOZER K.J., «Book Review.» *Religious Studies* 30 (1994), No. 3, 368-371.

IV.B.125a. WESTPHAL M., «Book Review.» *International Philosophical Quarterly* 34 (1994), No. 3, September, 247-249.

1995

IV.B.125b. BEAM C., «Book Review. *Oneself as Another.*» *Eidos* 12 (1995), No. 2, 147-150.

IV.B.126. SWEENEY R., «Review note: Comments on P. Ricœur's *Oneself as Another.*» *Philosophy and Social Criticism* 21 (1995), No. 1, January, 116-117.

1997

IV.B.127. OLAFSON Fr.A., «Review [a quite negative evaluation].» *International Studies in Philosophy* 29 (1997), No. 4, 137-138.

FIGURING THE SACRED (I.B.24.)

1996

IV.B.127a. BRUEGGEMANN W., «Book Review.» *Theology Today* 53 (1996), No. 1, April, 95-98.

IV.B.127b. FINK P.E., «Book Review.» *Theological Studies* 57 (1996), No. 3, September, 545-547.

LECTURES 1. AUTOUR DU POLITIQUE (I.A.18.)

1995

IV.B.128. BIEN J., «Book Review.» *Review of Metaphysics* 49 (1995), No. 1, September, 155-156.

1996

IV.B.129. MADISON G.B., «Review Essay. Ricœur and the Political [on *Lectures 1*]». *Paul Ricœur. The Hermeneutics of Action* (Philosophy and Social Criticism). Edited by R. KEARNEY. London-Thousand Oaks-New Delhi: Sage Publications, [1996], 33,5 × 15, 191-193.

LECTURES 2. LA CONTRÉE DES PHILOSOPHES (I.A.19.)

1995

IV.B.130. BIEN J., «Book Review.» *Review of Metaphysics* 49 (1995), No. 1, September, 157.

1996

IV.B.131. SWEENEY R.D, «Review Essay. *Lectures 2* and a survey of recent Ricœur publications«. *Paul Ricœur. The Hermeneutics of Action* (Philosophy and Social Criticism). Edited by R. KEARNEY. London-Thousand Oaks-New Delhi: Sage Publications, [1996], 33,5 × 15, 195-199.

LECTURES 3. AUX FRONTIÈRES DE LA PHILOSOPHIE (I.A.20.)

1996

IV.B.132. TRACY D., «Review Essay. Ricœur's philosophical journey: its import for religion [on *Lectures 3*]«. *Paul Ricœur. The Hermeneutics of Action* (Philosophy and Social Criticism). Edited by R. KEARNEY. London-Thousand Oaks-New Delhi: Sage Publications, [1996], 33,5 × 15, 201-203.

CE QUI NOUS FAIT PENSER (I.A.26.)

1999

IV.B.133. MÜLLER D., «Book Review.» *Ethical Theory and Moral Practice.* An International Forum 2 (1999), No. 1, 59-61.

IV.C. ALLEMAND / GERMAN

KARL JASPERS ET LA PHILOSOPHIE DE L'EXISTENCE (I.A.1.)

1951

IV.C.1. KOPPER J., «Buchbesprechung. *Karl Jaspers et la philosophie de l'existence*». *Philosophischer Literaturanzeiger* 3 (1951), 72-75.

GABRIEL MARCEL ET KARL JASPERS (I.A.2.)

1951

IV.C.2. KOPPER J., «Buchbesprechung. *Gabriel Marcel et Karl Jaspers*». *Philosophischer Literaturanzeiger* 3 (1951), 75-76.

GESPRÄCHE (I.C.2.)

1974

IV.C.3. PLATZECK E.-W., «Buchbesprechung *P. Ricœur und G. Marcel – Gespräche*». *Wissenschaft und Weisheit* 37 (1974), n° 2/3, 229-230.

LE VOLONTAIRE ET L'INVOLONTAIRE (I.A.3.)

1952

IV.C.4. KOPPER J., «Buchbesprechung. *Le volontaire et l'involontaire* [compte rendu substantiel]». *Philosophischer Literaturanzeiger* 4 (1952), 79-84.

FINITUDE ET CULPABILITÉ (I.A.6.-I.A.7.)
DIE FEHLBARKEIT DES MENSCHEN (I.C.3.)
DIE SYMBOLIK DES BÖSEN (I.C.4.)

1962

IV.C.5. KERN W., «Buchbesprechung. *Finitude et culpabilité*». *Scholastik.* Vierteljahresschrift für Theologie und Philosophie 37 (1962), n° 1, 160.

1964

IV.C.6. VAN PEURSEN C.A., «Philosophen der Kontingenz [contient aussi un compte rendu de *Finitude et culpabilité*]». *Philosophische Rundschau* 12 (1964), n° 1-2, 7-12.

1973

IV.C.7. RÜTSCHE J., «Buchbesprechung. *Die Fehlbarkeit des Menschen. Symbolik des Bösen*». *Philosophisches Jahrbuch* 80 (1973), n° 2, 415-422.

IV.C.7a. REIFENRATH B..H., «Buchbesprechung». *Philosophischer Literaturanzeiger* 43 (1990), n° 2, 131-133.

GESCHICHTE UND WAHRHEIT (I.C.6.)

1975

IV.C.8. RIEFSTAHL H., «Buchbesprechung. *Geschichte und Wahrheit*». *Philosophischer Literaturanzeiger* 28 (1975), 65-68.

DE L'INTERPRÉTATION (I.A.8.)
DIE INTERPRETATION (I.C.1.)

1967

IV.C.9. LANG H., «Buchbesprechung. *De l'interprétation*». *Psyche.* Zeitschrift für Psychoanalyse und ihre Anwendungen 21 (1967), nº 6, juin, 468-470.

IV.C.10. RÜTSCHE J., «Freud in der französischen Philosophie. Bericht und Kommentar zu P. Ricœur [*Die Interpretation. Versuch über Freud*]». *Philosophisches Jahrbuch* 78 (1971), nº 2, 401-422.

LE CONFLIT DES INTERPRÉTATIONS (I.A.10.)
HERMENEUTIK UND STRUKTURALISMUS (I.C.5.)

1971

IV.C.11. RIEFSTAHL H., «Buchbesprechung. *Le conflit des interprétations*». *Zeitschrift für philosophische Forschung* 25 (1971), 631-637.

1974

IV.C.12. FRIEDERICH Ch., «Buchbesprechung. *Hermeneutik und Strukturalismus*». *Zeitschrift für Religions- und Geistesgeschichte* 26 (1974), nº 1, 88-89.

IV.C.13. LANDOLT St., «Buchbesprechung. *Hermeneutik und Strukturalismus*». *Conceptus* 8 (1974), nº 25, 109-110.

IV.C.14. MAINBERGER G.K., «Buchbesprechung. *Hermeneutik und Strukturalismus.* Reflexive Ich-Philosophie als Matrix der Antiphilosophien». *Philosophisches Jahrbuch* 81 (1974), 436-438.

1975

IV.C.15. STOCK K., «Kerygma als Thema der Philosophie [sur *Hermeneutik und Strukturalismus* du point de vue théologique]». *Evangelische Theologie* (Zur Gottesfrage) 35 (1975), nº 3, 275-281.

1976

IV.C.16. BECK K., «Buchbesprechung. *Hermeneutik und Strukturalismus*». *Zeitschrift für philosophische Forschung* 30 (1976), janvier-mars, 159-162.

LA MÉTAPHORE VIVE (I.A.11.)
DIE LEBENDIGE METAPHER (I.C.8.)

1976

IV.C.17. FELLINGER R. et VILLWACH J., «Die Metapher als Ereignis. Zu Paul Ricœurs *La métaphore vive*». *Germanisch-Romanische Monatsschrift* 26 (1976), n° 3-4, 451-466.

1980

IV.C.18. WEINRICH H., «Buchbesprechung. *La métaphore vive*». *Philosophische Rundschau* 27 (1980), n° 3-4, 240-243.

1989

IV.C.19. THORER J., «Buchbesprechung». *Zeitschrift für katholische Theologie* (Wien) 111(1989), n° 4, 485.

TEMPS ET RÉCIT I (I.A.12.)
ZEIT UND ERZÄHLUNG I (I.C.9.)

1987

IV.C.20. STRASSER St., «Zeit und Erzählung bei Paul Ricœur [sur *Temps et récit I*]». *Philosophische Rundschau* 34 (1987), n° 1-2, 1-14.

1989

IV.C.21. MEYER U.I., «Buchkritik». *Prima philosophia* 2 (1989), n° 4, 493-597.

1990

IV.C.22. THORER J., «Buchkritik». *Zeitschrift für katholische Theologie* 112 (1990), n° 4, 473-474.

ZEIT UND ERZÄHLUNG I-III (I.C.9, I.C.10, I.C.12.)

1989

IV.C.25. HOGEMANN Fr., «Ricœurs 'Zeit und Erzählung'». *Hegel-Studien* 23 (1989), 256-264.

1992

IV.C.26. VILLWOCK J., «Buchbesprechung». *Philosophische Rundschau* 39 (1992), nº 1-2, 111-125.

LECTURES 1-3 (I.A.18, I.A.19, I.A.20.)

1996

IV.C.27. WELSEN P., «Ethik-Politik-Religion. Anmerkungen zu Paul Ricœurs *Lectures*». *Phänomenologische Forschungen. Phenomenological Studies. Recherches phénoménologiques* 1996, nº 1, 123-142.

LE JUSTE (I.A.23.)

1997

IV.C.28. WELSEN P., «Buchbesprechung». *Phänomenologische Forschungen* (München) 2 (1997), nº 1, 158-161.

DAS RÄTSEL DER VERGANGENHEIT (I.C.14.)

1999

IV.C.29. B.W., «Buchbesprechung». *Philosophische Rundschau* 46 (1999), nº 2, juin, 192.

IV.D. ESPAGNOL / SPANISH

KARL JASPERS ET LA PHILOSOPHIE DE L'EXISTENCE (I.A.1.)

1948

IV.D.1. VIRASORO M.A., «Reseñas y critica bibliográfica. *Karl Jaspers et la philosophie de l'existence* [compte rendu substantiel]». *Cuadernos de filosofía* (Buenos Aires) 1948, nº 1, 65-72.

1949

IV.D.2. F.J.C., «Reseñas bibliográficas. *Karl Jaspers et la philosophie de l'existence* [compte rendu]». *Ciencia y Fe* 5 (1949), nº 19, juillet-septembre, 88-89.

LE VOLONTAIRE ET L'INVOLONTAIRE (I.A.3.)

1954

IV.D.3. MINDAN M., «Recensión. *Le volontaire et l'involontaire*». *Revista de filosofía* (Madrid) 13 (1954), 340-344.

FINITUDE ET CULPABILITÉ (I.A.6.-I.A.7.)
FINITUD Y CULPABILIDAD (I.D.1.)

1965

IV.D.4. WALDENFELS B., «Finitud y culpabilidad [compte rendu de *Finitude et culpabilité*]». *Documentación crítica Ibero-Americana de filosofía y ciencias afines* (Sevilla) 2 (1965), 63-73.

1969

IV.D.5. ARANGUREN J.L.L., «Prólogo a la edición española [de *Finitud y culpabilidad* évoquant brièvement la signification philosophique du livre]». *Finitud y culpabilidad* (Ensayistas de hoy, 63). [Madrid]: Taurus, [1969], 21 × 15, 9-11.

DE L'INTERPRÉTATION (I.A.8.)
FREUD: UNA INTERPRETACIÓN DE LA CULTURA (I.D.2.)

1966

IV.D.6. ANONYME, «Boletines bibliográficos. *De l'interprétation* [compte rendu]». *Stromata* 22 (1966), janvier-décembre, 167-168.

1972

IV.D.7. MARCHANT P.,«Sócrates o Sade: una apuesta filosófica [sur *Freud: una interpretación de la cultura*]». *Diálogos* (Puerto Rico) 8 (1972), n° 2, avril, 107-137.

1977

IV.D.8. TORT M., *La interpretación o la máquina hermenéutica* [compte rendu de *De l'interprétation*]. Traduction de *De l'interprétation ou la machine herméneutique*. Buenos Aires: Nueva Visión, 1977, 110 p.
Traduction de IV.A.68.

1983

IV.D.8a. GELTMAN P., «Paul Ricœur: una lectura filosófica de Freud». *Del existencialismo a la filosofía del lenguaje* (El Baquiano, 4). [Buenos Aires: Docencia, 1983], 20 × 14, 19-36.

LA MÉTAPHORE VIVE (I.A.11.)
LA METÁFORA VIVA (I.D.5.)

1978

IV.D.9. KANT Cl., «Paul Ricœur: una obra magistral sobre la metáfora [sur *La métaphore vive*]». *Megafón* (Argentina) 4 (1978), nº 8, 27-40.

1980

IV.D.10. MACEIRAS FAFIÁN M., «Recensión. *La metáfora viva*». *Aporía* (Madrid) 3 (1980-1981), nº 12, 131-133.

1988

IV.D.11. PRESAS M.A., «Recensión». *Revista Latinoamericana de Filosofía* 14 (1988), 219-228.

EL LENGUAJE DE LA FE (I.D.6.)

1978

IV.D.12. COUCH B.M., «Introducción [à *El lenguaje de la fe* esquissant brièvement le curriculum vitae et la méthode de P. RICŒUR en présentant judicieusement les textes traduits]». *El lenguage de la fe*. [Buenos Aires]: Megapolis (La Aurora), [1978], 19,5 × 12, 5-12.

TEXTO, TESTIMONIO Y NARRACIÓN (I.D.10.)

1983

IV.D.13. UNDURRAGA U., «Prólogo [à *Texto, testimonio y narración* situant les essais dans le contexte de la philosophie ricœurienne]». *Texto, testimonio y narración* (Club de lectores de filosofía y letras, 7). [Santiago de Chile]: Andrés Bello, [1983], 18 × 11,5, 5-8.

1984

IV.D.14. BRAVO C.A., «*Texto, testimonio y narración* por Paul Ricœur [compte rendu]». *Revista de Filosofía* (Santiago de Chile) 23-24 (1984), novembre, 155-157.

EDUCACIÓN Y POLÍTICA (I.D.11.)

1984

IV.D.15. BEGUÉ M.-Fr., «Presentación [des textes de *Educación y política*]». *Educación y política. De la historia personal a la comunión de libertades*. [Buenos Aires]: Editorial Docencia, [1984], 20 × 14, 9-17.

FE Y FILOSOFÍA (I.D.19.)

1990

IV.D.16. CORONA N., «El concepto de hermenéutica en P. Ricœur. Notas sobre tres pasos de su desarollo [étude introductive à *Fe y filosofía*]». *Fe y filosofía. Problemas del lenguaje religioso*. [Buenos Aires]: Almagesto-Docencia, [1990], 20 × 14, 7-54.

LA CRITIQUE ET LA CONVICTION (I.A.21.)

1997

IV.D.17. BEGUÉ M.-F., «Compte rendu». *Escritos de Filosofía* (Buenos Aires) 16 (1997), nº 31, 193-196.

LO JUSTO (I.D.23.)
LE JUSTE (I.A.23.)

1995

IV.D.17a. BOURETZ P., «Compte rendu». *Espíritu* (Barcelona) 1995, nº 12, 197-200.

1997

IV.D.18. BEGUÉ M.-F., «Compte rendu». *Escritos de Filosofía* (Buenos Aires) 16 (1997), nº 31, 196-198.

AUTOBIOGRAFÍA INTELECTUAL (I.D.25.)

1997

IV.D.19. BEGUÉ M.-F., «Compte rendu». *Escritos de Filosofía* (Buenos Aires) 16 (1997), nº 31, 198-199.

IV.E. ITALIEN / ITALIAN

HISTOIRE ET VÉRITÉ (I.A.5.)

1956

IV.E.1. CRISTALDI M., «Recensione. *Histoire et vérité*». *Humanitas* (Brescia) 11 (1956), 776-779.

1966

IV.E.2. ANONYME, «Recensione. *Histoire et vérité*». *Dialogo* (Palermo) 3 (1966), 210.

1967

IV.E.3. RIGGIO P., «Storia e verità in Paul Ricœur [compte rendu de *Histoire et vérité*]». *Dialogo* (Palermo) 4 (1967), n° 1, mai-juin, 179-180.

FINITUDE ET CULPABILITÉ (I.A.6.-I.A.7.) FINITUDINE E COLPA (I.E.2.)

1960

IV.E.4. RENZI E., «Paul Ricœur, una fenomenologia della finitezza e del male [compte rendu de *Finitude et culpabilité* (2 vol.)]». *Il Pensiero* 5 (1960), n° 3, septembre-décembre, 360-371.

1970

I.E.4a. MELCHIORRE V., «Introduzione all'edizione italiana [de *Finitude et culpabilité*]. Il metodo fenomenologico di Paul Ricœur [situant le livre dans une ample étude de toute la pensée ricœurienne]». *Finitudine e colpa* (Collezione di testi e di studi. Filosofia e metodologia). Bologna: Il Mulino, 1979, 21 × 13,5, 7-51.

1971

IV.E.5. D'AGOSTINO F., «Schedario. *Finitudine e colpa* [compte rendu]». *Rivista internazionale di filosofia del diritto* 48 (1971), n° 2-3, avril-septembre, 396-397.

1981

IV.E.6. SANSONETTI G., «La 'simbolica del male' nel pensiero di Paul Ricœur [sur *La symbolique du mal*]». *Rivista di teologia morale* 13 (1981), n° 51, 393-405.

DE L'INTERPRÉTATION (I.A.8.)
DELLA INTERPRETAZIONE. SAGGIO SU FREUD (I.E.1.)

1966

IV.E.7. JERVIS G., «Note su alcuni libri di psicoanalisi [contient un compte rendu de *De l'interprétation*]». *Quaderni Piacentini* 28 (1966), septembre, 98-108.

1967

IV.E.8. RENZI E., «Freud e Ricœur [sur *Della interpretazione. Saggio su Freud*]». *Aut Aut* 1967, nº 98, mars, 7-51.

1968

IV.E.9. RICARDI F., «Una interpretazione di Freud [compte rendu de *De l'interprétation*]». *Psicoterapia e scienze umane* 1968, nº 1, janvier-mars, 8-13.

1970

IV.E.10. GAJANO A., «Psicoanalisi e fenomenologia nel saggio su Freud di P. Ricœur [compte rendu de fond]». *Giornale critico della filosofia italiana* (Firenze) 49 (1970), nº 3, juillet-septembre, 406-432.

1972

IV.E.11. CRISPINI Fr., «Paul Ricœur e la semantica dell'uomo [essai critique sur *Della interpretazione*]». *Logos* (Napoli) 1 (1972), nº 1, 41-72.

L'ERMENEUTICA DEL SUBLIME (I.E.3.)

1972

IV.E.12. CRISTALDI M., «Introduzione [à *L'ermeneutica del sublime* situant et éclairant amplement les textes traduits]». *L'ermeneutica del sublime. Saggi per una critica dell'illusione* (Filosofia e tempo presente, 1). Messina: A.M. Sortino, [1972], 23 × 16, 7-89.

LA SFIDA SEMIOLOGICA (I.E.4.)

1974

IV.E.13. DI MARCOBERANDINO IANNOTTO D., «Recensione. *La sfida semiologica*». *Proteus* (Roma) 5 (1974), nº 14-15, 150-153.

IL CONFLITTO DELLE INTERPRETAZIONI (I.E.5.)

1977

IV.E.14. RIGOBELLO A., «Prefazione [à *Il conflitto delle interpretazioni* situant le livre dans le contexte de la philosophie ricœurienne]». *Il conflitto delle interpretazioni* (Di fronte e attraverso, 20). Milano: Jaca Book, [1977], 22,5 × 15, 7-16.

IV.E.15. VENTURA P., «Schedario. *Il conflitto delle interpretazioni* [compte rendu]». *Rivista internazionale di filosofia del diritto* 54 (1977), n° 4, octobre-décembre, 946-947.

1978

IV.E.16. G.G., «Recensione. *Il conflitto delle interpretazioni*». *Sistematica* (Milano) 11 (1978), n° 3, 76-80.

1983

IV.E.16a. ROSSI R., «Recensione. *Il conflitto delle interpretazioni*». *Filosofia oggi* 6 (1983), n° 2, 246-251.

ERMENEUTICA FILOSOFICA ED ERMENEUTICA BIBLICA (I.E.6.)

1977

IV.E.17. BOVON Fr., «Premessa [à *Ermeneutica filosofica ed ermeneutica biblica* présentant les textes traduits]». *Ermeneutica filosofica ed ermeneutica biblica* (Studi biblici, 43). Brescia: Paideia Editrice, 1977, 21 × 14, 9-11.

ERMENEUTICA BIBLICA (I.E.7.)

1979

IV.E.18. TESTA G., «Operis judicium. *Ermeneutica biblica* [compte rendu]». *Divus Thomas* (Piacenza) 829 (1979), 285-286.

DIRE DIO (I.E.8.)

1978

IV.E.19. GRAMPA G., «Dire Dio: poetica e linguaggio religioso in Paul Ricœur (Editoriale) [introduction à *Dire Dio* présentant, commentant et situant amplement et judicieusement les textes traduits]». *Dire Dio. Per un'ermeneutica del linguaggio religioso* (Giornale di teologia, 113). [Brescia]: Queriniana, [1978], 19 × 12, 5-40.

STUDI DI FENOMENOLOGIA (I.E.9.)

1979

IV.E.20. LIBERTI C., «Introduzione [à *Studi di fenomenologia* présentant et situant largement les textes traduits]». *Studi di fenomenologia* (Filosofia e tempo presente, 5). Messina: A.M. Sortino, [1979], 23,5 × 16,5, 1-71.

TRADIZIONE O ALTERNATIVA (I.E.10.)

1980

IV.E.21. GRAMPA G., «Per un'ermeneutica del concetto di ideologia [note introductive à *Tradizione o alternativa* présentant les textes traduits]». *Tradizione o alternativa. Tre saggi su ideologia e utopia* (Le scienze umane). [Brescia]: Morcelliana, [1980], 25 × 15,5, 7-35.

1981

IV.E.22. PETRELLI M., «Schedario. *Tradizione o alternativa* [compte rendu]». *Rivista internazionale di filosofia del diritto* 58 (1981), n° 1, janvier-mars, 216-217.

IV.E.23. PENATI G., «Recensione. *Tradizione o alternativa*». *Rivista di filosofia neoscolastica* 73 (1981), n° 1, 225-226.

LA MÉTAPHORE VIVE (I.A.11.)
LA METAFORA VIVA (I.E.11.)

1975

IV.E.24. ANONYME, «Recensione. *La métaphore vive*». *Rassegna di letteratura tomistica* (Roma) 11 (1975), 181-182.

1977

IV.E.25. ROSSI F., «Analisi d'opera. *La métaphore vive*». *Rivista di filosofia neoscolastica* 69 (1977), n° 3, juillet-septembre, 537-541.

IV.E.26. BERTULETTI A., «Metafora e discorso filosofico. Saggio su *La métaphore vive* di Ricœur (Summary) [essai de fond]». *Teologia.* Rivista della facoltà teologica dell'Italia settentrionale 1977, n° 3, septembre, 231-261, 261.

1981

IV.E.27. GRAMPA G., «Introduzione [à *La metafora viva* situant le livre dans le développement de la philosophie ricœurienne]». *La metafora viva. Dalla retorica alla poetica per un linguaggio di rivelazione* (Di fronte e attraverso, 69). Milano: Jaca Book, [1981], 23 × 15, IX-XXVI.

1982

IV.E.27a. GUERRERA BREZZI F., «Recensione». *La civiltà Cattolica* (Roma) 133 (1982), 92-93.

IV.E.28. ZALTIERI C., «Per un'ermeneutica della metafora [compte rendu de *La metafora viva*]». *L'uomo, un segno.* Rivista di filosofia e cultura (Milano), nº 2, 63-73.

1983

IV.E.29. IANNOTTA D., «Recensione. P. Ricœur, *La metafora viva*». *Paradigmi.* Rivista di critica filosofica 1 (1983), nº 2, mai-août, 375-378.

LA SEMANTICA DELL'AZIONE (I.E.12.)

1986

IV.E.30. ANONYMUS, «Recensione». *Sapienza* 39 (1986), 368-369.

1987

IV.E.31. COMPOSTA D., «Recensione». *Doctor communis* (Roma) 40 (1987), 216-217.

TEMPS ET RÉCIT I (I.A.12.)

1988

IV.E.32. ROLFINI R., «Tempo e racconto [article sur *Temps et récit I*]». *Seminario. Letture e discussioni intorno a Levinas, Jankélévitsch, Ricœur* (Materiali Universitari Lettere, 73). [Milano]: Unicopli, [1988], 24 × 17, 112-121.

TEMPO E RACCONTO I-II (I.E.13. – I.E.14.)

1987

IV.E.33. SOSSI F., «Recensione.« *Aut Aut* 1987, nº 220-221, 186-189.

TEMPS ET RÉCIT III (I.A.14.)
TEMPO E RACCONTO III (I.E.15.)

1986

IV.E.34. ANONYMUS, «Identità narrativa [compte rendu de *Temps et récit III*]». *L'indice* 3 (1986), juin, 28.

1987

IV.E.35. SOSSI F., «Recensione». *Aut Aut* 1987, nº 220-221, 186-189.

TEMPO E RACCONTO I-III (I.E.13, I.E.14, I.E.15.)

1988

IV.E.35a. BOTTANI L., «Recensione». *Filosofia* (Torino) 39 (1988), 345-351.

1989

IV.E.36. SOETJE E., «Recensione». *Rivista di Estetica* 29 (1989), nº 32, 93-97.

IV.E.37. BIANCO Fr., «Recensione». *Iride* (Lucca) 1989, nº 2, 213-217.

IV.E.38. GIVONE S., «Recensione». *Iride* (Lucca) 1989, nº 2, 217-219.

IV.E.39. MARI G., «Recensione». *Iride* (Lucca) 1989, nº 2, 219-222.

SOI-MÊME COMME UN AUTRE (I.A.17.)

1991

IV.E.40. ROVATTI P.A., «Soggetto e alterità [sur P. RICŒUR, *Soi-même comme un autre*]». *Aut Aut* 1991, nº 242, 13-21.

1992

IV.E.41. MILANI D., «Il testo del Sé. Note sull'ultimo libro di Paul Ricœur». *Paradigmi* 1992, 201-214.

IV.E.42. MONCADA F., «Etica e intersoggettività. Riflessioni su 'Soi-même comme un autre' di Paul Ricœur». *Archivio di Filosofia* (Religione, Parola, Scrittura). Actes du colloque international, Rome 1992. 60 (1992), nº 1-3, 557-571.

1994

IV.E.43. MELCHIORRE V., «Per una teoria dell'intersogggettività. Note a margine di *Soi-même comme un autre*». *Figure del sapere*. Milano: Vita e Pensiero, 1994, 275-300.

KIERKEGAARD. LA FILOSOFIA E L'ECCEZIONE (I.E.26.)

1997

IV.E.44. BELLETTI B., «Recensione». *Rivista di filosofia neoscolastica* 89 (1997), octobre-décembre, 689.

IV.F. PORTUGAIS / PORTUGUESE

GABRIEL MARCEL ET KARL JASPERS (I.A.2.)

1950

IV.F.1. FERREIRA DE SOUSA M., «Bibliografia. *Gabriel Marcel et Karl Jaspers* [compte rendu]». *Revista portuguesa de filosofia* (Braga) 6 (1950), nº 1, janvier-mars, 109.

INTERPRETAÇÃO E IDEOLOGIAS (I.F.4.)

1978

IV.F.2. JAPIASSU H., «Apresentação. Paul Ricœur: filósofo do sentido [introduction à *Interpretação e ideologias* mettant le livre dans le contexte de la pensée ricœurienne]». *Interpretação e ideologias*. Rio de Janeiro: Francisco Aloes, 1978, 21 × 14, 1-13.

A METÁFORA VIVA (I.F.5.)

1983

IV.F.3. PEREIRA M.B., «Introdução [à *A metáfora viva* présentant et situant extensivement le livre dans la philosophie du langage de P. RICŒUR]». [Porto]: Rés, [1983], 21 × 14,5, I-XLV.

1987

IV.F.4. MAGALHÃES Th.C. de, «[Compte rendu]». *Sintese* 15 (1987), nº 39, 335-36.

O MAL: UM DESAFIO A FILOSOFIA E TEOLOGIA (I.F.8.)

1989

IV.F.5. VEIRA L.A., «[Compte rendu]». *Sintese* 17 (1989), nº 45, 99-102.

TEMPS ET RÉCIT I-III (I.A.12., I.A.13., I.A.14.)

1987

IV.F.6. MAGALHÃES Th.C. de, «Tempo e narração. A proposta de uma poética da narração em Ricœur». *Sintese* 15 (1987), nº 39, 251.

IV.G. NÉERLANDAIS / DUTCH

KARL JASPERS ET LA PHILOSOPHIE DE L'EXISTENCE (I.A.1.)

1949

IV.G.1. DELFGAAUW B., «Boekbespreking. *Karl Jaspers et la philosophie de l'existence*». *Algemeen Nederlands Tijdschrift voor Wijsbegeerte en Psychologie* 32 (1949-1950), 108-109.

GABRIEL MARCEL ET KARL JASPERS (I.A.2.)

1949

IV.G.2. DE WAELHENS A., «Hedendaagse philosophie [aussi sur *Gabriel Marcel et Karl Jaspers*]». *Tijdschrift voor Philosophie* 11 (1949), nº 3, août, 473-476.

LE VOLONTAIRE ET L'INVOLONTAIRE (I.A.3.)

1951

IV.G.3. STRASSSER St., «Paul Ricœur: *Philosophie de la volonté* [compte rendu de *Le volontaire et l'involontaire*]». *Algemeen Nederlands Tijdschrift voor Wijsbegeerte en Psychologie* 44 (1951), nº 2, décembre, 89-94.

HISTOIRE ET VÉRITÉ (I.A.5.)

1974

IV.G.4. HEERING H.J., «Boekbespreking. *Histoire et vérité*». *Nederlands Theologisch Tijdschrift* 28 (1974), nº 2, avril, 194-195.

FINITUDE ET CULPABILITÉ (I.A.6.-I.A.7.)
SYMBOLEN VAN HET KWAAD (I.G.3.)

1961

IV.G.5. VANDENBUSSCHE F., «Boekbespreking. *Finitude et culpabilité*». *Streven* 15 (1961-1962), nº 4, janvier, 393-394.

IV.G.6. GROOT H., «Paul Ricœur, *Symbolen van het kwaad. I-II* [compte rendu]». *Amersfoortse Stemmen* 52 (1961), n° 6, 230-231.

DE L'INTERPRÉTATION (I.A.8.)

1966

IV.G.7. STRUYKER BOUDIER C.E.M., «Een wijsgerige interpretatie van Freud. Het *Essai sur Freud* van Paul Ricœur (Summary) [compte rendu]». *Gawein.* Tijdschrift voor psychologie 15 (1966-1967), n° 6, 394-410, 410.

LE CONFLIT DES INTERPRÉTATIONS (I.A.10.)
KWAAD EN BEVRIJDING (I.G.4.)
HERMENEUTIK UND STRUKTURALISMUS (I.G.5.)

1971

IV.G.8. PEPERZAK Ad., «Inleiding [à *Kwaad en bevrijding* situant les textes dans l'entreprise ricœurienne de l'interprétation]». *Kwaad en bevrijding. Filosofie en theologie van de hoop. Hermeneutische artikelen.* Rotterdam: Lemniscaat, 1971, 21,5 × 14,5, 7-15.

1974

IV.G.9. HEERING H.J., «Boekbespreking. *Le conflit des interprétations*». *Nederlands Theologisch Tijdschrift* 28 (1974), n° 2, avril, 195-196.

1975

IV.G.10. VANSINTJAN H., «Boekbespreking. *Hermeneutik und Strukturalismus*». *Tijdschrift voor Filosofie* 37 (1975), n° 3, septembre, 548-549.

POLITIEK EN GELOOF (I.G.1.)

1968

IV.G.11. PEPERZAK Ad., «Inleiding [à *Politiek en geloof* présentant l'auteur et les textes traduits]». *Politiek en geloof. Essays van Paul Ricœur.* Utrecht: Ambo, [1968], 20,5 × 12, 7-14.

1969

IV.G.12. VANSINA D.Fr., «Boekbespreking. *Politiek en geloof*». *Tijdschrift voor Filosofie* 31 (1969), n° 1, mars, 162-164.

WEGEN VAN DE FILOSOFIE (I.G.2.)

1970

IV.G.13. PEPERZAK Ad., «Inleiding [à *Wegen van de filosofie* situant le livre dans le contexte de la pensée ricœurienne]». *Wegen van de filosofie. Structuralisme, psychoanalyse, hermeneutiek*. Bilthoven: Ambo, [1970], 20,5 × 12,7, 13.

LA MÉTAPHORE VIVE (I.A.11.)

1976

IV.G.14. RIKHOF H., «Boekbespreking. *La métaphore vive*». *Bijdragen* 37 (1976), nº 4, 455-456.

1983

IV.G.15. DE BOER Th., «De levende metafoor. Naar aanleiding van *La métaphore vive* van Paul Ricœur». *Wijsgerig Perspectief op Maatschappij en Wetenschap* (Metafoor) 24 (1983-1984), nr. 6, 199-201.

TEMPS ET RÉCIT I (I.A.12.)

1983

IV.G.16. SERVOTTE H., «Verplichte lektuur voor velen. Ricœur over het verhaal [compte rendu de *Temps et récit. I*]». *Standaard der Letteren* 1983, nº 1618, 14 mai.

TEMPS ET RÉCIT II (I.A.13.)

1985

IV.G.17. SERVOTTE H., «Geen roman zonder tijd [compte rendu de *Temps et récit II*]». *Standaard der Letteren* 1985, 16-17 février, 3.

TEKST EN BETEKENIS (I.G.5.)

1991

IV.G.18. DE VISSCHER J., «Boekbespreking». *De Uil van Minerva* 8 (1991-1992), nº 4, 266-269.

1992

IV.G.19. VANHEESWIJCK G., «Recensie». *Tijdschrift voor Filosofie* 54 (1992), nº 3, september, 559-560.

LE MAL (I.A.16a.) / HET KWAAD (I.G.6.)

1987

IV.G.20. De Visscher J., «[Compte rendu]». *De Uil van Minerva* 4 (1987-1988), n° 3, 181-184.

SOI-MÊME COMME UN AUTRE (I.A.17.)

1991

IV.G.21. De Visscher J., «[Compte rendu]». *De Uil van Minerva* 8 (1991-1992), n° 4, 266-269.

IV.G.22. Van Den Hengel J., «Compte rendu]». *Tijdschrift voor Theologie* 31 (1991), n° 4, octobre-décembre, 446.

LIEBE UND GERECHTIGKEIT / AMOUR ET JUSTICE (I.A.17a.)

1992

IV.G.23. Maes M., «[Compte rendu]». *Bijdragen* 53 (1992), n° 3, 340-341.

THINKING BIBLICALLY (I.B.27.)

IV.G.24. Klein Kranenburg J., «[Compte rendu]». *Nexus* 1999, n° 24, 184-188.

IV.H. Polonais / Polish

EGZYSTENCJA I HERMENEUTYKA (I.H.1.)

1975

IV.H.1. Cichowicz St., «Poslowie: Filozofia, hermeneutyka [postface à *Egzystencja i hermeneutyka* mettant en relief l'impact philosophique des textes traduits]». *Egzystencja i hermeneutyka. Rozprawy o metodzie.* Edité par St. Cichowicz. Warszawa: Instytut Wydawniczy Pax, 1975, 19,5 × 12,5, 297-320.

IV.I. Japonais / Japanese

LE CONFLIT DES INTERPRÉTATIONS (I.A.10.)

1979

IV.I.1. Hase M., «[Compte rendu] Shokaishāku no katto [Le conflit des interprétations]». *Shisōshi no kyojintachi.* Hokutu-shuppan, 1979, 228-238.

TASHA NO YONA JIKO-JISHIN (I.I.17.)

1997

IV.I.2. Anonyme, «Shohyo [Compte rendu]». *Shisō* 1997, nº 871, 50-53.

IV.J. DANOIS / DANISH

SPROGFILOSOFI (I.J.1.)

1970

IV.J.1. KEMP P., «Indlednung [à *Sprogfilosofi* situant les articles traduits dans le contexte de la philosophie ricœurienne du langage].» *Sprogfilosofi* (Stjernebøgernes Kulturbibliothek). København: Vinten, [1970], 18,5 × 10,5, 7-24.

FILOSOFIENS KILDER (I.J.2.)

1973

IV.J.2. KEMP P., «Indledning [à *Filosofiens kilder* présentant les textes traduits]». *Filosofiens Kilder*. København: Vinten, 1973, 18 × 10, 7-15.

FORTOLKNINGSTEORI (I.J.3.)

1979

IV.J.3. GRØN A., «Ricœurs fortolkningsteori [étude introductive à *Fortolkningsteori* esquissant amplement le projet de P. RICŒUR et les lignes de force de sa philosophie du texte et de l'interprétation]». *Fortolkningsteori* (Stjernebøgernes Kulturbibliothek). [København]: Vinten, [1979], 18,5 × 10,5, 7-104.

IV.K. SERBO-CROATE / SERBO-CROATIAN

ŽIVA METAFORA (I.K.1.)

1982

IV.K.1. BITI Vl., «[Compte rendu]». *Knjizevna rei* 11 (1982), 188.

IV.K.2. PUPOVAC M., «[Compte rendu]». *Nase teme* 35 (1982), nº 7-8, 1451-1455.

TEMPS ET RÉCIT (I.A.12.)

1984

IV.K.3. ZLATAR A., «[Compte rendu]». *Filosofska istraziva ja* 4 (1984), 280-284.

IV.P. SUÉDOIS / SWEDISH

TEMPS ET RÉCIT (I.A.12.)

1987

IV.P.1. ANKARLOO B., «Nej till det tidsliga ordnandet [sur *Temps et récit 1*]». *Sydsvenska Dagbladet-Snällposten* 1987, 10 novembre.

IV.U. BULGARE / BULGARIAN

RÉFLEXION FAITE (I.A.22.)

1997

IV.U.1. ZNEPOLSKY B., «[Compte rendu]». Sofia: Maison des Sciences de l'Homme et de la Société, 1997, 150-154.

IV.X. HONGROIS / HUNGARIAN

LA MÉTAPHORE VIVE (I.A.11.)

1993

IV.X.1. ANONYME, «Az élö metapora». Helicon: Vilagirodalmi Figyelö [Hélicon: revue de littérature des mots]. Budapest: Académie hongroise des sciences, 1993, 489-490.

V. BIBLIOGRAPHIES

V.A. Français / French

1962

V.A.1. Vansina D.Fr., «Bibliographie de Paul Ricœur (jusqu'au 30 juin 1962)». *Revue philosophique de Louvain* 60 (1962), août, 394-413.

1968

V.A.2. Vansina D.Fr., «Bibliographie de Paul Ricœur. Compléments (jusqu'à la fin de 1967)». *Revue philosophique de Louvain* 66 (1968), février, 85-101.

1974

V.A.3. Vansina D.Fr., «Bibliographie de Paul Ricœur. Compléments (jusqu'à la fin de 1972)». *Revue philosophique de Louvain* 72 (1974), février, 156-181.

1982

V.A.4. Vansina D.Fr., «Bibliographie de Paul Ricœur. Compléments (jusqu'en 1982)». *Revue philosophique de Louvain* 80 (1982), novembre, 579-619.

1985

V.A.5. Vansina D.Fr., *Paul Ricœur. Bibliographie systématique de ses écrits et des publications consacrées à sa pensée (1935-1984). A Primary and Secundary Systematic Bibliography (1935-1984)* (Bibliothèque philosophique de Louvain, 31). Leuven-Louvain-la-Neuve: Peeters-Editions de l'Institut Supérieur de Philosophie, 1985, 24 × 16, XIX-291 p.

1991

V.A.6. Vansina D.Fr., «Bibliographie de Paul Ricœur. Compléments (jusqu'en 1990)». *Revue philosophique de Louvain* 89 (1991), mai, 243-288.

V.B. English / Anglais

1972

V.B.1. Lapointe Fr.H., «A Bibliography on Paul Ricœur.» *Philosophy Today* 16 (1972), No. 1, Spring, 28-33.

1975

V.B.2. Dornisch L., «Paul Ricœur and Biblical Interpretation: a Selected Bibliography.» *Semeia*. An Experimental Journal for Biblical Criticism 1975, No. 4, 23-26.

1979

V.B.3. Lapointe Fr.H., «Paul Ricœur and his Critics: a Bibliographic Essay.» *Studies in the Philosophy of Paul Ricœur*. Edited by Ch.E. Reagan. Athens (Ohio): Ohio University Press, 1979, 23,5 × 16, 164-177.

Publié en allemand par V.C.1.

V.B.4. Vansina D.Fr.,«Bibliography of Paul Ricœur.» *Studies in the Philosophy of Paul Ricœur*. Edited by Ch.E. Reagan. Athens (Ohio): Ohio University Press, 1979, 23,5 × 16, 179-194.

1981

V.B.5. Dornisch L., «Paul Ricœur and Biblical Interpretation: a Selected Bibliography (II).» *Semeia* (The Book Job and Ricœur's Hermeneutics) 1981, No. 19, 23-29.

V.B.6. Garcia L.M., «Annotated Bibliography. Primary sources. Secundary sources [outstanding contribution].» *Between Responsibility and Hope II*. Doctoral Dissertation. [Louvain-la-Neuve]: Université Catholique de Louvain. Institut Supérieur de Philosophie, 1981, 27 × 22, (1)-(70), (71)-(111).

1982

V.B.7. Van Den Hengel J.W., «Bibliography of P. Ricœur.» *The Home of Meaning. The Hermeneutics of the Subject of Paul Ricœur*. [Washington]: University Press of America, [1982], 21,5 × 13,6, 261-320.

1985

V.B.8. Sweeney R., «A Survey of Recent Ricœur-Literature by and about 1971-1984.» *Philosophy Today* 29 (1985), No. 1/4, Spring, 38-58.

1988

V.B.9. VANSINA D.Fr., «Selected Bibliography of Ricœur's English Works.» *Philosophy and Social Criticism* (The Narrative Path: the Later Works of Paul Ricœur) 14 (1988), No. 2, 217-235.

1991

V.B.10. VANSINA D.Fr., «Selected Bibliography of Ricœur's English Works.» *Bulletin de la Société Américaine de Philosophie de Langue Française* 3 (1991), No. 3, Winter, 235-256.

1995

V.B.11. VANSINA D.Fr. and RICŒUR P., «Bibliography of Paul Ricœur: A Primary and Secondary Systematic Bibliography.» *The Philosophy of Paul Ricœur* (The Library of Living Philosophers, 22). Edited by L.E. HAHN. Chicago-La Salle: Open Court, [1995], 23,5 × 16, 605-815.

V.C. ALLEMAND / GERMAN

1979

V.C.1. LAPOINTE Fr.H., «Paul Ricœur und seine Kritiker. Eine Bibliographie». *Philosophisches Jahrbuch* 86 (1979), n° 2, 340-356.
Traduction allemande de V.B.3.

1983

V.C.2. BÖHNKE M., «Deutsche Übersetzungen von Werken Ricœurs». *Konkrete Reflexion. Philosophische und theologische Hermeneutik. Ein Interpretationsversuch über Paul Ricœur* (Disputationes theologicae, 15). Frankfurt am Main-Bern-New York: Peter Lang, [1983], 21 × 15, 258-260.

V.D. ESPAGNOL / SPANISH

1978

V.D.1. PEÑALVER SIMÓ M., «Bibliografía de Paul Ricœur (hasta noviembre de 1969)». *La búsqueda del sentido en el pensamiento de Paul Ricœur. Teoría y práctica de la comprehensión filosófica de un discurso* (Publicaciones de la Universidad de Sevilla. Filosofía y Letras, 41). Sevilla: Publicaciones de la Universidad de Sevilla, [1978], 24 × 17, 281-297.

1998

V.D.2. AGÍS VILLAVERDE M., «Bibliografía de y sobre Paul Ricœur». *Anthropos* (Barcelona) 1998, nº 181, 39-48.

V.E. ITALIEN / ITALIAN

1972

V.E.1. CRISTALDI M., «Bibliografia di Paul Ricœur (fino alla fine del 1967)». *L'ermeneutica del sublime. Saggi per una critica dell'illusione* (Filosofia e tempo presente, 1). Traduction de M. CRISTALDI. Messina: A.M. Sortino, [1972], 23 × 16, 173-204.

1979

V.E.2. GRAMPA G., «Nota bibliografica. Opere di Paul Ricœur. Studi». *Ideologia e poetica. Marxismo ed ermeneutica per il linguaggio religioso* (Pubblicazioni della Università Cattolica del Sacro Cuore. Scienze filosofiche, 25). Milano: Vita e Pensiero, 1979, 21,5 × 16, 325-332, 333-337.

1980

V.E.3. CAZZULLO A., «Bibliografia degli scritti di e su Paul Ricœur dal 1967 al 1980 [fourmille d'erreurs et d'inexactitudes]». *Semiotica ed ermeneutica. Whitehead, Gadamer, Ricœur, Foucault* (Quaderni de «L'uomo, un segno»). Présenté par C. SINI. Milano: Dov'è la tigre, 1980, 24 × 17, 101-124.

1993

V.E.4. JERVOLINO D., «Rassegna bibliografica». *Prospettiva persona* 2 (1993), n 3, janvier-mars, 32-36.

1998

V.E.5. MALAVASI P., «La ricezione ricœuriana nella publicistica pedagogica [la réception ricœurienne dans les publications pédagogiques]». *L'impegno della pedagogia. In dialogo con Paul Ricœur.* [Brescia]: La Scuola, [1998], 260-264.

INDEX

BIBLIOGRAPHIE SECONDAIRE / SECONDARY BIBLIOGRAPHY

I. INDEX DES NOMS / INDEX OF NAMES

Cette liste mentionne les noms d'auteurs qui ont écrit, traduit, préfacé ou édité des textes consacrés à la pensée de Ricœur. Les chiffres renvoient au numéro de la publication. L'astérique signale la mention du même nom dans l'index de la Bibliographie primaire.

This list comprises the names of authors, co-authors, translators, prefacers and editors of publications. The figures are referring to the code of the publication. The asterisk indicates that the same name appears in the Index of Part One (Primary Bibliography).

II. INDEX THÉMATIQUE

Cet index répertorie les publications dans les différentes langues à l'exception des textes anglais. Pourtant, pour les comptes rendus et les bibliographies, consulter la Table des matières.

This index registers all entries except those in English. For book reviews and bibliographies, however, check the Table of Contents.

III. SUBJECT INDEX

This index only registers the English publications. For book reviews and bibliographies, however, check the Table of Contents.

Cet index mentionne seulement les textes anglais. Pour les comptes rendus et les bibliographies, consulter la Table de matières.

BIBLIOTHECA EPHEMERIDUM THEOLOGICARUM LOVANIENSIUM

Series I

* = Out of print

*1. *Miscellanea dogmatica in honorem Eximii Domini J. Bittremieux*, 1947.
*2-3. *Miscellanea moralia in honorem Eximii Domini A. Janssen*, 1948.
*4. G. Philips, *La grâce des justes de l'Ancien Testament*, 1948.
*5. G. Philips, *De ratione instituendi tractatum de gratia nostrae sanctificationis*, 1953.
6-7. *Recueil Lucien Cerfaux. Études d'exégèse et d'histoire religieuse*, 1954. 504 et 577 p. FB 1000 par tome. Cf. *infra*, nos 18 et 71 (t. III).
8. G. Thils, *Histoire doctrinale du mouvement œcuménique*, 1955. Nouvelle édition, 1963. 338 p. FB 135.
*9. *Études sur l'Immaculée Conception*, 1955.
*10. J.A. O'Donohoe, *Tridentine Seminary Legislation*, 1957.
*11. G. Thils, *Orientations de la théologie*, 1958.
*12-13. J. Coppens, A. Descamps, É. Massaux (ed.), *Sacra Pagina. Miscellanea Biblica Congressus Internationalis Catholici de Re Biblica*, 1959.
*14. *Adrien VI, le premier Pape de la contre-réforme*, 1959.
*15. F. Claeys Bouuaert, *Les déclarations et serments imposés par la loi civile aux membres du clergé belge sous le Directoire (1795-1801)*, 1960.
*16. G. Thils, *La «Théologie œcuménique». Notion-Formes-Démarches*, 1960.
17. G. Thils, *Primauté pontificale et prérogatives épiscopales. «Potestas ordinaria» au Concile du Vatican*, 1961. 103 p. FB 50.
*18. *Recueil Lucien Cerfaux*, t. III, 1962. Cf. *infra*, n° 71.
*19. *Foi et réflexion philosophique. Mélanges F. Grégoire*, 1961.
*20. *Mélanges G. Ryckmans*, 1963.
21. G. Thils, *L'infaillibilité du peuple chrétien «in credendo»*, 1963. 67 p. FB 50.
*22. J. Férin & L. Janssens, *Progestogènes et morale conjugale*, 1963.
*23. *Collectanea Moralia in honorem Eximii Domini A. Janssen*, 1964.
24. H. Cazelles (ed.), *De Mari à Qumrân. L'Ancien Testament. Son milieu. Ses écrits. Ses relectures juives* (Hommage J. Coppens, I), 1969. 158*-370 p. FB 900.
*25. I. de la Potterie (ed.), *De Jésus aux évangiles. Tradition et rédaction dans les évangiles synoptiques* (Hommage J. Coppens, II), 1967.
26. G. Thils & R.E. Brown (ed.), *Exégèse et théologie* (Hommage J. Coppens, III), 1968. 328 p. FB 700.
27. J. Coppens (ed.), *Ecclesia a Spiritu sancto edocta. Hommage à Mgr G. Philips*, 1970. 640 p. FB 1000.
28. J. Coppens (ed.), *Sacerdoce et célibat. Études historiques et théologiques*, 1971. 740 p. FB 700.

29. M. DIDIER (ed.), *L'évangile selon Matthieu. Rédaction et théologie,* 1972. 432 p. FB 1000.
*30. J. KEMPENEERS, *Le Cardinal van Roey en son temps,* 1971.

SERIES II

31. F. NEIRYNCK, *Duality in Mark. Contributions to the Study of the Markan Redaction,* 1972. Revised edition with Supplementary Notes, 1988. 252 p. FB 1200.
32. F. NEIRYNCK (ed.), *L'évangile de Luc. Problèmes littéraires et théologiques,* 1973. *L'évangile de Luc – The Gospel of Luke.* Revised and enlarged edition, 1989. X-590 p. FB 2200.
33. C. BREKELMANS (ed.), *Questions disputées d'Ancien Testament. Méthode et théologie,* 1974. *Continuing Questions in Old Testament Method and Theology.* Revised and enlarged edition by M. VERVENNE, 1989. 245 p. FB 1200.
34. M. SABBE (ed.), *L'évangile selon Marc. Tradition et rédaction,* 1974. Nouvelle édition augmentée, 1988. 601 p. FB 2400.
35. B. WILLAERT (ed.), *Philosophie de la religion – Godsdienstfilosofie. Miscellanea Albert Dondeyne,* 1974. Nouvelle édition, 1987. 458 p. FB 1600.
36. G. PHILIPS, *L'union personnelle avec le Dieu vivant. Essai sur l'origine et le sens de la grâce créée,* 1974. Édition révisée, 1989. 299 p. FB 1000.
37. F. NEIRYNCK, in collaboration with T. HANSEN and F. VAN SEGBROECK, *The Minor Agreements of Matthew and Luke against Mark with a Cumulative List,* 1974. 330 p. FB 900.
38. J. COPPENS, *Le messianisme et sa relève prophétique. Les anticipations vétérotestamentaires. Leur accomplissement en Jésus,* 1974. Édition révisée, 1989. XIII-265 p. FB 1000.
39. D. SENIOR, *The Passion Narrative according to Matthew. A Redactional Study,* 1975. New impression, 1982. 440 p. FB 1000.
40. J. DUPONT (ed.), *Jésus aux origines de la christologie,* 1975. Nouvelle édition augmentée, 1989. 458 p. FB 1500.
41. J. COPPENS (ed.), *La notion biblique de Dieu,* 1976. Réimpression, 1985. 519 p. FB 1600.
42. J. LINDEMANS & H. DEMEESTER (ed.), *Liber Amicorum Monseigneur W. Onclin,* 1976. XXII-396 p. FB 1000.
43. R.E. HOECKMAN (ed.), *Pluralisme et œcuménisme en recherches théologiques. Mélanges offerts au R.P. Dockx, O.P.,* 1976. 316 p. FB 1000.
44. M. DE JONGE (ed.), *L'évangile de Jean. Sources, rédaction, théologie,* 1977. Réimpression, 1987. 416 p. FB 1500.
45. E.J.M. VAN EIJL (ed.), *Facultas S. Theologiae Lovaniensis 1432-1797. Bijdragen tot haar geschiedenis. Contributions to its History. Contributions à son histoire,* 1977. 570 p. FB 1700.
46. M. DELCOR (ed.), *Qumrân. Sa piété, sa théologie et son milieu,* 1978. 432 p. FB 1700.
47. M. CAUDRON (ed.), *Faith and Society. Foi et société. Geloof en maatschappij. Acta Congressus Internationalis Theologici Lovaniensis 1976,* 1978. 304 p. FB 1150.

48. J. KREMER (ed.), *Les Actes des Apôtres. Traditions, rédaction, théologie,* 1979. 590 p. FB 1700.
49. F. NEIRYNCK, avec la collaboration de J. DELOBEL, T. SNOY, G. VAN BELLE, F. VAN SEGBROECK, *Jean et les Synoptiques. Examen critique de l'exégèse de M.-É. Boismard,* 1979. XII-428 p. FB 1000.
50. J. COPPENS, *La relève apocalyptique du messianisme royal. I. La royauté – Le règne – Le royaume de Dieu. Cadre de la relève apocalyptique,* 1979. 325 p. FB 1000.
51. M. GILBERT (ed.), *La Sagesse de l'Ancien Testament,* 1979. Nouvelle édition mise à jour, 1990. 455 p. FB 1500.
52. B. DEHANDSCHUTTER, *Martyrium Polycarpi. Een literair-kritische studie,* 1979. 296 p. FB 1000.
53. J. LAMBRECHT (ed.), *L'Apocalypse johannique et l'Apocalyptique dans le Nouveau Testament,* 1980. 458 p. FB 1400.
54. P.-M. BOGAERT (ed.), *Le livre de Jérémie. Le prophète et son milieu. Les oracles et leur transmission,* 1981. *Nouvelle édition mise à jour*, 1997. 448 p. FB 1800.
55. J. COPPENS, *La relève apocalyptique du messianisme royal. III. Le Fils de l'homme néotestamentaire.* Édition posthume par F. NEIRYNCK, 1981. XIV-192 p. FB 800.
56. J. VAN BAVEL & M. SCHRAMA (ed.), *Jansénius et le Jansénisme dans les Pays-Bas. Mélanges Lucien Ceyssens,* 1982. 247 p. FB 1000.
57. J.H. WALGRAVE, *Selected Writings – Thematische geschriften. Thomas Aquinas, J.H. Newman, Theologia Fundamentalis.* Edited by G. DE SCHRIJVER & J.J. KELLY, 1982. XLIII-425 p. FB 1000.
58. F. NEIRYNCK & F. VAN SEGBROECK, avec la collaboration de E. MANNING, *Ephemerides Theologicae Lovanienses 1924-1981. Tables générales. (Bibliotheca Ephemeridum Theologicarum Lovaniensium 1947-1981),* 1982. 400 p. FB 1600.
59. J. DELOBEL (ed.), *Logia. Les paroles de Jésus – The Sayings of Jesus. Mémorial Joseph Coppens,* 1982. 647 p. FB 2000.
60. F. NEIRYNCK, *Evangelica. Gospel Studies – Études d'évangile. Collected Essays.* Edited by F. VAN SEGBROECK, 1982. XIX-1036 p. FB 2000.
61. J. COPPENS, *La relève apocalyptique du messianisme royal. II. Le Fils d'homme vétéro- et intertestamentaire.* Édition posthume par J. LUST, 1983. XVII-272 p. FB 1000.
62. J.J. KELLY, *Baron Friedrich von Hügel's Philosophy of Religion,* 1983. 232 p. FB 1500.
63. G. DE SCHRIJVER, *Le merveilleux accord de l'homme et de Dieu. Étude de l'analogie de l'être chez Hans Urs von Balthasar,* 1983. 344 p. FB 1500.
64. J. GROOTAERS & J.A. SELLING, *The 1980 Synod of Bishops: «On the Role of the Family». An Exposition of the Event and an Analysis of its Texts.* Preface by Prof. emeritus L. JANSSENS, 1983. 375 p. FB 1500.
65. F. NEIRYNCK & F. VAN SEGBROECK, *New Testament Vocabulary. A Companion Volume to the Concordance,* 1984. XVI-494 p. FB 2000.
66. R.F. COLLINS, *Studies on the First Letter to the Thessalonians,* 1984. XI-415 p. FB 1500.
67. A. PLUMMER, *Conversations with Dr. Döllinger 1870-1890.* Edited with Introduction and Notes by R. BOUDENS, with the collaboration of L. KENIS, 1985. LIV-360 p. FB 1800.

68. N. LOHFINK (ed.), *Das Deuteronomium. Entstehung, Gestalt und Botschaft / Deuteronomy: Origin, Form and Message,* 1985. XI-382 p. FB 2000.
69. P.F. FRANSEN, *Hermeneutics of the Councils and Other Studies.* Collected by H.E. MERTENS & F. DE GRAEVE, 1985. 543 p. FB 1800.
70. J. DUPONT, *Études sur les Évangiles synoptiques.* Présentées par F. NEIRYNCK, 1985. 2 tomes, XXI-IX-1210 p. FB 2800.
71. *Recueil Lucien Cerfaux,* t. III, 1962. Nouvelle édition revue et complétée, 1985. LXXX-458 p. FB 1600.
72. J. GROOTAERS, *Primauté et collégialité. Le dossier de Gérard Philips sur la Nota Explicativa Praevia (Lumen gentium, Chap. III).* Présenté avec introduction historique, annotations et annexes. Préface de G. THILS, 1986. 222 p. FB 1000.
73. A. VANHOYE (ed.), *L'apôtre Paul. Personnalité, style et conception du ministère,* 1986. XIII-470 p. FB 2600.
74. J. LUST (ed.), *Ezekiel and His Book. Textual and Literary Criticism and their Interrelation,* 1986. X-387 p. FB 2700.
75. É. MASSAUX, *Influence de l'Évangile de saint Matthieu sur la littérature chrétienne avant saint Irénée.* Réimpression anastatique présentée par F. NEIRYNCK. *Supplément*: *Bibliographie 1950-1985*, par B. DEHANDSCHUTTER, 1986. XXVII-850 p. FB 2500.
76. L. CEYSSENS & J.A.G. TANS, *Autour de l'Unigenitus. Recherches sur la genèse de la Constitution,* 1987. XXVI-845 p. FB 2500.
77. A. DESCAMPS, *Jésus et l'Église. Études d'exégèse et de théologie.* Préface de Mgr A. HOUSSIAU, 1987. XLV-641 p. FB 2500.
78. J. DUPLACY, *Études de critique textuelle du Nouveau Testament.* Présentées par J. DELOBEL, 1987. XXVII-431 p. FB 1800.
79. E.J.M. VAN EIJL (ed.), *L'image de C. Jansénius jusqu'à la fin du XVIIIe siècle,* 1987. 258 p. FB 1250.
80. E. BRITO, *La Création selon Schelling. Universum,* 1987. XXXV-646 p. FB 2980.
81. J. VERMEYLEN (ed.), *The Book of Isaiah – Le livre d'Isaïe. Les oracles et leurs relectures. Unité et complexité de l'ouvrage,* 1989. X-472 p. FB 2700.
82. G. VAN BELLE, *Johannine Bibliography 1966-1985. A Cumulative Bibliography on the Fourth Gospel,* 1988. XVII-563 p. FB 2700.
83. J.A. SELLING (ed.), *Personalist Morals. Essays in Honor of Professor Louis Janssens,* 1988. VIII-344 p. FB 1200.
84. M.-É. BOISMARD, *Moïse ou Jésus. Essai de christologie johannique,* 1988. XVI-241 p. FB 1000.

84A. M.-É. BOISMARD, *Moses or Jesus: An Essay in Johannine Christology.* Translated by B.T. VIVIANO, 1993, XVI-144 p. FB 1000.

85. J.A. DICK, *The Malines Conversations Revisited,* 1989. 278 p. FB 1500.
86. J.-M. SEVRIN (ed.), *The New Testament in Early Christianity – La réception des écrits néotestamentaires dans le christianisme primitif,* 1989. XVI-406 p. FB 2500.
87. R.F. COLLINS (ed.), *The Thessalonian Correspondence,* 1990. XV-546 p. FB 3000.
88. F. VAN SEGBROECK, *The Gospel of Luke. A Cumulative Bibliography 1973-1988,* 1989. 241 p. FB 1200.

89. G. THILS, *Primauté et infaillibilité du Pontife Romain à Vatican I et autres études d'ecclésiologie,* 1989. XI-422 p. FB 1850.
90. A. VERGOTE, *Explorations de l'espace théologique. Études de théologie et de philosophie de la religion,* 1990. XVI-709 p. FB 2000.
91. J.C. DE MOOR, *The Rise of Yahwism: The Roots of Israelite Monotheism,* 1990. *Revised and Enlarged Edition*, 1997. XV-445 p. FB 1400.
92. B. BRUNING, M. LAMBERIGTS & J. VAN HOUTEM (eds.), *Collectanea Augustiniana. Mélanges T.J. van Bavel,* 1990. 2 tomes, XXXVIII-VIII-1074 p. FB 3000.
93. A. DE HALLEUX, *Patrologie et œcuménisme. Recueil d'études,* 1990. XVI-887 p. FB 3000.
94. C. BREKELMANS & J. LUST (eds.), *Pentateuchal and Deuteronomistic Studies: Papers Read at the XIIIth IOSOT Congress Leuven 1989,* 1990. 307 p. FB 1500.
95. D.L. DUNGAN (ed.), *The Interrelations of the Gospels. A Symposium Led by M.-É. Boismard – W.R. Farmer – F. Neirynck, Jerusalem 1984,* 1990. XXXI-672 p. FB 3000.
96. G.D. KILPATRICK, *The Principles and Practice of New Testament Textual Criticism. Collected Essays.* Edited by J.K. ELLIOTT, 1990. XXXVIII-489 p. FB 3000.
97. G. ALBERIGO (ed.), *Christian Unity. The Council of Ferrara-Florence: 1438/39 – 1989,* 1991. X-681 p. FB 3000.
98. M. SABBE, *Studia Neotestamentica. Collected Essays,* 1991. XVI-573 p. FB 2000.
99. F. NEIRYNCK, *Evangelica II: 1982-1991. Collected Essays.* Edited by F. VAN SEGBROECK, 1991. XIX-874 p. FB 2800.
100. F. VAN SEGBROECK, C.M. TUCKETT, G. VAN BELLE & J. VERHEYDEN (eds.), *The Four Gospels 1992. Festschrift Frans Neirynck,* 1992. 3 volumes, XVII-X-X-2668 p. FB 5000.

SERIES III

101. A. DENAUX (ed.), *John and the Synoptics,* 1992. XXII-696 p. FB 3000.
102. F. NEIRYNCK, J. VERHEYDEN, F. VAN SEGBROECK, G. VAN OYEN & R. CORSTJENS, *The Gospel of Mark. A Cumulative Bibliography: 1950-1990*, 1992. XII-717 p. FB 2700.
103. M. SIMON, *Un catéchisme universel pour l'Église catholique. Du Concile de Trente à nos jours,* 1992. XIV-461 p. FB 2200.
104. L. CEYSSENS, *Le sort de la bulle Unigenitus. Recueil d'études offert à Lucien Ceyssens à l'occasion de son 90e anniversaire.* Présenté par M. LAMBERIGTS, 1992. XXVI-641 p. FB 2000.
105. R.J. DALY (ed.), *Origeniana Quinta. Papers of the 5th International Origen Congress, Boston College, 14-18 August 1989,* 1992. XVII-635 p. FB 2700.
106. A.S. VAN DER WOUDE (ed.), *The Book of Daniel in the Light of New Findings*, 1993. XVIII-574 p. FB 3000.
107. J. FAMERÉE, *L'ecclésiologie d'Yves Congar avant Vatican II: Histoire et Église. Analyse et reprise critique*, 1992. 497 p. FB 2600.

108. C. BEGG, *Josephus' Account of the Early Divided Monarchy (AJ 8, 212-420). Rewriting the Bible*, 1993. IX-377 p. FB 2400.
109. J. BULCKENS & H. LOMBAERTS (eds.), *L'enseignement de la religion catholique à l'école secondaire. Enjeux pour la nouvelle Europe*, 1993. XII-264 p. FB 1250.
110. C. FOCANT (ed.), *The Synoptic Gospels. Source Criticism and the New Literary Criticism*, 1993. XXXIX-670 p. FB 3000.
111. M. LAMBERIGTS (ed.), avec la collaboration de L. KENIS, *L'augustinisme à l'ancienne Faculté de théologie de Louvain*, 1994. VII-455 p. FB 2400.
112. R. BIERINGER & J. LAMBRECHT, *Studies on 2 Corinthians*, 1994. XX-632 p. FB 3000.
113. E. BRITO, *La pneumatologie de Schleiermacher*, 1994. XII-649 p. FB 3000.
114. W.A.M. BEUKEN (ed.), *The Book of Job*, 1994. X-462 p. FB 2400.
115. J. LAMBRECHT, *Pauline Studies: Collected Essays*, 1994. XIV-465 p. FB 2500.
116. G. VAN BELLE, *The Signs Source in the Fourth Gospel: Historical Survey and Critical Evaluation of the Semeia Hypothesis*, 1994. XIV-503 p. FB 2500.
117. M. LAMBERIGTS & P. VAN DEUN (eds.), *Martyrium in Multidisciplinary Perspective. Memorial L. Reekmans*, 1995. X-435 p. FB 3000.
118. G. DORIVAL & A. LE BOULLUEC (eds.), *Origeniana Sexta. Origène et la Bible/Origen and the Bible. Actes du Colloquium Origenianum Sextum, Chantilly, 30 août – 3 septembre 1993*, 1995. XII-865 p. FB 3900.
119. É. GAZIAUX, *Morale de la foi et morale autonome. Confrontation entre P. Delhaye et J. Fuchs*, 1995. XXII-545 p. FB 2700.
120. T.A. SALZMAN, *Deontology and Teleology: An Investigation of the Normative Debate in Roman Catholic Moral Theology*, 1995. XVII-555 p. FB 2700.
121. G.R. EVANS & M. GOURGUES (eds.), *Communion et Réunion. Mélanges Jean-Marie Roger Tillard*, 1995. XI-431 p. FB 2400.
122. H.T. FLEDDERMANN, *Mark and Q: A Study of the Overlap Texts*. With an *Assessment* by F. NEIRYNCK, 1995. XI-307 p. FB 1800.
123. R. BOUDENS, *Two Cardinals: John Henry Newman, Désiré-Joseph Mercier*. Edited by L. GEVERS with the collaboration of B. DOYLE, 1995. 362 p. FB 1800.
124. A. THOMASSET, *Paul Ricœur. Une poétique de la morale. Aux fondements d'une éthique herméneutique et narrative dans une perspective chrétienne*, 1996. XVI-706 p. FB 3000.
125. R. BIERINGER (ed.), *The Corinthian Correspondence*, 1996. XXVII-793 p. FB 2400.
126. M. VERVENNE (ed.), *Studies in the Book of Exodus: Redaction – Reception – Interpretation*, 1996. XI-660 p. FB 2400.
127. A. VANNESTE, *Nature et grâce dans la théologie occidentale. Dialogue avec H. de Lubac*, 1996. 312 p. FB 1800.
128. A. CURTIS & T. RÖMER (eds.), *The Book of Jeremiah and its Reception – Le livre de Jérémie et sa réception*, 1997. 332 p. FB 2400.
129. E. LANNE, *Tradition et Communion des Églises. Recueil d'études*, 1997. XXV-703 p. FB 3000.

130. A. DENAUX & J.A. DICK (eds.), *From Malines to ARCIC. The Malines Conversations Commemorated*, 1997. IX-317 p. FB 1800.
131. C.M. TUCKETT (ed.), *The Scriptures in the Gospels*, 1997. XXIV-721 p. FB 2400.
132. J. VAN RUITEN & M. VERVENNE (eds.), *Studies in the Book of Isaiah. Festschrift Willem A.M. Beuken*, 1997. XX-540 p. FB 3000.
133. M. VERVENNE & J. LUST (eds.), *Deuteronomy and Deuteronomic Literature. Festschrift C.H.W. Brekelmans*, 1997. XI-637 p. FB 3000.
134. G. VAN BELLE (ed.), *Index Generalis ETL / BETL 1982-1997*, 1999. IX-337 p. FB 1600.
135. G. DE SCHRIJVER, *Liberation Theologies on Shifting Grounds. A Clash of Socio-Economic and Cultural Paradigms*, 1998. XI-453 p. FB 2100.
136. A. SCHOORS (ed.), *Qohelet in the Context of Wisdom*, 1998. XI-528 p. FB 2400.
137. W.A. BIENERT & U. KÜHNEWEG (eds.), *Origeniana Septima. Origenes in den Auseinandersetzungen des 4. Jahrhunderts*, 1999. XXV-848 p. FB 3800.
138. É. GAZIAUX, *L'autonomie en morale: au croisement de la philosophie et de la théologie*, 1998. XVI-739 p. FB 3000.
139. J. GROOTAERS, *Actes et acteurs à Vatican II*, 1998. XXIV-602 p. FB 3000.
140. F. NEIRYNCK, J. VERHEYDEN & R. CORSTJENS, *The Gospel of Matthew and the Sayings Source Q: A Cumulative Bibliography 1950-1995*, 1998. 2 vols., VII-1000-420* p. FB 3800.
141. E. BRITO, *Heidegger et l'hymne du sacré*, 1999. XV-800 p. FB 3600.
142. J. VERHEYDEN (ed.), *The Unity of Luke-Acts*, 1999. XXV-828 p. FB 2400.
143. N. CALDUCH-BENAGES & J. VERMEYLEN (eds.), *Treasures of Wisdom. Studies in Ben Sira and the Book of Wisdom. Festschrift M. Gilbert*, 1999. XXVII-463 p. FB 3000.
144. J.-M. AUWERS & A. WÉNIN (eds.), *Lectures et relectures de la Bible. Festschrift P.-M. Bogaert*, 1999. XLII-482 p. FB 2400.
145. C. BEGG, *Josephus' Story of the Later Monarchy (*AJ *9,1–10,185)*, 2000. X-708 p. FB 3000.
146. J.M. ASGEIRSSON, K. DE TROYER & M.W. MEYER (eds.), *From Quest to Q. Festschrift James M. Robinson*, 2000. XLIV-345 p. FB 2400.
147. T. RÖMER (ed.), *The Future of Deuteronomistic History*, 2000. BF 2400.
148. F.D. VANSINA, *Paul Ricœur: Bibliographie primaire et secondaire - Primary and Secondary Bibliography 1935-2000*, 2000. XXV-544 p. BF 3000 .
149. G.J. BROOKE & J.D. KAESTLI (eds.), *Narrativity in Biblical and Related Texts*, 2000. Forthcoming
150. F. NEIRYNCK, *Evangelica III: 1992-2000. Collected Essays*, 2000. Forthcoming.
151. B. DOYLE, *The Apocalypse of Isaiah Metaphorically Speaking*, 2000. Forthcoming.
152. T. MERRIGAN & J. HAERS, *The Myriad Christ*, 2000. Forthcoming.
153. M. SIMON, *Le catéchisme de Jean-Paul II*, 2000. Forthcoming.
154. J. VERMEYLEN, *La loi du plus fort*, 2000. Forthcoming.

PRINTED ON PERMANENT PAPER • IMPRIME SUR PAPIER PERMANENT • GEDRUKT OP DUURZAAM PAPIER - ISO 9706
ORIENTALISTE, KLEIN DALENSTRAAT 42, B-3020 HERENT